Schummelseite

AF126085

THE ZEN OF PYTHON, BY TIM PETERS

Beautiful is better than ugly.

Explicit is better than implicit.

Simple is better than complex.

Complex is better than complicated.

Flat is better than nested.

Sparse is better than dense.

Readability counts.

Special cases aren't special enough to break the rules.

Although practicality beats purity.

Errors should never pass silently.

Unless explicitly silenced.

In the face of ambiguity, refuse the temptation to guess.

There should be one—and preferably only one—obvious way to do it.

Although that way may not be obvious at first unless you're Dutch.

Now is better than never.

Although never is often better than *right* now.

If the implementation is hard to explain, it's a bad idea.

If the implementation is easy to explain, it may be a good idea.

Namespaces are one honking great idea—let's do more of those!

Schummelseite

COMPREHENSIONS

Liste	`[i for i in iterable]`
Set	`{i for i in iterable}`
Dictionary	`{key:value for key,value in iterable}`
Generator Expression	`(i for i in iterable)`

CONTAINER

Liste	`[1, 2, 3]`
Tupel	`(1, 2, 3)`
Set	`{1, 2, 3}`
Dictionary	`{'a': 1, 'b': 2 }`

LOGIK

Boolean	`True,False`
Und	`True and True`
Oder	`True or False`
Negation	`not False`

STRINGS

String	`"Hallo"`
	`'Hallo'`
mehrzeilig	`"""Hallo"""`
	`'''Hallo'''`
f-String	`f'Hallo, {variable}'`
Bytes	`b'Hallo'`
Raw	`r'Hallo'`

ZAHLENLITERALE

Floats	`-39.23`
wissenschaftlich	`1.90e-3`
Integer	`23`
mit Trennzeichen	`10_000_000`
Binär	`0b1100110011`
Oktal	`0o123`
Hexadezimal	`0xff00ff`

RECHNEN

Grundrechenarten	`6 + 3`
	`12 - 3`
	`3 * 3`
	`18 / 2`
Division ohne Rest	`19 // 2`
Modulo	`19 % 10`
Exponieren	`3 ** 2`

VERGLEICHEN

Identität	`a is a`
Inklusion	`'a' in 'abc'`
Vergleiche	`3 == 3`
	`1 != 2`
	`1 < 2`
	`2 > 1`
	`2 <= 2`
	`2 >= 2`

Schummelseite

FORMATIERUNG: STRINGS

linksbündig	`f'{pi:<10.4f}'`	`'3.1416    '`
zentriert	`f'{pi:^10.4f}'`	`'  3.1416  '`
rechtsbündig	`f'{pi:>10.4f}'`	`'    3.1416'`
Zeichen auffüllen	`f'{.5:~^10.2%}'`	`'~~50.00%~~'`
Runden	`f'{12.5865:.3f}'`	`'12.586'`
wissenschaftlich	`f'{pi:E}'`	`'3.141593E+00'`
Prozent	`f'{.5:.2%}'`	`'50.00%'`
Maskieren	`f'{iban:*<22.8}'`	`'DE893704**************'`

DATUMSFORMATE

%d	Tag
%m	Monat
%Y / %y	Jahr vier-/zweistellig
%A / %a	Wochentag (lang/kurz)
%B / %b	Monatsname (lang/kurz)
%W	Kalenderwoche
%x	komplettes Datum

ZEITFORMATE

%H / %I	Stunde (24 / 12)
%M	Minute
%S	Sekunde
%f	Mikrosekunde
%z	Zeitverschiebung (ab UTC)
%Z	Name der Zeitzone
%X	komplette Zeit

DATUM UND ZEIT BEISPIELE

Uhrzeit	`now.strftime('%H:%M:%S.%f')`	`'17:23:20.011664'`
Datum	`now.strftime('%A, der %d. %B %Y')`	`'Montag, der 30. März 2020'`

Falls nötig, Locale setzen:

```
import datetime, locale
locale.setlocale(locale.LC_ALL, 'de_de')
now = datetime.datetime.now()
```

Schummelseite

ZAHLENDARSTELLUNG

oct(int)	Oktal
bin(int)	Binär
hex(int)	Hexadezimal
chr(int)	Unicode-Zeichen

MATHE

min(iterable)	kleinster Wert
max(iterable)	größter Wert
sum(iterable)	Summe
round(number, [n])	Runden
abs(number)	Betrag
pow(number, exp)	Exponent
divmod(a, b)	Teilen mit Rest

ELEMENTARE TYPEN

str(object)	String
bytes(object)	Bytes-Objekt
int(str)	Ganzzahl
bool(object)	Wahrheitswert
float(str)	Gleitkommazahl
list(iterable)	Liste
tuple(iterable)	Tupel
set(iterable)	Menge (Set)
dict(iterable)	Dictionary

REPL

help([object])	Hilfe anzeigen
dir([object])	Attribute auflisten

INTERVALLE & ITERATION

enumerate(iterable, start=0)	Werte aufzählen
sorted(iterable)	Werte sortieren
reversed(sequence)	Sequenz umkehren
iter(object)	Iterator erzeugen
next(iterator)	nächstes Element aus Iterator nehmen
range(start, stop, step)	Zahlen im Intervall ausgeben
zip(*iterables)	Werte gruppiert iterieren

AGGREGATION

len(sequence)	Länge einer Sequenz
any(iterable)	Ist einer der Werte truthy?
all(iterable)	Sind alle Wert truthy?
map(function, iterable)	Funktion auf alle Werte anwenden
filter(function, iterable)	nur Werte nehmen, die truthy ergeben

Schummelseite

INPUT & OUTPUT

`input([prompt])`	Tastatureingabe
`open(path, mode='r', encoding=None)`	Dateien öffnen
`print(*objects, sep=' ', end='\n', file='sys.stdout')`	Ausgabe

DEKORATOREN

```python
def log(print_function, prefix=__file__):
    def decorate(function):
        # Funktion mit allgemeingültiger Signatur
        def call(*args, **kwargs):
            name = function.__name__
            message = f'{prefix}: {name}({args}, {kwargs})'
            print_function(message)
            # Eigentliche Funktion aufrufen
            return function(*args, **kwargs)
        return call
    return decorate

@log(print, 'DEBUG')
def add(a, b):
    return a + b

add(1, 2)
```

SCHWEIZER TASCHENMESSER

Unit Tests ausführen	`$ python3 -m unittest`
Webserver starten	`$ python3 -m http.server 8001`
Mailserver starten	`$ python3 -m smtpd -n -d`
Zip-Datei erstellen	`$ python3 -m zipfile -c backup.zip documents/`
Zip-Datei extrahieren	`$ python3 -m zipfile -e backup.zip`
Kalender ausgeben	`$ python3 -m calendar 2019 12`
JSON formatieren	`$ python3 -m json.tool file.json`
UUID generieren	`$ python3 -c "import uuid;print(uuid.uuid4().hex)"`

Johannes C. Hofmeister

Python
Alles-in-einem-Band
für
dummies ®

Fachkorrektur von
Prof. Thomas Smits

WILEY.∎ VCH

Python Alles-in-einem-Band für Dummies

Bibliografische Information der Deutschen Nationalbibliothek

Die Deutsche Nationalbibliothek verzeichnet diese Publikation in der Deutschen Nationalbibliografie; detaillierte bibliografische Daten sind im Internet über http://dnb.d-nb.de abrufbar.

1. Auflage

© 2025 Wiley-VCH GmbH, Weinheim

All rights reserved including the right of reproduction in whole or in part in any form. This book is published arrangement with John Wiley and Sons, Inc.

Alle Rechte vorbehalten inklusive des Rechtes auf Reproduktion im Ganzen oder in Teilen und in jeglicher Form. Dieses Buch wird mit Genehmigung von John Wiley and Sons, Inc. publiziert.

Wiley, the Wiley logo, Für Dummies, the Dummies Man logo, and related trademarks and trade dress are trademarks or registered trademarks of John Wiley & Sons, Inc. and/or its affiliates, in the United States and other countries. Used by permission.

Wiley, die Bezeichnung »Für Dummies«, das Dummies-Mann-Logo und darauf bezogene Gestaltungen sind Marken oder eingetragene Marken von John Wiley & Sons, Inc., USA, Deutschland und in anderen Ländern.

Bevollmächtigte des Herstellers gemäß EU-Produktsicherheitsverordnung ist die Wiley-VCH GmbH, Boschstr. 12, 69469 Weinheim, Deutschland, E-Mail: Product_Safety@wiley.com.

Alle Rechte bezüglich Text und Data Mining sowie Training von künstlicher Intelligenz oder ähnlichen Technologien bleiben vorbehalten. Kein Teil dieses Buches darf ohne die schriftliche Genehmigung des Verlages in irgendeiner Form – durch Photokopie, Mikroverfilmung oder irgendein anderes Verfahren – in eine von Maschinen, insbesondere von Datenverarbeitungsmaschinen, verwendbare Sprache übertragen oder übersetzt werden.

Das vorliegende Werk wurde sorgfältig erarbeitet. Dennoch übernehmen Autoren und Verlag für die Richtigkeit von Angaben, Hinweisen und Ratschlägen sowie eventuelle Druckfehler keine Haftung.

Coverillustration: Twin Chan – stock.adobe.com
Korrektur: Dr. Matthias Delbrück
Satz: Lumina Datamatics
Druck und Bindung: CPI Group (UK) Ltd, Croydon, CR0 4YY

Print ISBN: 978-3-527-71849-8
ePub ISBN: 978-3-527-83354-2

C9783527718498_111025

Widmung

Für Ma und Pa.

Inhaltsverzeichnis

Kapitel 10
Verpackungstechnik – eingebaute Container-Datentypen ... 141

Kapitel 11
Comprehensions – selbstverständliche Listen 167

Kapitel 18
Die Welt verstehen mit Objekten 313

TEIL IX
Der Python im Daten-Dschungel

Kapitel 36
Interaktive Notebooks

Kapitel 37
Daten jonglieren mit Pandas

Kapitel 38
Linien, Balken, Torten – Daten visualisieren mit Matplotlib

Über den Autor

Johannes C. Hofmeister arbeitet als Administrator am Psychologischen Institut der Universität Heidelberg. Als Software-Entwickler und Berater hat er in großen und kleinen Unternehmen C#, Java und JavaScript eingesetzt, aber am liebsten liest und schreibt er Python-Code.

Danksagung

Ich bedanke mich herzlich bei allen, die mich beim Schreiben unterstützt haben. Vorab danke ich den geduldigen Verlagsleuten Frau Baulig, Herrn Kestel und Herrn Ferner, die das Buch begleitet haben. Großer Dank gilt Fachkorrektor Thomas Smits. Besonderer Dank gilt meinen Erstlesern Lars Kumbier, Volker Lueg und Horst Schneider, deren Feedback das Buch stets verbessert hat. Und natürlich gäbe es dieses Buch nicht ohne Katha: Vielen Dank für deine Unterstützung.

Spezialgrüße gehen außerdem raus an Leopold Rakowski und Hendrik Atzler. Euer Feedback hat mich motiviert! Ihr werdet bestimmt großartige Programmierer!

Einleitung

In diesem Buch geht es um Python – die vielleicht vielseitigste und eleganteste Programmiersprache, die es derzeit gibt. Mit Python kann man fast alles machen und der Einstieg ist leichter als bei anderen Sprachen. Der Name *Python* stammt nicht etwa von der Schlange, sondern von der britischen Komikertruppe *Monty Python*, daher ist vor allem wichtig, dass Sie beim Programmieren viel Spaß haben. Die Schlange wird trotzdem ständig mit Python in Verbindung gebracht, daher ziert sie auch das Buch-Cover und taucht selbst im Python-Logo auf – vielleicht der erste Hinweis, dass sich die Python-Community selbst nicht zu ernst nimmt.

Törichte Annahmen über die Leser

Dieses Buch richtet sich an alle, die Python lernen möchten, und deckt (hoffentlich) alle dazu notwendigen Themen ab. Falls Sie aber noch nie irgend etwas programmiert haben, könnte Ihnen der Einstieg mit diesem Buch etwas schwer fallen. Es hilft, wenn Sie bereits Erfahrungen mit anderen Programmiersprachen sammeln konnten und ein grundlegendes Verständnis von Betriebssystemen mitbringen. Wenn Sie noch gar nicht wissen, wie man einem Computer zu neuen Tricks verhilft, dann wäre es besser, wenn Sie zunächst ein Grundlagenbuch zu Rate ziehen, zum Beispiel John Paul Muellers Buch »Python programmieren lernen für Dummies«.

Sie sollten etwa wissen,

✔ wie man Programme installiert,

✔ wo Ihr Betriebssystem Programme speichert,

✔ wie Sie Dateien auf Ihrem Rechner finden,

✔ was Prozesse sind und wie Sie diese beenden können, wenn sie einmal einfrieren sollten.

Die folgenden Dinge sollten Sie mitbringen:

✔ einen Computer mit Windows, Linux oder macOS,

✔ die Möglichkeit, auf diesem Computer Programme zu installieren,

✔ Deutsch- und Englischkenntnisse,

✔ idealerweise Erfahrung im Umgang mit der Kommandozeile.

Wie Sie dieses Buch nutzen können

Dies ist ein Buch zum Mitmachen. Sofern es Ihnen gehört, dürfen Sie gerne mit Stiften darin herumkritzeln, um sich Notizen, Anmerkungen und wilde Flüche zu notieren. Auch Eselsohren gehören zum guten Ton – Bücher sind Gebrauchsgegenstände.

Das Buch enthält viele Code-Schnipsel, die Sie am besten abtippen. Das ist zwar etwas umständlich und in manchen Fällen auch sehr langatmig, aktiviert aber andere Hirnzellen, als wenn Sie den Code im Buch einfach nur überfliegen. Vor allem werden Sie beim Abtippen Fehler machen und aus denen lernt man bekanntlich am meisten.

Wenn mal etwas überhaupt nicht geht, können Sie Ihren Abschrieb mit einer funktionierenden Version vergleichen. Alle Code-Beispiele sind zum Herunterladen auf der Verlagswebseite des Buches verlinkt – die finden Sie unter
`https://www.wiley-vch.de/ISBN9783527718498`

Was Sie nicht lesen müssen

Das Buch hat zwar einen roten Faden, allerdings heißt das nicht, dass Sie es von links nach rechts oder von Deckel zu Deckel lesen müssen. Schlagen Sie lieber ein paar Seiten weiter hinten im Buch auf und lesen Sie drauflos; wenn Sie etwas nicht verstehen, versuchen Sie die Stelle zu finden, an der es erklärt wird. Das hört sich vielleicht umständlich an, aber wie heißt es so schön: Umwege erhöhen die Ortskenntnis.

Lesen Sie, was Ihnen Spaß macht, und schmökern Sie hin und her. Das Buch soll Sie dazu animieren, mitzumachen und Dinge auszuprobieren.

Wie dieses Buch aufgebaut ist

Das Buch ist wie folgt aufgeteilt:

Teil I: Willkommen in Python-City

Dieser Teil behandelt die Grundlagen. Python wird installiert und die Umgebung eingerichtet, schon können die ersten Programme ausgeführt werden. Dann bekommen Sie noch in einem schnellen Crashkurs die Syntax gezeigt und lernen die ersten Datentypen kennen.

Teil II: Alles unter Kontrolle

Nach dem ersten Eindruck lernen Sie interessante Details der Syntax kennen, erfahren etwas über grundlegende Kontrollstrukturen und wie Sie mit Python Daten in Containern verarbeiten.

Teil III: Buchstabensuppe

In diesem Teil erfahren Sie, wie Sie Texte verarbeiten. Außerdem wird gezeigt, wie Sie Dateien suchen, lesen und schreiben und wie Sie dafür sorgen, dass dabei Sonderzeichen wie Umlaute und Akzente nicht verlustig gehen.

Teil IV: Objekte und Funktionen

Der vierte Buchteil befasst sich mit Abstraktionen. Diese benötigen Sie, um komplexere Programme zu schreiben. Sie erfahren alles über Funktionen, Klassen und Objekte und wie Sie mit Ausnahmen Fehler behandeln oder sonstige Abläufe steuern können.

Teil V: Weniger kaputte Software

Leider genießen nur wenige den Luxus, aus Spaß an der Freude vor sich hin zu programmieren, daher gibt es in diesem Buchteil wichtige Tipps, wie Sie fehlerfreien und qualitativ hochwertigen Code programmieren, was vor allem in professionellen Settings wichtig ist. Es werden Tools zur statischen Prüfung vorgestellt und gezeigt, wie Sie Ihren Code testen können.

Teil VI: Wartezeiten vermeiden

Bei manchen Programmen kommen das Netzwerk oder die Festplatte nicht hinterher. Statt auf diese langsamen Ressourcen zu warten, können Sie ihr Programm in der Zwischenzeit etwas anderes erledigen lassen. Und sollte der Prozessor mal der limitierende Faktor sein, können Sie auch die restlichen Prozessorkerne verwenden – wie das geht, wird in diesem Buchteil erklärt.

Teil VII: Netzwerkprogrammierung

Ein Computer kann schon einiges, aber richtig spannend wird es erst, wenn Sie Daten zwischen mehreren Computern austauschen. Darum geht es in diesem Teil, der sich mit vernetzten Rechnersystemen befasst.

Teil VIII: Python im World Wide Web

Noch vor ein paar Jahren gab es im Internet Suchmaschinen, mit denen man alles finden konnte. Leider wurden sie von der Werbeindustrie zerfressen und liefern heute oft nur noch Stuss zurück. Dieser Buchteil befasst sich damit, wie Sie Webseiten mit Python aufrufen, nach Inhalten durchforsten und sogar eigene Stuss-Seiten bauen können.

Teil IX: Der Python im Daten-Dschungel

Angehende Wissenschaftler erfahren in diesem Buchteil, wie man Lab-Notebooks verwendet, Daten aufbereitet und daraus dann einsichtsvolle Grafiken erzeugt.

Teil X: GUI-Programmierung

Hier dreht sich alles um grafische Benutzeroberflächen, auf denen Sie nach Herzenslust herumklicken können.

Teil XI: Der Top-Ten-Teil

Zum Schluss gibt es im bewährten Top-Ten-Teil noch ein paar Tipps mit auf Ihren Weg als Programmierer/in und ein paar Einzeiler (teils auch mit mehr als einer Zeile) – falls Sie mal auf einer Cocktailparty oder in einem Vorstellungsgespräch jemanden beeindrucken möchten.

Symbole, die in diesem Buch verwendet werden

Im Buch verteilt finden Sie verschiedene Symbole:

 Hier werden praktische Tipps für den Alltag hervorgehoben.

 Der Techniker erklärt Hintergrund-Infos, Fakten, interessante Details und taucht immer dann auf, wenn Erbsen gezählt werden müssen.

 Dieses Symbol zeigt an, dass Sie sich etwas gut merken sollten oder dass etwas Wichtiges wiederholt wird.

Dieses Symbol zeigt, dass hier etwas schiefgehen könnte. Meistens heißt das, dass ich selbst diesen Fehler schon mindestens 300-mal gemacht habe, daher sollten Sie sich aus Solidarität die Zeit nehmen, ihn auch zu machen.

 Die Sprechblase enthält Anekdoten, Unsinn aus dem persönlichen Nähkästchen und Beiträge zu Ihrer Belustigung und Kollateralbildung. Das Feuilleton des Buches sozusagen.

Konventionen in diesem Buch

Das Buch folgt zur besseren Übersicht einigen typografischen Konventionen.

Python-Code ist so formatiert:

```
# Kommentar
print("Python für Dummies.")
```
Listing 1: datei.py

Wenn der Code auf dem interaktiven Interpreter eingegeben werden soll, fängt er mit drei spitzen Klammern an:

```
>>> print("Python für Dummies.")
```

Wenn dem Code-Block ein Dateiname nachsteht, finden Sie den Code auch als Datei zum Herunterladen.

Befehle für die Kommandozeile des Betriebssystems werden so formatiert (egal ob Windows, Linux oder macOS):

```
$ command
```

Neue *Konzepte* werden kursiv hervorgehoben. Code wird auch im Fließtext mit einer nichtproportionalen Schriftart formatiert, wenn zum Beispiel ein Begriff aus vorangegangenem Code beschrieben wird wie die Funktion `print`.

✔ Variablen, die Sie im Fließtext finden, werden ebenfalls durch eine nichtproportionale Schriftart hervorgehoben, etwa so: `variable`.

✔ Die URLs von Webseiten werden ebenso dargestellt, aber in der Regel mit dem üblichen »https://« davor: `https://www.python.org/doc/humor/`.

✔ Anklickbare Menüpunkte und Beschriftungen werden in Kapitälchen gesetzt.

✔ Namen von Werkzeugen sehen so aus: *Werkzeug*.

✔ Auch Platzhalter, die Sie geistig mit eigenen Werten füllen müssen, werden kursiv hervorgehoben: *<passwort>*.

Teil I
Willkommen in Python-City

IN DIESEM TEIL...

✔ Die Installation

✔ Den Python-Interpreter zum Laufen bringen

✔ Python-Code aus der Vogelperspektive

✔ Die grundlegende Syntax

✔ Doppelpunkte und Einrückungen

Kapitel 1
Python – eine Hochglanzbroschüre

Wenn Sie schon mal umgezogen sind, dann kennen Sie vielleicht das mulmige Gefühl, das einen beim Gedanken an den neuen Wohnort beschleicht. Die Straßennamen klingen fremd, Sie kennen die Nachbarn noch nicht und sind mit deren Gepflogenheiten nicht vertraut. Eine neue Programmiersprache zu lernen, fühlt sich fast genauso an, aber vielleicht hilft Ihnen diese Broschüre, sich erst mit dem Gedanken an den neuen Wohnort und dann an das schmucke Dörfchen selbst anzufreunden.

Erinnern Sie sich nur an die Gründe, warum Sie gerade umziehen! Vielleicht ist es einer der folgenden?

✔ Überteuerte Miete und/oder Betriebskosten.

✔ Überfällige Reparaturen oder Schäden an der Wohnung.

✔ Probleme mit den Eltern, Nachbarn oder dem Vermieter.

✔ Änderung der Lebensumstände – ein neuer Job oder eine neue Beziehung?

✔ Sie fühlen sich in Ihrer alten Wohnung unwohl.

Es ist egal, was genau Sie vorher programmiert haben, es gibt viele gute Gründe, mit der Programmierung nach Python umzuziehen – oder Python zu wählen, falls es Ihre erste eigene Wohnung – Pardon: Programmiersprache – ist. Wäre Python eine neue Wohnung, so sprächen die folgenden Punkte dafür:

✔ Niedrige Betriebskosten.

✔ Modernisierter Altbau, der sehr gut instand gehalten wird.

✔ Supernette Nachbarn und der Vermieter ist ein Menschenfreund.

✔ Egal welchen Job Sie in Zukunft annehmen werden, Sie können fast immer in Python wohnen bleiben.

✔ Sie werden sich einfach sehr wohl fühlen.

Sobald das Einzugsdatum feststeht (jetzt!), müssen Sie erst mal Ihre neue Wohnung einrichten und daher fängt auch dieses Buch mit einem kurzen Überblick und einer Installationsanleitung an. Danach sollten Sie Ihre neue Wohnung genauer kennenlernen, daher folgen einige Buchteile über die verschiedensten Aspekte der Syntax dieser Sprache. Später sollten Sie mal einen Stadtrundgang wagen, um zu gucken, was Sie von Ihrer Wohnung aus alles erreichen können, dementsprechend behandeln die letzten Buchteile praktische Anwendungen.

Was Python so interessant macht

Wenn Sie sich in Ihrem neuen Wohnort umsehen, so werden Sie viele schöne Stadtteile entdecken:

✔ Python bietet eine reichhaltige und umfassende Standardbibliothek.

✔ Flexible und starke Datenstrukturen (zum Beispiel Listen, Dictionarys und Mengen).

✔ Interessante Bauwerke, die von anderen Kulturen geprägt wurden (z.B. Comprehensions, Iteratoren, Dekoratoren und Deskriptoren).

Eine Python-Installation von der Stange enthält Module für die Verarbeitung von Texten, Kalendern, Zeit und Datumsangaben. Mit von der Partie sind auch Datei- und Pfadoperationen. Ohne Umstände können Sie bereits Zip-Dateien schreiben und lesen. Außerdem kann Python von Haus aus viele gängige Datenformate verarbeiten, etwa HTML, XML, CSV und JSON. Für die Programmierung von netzwerkfähigen Anwendungen gibt es Module für IP-Adressen und verschiedene Protokolle. Obendrein kann man mit Python Software-Tests gestalten und GUIs entwerfen – und das alles, ohne außer Python noch andere Tools zu installieren. So ist man für den Alltag als Programmiererin oder Admin gewappnet.

In Python legt sich eleganter Code beim Schreiben von alleine unter die Hände, denn für die wichtigsten Anwendungsfälle sind keinerlei Umwege erforderlich. In Java und C# etwa muss man für die einfachsten Operationen immer erst irgendwelche Module nachladen, aber in Python sind die wichtigsten Funktionen einfach Teil der Sprache und haben eine prominente Syntax. Dadurch hat man die wichtigsten Algorithmen und Datenstrukturen stets griffbereit. So etwa erzeugt man eine Liste und gibt sie aus:

```
numbers = [0, 1, 2, 3, 4, 5, 6, 7, 8, 9]
print(numbers)
```

Über die Jahre sind diverse Konzepte in die Sprache eingewandert, die sich in anderen Programmiersprachen bewährt haben. Prominentes Beispiel etwas sind Comprehensions, mit denen Sie Datentransformationen kurz und knackig beschreiben können. Das folgende Programm etwa gibt den Text »jhnns« aus.

```
name = "johannes"
consonants = [c for c in name if c not in "aeiou"]
print(consonants)
```

Aber das sind erst mal nur syntaktische Oberflächlichkeiten. Mit etwas Erfahrung werden Sie die konzeptionelle Qualität von Python schätzen lernen. Python hat sich über die Jahre stets von den besten Ideen anderer Programmiersprachen inspirieren lassen und vereint Aspekte von funktionaler und objektorientierter Programmierung sowie Konzepte aus C, C++, Lisp, Self, ML, Haskell und Perl.

Dunkle Flecken – was an Python manchmal nicht so schön ist

An jedem Wohnort gibt es auch dunkle Ecken, die man eher meidet – nicht unbedingt No-go-Zonen, wo man sofort abgestochen wird, während man einem rechtschaffenen Tauschgeschäft nachgeht (z.B. Drogen gegen Geld), aber es gibt doch Orte, die man als Problembezirk bezeichnen könnte und die nicht so gerne besucht werden. Aber auch da wohnen Leute und berichten manchmal Gutes – wie es ja auch Leute geben soll, die gerne in Mannheim wohnen.

✔ GUIs sind in Python eher so mittelmäßig gut zu implementieren.

✔ Python ist nicht über die Maßen schnell.

✔ Parallele Programmierung braucht viel technisches Wissen.

✔ Python 2.

Gehen wir auf die Punkte etwas näher ein. GUIs sind zum Beispiel so ein Thema. Python ist zwar plattformunabhängig und Programme lassen sich meist sowohl auf Windows als auch unter Linux und macOS ausführen, sobald man aber grafische Oberflächen programmieren möchte, wird es hakelig. Von Haus aus bringt Python Tkinter mit, was aber etwas altbacken daherkommt. Für moderne GUIs, gar mit Touch-Funktionalität, muss man meist ein Toolkit verwenden und damit verlässt man häufig die elegante Python-Welt der klaren Konzepte und schlichten Syntax. Man kommt zum Ziel, aber das ist dann schon recht anspruchsvoll.

Zugegebenermaßen ist Python auch nicht die schnellste Programmiersprache der Welt – allerdings kommt es hier darauf an, wie man die Sache betrachtet. Python-Code wird durch einen Interpreter ausgeführt und nicht vor oder während der Ausführung durch Kompilieren in Maschinencode übersetzt. Dadurch ist das Ganze natürlich viel langsamer als ein Programm, dass Sie in C oder Rust schreiben. So gesehen ist aber nicht die Sprache selbst langsam, sondern die Ausführungsgeschwindigkeit wird durch den verwendeten Interpreter limitiert. Es gibt alternative Interpreter außer dem hauseigenen (der sich *CPython* schimpft, weil er selbst in C geschrieben wurde), die Ihre Situation verbessern können, wie zum Beispiel den des PyPy-Projekts. Wenn es allerdings hart auf hart kommt und Sie das letzte

Quäntchen an Leistung herauskitzeln möchten, dann sollten Sie aufwändigere Teile des Programms in einer kompilierten Sprache schreiben. Für Computerspiele etwa lohnt es sich, Routinen für lineare Algebra und Gewurschdel auf der Grafikkarte in eine schnelle C++-Bibliothek auszulagern, aber die Logik des Spiels läuft weiter in Python.

Schnelligkeit gewinnt man in Python an einer anderen Stelle: Durch die Klarheit und Ausdrucksstärke der Sprache kommt man beim Coden sehr schnell zum Ziel, schreibt tendenziell besseren Code und ist flexibel. Ihr Programm ist daher schneller programmiert und fehlerärmer.

Grundsätzlich lassen sich bestimmte Programme auch beschleunigen, indem man sie parallelisiert und damit moderne Prozessorarchitekturen nutzt. Allerdings gibt es in Python eine Sperre, um die man herumarbeiten muss, wenn man mit Threads arbeitet. Trotz all dieser Einschränkungen ist Python in der Wissenschaft sehr beliebt und es gibt viele Bibliotheken in den Bereichen Statistik, Machine Learning und Künstliche Intelligenz.

Zu guter Letzt gibt es da noch die Sache mit Python 2. Dieses Hochhausghetto soll seit Jahren abgerissen werden, aber die letzten Mieter ziehen und ziehen einfach nicht aus. Python liegt aktuell in der Version 3.12 vor. Da die Entwickler von Python regelmäßig neue Releases veröffentlichen, ist die Version sicher schon bei 3.14, wenn dieses Buch fertig ist und bei 3.15, wenn Sie sich zum Kauf entschieden haben. Früher gab es aber die Version 2, die bis zur Version 2.7 verbessert wurde. Die Einführung von Python 3 sollte die Version 2 ersetzen und dabei einige Probleme beseitigen, allerdings waren die Versionen nicht ohne Nacharbeit kompatibel zueinander, sodass die Umstellung nicht ganz reibungslos verlief und auch noch nicht ganz abgeschlossen ist. Es gibt immer noch Codebasen, die Version 2.7 verwenden. Dieses Problem wird mit der Zeit an Relevanz verlieren, aber es kann Ihnen durchaus passieren, dass Sie in einem Python-Job ein Programm von 2.7 auf 3.0 portieren müssen.

Infrastruktur und Dienstleistungen

Wenn es in Ihrem richtigen Wohnort gut läuft, dann liegt das mit Sicherheit daran, dass zwei Bereiche ordentlich zusammenarbeiten:

✔ Die öffentliche Hand kümmert sich um die Grundversorgung.

✔ Privatwirtschaftliche Betriebe übernehmen Zusatzversorgung, gehen aber manchmal auch risikohafte Investitionen ein.

So ist das auch in Python. Python sorgt stets dafür, dass der Müll abgeholt wird (buchstäblich: es gibt einen »Garbage Collector«). Die Anschlüsse für Gas, Wasser und Strom funktionieren, die Straßen sind geteert und der Bus kommt pünktlich. Wenn Sie etwas brauchen, gehen Sie einfach aufs Amt – die Sprache und die Standardbibliothek sind stets in Laufweite und der öffentliche Sektor in Python ist auch sonst sehr gut aufgestellt.

Allerdings reicht das oft nicht, denn oftmals sind die städtischen Busse überfüllt. Gut, dass es hier private Busunternehmen gibt, die einspringen.

Der »private Sektor« ist im Bezug auf Python durchaus hervorzuheben. Es gibt zig Firmen und Projekte, die Zusatzmodule für Python beisteuern, dabei sind die meisten nicht einmal gewinnorientiert. So finden Sie Lösungsmodule für alle möglichen Anwendungsfälle, inklusive sehr esoterischer Probleme oder Unternehmensanwendungen, die den Funktionsumfang der Standardbibliothek weit übersteigen.

Zum Beispiel bringt Python ein Modul für Web-Anfragen mit, die *urllib*, das aber etwas sperrig zu benutzen ist. Glücklicherweise kann man auf das Projekt *requests* zurückgreifen, das Ihnen hilft, mit Cookies, Downloads, Streaming oder seltsamen Headern umzugehen. Das gleiche gilt für wissenschaftliche Anwendungen. Python wird mit einem kleinen, aber feinen Statistikmodul ausgeliefert. Für ernstzunehmende Probleme lädt sich der Profi dann die Pakete *Numpy* und *Scipy*, die hochoptimierten Code bieten.

In Gänze hat das Ökosystem wirklich viel zu bieten und Sie werden es kaum schaffen, ein Problem zu finden, für das es *kein* Python-Modul gibt.

Haushalt und Wirtschaft

Finanziell steht die Python-Community gut da:

✔ Die Python Software Foundation (PSF) sammelt Spenden und unterstützt die Entwicklung der Programmiersprache.

✔ Python erhält finanzielle Unterstützung von verschiedenen großen Konzernen wie Microsoft, Google, Amazon oder Nvidia.

Python ist kein Produkt einer einzelnen Firma, sondern entstand als Projekt an einer Universität und ist relativ unabhängig von den wirtschaftlichen Interessen einer einzelnen Erfinderfirma. Daher brauchen Sie sich auch keine Sorgen zu machen, dass Python morgen überraschend von der Bildfläche verschwinden könnte, da Python längst nicht mehr aus dem Enterprise-Umfeld wegzudenken ist und verschiedene Firmen einiges an Ressourcen bereitstellen, um die Entwicklung immer weiter voranzutreiben.

Das wiederum lässt natürlich an der Unabhängigkeit zweifeln. Wo ein Sponsoring ist, da sind meist auch wirtschaftliche Partikularinteressen und so sind Interessenskonflikte vorprogrammiert. Im April 2021 etwa berichtete Microsoft, dass fünf Python-Kernentwickler bei Microsoft angestellt seien, nämlich Brett Cannon, Steve Dower, Guido van Rossum, Eric Snow und Barry Warsaw. Wer nun Sorge hat, dass Microsoft den Ton angibt und Python damit immer mehr in eine unsinnige Enterprise-Ecke gerät, der kann eventuell dadurch beruhigt werden, dass es sich bei Guido van Rossum um den Erfinder der Sprache höchstpersönlich handelt. Daher kann man bis auf Weiteres schon davon ausgehen, dass Python sich im Sinne des Erfinders weiterentwickelt.

Diese Diskussion wirft die Frage auf: Welche Mechanismen gibt es, um Unabhängigkeit und Gemeinwohl von Python gegenüber individuellen Interessen zu verteidigen?

Politische Entscheidungsprozesse

Python wird von einer offenen Community weiterentwickelt:

✔ Der Quellcode ist offen einsehbar.

✔ Änderungsvorschläge werden als PEPs eingereicht.

✔ Die Entscheidungsfindung läuft weitestgehend basisdemokratisch ab und die Mitbestimmung der Community wird großgeschrieben.

✔ Lange Zeit hatte der BDFL ein letztes Wort.

Die Grundlage für alle Änderungen bilden die *Python Enhancement Proposals*, kurz *PEP* genannt. Was genau ein PEP ist, wurde im ersten PEP festgehalten: https://peps. python.org/pep-0001/. Es handelt sich um strukturierte Dokumente, die neue Features und Veränderungen der Sprache oder der organisatorischen Prozesse beschreiben und motivieren sollen. Welche Änderungsvorschläge durchgehen, entscheidet eine Art *Gemeinderat*, das *Steering Council*, ein gewähltes Komitee aus fünf Personen. Wie es sich zusammensetzt und wie aus einem Vorschlag eine Veränderung wird, beschreibt PEP 13: https://peps. python.org/pep-0013/.

Nicht immer wurden die Geschicke durch das Steering Council gelenkt – für lange Zeit hatte Guido van Rossum das letzte Wort, wenn es darum ging, umzusetzende Verbesserungsvorschläge anzunehmen und die Python-Geschicke zu lenken. Er hatte dadurch den Titel »Wohlwollender Diktator auf Lebenszeit« (BDFL, auf Englisch: Benevolent Dictator for Life) inne. Lange ging das gut, doch im Jahr 2018 kriselte es am Hofe des Python-Königs. Van Rossum hatte höchstpersönlich einen Vorschlag eingebracht (PEP 572), der damals sehr gemischt aufgenommen wurde, was dazu führte, dass er eine unbefristete Auszeit vom Amt des BDFL nahm. Glücklicherweise gab es damals keine Schlammschlacht und Guido van Rossum trägt heute noch immer zu Python bei – der Änderungsprozess von damals wurde in PEP 8000 dokumentiert: https://peps.python.org/pep-8000/.

Philosophie

Beim Umzug sollte man stets beachten, dass man mit den Leuten am Zielort klarkommt. Um herauszufinden, wie die Leute dort so drauf sind, kann man sich am Leitspruch des Zielorts orientieren, so er denn einen hat – falls nicht, tut es auch der Wahlspruch des Bundeslands.

 In Rheinland-Pfalz zum Beispiel slogant man: »Wir machen's einfach«, und schon ist geklärt, wie man bei aller Rationalität bei so etwas wie dem Nutri-Score rauskommt, der seit einigen Jahren die Packungen von Tiefkühlpizzen, Paniermehl und Motoröl ziert. Der stammte von der damaligen, aus RLP stammenden Ernährungs- und Landwirtschaftsministerin, die es wohl »einfach machte«, ohne sich von irgendwelchen Konsequenzen den Spaß verderben zu lassen.

Was Python für eine Umgebung ist, erfährt man am Besten aus dem *Zen of Python*, das Tim Peters einst formulierte. Diese zwanzig Leitsätze sind so grundlegend für die Python-Denke, dass sie auf Seite 0 dieses Buches abgedruckt sind, direkt nach dem Buchcover. Sie wurden auch als PEP 20 festgehalten: `https://peps.python.org/pep-0020/`.

Python verspricht einen offenen, ehrlichen Umgang und das gilt sowohl für Rückmeldungen des Interpreters an die Programmiererin als auch für die Programmierenden untereinander.

Willkommen

Nun, sicherlich haben Sie jetzt Lust auf mehr bekommen. Python ist definitiv eine behagliche Umgebung und eine wunderbare Wahlheimat. Und selbst wenn Sie nicht immer hier wohnen bleiben, können Sie gerne regelmäßig zu Besuch kommen. Sogar wenn Sie dauerhaft in einer Java-Ruinenstadt oder einer C++-Industriebrache schmachten müssen, so können Sie gerne Ihre Urlaube in Python verbringen. Der Zuzug ist nach wie vor hoch und erinnert mehr an Berlin als an Mannheim. Ob der Trend so bleibt? Es ist auf jeden Fall genug Platz für alle da.

Wenn Sie bereit für den Umzug sind, können Sie direkt weiterlesen, um mit dem Einrichten der Wohnung zu beginnen – der Installation von Python auf Ihrem Rechner. Danach folgt eine kleine Erkundungstour durch die Nachbarschaft mit dem REPL-Fahrrad. Außerdem lernen Sie ein paar Einwohner kennen, die Ihnen zukünftig weiterhelfen, wenn Sie mal nicht weiter wissen.

Kapitel 2
Der Einzug in die neue Wohnung

In diesem Abschnitt erfahren Sie, wie Sie Python auf Ihrem Rechner installieren. Wie das geht, ist natürlich von Ihrem Betriebssystem abhängig. Windows ist am weitesten verbreitet, macOS wegen seiner Klarheit beliebt und Admins sind mit Linux vertraut, daher wird für jedes der drei Betriebssysteme ein Installationsweg gezeigt. Auf einigen Betriebssystemen ist eine Version von Python 3 schon vorinstalliert. Das ältere *Python 2* wird nicht mehr unterstützt und verhält sich sehr anders.

Im Laufe des Buches kann es vorkommen, dass in dargestellten Ausgaben die Versionsnummer zwischen Python 3.10 und Python 3.13 schwankt. Python wird ständig weiterentwickelt und während dieses Buch geschrieben wurde, wurden mehrere Versionen veröffentlicht. In den meisten Fällen macht das keinen Unterschied; die Codes im Buch sollten mit allen Versionen ≥ 3.10 funktionieren.

Was wird installiert?

Was bisher als *Python* bezeichnet wurde, sind eigentlich mehrere Sachen. Zunächst meint Python eine universelle Programmiersprache mit einfacher Syntax. Der Quellcode, den Sie später in dieser Sprache schreiben, wird von einem *Interpreter* ausgeführt.

Der Standard-Interpreter heißt *CPython*; er ist in der Sprache C geschrieben und sein Code legt Wert auf Verständlichkeit. In Ihren Programmen können Sie existierenden Code aus einer sehr umfangreichen *Standardbibliothek* nachladen. Je nach Betriebssystem und Installationsart sind noch ein paar Zusatztools dabei.

Es gibt verschiedene weitere Interpreter, wie beispielsweise *IronPython* für Microsofts .NET-Framework und *Jython* für Java-Umgebungen, sowie *MicroPython* für Mikrocontroller. Außerdem gibt es noch *PyPy*, der Programme schneller ausführen kann als CPython. Die alternativen Interpreter arbeiten teils anders als der Standard-Interpreter; beispielsweise verwendet PyPy einen Just-in-Time-Compiler.

Im Verlaufe des Buches kommt ausschließlich CPython zum Einsatz. Dieser Interpreter wird nun zusammen mit der Standardbibliothek installiert.

Windows

Windows ist seit Jahren der Platzhirsch unter den Betriebssystemen. Für die Python-Installation gibt es hier verschiedene Wege:

1. **Den Installer aus dem Netz herunterladen**: Der bevorzugte Weg.

2. **Anaconda**: In der Wissenschaft ist Anaconda beliebt, das neben Python auch wissenschaftliche Bibliotheken und Zusatzprogramme installiert. Da Sie das meiste davon wahrscheinlich nicht benötigen, wird es an dieser Stelle ausgeklammert.

3. **Installation über den App-Store**: Der Windows-App-Store verspricht eine Ein-Klick-Installation und lockt mit bunten Bildchen. Auch der wird ausgeklammert – wieso, sagt der Kasten *App-Store*.

App-Store

Unter Windows war es schon immer gängige Praxis, Programme einfach aus dem Internet herunterzuladen und auszuführen. Das funktioniert grundsätzlich gut, birgt aber auch das Risiko, sich mit Schadsoftware zu infizieren. Um die Nutzer zu schützen – oder vielleicht eher um den eigenen Ruf als unsichere Plattform loszuwerden – führte Microsoft zusammen mit Windows 8 im Jahr 2012 einen App-Store ein, wie man sie von Smartphones kennt. Endanwender können in so einem Store Programme finden und sie mit einem Klick installieren. Gleichzeitig kann der Betreiber des Stores kontrollieren, dass bei ihm keine Schadsoftware angeboten wird. Nachteilig ist, dass man sich für die Nutzung meist registrieren und anmelden muss und dann auch noch mit Werbung bombardiert wird. Aus diesem Grund wird auf die Python-Installation über den App-Store nicht weiter eingegangen.

Am Besten installieren Sie Python über dessen Webseite. Dort laden Sie ein Installationsprogramm herunter; während der Installation können Sie noch einige Einstellungen vornehmen.

1. Installer herunterladen

Navigieren Sie ihren Lieblingsbrowser, der hoffentlich Mozilla Firefox ist, auf die offizielle Webseite `https://python.org`. Aktuell sieht die Webseite aus wie in Abbildung 2.1. Der Menüeintrag DOWNLOADS klappt beim Überfahren mit der Maus ein Untermenü aus.

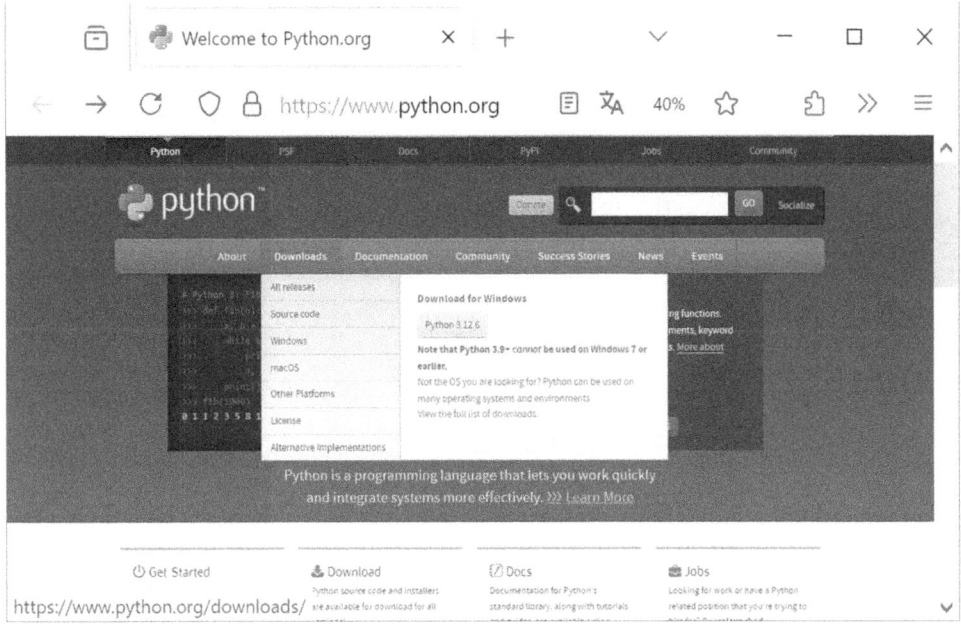

Abbildung 2.1: Die Downloads sind auf der Python-Seite prominent platziert.

 Wenn Sie direkt auf der Startseite das Feld Downloads aktivieren, können Sie über den großen, grauen Button die aktuelle Version herunterladen (in Abbildung 2.1 ist es »Python 3.12.6«). Sollte die nicht für Sie passen, können Sie auch unter All Releases weitere Versionen finden, etwa wenn Sie Python auf Ihrem Toaster zum Laufen bringen wollen. Laden Sie bitte aus der Sektion Stable Release einen »Windows-Installer (64-Bit)« herunter.

2. Features auswählen

Führen Sie den Installer aus. Zunächst werden Sie gefragt, ob Sie eine *typische* Installation durchführen möchten. Um auf Nummer sicher zu gehen, wählen Sie bitte Customize Installation, um die Installation anzupassen.

 Diesen Weg sollten Sie immer wählen, denn es gibt Installer, die Ihnen sonst unnötige Zusatzprogramme oder Werbung unterjubeln. Der Python-Installer ist grundsätzlich vertrauenswürdig, aber vielleicht ändert sich das in Zukunft.

Im Bildschirm Optional Features (siehe Abbildung 2.2) werden Sie gefragt, welche Features Sie installieren möchten. Setzen Sie bitte bei den folgenden Einträgen das Häkchen:

1. pip: Dadurch wird der Paketmanager installiert.

2. tcl/tk und IDLE: Mit diesem Zusatzpaket können Sie Programme mit Fenster-Ausgabe (GUIs) bauen.

3. FOR ALL USERS: Mit diesem Haken wird Python unter C:\Programme\Python312 installiert (jedenfalls, wenn Sie diese Version gewählt haben).

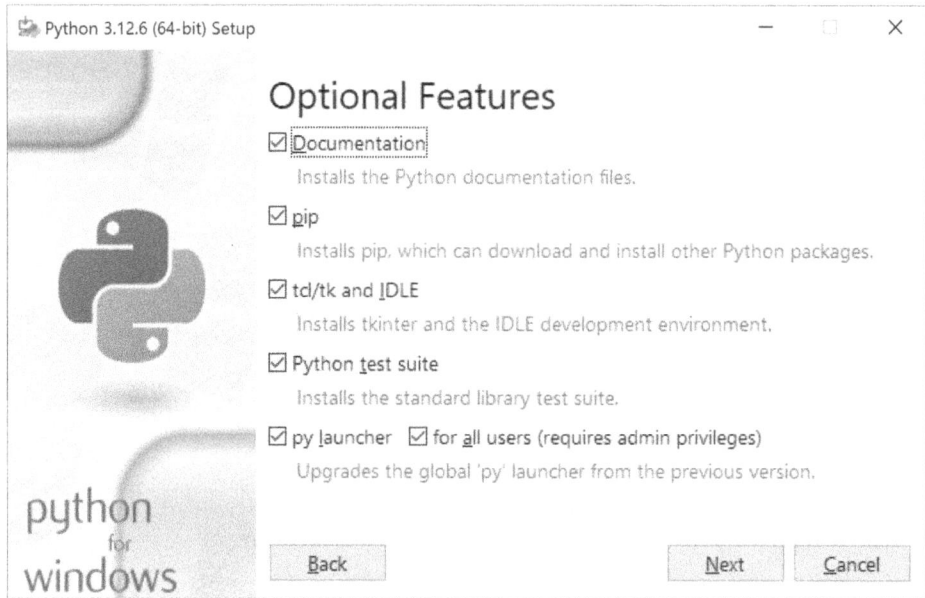

Abbildung 2.2: In diesem Bildschirm wählen Sie ein paar optionale Features aus.

3. Anpassungen vornehmen

Im nächsten Dialogschritt wählen Sie weitere Optionen aus (Abbildung 2.3). Besonders wichtig ist der Eintrag ADD PYTHON TO ENVIRONMENT VARIABLES. Hier sollten Sie einen Haken setzen, damit Sie Python komfortabel von der Kommandozeile aus starten können. Klicken Sie abschließend auf INSTALL.

4. Installieren

Die Installation dauert einige Minuten, die Ihnen ein Ladebalken versüßt. Danach erscheint ein Bildschirm mit einer Bestätigung.

 Achten Sie währenddessen auf die Taskleiste. Da die Installation Administratorrechte erfordert, wird die Nutzerkontensteuerung Sie darum bitten, die Installation zu bestätigen (eventuell müssen Sie sogar Ihr Passwort einmal angeben). Das geschieht in einem separaten Fenster, das aufgeht, sobald Sie den INSTALL-Button betätigen. Wenn Sich die Installation nicht bewegt, haben Sie dieses Fenster vielleicht übersehen.

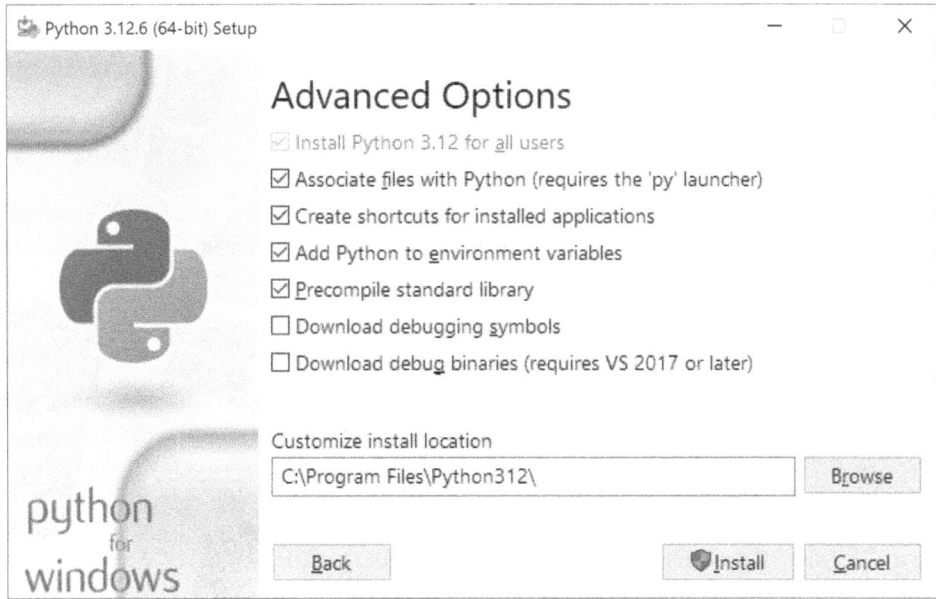

Abbildung 2.3: Erweiterte Optionen

5. Installation prüfen

Um zu testen, ob die Installation geklappt hat, öffnen Sie eine *Kommandozeile*. Drücken Sie dazu die Windows-Taste ▣ und ⬚R⬚ gleichzeitig. Im folgenden Dialog geben Sie *cmd* ein und drücken ⬚←⬚. Dadurch öffnet sich ein Konsolenfenster. Alternativ können Sie im Startmenü auch die *Eingabeaufforderung* suchen, oder *Terminal*, wenn Sie Windows 11 verwenden.

Geben Sie python -version ein. Daraufhin sollte die richtige Version ausgegeben werden:

```
C:\Users\johannes>python --version
Python 3.12.6
```

Das hat geklappt. Sie sind bereit!

 Unter Windows zeigt die Konsole eine Eingabeaufforderung, die mit einer schließenden spitzen Klammer beginnt, also etwa C:\>. Der Python-Interpreter kann mit dem Befehl python aufgerufen werden.

Um auf Nummer sicher zu gehen, können Sie über den Befehl where herausfinden, welches Programm sich gerade angesprochen fühlt:

```
C:\Users\johannes>where py
C:\Windows\py.exe

C:\Users\johannes>where python
C:\Program Files\Python312\python.exe
```

Verwenden Sie bitte den Interpreter im Verzeichnis `C:\Program Files\Python312\` über den Befehl `python`.

macOS

Unter macOS installieren Sie Python am Besten mithilfe des Installers von der Webseite. Alternativ kann man Python auch mithilfe des Paketmanagers *Homebrew* installieren. Das wird hier aber nicht gezeigt.

1. Installer herunterladen

Auch die Installation auf Apple-Systemen beginnt auf der offiziellen Python-Webseite unter `https://www.python.org/`. Laden Sie dort den Installer für Ihre Architektur herunter. Diesen finden Sie auf der Startseite unter DOWNLOADS im Unterpunkt unter MAC OS X. Wenn Sie dem Eintrag LATEST PYTHON 3 RELEASE ... folgen, finden Sie auf der folgenden Seite unten eine Tabelle mit Installationsprogrammen, dort nehmen Sie den MACOS 64-BIT INSTALLER.

2. Installer ausführen

Nach dem Herunterladen führen Sie den Installer aus. Lassen Sie sich vom Assistenten durch den Installationsprozess führen. Der heißt Sie zuerst Willkommen und fragt dann nach einigen Einstellungen.

3. Ziel auswählen

Überlegen Sie, wohin Sie das Ganze installieren möchten. Unter ZIELVOLUME AUSWÄHLEN können Sie eine Festplatte aussuchen, falls Sie mehrere haben.

4. Installation anpassen

Im Schritt INSTALLATIONSTYP sollten Sie noch einige Einstellungen vornehmen, indem Sie auf ANPASSEN klicken. Im Bildschirm »Angepasste Installation« (Abbildung 2.4) haben Sie einige Checkboxen zur Auswahl:

✔ PYTHON FRAMEWORK (das können Sie eh nicht abwählen)

✔ GUI APPLICATIONS (dann bekommen sie den IDLE Editor gleich mit dazu)

✔ UNIX COMMAND-LINE TOOLS (installiert einige Unix Tools)

✔ PYTHON DOCUMENTATION (Lesematerial für später)

✔ SHELL PROFILE UPDATER (um das neue Python vom Terminal aus aufzurufen)

✔ INSTALL OR UPGRADE PIP (Das ist Pythons Paket-Manager, den brauchen Sie unbedingt!)

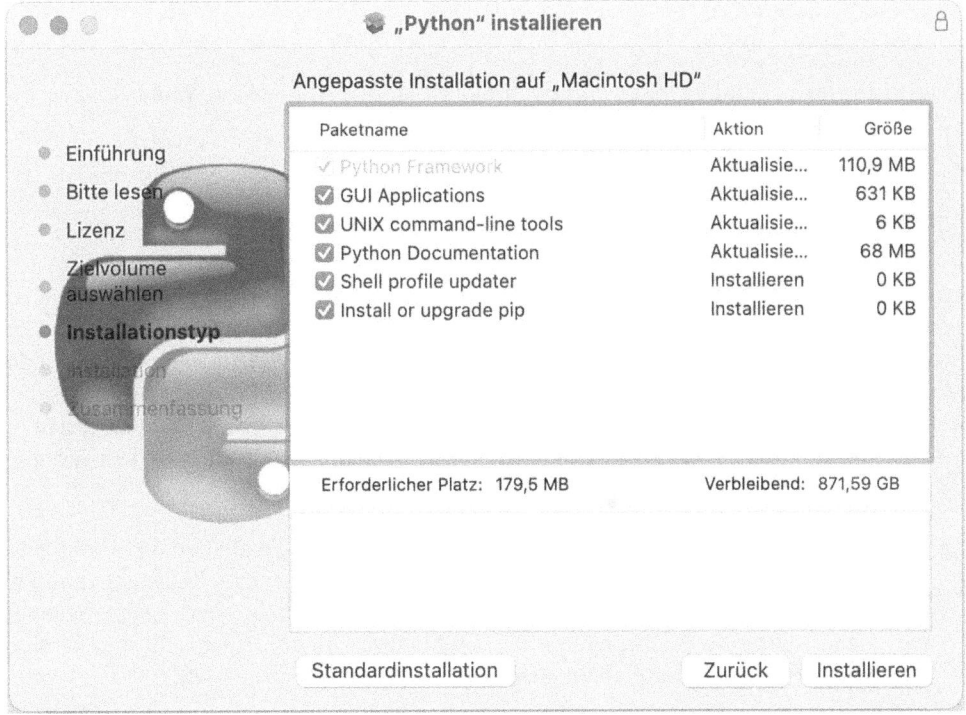

Abbildung 2.4: Wählen Sie alle Pakete aus!

Falls Sie unsicher sind, wählen Sie bitte alle aus. Im Buch werden auch GUIs und Pip verwendet, daher sollten Sie diese Pakete auf jeden Fall auswählen.

4. Abwarten und Tee trinken

Nach einigem Warten wurde Python installiert und Sie erhalten eine Bestätigungsnachricht.

 Achtung, schließen Sie nicht einfach den Installer, sondern lesen Sie die Informationen im Textfenster! Eventuell fehlen Ihnen einige Sicherheitszertifikate. Folgen Sie bitte auch den zusätzlichen Anweisungen des Installers – diese können für Ihr System etwas anders als hier ausfallen.

Wenn Sie am Ende auf SCHLIESSEN klicken, werden Sie noch gefragt, ob der Installer weg kann. Kann er.

5. Installation testen

Wenn Sie alles installiert haben, sollten Sie im Terminal Python ausführen können. Um das Terminal zu starten, verwenden Sie am besten die Spotlight-Suche. Diese öffnen Sie über die Kombination Befehlstaste ⌘ + Leertaste . Wenn Sie in der Suche »terminal« eingeben, so sollten Sie in den oberen Treffern den entsprechenden Eintrag finden – starten Sie das Programm durch einen Doppelklick.

```
% python3 --version
Python 3.12.6
```

Wenn die Versionsnummer erscheint, ist Ihre Installation fertig und Sie sind bereit.

Linux

Neben Windows und macOS gibt es noch viele weitere Betriebssysteme, dabei bilden die verschiedenen Linux-Distributionen wohl die größte Gruppe. Im Buch wird *Linux* als Gattungsbegriff verwendet; gemeint sind möglichst freie Betriebssysteme, die über kurz oder lang alle auf Unix zurückgehen, also etwa alle eigentlichen Linux-Distributionen; zusätzlich werden aber auch FreeBSD und OpenBSD unter diesem Begriff subsumiert, weil sie den Linuxen ähnlicher sind als den Windowsen. Auch macOS stammt natürlich von Unix ab, aber das wird hier ausgeklammert.

 Entschuldigen Sie bitte im Voraus, dass die BSDs im Folgenden nicht weiter separat erwähnt werden. Sie haben leider einen sehr geringen Marktanteil und irgendwo muss man Abstriche machen. Tatsächlich habe ich in der Vergangenheit aber sehr gute Erfahrungen mit FreeBSD und OpenBSD gemacht und kann an dieser Stelle nur empfehlen, dass Sie mal ein BSD ausprobieren.

Linuxe bringen ihre eigenen Werkzeuge zur Paketverwaltung mit, was dazu führt, dass etwa die Befehle für die Installation sich jeweils mehr oder weniger unterscheiden. Damit es nicht ausartet, werden Linux-Details an dieser Stelle auf Ubuntu und Fedora beschränkt, weil diese weit verbreitet und nutzerfreundlich sind.

Unter Linux nutzen Sie entweder die Python-Installation Ihrer Distribution, sofern die aktuell genug ist, oder Sie beziehen eine über den Paketmanager. Profis können natürlich auch Python aus dem Quellcode selbst kompilieren, aber die lesen dann besser das Makefile und die Doku anstatt Einführungskapitel in gelben Büchern.

Bei vielen Distributionen ist Python bereits enthalten; meistens fehlt aber der Paketmanager *pip*.

Ubuntu

Geben Sie auf einem Terminal-Emulator Ihrer Wahl den entsprechenden Befehl ein:

```
$ python

Der Befehl 'python' wurde nicht gefunden, kann aber installiert
    werden mit:

sudo apt install python3
sudo apt install python
sudo apt install python-minimal

You also have python3 installed, you can run 'python3' instead.
```

Die Deutsch-Englisch-Melange auf der Kommandozeile ist normal – eine der Freuden der Linux-Welt. Freundlicherweise weist Ubuntu darauf hin, dass der korrekte Befehl `python3` lautet:

```
$ python3 --version
Python 3.12.2
```

Die meisten Linuxe werden mit einer Installation von Python ausgeliefert, die allerdings nicht immer der allerneusten Version entspricht, aber solange es irgendwas größer als Python 3.8 ist, ist das für dieses Buch ausreichend.

Falls Sie ein älteres Ubuntu haben und trotzdem eine neuere Python-Version installieren möchten, können Sie wie folgt vorgehen. Versuchen Sie zuerst ein Update ohne Angabe einer Versionsnummer:

```
$ sudo apt-get update
$ sudo apt-get install python3 python3-dev
```

Falls Sie danach noch eine Version kleiner als Python 3.12 installiert haben, oder der Befehl `$ python3 --version` einen Fehler ausgibt, müssen Sie Python 3.12 nachinstallieren. Dazu müssen Sie vorher die folgende Paketquelle hinzufügen:

```
$ sudo add-apt-repository ppa:deadsnakes/ppa -y
$ sudo apt-get update
$ sudo apt-get install python3.12 python3.12-dev
```

Wahrscheinlich fehlt dann immer noch der Paketmanager *pip*:

```
$ sudo apt install python3-pip
```

oder

```
$ sudo apt install python3.12-pip
```

Zum Schluss sollten Sie einmal prüfen, ob alles geklappt hat:

```
$ python3 --version
$ pip3 version
```

Fedora

Die Distribution Fedora ist für Ihre Aktualität bekannt. Wenn Sie Fedora Workstation in der Version 40 installieren, ist das neuste Python 3.12 automatisch schon mit dabei. Einzig der Paketmanager *pip* fehlt. Öffnen Sie eine Kommandozeile und installieren Sie ihn (und alles, was sonst noch fehlen sollte) nach.

```
$ sudo dnf update
$ sudo dnf install python3
$ sudo dnf install python3-pip
$ python --version
$ pip --version
```

Der Befehl `dnf install python3` wird Ihnen wahrscheinlich nur bestätigen, dass Python bereits installiert ist; `dnf install python3-pip` wird jedoch den Paketmanager nachinstallieren.

Einer für alle

Die Installation ist schnell abgeschlossen und danach sollten Sie Python über die Kommandozeile ihres Systems ausführen können. Der korrekte Befehl kann je nach Version, Betriebssystem und Installationsmethode leicht unterschiedlich ausfallen. So gibt es unter Ubuntu und macOS standardmäßig nur den Befehl python3; wenn man dagegen unter Windows Python über den App-Store installiert, ist der Befehl py verfügbar.

 Im Buch wird auf diese Unterschiede ab jetzt nicht mehr eingegangen, sondern der Befehl wird stets python heißen.

Es hilft daher, wenn Sie zuvor den Befehl python auch so einrichten, dass stets der aktuelle Interpreter aufgerufen wird – das müssten Sie aber für Ihr Betriebssystem selbstständig einrichten.

Windows

Um zu prüfen, ob alles funktioniert, können Sie unter Windows den Befehl where verwenden. Öffnen Sie eine Kommandozeile (⊞ + R ; cmd eingeben, ↵ drücken) und geben Sie where python ein. Der Befehl listet auf, welche ausführbare Datei aktiviert wird, wenn Sie den Befehl python eingeben:

```
C:\Users\johannes>where python
C:\Program Files\Python312\python.exe
C:\Program Files\Python311\python.exe
C:\Users\johannes>where py
C:\Windows\py.exe
```

Hier sehen Sie, dass sogar eine ältere Version installiert ist – es wird jedoch nur die erste durch den Befehl aktiviert. Das Programm python.exe im Verzeichnis unter C:\Program Files\PythonXXX\ ist das richtige. Sollte aus irgend einem Grund auf der Kommandozeile der Befehl python nicht den Interpreter ausführen, haben Sie bei der Installation eventuell die PATH-Variable nicht gesetzt. Sie können Sie entweder selbst hinzufügen (unter SYSTEM/ERWEITERTE SYSTEMEINSTELLUNGEN/Reiter ERWEITERT UMGEBUNGSVARIABLEN) oder Sie wiederholen die Installation und setzen den Haken bei ADD PYTHON TO ENVIRONMENT VARIABLES, wie in Abbildung 2.3 gezeigt.

Linux

Unter Linux und macOS können Sie den Befehl which verwenden, um zu kontrollieren, ob alles sitzt. Wenn Sie which python eingeben, sollte eine Pfadangabe rauspurzeln; falls nicht, sollte which python3 den richtigen Pfad liefern.

Unter Ubuntu ist der Befehl python standardmäßig nicht vorhanden; das können Sie aber einrichten, indem Sie das Paket python-is-python3 installieren.

```
$ which python
python not found
$ which python3
/usr/bin/python3
$ sudo apt-get install python-is-python3
...
$ which python
/usr/bin/python
```

Damit der Befehl python funktioniert, können Sie entweder eine symbolische Verknüpfung auf den Interpreter erstellen oder einen Alias in ihrer Shell-Konfiguration (zum Beispiel die ~/.bashrc) anlegen.

macOS

Auch unter macOS spuckt der Befehl python direkt nach der Installation einen Fehler aus:

```
% which python
python not found
```

Um das zu ändern, müssen Sie einen speziellen Befehl in die Datei .zshrc einfügen, die sich in Ihrem Home-Verzeichnis befindet. Öffnen Sie dazu eine Kommandozeile und führen Sie aus:

```
% echo "alias python=/usr/bin/python3" >> ~/.zshrc
```

Dadurch sollte in der Datei .zshrc in Ihrem Home-Verzeichnis ganz am Ende stehen alias python=/usr/bin/python3.

Wenn Sie die Kommandozeile neu starten, sollte der Befehl python auch verfügbar sein:

```
% which python
/usr/bin/python3
```

 Verwenden Sie where (Windows) und which (Linux und macOS), um herauszu-finden, welche Programme durch einen Befehl aktiviert werden.

Damit sollte in jedem Betriebssystem der Befehl python funktionieren.

Kapitel 3
Die Nachbarschaft kennenlernen

Sie sollten nun in der Lage sein, den Python-Interpreter von der Kommandozeile zu starten. Dieser Weg ist in der Praxis gängig, aber für Programmier-Neulinge eventuell etwas ungewohnt. Wenn Sie hauptsächlich Windows oder macOS nutzen, dann sind Sie es wahrscheinlich gewöhnt, Programme durch einen Klick oder Doppelklick auf ein Icon zu starten. Das ist zwar komfortabel, funktioniert aber nur für fertige Programme, die gut an das jeweilige Betriebssystem angepasst wurden.

Beim Programmieren schreiben Sie jedoch neue Programme, die besonders am Anfang viele Fehler produzieren. Die starten Sie besser über die Kommandozeile, weil Sie dort mehr Kontrolle haben. Kommandozeilen haben viele Vorteile:

✔ Sie können dem Programm Daten übergeben, wie etwa Dateien oder Befehle.

✔ Die Ausgabe des Programms ist sofort sichtbar.

✔ Kommandozeilen gibt es auf jedem Betriebssystem. Sie unterscheiden sich zwar etwas voneinander, sind sich aber ähnlicher als die jeweiligen Desktops und Datei-Manager.

Besonders der letzte Punkt macht die Sache für dieses Buch leichter, denn es ist einfacher, Textbefehle abzubilden und zu beschreiben, als Screenshots und Klickstrecken.

Die Kommandozeile starten

Sie sollten sich etwas Zeit nehmen, sich mit der Kommandozeile Ihres Systems vertraut zu machen. Fürs Erste reicht es, wenn Sie einige Befehle kennen – ein paar davon kommen jetzt direkt dran. Wenn Sie bereits mit der Kommandozeile vertraut sind, können Sie einfach zum nächsten Kapitel springen. Sollten Sie die vorherigen Schritte nur überflogen haben: Hier ist nochmal eine Kurzübersicht (wer liest schon Einleitungen, ha!), wie Sie in eine Kommandozeile, auch Konsole genannt, starten.

Windows

Öffnen Sie das Startmenü durch einen Klick auf das Symbol. Tippen Sie einfach drauflos, und zwar den Begriff »Eingabeaufforderung«. Dadurch werden die Einträge im Menü gefiltert und Sie sehen die Eingabekonsole sofort. Ein Klick aktiviert sie.

Aus Erfahrung ist die Startmenü-Suche allerdings nicht immer sehr präzise und auch verhältnismäßig langsam. Es geht schneller, wenn Sie einen Tastenbefehl einsetzen: Drücken Sie auf der Tastatur ⊞ + R. Dadurch öffnet sich das Dialogfenster AUSFÜHREN. Geben Sie dort cmd ein und drücken Sie ↵, schon ist das Konsolenfenster offen.

macOS

Bei macOS gibt es unten in der Leiste (dem »Dock«) ein Symbol für das Launchpad. Geben Sie dort »Terminal« in das Suchfeld ein und klicken Sie auf den gefundenen Eintrag. Alternativ können Sie im Finder den Ordner PROGRAMME und dann DIENSTPROGRAMME öffnen und dort das TERMINAL heraussuchen.

Linux

Wenn Sie Ihr Linux ohne eine Desktopumgebung betreiben, dann gibt es für Sie nichts zu tun, da Sie sich bereits in einer Befehlszeile befinden. Wenn Sie jedoch einen Desktop verwenden, kommt es auf Ihre Distribution an, wo sich dort das Terminal versteckt. Unter Gnome etwa aktivieren Sie es, indem Sie die Super-Taste drücken (die Windows-Taste ⊞, wenn Sie eine Tastatur oder Laptop von der Stange haben). Daraufhin zeigt der Gnome-Desktop offene Programme und eine Suchzeile an; dort können Sie »Terminal« eingeben.

Alternativ drücken Sie Alt + F2 und geben gnome-terminal ein.

Unter Linux ist die Desktop-Vielfalt natürlich viel größer und das Öffnen eines Terminals kann von Distro zu Distro anders aussehen. Wenn Sie aber eine so selbstbewusste Entscheidung gegen den Mainstream getroffen haben und irgendwas anderes als Gnome verwenden, sind Sie bestimmt in der Lage, selbstständig in Erfahrung zu bringen, wie Sie dort ein Terminal öffnen.

Hier noch abschließend was zu den Begrifflichkeiten: Ein *Terminal* ist eigentlich ein Endgerät, das Daten empfängt. In einer Desktop-Umgebung verwendet man eigentlich Fenster und das, was bisher als Terminal bezeichnet wurde, ist eigentlich eine *Terminal-Emulation*, also ein grafisches Programm, was so tut, als sei es ein Terminal-Gerät. Sowohl der Begriff Terminal als auch *Konsole* gehen dabei auf das Zeitalter der Mainframes zurück. Damals waren Rechner zentralisiert und Daten wurden über Terminals (also Endgeräte) eingegeben oder abgerufen.

Auf der Kommandozeile

Das Terminal-Programm zeigt in der Regel eine *Kommandozeile* an, also eine Eingabeaufforderung, mit der Sie als Benutzer Befehle absetzen können. Diese Benutzerschnittstelle wird auch als *Shell* bezeichnet, also als Schale oder Hülle; im Gegensatz zum *Kernel*, das heißt dem Kern des Betriebssystems.

Die Kommandozeile heißt so, weil Sie Ihre Kommandos akzeptiert. Statt *Kommando* kann man *Befehl* sagen – teils wird das englische *command line* auch mit *Befehlszeile* übersetzt.

 Befehle sind meistens die Namen von Programmen, die auf Ihrem Computer installiert sind. Ihr neuster Befehl lautet `python` – das Programm dazu haben Sie ja gerade installiert und eventuell noch einen Alias dafür angelegt.

Die meisten Befehle akzeptieren Parameter, die das Verhalten des Programms verändern. Wenn Sie etwa `python` eingeben (also ohne Parameter), startet der Python-Interpreter einen interaktiven Modus, in den Sie Python-Code eingeben können. Wenn Sie aber `python --version` tippen, dann wird nur die Version ausgegeben und das Programm beendet sich. Da Sie das `--version` auch weglassen können, nennt man diese Parameter-Art auch eine *Option*.

 Zwischen dem Befehl und seinen Parametern wird stets ein Leerzeichen gemacht. Zum Beispiel ist `python --version` ein Aufruf des Programms `python` mit einer Option; `python--version` würde aber versuchen, ein Programm gleichen Namens zu starten und das gibt es nicht.

Um herauszufinden, welche Parameter ein Programm akzeptiert, können Sie es meistens danach fragen:

```
$ python --help
 --help
usage: python [option] ... [-c cmd | -m mod | file | -] [arg] ...
Options (and corresponding environment variables):
...
-d   : turn on parser debugging output (for experts only,
       only works on
       debug builds); also PYTHONDEBUG=x
-h   : print this help message and exit (also -? or --help)
...
```

 Viele Parameter gibt es in kurzen und langen Versionen. Zum Beispiel können Sie sowohl `python --help` als auch `python -h` verwenden. Dabei stehen der Langversion zwei Minuszeichen voran; der Kurzversion nur eines. In der Programmhilfe werden solche Details meistens beschrieben (auch über `python -h` erfahren Sie etwas dazu).

Oft stehen Parameter für sich und fungieren wie Ja-Nein-Schalter, wie zum Beispiel `--version` oder `--help`. Manche Parameter benötigen aber noch weitere Argumente, wie zum Beispiel im folgenden Befehl:

```
$ python -c "print(1 + 2 + 3)"
6
```

Die Option –c erwartet einen Text mit etwas Python-Code darin, der sogleich ausgeführt wird (deshalb gibt das Programm einfach 6 aus).

Wo bin ich?

Die Kommandozeile wird meistens im Heimverzeichnis des aktuell angemeldeten Nutzers gestartet. So zeigt *cmd* unter Windows die folgende Eingabeaufforderung:

```
Microsoft Windows [Version 10.0.19045.4894]
(c) Microsoft Corporation. Alle Rechte vorbehalten.

C:\Users\johannes>
```

Die Windows-Kommandozeile zeigt freundlicherweise das aktuelle Verzeichnis direkt an. Unter Linux und macOS sieht das etwas anders aus – je nach installiertem Terminal und verwendeter Shell:

```
johannes@ubuntu: ~ $
```

Diese Ansicht zeigt, welcher Nutzer gerade angemeldet ist und wie der aktuelle Rechner heißt (hier ist Nutzer »johannes« am Rechner »Ubuntu« angemeldet). Für Admins, die viele Server aus der Ferne warten müssen, sind das wichtige Infos, sonst fährt man womöglich die falsche Maschine herunter. Auch das aktuelle Verzeichnis wird angezeigt – die Tilde ~ symbolisiert unter Unixen das Heimverzeichnis.

Um herauszufinden, wo im Dateisystem sich dieses befindet, können Sie den Befehl pwd verwenden (das steht für *print working directory*):

```
johannes@ubuntu ~ $ pwd
/home/johannes
```

Unter Windows gibt es echo %cd%, aber da wird sowieso immer der vollständige Pfad angezeigt.

Um in ein Unterverzeichnis zu wechseln, verwenden Sie den Befehl cd:

```
johannes@ubuntu ~ $
johannes@ubuntu ~ $ cd Desktop
johannes@ubuntu ~/Desktop $ pwd
/home/johannes/Desktop
johannes@ubuntu ~/Desktop $ cd ..
johannes@ubuntu ~ $ pwd
/home/johannes
```

In das übergeordnete Verzeichnis gelangen Sie über cd ... Wenn Sie das Verzeichnis wechseln, wird das aktuelle jeweils vor dem Dollarzeichen angezeigt.

Dieses Dollarzeichen muss bei Ihnen übrigens kein Dollarzeichen sein; unter Linux gibt es auch die Raute #, was aber meistens eine Root-Shell anzeigt (also aufpassen, denn dann haben Sie Admin-Rechte und können mit dem falschen Befehl richtig was kaputt machen). Und unter macOS findet man statt einem Dollarzeichen ein Prozentzeichen %. Im Buch wird alles auf das Dollarzeichen normalisiert (auch das *cmd* von Windows), also sehen Befehle auf der Kommandozeile ab jetzt immer so aus:

```
$ python --version
```

Befehle für die Kommandozeile

Um sich auf der Kommandozeile zurechtzufinden, benötigen Sie verschiedene Befehle. Tabelle 3.1 listet die wichtigsten auf (Linux und macOS in der Spalte *Unix* zusammengefasst). Abbildung 3.1 und Abbildung 3.2 stellen jeweils eine Sitzung auf der Kommandozeile dar. Hier erkennen Sie auch, dass sich die meisten Befehle recht ähnlich sind. Auch ist die macOS-Konsole mit der von Linux nahezu identisch, daher wird sie hier nicht separat abgebildet.

Unix	Windows	Eselsbrücke	Bedeutung
ls	dir	*list* oder *directory*	Verzeichnisinhalt ausgeben
cd	cd	*change directory*	Verzeichnis wechseln
pwd	cd	*print working directory*	aktuelles Verzeichnis ausgeben
mkdir	mkdir	*make directory*	Verzeichnis anlegen
touch	type nul > file	-	Datei anlegen
mv	move	-	Datei verschieben (umbenennen)
cp	copy	-	Datei kopieren
rm	del	*remove* oder *delete*	Datei löschen
cat	type	-	Dateiinhalt ausgeben
less	more	-	Dateiinhalt seitenweise ausgeben
clear	cls	*clear screen*	Bildschirmausgabe bereinigen
chmod	icacls	*change mode*	Berechtigungen ändern
chown	takeown	*change owner*	Besitzergreifung
which	where	-	Programme suchen
sudo	runas	*super user do*	Programme als Admin ausführen

Tabelle 3.1: Wichtige Befehle für die Kommandozeile

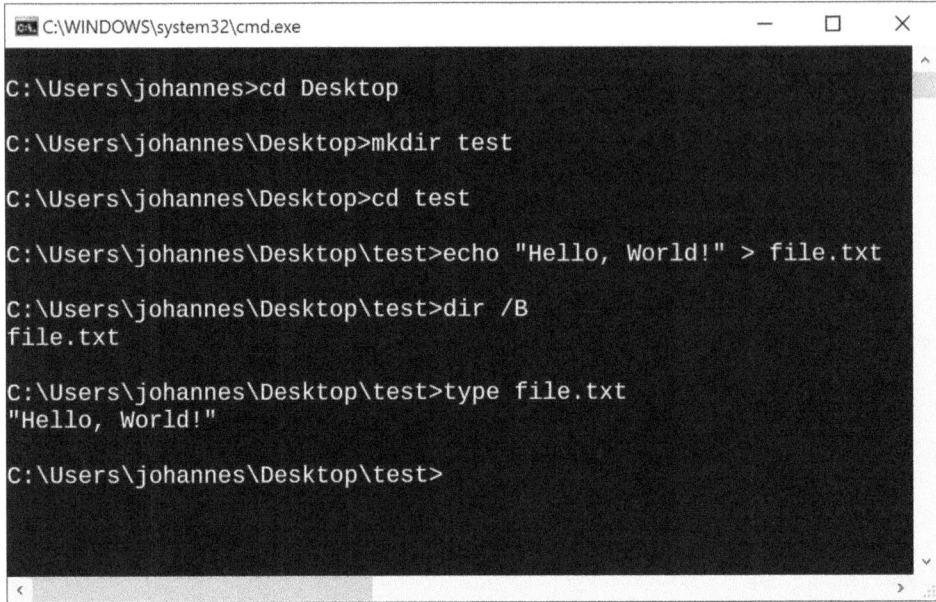

Abbildung 3.1: Eine Sitzung im Windows-Terminal

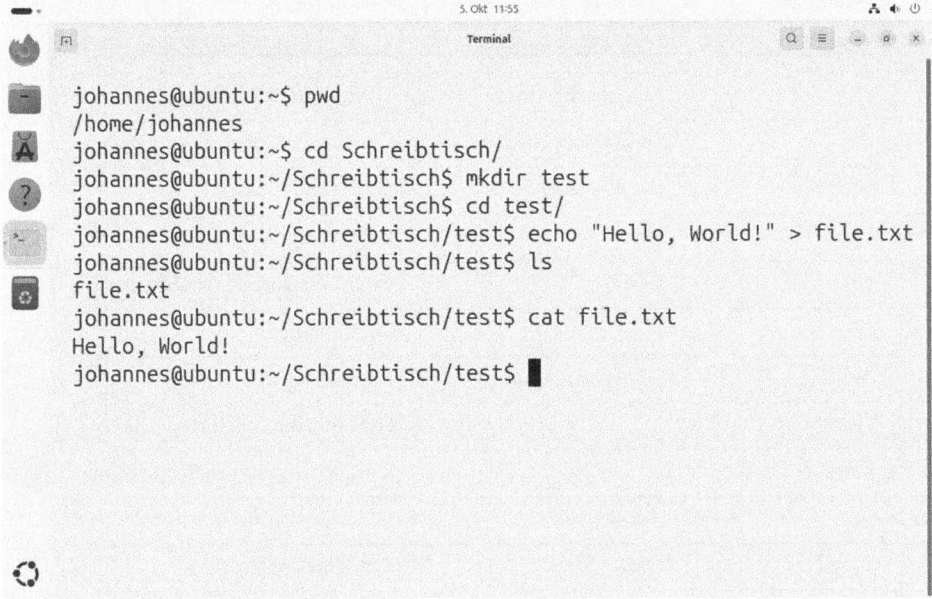

Abbildung 3.2: Eine Terminal-Sitzung unter Linux

 Durch Drücken der Pfeil-nach-oben-Taste ⌈↑⌋ können Sie den letzten Befehl wiederholen. Dadurch sparen Sie sich viel Tipparbeit!

Um Dateinamen zu vervollständigen (etwa wenn Sie diese als Argument an einen Befehl übergeben), können Sie die Anfangsbuchstaben eingeben und dann die Tabulator-Taste drücken (diese hier: ⇆, auch *Tab* genannt – sie finden Sie links oben auf der Tastatur, zwei Reihen unter der Esc -Taste). Dadurch versucht die Kommandozeile, einen passenden Dateinamen einzufügen.

Code ausprobieren

Wenn Sie auf der Kommandozeile den Befehl $ `python` ausführen, startet dies das Haupt-Python-Programm, den sogenannten Interpreter. Dieses Programm nimmt ihren Code und führt ihn aus. Es hat zwei verschiedene Modi:

✔ $ `python`: Startet eine interaktive Sitzung.

✔ $ `python <datei>.py`: Führt den Programmcode in der entsprechenden Datei aus.

In der Praxis werden beide Modi ständig verwendet, aber zu unterschiedlichen Zwecken. Ohne Argumente ausgeführt, wird eine Sitzung der *REPL* gestartet. Diese Abkürzung steht für *Read-Execute-Print-Loop* (oder auch *Read-Evaluate-Print-Loop*). Dabei handelt es sich um eine spezielle Kommandozeile, die Python-Code interpretieren kann. Hier wird ein Befehl eingelesen, dann ausgeführt und das Ergebnis sofort ausgegeben. Eine typische Sitzung sieht so aus:

```
$ python
Python 3.12.7 (main, Oct  1 2024, 00:00:00) [GCC 14.2.1 20240912
    (Red Hat 14.2.1-3)] on linux
Type "help", "copyright", "credits" or "license" for more
    information.
>>>
>>> print("Hello, World!")
Hello, World!
>>> 5 + 1
6
>>>
```

Die Python-Eingabeaufforderung erkennen Sie an den drei spitzen Klammern (>>>). Zum Ausprobieren ist die *REPL* unersetzlich, denn hier können Sie schnell mal probieren, ob eine Idee funktioniert oder Ihre Syntax korrekt ist.

 Um die *REPL* zu beenden, geben Sie `exit()` ein.

Kleinere Code-Schnipsel werden im Verlaufe des Buches als *REPL*-Sitzungen demonstriert. Die Präambel mit der Versionsnummer wird dabei nicht jedes Mal mit angezeigt, allerdings weisen die drei spitzen Klammern darauf hin, dass Sie diesen Code am besten in einer *REPL*-Sitzung ausprobieren.

Die Wahl des Editors

Die *REPL* ist fürs kurze Ausprobieren super, aber für längere Arbeiten ist sie etwas beschränkt. Außerdem vergisst sie den eingegebenen Code am Ende der Sitzung wieder. Richtige Programme schreiben Sie, indem Sie Python-Code in einer Datei abspeichern und diese dann vom Interpreter ausführen lassen.

Grundsätzlich können Sie dazu jeden Editor verwenden, der Ihnen einfällt, nur Microsoft Word sollten Sie ignorieren. Mit Editor sind alle Programme gemeint, die rohe Textdateien bearbeiten können; unter Windows ist das beispielsweise das Programm *notepad*, unter Linux ist das nano und *TextEdit* unter macOS – diese Programme sind aber nur besser als Nichts, da ihnen essenzielle Features fehlen, die man beim Programmieren benötigt.

Im Gegensatz zu natürlicher Sprache sind Programmcodes viel strukturierter und verwenden komplexere Syntax, daher haben ordentliche Editoren meistens eine Funktion, die die Struktur des Codes hervorhebt – das wird als *Syntax Highlighting* bezeichnet. Statt der Standardprogramme der Betriebssysteme sollten Sie daher einen Editor verwenden, der besser fürs Programmieren geeignet ist. Beliebt und empfehlenswert sind etwa:

✔ Notepad++

✔ Sublime Text

✔ Zed

Ich selbst verwende den Editor Sublime Text, weil er elegant, schnell und anpassbar ist. So habe ich dieses komplette Buch mit Sublime Text getippt – dabei gab es nicht einen Absturz. Leider benötigen Sie dafür eine Bezahl-Lizenz, daher möchte ich hier eine Empfehlung für den neuen schnellen Zed-Editor aussprechen, der Sublime recht ähnlich ist. Mit Notepad++ macht man auch nichts verkehrt, aber es kommt etwas altbacken daher und ist Windows-Nutzern vorbehalten.

In professionellen Settings verwendet man eher eine IDE – eine integrierte Entwicklungsumgebung. Wenn Sie überwiegend eigene kleine Projekte mit Python umsetzen wollen, sollten Sie vielleicht lieber bei einem einfachen Editor bleiben; wenn Sie aber wissen, dass Sie Python auch in einem professionellen Umfeld einsetzen werden, können Sie eine der folgenden IDEs verwenden:

✔ PyCharm (von JetBrains)

✔ VSCode (Microsoft)

✔ Spyder (MIT-Lizenz)

Alle genannten IDEs sind für alle Betriebssysteme verfügbar.

Ohne den Markt zu sehr zu verzerren, möchte ich fürs professionelle Arbeiten *PyCharm* der Firma JetBrains empfehlen. Die Lizenz ist zwar etwas teurer, aber dafür erhalten Sie eine IDE, die keine Wünsche offen lässt und sehr gut an die Bedürfnisse von Python-Programmierern angepasst ist – zum Ausprobieren gibt es auch eine kostenlose »Community Edition«. Auch *Visual Studio Code* – oft *VSCode* abgekürzt – ist in der Praxis sehr beliebt, aber da Microsoft die Privatsphäre der Nutzer nicht respektiert, gibt es hier auch keine Empfehlung. Die IDE Spyder ist recht jung am Markt und kostet nichts (sie ist mit einer *Free-and-Open-Source*-Lizenz verfügbar) – probieren Sie die doch zuerst aus!

IDEs bieten viele Vorteile, beispielsweise können Sie große Code-Basen besser navigieren, erhalten beim Programmieren Code-Vorschläge und meistens sind Tools zum Fehlerfinden wie Type-Checker, Debugger und Test-Runner bereits eingebaut. Ihre Programme starten Sie meist mit einem Klick oder einer Tastenkombination.

 Da IDEs eine eigene Lernkurve mitbringen und dieses Buch keine Werbeveranstaltung für einen bestimmten Anbieter sein soll, wird hier nicht weiter auf deren Details eingegangen. Der schlichteste Weg ist, Code in eine Datei zu schreiben und durch den Interpreter auszuführen. Das funktioniert immer reibungslos und auf allen Betriebssystemen mit oder ohne GUI oder Desktop. Schnell und unkompliziert. Nur Python müssen Sie einmal ordentlich installieren, aber das wurde ja im vorherigen Kapitel abgehandelt.

Programme ausführen

Der bevorzugte Weg zum Ausführen von Programmen bleibt also:

1. Bearbeiten Sie Code in einem Editor Ihrer Wahl.

2. Speichern Sie Ihn als `*.py`-Datei in einem sinnvoll angelegten Verzeichnis ab.

3. Navigieren Sie eine Kommandozeile zu diesem Verzeichnis.

4. Führen Sie den Interpreter aus.

Konkret sieht eine Konsolensitzung für ein neues Programm so aus:

```
# In ein gut auffindbares Verzeichnis wechseln:
johannes@fedora:~$ cd Desktop/

# Ein Verzeichnis für das Projekt erstellen:
johannes@fedora:~/Desktop$ mkdir numbers

# Hineinwechseln:
johannes@fedora:~/Desktop$ cd numbers/
```

```
# Programm anlegen:
johannes@fedora:~/Desktop/numbers$ touch program.py

# Programm bearbeiten (beispielsweise mit Sublime Text):
johannes@fedora:~/Desktop/numbers$ subl program.py

# ... Speichern nicht vergessen ...

# Programm ausführen:
johannes@fedora:~/Desktop/numbers$ python program.py

# Profit!
```

.

IN DIESEM KAPITEL...

Die Sprache auf einer Seite

Wie Python-Programme aussehen (können)

Selbsterklärender Code mit Erklärungen als
Rettungsfallschirm

Kapitel 4

Exposition auf dem Stadtfest – ein erster Blick in den Code

In diesem Kapitel verschaffen Sie sich einen ersten Überblick über die Programmiersprache. Das sollte nicht wie in der Schule ablaufen, wo man erst alles auswendig lernen muss und sich dabei dauernd fragt, was das alles soll.

Zumindest war das während meiner Schulzeit bis in die frühen 2000er Jahre oft so. Es kann natürlich sein, dass Schule mittlerweile viel besser funktioniert und junge, engagierte Lehrer moderne und interessante Club-der-toten-Dichter-Inspirationskonzepte in den Unterricht einweben, aber ich habe viele Jahre meiner Schullaufbahn meist ohne Praxisbezug Dinge auswendig gelernt. Typisch war etwa, dass ich oft Musikunterricht hatte, es aber nie irgendwelche Instrumente gab. Das soll Ihnen hier nicht passieren!

Zwar ist ein theoretischer Unterbau beim Programmieren extrem wichtig, sonst erfindet man ständig das Rad neu (oder vielmehr den platten Reifen) – dennoch ist das erste Ziel dieses Buches, dass Sie später mal Ihre individuellen Probleme praxisnah lösen können.

Aber wo fängt man da an? Nun, wenn man frisch umgezogen ist, sollte man sich unter die Leute mischen, am besten bei einem Stadt- oder Stadtteilfest. Auch wenn es dort chaotisch und freucht-fröhlich zugeht und man sich gar nicht all die Gesichter und Namen und Unterhaltungen merken kann, so bekommt man doch einen guten ersten Eindruck von den Leuten und wie sie so drauf sind.

So wird das auch hier gehandhabt, ab ins Getümmel! Werfen Sie zunächst einen Blick auf den Code in Listing 4.1. Lesen Sie alles in Ruhe durch und versuchen Sie zu verstehen, was dieses Programm macht.

```
1  """
2  Die geheime Zahl
3  """
4  import random
5
6
7  def guess():
8      while True:
9          guess = input("1 - 1000 > ")
10         try:
11             guess = int(guess)
12             if 1 <= guess <= 1000:
13                 return guess
14         except ValueError:
15             print("Das ist keine Zahl!")
16
17
18 secret_number = random.randint(1, 1000)
19
20 print(
21     "Sie haben 10 Versuche, die geheime Zahl zwischen "
22     "1 und 1000 zu erraten!"
23 )
24
25 for trial in range(10):
26     print(f"{trial+1}. Versuch")
27
28     number = guess()
29
30     if number < secret_number:
31         print("Ihre Zahl ist kleiner als die gesuchte")
32
33     if number > secret_number:
34         print("Ihre Zahl ist größer als die gesuchte")
35
36     if number == secret_number:
37         print("Das war richtig! Sie haben gewonnen!")
38         break
39 else:
40     print("Sie haben es leider nicht geschafft!")
41     print("Die gesuchte Zahl war", secret_number)
```

Listing 4.1: secretno.py

Der Code in Listing 4.1 zeigt eine Umsetzung eines einfachen Spieles. Der Computer denkt sich eine Zahl zwischen 1 und 1000 aus und Sie müssen diese erraten. Das Kniffelige dabei ist, dass Sie nur zehn Versuche haben, also können Sie nicht einfach durchzählen. Um die Sache zu erleichtern, bekommen Sie nach jedem Versuch einen Tipp: der Computer sagt an, ob die geratene Zahl größer oder kleiner ist als die gesuchte. Wenn Sie gleich ist, haben Sie natürlich gewonnen.

Das Beispiel ist recht bekannt und Sie finden es an anderer Stelle in Büchern oder im Internet. Die älteste mir bekannte Umsetzung beschreibt Kasten *10 Chancen zu finden geheime Nu*.

10 Chancen zu finden geheime Nu

Wohl eine der ältesten bekannten Implementierungen dieses Spieles finden Sie im Gameboy-Spiel »Teenage Mutant Ninja Turtles: Fall of the Foot-Clan« (Konami, 1990). Eigentlich geht es in diesem *Beat-em up* darum, als Ninja-Schildkröte möglichst viele Bösewichte zu verprügeln – was Schildkröten halt so tun. Dabei nimmt man selbst auch Schaden, den man später durch den Konsum von Pizzastücken wieder heilen muss (typische Schildkröten-Nahrung eben). Um diese zu erhalten, gibt es im Spiel eingebettet einige Mini-Games, in denen man sich Lebenspunkte in Form von Pizza verdienen kann. Da der Bildschirm des Gameboys mit einer Auflösung von 160 × 144 Pixeln eher begrenzt war, wurde das Mini-Spiel im Spiel eher wortkarg angekündigt: »10 chances to find secret no«. Dieses Nummernratespiel hat mich schon als Kind sehr fasziniert, denn man hat lediglich zehn Versuche, um eine Zahl zwischen 1 und 1000 zu erraten. Mit der richtigen Strategie klappt das aber stets: Versuchen Sie mal, den Suchraum in jeder Runde zu halbieren. Das nennt man eine *binäre Suche*.

Ausführung

Wenn Sie diesen Code in einer Datei abspeichern und mithilfe des Python-Interpreters ausführen, spielen Sie das Ratespiel. In diesem Fall hat der Computer sich die Zahl 45 ausgedacht:

```
$ python secretno.py
Sie haben 10 Versuche, die geheime Zahl zwischen 1 und 1000 zu
    erraten!
1. Versuch
1 - 1000 > 500
Ihre Zahl ist größer als die gesuchte
2. Versuch
1 - 1000 > 250
Ihre Zahl ist größer als die gesuchte
3. Versuch
1 - 1000 > 125
Ihre Zahl ist größer als die gesuchte
4. Versuch
1 - 1000 > 62
Ihre Zahl ist größer als die gesuchte
```

```
5. Versuch
1 - 1000 > 31
Ihre Zahl ist kleiner als die gesuchte
6. Versuch
1 - 1000 > 46
Ihre Zahl ist größer als die gesuchte
7. Versuch
1 - 1000 > 39
Ihre Zahl ist kleiner als die gesuchte
8. Versuch
1 - 1000 > 43
Ihre Zahl ist kleiner als die gesuchte
9. Versuch
1 - 1000 > 45
Sie haben gewonnen!
```

Wie der Code dieses Spiel betreibt, ist *eigentlich* selbsterklärend.

Ist Ihnen mal aufgefallen, dass auf den Satz »Das ist selbsterklärend« meistens eine lange Erklärung folgt? Mit dieser Tradition soll hier nicht gebrochen werden. Versuchen Sie bitte nachzuvollziehen, wie der Code im Listing die hier gezeigte Ausgabe produziert hat. Er ist zwar schlicht gehalten, aber kein Code der Welt ist wirklich *selbsterklärend*, vor allem nicht für Anfänger.

Vogelperspektive

Wenn Sie Python-Code überfliegen, springen Ihnen die folgenden Details stets ins Auge:

✔ **Lineare Ausführung:** Code in einer *.py-Datei wird durch den Interpreter von oben nach unten abgearbeitet.

✔ **Doppelpunkte:** Manche Zeilen enden mit einem Doppelpunkt. Solche Zeilen beinhalten Kontrollstrukturen oder Definitionen.

✔ **Einrückungen:** Auf Zeilen mit Doppelpunkt am Ende folgen stets eingerückte Zeilen. Sie werden nicht sofort ausgeführt, sondern erst, wenn eine bestimmte Bedingung zutrifft – welche das ist, steht in der Zeile mit dem Doppelpunkt (etwa eine logische Aussage oder der Aufruf einer Funktion).

Der Code wird fast ausschließlich durch die Einrückungen strukturiert. Es gibt keine geschweiften Klammern oder begin ... end-Strukturen wie in anderen Sprachen. Das ist am Anfang etwas gewöhnungsbedürftig, funktioniert in der Praxis aber unglaublich gut.

Es gibt allerdings auch Abweichungen von dieser Regel, man kann etwa in runden Klammern syntaktisch alles machen, was man will (na ja, fast). So wurde der Aufruf von print zur Begrüßung über zwei Zeilen verteilt, damit die einzelnen Zeilen nicht zu lang werden. Die schließende runde Klammer ist dabei nach unten gewandert.

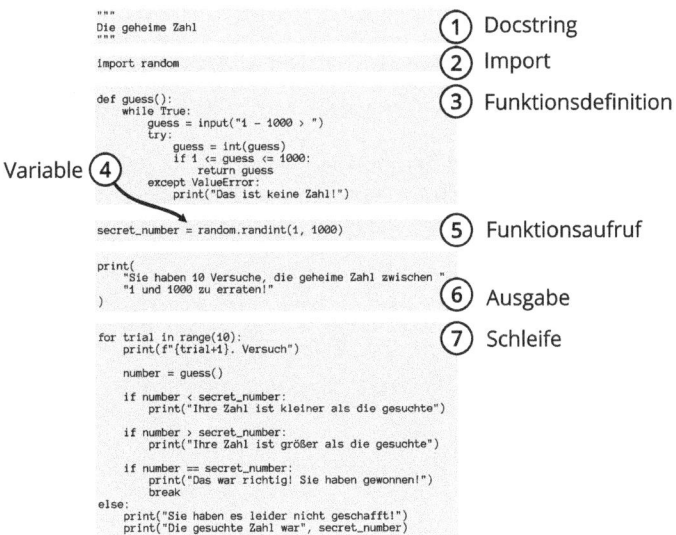

```
"""
Die geheime Zahl
"""

import random

def guess():
    while True:
        guess = input("1 - 1000 > ")
        try:
            guess = int(guess)
            if 1 <= guess <= 1000:
                return guess
        except ValueError:
            print("Das ist keine Zahl!")

secret_number = random.randint(1, 1000)

print(
    "Sie haben 10 Versuche, die geheime Zahl zwischen "
    "1 und 1000 zu erraten!"
)

for trial in range(10):
    print(f"{trial+1}. Versuch")

    number = guess()

    if number < secret_number:
        print("Ihre Zahl ist kleiner als die gesuchte")

    if number > secret_number:
        print("Ihre Zahl ist größer als die gesuchte")

    if number == secret_number:
        print("Das war richtig! Sie haben gewonnen!")
        break
else:
    print("Sie haben es leider nicht geschafft!")
    print("Die gesuchte Zahl war", secret_number)
```

① Docstring
② Import
③ Funktionsdefinition
Variable ④
⑤ Funktionsaufruf
⑥ Ausgabe
⑦ Schleife

Abbildung 4.1: Ein schlichtes Python-Programm aus der Vogelperspektive.

 Außerdem ist Ihnen vielleicht aufgefallen, dass das Programm sofort gestartet ist, nachdem Sie $ `python secretno.py` aufgerufen haben. In anderen Sprachen wie C oder C++ müssten Sie zunächst aus dem menschenlesbaren Code eine maschinenlesbare, ausführbare Datei herstellen, aber Python führt das Programm sofort aus. Der Code wird nämlich *interpretiert*, nicht *kompiliert*.

Die grobe Funktionsweise des Programms illustriert Abbildung 4.1. Der Code ist mit Absicht so klein, ist ja schließlich Vogelperspektive. Von oben nach unten gelesen finden Sie im Code:

1. **Dokumentation:** Ganz oben steht ein kurzer Text mit dem Namen des Programms oder sonstiger Dokumentation. Sie können auch Ihren Namen reinschreiben, dann wissen die Kollegen, wer sich für den Code verantwortlich fühlt.

2. **Modulimport:** Es wird ein Modul namens `random` importiert. Module enthalten Code, den Sie in Ihren Programmen verwenden können.

3. **Funktionsdefinition:** Code, der zusammengehört, wird durch verschiedene Strukturelemente gruppiert. Hier wird eine Funktion namens `guess` definiert, die eine wiederkehrende Aufgabe durchführt.

4. **Initialisierung von Variablen:** Es wird eine Variable namens `secret_number` definiert, die sich während der Programmausführung nicht mehr ändert.

5. **Funktionsaufruf:** Das Programm ruft am Anfang eine Funktion auf: `random.randint (1, 1000)`.

6. **Ausgabe:** Zur Kommunikation mit dem Spieler wird etwas Text auf dem Bildschirm ausgegeben: Er soll sich eine Zahl merken.

7. **Schleife:** Sie spielen zehn Runden gegen den Computer. Dabei wird zunächst die aktuelle Runde ausgegeben und mit der Funktion guess Ihr Rateversuch abgefragt. Danach gibt der Computer Ihnen einen Tipp, ob die geratene Zahl über oder unter der gesuchten Zahl liegt. Falls Sie die Zahl innerhalb von zehn Versuchen nicht erraten, haben Sie verloren.

Wenn Sie schon mal mit einer anderen Sprache programmiert haben, verstehen Sie beim Lesen des Codes sicher bereits den groben Ablauf des Programms und erkennen auch sofort die folgenden wichtigen Konzepte wieder:

✔ Variablen zuweisen und auslesen

✔ Eingabe und Ausgabe

✔ Bedingungen und Fallunterscheidungen

✔ Schleifen und Wiederholungen

✔ Verschiedene Datentypen

✔ Funktionsdefinitionen und -aufrufe

✔ Verweise auf externen Code

✔ Schlüsselworte und Operatoren

✔ Ausnahmebehandlung

✔ Kommentare

 Falls Sie noch nie programmiert haben, sollten Sie sich davon nicht entmutigen lassen – das wird alles noch in diesem Buch behandelt.

Selbst wenn Ihnen diese Dinge sehr vertraut vorkommen und Sie sich in Sachen Programmierung zu den Fortgeschrittenen oder gar Expertinnen zählen, sollten Sie die folgende Einführung nicht überspringen. Python wohnt eine sehr spezielle Denkweise inne, an die man sich zunächst gewöhnen muss. Nehmen Sie daher die einzelnen Schritte etwas genauer unter die Lupe.

Ein Docstring

Ganz oben im Programm steht etwas Dokumentation. Die meisten Programmiersprachen unterstützen *Code-Kommentare*, die vom Interpreter oder Compiler ignoriert werden – so auch Python. Hier handelt es sich jedoch nicht um einen Kommentar, sondern um einen *Docstring*. Diese speziellen Kommentare werden durch den Interpreter eingesammelt und können zu einem späteren Zeitpunkt ausgelesen werden. Dadurch ist die Dokumentation auch zur Laufzeit noch einsehbar.

Eine Zahl ausdenken

Als erstes muss der Computer sich eine Zahl ausdenken, die Sie raten können. Das geschieht durch den folgenden Code:

```
import random
...
secret_number = random.randint(1, 1000)
```

Dafür wird zunächst das *Modul* random importiert. Solche Imports platziert man immer an den Anfang der Datei, direkt nach dem Docstring. Im Modul befindet sich die Funktion randint. Sie wird so aufgerufen, dass sie eine Ganzzahl zwischen 1 und 1000 zurückgibt. Diese wird dann in einer Variable namens secret_number zwischengespeichert; über diesen Namen kann man im Verlaufe des Programms darauf zugreifen.

Wenn Sie das Spiel starten, gibt das Programm zuerst die Regeln aus – das geschieht durch den Aufruf von print:

```
...
print(
    "Sie haben 10 Versuche, die geheime Zahl zwischen"
    "1 und 1000 zu erraten!"
)
...
```

Um Funktionen aufzurufen, werden sie beim Namen genannt, gefolgt von runden Klammern, in denen ihre Argumente stehen. Für die Begrüßung steht hier statischer Text. Er wurde in Anführungsstriche gefasst, das macht ihn zu einem *String* (einer Zeichenkette). Grundsätzlich versucht man in Python, die Zeilen kurz zu halten, daher wurde der Text auf zwei Zeilen aufgeteilt. Bei der Ausgabe erscheint er jedoch wieder in einer Zeile.

Sowohl print als auch random.randint sind Funktionen, jedoch befindet sich randint im Modul random, das zunächst importiert werden musste. Die Funktion print hingegen muss nicht importiert werden; sie steht immer zur Verfügung. Python bringt eine Reihe sehr nützlicher Funktionen mit, die Sie nie zu importieren brauchen. Man nennt sie *Built-in-Functions* oder *eingebaute Funktionen*, weil sie in die Sprache eingebaut sind.

Eine erste Runde drehen

```
for trial in range(10):
    print(f"{trial+1}. Versuch")
    ...
```

Hier sehen Sie eine *Schleife*. Die Anweisung for <variable> in <menge> : betrachtet nacheinander alle Elemente in *<menge>* – man sagt auch: Die Elemente der *<menge>* werden *iteriert*. Im Code wird eine Zahlenspanne (range) von 0 bis 9 betrachtet. Das Argument 10 stellt die Obergrenze dar und ist exklusiv – 10 ist also nicht mehr dabei; die Spanne geht mithin von 0 bis 9 (das sind ja auch zehn Zahlen).

Die Schleife führt für jedes Element weitere Anweisungen aus, die mit vier Leerzeichen eingerückt werden und so einen *Code-Block* bilden. Im eingerückten Block steht der aktuelle Rateversuch als Variable namens `trial` zur Verfügung. Jeder Versuch wird einzeln angekündigt; dabei kommt wieder `print` zum Einsatz. Pro Runde soll das so ausgegeben werden:

```
1. Versuch
2. Versuch
3. Versuch
```

Zur Ausgabe wird die Variable in den Text eingefügt. Dabei ist der hintere Teil `". Versuch"` immer fest, nur die Zahl vorne dran ändert sich. Daher wird in den statischen Text ein Platzhalter mit geschweiften Klammern eingefügt: `"{trial+1}. Versuch"`.

Die Variable `trial` enthält die aktuelle Runde aus der Schleife, die jedoch von 0 bis 9 zählt, nicht von 1 bis 10, wie menschliche Spieler das eher erwarten würden, daher muss hier pro Runde eine 1 addiert werden.

Damit der Platzhalter bei der Ausgabe auch wirklich durch den aktuellen Wert der Variable ersetzt wird, muss der String umgewandelt werden, das geschieht durch das kleine `f` am Anfang (außerhalb der Anführungsstriche). Es handelt sich dann um einen *Format-String*; ohne diese Markierung würde die Ausgabe so aussehen:

```
{trial+1}. Versuch
{trial+1}. Versuch
{trial+1}. Versuch
```

Raten

In jeder Runde raten Sie als Spieler eine Zahl. Dazu muss der Computer Ihre Eingabe erfassen. Dieser Vorgang ist in eine Funktion namens `guess` ausgelagert:

```
for trial in range(10):
    ...
    number = guess()
    ...
```

Python-Code wird normalerweise von oben nach unten ausgeführt, aber beim Aufruf einer Funktion springt die Ausführung in deren Code und macht im Rumpf der Funktion weiter. Funktionen gruppieren Code-Zeilen, die logisch zusammengehören und häufig benötigt werden. Die Einzelteile der Funktion `guess` zeigt Abbildung 4.2.

Hier sind einige Dinge bemerkenswert:

1. **Doppelpunkte:** Manche Zeilen enden in Doppelpunkten. Das Betrifft zum Beispiel Funktionsdefinitionen (`def`), Schleifen (`while`) und Bedingungen (`if`) sowie die Ausnahmebehandlung (`try ... except`).

2. **Einrückungen:** Nach dem Doppelpunkt geht es eingerückt weiter. Verwenden Sie zur Einrückung stets 4 Leerzeichen. Der eingerückte Code wird nur dann aktiv, wenn eine bestimmte Bedingung zutrifft.

3. **Ablaufsteuerung:** Der lineare Ablauf des Codes wird durch Schleifen und Bedingungen gesteuert. Dadurch werden eingerückte Zeilen übersprungen oder wiederholt.

4. **Eingabe und Ausgabe:** Eingabe und Ausgabe auf der Konsole sind so gebräuchlich, dass die dafür notwendigen Funktionen ohne Imports bereitstehen.

5. **Logik:** Wahrheitswerte und logische Ausdrücke sind leicht verständlich.

6. **Ausnahmebehandlung:** Mithilfe von Ausnahmen können Sie auf Fehler und Ereignisse reagieren.

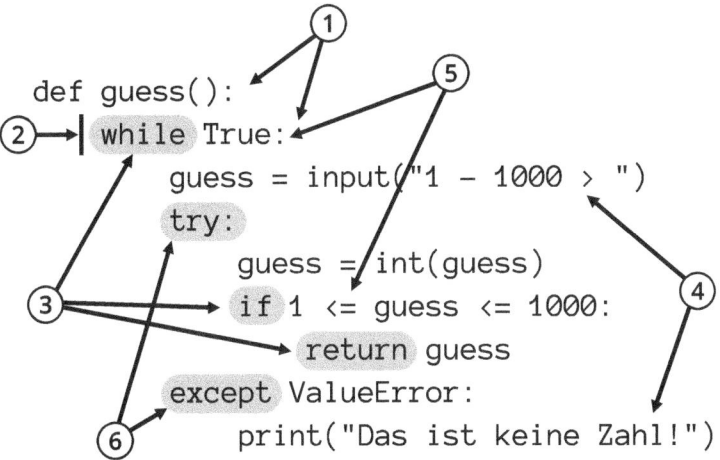

Abbildung 4.2: Die Funktion guess liest eine Zahl von der Tastatur ein.

Zweck der Funktion ist es, eine korrekte Eingabe für das Spiel zu erfassen, also eine Zahl zwischen 1 und 1000 – alles andere wäre Unsinn. Eingaben von der Tastatur werden grundsätzlich über die Funktion input erfasst. Diese bekommt als Argument einen Text zur Aufforderung an den Nutzer: guess = input("1 - 1000 > "). Die spitze Klammer soll zum Tippen animieren.

Das ist auch schon der Kern der Sache; vereinfacht könnte die Funktion also auch so aussehen:

```
def guess():
    return input("1 - 1000 > ")
```

input erfasst so lange Zeichen, bis Sie Enter drücken, und gibt das dann als String zurück. Durch das Schlüsselwort return wird die Funktion beendet und das Ergebnis zurückgegeben; dann wird wieder an der Stelle des Aufrufs weitergemacht:

```
...
number = guess()

if number == secret_number:
    print("Das war richtig! Sie haben gewonnen!")
...
```

Die erfasste Zahl (`number`) wird mit der geheimen Zahl (`secret_number`) verglichen, um zu prüfen, ob Sie diese Runde gewonnen haben.

Im Moment würde das jedoch zu einem Fehler führen! Python kann nur ähnliche Daten vergleichen, daher muss der eingegebene Text zuerst in eine Zahl konvertiert werden.

Aus diesem Grund wird das Ergebnis vor der Rückgabe konvertiert:

```
def guess():
    return int(input("1 - 1000 > "))
```

Hier wird die eingebaute Funktion `int` aufgerufen, die einen String annimmt und eine Zahl daraus macht. Wenn Sie also "256" eintippen, macht die Funktion aus den Symbolen für 2, 5 und 6 eine richtige Zahl.

Bei so einer Eingabe kann allerdings ganz schön viel schiefgehen. Sie könnten zum Beispiel auch einfach `awjdlkasjdkasdf` eingeben. Das ist natürlich keine Ganzzahl, was `int` auch bemerken und einen Fehler produzieren würde. Um das zu vermeiden, wird die Konvertierung von einem `try ... except`-Block umgeben:

```
def guess():
    try:
        return int(input("1 - 1000 > "))
    except ValueError:
        print("Das ist keine Zahl!")
```

Unerwartete Ereignisse, wie zum Beispiel ein Eingabefehler, werden in Python über einen eigenen Nachrichtenkanal verarbeitet. Wenn die Funktion `int` Buchstabensalat bekommt und daraus keine Zahl machen kann, entsteht ein `ValueError`. Dieser muss vom umgebenden Code behandelt werden, sonst wird er sukzessive an die aufrufenden Ebenen weitergereicht, bis er behandelt wird.

Wenn keine Stelle im Code den Fehler behandelt, wird er einfach ausgegeben und das Programm bricht ab. Solche *Abstürze* kennen Sie mit Sicherheit – und die sind immer unschön, daher wird der mögliche `ValueError` abgefangen und der Nutzer auf die Fehleingabe hingewiesen.

Trotzdem braucht das Programm aber eine Zahl, sonst kann es nicht prüfen, ob Sie gewonnen haben. Daher wird im Falle einer Fehleingabe einfach der Code wiederholt. Die Funktion sollte daher so aussehen:

```
def guess():
    while True:
        try:
            return int(input("1 - 1000 > "))
        except ValueError:
            print("Das ist keine Zahl!")
```

Hier wurde eine `while`-Schleife eingesetzt. Schleifen wiederholen eingerückten Code, wenn eine Bedingung zutrifft. In diesem Fall ist die Bedingung einfach der Wert `True` und der trifft immer zu – die Schleife prüft also gar nichts, sondern wiederholt einfach immer den Code.

Die Funktion führt somit die `input`-Funktion aus und wenn Sie statt einer Zahl irgendwelchen Quatsch eingeben, dürfen Sie die Eingabe wiederholen. Ist diese eine gültige Zahl, dann sorgt `return` dafür, dass sowohl die Schleife als auch die Ausführung der Funktion beendet werden.

Die Prüfung lässt sich noch verfeinern; immerhin erwartet das Programm ja nicht irgendeine Zahl, sondern eine zwischen 1 und 1000. Auch das sollten Sie prüfen. Damit sieht die Funktion so aus:

```
def guess():
    while True:
        guess = input("1 - 1000 > ")
        try:
            guess = int(guess)
            if 1 <= guess <= 1000:
                return guess
        except ValueError:
            print("Das ist keine Zahl!")
```

Es wird also eine Eingabe abgefragt (`input(...)`) und dann in eine Zahl konvertiert (`int(...)`). Dann wird geprüft, ob der Wert zwischen 1 und 1000 liegt. Ist das der Fall, wird die Zahl zurückgegeben und kann weiterverarbeitet werden; falls nicht, dreht die Schleife noch eine Runde.

Hast du einen Tipp?

Nun haben Sie eine Zahl erraten und der Computer kann prüfen, ob Sie richtig lagen. Sofern Sie noch nicht richtig lagen, bekommen Sie immerhin noch einen Tipp für die nächste Runde:

```
for trial in range(10):
    # Versuch ausgeben
    print(f"{trial+1}. Versuch")
    number = guess()

    if number < secret_number:
        print("Ihre Zahl ist kleiner als die gesuchte")

    if number > secret_number:
        print("Ihre Zahl ist größer als die gesuchte")

    if number == secret_number:
        print("Das war richtig! Sie haben gewonnen!")
        break
else:
    print("Sie haben es leider nicht geschafft!")
    print("Die gesuchte Zahl war", secret_number)
```

Hier ist die Ablaufsteuerung innerhalb der Schleife bemerkenswert. Wenn Sie falsch geraten haben, sehen Sie einen Tipp, der zu Ihrer geratenen Zahl passt und die Schleife fängt von vorne an. Sofern Sie richtig geraten haben, erhalten Sie eine Nachricht und das Programm wird durch `break` beendet. In diesem Fall wird der abschließende `else`-Block übersprungen. Dieser wird somit nur aktiviert, wenn die Schleife bis zum Ende alle Versuche durchläuft.

Weiter geht's!

Wie Sie sehen, ist Python-Code gut lesbar, verwendet nur wenige Sonderzeichen und hat viele sprechende Funktionsnamen. Struktur wird durch Doppelpunkte und Einrückungen geschaffen, und es gibt verschiedene Formen von Schleifen, deren Ablauf flexibel gesteuert werden kann. Nützliche Funktionen sind ohne Umwege verfügbar.

 Im Vergleich zu anderen Sprachen fehlen einige Konstrukte, wie etwa fußgesteuerte Schleifen in Form einer `do ... while ...`-Struktur oder Fallunterscheidungen mit `switch ... case ... default`. Da sich diese Konstrukte aber auch anders formulieren lassen, stellt ihr Fehlen in der Praxis kein größeres Problem dar.

Für diesen Einstieg wurden natürlich viele weitere Elemente der Sprache weggelassen – in der Praxis können Python-Programme noch ganz anders aussehen. Aber eins nach dem anderen.

Kapitel 5
Syntax – die lokale Mundart

Verschiedene Ausdrucksformen

Das letzte Kapitel hat einen ersten Eindruck von der Sprache Python vermittelt, aber der ist mit Sicherheit alles andere als vollständig. Es gibt in Python viele verschiedene Arten, wie man Code formulieren kann. In der Praxis ist Code komplexer und Ideen sind komplizierter und dabei wird Code auch nicht von oben nach unten, sondern im Sechseck springend ausgeführt.

Eine gute Programmiersprache sollte Sie dabei unterstützen, die jeweils angemessene Lösung zu formulieren und sollte dafür verschiedene Denk- und Ausdrucksweisen unterstützen. In der Fachsprache nennt man diese auch *Paradigmen*. Python ist für viele Programme eine gute Wahl, da es unterschiedliche Paradigmen unterstützt:

✔ strukturiert

✔ funktional

✔ objektorientiert

Die strukturierte Programmierung ist das grundlegendste Paradigma. Dabei werden Programme von oben nach unten ausgeführt und durch Kontrollstrukturen in »Unterprogramme« zerlegt. Die funktionale Programmierung hingegen zerlegt ein Programm in Funktionen und versucht, Seiteneffekte zu vermeiden – dadurch sind komplexere Programme möglich. In der objektorientierten Programmierung werden Programme durch die Beziehungen von Klassen und Objekten ausgedrückt.

 In Python gibt es keine scharfe Trennung zwischen diesen Stilen, meist vermischt man sie nach Gutdünken. Im Verlaufe des Buches werden die notwendigen Bausteine nach und nach beschrieben; hier beginnt die Reise mit grundlegenden Kontrollstrukturen.

Um ein korrektes Python-Programm zu schreiben, müssen Sie aber zuallererst etwas über den grundlegenden Satzbau – die *Syntax* – wissen. Python ist etwas engstirniger als andere Programmiersprachen und legt großen Wert auf Einrückungen und Umbrüche – dafür gibt es aber weniger Klammern als anderswo.

Zeilen

In diesem Abschnitt erfahren Sie ein paar Dinge über die grundlegende Python-Syntax, also die engmaschigen Kodierregeln der Programmiersprache. Um diese schrittweise kennenzulernen, erstellen Sie eine leere Datei namens `program.py`.

 Speichern Sie die Datei und auch alle weiteren Python-Programme mit der Endung `.py` ab! Das ist genau genommen nicht notwendig, aber eine sinnvolle Konvention, denn so können Sie schon von Weitem erkennen, dass es sich bei dieser Datei um ein Python-Programm handeln muss.

 Unter Windows müssen Sie eventuell erst die Anzeige von Dateiendungen einschalten. Das geht im Explorer unter ANSICHT/OPTIONEN/ORDNER- UND SUCHOPTIONEN ÄNDERN. Im folgenden Dialog gibt es einen Reiter ANSICHT und da eine Checkbox ERWEITERUNGEN BEI BEKANNTEN DATEITYPEN AUSBLENDEN. Entfernen Sie den Haken und bestätigen Sie den Dialog, jetzt sollten Sie im Explorer die Dateiendungen erkennen.

Als nächstes führen Sie die Datei aus, indem Sie in der Kommandozeile das Programm an den Interpreter übergeben:

```
$ python program.py
```

Wie Sie sehen, passiert ... nichts. Kein Wunder, in der Datei steht ja auch kein Code, der irgend etwas tun könnte. Das mag unsinnig wirken, ist aber tatsächlich ganz interessant, wenn Sie überlegen, dass man in anderen Sprachen erst mal 10 sehr kryptische Zeilen tippen muss, bis da überhaupt irgendetwas läuft. Python ist da einfacher: Eine leere Datei ist ein gültiges Programm und zum Start sind keine Vorarbeiten notwendig.

Da leere Dateien aber von Haus aus nicht viel für Sie tun, sollten Sie lieber noch etwas Code einfügen:

```
# Beispiel
result = 1 + 2
print(result)
```
Listing 5.1: program.py

Wenn Sie dieses Programm ausführen, sollte auf dem Bildschirm eine 3 erscheinen. Das Programm besteht aus folgenden drei Befehlen:

1. Angeschmiert, die erste Zeile ist kein Befehl, sondern ein Kommentar. Kommentare helfen, den Code zu beschreiben, werden aber bei der Ausführung ignoriert.

2. In der zweiten Zeile wird eine Rechnung durchgeführt und das Ergebnis in einer Variable gespeichert.

3. In der Dritten wird das Ergebnis ausgegeben.

Dieses Beispiel zeigt bereits einige grundlegende Prinzipien:

✔ Der Code wird grundsätzlich von oben nach unten abgearbeitet.

✔ Eine neue Zeile leitet einen neuen Befehl ein.

Zeilen sind in Python sehr wichtig, denn sie helfen, Befehle voneinander abzugrenzen. So wäre das folgende Programm ungültig:

```
# Beispiel
result = 1 + 2 print(result)
```
Listing 5.2: program.py

Hier wird der Interpreter einen allgemeinen Syntax-Fehler melden und die Ausführung des Programms verweigern. Das folgende Programm wiederum wäre ok, aber es würde beim Ausführen nichts tun:

```
# Beispiel result = 1 + 2 print(result)
```
Listing 5.3: program.py

Durch die fehlenden Umbrüche zählen alle Befehle zum Kommentar und werden ignoriert.

 Der Zeilenumbruch hat also eine wichtige Funktion, ohne funktioniert kein Python-Programm.

Das gleiche trifft auf Einrückungen zu. Zum Beispiel ist das folgende Programm ungültig:

```
···# Beispiel
·result = 1 + 2
····print(result)
```
Listing 5.4: program.py

Hier wurden die Zeilen willkürlich eingerückt, was der Interpreter mit einem IndentationError – also einem Einrückungsfehler – quittieren würde. Einrückungen haben eine besondere Bedeutung und strukturieren den Code. Details erfahren Sie gleich im Abschnitt *Zusammengesetzte Anweisungen*. Vorher müssen aber noch einige Begriffe definiert werden.

Schlüsselwörter, Anweisungen und Ausdrücke

Innerhalb einer Zeile verwenden Sie verschiedene *Befehle*, um auszurücken, dass irgendetwas passieren soll. Dieser Begriff ist nicht sehr eindeutig, denn es gibt verschiedene Arten von Befehlen. Man unterscheidet:

✔ **Anweisungen** (auf Englisch: Statements) sind Befehle, die den Interpreter steuern, etwa um die Ausführung des Programms zu unterbrechen oder zu verzweigen.

✔ **Ausdrücke** (auf Englisch: Expressions) sind Befehle, die einen *Wert* erzeugen.

Beide Arten von Befehlen verwenden meist reservierte Ausdrücke im Code, die sogenannten *Schlüsselwörter*.

Reserviert bedeutet dabei, dass Sie diese Wörter nicht als Variablennamen verwenden dürfen. Tabelle 5.1 listet sie alle auf.

Schlüsselwörter sind reservierte Wörter. Sie haben eine besondere Bedeutung und dürfen nicht als Variablennamen verwendet werden.

Die meisten Schlüsselwörter in Tabelle 5.1 leiten eine Anweisung ein. Manche sind aber auch Operatoren (wie zum Beispiel and, or oder is). True, False und None sind Ausdrücke – sie erzeugen Werte, die für die Logik wichtig sind.

Beim Programmieren werden Anweisungen und Ausdrücke stets miteinander kombiniert. Abbildung 5.1 zeigt eine solche Kombination. Wenn Sie in einer Zeile Ihres Programms x = 5 + 6 schreiben, dann haben Sie eine Variable mit den Wert 11 im Speicher liegen. Die Zuweisung (1) ist eine Anweisung, die einen Namen (x) erzeugt und ihm einen Wert zuweist (hier wird allerdings kein Schlüsselwort verwendet, sondern ein Operator – das Ist-gleich-Zeichen).

False	await	else	import	pass
None	break	except	in	raise
True	class	finally	is	return
and	continue	for	lambda	try
as	def	from	nonlocal	while
assert	del	global	not	with
async	elif	if	or	yield

Tabelle 5.1: Pythons Schlüsselwörter

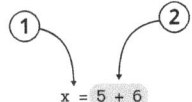

Abbildung 5.1: Anweisung (1) und Ausdruck (2) sind ein Team.

 Die meisten Anweisungen haben eine Art Aufnahme oder Steckplatz, in die ein Ausdruck gehört. Im Falle der Zuweisung ist das einfach die rechte Seite des Ist-gleich-Zeichens (2). Diese wird beim Abarbeiten der Zeile durch den Interpreter zuerst ausgewertet und hier finden Sie einen Ausdruck – eine Rechnung, die ein Ergebnis erzeugt. Tatsächlich besteht der Ausdruck aus mehreren Termen, die für sich genommen auch wieder Ausdrücke sind (die Fünf und die Sechs sind Zahlenliterale, die für sich genommen ein Objekt mit dem Zahlenwert erzeugen).

Der Effekt einer Anweisung verändert meist etwas im Hintergrund, sodass Sie das Ergebnis nicht einfach als Wert weiterverarbeiten können. Man spricht auch von einem *Seiteneffekt*. So dient die Anweisung import dazu, ein Modul zu laden, dessen Name dann im Laufe des Programms zur Verfügung steht, aber Sie könnten den Befehl nicht einfach weiterverarbeiten:

```
# Ok
import math
```

```
# Ungültig
module = import math
```

 Der Begriff *Seiteneffekt* ist eine schlechte Übersetzung des englischen *side effect*, was eigentlich besser mit *Nebenwirkung* übersetzt wird, allerdings assoziiert man das eher mit Medikamenten, Ärzten und Apothekern, die man danach fragen müsste, daher wird hier wie in der Fachwelt der Begriff Seiteneffekt benutzt.

Ausdrücke sind häufig gegeneinander austauschbar und können ineinander geschachtelt werden. Anweisungen nehmen meist Ausdrücke an, jedoch keine weiteren Anweisungen.

Beispielsweise ist der folgende Code nicht gültig, denn das if ist eine Anweisung, die einen Ausdruck auf seinen Wahrheitsgehalt überprüft. Die Zuweisung ist aber kein Ausdruck, sondern eine Anweisung und hat kein direktes Ergebnis, daher kann sie nicht überprüft werden:

```
# Falsch!
if x = 5 + 6:
    print(x)
```

Die Unterschiede zwischen Ausdrücken und Anweisungen verwischen manchmal, denn viele Sprachelemente in Python gibt es sowohl als Anweisung als auch als Ausdruck. Die Zuweisungs*anweisung* zum Beispiel hat einen Bruder, den *Zuweisungsausdruck*:

```
# Geht, ist aber etwas unsinnig
if x := 5 + 6:
    print(x)
```

Der Unterschied liegt im Detail, hier verwenden Sie nicht =, sondern : =. Dadurch ist das Ergebnis der Anweisung gleichzeitig ein Wert, nämlich der Wert des zugewiesenen Elements. Hier soll nur gezeigt werden, dass das syntaktisch korrekt ist.

Genau wie :) von der Seite wie ein Grinsegesicht aussieht, kann man den Operator : = wie ein Smiley betrachten. Dieser Operator wird demzufolge auch liebevoll »Walross-Operator« genannt. Der Doppelpunkt sind die Augen; das Ist-gleich-Zeichen stellt die Stoßzähne dar – und diese Stoßzähne sind durchaus symbolisch zu verstehen, denn an ihnen hat sich Guido van Rossum höchstpersönlich ein bisschen gestoßen. Vielleicht erinnern Sie sich an den Abschnitt *Politische Entscheidungsprozesse* in Kapitel 1? Die hitzige Diskussion um diesen Operator im Rahmen von PEP 572 verleitete van Rossum dazu, von seinem Posten als BDFL zurückzutreten.

Gehen Sie sparsam mit dem Walross-Operator um. Zuweisungs*ausdrücke* sollten die Ausnahme sein, da sie semantisch doppeldeutig sind und man damit Fehler produzieren kann. Sie machen bestimmte Fälle etwas einfacher, wie zum Beispiel bestimmte Formen von Schleifen. Grundsätzlich sollten Sie Variablen mithilfe der Anweisung anlegen. Wenn Sie den Unterschied nicht genau verstanden haben, dann sollten Sie unbedingt a = b verwenden und **nicht** a := b.

Zusammenfassend:

✔ Schlüsselwörter dürfen nicht als Variablennamen eingesetzt werden.

✔ Man unterscheidet Anweisungen und Ausdrücke.

✔ Anweisungen haben meist Seiteneffekte.

✔ Ausdrücke erzeugen einen Wert.

✔ Viele Anweisungen gibt es auch als Ausdruck.

Zusammengesetzte Anweisungen

Eine Anweisung kommt selten allein, denn meistens werden Anweisungen mit Ausdrücken gepaart. Natürlich gibt es auch Ausnahmen, denn manchmal muss man dem Interpreter direkt irgendwas mitteilen, ohne um den heißen Brei herumzureden.

Beispielsweise können Sie dem Interpreter sagen, dass er gar nichts tun soll – die direkteste Anweisung überhaupt:

```
pass
```

Dies ist die einzige Anweisung, die kommentarlos immer verarbeitet werden kann. Sie weist den Interpreter an, nichts zu tun.

Alle anderen Anweisungen benötigen entweder etwas Kontext oder ein Argument (also irgendeinen zusätzlichen Ausdruck), um irgendwas zu tun. Man findet viele *einfache Anweisungen*. Die sehen meistens so aus:

```
<Kontext>
<Anweisung> <Ausdruck>
```

Mit *Kontext* ist gemeint, dass vor der Anweisung immer ein bestimmter Code stehen muss. So ist die Anweisung return außerhalb einer Funktion nicht gültig. Der Ausdruck kann manchmal weggelassen werden, so gibt return ohne Ausdruck einen »Nichts«-Wert zurück (den Wert None).

Es gibt aber auch noch *zusammengesetzte Anweisungen*. Diese haben die Form

```
<Anweisung> <Ausdruck>:
···· <Folge>
```

Mit <Folge> ist gemeint, dass hier weitere, eingerückte Anweisungen stehen müssen, sonst ist die zusammengesetzte Anweisung unvollständig. So ergibt sich auch, warum es eine pass-Anweisung gibt – wenn Sie nämlich noch nicht genau wissen, was die zusammengesetzte Anweisung eigentlich tun soll. Dann können Sie schreiben:

```
<Anweisung> <Ausdruck>:
····pass
```

An dieser Stelle werden wieder Punkte gezeigt, aber natürlich sind hier Leerzeichen gemeint. Der andere Code im Buch wird stets mit vier Leerzeichen eingerückt, dabei werden die Punkte nicht angezeigt.

1. Die meisten Anweisungen verwenden ein Schlüsselwort, gefolgt von einem Ausdruck.

2. Zusammengesetzte Anweisungen bestehen aus einem Schlüsselwort und einer Reihe von weiteren Anweisungen, die nach einem Doppelpunkt in den Zeilen darunter eingerückt folgen.

3. Diese folgenden Zeilen werden durch vier Leerzeichen *eingerückt*. Im Beispiel wird dies durch Punkte dargestellt, aber damit sind Leerzeichen gemeint.

Einrückung

Nur wenn die Anweisung »stimmt«, werden die folgenden Zeilen ausgeführt. Einrückungen kommunizieren damit, dass der eingerückte Code irgendwie vom Vorherigen abhängt und dass die eingerückten Zeilen zusammengehören. Man spricht daher auch von einem eingerückten *Block*, oder dem *Körper* (etwa dem Körper einer Funktion, oder Denglisch: dem »Funktions-Body«).

Immer wenn eine Zeile mit einem Doppelpunkt endet, muss die nächste Zeile eingerückt werden. Dies kann mehrmals hintereinander erforderlich sein, dann spricht man von
Einrückungs*ebenen*:

```
for name in ['Horst', 'Johannes']:
····for character in name:
········print(character)
```

 Vier Leerzeichen pro Ebene haben sich eingebürgert und werden auch offiziell
empfohlen. Genau genommen können Sie aber auch mehr oder weniger Leerzeichen oder sogar Tabulator-Zeichen zur Einrückung verwenden. Allerdings sollten Sie dabei konsistent bleiben: Wenn Sie Code willkürlich mal mit drei, mal
mit zwei, mal mit vier Zeichen einrücken, beschwert sich der Python-Interpreter
und verweigert die Ausführung Ihres Programms.

Alle Zeilen mit der gleichen Einrückungstiefe gehören zu einer Ebene. Diese dürfen Sie auch
mit Leerzeilen segmentieren:

```
for name in ['Horst', 'Johannes']:
····print("Name:")
····print(name)
····
····print("Länge:")
····print(len(name))
```

Python ist, was Einrückungen angeht, etwas penibel. Die Einrückungen müssen stimmen,
sonst geht ihr Code nicht:

```
print("Hello, ")
····print("World!")
```

Diesen Code wird der Interpreter mit der folgenden Meldung ablehnen:

```
    File "C:\Users\johannes\Desktop\indent.py", line 2
    print("World!")
IndentationError: unexpected indent
```

Sie können Einrückungen nicht frei platzieren. Einen Lichtblick gibt es aber: Innerhalb von
runden oder eckigen Klammern können Sie relativ frei Zeilen umbrechen und einrücken.
Operationen gehen also immer von Klammer zu Klammer oder eben bis zum Zeilenende:

```
# Ok!
hint = ask_for_hint(accepted_answers=['j', 'h', 'n'])

# Auch ok!
hint = ask_for_hint(
    accepted_answers=[
        'j',
        'h',
        'n'
    ]
)
```

Einrückungen für Umsteiger

In vielen anderen Sprachen verwendet man zum Definieren von Code-Blöcken (geschweifte) Klammern. Python-Neulinge, die schon viel Erfahrung mit anderen Sprachen haben, rümpfen meistens die Nase, wenn sie sehen, dass Einrückungen ohne Klammern und Semikolons den Code strukturieren. Es dauert aber nur kurz, bis man sich umgestellt hat, es ist wirklich einfach Gewöhnungssache. Sie rücken ja auch in Java, C, C# oder sonst fast allen anderen Programmiersprachen zur besseren Übersicht Ihren Code ein – eigentlich lassen Sie also in Python nur die Klammern weg. Wenn sich das anfangs seltsam anfühlt, ist das normal.

Die Klammerlosigkeit hat aber auch einige Vorteile, da sich so einige Doppeldeutigkeiten wie in anderen Sprachen vermeiden lassen. In den Sprachen der C-Familie etwa kann man geschweifte Klammern und Semikolons manchmal weglassen, aber der Code bedeutet dann etwas anderes. Prominentes Beispiel war der »Goto Fail« getaufte Fall, der ca. 2014 publik wurde und die Sicherheit von vielen Apple-Geräten gefährdete.

Also: Üben! Am Anfang vertippt man sich zwei, drei Mal, aber nach 1–2 Tagen hat man den Bogen raus und macht automatisch die richtige Einrückung. Dadurch, dass es keine Klammern gibt, werden Programme sogar klarer und fehlerfreier, weil dadurch bestimmte Sonderfälle nicht auftreten können.

Tippen Sie Leerzeichen nicht einzeln, sondern verwenden Sie die Tabulatortaste ⇆. Die ist für genau solche Einrückungen gedacht. Stellen Sie Ihren Editor aber so ein, dass die Tabulatortaste vier Leerzeichen einfügt – das geht in jedem Editor. Es kann sein, dass Sie sonst ein Tabulator-Steuerzeichen produzieren.

Variablen

Sicher haben Sie die Zeilen mit den Zuweisungen längst verstanden; Das sind alle Zeilen der Form <*name*> = <*wert*>. Auf diese Art können Sie Daten in Ihrem Programm anlegen, die Sie dann später zur Entscheidungsfindung heranziehen oder um das Ergebnis einer Berechnung zu speichern.

Weil dabei ganz schön viel passiert, sollten Sie sich Abbildung 5.2 einmal etwas näher anschauen.

1. Das Ist-gleich-Zeichen nennt man auch den *Zuweisungsoperator*.

2. Links steht ein *Name* oder auch *Bezeichner* der Variable.

3. Rechts steht ein Ausdruck, der einen *Wert* erzeugt. In diesem Fall handelt es sich um ein String-*Literal*.

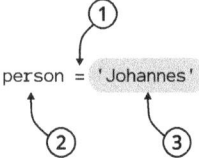

Abbildung 5.2: Eine Zuweisung – so entsteht eine Variable.

Namensfindung

Aufgepasst, die linke Seite ist besonders wichtig. Hier legen Sie fest, wie Sie den Wert im weiteren Verlauf des Programms ansprechen, um mit dem Wert der Variable weiter zu rechnen oder sie auszugeben.

Hier haben Sie einen sehr wichtigen Freiheitsgrad, denn Sie können sich ein beliebiges Wort ausdenken. Dabei müssen Sie sich bloß an diese paar Regeln halten:

✔ Sie dürfen Zahlen und Buchstaben sowie Unterstriche verwenden.

✔ Der Bezeichner darf nicht mit einer Zahl anfangen.

✔ Groß- und Kleinschreibung werden unterschieden.

✔ Die Länge des Namens ist unbegrenzt.

✔ Er darf jedoch kein reserviertes Wort sein (kein *Schlüsselwort*).

Außerdem gibt es noch Konventionen dafür, wie Sie Groß- und Kleinschreibung einsetzen sollten und wann Sie Unterstriche verwenden. Die Konventionen interessieren den Interpreter aber nicht, sondern sie stammen aus der Community. So sind Sie angehalten (PEP 8), die Bezeichner l (kleines L), O (großes Oh) und I (großes Ih) zu vermeiden, da diese – je nach Schriftart – anderen Buchstaben zum Verwechseln ähnlich sehen.

Ansonsten können Sie hinschreiben, was Sie wollen. Sie sollten die Wahl eines guten Variablennamens allerdings nicht dem Zufall überlassen (so wie etwa die Hersteller von Computer-Monitoren dies tun, wenn Sie ein neues Modell benennen, zum Beispiel »VG27AQL1A«). Variablen im Code sind eher wie Kinder – der Name kann an verschiedenen Punkten im Leben entscheidende Weichen stellen. Der Name eines Menschen kann beeinflussen, wie sehr jemand im Kindergarten oder im Bewerbungsgespräch gehänselt wird oder wie gut man sich an die Person erinnert.

 In der Rhein-Neckar-Zeitung erschien im September 2022 ein Artikel über eine Baustelle in einer Heidelberger Straße. Die Anlieger waren etwas verärgert, da der Fußzugang zu Ihren Geschäften dadurch blockiert war. All das wäre nicht erwähnenswert gewesen, jedoch gab es ein Detail. Von der Baustelle betroffen war auch der Inhaber eines Geschäfts für Herrenmode. Der Name des Inhabers? Herrmann Sock. Wenn Ihr Herrenausstatter so heißt, dann wissen Sie, dass Sie in guten Händen sind.

Der Name einer Variable sollte aussagen, wofür sie gedacht ist. Dabei sollten Sie versuchen, Namen aus der Welt Ihrer Problemstellung zu verwenden und eher technische Begriffe zu vermeiden. Deswegen heißt die Variable in Abbildung 5.2 auch person und nicht record oder data. Außerdem sollten Sie versuchen, nicht zu robotisch an die Sache ranzugehen. Auch deswegen heißt die Variable person und nicht person_name_str.

Leider gibt es hier kein Patentrezept. Nehmen Sie sich die Zeit, um sich gute Variablennamen zu überlegen, und achten Sie auf ihr Bauchgefühl. Namen sorgen dafür, dass Sie später noch verstehen, was Ihr Programm tut, wie es arbeitet und welche Änderungen Sie vornehmen können. Wenn Sie nicht vorsichtig sind oder die Variablen nur a, b und c und so weiter nennen, dann wissen Sie hinterher nicht mehr, wie der Code arbeitet. Falsche Namen können dazu führen, dass Sie sich nicht an sie erinnern. Schlimmer noch, manche Variablennamen sind inhaltsleer oder sogar irreführend.

Generell sollten Sie Bezeichner mit nur einem Buchstaben und Abkürzungen vermeiden, da diese die Verständlichkeit des Codes verschlechtern – außer natürlich es handelt sich dabei um gängige Konventionen (wie r, g, b für Farben oder x, y, z für Koordinaten).

Außerdem wichtig: Namen sind eindeutig, es kann sie also nur einmal geben. Wenn Sie einen Variablennamen mehrfach vergeben, gewinnt die letzte Zuweisung, die alle vorherigen überschreibt. Sie erhalten keine Warnung, denn für Python ist das kein Fehler.

Der Variablenname _ (ein einfacher Unterstrich) hat eine Sonderrolle. Auf der *REPL* wird das jeweils letzte Ergebnis in einer Variable mit diesem Namen gespeichert. In Ihren eigenen Programmen können Sie ihn gerne nutzen, jedoch wird er häufig dafür verwendet, um anzuzeigen, dass ein Wert ignoriert werden soll.

Literale

Damit ist zur linken Seite einer Zuweisung alles gesagt, aber bisher gab es nur wenige Infos zur rechten Seite. Wo kommen die Daten der rechten Seite her?

✔ Entweder, Sie erzeugen Sie dynamisch zur Laufzeit.

✔ Oder Sie schreiben Sie direkt hin.

Werte direkt hinzuschreiben, ist ziemlich intuitiv: wenn Sie eine 5 schreiben, erhalten Sie auch eine 5. Wenn Sie eine Zeichenkette schreiben, dann erhalten Sie einen String. Diesen Trick wiederholt Python auch noch für andere Datentypen, wie Sie Tabelle 5.2 entnehmen können.

Hingeschriebene Werte bezeichnet man als *Literale* (vom lateinischen Wort für Buchstabe, *littera*) da Sie beim Einlesen des Programms buchstäblich verarbeitet werden. Im Gegensatz dazu können sie Werte auch dynamisch erzeugen, etwa durch eine Berechnung oder eine Funktion.

Typ	Beispiel	Zweck
Ganzzahl	`x = 5`	Rechnen und Zählen
Gleitkommazahl	`pi = 3.14`	Rundungsfehler machen
Wahrheitswert	`y = True`	logische Ausdrücke
komplexe Zahl	`v = 2 + 3j`	braucht man so gut wie nie
Text	`name = "Johannes"`	sprachliche Äußerungen
Liste	`numbers = [1, 2, 3, 4]`	Allzweckwaffe 1
Tupel	`record = (-0.439, 0.004342)`	Allzweckwaffe 2
Sets	`items = {1, 5, 3, 6, 2, 1, 2, 1}`	Mengenlehre
Dictionary	`person = {"name": "Johannes"}`	Schlüssel-Wert-Paare

Tabelle 5.2: Literale – in die Sprache eingebaute Daten

Je nachdem, was Sie hinschreiben, bekommen Sie eine Zahl, einen String, eine Liste oder etwas anderes. Man unterscheidet bei Variablen deren *Datentyp*, also die Art von Datum und was Sie damit machen können. Die hier gezeigten Datentypen sind ohne Umwege verfügbar – es gibt noch einige mehr, aber die sind für Spezialfälle gedacht und müssen separat ins Programm geladen werden.

Zu den einfachen Datentypen gehören Wahrheitswerte (`True`, `False`), Ganzzahlen (`0`, `1`, `29`, `3000`) und Gleitkommazahlen (`3.1415`). Daneben gibt es noch eine Reihe von zusammengesetzten Datentypen, die wie Container fungieren, etwa Listen, Tupel und Dictionarys – auch Zeichenketten gehören dazu.

 Literale sind der direkteste Weg, um Daten in ein Programm zu bekommen. Sie sind eng mit der Sprache verwoben und bringen eigene Syntax-Regeln mit sich. Tabelle 5.2 dient hier erst mal nur als Vorschau mit der jeweils einfachsten Version der Geschichte, denn für viele Literale gibt es noch syntaktische Sonderformen, zum Beispiel kann man lange Ganzzahlen mit Unterstrichen lesbarer machen: `1_000_000`. Das klären aber die folgenden Kapitel:

✔ Zahlen werden im Kapitel 8 unter *Der eingebaute Taschenrechner – ein bisschen Mathe* diskutiert.

✔ Den Wahrheitswerten ist Kapitel 9 unter *Wahrheit oder Pflicht – logische Ausdrücke formulieren* gewidmet.

✔ Listen, Tupel, Sets und Dicts lernen Sie in Kapitel 10 unter *Verpackungstechnik – eingebaute Container-Datentypen* kennen.

Objekte

Alle Datentypen in Python sind *Objekte*, das bedeutet, dass nicht einfach nur rohe Daten im Speicher liegen. Objekte bringen zu bestimmten Daten gleich passende Operationen mit. Zum Beispiel können Sie eine Liste mit Zahlen sortieren:

```
>>> numbers = [5, 4, 8, 1, 2, 9, 3]
>>> numbers.sort()
>>> numbers
[1, 2, 3, 4, 5, 8, 9]
```

Hier wird eine Funktion namens sort aufgerufen, die durch einen Punkt von der Liste numbers abgetrennt wird. Danach hat sich der Zustand der Daten im Objekt verändert. Die Funktion sort ist also ein Teil des Objekts numbers.

Python benutzt ausnahmslos solche Objekte, egal ob Sie Zahlen, Listen oder Funktionen definieren; beispielsweise sind auch die Zahlen in der Liste Objekte. Dadurch kann der Interpreter den Speicher flexibler verwalten und Sie können damit einige spezielle Programmiertricks durchführen. Später bauen Sie auch eigene Objekte, was sich erheblich auf Ihren Programmierstil auswirken kann, aber das wird erst in Kapitel 18 unter *Die Welt verstehen mit Objekten* beschrieben.

Teil II
Alles unter Kontrolle

Kapitel 6
Mit Wenn und Aber – Bedingungen stellen

Normalerweise wird der Interpreter alle Anweisungen und Ausdrücke sofort ausführen, sobald er sie sieht. Das ist aber nicht immer sinnvoll, denn oft soll Code nur ausgeführt werden, wenn eine bestimmte Bedingung erfüllt ist, beispielsweise wenn ein bestimmter Wert eingegeben wurde oder ein Ereignis eingetreten ist. Solche Bedingungen können Sie an verschiedenen Stellen in Ihren Code einfügen. Sobald der Interpreter eine Bedingung prüft, führt er einen Abschnitt Ihres Codes aus. Dafür lässt er womöglich einen anderen aus, deswegen spricht man auch von einer *Verzweigung* des Programmablaufs.

Verzweigungen im Programmablauf

Solche Verzweigungen begegnen Ihnen in der richtigen Welt meist in Form einer *Wenn ... dann* - Aussage, zum Beispiel: »Wenn ich den Lichtschalter drücke, dann geht das Licht an, wenn nicht, bleibt es dunkel«.

Solche Ketten sind beim Programmieren essenziell, um verschiedene Fälle zu berücksichtigen oder auf Ereignisse zu reagieren. Damit können Sie beispielsweise:

✔ Werte vergleichen und sortieren: Große Werte kommen nach hinten, kleine nach vorne, oder umgekehrt.

✔ Fälle unterscheiden: Sie können beispielsweise ein Programmmenü erstellen, indem Sie Nutzereingaben vergleichen und entscheiden, welcher Programmabschnitt ausgeführt werden soll.

✔ Regelkreise abbilden: Durch eine geeignete Bedingung kann ein digitaler Thermostat die Heizung aufdrehen, wenn es zu kalt ist.

Sobald eine Bedingung geprüft wird, springt der Interpreter entweder nach vorne zu einem anderen Abschnitt, oder er kann sogar zurückspringen, um einen Code-Abschnitt zu wiederholen. Letzteres nennt man eine Schleife – diese Struktur wird im folgenden Kapitel 7 unter *Anweisungen wiederholen mit Schleifen* diskutiert.

If-Anweisungen

Sprünge nach vorne machen Sie mit der if-Anweisung:

```
value = "yes"
if value == "yes":
    print("Hello, World!")
```

Dem Schlüsselwort if (auf Englisch: falls) folgt eine *Bedingung* – ein Ausdruck, der auf seinen Wahrheitsgehalt überprüft wird.

Hingeschaut: Nach dem Prüfausdruck kommt ein Doppelpunkt, danach folgt eingerückt der abhängige Code.

Wenn der Ausdruck *wahr* ist, dann wird der eingerückte Code-Abschnitt ausgeführt, falls er *falsch* ergibt, dann nicht.

Das englische Wort »if« wird häufig mit »wenn« übersetzt, nur ist das im Deutschen etwas doppeldeutig, da es sowohl »falls« als auch »sobald« bedeuten kann. Für temporale, also zeitlich bedingte Prüfungen würde man in der natürlichen, englischen Sprache eher »when« nehmen. if dient in Python aber der konditionalen Unterscheidung – also ist die pedantische Übersetzung »falls«.

Das Beispielprogramm wird einfach »Hello, World!« ausgeben, denn der Ausdruck ist immer wahr. Der Interpreter guckt nach, ob value den String-Wert yes enthält. Warum sollte das auch nicht so sein – das steht ja genau eine Zeile obendrüber. Genau genommen wird in dem Beispiel auch noch nichts übersprungen, denn aller sichtbarer Code wird ja ausgeführt. Gesprungen wird erst, wenn die Aussage nicht mehr stimmt. Dazu können Sie den Wert von value in der ersten Zeile umbiegen, etwa so: value = "no". Dann stimmt die Aussage nicht mehr und das Programm gibt nichts aus, sobald Sie es ausführen – die Zeile mit dem print wird übersprungen.

Die if-Anweisung gehört zu den grundlegenden Kontrollstrukturen beim Programmieren. Sie tritt meistens in Kombination mit ihren Geschwistern else (auf Englisch: sonst) und elif auf (Kombination aus if + else). Das Ganze folgt diesem Schema:

```
# Schema iF - Syntax der if-Anweisung

if <Bedingung>:
    <Befehle, falls die Bedingung zutrifft>
elif <andere Bedingung>:
    <Befehle, falls die andere Bedingung zutrifft>
```

```
elif <noch eine Bedingung>:
    <Befehle, falls die neue Bedingung zutrifft>
else:
    <Befehle, falls keine der Bedingungen zutrifft>

<Ende>
```

Der Interpreter klappert die einzelnen Bedingungen nacheinander ab. Sobald eine Bedingung zutrifft, wird der eingerückte Code ausgeführt – wer zuerst kommt, mahlt zuerst. Die anderen Bedingungen werden danach nicht mehr geprüft – der Interpreter springt nach dem Ausführen eines eingerückten Blocks aus der Struktur heraus und macht bei <Ende> weiter. Wenn keine der Bedingungen zutrifft, wird der else-Block ausgeführt – wenn es keinen gibt, dann passiert an dieser Stelle einfach nichts.

Syntaktisch können Sie hier ein bisschen variieren: if alleine geht, elif und else können Sie weglassen. Andersrum läuft es aber nicht: elif oder else ohne if alleine ergeben keinen Sinn.

Sie können mehrere elif-Blöcke definieren. Wenn Sie darin diskrete Werte prüfen, nennt man das auch eine *Fallunterscheidung*:

```
print("Welchen Wochentag haben wir heute?")
print("Bitte geben Sie den Anfangsbuchstaben ein:")

day = input("(mdfs) > ")

if day == "m" or day == "d":
    # Mo, Di, Mi, oder Do
    print("Zurück an die Arbeit.")
elif day == "f":
    # Das muss ein Freitag sein
    print("Schönes Wochenende!")
elif day == "s":
    # Samstag, Sonntag
    print("Hoch die Hände, Wochenende!")
else:
    # Katze auf dem Keyboard
    print("Huch? Diesen Wochentag kenne ich nicht.")
    print(day)
```

Hier wird es interessant, denn das Beispiel verwendet die Funktion input, die einen Text abfragt. Der Wert der Variable day unterliegt daher Ihrer Muse, Konformität, Anpassungsfähigkeit, Gewissenhaftigkeit, ihrem Gutdünken und freien Willen – im Gegensatz zum schicksalhaften, hartkodierten »yes« weiter oben.

Sobald Sie sich ausreichend an diesem kurzfristigen Privileg erfreut haben, geben Sie einen Buchstaben ein und schicken ihn mit Enter ab, daraufhin wird Ihre Eingabe überprüft und holt Sie auf den Boden der Tatsachen zurück. Probieren Sie es mal aus.

If-Ausdrücke

Wenn Sie `if`, `elif` und `else` am Anfang ihrer Zeile platzieren und die Bedingung dahinter schreiben, dann müssen Sie den folgenden, bedingten Code einrücken. Syntaktisch ist diese Springform eine Anweisung und als Seiteneffekt wird einfach Code ausgeführt beziehungsweise ausgelassen. Wie so viele Sprachbausteine in Python gibt es auch `if`-`else` zusätzlich als Ausdruck, also in einer Form, die am Ende einen Wert erzeugt:

```
answer = input("J / N")

# If als Ausdruck
result = "yes" if answer == "J" else "no"
print(result)

# If als Anweisung
result = ""
if answer == "J":
    result = "yes"
else:
    result = "no"
print(result)
```

Durch diese Syntax sparen Sie unter Umständen ein bisschen Platz. Ein solcher Umstand ist gegeben, wenn die einzelnen Bedingungen jeweils einen Wert erzeugen (wie das `result` in diesem Fall). Solche Ausdrücke tauchen meist zusammen mit einer Zuweisung auf.

Zur Erinnerung: Ein Ausdruck ist eine Syntax-Form, die einen Wert produziert. If-Ausdrücke werden daher meist für Zuweisungen alternativer Werte verwendet.

Die allgemeine Syntax-Form lautet:

```
<Ausdruck> if <Bedingung> else <Ausdruck, falls nicht>
```

Sie sehen, dass hier kein Platz für `elif` gelassen wurde. Es ist aber durchaus möglich, mehrere Fälle zu schachteln:

```
>>> a = 'Hello, World!'
>>> 'Ja' if a == 'yes' else ('Nein' if a == 'no' else 'Vielleicht')
'Vielleicht'
```

Da die Zwischenräume des Ausdrucks zwischen `if` und `else` je mit einem Wert gefüllt werden, können Sie einfach als Wert wieder einen `if`-Ausdruck nehmen – Ausdrücke produzieren ja Werte, also können Sie sie nach Herzenslust schachteln, nur müssen Sie den geschachtelten Ausdruck im `else`-Teil wie gezeigt in Klammern fassen.

Aber da haben Sie den Klammersalat: Nur weil es geht, heißt das nicht, dass es auch cool ist. Wenn Sie das so machen, ist der Code hinterher auch nicht lesbarer (Lesbarkeit ist mit einer der wichtigsten Gründe, warum man die eine oder die andere Form bevorzugen sollte). Entscheiden Sie, was Ihnen gefällt. Wenn es um ein Entweder-Oder geht, ist eine Anweisung elegant, für mehr als zwei Fälle ist die `if`-`elif`-`else`-Struktur besser.

Nahe Verwandte

Leute, die in die C-Familie eingeheiratet haben und deren Schwippschwager mit Nachnamen Java oder C# heißen, kennen sicher den hier:

```
c = (a < b)? a : b;
```

Diese Struktur schimpft sich *Auswahloperator* oder auch *ternärer Operator* – so wie *bi*-när zweiwertig ist, ist dieser eben *ter*-när, also dreiwertig. In C macht der das Gleiche wie der if-Ausdruck in Python. Python hat dafür keinen Operator mit eigener Syntax sondern verwendet dafür einfach die gewohnten Schlüsselworte. Durchaus elegant.

Musterabgleiche

if gibt es schon sehr lange in der Sprache (und der Programmierung überhaupt). Relativ neu hingegen sind Musterabgleiche, auch *pattern matching* genannt. Musterabgleiche verwenden die folgende Syntax:

```
# Syntax der match-case-Anweisung:

match <Ausdruck>:
    case <Muster 1>:
        <Befehle, falls das Muster passt>
    case <Muster 2>:
        <Befehle, falls das Muster passt>
    case <Muster ...>:
        <Befehle, falls das Muster passt>
    case _:
        <Befehle, falls kein Muster zutrifft>

<Ende>
```

Die Syntax verwendet die Schlüsselwörter match und case. Mit match wird ein Ausdruck geprüft; dieser wird dann mit den mit case angegebenen Fällen verglichen:

```
# Fallunterscheidung mit match-case
answer = input("(jnv) > ")

match answer:
    case 'j':
        print("Ja")
    case 'n':
        print("Nein")
```

```
case 'v':
    print("Vielleicht")
case _:
    print("Keine Antwort ist auch ne Antwort.")
```
Listing 6.1: matchcase.py

Hier wird wieder ein Text von der Konsole eingelesen und als `answer` auf verschiedene Fälle geprüft. Falls keiner der Fälle zutrifft, können Sie einen Standardfall formulieren, indem Sie `case _: ...` verwenden. Diese Schreibweise ist gleichbedeutend mit dem folgenden Code:

```
# Dasselbe mit Ifs
answer = input("(jnv) > ")
if answer == 'j':
    print("Ja")
elif answer == 'n':
    print("Nein")
elif answer == 'v':
    print("Vielleicht")
else:
    print("Keine Antwort ist auch ne Antwort.")
```
Listing 6.2: matchcase.py

Dieser Code wirkt ein wenig unaufgeräumter, da er mehr Schlüsselwörter verwendet und auch in jeder Bedingung `answer == x` wiederholt werden muss. In so einem Fall können `match ... case`-Anweisungen den Code etwas entschlacken.

In vielen Fällen können Sie `if-else` mit `match-case` austauschen, jedoch können `match-case`-Anweisungen noch etwas mehr.

 Der Mechanismus, der hier verwendet wird, heißt korrekterweise *Structural Pattern Matching*, was bedeutet, dass hier nicht einfach nur Beispieldaten verglichen werden. Vielmehr können Sie mit `match-case` die interne Struktur eines Objekts abgleichen:

```
pair = [0, 1]

match pair:
    case [1, 0]:
        print("Links")
    case [0, 1]:
        print("Rechts")
    case [1, 1]:
        print("Beide")
    case [0, 0]:
        print("Keins")
```
Listing 6.3: pair.py

In diesem Beispiel wird eine Liste namens `pair` mit zwei Werten erzeugt. Die `case`-Anweisungen prüfen die Struktur von `pair` jeweils in einem Rutsch und geben in diesem Fall »Rechts« aus.

 Semantisch sind die `if-else`- und die `match-case`-Struktur nicht hundert-prozentig gleichbedeutend. Zum Beispiel kann `match-case` manche Fehler verschlucken und die Verwendung von Variablen ist damit etwas tricky, da innerhalb einer `case`-Anweisung Namen neu vergeben werden:

```
# Warnung: Dieser Code funktioniert nicht!
yes = "j"
no = "n"

answer = input("(jn)> ")

match answer:
    case yes:    # Fehler: yes ist eine neue Variable!
        print("Ja")
    case no:     # Dieser Fall kann nie erreicht werden!
        print("Nein")
    case _:      # Dieser Fall kann nie erreicht werden!
        print("Keine Antwort")
```
Listing 6.4: tricky.py

Der Interpreter wird die Ausführung dieses Programms verweigern, auch wenn der Code korrekt aussieht. Hintergrund ist, dass `case yes: ...` nicht etwa einen Vergleich macht (so wie dies `if answer == yes: ...` tun würde), sondern versucht, eine neue Variable zuzuweisen. Um dieses Problem an dieser Stelle zu lösen, hilft nur ein Trick:

```
# So funktioniert es:
class Answer:
    yes = "j"
    no = "n"

answer = input("(jn)> ")

match answer:
    case Answer.yes:
        print("Ja")
    case Answer.no:
        print("Nein")
    case _:
        print("Keine Antwort")
```
Listing 6.5: tricky.py

Die Variablen yes und no müssen so eingefügt werden, dass Sie innerhalb des `case`-Teils mit einem Punkt aufgerufen werden. Das erreichen Sie, indem Sie dafür sorgen, dass die Variablen nicht einfach nur so im Modul herumschwirren, sondern einem anderen Objekt gehören, wie in diesem Fall der Klasse Answer. Wie das mit den Klassen funktioniert, wird in Kapitel Kapitel 18 unter *Die Welt verstehen mit Objekten* genau erklärt.

Strukturelle Musterabgleiche sind ein fortgeschrittenes Feature der Sprache. Für Einsteiger empfiehlt es sich, dieses Feature zunächst außen vor zu lassen und lieber nur mit `if-elif-else` zu arbeiten. Das bedeutet zwar manchmal mehr Code, aber anders als bei `match-case` gibt es hier keine semantischen Doppeldeutigkeiten (wie etwa, dass Variablen auf einmal nicht mehr funktionieren). Die beiden Konzepte sind also ähnlich, aber nicht gleich – so viel nur als Vorwarnung an dieser Stelle.

Kapitel 7
Anweisungen wiederholen mit Schleifen

L ogische Ausdrücke sind immer dann wichtig, wenn Sie den Programmablauf steuern möchten. Durch if können Sie sich zwischen zwei Pfaden entscheiden und Code überspringen. Einem ähnlichen Prinzip folgen die *Schleifen*. Eine Schleife ist eine bedingte Wiederholung von Befehlen, der Interpreter springt dabei an eine Stelle im Code zurück und führt den folgenden Code erneut aus. Wie oft das geschieht, bestimmt der Ausdruck.

Wiederholungen mit while

In Python werden Schleifen mit dem Schlüsselwort while eingeleitet. Übersetzt bedeutet es so viel wie »während« oder »so lange, wie ...«. Und das ist auch genau was da passiert – solange die Bedingung zutrifft, wird der Schleifenrumpf ausgeführt. Diese zusammengesetzte Anweisung hat die Form:

```
while <Ausdruck>:
    <Folge>
    ...
<Ende>
```

Wie beim if steht hier das Schlüsselwort while am Anfang der Zeile, gefolgt von einem Ausdruck, der auf seinen Wahrheitsgehalt geprüft wird. Doppelpunkt am Ende nicht vergessen! Der eingerückte folgende Code bildet den Schleifenkörper, -rumpf oder -body.

Blick über den Tellerrand

Wer mal anderes programmiert hat, kennt sicher auch die Zählschleife, bei der man bequem die Grenzen einer Aufzählung festlegt und dann hoch- oder runterzählt. In Sprachen der C-Familie kennt man das zum Beispiel als `for`-Schleife. Die gibt es in Python auch, aber genau genommen ist sie hier keine Schleife, das sehen Sie in Kapitel 20 unter *Daten ohne Ende – Iteratoren und Generatoren*. Ach, und `do-while`-Schleifen gibt es auch nicht.

Die Befehle im Rumpf werden so lange ausgeführt, wie die Bedingung erfüllt ist. Die Schleife macht dabei mehrere Durchläufe; nach jedem Durchlauf wird die Bedingung erneut geprüft. Sobald sie nicht mehr erfüllt ist, springt der Interpreter aus der Schleife heraus und macht außerhalb weiter (da, wo im Schema *<Ende>* steht).

```
while True:
    pass
```

Das hier ist die einfachste Schleife. Sie tut nichts (`pass`) und läuft für immer.

Wenn Sie das in ein Programm packen und auf der Konsole ausführen, so wird diese nichts ausgeben und nur einen blinkenden Cursor zeigen – und zwar so lange, bis der Strom ausfällt (oder die Welt untergeht). Um da wieder herauszukommen, können Sie in der Konsole die Kombination ⌈Strg⌉ + ⌈C⌉ drücken, dadurch senden Sie eine Unterbrechung an den Prozess. Sie können den Prozess auch abschießen (im Windows Task-Manager oder mit dem *kill*-Befehl unter Linux oder macOS).

Statt nichts können Sie auch was ausgeben:

```
while True:
    print("Wiederholung!")
```

Solche Schleifen nennt man auch *Endlosschleifen*, da sie theoretisch unendlich lange laufen. Sie können sogar ganz nützlich sein, da sie verhindern, dass Ihr Programm direkt nach der Ausführung beendet wird. So kann man Programme schreiben, die länger am Leben bleiben, zum Beispiel Server-Programme oder Programme mit grafischer Ausgabe. Computerspiele etwa haben eine zentrale Endlosschleife, die Eingaben verarbeitet und nacheinander Frames generiert (die sogenannte *Game Loop*).

Ein einfaches `True` hat nicht viel Spielraum. Nützlicher wird dieses Konstrukt, wenn Sie eine Bedingung erzeugen, die sich durch einen Schleifendurchlauf verändert:

```
counter = 0
while counter < 10:
    print(counter)
    counter += 1
```

Dieses Programm ist ein einfacher Zähler. Die Variable `counter` wird vor der Schleife angelegt (wenn Sie das nicht tun, gibt es einen `NameError`). Sie wird mit 0 initialisiert, damit der Zähler irgendwo anfangen kann. Im Rumpf der Schleife wird der Zähler ausgegeben, danach wird er um eins erhöht (man sagt auch *inkrementiert*, aber nur, wenn man sich wichtigmachen will). So, wie es da steht, zählt das Programm von 0 bis 9.

 Die Bedingung einer Schleife muss mindestens einmal `True` ergeben, sonst wird nichts ausgeführt. Wenn Sie im Beispiel den `counter` auf 10 setzen, wird der Schleifen-Body gar nicht erst ausgeführt.

Der Rumpf einer Schleife hat übrigens Zugriff auf Variablen, die vor der Schleife angelegt wurden. So wird im vorigen Beispiel ein Zähler hochgezählt, im folgenden wird ein Zähler runtergezählt. Damit können Sie eine kleine Eieruhr bauen:

```
import time
timer = 10
while timer:
    print(timer)
    timer -= 1
    time.sleep(1)
print('Done')
```

Hier wird zunächst das Time-Modul importiert, dann stellen Sie den Timer auf 10 Sekunden. Mit `time.sleep(1)` wird am Ende eines Durchlaufs eine Sekunde lang gewartet. Das Programm läuft so lange, wie `timer` gesetzt ist – der Ausdruck ergibt `False`, sobald dieser durch das Reduzieren des Timers am Ende einer Runde auf 0 steht.

Break and Continue

Schleifen sind sehr lineare Konstrukte; der Code in der Schleife wird von oben nach unten ausgeführt. Man kann den Ablauf aber auch beeinflussen, und zwar mit den Schlüsselworten `break` und `continue`.

✔ `break` bricht aus der Schleife aus,

✔ `continue` überspringt den Rest und macht beim nächsten Durchlauf weiter.

Das folgende Programm etwa nötigt den Nutzer, Zahlen einzugeben:

```
while True:
    print("Geben Sie eine Zahl ein:")
    text = input(">")

    if text == "exit":
        print("Auf Wiedersehen!")
        break

    if not text.isnumeric():
        print("Keine Zahl! Noch einmal!")
        continue

    number = int(text)
    print(f"Ihre Zahl ist: {number}")
```

Dieses Programm verwendet eine Endlosschleife. So was ist normalerweise ungünstig, aber in diesem Beispiel geht das klar, weil Sie sich selbst darum kümmern, wann die Schleife beendet wird.

In jeder Runde wird ein Text abgefragt (das macht die Funktion `input`). Wenn der Text »exit« lautet, wird ein eingerückter Block aktiv, der eine Verabschiedung ausgibt und mit einem Schlüsselwort endet: `break`. Ein solcher Bruch ist eine Anweisung, die nur im Kontext einer Schleife stehen kann. Sie weist den Interpreter an, die Ausführung der Schleife an dieser Stelle abzubrechen.

Durch den Einsatz im Programm wird dem Nutzer die Möglichkeit gegeben, das Programm graziös zu beenden (das ja sonst durch die Endlosschleife immer weiter laufen würde). Zur Not könnte man natürlich jederzeit ⌗Strg⌗ + ⌗C⌗ drücken, aber das gibt stets eine hässliche Fehlermeldung.

Das Programm ist darauf getrimmt, möglichst nur saubere Eingaben anzunehmen. Dafür wird mit `text.isnumeric()` geprüft, ob der Text nur Zahlen enthält. Sollte der Text noch etwas anderes aufweisen, beispielsweise wenn in der Variable der Text »2q3awsdfghjasdf2asdyxc"§asfk« steht, weil in dem Moment gerade die Katze über Ihre Tastatur gelaufen ist, dann wird an dieser Stelle das `continue` aktiv. Katzen sind übrigens sehr gute Passwortgeneratoren.

Durch `continue` wird dann genau wie bei `break` abgebrochen, aber im Gegensatz zu `break` wird dann nicht unten, außerhalb der Schleife weitergemacht, sondern es wird ein neuer Durchgang angestoßen. In der Folge bedeutet das, dass so lange nach einer Zahl gefragt wird, bis Sie auch eine eingegeben haben.

Da es sich um eine Endlosschleife handelt, läuft das Programm weiter, bis Sie »exit« eingeben. Sie können natürlich auch eine Abbruchbedingung setzen, etwa so:

```
number = None
while not number:
    ...
```

Hier wird `number` auf `None` festgelegt. `None` ist ein spezieller Wert, der aussagen soll, dass eine Variable noch keinen Wert hat.

Da am Ende des Schleifenkörpers die Variable `number` einen Zahlenwert erhält, wird nach der ersten sauberen Eingabe automatisch abgebrochen, da bei einem erneuten Durchlauf die Bedingung für die Schleife nicht mehr stimmt (nämlich dass keine Zahl da ist).

Blick über den Tellerrand

In der Informatikausbildung stolpert man häufig über verschiedene Klassifikationen von Schleifen, etwa ob diese *kopfgesteuert* oder *fußgesteuert* sind. In Python gibt es nur eine Art der Schleife, nämlich die mit `while`. Sie prüft immer zuerst die Bedingung, bevor es an den Body geht, daher nennt man eine solche Schleife auch *kopfgesteuert*. In Sprachen der C-Familie (C, C++, Java, C#) gibt es auch *fußgesteuerte* Schleifen, die ein `do ... while`-Konstrukt verwenden. Dabei erfolgt zunächst ein Durchgang und erst am Ende wird geprüft, ob noch eine Runde erfolgen soll. In Python gibt es dieses Konzept so nicht, daher ist diese Unterscheidung eher für die Theorie wichtig.

For-Schleifen

Es gibt in Python noch eine zweite Art, um Schleifen zu erstellen, nämlich mit dem Konstrukt `for ... in ... :`

```
for <Ziel> in <Ausdruck>:
    <Folge>

<Ende>
```

Hier sehen Sie die `for`-Schleife als Anweisung. Die Syntax funktioniert so, dass *<Ausdruck>* eine Menge an Werten liefern muss. Diese werden dann einzeln ausgepackt und in *<Ziel>* zwischengespeichert, sodass man sie im Rumpf der Schleife weiterverarbeiten kann. Dazwischen steht das Schlüsselwort `in`, am Ende ein Doppelpunkt, gefolgt von einem eingerückten Block Code:

```
name = "Hello, World!"
for character in name:
    print(character)
```

Hier wird ein String buchstabenweise abgearbeitet und seine einzelnen Buchstaben werden der Reihe nach ausgegeben. Die Schleife läuft so lange, bis keine Buchstaben mehr vorhanden sind.

`for`-Schleifen nutzt man immer dann, wenn man eine Menge von Objekten geschlossen verarbeiten möchte. Man nennt sie daher auch *Mengenschleifen*. Auch in solchen Schleifen können Sie den Ablauf mit `break` und `continue` steuern:

```
text = "0, 1, 2, 3, 4, 5, 6, 7, 8, 9"

total = 0
```

```
for character in text:
    if not character.isnumeric():
        continue
    total += int(character)

print(total)
```

In diesem Schnipsel werden die Zeichen eines Strings einzeln angeschaut. Alle Zeichen, die nicht nach Zahlen aussehen, werden ignoriert, indem der Rest der Schleife durch continue übersprungen wird – dann geht es beim nächsten Buchstaben weiter.

 Zur Erinnerung: continue weist die Schleife an, nicht mit dem folgenden Code weitermachen, sondern in die nächste Runde zu springen – im Fall der for-Schleife also, das nächste Element zu betrachten.

Alle numerischen Zeichen hingegen werden in eine Ganzzahl konvertiert und dann in der Variable total aufaddiert. Am Ende wird die Summe ausgegeben (sollte 45 sein).

Anstatt Durchläufe zu überspringen, können Sie die Ausführung auch komplett abbrechen, indem Sie break nutzen:

```
numbers = [2, 5, 9, 7, 4, 3, 8, 0, 1, 6]

index = 0
target = 8

for number in numbers:
    if number == target:
        print(f"Gefunden bei {index}")
        break
    index += 1
```

Dieses kleine Programm sucht die Nadel target im Heuhaufen numbers. Sobald die Zahl gefunden wurde, muss nicht weiter nach ihr gesucht werden, daher wird die Suche einfach abgebrochen. Die gesuchte Zahl 8 findet sich in diesem Fall an der siebten Stelle der Liste – da Indizes in Python aber mit 0 anfangen, gibt das Programm den Index 6 aus.

Das Programm funktioniert so ganz gut, aber wenn Sie als target eine Zahl suchen, die es nicht gibt, wird auch nichts ausgegeben. Eine Meldung wäre besser, aber wie finden Sie heraus, wenn eine Zahl nicht gefunden wurde?

Dafür gibt es einen Trick. Wie wäre es so:

```
numbers = [2, 5, 9, 7, 4, 3, 8, 0, 1, 6]

index = 0
target = 8

for number in numbers:
    if number == target:
        print(f"Gefunden bei {index}")
        break
    index += 1
```

```
else:
    print("Nicht gefunden")
```

Achten Sie mal genau auf die Einrückung. Die `for`-Schleife hat einen eigenen `else`-Block. Die Einrückung ist also richtig, das `else` gehört nicht etwa zu dem `if` darüber, sondern zur Schleife:

```
for <Ziel> in <Ausdruck>:
    ...
    break
    ...
else:
    <Folge>

<Ende>
```

Der `else`-Block wird (nur) dann aktiv, wenn die Schleife aus natürlichen Gründen beendet wurde – in dem Fall, weil alle Zahlen abgearbeitet wurden. Wenn Sie vorher mit `break` ausbrechen, wird der `else`-Block übersprungen.

Dieser Trick klappt übrigens auch mit `while`-Schleifen. Wenn die Bedingung in der Schleife nicht mehr erfüllt ist, wird der `else`-Block ausgeführt, nicht aber, wenn Sie vorher mit `break` herausspringen. Vom Gefühl her ist das also eher eine `break` ... `else`-Struktur als ein `for` ... `else`.

Nochmal Blick über den Tellerrand

In Sprachen der C-Familie unterscheidet man *Zählschleifen* und *Mengenschleifen*. Eine Mengenschleife ist eine Schleife, die nacheinander die Elemente einer Menge betrachtet (das braucht man für größere Datentransformationen). Zählschleifen sind spezielle Konstrukte, mit denen man bereits im Kopf der Schleife einen Zähler erhöhen oder erniedrigen kann (»Dummer Zähler, schäm dich!«); dafür gibt es eine eigene Syntax.

Die Zählschleifen gibt es in Python nicht – zumindest nicht mit einer eigenen Syntax. Ohnehin verwendet man sie meistens, um die Indizes einer Menge hochzuzählen und dabei die Elemente der Menge einzeln herauszuprokeln; in Python überspringt man diesen umständlichen Zwischenschritt und verwendet gleich eine Mengenschleife.

Andere Sprachen kennen sie auch als `for each`, wohingegen Zählschleifen als `for`-Schleifen bekannt sind. In Python gibt es nur Mengenschleifen, allerdings verwenden diese auch das Schlüsselwort `for`. Das verwirrt etwas, wenn man vorher mit C# oder Java gearbeitet hat.

Kapitel 8
Der eingebaute Taschenrechner – ein bisschen Mathe

I n Kapitel 5 unter *Literale* wurden bereits einige Datentypen vorgestellt. Darunter waren auch einige Zahlen-Typen, deren Details bisher aber ausgelassen wurden, um einen dramatischen Spannungsbogen aufzubauen. Der muss nun aufgelöst werden, sonst gehen Sie heute Abend mit Bauchdrücken ins Bett.

Python hat für den oder die MathematikerIn in Ihnen viel zu bieten. In die Sprache als Literale eingebaut sind Ganzzahlen, Kommazahlen und sogar komplexe Zahlen, natürlich Hand in Hand mit den dazu passenden (Grund-)Rechenarten.

Von Anfang an mit von der Partie sind auch die Bibliothek math, die grundlegende Funktionen bereitstellt, wie etwa Runden oder Wurzeln ziehen, aber auch Trigonometrie, Winkelfunktionen und Logarithmen, sowie noch ein eigenes Statistik-Modul.

Zunächst aber nochmal zurück zu den Zahlen, mit Fokus auf die Syntax – da gibt es nämlich einige Sonderfälle. Trotzdem ist allein schon das Eingeben von Zahlen damit so reibungslos, dass es fast Spaß macht.

Zahlen

Für die meisten Probleme tut es eine *Ganzzahl*. Ganzzahlen nennt man auch Integer, abgekürzt mit *int*. So heißt in Python auch der entsprechende Datentyp:

```
>>> type(5)
<class 'int'>
>>> int()
0
```

Datentypen geben Auskunft über die Fähigkeiten eines Objekts (was es kann, beziehungsweise was Sie damit machen können), aber werden auch verwendet, um konkrete Objekte zu erzeugen. Wenn Sie `int` leer aufrufen, bekommen Sie eine neue Ganzzahl mit dem Standardwert 0. Das ist sozusagen die Nicht-Literal-Form, um eine Ganzzahl zu erzeugen, aber das ist hier eher theoretisch, weil Sie natürlich auch einfach eine 0 schreiben könnten.

Ganzzahlen werden für gewöhnlich im Dezimalsystem verarbeitet. Python versteht sich aber auch auf andere Zahlensysteme:

```
# Binär
>>> 0b101010
42

# Hexadezimal
>>> 0x2a
42

# Oktal
>>> 0o52
42
```

Sie können also Ganzzahlen auch binär, hexadezimal oder oktal aufschreiben. Vielleicht sind diese Darstellungen Ihnen nicht so geläufig, daher folgt ein Exkurs, was es damit auf sich hat.

Exkurs: Zahlensysteme

Computer können eigentlich nur mit Binärzahlen umgehen, weil sie nur zwei Zustände kennen (Strom an/Strom aus) – so erklärt man es zumindest Einsteigern. Tatsächlich wird bei Datenübertragungen und Speicherungen meist mit Schwellwerten in der Stromspannung oder Feldstärken gearbeitet, aber das betrifft vor allem die Hardware-Ebene. In den Software-Schichten werden Daten in der Regel von Zahlensystemen abstrahiert.

Das wohl bekannteste ist das Dezimalsystem, das Sie natürlich gut kennen. Hier hat man sich auf die Ziffern 0 bis 9 geeinigt. Wenn Sie eine größere Zahl darstellen möchten, fügen Sie einfach eine weitere Stelle vorne an, die dann die Ziffer 1 bekommt. Die kleinste Stelle wird auf die 0 zurückgesetzt und so bekommen Sie eine 10. Für die folgende Zahl wird dann die kleinste Stelle erhöht, also 11. Das treiben Sie weiter, bis Sie bei 19 sind, dann wird wieder die Zehnerstelle erhöht und die kleinste Stelle zurückgesetzt, um auf die 20 zu kommen. Wenn Sie nach 99 weiterzählen wollen, nehmen Sie noch eine Stelle dazu und bekommen eine 100 und so fort.

So funktionieren prinzipiell auch die anderen Zahlensysteme, nur dass die Stellen andere Wertigkeiten und Symbole haben. Aber generell wird hinten hochgezählt, bis die Ziffern erschöpft sind, und dann fügt man eine weitere Stelle hinzu, setzt die hinterste zurück und weiter geht's.

Binärzahlen

Das einfachste Zahlensystem ist das Binärsystem, das die Ziffern 1 oder 0 verwendet. Diese bezeichnet man auch als *Bits* (ein Kofferwort aus dem englischen Begriff *binary digit*, also Binärziffer).

Eine 0 steht für eine 0, eine 1 ist auch eine 1, aber schon wenn Sie eine 2 darstellen wollen, müssen Sie eine weitere Stelle anfügen und die kleinste Stelle zurücksetzen, also 10 (die erste Stelle ist dann 2 »Teile« wert). Die 3 ist dann 11 (eine Zwei und eine Eins), die 4 passt wieder nicht, sie benötigt eine neue Stelle, also 100 (eine Vier, keine Zwei, keine Eins). Und so weiter:

```
128  64  32  16   8   4   2   1  |  Dezimal
--------------------------------+---------
  0   0   0   0   0   0   0   1  |  1
  0   0   0   0   0   0   1   0  |  2
  0   0   0   0   0   0   1   1  |  3
  0   0   0   0   0   1   0   0  |  4
  0   0   0   0   0   1   0   1  |  5
  0   0   0   0   0   1   1   0  |  6
  0   0   0   0   0   1   1   1  |  7
  0   0   0   0   1   0   0   0  |  8
  0   0   0   1   0   1   0   1  |  21
  0   1   0   0   0   1   1   1  |  71
  1   0   0   0   0   0   0   0  |  128
  1   1   1   1   1   1   1   1  |  255
```

Die einzelnen Stellen werden durch Bits angesprochen. Jedes zusätzliche Bit repräsentiert eine weitere Zweierpotenz: $2^0 = 1$, $2^1 = 2$, $2^2 = 4$, $2^3 = 8$ und so weiter. Mit acht Bits können Sie also die Werte 0 bis 255 darstellen, also insgesamt $2^8 = 256$ Werte. Da man bei der 0 zu zählen anfängt, ist die größte darstellbare Zahl $2^8 - 1 = 255$ (die Formel ist immer $2^n - 1$).

Acht Bits zusammengefasst bezeichnet man auch als *Byte*. Vier Bits sind übrigens ein *Nibble*, weil *byte* auf Englisch sich so anhört wie *to bite*, was *abbeißen* bedeutet und *to nibble* so viel bedeutet wie *anknabbern* (nur ein halber Biss sozusagen). Da Byte eher ein schwammiger Begriff ist und auch nicht immer acht Bit meint, ist der genauere Begriff für acht Bits ein *Oktett*.

Mit fünf Bits können Sie $2^5 = 32$, mit zehn Bits sogar $2^{10} = 1024$ Zahlen abbilden. Warum das interessant ist? Weil Sie mit ein bisschen Übung an einer Hand bis 32 und mit zwei Händen sogar bis 1024 zählen können. Abbildung 8.1 macht es vor, jeder Finger entspricht einer Zweierpotenz. Ob der Daumen oder der kleine Finger dabei das niedrigste Bit ist, können Sie selbst entscheiden. Wikipedia hat einen Artikel dazu, leider nur auf englisch: https://en.wikipedia.org/wiki/Finger_binary.

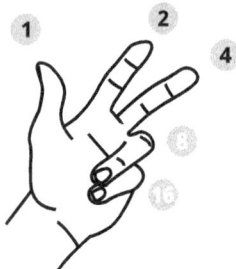

Abbildung 8.1: Kommt ein Informatiker in die Kneipe und bestellt sieben Bier.

Hexadezimalzahlen

Verschiedene Werte werden in der Rechnerwelt als Zahlen ausgedrückt, etwa Netzwerkadressen wie IP- oder Mac-Adressen, aber auch Farbwerte. Für IPv4-Adressen verwendet man 4 Bytes, also $4 \cdot 8 = 32$ Bits. Die alle der Reihe nach binär aufzuschreiben, wäre etwas unpraktisch, daher verwendet man lieber die kompaktere Dezimaldarstellung und trennt dabei die Oktette durch einen Punkt. Zum Beispiel wäre die Adresse 192.168.178.10 eine typische Heimnetz-Adresse, das entspräche der Binärdarstellung 11000000.10101000.10110010.00001010. Würde man diese Zahl ins Dezimalsystem übertragen, entspräche sie 3.232.281.098 – auch dies wäre eher unhandlich.

Wenn es nur vier Bytes sind, ist die Schreibweise im Dezimalsystem noch vertretbar, aber oft greift man dann lieber auf das Hexadezimalsystem zurück. Es hat 16 Werte pro Stelle (also kann eine Stelle die Werte 0 bis 15 annehmen). Um Zahlen größer als 9 darzustellen, wird zunächst noch keine Stelle angefügt, sondern man ergänzt die Ziffern 0 bis 9 um die Buchstaben A bis F, dabei sind $A = 10$, $B = 11$, $C = 12$, $D = 13$, $E = 14$ und $F = 15$.

```
4.096   256    16     1  | Dezimal
--------------------------+---------
    0     0     0     1   | 1
    0     0     0     9   | 9
    0     0     0     A   | 10
    0     0     0     D   | 13
    0     0     0     F   | 15
    0     0     1     0   | 16
    0     0     1     1   | 17
    0     0     1     C   | 28
    0     0     F     F   | 255
    1     0     0     0   | 4096
    D     E     A     D   | 57 005
    F     0     A     1   | 61 601
```

Das Zählen mit den zusätzlichen Buchstaben ist ungewöhnlich, aber es gelten die bekannten Regeln: Stelle voll? Neue Stelle anfügen, hinten zurücksetzen. Mit 4 Hexadezimalziffern können Sie $16^4 = 65.536$ Werte abbilden. Statt in Zehner- oder Zweierpotenzen rechnen Sie nun in 16er-Potenzen.

Hexadezimalzahlen verwendet man meistens, um lange Binärzahlen einzudampfen, da zwei Hexziffern ein ganzes Byte abbilden. Direkt verkabelte Geräte etwa kommunizieren über

Geräteadressen, auch MAC-Adressen genannt (MAC steht für *Media-Access-Control*, das hat nix mit den silbernen Laptops aus Kalifornien zu tun). Solche Adressen finden Sie zum Beispiel auf dem Aufkleber auf der Rückseite Ihres Heim-Routers und sie sehen etwa so aus: `08:00:27:7a:ad:89`. Hier werden sechs Oktette verwendet, also besteht die Adresse aus $6 \cdot 8 = 48$ Bits, da lohnt sich die Verkürzung schon eher.

Im Web werden auch Farbcodes meistens hexadezimal angegeben. Da hilft es, zu wissen, dass die Farbe Weiß mit den Rot-, Grün- und Blau-Werten (255, 255, 255) auch kürzer als #FFFFFF geschrieben werden kann. Die Farbe #B5152B ist die Hausfarbe einer Universität in Baden-Württemberg. Wenn Sie genau hingucken, sehen Sie, dass hier sehr viel Rot, ein bisschen Grün und noch ein wenig mehr Blau enthalten ist. So erhalten Sie ein kräftiges, dunkles Rot.

 Analog zu den Binär- und Hexadezimaldarstellungen gibt es noch die oktale. *Oktalzahlen* kennen die acht Ziffern 0 bis 7. Auch hier ist der Vorteil eine Verkürzung langer Ziffern, da eine Oktalstelle drei Bits entspricht. Die Darstellung ist ein bisschen aus der Zeit gefallen, daher wird hier nicht weiter darauf eingegangen.

Konvertieren

Die verschiedenen Zahlensysteme sind nahtlos in Python integriert. Sie können Zahlen in jeder Darstellung eingeben:

```
>>> 0xB6F4D2
11990226
```

Der Farbwert wird hier als Hex-Literal angegeben (dazu muss allerdings 0x voranstehen) und der Interpreter zeigt die erkannte Zahl sofort in Dezimalschreibweise an. Wenn Sie die Darstellung selbst wählen möchten, können Sie die folgenden Built-in-Funktionen nutzen. Die Ergebnisse sind jeweils ein String, der aber wieder als Literal verwendet werden kann:

```
>>> color = 0xB6F4D2
>>> bin(color)
'0b101101101111010011010010'
>>> oct(color)
'0o55572322'
>>> hex(color)
'0xb6f4d2'
```

Große Zahlen

Python kann auch mit sehr großen Zahlen umgehen:

```
>>> import math
>>> math.factorial(70)
```

```
11978571669969891796072783721689098736458938142546425857555362864628009
582789845319680000000000000000000
```

Hier wird die Fakultät von 70 berechnet, also $1 \cdot 2 \cdot 3 \cdot ... \cdot 70$. Das gibt vor allem eine sehr lange Ziffernfolge, die Python aber problemlos verarbeitet.

Lange Zeit war im schulischen Bereich der Taschenrechner TI 30 von Texas Instrument sehr beliebt. Ende der 1990er kam ich in den Genuss eines TI 30 eco RS. Dieser brachte die obskure Funktion $x!$ mit. Wenn man diese mit der Zahl 69 benutzte, arbeitete der Taschenrechner merklich lange vor sich hin. Ein Umstand, den wir als Schüler nutzten, um festzustellen, wer denn den schnellsten Taschenrechner besäße.

Obwohl wir die gleichen Modelle hatten, gab es hier teils mehrere Sekunden Zeitdifferenz, aber wahrscheinlich haben wir damit nur gemessen, wer das beste Licht abbekam (war ein Solar-Rechner). Die 69 war die größte fakultierbare Zahl auf dem TI – wenn man die 70 verwendete, dann gab der Rechner nur »Error« aus. Python bekommt diese Zahl ganz ohne Wartezeit ins Display. Aber andererseits läuft mein Python auch auf einer 3000-€-Schreibtisch-Höllenmaschine und nicht auf einem Handgerät für 15 Euro Straßenpreis.

Wenn Sie besonders lange Zahlenliterale eingeben möchten, können Sie die Lesbarkeit verbessern, indem Sie Abstandshalter einfügen:

```
>>> mrd = 1_000_000_000
>>> mrd
1000000000
```

Die Unterstriche haben keine Funktion, sie werden ignoriert. Sie dienen lediglich als »Tausendertrenner«, und Sie können sie auch an ziemlich unsinnigen Stellen platzieren (zum Beispiel 1_00_0_00_0_000). In der Ausgabe der *REPL* werden die Unterstriche ohnehin wieder entfernt.

Kommazahlen

Kommazahlen können Sie auch direkt eingeben (achten Sie aber auf den englischen Punkt als Dezimaltrenner):

```
>>> pi = 3.1415
```

So weit, so intuitiv. Allerdings handelt es sich dabei um eine Gleitkommazahl (auf Englisch: floating point number, kurz float).

```
>>> type(5.0)
<class 'float'>
>>> float()
0.0
```

Behalten Sie stets im Hinterkopf, dass `float`-Werte beim Rechnen relativ ungenau sind:

```
>>> 0.1 + 0.2
0.30000000000000004
```

Der Grund für die Ungenauigkeit ist, dass Floats nur eine Annäherung darstellen. Intern werden die Kommazahlen als binäre Brüche dargestellt, so etwa wird `0.125` intern als 0/2 + 0/4 + 1/8 repräsentiert. Das Problem ist, dass nicht alle Dezimalbrüche gut in Binärbrüche übersetzt werden können, daher speichert man nur eine Annäherung. Das ist übrigens keine besondere Eigenschaft von Python, sondern in Standard IEEE 754 von 1985 definiert und das machen eigentlich alle Programmiersprachen so. Die Python-Doku erklärt den Rest: `https://docs.python.org/3/tutorial/floatingpoint.html`.

Mit diesem prägnanten Schockbeispiel schwören Experten nichtsahnende Neulinge ein. In der Praxis sind solche Ungenauigkeiten aber gut beherrschbar bis egal, weil man eh wieder rundet beziehungsweise kein normaler Mensch so viel Präzision braucht.

Einzig wenn es um Finanzmathe und wissenschaftliche Berechnungen geht, muss man aufpassen – dann sollten Sie lieber auf Festkommazahlen zurückgreifen. Die US-Raumfahrbehörde NASA verwendet etwa für Berechnungen 15 feste Nachkommastellen von PI. Das reicht, um Umlaufbahnen von 125 Milliarden Kilometern in etwa zentimetergenau zu berechnen.

Wo wir schon bei der NASA sind: Für sehr große oder sehr kleine Zahlen gibt es eine wissenschaftliche Notation:

```
>>> 4e-4
0.0004
>>> 4.23e3
4230.0
```

Die Zahl hinter dem e ist ein dezimaler Exponent, so entspricht $4.23e3 == 4.23 \cdot 10^3$, somit verschieben Sie das Komma um 3 Stellen nach rechts. Wenn Sie eine negative Zahl im Exponenten haben, geht es entsprechend nach links.

Festkommazahlen

Wenn es präzise werden soll, können Sie in Python auf Festkomma-Arithmetik zurückgreifen, allerdings ist die mit einigem syntaktischem Mehraufwand verbunden:

```
>>> from decimal import Decimal, getcontext
>>> Decimal(0.1) + Decimal(0.2)
Decimal('0.3000000000000000166533453694')
>>> context = getcontext()
>>> context.prec = 8
>>> Decimal(0.1) + Decimal(0.2)
Decimal('0.30000000')
```

Erst importieren Sie den Datentyp Decimal. Die Bibliothek und der Datentyp heißen schlicht *decimal*, um zu signalisieren, das die damit verwendeten Rechenarten sich verhalten, wie Sie das aus der Schule kennen – eben dezimal und nicht wie die Floats, die alles in Binär-Schubladen quetschen, die dann hinterher nicht mehr aufgehen.

Mithilfe des Decimal-Typs erzeugen Sie Objekte, mit denen Sie rechnen können. Je nach Problemstellung können Sie dann über den Kontext (den Sie mit getcontext abholen) die Präzision der Darstellung steuern. Standardmäßig sind 28 Nachkommastellen eingestellt. Sie sehen, auch da wird es haarig, weil auch hier 0.1 + 0.2 nur in den vorderen Stellen wie 0.3 aussieht. Wenn Sie die Präzision auf acht Stellen runterschrauben, oder auf 15, wie die NASA, dann werden nur noch folgende Nullen angezeigt, um signifikante Stellen anzugeben. Puh.

Brüche

Auch wer mit gemeinen Brüchen jonglieren möchte, kommt in Python auf seine Kosten:

```
>>> from fractions import Fraction
>>> Fraction(16, 32)
Fraction(1, 2)
>>> Fraction('7e-2')
Fraction(7, 100)
>>> Fraction(1, 4) + Fraction(1, 2)
Fraction(3, 4)
>>> Fraction(0.125)
Fraction(1, 8)
```

Importieren Sie den Datentyp Fraction, so können Sie Verhältnisse als Brüche ausdrücken (vorne Zähler, hinten Nenner). Beim Rechnen wird automatisch gekürzt und Sie können Kommazahlen in Brüche umwandeln.

Rechnen

Jetzt haben Sie mehrere Arten kennengelernt, wie Sie Zahlen in Ihr Programm hacken können. Aber eine Zahl macht noch kein Ergebnis. Zum Verrechnen des Ganzen benötigen Sie mathematische Operatoren, die Sie in Tabelle 8.1 finden.

Zu Addition, Subtraktion und Multiplikation gibt es nichts zu sagen, die verhalten sich wie gewohnt. Die Division ist allerdings etwas komplizierter:

```
>>> 4 / 3
1.3333333333333333
>>> 4 // 3
1
```

Operation	Code
Addition	a + b
Subtraktion	a - b
Multiplikation	a * b
echte Division	a / b
Fußboden-Division	a // b
Divisionsrest (Modulo)	a % b
Potenz	a ** b

Tabelle 8.1: Mathematische Operatoren

Es gibt in Python zweierlei Operatoren zum Dividieren. Die Erste verwendet einen normalen Schrägstrich und verhält sich weitestgehend unauffällig. Zwei geteilte Ganzzahlen erzeugen eine Gleitkommazahl, um das Bruchverhältnis auszudrücken.

Wenn Sie allerdings *zwei* Schrägstriche nutzen, dann bekommen Sie eine Integer-Division. Das Ergebnis ist also eine Ganzzahl und der Teil hinter dem Komma fehlt. Dasselbe würden Sie bekommen, wenn Sie die Kommazahl nachträglich abrunden (auf Englisch: *to floor*). Man nennt das übrigens nicht wirklich Fußboden-Division, wie in der Tabelle »reingeschummelt« – war nur ein Kalauer.

Aufgepasst: In den veralteten Versionen bis Python 2.7 waren die Operatoren / und // vertauscht. Der Operator / ergab eine Ganzzahl und // erzeugte eine Float. Nur so als Vorwarnung, wenn Sie mal ein älteres Programm bearbeiten, das in Python 2 geschrieben wurde. In dem Fall sollte Ihre erste Amtshandlung aber sowieso sein, das Programm auf Python 3 zu upgraden (noch aus vielen anderen Gründen). Im Januar 2020 wurde Python 2 in ein geruhsames Altersheim überwiesen, wo es seinen Lebensabend mit Bridge und Klosterfrau Melissengeist feiert. Sie müssen es nicht besuchen.

Wenn Sie die Integer-Division ohne Rest mit dem *Modulo*-Operator kombinieren, bekommen Sie ein Ergebnis, das weitestgehend der Grundschulmathe entspricht. Wie oft geht die Drei in die Sieben? Zweimal, mit Rest eins:

```
>>> 7 // 3
2
>>> 7 % 3
1
>>> divmod(7, 3)
(2, 1)
```

Die Funktion divmod tut also dasselbe, nur in einem Aufwasch.

Der Modulo-Operator bekommt in Büchern wie diesem hier immer relativ viel Aufmerksamkeit, dabei hat er der eigentlich gar nicht verdient. Sie können ihn sich wie den Kopf einer großen, einflussreichen Familie vorstellen, einen Mafia-Paten, den Sie an der

Hochzeit seiner Tochter `is_even` um einen einzigen, saublöden Gefallen bitten dürfen, nämlich wechselweise den Hintergrund gerader und ungerader Zeilen einer länglichen Tabelle einzufärben:

```
>>> def is_even(n): return n % 2 == 0
...
>>> is_even(3)
False
>>> is_even(4)
True
>>> for i in range(10):
...     print('-' if is_even(i) else '*', i)
...
- 0
* 1
- 2
* 3
- 4
* 5
- 6
* 7
- 8
* 9
```

Die Gerade-ungerade-Unterscheidung ist tatsächlich der bekannteste Anwendungsfall dieses Operators und die benötigt man tatsächlich für alternierende Zeilenfarben. In der Praxis kommt der Operator recht selten vor, aber immer noch häufiger als die `divmod`-Funktion weiter oben.

Praktisch ist er immer dann, wenn Sie Sequenzen erstellen möchten, die am Ende wieder von vorne anfangen. Das kann man wunderbar für Ringpuffer verwenden, zum Beispiel kann man damit die letzten dreißig Log-Einträge sammeln, der einunddreißigste überschreibt dann wieder den ersten – so verhindert man, dass das Log zu groß wird. Auch für Kryptografen ist er angeblich ein treuer Begleiter.

Zurück zur Division im Allgemeinen: Wenn Sie eine Zahl durch 0 teilen, dann meldet sich Python vernünftigerweise mit einem Fehler zu Wort:

```
>>> 1 / 0
Traceback (most recent call last):
  File "<stdin>", line 1, in <module>
ZeroDivisionError: division by zero
```

Zu guter Letzt sei noch der Operator für die Exponentiation erwähnt:

```
>>> 2 ** 8
256
>>> 2 ** -8
0.00390625
```

Vorne steht die Basis, hinten der Exponent, fertig ist die Potenz. Sie können diese merkwürdigen Mails in Ihrem Spam-Ordner also getrost löschen.

Operatorrangfolge

Bei der Auswertung von Operatoren werden übliche Regeln beachtet, etwa Punkt vor Strich:

```
>>> 2 + 2 * 4
10
>>> (2 + 2) * 4
16
```

Durch Klammern lässt sich die Auswertungsreihenfolge der Operatoren (auch als *Präzedenz* bezeichnet) verändern. Geschachtelte Klammern werden von innen nach außen ausgewertet. Wenn sich weitere Operatoren einmischen, dann gilt die Reihenfolge in Tabelle 8.2. Tatsächlich gibt es noch weitere Operatoren, aber die sind hier nicht wichtig.

Wann	Art	Operatoren
zuerst	Klammern	`( ... )`
	Comprehensions	`[...],{<key>: <value>},{...}`
	Zugriffe	`a[...],a.b`
	Potenz	`**`
	Multiplikation, Divisionen	`*,/,//,%`
	Addition, Subtraktion	`+,-`
	Vergleiche	`in,not in,is,is not,<,<=,>,>=,!=,==`
	Negation	`not x`
	boolesches UND	`and`
zuletzt	boolesches ODER	`or`

Tabelle 8.2: Auswertungsreihenfolge der Operatoren

Funktionen für mathematische Probleme

Neben den verschiedenen Zahlen- und Grundrechenarten bringt Python noch viele weitere Funktionen für mathematische Probleme mit. Die in Tabelle 8.3 aufgeführten Funktionen sind bereits in die Sprache eingebaut und können ohne Imports direkt verwendet werden. Für speziellere Anwendungsfälle lohnt sich ein Blick in das Modul `math`. Dort finden Sie Funktionen für Logarithmen, Trigonometrie und spezielle Sachen wie die Gamma-Funktion. Ein paar davon listet Tabelle 8.4 auf. Um sie zu verwenden, müssen Sie sie jedoch importieren, zum Beispiel so:

```
>>> from math import sqrt
>>> sqrt(16)
4.0
```

Funktion	Ergebnis	Beschreibung
abs(5 - 7)	2	Absolutbetrag ($|x|$)
max(2, -1, 3)	3	gibt das größte Argument zurück
min(-3, 1, 5)	-3	gibt das kleinste Argument zurück
pow(2, 5) bzw. pow(2, 5, 3)	32 bzw. 2	Potenzfunktion mit optionalem Modulo
round(19.241134, 2)	19.24	Kommazahlen runden
sum([1, 2, 3])	6	summiert die Elemente eines Containers

Tabelle 8.3: Einige mathematische Funktionen sind ohne Umwege verfügbar

Funktion	Ergebnis	Beschreibung
sqrt(16)	4.0	Quadratwurzel (*square root*)
cbrt(27)	3.0	Kubikwurzel (*cube root*)
log(5)	1.6094	Logarithmus mit optionaler Basis; Ohne wird die eulersche Zahl e als Basis verwendet.
degrees(math.pi/2)	90	konvertiert Bogenmaß in Grad
radians(180)	3.1416	konvertiert Grad in Bogenmaß
sin(0.2)	0.1987	Sinus
cos(3.1)	-0.9991	Kosinus
tan(0.011)	0.0110	Tangens
gcd(9, 21, 33)	3	größter gemeinsamer Teiler (ggT)
lcm(2, 3, 7)	42	kleinstes gemeinsames Vielfaches (kgV)

Tabelle 8.4: Das Modul math bietet Funktionen für speziellere Anwendungsfälle

Kapitel 9
Wahrheit oder Pflicht – logische Ausdrücke formulieren

Ein wichtiger Teilbereich der Mathematik ist die *Logik*. Die benötigen Sie immer dann, wenn Sie Bedingungen formulieren möchten, etwa ob eine Verzweigung mit if stattfindet oder ob eine Schleife noch eine Runde drehen soll. Bisher wurden recht einfache Ausdrücke gezeigt, die eine logische Aussage ergeben müssen, aber dazu gibt es noch einiges mehr zu sagen.

Wahrheitswerte

Die bisherigen Beispiele haben stets den Gleichheitsoperator benutzt, um den Inhalt einer Variable auszuwerten. Das sieht so aus: day == 's'. Für sich genommen ist das ein Ausdruck, der einen Wahrheitswert ergibt, nämlich True, wenn er stimmt, und False, wenn er nicht stimmt:

```
>>> day = 'm'
>>> day == 'm'
True
>>> day == 'f'
False
```

Nicht verwechseln: Zuweisung (=) und Vergleich (==). Die Zuweisung legt eine Variable an, der Vergleich wertet sie aus. True und False sind Schlüsselworte, die eine wahre oder eine falsche Aussage repräsentieren. Klar, wenn Sie der Variable day den Buchstaben m zuweisen, kann ihr Wert nicht f sein, daher ist die letzte Aussage *falsch*, repräsentiert durch den Wert False.

✔ True repräsentiert eine *wahre* Aussage (eine Aussage, die zutrifft).

✔ False repräsentiert eine *falsche* Aussage (eine Aussage, die nicht zutrifft).

Diese Werte nennt man auch *boolesche Werte, Booleans* oder kurz *Bools* – benannt nach George Boole, der Mitte des 19. Jahrhunderts ein Rechensystem für logische Aussagen entwarf. Booles Untersuchungen waren noch etwas ausladender, beim Programmieren verwendet man zumeist »nur« die Schaltalgebra, also Konstellationen, bei denen die Werte zwei Ausprägungen annehmen können, nämlich wahr und falsch.

Truthy-Falsy

In der Python-Logik gibt es zusätzlich so eine Art »Ja, schon irgendwie«. Werte, die ein bisschen was sind, werden einfach als `True` und Werte, die irgendwie *leer* oder *nix* sind, als `False` betrachtet.

Am einfachsten können Sie das nachvollziehen, wenn Sie die Werte 1 und 0 betrachten. Eine 1 ist ja irgendwie etwas, eine 0 ist irgendwie nichts. Da ist es nur intuitiv, dass in Python-Code eine 1 dem Wert `True` entspricht und eine 0 dem Wert `False`:

```
>>> bool(1)
True
>>> bool(0)
False
>>> bool(-1)
True
>>> bool(2)
True
```

Nutzen Sie die Funktion `bool`, um Objekte in einen booleschen Wert zu konvertieren. Das Dumme ist nur, dass Ganzzahlen mehr als zwei Werte haben, boolesche Werte aber nur zwei Ausprägungen annehmen können. Bei der Konvertierung werden einfach die 0 und alle leeren Werte als `False` abgebildet, alles andere ergibt `True`.

Diese Art der Konvertierung funktioniert auch für andere Objekte, wie beispielsweise Container, aber auch Kommazahlen.

```
>>> bool("")
False
>>> bool("Hello, World!")
True
>>> bool([])
False
>>> bool([1,2,3])
True
>>> bool(None)
False
>>> bool(0.0)
False
```

Ein leerer String wird als `False` behandelt, ein voller String als `True`. Ein leerer Container ist `False`, ein voller Container `True`. Und dann gibt es noch einen Sonderwert, nämlich das `None` – das benutzt man immer, wenn man anzeigen will, dass etwas zu einem späteren Zeitpunkt einen Wert bekommen soll – `None` wird auch als `False` verstanden. Kommazahlen verhalten sich wie Ganzzahlen – Nullkommanix ist `False`, alles andere `True`.

Diese Form der Auswertung nennt man auch *Truthy-Falsy-Auswertung*, übersetzt bedeutet das wohl so was wie »wahrig und falschig«. Das soll aussagen, dass solche Objekte an Stelle eines *echten* booleschen Wertes eingesetzt werden können.

Der Nutzen davon ist, dass Sie auf diese Weise Ihren Code kurz und knackig formulieren können:

```
print("Wie lautet Ihr Name?")
name = input(">")
if name:
    print(f"Hello, {name}")
else:
    print(f"Hallo, Unbekannter!")
```

Strings und auch alle anderen Objekte können ohne Umwege in einer If-Anweisung erscheinen. Wenn es das nicht gäbe, dann müssten Sie arbeiten wie in anderen Sprachen. Da sähe das eher so aus:

```
...
if len(name) > 0:
    print(f"Hello, {name}")
...
```

Auch das ist nicht falsch, aber etwas umständlicher.

Zusammengefasst:

✔ `True` und `False` sind boolesche Werte, die wahre und falsche Aussagen repräsentieren.

✔ Mit der Funktion `bool` können Sie Objekte in boolesche Werte konvertieren.

✔ Alle Werte ergeben `True`, außer die in Tabelle 9.1.

✔ Sie können die Werte ohne vorherige Konvertierung in Bedingungen verwenden.

Art	Werte
Konstanten	`None,False`
Null-Werte von Zahlen	`0,0.0,0j,Decimal(0),Fraction(0, 1)`
leere Container	`'',(),[],{},set(),range(0)`

Tabelle 9.1: Alle Werte sind True, außer die hier

Vergleichsoperatoren

Die Werte True und False verwendet man in der Regel nicht direkt – obwohl das natürlich geht. Sie können diese Werte genauso wie eine 1 oder "Hello, World!" einfach hinschreiben oder in Variablen packen und damit Schabernack treiben, zum Beispiel so:

```
if True:
    print('Hello, World!')
```

Das stimmt immer. Da der Ausdruck nie etwas anderes sein kann als True, wird auch jedes Mal »Hello, World!« ausgegeben – das kann man sich in dieser Form auch sparen. Meistens sind diese Werte aber das Ergebnis einer Prüfung und sie entstehen bei der Verwendung der Vergleichsoperatoren aus Tabelle 9.2.

Operator	Bezeichnung	Beschreibung
a == b	gleich	Hat a den gleichen Wert wie b?
a < b	kleiner als	Ist a kleiner als b?
a > b	größer als	Ist a größer als b?
a <= b	kleiner oder gleich	Ist a kleiner oder gleich b?
a >= b	größer oder gleich	Ist a größer oder gleich b?
a != b	ungleich	Hat a einen anderen Wert als b?
a is b	identisch	Ist a dasselbe Objekt wie b?
a in b	enthalten	Enthält b den Wert a?

Tabelle 9.2: Diese Operationen ergeben einen booleschen Wert

Die Vergleichsoperatoren sind *binär*, also zweistellig – sie vergleichen die linke mit der rechten Seite, etwa so:

```
>>> a = 10
>>> b = 20
>>> a < b
True
>>> a > b
False
>>> a != b
True
>>> a == b
False
```

Zu beachten gibt es da fast nix, einzig die Unterscheidung zwischen den Operatoren == und is, weil diese nicht dasselbe bedeuten. Mit is prüfen Sie, ob zwei Namen auf dasselbe Objekt zeigen. Mit == vergleichen Sie, ob die Objekte den gleichen Wert haben. Etwa können Sie zwei schwarze Filzstifte besitzen, dann sind diese Stifte zwar gleich, aber nicht selb.

Praktisch: Relative Vergleiche können Sie verketten, etwa so:

```
temperature = 20.4
if 19 < temperature < 21:
    print("Zimmertemperatur - Genau richtig!")
```

Verneinung

Mithilfe der Vergleichsoperatoren können Sie frische Aussagen über die Werte Ihres Programms erzeugen. Wenn Sie schon eine Aussage als Variable oder so haben, kann es vorkommen, dass Sie die umdrehen möchten. Dazu gibt es einen Operator: Die Negation oder Verneinung.

Dieser Operator wird auch als *logisches Nicht* bezeichnet, er verkehrt eine Aussage in ihr Gegenteil: Was vorher True war, ist danach False und umgekehrt.

```
is_open = True

if not is_open:
    print("Das Fenster ist geschlossen")
else:
    print("Das Fenster ist offen")
```

Ein Fenster, das nicht offen ist, muss wohl geschlossen sein. Klar, bei modernen Fenstern gibt es auch noch »auf Kipp«, aber für das Beispiel zählt das als geöffnet. Der Operator not ist nicht – wie etwa die Vergleichsoperatoren – *binär*, sondern *unär*. Es wird einer Aussage als einwertige Verknüpfung vorangestellt.

```
>>> not True
False
>>> not False
True
>>> not not False
False
```

not kann auch in Kombination mit einigen anderen Operatoren auftauchen, so geht etwa

```
>>> day = 'Mittwoch'
>>> 'tag' not in day
True
>>> not 'tag' in day
True
```

Dieser Code prüft, ob die Variable day einen Teilstring 'tag' enthält. Das Erste liest sich mehr als »Ist das nicht drin?« (das ist etwas schöner), Letzteres eher so wie »Nicht ist das drin?«. Semantisch sind diese Ausdrucksformen aber komplett gleich.

Dasselbe klappt beim Operator is, also a is not b und not a is b, jedoch erzeugt a not is b einen Syntax-Fehler, aber das würde a in not b auch tun. not in und is not sind also eher Spielarten der Operatoren is und in und nicht so sehr ein Detail von not.

Logische Operatoren

Vergleiche, Wahrheitsausdrücke oder die Konstanten True und False können Sie zu komplexeren Ausdrücken verknüpfen. Das Ergebnis ist dann wieder eine Wahrheitsaussage.

 Lassen Sie Ihrer Kreativität beim Formulieren logischer Aussagen also freien Lauf! Programme sind keine Teenager, die mit einfachen Bedingungen (»Um spätestens 11 zuhause sein«) schon so überreizt und überfordert sind, dass sie sich den Rest der Woche bei avantgardistischer Jugendmusik in ihrer Kemenate isolieren müssten. Python gegenüber dürfen Sie durchaus komplexe Bedingungen formulieren, die miteinander in Abhängigkeiten stehen – der Interpreter wird Sie nicht mit behavioralen Ausfälligkeiten bestrafen. Andererseits ist er auch nicht der dem existenziellen Druck drohender Geschlechtsreife ausgesetzt.

Beim Zusammenbauen müssen Sie ein bisschen auf die Logik achten, denn ob die komplette Aussage am Ende stimmt, hängt davon ab, wie Sie ihre Teilaussagen verknüpft haben. Dazu verwendet man die folgenden Operatoren:

✔ and (*logisches Und*)

✔ or (*inklusives Oder*)

✔ ^ (*exklusives Oder*)

AND – logisches Und

Werden Aussagen mit *und* verknüpft, müssen alle Teilaussagen stimmen. Zum Beispiel:

Es regnet *und* das Fenster ist offen (dann sollten Sie das Fenster schließen, sonst geht womöglich ihr Parkettfußboden kaputt).

Wenn es regnet, aber nicht so stark, dass Ihr Fensterbrett was abbekommt, dann können Sie das Fenster noch ein bisschen offen lassen und sich über die frische Luft freuen. So sieht es aus, wenn Sie das Beispiel in Python durchspielen:

```
>>> rain = False
>>> window_open = False
>>> rain and window_open
False
>>> rain = True
>>> window_open = False
>>> rain and window_open
False
>>> rain = False
>>> window_open = False
>>> rain and window_open
```

```
False
>>> rain = True
>>> window_open = True
>>> rain and window_open
True
```

Die Verknüpfung mit and ergibt immer nur dann True, wenn beide Aussagen zutreffen. Sobald eine dies nicht tut (oder gar beide!), ist auch die gesamte Aussage negativ. Tabelle 9.3 stellt diesen Zusammenhang übersichtlich als Wahrheitstafel dar.

x	y	x and y
True	True	True
True	False	False
False	True	False
False	False	False

Tabelle 9.3: Wahrheitstabelle für and

OR – logisches Oder

Bei Aussagen, die Sie mit *oder* verketten, muss mindestens eine Aussage stimmen, damit die gesamte Aussage stimmt. Zum Beispiel:

> Ihr Nachbar grillt *oder* seine Kinder lärmen beim Spielen *oder* er spielt schief Gitarre *oder* es zieht (dann sollten Sie das Fenster schließen, um ihre Ruhe zu haben).

In Python sieht das so aus:

```
>>> noise = False
>>> party = False
>>> noise or party
False
>>> noise = True
>>> party = False
>>> noise or party
True
>>> noise = False
>>> party = True
>>> noise or party
True
>>> noise = True
>>> party = True
>>> noise or party
True
```

In nur einem Fall werden or-Verknüpfungen False: Wenn beide Aussagen False ergeben. Kein Krach, keine Party? Dann ist nichts zu tun. Krach? Fenster schließen. Party? Kopfhörer auf. Sowohl Krach als auch Party? Sie sollten klingeln und mitfeiern (bis die 110 auftaucht, ist die Party eh vorbei). Tabelle 9.4 fasst das als Wahrheitstafel übersichtlich zusammen.

x	y	x or y
True	True	True
True	False	True
False	True	True
False	False	False

Tabelle 9.4: Wahrheitstabelle für or

Das logische Oder hat eine Besonderheit, denn die Teilaussagen schließen sich nicht gegenseitig aus. Es reicht, wenn eine der Aussagen zutrifft, aber natürlich ist es möglich, dass mehrere Aussagen zutreffen, etwa wenn ihr Nachbar auf einer Gartenparty grillt und der Wind den Rauch durchs Fenster trägt, seine Kinder dabei draußen schreiend rumrennen und er die Gäste mit abgedroschenen Oldies wie »Wonderwall« von Oasis belustigen möchte. All dass sind für sich alleine genommen gute Gründe, das Fenster zu schließen, selbst wenn es dabei nicht heftig zieht. Es kann also alles zutreffen oder nur eins der Einzelteile. Man bezeichnet das logische Oder daher auch als *inklusives Oder*.

Kurz geschlossen

Beim Auswerten von logischen Ausdrücken geht Python sehr schlau vor und kürzt die Auswertung längerer Ausdrücke ab, wenn die logischen Regeln das zulassen.

Wenn Sie mehrere Ausdrücke mit and verknüpfen, bedeutet das, dass alle Aussagen wahr sein müssen, damit der Ausdruck in seiner Gesamtheit wahr ergibt. Aus diesem Grund bricht der Interpreter die Auswertung der Unterausdrücke einfach ab, sobald in einer Kette mit and-Verknüpfungen ein einziger Wert False ergibt, denn durch die eine »falsche« Aussage kann der Gesamtausdruck nicht mehr wahr sein.

Beim logischen Oder mit or ist es umgekehrt: Sobald einer der Teilausdrücke True ist, wird der ganze Ausdruck als True behandelt und die anderen Ausdrücke nicht mehr ausgewertet. Diese nützliche Optimierung nennt man auch *Kurzschlussauswertung*.

XOR – logisches Entweder-Oder

In der Logik gibt es noch einen weiteren Oder-Operator, das *exklusive Oder* darstellt. Diesen Operator nennt man auch *XOR*. Eine Aussage mit einem XOR ist wahr, wenn eine von beiden Teilaussagen wahr ist, aber nicht beide zusammen. Das gibt es im normalen Sprachgebrauch fast nie, daher hat dieser Operator in der natürlichen Sprache keine Entsprechung – meistens biegt man das normale Oder in ein *Entweder ... Oder* um.

Zum Beispiel:

> Sie nutzen *entweder* Chlorreiniger *oder* Essigreiniger (dann können Sie ihr Bad putzen). Im Code sähe das vielleicht so aus:

```
chloride = True
vinegar = False

if chloride ^ vinegar:
    print("Bad wird geputzt")
else:
    # Beide stimmen, oder keins von beiden stimmt
    print("Bad putzen fällt aus")
```

Im Gegensatz zu and und or verwendet XOR kein schönes Schlüsselwort, sondern es kommt der etwas schwierig auszusprechende Operator ^ zum Einsatz. Das Symbol heißt Caret oder auch Zirkumflex und wird im Französischen als Akzent verwendet, aber wenn Sie Ihren Code lesen, könnten Sie Ihn einfach wie einen kurzen Schluckauf aussprechen – das wird zumindest seinem Aussehen gerecht, etwa a ^hicks b.

 Noch ein ernst gemeinter Tipp zu dem Beispiel: Vermeiden Sie es unbedingt, Reinigungsmittel zu vermischen. Mischen Sie etwa Reiniger mit Aktivchlor mit einem säurehaltigen Reiniger, kann dadurch Chlorgas entstehen (giftig!) – selbst wenn Sie die beiden nicht direkt mischen, sondern nacheinander auf derselben Oberfläche anwenden.

Im Sinne der Aussagenlogik für XOR bedeutet das: Einer von beiden Reinigern ist ok, keiner von beiden auch (dann entfällt das Putzen eben). Auf keinen Fall sollten Sie das Bad aber mit beiden gleichzeitig putzen.

Eine XOR-Verkettung ist gleichbedeutend mit:

```
>>> a = True
>>> b = False
>>> (a and not b) or (not a and b)
True
```

Je nach Geschmack kann man auch die folgenden Ausdrucksformen verwenden – genau genommen kommt beim XOR nämlich immer nur raus, ob die (binären) Werte ungleich sind.

```
>>> a = 1
>>> b = 0
>>> bool(a) ^ bool(b)
True
>>> bool(a) != bool(b)
True
>>> bool(a) is not bool(b)
True
```

Listing 9.1: XOR prüft eigentlich, ob zwei binäre Werte ungleich sind.

Eigentlich ist das ^ als XOR-Operator nicht ganz eindeutig, denn es wird normalerweise als Operator für Bit-Operationen zwischen zwei Ganzzahlen genutzt – dabei werden die einzelnen Bits der Binärdarstellung der Zahlen verwurstet, was zwar effizient, aber etwas ungewohnt ist, wenn man sich nicht auskennt. Im Beispiel würde bei 1 ^ 0 auch der Wert 1 rauskommen. Python kann Zahlen aber in Booleans umwandeln – dabei ergibt 0 `False` und alles andere `True`. Aus dem Grund werden zunächst die Werte auf boolesche Werte normalisiert, dann erhält man am Ende auch wieder einen Wahrheitswert. Zusammenfassend sehen Sie noch die Wahrheitstafel für XOR in Tabelle 9.5.

x	y	x ^ y
True	True	False
True	False	True
False	True	True
False	False	False

Tabelle 9.5: Wahrheitstabelle für xor

Echte exklusive Oders trifft man in der Alltagssprache eher selten. Sie haben aber eine wichtige Stellung in der Elektrotechnik (in Form von logischen Gattern) und in der Kryptografie. Wenn Sie nicht gerade in diesen Bereichen arbeiten, bekommen Sie von XOR daher nicht viel mit.

Und selbst wenn: Meistens kann man ein exklusives Oder als inklusives Oder uminterpretieren. Wenn Sie Ihr Bad reinigen möchten und dann beide Reiniger im Putzschrank vorfinden, werden Sie sich ja eher für einen von beiden entscheiden und nicht das Putzvorhaben einfach sein lassen. Solche Fälle können Sie zur Not einfach mit einer if-elif-else Struktur umschiffen (das kommt an dieser Stelle eher dem normalen Oder gleich):

```
chloride = True
citrus = False
...
if chloride:
    print("Bad wird geputzt mit Chlor-Reiniger")
elif citrus:
    print("Bad wird geputzt mit Citrus-Reiniger")
else:
    # Keins von beiden stimmt
    print("Bad putzen fällt aus")
```

Logische Gesetze

Logische Ausdrücke sind fundamentale Bausteine, mit denen Sie Ihre Programme steuern, egal ob in Bedingungen oder Schleifen. Beim Lesen von Code werden Sie häufig an solchen Ausdrücken hängen bleiben, auch wenn Sie den Code selbst geschrieben haben. Daher sollten Sie sich die Zeit nehmen, diese Ausdrücke so weit es geht zu vereinfachen, denn wenn Sie hier einen Fehler machen, macht das Programm plötzlich etwas anderes, als Sie eigentlich denken.

Genau wie beim Rechnen mit Zahlen, gelten beim »Rechnen« mit booleschen Werten einige Regeln. So dürfen Sie nicht einfach Plus und Minus vertauschen, aber es sollte Ihnen klar sein, dass 2 + (−3) das gleiche ist wie 2 − 3. Bei booleschen Ausdrücken ist das ähnlich, not not True ist das gleiche wie True, aber es gibt noch komplexere Regeln für das Umformulieren logischer Ausdrücke. Die nützlichsten sind diese:

✔ **Kommutativgesetz**: Sie dürfen Argumente eines Operators *vertauschen*.

✔ **Assoziativgesetz**: Für gleiche Operatoren verändern Klammern die Reihenfolge der Auswertung nicht.

✔ **Distributivgesetz**: Bei unterschiedlichen Operatoren müssen Sie beim Klammern oder beim Auflösen von Klammern darauf achten, wie die Werte in der Klammer *verteilt* werden.

✔ **De-morgansche Gesetze**: Beim Negieren geklammerter Aussagen müssen Sie die Operatoren and und or vertauschen.

 Lassen Sie sich nicht vom Computer-Latein beeindrucken, *commutare* heißt schlicht »vertauschen«, *associare* meint »verbinden« und *distribuere* bedeutet »verteilen«. Die Code-Beispiele in Tabelle 9.6 zeigen schon rein optisch, welche Umformungen funktionieren.

Der Einfachheit halber wurden die and-or-Beispiele jeweils auf zwei Teilaussagen (zum Beispiel a and b) beschränkt, aber Sie können noch längere Ketten herstellen und sogar die Operatoren dabei mischen (a and b or c and d and e or f).

Name	Formel
Kommutativgesetz	a and b == b and a a or b == b or a
Assoziativgesetz	(a and b) and c == a and (b and c) (a or b) or c == a or (b or c)
Distributivgesetz	a and (b or c) == (a and b) or (a and c) a or (b and c) == (a or b) and (a or c)
De-morgansche Gesetze	not (a and b) == (not a) or (not b) not (a or b) == (not a) and (not b)

Tabelle 9.6: Die logischen Gesetze helfen Ihnen beim Umformulieren logischer Ausdrücke

Kommutativ- und Assoziativgesetz funktionieren ähnlich wie beim Rechnen. a + b ist ja auch das Gleiche wie b + a, mit den Klammern genauso – bei gleichen Operatoren ist die Klammerung egal. Das Distributivgesetz ist da schon etwas komplizierter, daher folgt nun ein praktisches Beispiel.

Distributivgesetz

Wenn Sie verkettete logische Ausdrücke umschreiben, kann es passieren, dass Sie was Falsches auswerten, wie das folgende Beispiel demonstriert.

Sie basteln einen Kalender und überprüfen den Tag (day), den Monat (month) und dann noch den Wochentag (weekday, 6 ist Samstag, 7 ist Sonntag). Wenn der erste Weihnachtsfeiertag auf ein Wochenende fällt, ist das ein verschenkter Feiertag (außer wenn Sie normalerweise auch Samstags arbeiten müssen, dann freuen Sie sich sicher).

Diesen Zusammenhang programmieren Sie so:

```
...
if day == 25 and month == 12 and day_of_week == 6
   or day_of_week == 7:
     print("Weihnachten liegt dieses Jahr schlecht.")
```

Leider ist der Ausdruck etwas mehrdeutig, schauen Sie mal:

```
>>> day = 13
>>> month = 7
>>> day_of_week = 7
>>> day == 25 and month == 12 and day_of_week == 6 or
    day_of_week == 7
True
```

Eigentlich sollte ja geprüft werden, ob der Weihnachtsfeiertag auf ein Wochenende fällt, aber hier wird der 13.07. geprüft. Der Ausdruck wird dennoch als wahr ausgewertet, denn die Operatoren werden in einer bestimmten Reihenfolge abgearbeitet. So kommt es, dass der komplette Ausdruck wahr ist, weil am Ende steht ... or day_of_week == 7.

Der Grund dafür liegt in der *Operator-Präzedenz* – manche Operatoren haben Vortritt vor anderen. Zuerst kommen die Vergleiche dran, dann kommt and und zum Schluss das or. Zuweisungen kommen immer zuletzt, sodass Sie das Endergebnis von Ausdrücken auffangen können.

Wenn Sie den Ausdruck auftrennen und seine Teile in Klammern einfassen, wird eventuell klar, warum die Prüfung danebengeht:

```
>>> day = 13
>>> month = 7
>>> day_of_week = 7
>>> a = (day == 25 and month == 12 and day_of_week == 6)
>>> b = (day_of_week == 7)
>>> a or b
True
```

Sie prüfen, ob Weihnachten auf Samstag fällt oder ob der Tag (für sich alleine genommen) ein Sonntag ist. Dabei wollen Sie doch prüfen, ob das Weihnachtsdatum am Wochenende ist. Um den Ausdruck zu korrigieren, müssen Sie klammern:

```
>>> day == 25 and month == 12 and (day_of_week == 6 or
    day_of_week == 7)
False
```

Die Klammern verändern die Präzedenz der Teilausdrücke – was geklammert ist, wird zuerst ausgewertet. Klarer wird es vielleicht, wenn Sie noch sprechende Bezeichner verwenden und nicht alles in eine Zeile schreiben:

```
>>> day = 13
>>> month = 7
>>> day_of_week = 7
>>> christmas = (day == 25 and month == 12)
>>> saturday = (day_of_week == 6)
>>> sunday = (day_of_week == 7)
>>> christmas and saturday or sunday
True
>>> christmas and saturday or christmas and sunday
False
>>> christmas and (saturday or sunday)
False
```

Hier sehen Sie zunächst nochmal die falsche Version, gefolgt von zwei Korrekturen. Die zweite Zeile enthält die lange Version, die ohne Klammern auskommt – Sie müssen einfach beide Wochentage für das Weihnachtsdatum separat prüfen. Alternativ können Sie so klammern wie im letzten Ausdruck, dann dort wird das or zuerst ausgewertet.

 Das Konstrukt (day_of_week == 6 or day_of_week == 7) ist sowieso etwas langatmig. Schöner ist dies: day_of_week in (6, 7) – das hat die gleiche Bedeutung. Das unterstreicht auch, warum Sie die Klammer so setzen müssen, weil dann alle Unterausdrücke jeweils mit and verknüpft werden: day == 25 and month == 12 and day_of_week in (6, 7).

Herzlichen Glückwunsch, Sie haben gerade das *Distributivgesetz* der booleschen Algebra nachvollzogen. Ist doch eigentlich ganz logisch, oder?

De-Morgansche Gesetze

Aus der Liste der Gesetze fehlen noch die *de-morganschen Gesetze* (benannt nach ihrem Erfinder Augustus De Morgan). Diese Gesetze regeln, was passiert, wenn Sie geklammerte Ausdrücke negieren.

Ein Beispiel: Um zu prüfen, ob heute ein Arbeitstag ist, testen Sie, ob der heutige Tag weder ein Wochenende noch ein Feiertag ist. Logisch ausgedrückt sieht das so aus:

```
>>> weekend = False
>>> holiday = False
>>> not (weekend or holiday)
True
```

Wenn Sie die Klammer auflösen möchten, müssen Sie die Elemente einzeln negieren und den Operator tauschen, damit der Wert des Ausdrucks gleich bleibt:

```
>>> weekend = False
>>> holiday = False
>>> (not weekend) and (not holiday)
True
```

Ein or wird zu einem and, wobei die Einzelteile des Ausdrucks jeweils negiert werden. Die Klammern sind hier syntaktisch nicht mehr notwendig; sie sind nur als Hervorhebung gedacht, damit Sie sehen, wie die Klammer gewandert ist.

 Für die Informatikausbildung ist es ausreichend, diese Regel stupide auswendig zu lernen. Aber vielleicht interessiert Sie tatsächlich, warum das so ist. Das lässt sich anhand der folgenden Wahrheitstafeln nachvollziehen.

Betrachten Sie zunächst Tabelle 9.7. Hier finden Sie vier Spalten. Die erste enthält eine Aussage darüber, ob Wochenende ist, die zweite, ob es sich um einen Feiertag handelt und die dritte kombiniert die beiden mit or. Die letzte Spalte ist dann die Negation, so erhalten Sie Ihre Antwort: »Arbeitstag ist kein Wochenende oder Feiertag«. Aus der Tafel geht hervor:

1. Wenn Wochenende ist, aber kein Feiertag, dann ist kein Arbeitstag (die letzte Spalte ist dann False).

2. Wenn ein Feiertag ist und kein Wochenende, dann ist auch kein Arbeitstag.

3. Wenn sowohl ein Feiertag stattfindet, als auch ein Wochenende (etwa wenn Weihnachten mal wieder so richtig daneben liegt), dann ist das erst recht kein Arbeitstag.

4. Nur wenn beide Aussagen falsch sind, also wenn weder ein Feiertag stattfindet noch gerade ein Wochenende vorbeirast (tun die ja immer), dann, ja dann, ist heute ein Arbeitstag.

weekend	holiday	weekend or holiday	not (weekend or holiday)
True	False	True	False
False	True	True	False
True	True	True	False
False	False	False	True

Tabelle 9.7: Ist heute ein Arbeitstag?

Versuchen Sie nun, die Klammer im Ausdruck not (weekend or holiday) aufzulösen. In Tabelle 9.7 in der dritten Spalte sehen Sie, was passiert, wenn man einfach die beiden Teilaussagen negiert, ohne den Operator anzupassen, wie man es womöglich intuitiv tun würde – es kommt Murks dabei raus:

1. Wenn kein Wochenende ist und kein Feiertag, dann ist kein Arbeitstag.

2. Wenn ein Feiertag ist, aber kein Wochenende, dann ist ein Arbeitstag.

3. Wenn Wochenende ist, aber kein Feiertag, dann ist ein Arbeitstag.

4. Wenn weder Wochenende noch Feiertag ist, dann ist ein Arbeitstag.

Wenn Sie das so programmieren, berichtet Ihr Programm in drei von vier Fällen, dass ein Arbeitstag ist, obwohl das nicht stimmt. So ein Programm wäre ein Traum für ausbeuterische Arbeitgeber, aber vielleicht navigiert Sie ihr moralischer Kompass eher in die Richtung semantischer Korrektheit.

Die erste und die letzte Aussage stimmen, aber die mittleren beiden sind leider nicht richtig. Es ist der Semantik des logischen Oders geschuldet, dass die Gesamtaussage stimmt, wenn einer der beiden Teile stimmt. Richtig wäre hier ein logisches Und. Spalte vier in Tabelle 9.8 zeigt, wie es richtig geht – Sie müssen die Operatoren vertauschen.

not weekend	not holiday	not weekend or not holiday	not weekend and not holiday
False	False	False	False
False	True	True	False
True	False	True	False
True	True	True	True
		(Ups?)	(Richtig!)

Tabelle 9.8: Ist heute ein Arbeitstag?

Wenn Sie diese Wahrheitstafel lange genug anstarren, werden Sie die Logik dahinter sicher begreifen.

Tipps

Praxistipps zur Umgang mit logischen Ausdrücken:

✔ Wenn Ihr Programm nicht richtig arbeitet, sind häufig fehlerhafte logische Ausdrücke das Problem. Versuchen Sie, logische Ausdrücke möglichst einfach zu halten.

✔ Achten Sie auf die Präzedenz der Operatoren und auf die Kurzschlussauswertung.

✔ Lesen Sie logische Ausdrücke laut vor. Oft bemerkt man beim Aussprechen, welcher Operator nicht richtig sitzt.

 Zuletzt noch ein wichtiger Tipp: Versuchen Sie, Variablen so zu benennen, dass diese den booleschen Werten nicht »widersprechen«.

Zum Beispiel ist `update_disabled = True` verwirrend, weil der positive Fall `True` das Wegfallen eines Updates ausdrückt – zum Anschalten müssten Sie das dann negieren, also `update_disabled = False`. Besser wäre `update_enabled = True`, dann entspricht `False` dem Wegfall der Funktion.

Weitere Beispiele wären `is_valid`/`is_invalid` oder `is_open`/`is_closed` und sicher fallen Ihnen noch viele weitere ein – durch die Wahl von passenden Bezeichnern können Sie die Verständlichkeit Ihres Codes immer verbessern!

IN DIESEM KAPITEL...

Die wichtigsten zusammengesetzten
Datentypen

Einpacken, Auspacken

Kopieren und Zerschnippeln

Listen, Haufen, Mengen

Kapitel 10
Verpackungstechnik – eingebaute Container-Datentypen

Neben den einfachen und unteilbaren Datentypen bringt Python auch zusammengesetzte mit:

✔ Listen

✔ Tupel

✔ Dicts

✔ Sets

Listen sind die Allrounder unter den Datentypen. *Tupel* ähneln den Listen, können aber nicht verändert werden – eine Eigenschaft, die an manchen Stellen nützlich ist. Wichtig sind auch *Wörterbücher*, auch *Dictionarys* oder kurz *Dicts* genannt, die Schlüsseln Werte zuordnen. Dann gibt es noch die *Sets* – die bei Mengenproblemen helfen.

Listen

Listen sind in Python so essenziell, dass es bisher unmöglich war, irgendetwas ganz ohne sie zu erklären. Der folgende Code dürfte daher nicht ganz neu für Sie sein:

```
>>> numbers = [5, 4, 8, 1, 2, 9, 3]
```

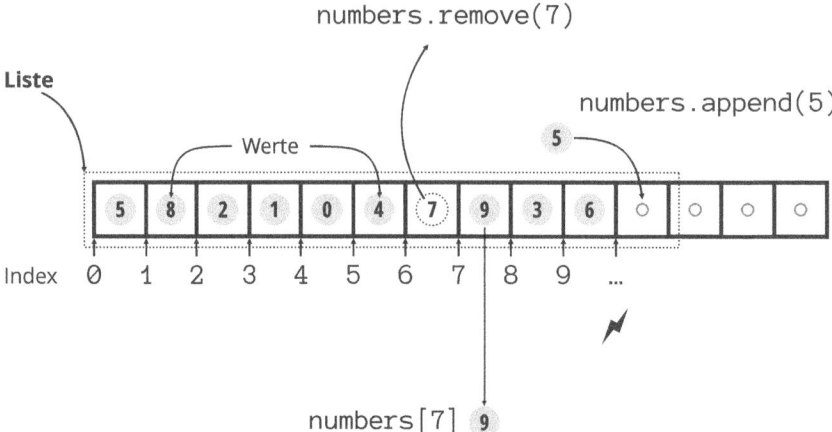

Abbildung 10.1: Listen speichern Werte und können auch nach dem Erstellen noch verändert werden.

Hier werden mehrere Zahlen zusammengefasst, sodass man sie geschlossen verarbeiten kann. Im Supermarkt kaufen Sie ja auch nicht einzelne Spaghetti, sondern gleich eine ganze Packung. Eine Kurzvorstellung finden Sie in Abbildung 10.1.

Listen aufbauen und bearbeiten

 Bevor es losgeht, noch ein paar Tipps zur Syntax: Innerhalb der eckigen Klammern dürfen Sie auch Umbrüche machen – das gilt übrigens auch für alle anderen Datentypen, die Sie in diesem Kapitel kennenlernen. Außerdem ist dann auch die Einrückungstiefe egal:

```
>>> numbers = [5, 4, 8,
... 1, 2,
... 9, 3,
... ]
```

 Die Syntax erlaubt ein Schleppkomma (auf Englisch: *trailing comma*) – damit ist das überflüssige Komma hinter der 3 gemeint. Eigentlich ist es unsauber, mehr Kommata als nötig zu machen, aber ein Schleppkomma macht es manchmal leichter, Listen zu einem späteren Zeitpunkt zu erweitern.

Bisher wurden Listen als Literale angelegt, das bedeutet, dass die einzelnen Elemente bereits im Quellcode vorgegeben sind. Sie können aber auch leere Listen erzeugen und diese dann dynamisch erweitern:

```
>>> numbers = list()
>>> numbers.append(8)
>>> numbers.append(7)
>>> numbers.append(3)
>>> numbers
[8, 7, 3]
```

Durch die Funktion `list` wird eine leere Liste erzeugt. Alternativ könnten Sie auch `numbers = []` schreiben. Durch Aufrufe der Funktion `append` wird jeweils ein weiteres Element am Ende der Liste hinzugefügt.

 Variablen werden in Python als Objekte verwaltet und bringen einen Satz an maßgeschneiderten Funktionen mit, wie beispielsweise `append`. Funktionen, die zu einem Objekt gehören, werden durch den Punkt-Operator aufgerufen, man bezeichnet sie als *Methoden*.

Es gibt weitere Methoden, mit denen eine Liste verändert werden kann:

```
...
>>> numbers
[8, 7, 3]
>>> numbers.extend([2, 5, 1])
>>> numbers
[8, 7, 3, 2, 5, 1]
>>> numbers.remove(3)
>>> numbers.remove(2)
>>> numbers
[8, 7, 5, 1]
>>> numbers.insert(2, 9)
>>> numbers
[8, 7, 9, 5, 1]
```

Mit `extend` können Sie die Liste um eine andere erweitern. Durch Aufrufe von `remove` werden Werte entfernt. `insert` erwartet einen Index und einen Wert, der die Liste an genau dieser Stelle verändert.

 Kurze Denksportaufgabe: Sie laufen einen Marathon (oder nur einen 1/20-Marathon, weil Sie vor Ihren Nachbarn beim Bäcker sein wollen).

Frage: Wenn Sie den Zweiten überholen, an welcher Stelle sind Sie dann?

Überlegen Sie sich kurz eine Antwort, bevor Sie weiterlesen. Möglicherweise hat der Garnelen-Anteil Ihres Gehirns gerade geantwortet »Klar – dann bin ich Erster!«. Ist ja auch logisch, nach dem Zweiten kommt der Erste. Der Primaten-Teil Ihres Gehirns weiß allerdings, dass Sie nur den Platz des Zweiten eingenommen haben und der erste immer noch vor Ihnen ist. Der Python-Anteil Ihres Gehirns fragt sich gerade sicher, was das mit Programmieren zu tun hat – die Antwort ergibt sich aus Abbildung 10.2: Beim Entfernen von Elementen aus der Mitte der Liste (Schritt 1) rücken die verbliebenen Elemente nach (Schritt 2).

Das hat zur Folge, dass die Liste stets durchgängig indiziert ist – man sagt auch, die Liste sei *dicht* besiedelt. Es verbleiben also keine Lücken:

```
>>> runners  = ["a", "b", "c"]
>>> runners[1]
'b'
>>> runners.remove("b")
>>> runners[1]
'c'
>>> runners
['a', 'c']
```

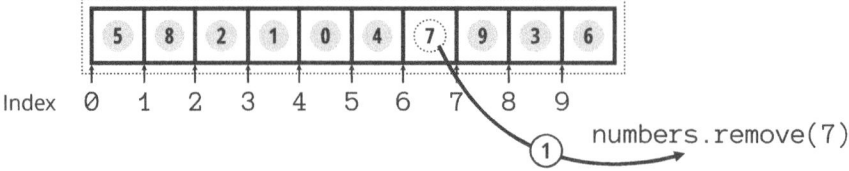

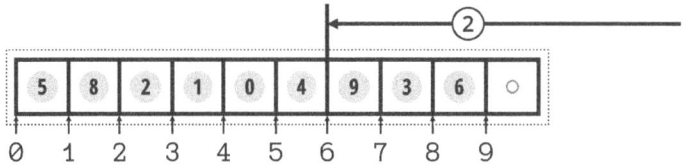

Abbildung 10.2: Nach dem Entfernen eines Wertes rücken die verbliebenen Werte auf.

Hier wurde das zweite Element ("b") entfernt (der Erste im »Rennen« ist Index 0, der Zweite Index 1). Dadurch rückt der ehemals Dritte auf und ist nun an zweiter Stelle in der Liste.

Metadaten abfragen

Nachdem Sie Daten in einer Liste zusammengefasst haben, verrät Ihnen die Liste auch einige Daten über diese Daten – Metadaten sozusagen. Zum Beispiel, wie viele Werte es gibt:

```
>>> characters = ["F", "B", "A", "G", "C", "D", "H", "E"]
>>> len(characters)
```

 Mithilfe der Funktion len erfahren Sie die Anzahl der Elemente in der Liste (ihre *Länge*). Beachten Sie bitte, dass len keine Methode der Liste ist, sondern eine eingebaute Funktion – daher schreibt man nicht characters.len(), sondern len(characters).

Wenn Sie etwas über die Werte in der Liste erfahren möchten, gibt es wieder andere Methoden:

```
>>> characters.index("F")
0
>>> characters.index("A")
2
>>> characters.index("M")
Traceback (most recent call last):
  File "<stdin>", line 1, in <module>
ValueError: 'M' is not in list
```

Die Methode index durchsucht die Liste und gibt den Index des Wertes aus, sofern er auffindbar ist. Gibt es ihn mehrmals, wird nur der Index des ersten Vorkommens ausgegeben. Falls nicht, gibt es einen Fehler.

Sie können mit der Methode count zählen, wie oft ein Wert in der Liste vorkommt:

```
>>> characters.count("G")
1
```

Wenn Sie nur wissen wollen, ob ein Wert enthalten ist (also nicht wo oder wie viele Male), dann können Sie die Mitgliedschaft durch in prüfen:

```
>>> "Y" in characters
False
>>> "D" in characters
True
```

Das größte Element in einer Liste finden Sie mit max, das kleinste mit min:

```
>>> numbers = [9, 8, 1, 3, 7, 2, 3, 1]
>>> min(numbers)
1
>>> max(numbers)
9
```

Das geht natürlich nur, wenn die Werte vergleichbar sind und dadurch eine Rangfolge bilden können (für Zahlen ist das klar, aber das klappt auch bei Texten, die dann alphabetisch sortiert werden).

Listen können beliebige Objekte aufnehmen, nicht nur Zahlen oder einzelne Buchstaben:

```
>>> birds = ["Drossel", "Fink", "Star", "Amsel"]
```

Oder sogar andere Listen:

```
>>> A = [[1, 1, 1], [1, 0, 1], [1, 1, 1], [1, 0, 1]]
```

Die Objekte müssen übrigens nicht alle den gleichen Typ haben. Sie können Daten auch mischen:

```
>>> ["Uni Heidelberg", 1386]
```

 Beim Durchlaufen der Liste sollten Sie das natürlich beachten. Gleichartige Daten sind leichter zu verarbeiten, da man im Schleifenrumpf sonst eine Fallunterscheidung machen muss. Die kann man sich sparen, wenn man nur Werte des gleichen Typs in eine Liste packt.

Zum Aufbauen einer Liste gibt es noch einen Trick. Man braucht ihn nicht oft, aber er ist dennoch sehr nützlich:

```
>>> [0] * 5
[0, 0, 0, 0, 0]
```

Wenn Sie eine Liste mit einer Zahl multiplizieren, werden ihre Werte vervielfältigt.

 Listen können in Python dynamisch wachsen. Sie müssen also nicht von vornherein ihre Kapazität angeben, denn Python reserviert ausreichend viel Speicherplatz und fordert bei Bedarf noch mehr nach.

Listen können auch addiert werden, um die Elemente zusammenzuziehen:

```
>>> a = [1, 2, 3]
>>> b = [4, 5, 6]
>>> c = a + b
>>> c
[1, 2, 3, 4, 5, 6]
```

Sortieren

Durch Aufruf der Methode sort werden die Elemente in der Liste sortiert – sofern diese sortierbar sind. Für Zahlen ist das der Fall:

```
>>> numbers = [5, 4, 8, 1, 2, 9, 3]
>>> numbers.sort()
>>> numbers
[1, 2, 3, 4, 5, 8, 9]
```

Beachten Sie, dass dadurch die ursprüngliche Reihenfolge verloren geht – die Liste wird also verändert. Wenn Sie das vermeiden möchten, können Sie mit der Built-in-Funktion sorted arbeiten:

```
>>> numbers = [5, 4, 8, 1, 2, 9, 3]
>>> sorted(numbers)
[1, 2, 3, 4, 5, 8, 9]
>>> numbers
[5, 4, 8, 1, 2, 9, 3]
```

Sie können die Reihenfolge in der Liste auch umkehren. Genau wie beim Sortieren gibt es hier auch zwei Optionen – eine ändert die Liste, die andere lässt sie in Ruhe:

```
>>> numbers = [5, 7, 1, 3, 2]
>>> list(reversed(numbers))
[2, 3, 1, 7, 5]
>>> numbers
[5, 7, 1, 3, 2]
>>> numbers.reverse()
>>> numbers
[2, 3, 1, 7, 5]
```

Die Liste wird zunächst mit reversed umgekehrt. Die Funktion erstellt leider keine neue Liste, sondern gibt die Elemente einzeln zurück, daher wird drum herum die Funktion list(reversed(numbers)) aufgerufen, um eine Liste als Ausgabe zu erzeugen. Die ursprüngliche Liste wurde nicht verändert – erst wenn Sie numbers.reverse() aufrufen, wechseln die Elemente ihre Position.

 Dieses Muster können Sie häufig entdecken. Die Methoden einer Liste beziehen sich auf ein konkretes Objekt und sind in der Lage, deren Zustand zu verändern, wie etwa list.sort(). Eingebaute Funktionen hingegen verändern den Zustand der Liste nicht, wie sorted(list).

Einzelne Elemente abfragen

Innerhalb der Liste behalten Elemente die Reihenfolge, in der sie hinzugefügt wurden. Um auf ein Element zuzugreifen, verwenden Sie eckige Klammern und geben die Position (den *Index*) des gewünschten Elements als Ganzzahl an:

```
>>> moons = ["Helene", "Janus", "Titan", "Hyperion"]
>>> moons[0]
'Helene'
```

```
>>> moons[1] = "Rhea"
>>> moons[1]
'Rhea'
>>> moons[-1]
'Hyperion'
```

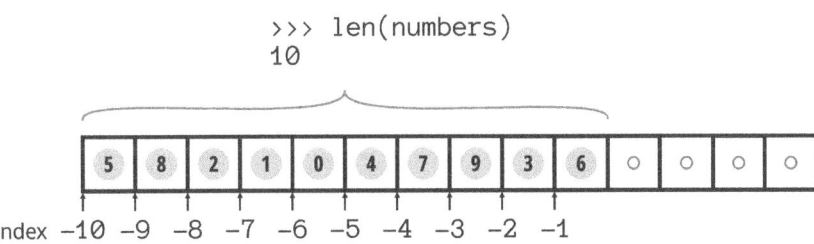

Abbildung 10.3: Mit einem negativen Index können Sie die Werte der Liste rückwärts abfragen.

Die Nummerierung fängt stets bei 0 an, also kommen Sie mit moons[0] an das erste Element. Das letzte Element finden Sie über moons[-1].

Warum das zum Ziel führt, können Sie sich selbst herleiten: Die Liste hat 4 Elemente. Dadurch, dass der Index bei 0 anfängt, ist entspricht der letzte Index der Länge der Liste weniger 1:

```
>>> len(moons)
4
>>> moons[4-1]
'Hyperion'
```

Sie könnten also auch schreiben: moons[len(moons)-1] – die bevorzugte Kurzform ist aber einfach moons[-1]. Vielleicht hilft Ihnen Abbildung 10.3, es sich vorzustellen.

Wenn Sie über den letzten Index hinaus wandern, gibt es einen Fehler – wie bereits in Abbildung 10.1 am Anfang des Kapitels durch den kleinen Blitz angedeutet.

```
>>> moons = ["Helene", "Janus", "Titan", "Hyperion"]
>>> moons[4]
Traceback (most recent call last):
  File "<stdin>", line 1, in <module>
IndexError: list index out of range
```

Listen zerschnippeln – Slicing

Die Syntax mit den eckigen Klammern kann noch etwas mehr. Sie wird auch als *Subskript-Notation* bezeichnet und ihre lange Form ist:

```
<liste>[<start>:<stop>:<step>]
```

Wenn Sie mehr als nur einen Index angeben, bekommen Sie einen Abschnitt der Liste – den bezeichnet man auch als *slice* – das steht auf Englisch sinngemäß für eine Scheibe Brot (*slice of bread*). In Abbildung 10.4 finden Sie zwei Beispiele. Der Abschnitt inkludiert den Index

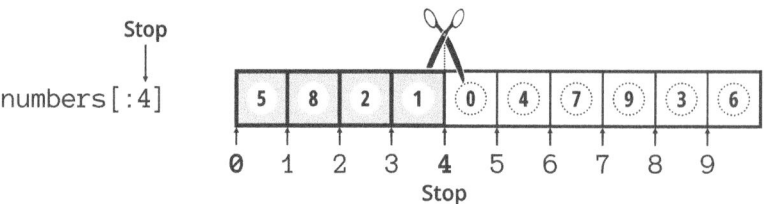

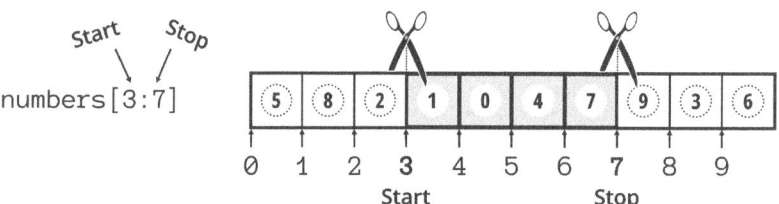

Abbildung 10.4: Mithilfe der Subskript-Notation können Sie Auszüge in neue Listen kopieren. start ist immer inklusiv, stop exklusiv.

start und geht bis stop, jedoch ist das Element am Index stop selbst nicht mehr enthalten. Die Teile des Slice werden mit Doppelpunkten voneinander getrennt:

```
>>> alphabet = ["a", "b", "c", "d", "e"]

# Die ersten zwei Elemente
>>> alphabet[0:2]
['a', 'b']

# Alles ab dem dritten Element (Index beginnt bei 0!)
>>> alphabet[2:]
['c', 'd', 'e']
```

 Sie können Teile der Slicing-Syntax weglassen. Wenn start fehlt, wird vom Anfang der Liste ausgegangen und ohne stop geht das Slice bis zu ihrem Ende. Ein vernachlässigtes step überspringt entsprechend auch keine Elemente (dazu kommen wir gleich).

Wenn Sie step angeben, werden Elemente übersprungen:

```
# Jedes zweite Elemente ab Index 0
>>> alphabet[::2]
['a', 'c', 'e']

# Jedes zweite Element, ab dem zweiten
>>> alphabet[1::2]
['b', 'd']

# Liste umkehren
>>> alphabet[::-1]
['e', 'd', 'c', 'b', 'a']
```

Hier wird noch ein Trick demonstriert: Ein negativer step kehrt die Liste um – das hat dabei den gleichen Effekt wie reversed(alphabet). Dazu müssen Sie leider etwas rückwärts

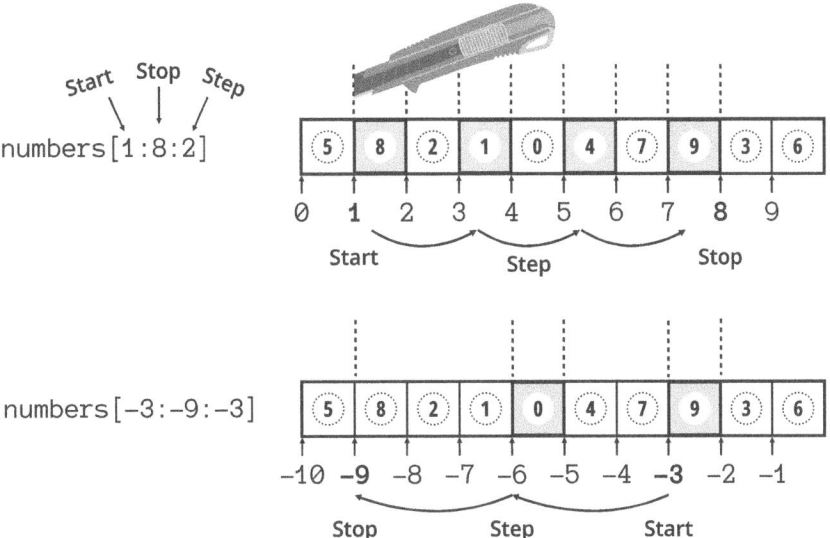

Abbildung 10.5: Sie können Elemente überspringen und sogar rückwärts springen.

denken, wie in Abbildung 10.5 dargestellt. Der letzte Index ist dabei weiterhin exklusiv (das letzte theoretische Element landet also nicht mehr in der Liste).

 Beachten Sie, dass beim Slicen die Listen kopiert werden. Die alte Liste bleibt intakt und sie erhalten ein neues Objekt:

```
>>> tail = alphabet[3:]
>>> tail.append("f")
>>> alphabet
['a', 'b', 'c', 'd', 'e']
>>> tail
['d', 'e', 'f']
```

Durch Hinzufügen eines weiteren Buchstaben bleibt die ursprüngliche Liste unverändert.

 Manche Entwicklerinnen und Entwickler verwenden gerne leere Slices, um Listen zu kopieren: clone = alphabet[:]. Das geht aber auch mit einer etwas expliziteren Methode, die Listenobjekte schon mitbringen: clone = alphabet.copy().

Tupel

Tupel sind den Listen sehr ähnlich, jedoch sind sie *unveränderlich*, wie in Abbildung 10.6 angedeutet. Sie können in einem Tupel also keine Werte hinzufügen, löschen oder überschreiben. Das bringt an manchen Stellen Geschwindigkeitsvorteile. Die Syntax ist unaufgeregt:

```
>>> token = (12, "Number")
>>> token
(12, 'Number')
```

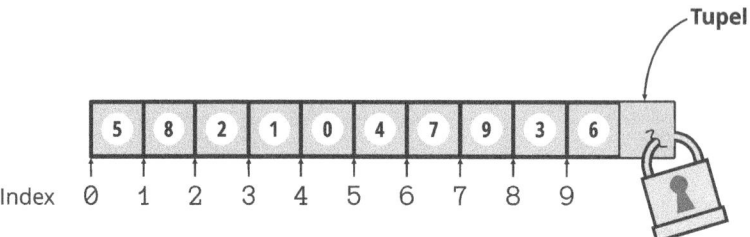

Abbildung 10.6: Im Gegensatz zu Listen können Tupel nach dem Erstellen nicht mehr verändert werden.

Ein Tupel wird genauso wie eine Liste angelegt, nur dass man runde statt eckige Klammern verwendet.

Allerdings kann man diese auch weglassen:

```
>>> phone =  "030", "27586", "111"
>>> phone
('030', '27586', '111')
```

Beim Bilden eines Tupels sind die Kommata also wichtiger als die Klammern. Das macht sich bemerkbar, sobald man versucht, ein Tupel mit nur einem Element anzulegen:

```
>>> t = (1)
>>> t
1
>>> t = (1,)
>>> t
(1,)
```

Leider ist dies eine beliebte Fehlerquelle, da man ein Komma am Ende der Zeile schnell mal übersieht:

```
>>> result = 1+2,
>>> result + 3
Traceback (most recent call last):
  File "<stdin>", line 1, in <module>
TypeError: can only concatenate tuple (not "int") to tuple
```

Durch das Komma am Ende des ersten Ausdrucks ist das Ergebnis nicht 3 sondern (3,) – also ein Tupel. Das merkt man aber erst, wenn man das Ergebnis weiter verrechnen möchte.

Runde Klammern hin oder her – der Zugriff auf die Elemente eines Tupels geschieht mit eckigen Klammern:

```
>>> token = (12, "Number")
>>> token[0]
12
>>> token[-1]
'Number'
```

Das Überschreiben klappt aber auch damit nicht – Tupel sind eben *unveränderlich*:

```
>>> token[0] = 12
Traceback (most recent call last):
  File "<stdin>", line 1, in <module>
TypeError: 'tuple' object does not support item assignment
```

Beim Lesen verhalten sich Tupel wie Listen – es funktionieren also zum Beispiel die Methodenaufrufe von index und count und man kann mit <object> in <tuple> feststellen, ob ein Objekt im Tupel vorhanden ist. Auch können Sie Tupel iterieren:

```
>>> len(token)
2
>>> token.index(1)
0
>>> for value in token: print(value)
...
12
Number
```

Einzig die verändernden Aufrufe klappen nicht, also zum Beispiel <tuple>.append(), <tuple>.extend() oder <tuple>.remove():

```
>>> t = (1, 2, 3)
>>> t.append(4)
Traceback (most recent call last):
  File "<stdin>", line 1, in <module>
AttributeError: 'tuple' object has no attribute 'append'
```

Einpacken – Auspacken

Wenn Sie mehrere Werte in Klammern einfassen und einer einzelnen Variable zuweisen, erhalten Sie ein neues Tupel. Sie können aber auch umgekehrt vorgehen – Sie packen ein Tupel aus, indem Sie seine Werte mehreren Variablen zuweisen:

```
>>> resolution = (1920, 1080)
>>> width, height = resolution
>>> width
1920
>>> height
1080
```

Beim Auspacken sollten Sie darauf achten, dass nichts übrig bleibt, sonst gibt's nen Fehler:

```
>>> vector = (15, 12, 19)
>>> x,y = vector
Traceback (most recent call last):
  File "<stdin>", line 1, in <module>
ValueError: too many values to unpack (expected 2)
```

Diese Auspack-Syntax ist für viele Aufgaben nützlich. Sie funktioniert auch mit anderen Datentypen, wie Listen oder Strings, allerdings verarbeitet man diese meist etwas anders. Strings werden am Stück ausgegeben oder an taktisch günstigen Stellen zerteilt (wie etwa Zeilen oder Leerzeichen). Listen verwendet man eher für größere und dynamische Datenmengen, daher weiß man oft nicht genau, wie viele Elemente sich in einer Liste befinden und kann daher schlecht die korrekte Anzahl an Variablen zum Auspacken vorhalten.

Tupel werden oft als Paare eingesetzt, die im Rahmen von Schleifen ausgepackt werden können:

```
>>> movies = [
...     ("Aliens", 1986),
...     ("Predator", 1987),
...     ("Terminator 2", 1990)
... ]
>>> for name, year in movies:
...     print(name, year)
...
Aliens 1986
Predator 1987
Terminator 2 1990
```

Hier werden drei Tupel als Elemente in eine Liste gepackt. Sie könnten für die Elemente auch eckige Klammern verwenden, dann hätten Sie eine Liste mit Listen-Elementen, statt einer Liste mit Tupeln. Die Liste können Sie später noch erweitern. Die Tupel signalisieren jedoch, dass die Elemente sich nicht verändern werden.

Beim Iterieren der Liste werden die einzelnen Paare direkt ausgepackt – der vordere Wert landet in der Variable name, der hintere in year. So können Sie mehrere Elemente gleichzeitig iterieren, ohne sich mit Index-Zugriffen herumschlagen zu müssen:

```
# Bitte nicht:
>>> for movie in movies:
...     print(movie[0], movie[1])
```

Die Auspack-Syntax verwendet man am häufigsten in solchen Schleifen, sie kann aber noch mehr. Mit einem Sternchen können Sie die Überstände beim Auspacken einsammeln:

```
>>> head, *tail = [0, 1, 2, 3, 4, 5]
>>> head
0
>>> tail
[1, 2, 3, 4, 5]
>>> *init, last = [0, 1, 2, 3, 4, 5]
>>> init
[0, 1, 2, 3, 4]
>>> last
5
```

Auch das ist nicht für Tupel spezifisch – im Beispiel wird eine Liste ausgepackt.

Benannte Tupel

Tupel werden häufig eingesetzt, um unterschiedliche Daten zu kombinieren. Beispielsweise könnten Sie damit die Zeilen in einer Tabelle repräsentieren, wobei jede Spalte eine andere Bedeutung haben kann. Das folgende Tupel könnte aus einer Arbeitszeiterfassung stammen:

```
>>> raw = ("21.01.2024", "8:00", "18:30",
...        "13:00", "13:45", "10:30", "9:45")
```

Kommen Sie von alleine darauf, wofür die einzelnen Werte stehen? Wahrscheinlich nicht: die Zeile enthält das Datum, Arbeitsbeginn und -ende, Start und Ende der Pause, die Gesamtdauer des Arbeitstags und zuletzt die reine Arbeitszeit ohne Pausen. Der Einfachheit halber wurden hier nur Strings verwendet, aber es könnten genausogut datetime.date, datetime.datetime und datetime.timespan-Objekte sein (die entsprechend ein Datum, eine Uhrzeit und einen Zeitraum repräsentieren).

Derart lange Tupel werden in der Praxis schnell unübersichtlich, daher lohnt sich die Verwendung eines namedtuple, um die einzelnen Datenfelder zu benennen:

```
>>> raw = ("21.01.2024", "8:00", "18:30",
...        "13:00", "13:45", "10:30", "9:45")
>>> from collections import namedtuple
>>> Record = namedtuple("Record", ["date", "work_start",
...     "work_end", "break_start",
...     "break_end", "total", "work"
... ])
>>> record = Record(*raw)
>>> record
Record(date='21.01.2024', work_start='8:00',
    work_end='18:30', break_start='13:00',
    break_end='13:45', total='10:30', work='9:45')
>>>
```

Hier importieren Sie die Funktion collections.namedtuple. Mit deren Hilfe erstellen Sie einen neuen Datentyp namens Record (ein *Eintrag* in der Zeiterfassung). Dazu übergeben Sie den Namen des neuen Typs (der passenderweise auch "Record" lautet) sowie eine Liste mit Feldnamen. Die Feldnamen müssen als Strings übergeben werden und dabei gelten die gleichen Regeln wie für Bezeichner, da diese für den Zugriff auf die Daten verwendet werden.

Nun können Sie einen konkreten Eintrag erzeugen, indem Sie Record(...) aufrufen und die einzelnen Werte übergeben. Da in diesem Beispiel bereits ein Tupel mit Werten in der richtigen Reihenfolge vorliegt, können Sie es übergeben und mithilfe des Sternchens (*) auspacken – dadurch werden die Werte an die richtigen Parameter übergeben; alternativ müssten Sie die Werte einzeln angeben, also beispielsweise Record("22.01.2024", "8:15", "18:30", ...). Wenn Sie das neu erstellte Tupel record ausgeben, erhalten Sie keine rohe Werteliste mehr, sondern einen verständlichen Eintrag mit benannten Datenfeldern.

Mithilfe solcher Datenfelder können Sie nun auf die Werte im Tupel zugreifen. Dabei büßt das Objekt seine Tupel-Natur nicht ein, denn die Indizes funktionieren auch hier noch:

```
>>> record.work_end
'18:30'
>>> record[2]
'18:30'
```

Dictionarys

Dictionarys speichern Schlüssel-Wert-Paare:

```
>>> movies = {
...     "Aliens": 1986,
...     "Predator": 1987,
...     "Terminator 2": 1990
... }
>>> movies["Aliens"]
1986
>>> movies["Terminator 2"]
1990

# Element hinzufügen
>>> movies["Demolition Man"] = 1993

# Element löschen
>>> del movies["Predator"]

>>> movies
{'Aliens': 1986, 'Terminator 2': 1990, 'Demolition Man': 1993}
```

Dictionarys werden mit geschweiften Klammern angelegt und ihre Elemente sind durch Kommata voneinander getrennt. Ein einzelnes Element besteht aus einem Schlüssel und einem Wert, getrennt durch einen Doppelpunkt.

Der Zugriff auf einzelne Element geschieht durch eckige Klammern, in denen Sie einen Schlüssel angeben. Sie können auch andere Werte als Schlüssel verwenden – es müssen nicht unbedingt Strings sein:

```
>>> countrycode = {
...     41: "Schweiz",
...     43: "Österreich",
...     49: "Deutschland"
... }
>>> countrycode[49]
'Deutschland'
>>> countrycode[48] = "Polen"
>>> countrycode
{41: 'Schweiz', 43: 'Österreich', 49: 'Deutschland', 48: 'Polen'}
```

Ist ein Schlüssel nicht im Dictionary vorhanden, so gibt es einen Fehler:

```
>>> countrycode[44]
Traceback (most recent call last):
  File "<stdin>", line 1, in <module>
KeyError: 44

# Mit Standard-Wert
>>> countrycode.get(44, "England")
'England'
```

Solche Fehler unterbrechen zur Laufzeit das Programm, daher gibt es noch eine abgeschwächte Version `<dict>.get(<key>, <default>)`. Sie können einen optionalen Standardwert angeben – wenn Sie ihn weglassen, bekommen Sie None, falls der Schlüssel nicht im Dictionary vorhanden ist.

Beim Iterieren von Dictionarys werden nur die Schlüssel beachtet:

```
>>> for code in countrycode:
...     print(code, end=" ")
...
41 43 49 48
```

Gleiches gilt für Mitgliedschaftsprüfungen:

```
>>> 56 in countrycode
False
>>> 49 in countrycode
True
```

Dictionarys iterieren

So können Sie Werte in einem Dictionary iterieren:

```
>>> for country in countrycode.values():
...     print(country)
...
Schweiz
Österreich
Deutschland
Polen
```

 Auf deutsch bezeichnet man Dictionarys auch als *Wörterbücher*. Sie gehören zu den *Mapping-Typen* – im Gegensatz zu den *Sequenz-Typen* wie Listen und Tupeln. Schlüssel werden auch als *keys* und Werte als *values* bezeichnet. Ihre Kombination nennt man daher auch *Key-Value-Pairs*. Mit `<dict>.keys()` erhalten Sie die Schlüssel, mit `<dict>.values()` die Werte.

Sie können auch Schlüssel-Wert-Paare iterieren:

```
>>> for code, country in countrycode.items():
...     print(country, f"+{code}")
...
```

```
Schweiz +41
Österreich +43
Deutschland +49
Polen +48
```

Beim Iterieren von `<dict>.items()` erhalten Sie Schlüssel und Werte als Paare in Form von Tupeln. Diese werden in der Schleife direkt ausgepackt und weiterverarbeitet.

Schlüsseldienst

Als Schlüssel können Sie fast jedes Objekt verwenden – aber eben nur *fast*. Listen und Tupel speichern Daten hintereinander, sodass sich der Index für den Zugriff aus der Position der Elemente ergibt. Dictionarys hingegen verwenden *Hash-Funktionen*, die aus einem Schlüssel eine Zahl errechnen, die dann verwendet wird, um das eigentliche Objekt zu finden, wie Abbildung 10.7 veranschaulicht.

Hash-Funktionen sind besondere Funktionen, die eine Menge in eine andere *abbilden*. Konkret heißt das, dass sie für gleiche Eingabewerte auch gleiche Ergebniscodes erhalten. Diese Codes dürfen sich während der Lebensdauer des Dictionarys nicht verändern, daher können veränderliche Datentypen nicht als Schlüssel verwendet werden, unveränderliche schon.

Die verwendete Funktion können Sie sich auch angucken – Python versteckt solche Details nicht:

```
>>> hash(5)
5
>>> hash("Alien")
914523015152921524
>>> hash("Aliens")
3115134672138852234
```

Die Funktion hash errechnet den Hashcode eines Objekts – stets eine Ganzzahl.

Schlüssel	Hash-Funktion	Hash	Schlüssel	Wert
'https'		000	'ssh'	22
'ssh'		001	'http'	80
'dns'		010	'time'	37
'smtp'		011	'dns'	53
'time'		100	'smtp'	25
'http'		001	'https'	443

Abbildung 10.7: Dictionarys sind als Streuwerttabellen implementiert.

Welche es genau ist, lässt sich nicht vorhersagen, denn Python garantiert nicht, dass die Hashes zwischen zwei Prozessen gleich sind – wenn Sie dieses Beispiel also abtippen, erhalten Sie garantiert andere Zahlen. Dennoch erhalten Sie jedesmal die gleiche Zahl, wenn Sie den String »Aliens« in einer Programmausführung hashen.

Wenn Sie eine Ganzzahl hashen, dann ist die schon eindeutig genug, daher entspricht der Hashcode hier einfach der Ganzzahl: `hash(5)== 5`. Bei Strings und anderen Objekten hingegen wird der Hashcode über ein kompliziertes Verfahren errechnet. Dadurch ergeben selbst sehr ähnliche Strings sehr unterschiedliche Hashcodes.

Nicht alle Objekte können »gehasht« werden:

```
>>> tupel = (1, 2, 3)
>>> hash(tupel)
529344067295497451
>>> liste = [1, 2, 3]
>>> hash(liste)
Traceback (most recent call last):
  File "<stdin>", line 1, in <module>
TypeError: unhashable type: 'list'
```

Tupel unterscheiden sich von Listen vor allem darin, dass sie *unveränderlich* sind (auf Englisch: immutable). Das hat den Vorteil, dass der Hashcode von Tupeln garantiert gleich bleibt. Bei Listen sieht es anders aus – die können Sie nach Herzenslust vergrößern oder verkleinern, deswegen kann man sie nicht hashen. Entsprechend können Sie Tupel als Schlüssel für Dictionarys verwenden, Listen aber nicht.

Sets

Listen eignen sich besonders, wenn man viele Daten hintereinander verarbeiten möchte. Tupel sind nützlich, um kleine Gruppen zu bilden, und Dicts speichern Zuordnungen. Ein weiterer wichtiger Datentyp ist das *Set* (englisch für Menge). Sets sind besonders nützlich für Mengenoperationen.

Dafür bringen sie einige interessante Eigenschaften mit, die auch Abbildung 10.8 darstellt:

✔ Sie enthalten nur einzigartige Elemente.

✔ Die Elemente im Set haben keine Reihenfolge.

✔ Sets unterstützen Methoden der *Mengenlehre.*

Einmalige Elemente

Sets sehen aus wie Listen oder Tupel, verwenden aber *geschweifte* Klammern:

```
>>> trees = {"Ahorn", "Fichte", "Kiefer", "Linde", "Ahorn"}
>>> trees
{'Ahorn', 'Linde', 'Fichte', 'Kiefer'}
```

```
>>> numbers = [2, 5, 1, 1, 4, 3, 3, 3]
>>> N = set(numbers)
>>> N
{1, 2, 3, 4, 5}
```

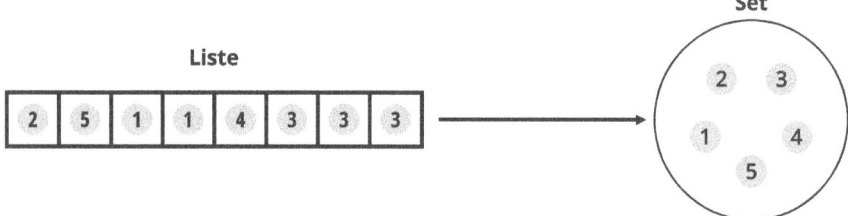

Abbildung 10.8: Wenn Sie eine Liste in ein Set konvertieren, verlieren Sie Dubletten und Reihenfolge.

 Das sieht ein bisschen so aus, als wollten Sie ein Dictionary anlegen, allerdings stehen hier einzelne Elemente – beim Dict müssten Sie zusätzlich Schlüssel mit Doppelpunkten eintragen. Bitte nicht verwechseln!

Die interessanten Eigenschaften von Sets sieht man hier bereits: Beim Erstellen des Sets wurde der Ahorn zweimal eingetragen, aber bei der Ausgabe ist er nur einmal vorhanden. Sets werfen doppelte Einträge raus und behalten nur eindeutige.

Außerdem stehen die Elemente in einer willkürlichen Reihenfolge in der Ausgabe – so wurden sie ja nicht angelegt. Auch das ist eine Eigenschaft eines Sets – die Reihenfolge der Elemente ist egal.

Genau wie Listen kann man auch Sets dynamisch aufbauen, allerdings heißen die Operationen anders. Statt append und insert gibt es nur die Methode add. Das ist auch sinnvoll, denn *to append* heißt so viel wie *(hinten) anfügen* und *to insert* bedeutet in etwa *(dazwischen) einfügen* – ein Set hat aber keine Reihenfolge, daher kann man auch nichts »am Ende« oder »an Position xy« einfügen, wohl aber etwas *hinzufügen*:

```
>>> trees.add("Birke")
>>> trees.add("Platane")
>>> trees.remove("Linde")
>>> trees
{'Platane', 'Fichte', 'Birke', 'Ahorn', 'Kiefer'}
```

Hier werden offensichtlich Elemente hinzugefügt und entfernt. Die Reihenfolge in der Ausgabe ist wieder willkürlich. Die Anzahl der Elemente erfahren Sie mit len:

```
>>> n = {1, 2, 3, 4}
>>> len(n)
4
```

 Da die Elemente im Set keine Reihenfolge haben, sollte man eigentlich nicht von einer räumlichen Ausdehnung ausgehen. Daher ist der Begriff *Länge* nicht ganz richtig – korrekterweise müsste hier von der *Kardinalität* die Rede sein. Dennoch hat len mit drei Buchstaben einfach die richtige Größe für eine Funktion – warum sollte man sich das Leben unnötig schwer machen?

Mit einem Set kann man allerlei anstellen. Sicher haben Sie in Ihrer Gegend mehrere Radiosender, die den immer gleichen Mix aus Oldies und Pop-Rock spielen? Wie schlimm die Lage ist, können Sie rausfinden, indem Sie die musikalische Diversität analysieren:

```
>>> songs = ["R.E.M.", "AC/DC", "Ed Sheeran", "R.E.M.", "AC/DC"]
>>> unique = set(songs)
>>> len(unique) / len(songs)
0.6
```

Hier wird über den Aufruf set(songs) ein Set erzeugt, dessen Elemente vorher in einer regulären Liste gespeichert wurden. Die Variable unique enthält nur mehr eindeutige Interpreten. Danach wird die Diversität berechnet – das Verhältnis aus der Zahl einmaliger Elemente und der Gesamtzahl. Wenn jedes Element nur einmal vorkommt, geht der Wert gegen 1.0; je mehr Wiederholungen es gibt, desto kleiner fällt der Wert aus. Tragen Sie in einer beliebigen Woche mal eine Playlist ihres Radiosenders zusammen – sie werden überrascht sein, wie niedrig der Wert ausfällt.

Wichtiger als solche Spielereien sind allerdings die Operationen der mathematischen Mengenlehre.

Teilmengen

Sets haben keine innere Reihenfolge, aber die ist bei vielen Problemen ohnehin nicht wichtig. Wichtiger ist die Frage, ob ein Wert in einer Menge überhaupt vorkommt. Mithilfe des Operators in können Sie auf Mitgliedschaft prüfen:

```
>>> 5 in {1, 2, 3}
False
>>> 2 in {1, 2, 3}
True
```

Leider klappt das nicht für mehrere Elemente:

```
# 'in' prüft nur einzelne Elemente
>>> {1,2} in {1,2,3}
False
>>> (1,2) in {(1,2), (3,4)}
True
```

Der Operator in erwartet links immer nur ein einzelnes Element, daher prüft er nicht die einzelnen Werte innerhalb des Tupels, sondern ob das Tupel als Ganzes in der Liste vorhanden ist. Wenn Sie mehrere Elemente gleichzeitig prüfen wollen, kommen Sie nur mit in nicht weiter – zum Ziel kommen Sie mit einem Set:

```
>>> {1, 2}.issubset({1, 2, 3, 4})
True
>>> {4, 5, 6}.issubset({1, 2, 3, 4})
False

# Mit einem Operator:
>>> {3, 6, 9} <= {1,2, 3, 4, 5, 6, 7, 8, 9, 10}
True
```

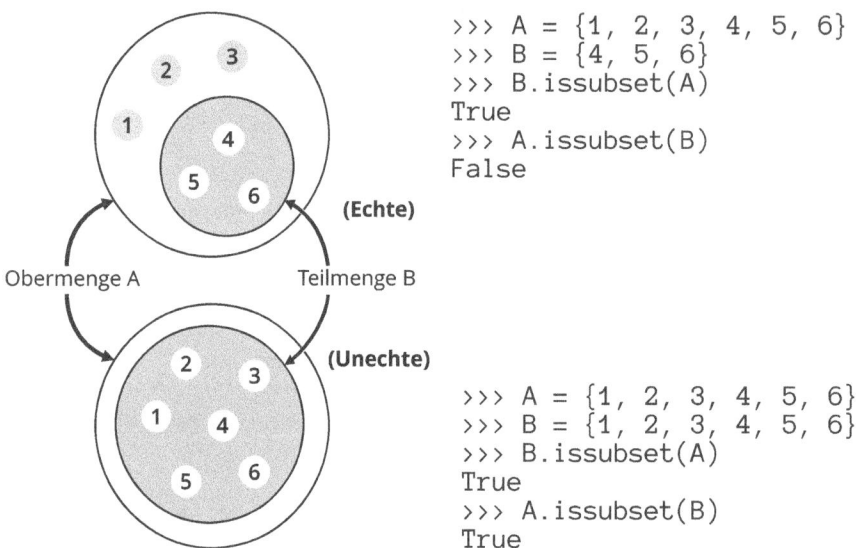

```
>>> A = {1, 2, 3, 4, 5, 6}
>>> B = {4, 5, 6}
>>> B.issubset(A)
True
>>> A.issubset(B)
False
```

```
>>> A = {1, 2, 3, 4, 5, 6}
>>> B = {1, 2, 3, 4, 5, 6}
>>> B.issubset(A)
True
>>> A.issubset(B)
True
```

Abbildung 10.9: Eine grafische Darstellung von Teilmengen

Mithilfe der Methode B.issubset(A) prüfen Sie, ob alle Elemente einer Menge B in einer Menge A enthalten sind. Man sagt dann, B ist eine *Teilmenge* von A und A ist eine *Obermenge* von B. Sie können für diese Prüfung entweder die Methode oder den Operator <= (Kleiner-Gleich) verwenden.

 Das Verhältnis von Teil- zu Obermenge finden Sie in Abbildung 10.9 grafisch dargestellt. Bei Teil- und Obermengen unterscheidet man echte und unechte. B ist nur dann eine *echte Teilmenge* von A, wenn ihre Elemente auch in A enthalten sind, sie aber nicht mit A identisch ist – sonst spräche man von einer *unechten Teilmenge*. A wäre dann entsprechend eine *echte* oder *unechte Obermenge*.

Schnittmenge

Eine Schnittmenge enthält die gemeinsamen Elemente von zwei (oder mehr) Mengen. Diese Idee stellt Abbildung 10.10 dar.

```
>>> A = {6, 7, 8}
>>> B = {4, 5, 6, 7}
>>> A & B
{6, 7}
```

Das Ampersand-Zeichen & bedeutet *UND* – und kann auch so verstanden werden: Sie erhalten alle Elemente, die in A *UND* B enthalten sind. Das Ergebnis ist wieder eine Menge.

Etwas greifbarer ist vielleicht dieses Beispiel:

```
>>> spy = {"Mission: Impossible", "James Bond", "Austin Powers"}
>>> funny = {"Sister Act", "Austin Powers", "Kevin – Allein zu Haus"}
>>> spy.intersection(funny)
{'Austin Powers'}
```

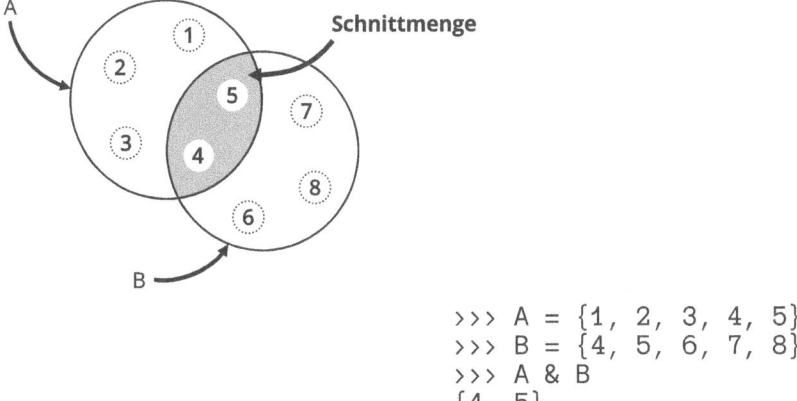

```
>>> A = {1, 2, 3, 4, 5}
>>> B = {4, 5, 6, 7, 8}
>>> A & B
{4, 5}
```

Abbildung 10.10: Die Schnittmenge enthält alle Elemente, die sowohl in A als auch in B vorkommen.

Die eine Menge enthält einige Agentenfilme; die zweite Komödien. Wenn Sie eine Schnittmenge bilden – diesmal mit der Methode `intersection` – erhalten Sie die Filme, in denen Agenten vorkommen und die gleichzeitig Komödien sind.

Sollten die Mengen nichts gemeinsam haben, dann ist das Ergebnis eine leere Menge:

```
>>> john = {"England", "Beatles", "Talent"}
>>> yoko = {"Japan", "Kunst", "Fluxus"}
>>> john & yoko
set()
```

Die leere Menge wird als `set()` ausgegeben, nicht als `{}` – das wäre ein leeres Dict.

Vereinigungsmenge

Die Vereinigungsmenge heißt so, weil sie zwei Mengen vereinigt, wie in Abbildung 10.11 veranschaulicht:

```
>>> scandinavian = {45, 46, 47}
>>> german = {41, 43, 49}
>>> german | scandinavian
{49, 41, 43, 45, 46, 47}
```

Hier dinet eine vertikale Linie – eine *Pipe* – als Operatorzeichen. Die Pipe vereinigt die beiden Mengen zu einer großen. Sollte ein Element in beiden Sets vorkommen, wird die Dublette entfernt.

Auch für die Vereinigung gibt es eine Methode mit treffendem Namen, die Sie statt des kryptischen Operators einsetzen können:

```
>>> dough = {"Zucker", "Mehl", "Butter", "Salz"}
>>> fill = {"Milch", "Quark", "Zucker", "Eier", "Aroma"}
>>> shopping = dough.union(fill)
```

```
>>> shopping
{'Quark', 'Salz', 'Eier', 'Milch', 'Aroma', 'Butter', 'Zucker',
    'Mehl'}
```

Durch die `union`-Methode werden die beiden Sets vereinigt. Im Käsekuchenrezept stehen die Zutaten für den Teig und die Füllung separat. Der Zucker wurde jedoch nur einmal auf die Einkaufsliste gesetzt.

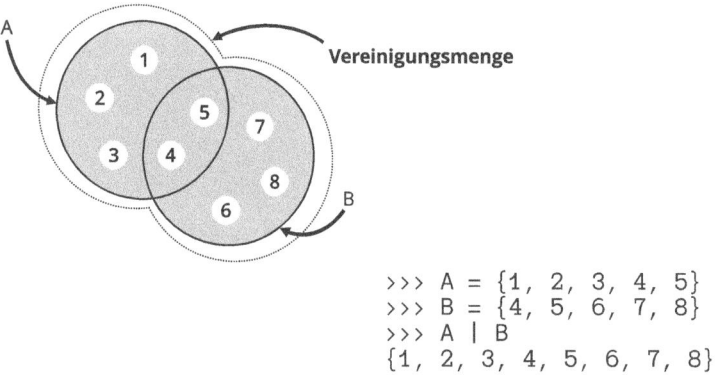

```
>>> A = {1, 2, 3, 4, 5}
>>> B = {4, 5, 6, 7, 8}
>>> A | B
{1, 2, 3, 4, 5, 6, 7, 8}
```

Abbildung 10.11: Werden zwei Mengen verheiratet, so eröffnen sie ein Gemeinschaftskonto. Hinterher gehört B die 1 und A darf 4 und 5 nur noch am Wochenende sehen.

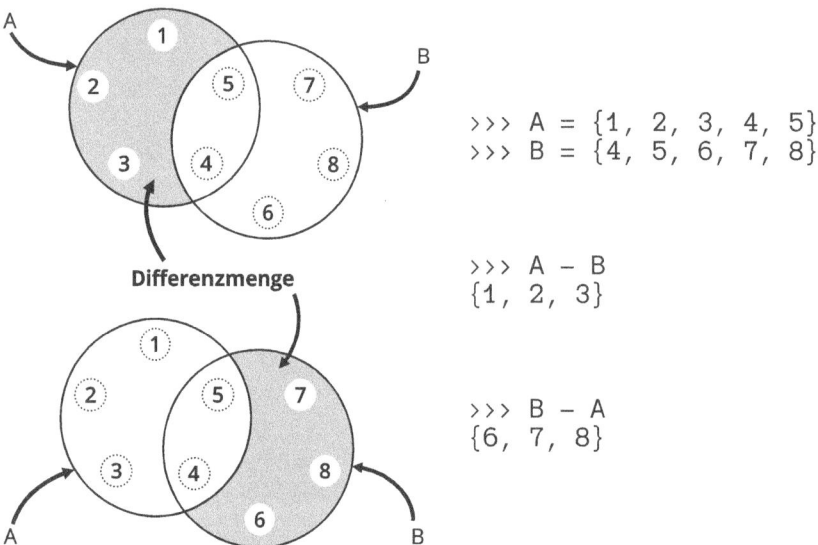

```
>>> A = {1, 2, 3, 4, 5}
>>> B = {4, 5, 6, 7, 8}
```

```
>>> A - B
{1, 2, 3}
```

```
>>> B - A
{6, 7, 8}
```

Abbildung 10.12: Nach der Subtraktion verbleibt eine Differenzmenge.

Differenzmenge

Eine Differenzmenge entsteht, wenn Sie eine Menge von der anderen abziehen (veranschaulicht in Abbildung 10.12). Das funktioniert wie die Subtraktion von zwei Zahlen, daher wird hier ebenfalls das Minus-Zeichen verwendet:

```
>>> {1, 2, 3, 4, 5} - {1, 2, 3}
{4, 5}
>>> {1, 2, 3} - {1, 2, 3, 4, 5}
set()
```

Wie beim normalen Subtrahieren müssen Sie hier auf die Reihenfolge achten. Wenn sie von einer kleinen Menge eine größere abziehen, kommt eine leere Menge dabei raus. Wenn die linke Seite größer war, bekommt man eine Menge, die man als *Rest-* oder *Differenzmenge* bezeichnet.

Symmetrische Differenz

Die *Symmetrische Differenz* ähnelt der Differenzmenge, da hier eine Menge von der anderen abgezogen wird, allerdings ist die Reihenfolge egal – sie ist ja symmetrisch (Abbildung 10.13). Die Restmenge enthält alle Elemente, die jeweils nur in einer der beiden Mengen vorkommen:

```
>>> A = {1, 2, 3, 4, 5}
>>> B = {4, 5, 6, 7, 8}
>>> A ^ B
{1, 2, 3, 6, 7, 8}

# In etwa das Gleiche wie:
>>> (A | B) - (A & B)
{1, 2, 3, 6, 7, 8}
```

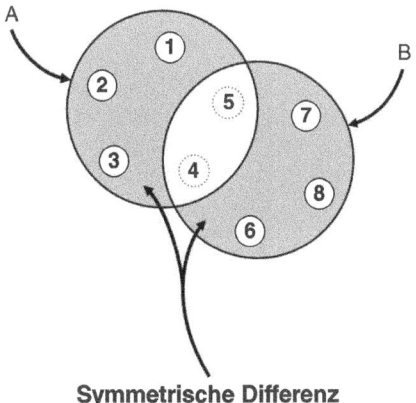

Symmetrische Differenz

```
>>> A = {1, 2, 3, 4, 5}
>>> B = {4, 5, 6, 7, 8}
>>> A ^ B
{1, 2, 3, 6, 7, 8}
```

Abbildung 10.13: Symmetrische Differenz: Beide, aber ohne die Gemeinsamkeiten

Als Operator wird hier das Zirkumflex ⌃ eingesetzt (auch Dachakzent oder Caret genannt) – er befindet sich unter der ⎋-Taste. Die Mengen A und B haben die Elemente 4 und 5 gemeinsam. Die symmetrische Differenz vereint beide Mengen, aber ohne ihre Schnittmenge, also die 4 und die 5.

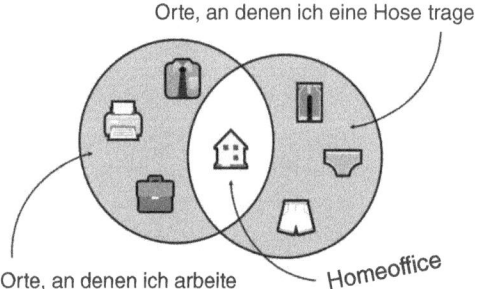

Zusammenfassung

Mengenoperationen genießen in Python einen hohen Stellenwert, da sie viele Such- und Sortiervorgänge ersetzen können. In Abbildung 10.14 sind alle diese Operationen nochmals nebeneinander abgebildet.

Weitere Datentypen

Listen, Tupel, Dicts und Sets sind die wichtigsten Datentypen, mit denen Sie sich auf jeden Fall vertraut machen sollten. Python bringt aber für speziellere Anwendungsfälle noch viele weitere mit.

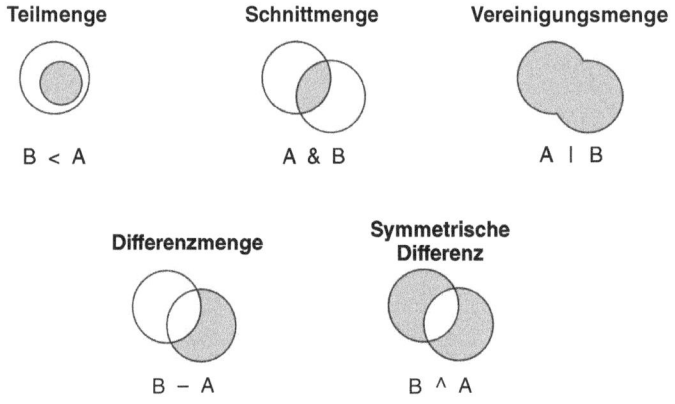

Abbildung 10.14: Die Mengenoperationen auf einem Blick

Frozensets

Listen und Tupel unterscheiden sich vor allem darin, dass Tupel unveränderlich sind. Damit können Sie Programmierfehler verhindern und manche Code-Schnipsel laufen dadurch etwas effizienter (unter anderem weil sie etwas weniger Speicherplatz benötigen als Listen). Außerdem können unveränderliche Objekte gehashed und damit zum Beispiel als Schlüssel in Dicts eingesetzt werden.

Für Sets gibt es einen entsprechenden Datentyp, das frozenset, an dem Sie nach der Erzeugung keine Änderungen mehr durchführen können. Dafür können Sie es als Schlüssel in Dicts verwenden. Mal abgesehen von den Methoden für Veränderungen (wie zum Beispiel set.add), funktionieren Frozensets aber genau gleich.

Bytes und Byte-Array

Listen und Tupel nimmt man meistens, um beliebige Objekte abzuspeichern. Für binäre Daten gibt es zusätzlich noch speziellere Datentypen, nämlich bytes und bytearray. Beide machen in etwa dasselbe, nur dass bytes im Gegensatz zu bytearray-Objekten unveränderlich ist. bytes-Objekte stehen in einem engen Zusammenhang mit Strings und sehen auch so ähnlich aus:

```
>>> s = "Hello, World!"
>>> b = b"Hello, World!"
>>> type(s)
<class 'str'>
>>> type(b)
<class 'bytes'>
>>> c = b.decode("utf-8")
>>> c
'Hello, World!'
>>> type(c)
<class 'str'>
```

Hier wird ein bytes-Objekt durch ein Literal erzeugt. Durch das vorangestellte kleine b wird daraus ein »rohes« Bytes-Objekt; ohne wird es ein String. Strings und Bytes lassen sich durch Kodieren beziehungsweise Dekodieren ineinander überführen. Details dazu erfahren Sie im Kapitel 16 unter *Bl\xc3\xb6des Encoding*.

Arrays, Structs ...

Bytes sind kleine Zahlen mit 8 Bits, aber für größere Zahlen, wie etwa 32- oder 64-Bit-Integer sowie Gleitkommazahlen gibt es noch den Datentyp array.array. Wie der Name andeutet, muss dieser aber aus dem Modul array importiert werden. Arrays verhalten sich in etwa wie Arrays in C. Sie garantieren, dass die einzelnen Werte im Speicher hintereinander liegen, was die Interaktion mit C-Programmen sehr vereinfacht.

Ähnlich verhält es sich mit dem Datentyp struct.struct – wer mal in C gearbeitet hat, wird sofort wissen, was gemeint ist. Diese Datentypen sind immer dann praktisch, wenn Sie aus Python heraus mit Bibliotheken interagieren, die in C geschrieben sind und eine bestimmte Datenorganisation im Speicher erwarten.

... und viele andere mehr

Weitere spezielle Container-Datentypen finden Sie im Modul `collections`, darunter `Counter` (zählen Häufigkeiten aus) und `deque` (Warteschlangen mit zwei Enden).

 Welchen Datentyp Sie wählen, hängt ganz von Ihren Anforderungen ab. Hier im Buch steht vor allem deren Ergonomie im Vordergrund – Sie sollten erst mal ein Gespür entwickeln, für welche Aufgaben ein Datentyp *passt*, das geht am besten durch Ausprobieren. Beispielsweise lassen sich Listen oft durch Tupel ersetzen, sofern Sie sie nach dem Zusammenbau nicht mehr verändern wollen oder müssen.

Kapitel 11
Comprehensions – selbstverständliche Listen

M it Listen, Tupeln, Dicts und Sets fassen Sie Daten zusammen und verarbeiten sie als Gruppe. In den bisherigen Beispielen wurden meist statische Sammlungen mit Literalen erzeugt, etwa ein paar kurze Namen oder einige Zahlen. In der Praxis entstehen solche Datenhäufchen jedoch meistens durch Transformation, indem Sie die Daten einer Liste in eine andere überführen:

```
# Variable fürs Ergebnis
squares = []

# Sequenz durchlaufen
for i in range(10):

    # Nur gerade Elemente beachten
    if i % 2 == 0:

        # Zahlen quadrieren und hinzufügen
        squares.append(i**2)
```

Hier wird eine Liste aufgebaut, indem die Zahlen von 0 bis 9 iteriert, quadriert und dann der Liste squares hinzugefügt werden. Ungerade Zahlen werden dabei übersprungen. Ausgeführt erzeugt dieser Schnipsel das folgende Ergebnis:

```
[0, 4, 16, 36, 64]
```

Python bringt für solche Transformationen eine eigene Syntax mit, die sogenannten *Comprehensions*.

Auf Englisch bedeutet *to comprehend* eigentlich so viel wie »verstehen« oder »begreifen«, es kann aber auch bedeuten, dass etwas *inhaltlich eingeschlossen* wird, aber das ist eher eine bildungssprachliche Formulierung. Klassische for-Schleifen sind syntaktisch gesehen Anweisungen; Comprehensions hingegen sind *Ausdrücke*.

Comprehensions definieren Datensammlungen, indem sie die Elemente einer Liste *beschreiben*. Damit stehen Sie im Kontrast zu Listen-Literalen, in denen die Elemente einfach unveränderlich in den Code geschrieben werden; und ebenso zu Listen, die schrittweise, imperativ aufgebaut werden, so wie die im Beispiel oben. Comprehensions hingegen sind deklarativ.

List-Comprehensions

Die Syntax aus dem Eingangsbeispiel braucht durch die vielen Zeilen und Einrückungen ganz schön viel Platz. Das geht auch kürzer:

```
>>> squares = [i**2 for i in range(10) if i % 2 == 0]
>>> squares
[0, 4, 16, 36, 64]
```

Die Comprehension ist einfach eine »geplättete« Schleife, die Sie in eckige Klammern einfassen. Sie könnten auch andere Klammern nehmen – je nach Klammerung bekommen Sie dann aber ein anderes Objekt heraus, zum Beispiel ein Set oder ein Dictionary. Hier handelt es sich erst mal um eine List-Comprehension – also ist das Ergebnis in squares eine Liste.

Wenn Sie genau hingucken, erkennen Sie die einzelnen Zeilen aus dem Eingangsbeispiel wieder:

1. **Iteration**: Eine Menge von Elementen wird durchlaufen.

2. **Projektion**: Die gewünschten Element können verändert werden, bevor sie in der Liste landen.

3. **Selektion**: Nur bestimmte Elemente werden ausgewählt, die anderen herausgefiltert.

Sie benötigen mindestens eine Iteration und eine Projektion; die Selektion können Sie weglassen. Das Ganze veranschaulicht Abbildung 11.1.

```
squares = [
    i ** 2 ·················· Projektion
    for i in range(10) ········ Iteration
    if i % 2 == 0 ············· Selektion
]
```

Abbildung 11.1: Die Bestandteile einer List-Comprehension

Diese Struktur finden Sie auch an anderer Stelle wieder. Beispielsweise sähe solch eine Abfrage in der Datenbank-Sprache SQL so aus:

```
SELECT givenname, surname FROM students WHERE semester = 5;
```

Iteration

Innerhalb der eckigen Klammern befindet sich ein Ausdruck, der die Elemente der neuen Liste beschreibt. Im Beispiel ist in der Mitte eine Art Schleife zu erkennen, die eine `range` abarbeitet. Statt einer `range` kann jedes iterierbare Objekt verwendet werden, also zum Beispiel auch Strings oder andere Listen. Wenn Sie Paare durchlaufen, können Sie wie bei einer normalen `for`-Schleife mit Kommata einzelne Elemente abgreifen:

```
>>> menu = [
...     ("Burger", 9.70),
...     ("Cola", 3.10),
...     ("Pommes", 3.90)
... ]
>>> prices = [price for item,price in menu]
>>> prices
[9.7, 3.1, 3.9]
>>> sum(prices)
16.7
```

Projektion

Ganz links steht, welche Elemente die Liste enthalten soll. Hier gibt es kein `return` und auch kein `append`, sondern hier muss ein Ausdruck hin, der ein einzelnes Element beschreibt. Im einfachsten Fall geben Sie die Laufvariable der Iteration aus:

```
>>> [c for c in "Hello"]
['H', 'e', 'l', 'l', 'o']
```

Wie das Beispiel weiter oben mit dem Burger-Menü gezeigt hat, können Sie in der Projektion auch Elemente aus der Iteration weglassen oder vertauschen:

```
>>> names = [
...     ("Max", "Mustermann"),
...     ("Erika", "Müller"),
...     ("Noah", "Weber")
... ]
>>> [(surname, givenname) for givenname, surname in names]
[('Mustermann', 'Max'), ('Müller', 'Erika'), ('Weber', 'Noah')]
```

Hier wird eine neue Liste mit Tupeln erzeugt und dabei die Reihenfolge vertauscht. Sie können in der Projektion auch neue Daten erzeugen. Beispielsweise könnten Sie sich einen String zusammenbasteln:

```
>>> [
...     f"{givenname[0]}. {surname}"
...     for givenname, surname in names
... ]
['M. Mustermann', 'E. Müller', 'N. Weber']
```

Sie können sogar Funktionen aufrufen, die irgendwas mit den einzelnen Elementen anstellen:

```
>>> [chr(ord(c)-1) for c in "IBM"]
['H', 'A', 'L']
>>> [chr(ord(c)+1) for c in "IBM"]
['J', 'C', 'N']
```

Die Funktion ord macht aus einem Buchstaben einen Zahlencode, der dem Rang des Buchstaben in der ASCII-Tabelle entspricht. Die Funktion chr arbeitet umgekehrt, sie nimmt einen Code und macht einen Buchstaben daraus. Hier werden die Buchstaben also um eine Stelle des Alphabets verschoben.

Wenn man die Buchstabencodes für IBM um eins nach links verschiebt, bekommt man »HAL«. Vielleicht erinnern Sie sich, dass das auch der Name des omnipräsenten, ziemlich durchgeknallten Zentralcomputers in Stanley Kubricks Film *2001: Odyssee im Weltraum* war. Reiner Zufall – zumindest laut Drehbuchautor Arthur C. Clarke. Wenn Sie IBM um eins nach rechts verschieben, erhalten Sie die Folge »JCN«. Interessanterweise sind das die Initialen meiner Vornamen. Ob das ein Zufall ist, werde ich bei Gelegenheit mal meine Mutter fragen ...

Selektion

Rechts der Iteration können Sie ein Filter hinzufügen (müssen Sie aber nicht). Durch das if wird ein Element getestet und nur wenn der Test True ergibt, wird das jeweilige Element hinzugefügt.

```
>>> name = [
...     c.upper()
...     for c in "Johannes"
...     if c not in "aeiou"
... ]
>>> name
['J', 'H', 'N', 'N', 'S']
```

In diesem Beispiel werden die Buchstaben eines Strings iteriert und nur die genommen, die keine Vokale sind. Das Ergebnis ist wieder eine Liste. Die Buchstaben werden zudem in Großbuchstaben transformiert.

Innerhalb der Comprehension-Klammern dürfen Sie übrigens Zeilen beliebig umbrechen – das macht den Code manchmal lesbarer.

Auch im Selektionsteil sind beliebige Ausdrücke erlaubt:

```
>>> [c for c in "Hello, World!" if c.isalnum()]
['H', 'e', 'l', 'l', 'o', 'W', 'o', 'r', 'l', 'd']
```

Nach dem if folgt ein boolescher Ausdruck. Hier wird für jedes Zeichen im String eine Methode aufgerufen, die prüft, ob das Zeichen ein Buchstabe oder eine Ziffer ist.

Set-Comprehensions

Neben List-Comprehensions gibt es auch noch Set-Comprehensions. Wie der Name schwer vermuten lässt, entsteht dabei ein Set und keine Liste:

```
# List-Comprehension
>>> [l.lower() for l in "Mississippi"]
['m', 'i', 's', 's', 'i', 's', 's', 'i', 'p', 'p', 'i']
# Set-Comprehension
>>> {l.lower() for l in "Mississippi"}
{'m', 's', 'p', 'i'}
```

Die List-Comprehension geht die Buchstaben einzeln durch und macht sie klein. Sie sehen, dass die Syntax für die Set-Comprehension fast dieselbe ist, allerdings verwendet sie geschweifte Klammern. Das Ergebnis enthält nur eindeutige Elemente ohne Reihenfolge – wie das für Sets so üblich ist.

Dict-Comprehensions

Auch Dictionary-Comprehensions verwenden geschweifte Klammern und sehen damit den Set-Comprehensions zum Verwechseln ähnlich, jedoch müssen Sie hier als Elemente Schlüssel-Wert-Paare angeben:

```
>>> squares = {i:i**2 for i in range(10)}
>>> from pprint import pprint
>>> pprint(squares, width=1)
{0: 0,
 1: 1,
 2: 4,
 3: 9,
 4: 16,
 5: 25,
 6: 36,
 7: 49,
 8: 64,
 9: 81}
```

Wie bei den Dictionary-Literalen werden Schlüssel und Werte durch Doppelpunkte getrennt. Die Zahlen wurden hier als Schlüssel, ihre Quadrate als Werte verwendet.

 Außerdem kommt hier `pprint.pprint` zum Einsatz (*pretty-print*), um die Elemente hübsch zeilenweise auszugeben – das ist in der Ausgabe etwas übersichtlicher.

Sowohl die Schlüssel als auch die Werte können in der Projektion verändert werden:

```
>>> names = ["Julia", "Johannes", "Marion", "Lars", "Horst"]
>>> {name:len(name) for name in names}
{'Julia': 5, 'Johannes': 8, 'Marion': 6, 'Lars': 4, 'Horst': 5}
```

Generatoren statt Tupel-Comprehensions

Listen sehen so aus:

```
>>> [1, 2, 3]
```

List-Comprehensions so:

```
>>> [i ** 2 for i in range(4)]
[0, 1, 4, 9]
```

Und Tupel so:

```
>>> (1, 2, 3)
```

Da wäre es doch nur logisch, wenn es auch eine Tupel-Comprehension gäbe, oder?

```
>>> (i ** 2 for i in range(4))
```

 Nun, die Existenz eines Bundestags impliziert noch lange nicht die Existenz einer Bundesnacht. Und so ist das hier auch: Wenn Sie statt eckigen Klammern schlichte runde einsetzen, bekommen Sie kein Tupel, sondern einen Generator:

```
>>> (i ** 2 for i in range(4))
<generator object <genexpr> at 0x7fa4b49181e0>
```

Generatoren sind spezielle Iteratoren, die Elemente erst dann erzeugen, wenn diese auch verarbeitet werden können. Eine List-Comprehension erzeugt eine neue Liste und legt deren Elemente sofort im Speicher ab. Generatoren hingegen werden verzögert abgearbeitet.

Zum Vergleich sehen Sie hier zunächst eine List-Comprehension:

```
# List-Comprehensions
>>> nothing = [print(i) for i in range(4)]
0
1
2
3
>>> nothing
[None, None, None, None]
```

In der Projektion wird print aufgerufen. Das ist etwas unsinnig, weil diese Funktion nichts zurückgibt, daher haben Sie am Ende eine Liste, in der viermal None steht. Interessant ist aber, dass direkt beim Abschicken des Ausdrucks auf der *REPL* die einzelnen Werte ausgegeben werden. Der Generator hingegen wartet damit noch ein bisschen:

```
# Generator-Expression
>>> gen = (print(i) for i in range(4))
>>> gen
<generator object <genexpr> at 0x7fa4b3ec5ee0>
>>> for _ in gen: pass
...
0
1
2
3
```

```
>>> for _ in gen: pass
...
```

Wenn Sie den gleichen Ausdruck in runde Klammern fassen und dann mit Enter absenden, sehen Sie erst mal nichts, da die Funktion print noch gar nicht ausgeführt wurde. Der Generator merkt sich jedoch, dass er das später tun muss, sobald er im Rahmen einer Iteration eingesetzt wird. Diese folgt auch sogleich. Hier wird in einer for-Schleife der Generator iteriert. Da die Aufrufe von print nur None erzeugen, brauchen Sie sie auch nicht zu verarbeiten, daher wird die Laufvariable einfach _ genannt, was eine Konvention für »bitte ignorieren« ist. Die Schleife benötigt zudem keinen Rumpf, daher steht hier nur pass.

Dennoch – diese Anweisung ist genug, um den Generator zu iterieren, also seine Elemente einzeln anzufragen. Nun wird die Projektion auch tatsächlich ausgeführt, das heißt, es wird print aufgerufen und die Ausgabe erscheint.

Generatoren sind abgefahrene Objekte, die in Kapitel 20 unter *Daten ohne Ende – Iteratoren und Generatoren* nochmal eine Rolle spielen. Generator-Expressions nutzt man, um die Performance eines Programms zu verbessern, indem man voreilige Berechnungen einspart.

 Das beantwortet aber immer noch nicht die Frage, warum es keine Tupel-Comprehension gibt. Allerdings können Sie sich das sicher herleiten. Zwar suggeriert die Comprehension-Syntax, dass die Elemente in einem unteilbaren Rutsch entstehen, aber tatsächlich wird hier im Hintergrund eine Liste sukzessive aufgebaut. Nun sind Tupel ja unveränderlich, daher können sie auch nicht schrittweise aufgebaut werden.

Beispiel: Ein Balkendiagramm

Eine Comprehension kommt selten allein. In der freien Wildbahn kombiniert man meistens verschiedene Comprehensions, um ein Ergebnis schrittweise zu verfeinern. Das folgende Programm zählt die Häufigkeit von Buchstaben in einem Text. Dazu wird der Text zuerst bereinigt und dann die Häufigkeiten der Buchstaben ausgezählt – alles mit Comprehensions.

 Den Programmcode finden Sie in der Datei hist.py. Zusätzlich benötigen Sie die Datei kafka.txt, die Sie im selben Verzeichnis finden. Sie enthält die erste Seite von Franz Kafkas *Die Verwandlung*. Diese Erzählung handelt von einem jungen Mann, der nicht weiß, wie er zur Arbeit kommen soll, nachdem er sich in einen Käfer verwandelt hat.

```
"""Zeigt die Verteilung von Buchstaben in einem Text"""
import os

# Text einlesen
with open("kafka.txt", "rt", encoding="utf-8") as page:
    text = page.read()
...
```

Listing 11.1: hist.py

Als erstes wird das Modul os importiert. Warum, das erfahren Sie später. Alsdann wird die Textdatei mit open(. . .) geöffnet und ihr Inhalt eingelesen. Die Datei wird dabei von einem Kontext-Manager verwaltet (eingeleitet durch das Schlüsselwort with), der die Datei am Ende wieder ordnungsgemäß schließt. Nun folgt der erste Verarbeitungsschritt:

```
. . .

# Bereinigen - Interpunktion und Leerzeichen entfernen
# "Hello!" --> "['h','e','l','l','o']"
letters = [
    character.lower()        # Kleinbuchstaben
    for character in text    # Zeichen durchgehen
    if character.isalnum()   # Nur Buchstaben und Zahlen
]


. . .
```

Listing 11.2: hist.py

Diese List-Comprehension geht alle Zeichen durch und schmeißt alles raus, was nicht Buchstabe oder Zahl ist. Den Rest verwandelt sie in Kleinbuchstaben. Dann werden die Buchstaben gezählt:

```
. . .

# Buchstaben zählen
# ['h','e','l','l','o'] --> {'h': 1, 'e': 1, 'l':2, 'o': 1}
histogram = {
    letter: letters.count(letter)
    for letter in set(letters)
}
. . .
```

Listing 11.3: hist.py

In dieser Dictionary-Comprehension werden die Buchstaben zunächst in ein Set verwandelt, sodass jeder Buchstabe einzeln angeschaut werden kann. Jeder Buchstabe wird dann als Schlüssel in einem Dictionary verwendet. Die Werte bilden Sie, indem Sie auszählen, wie oft der jeweilige Buchstabe im Text vorkommt – das erledigen Sie mit letters.count.

Bevor es an die Ausgabe geht, werden nun noch einige Dinge vorbereitet:

```
. . .

# Breite der Anzeige bestimmten
console_width, _lines = os.get_terminal_size()

# Das größte Item finden
largest_item = max(histogram.values())
```

Listing 11.4: hist.py

Damit das Balkendiagramm ordentlich gezeichnet werden kann, müssen Sie herausfinden, wie viel Platz Sie haben. Die Balken wandern hier in die Breite, obwohl man Histogramme meistens vertikal zeichnet – horizontal ist es aber auf der Konsole einfacher zu bewerkstelligen. Die Breite der Konsole erhalten Sie über `os.get_terminal_size()` – os haben Sie am Anfang schon importiert.

Danach suchen Sie noch das größte Item der Wertemenge raus. Nun können Sie den größten Balken bestimmen und die anderen Balken prozentual dazu skalieren.

Damit das Diagramm gut aussieht, werden die Werte noch absteigend sortiert, sodass die häufigsten Buchstaben zuerst angezeigt werden. Das ist leider nicht ganz so einfach, weil sich das Histogramm bisher in einem Dict versteckt – Dicts haben aber keine natürliche Rangfolge, daher muss erst sortiert werden:

```python
def by_value(item):
    """Sortiere Schlüssel-Wert-Paare nach Wert"""
    _key, value = item
    return value


# Items absteigend sortieren
most_common_first = sorted(
    histogram.items(),
    key=by_value,
    reverse=True
)
...
```

Listing 11.5: hist.py

Die Sortierung funktioniert mit der Built-in-Funktion `sorted`. Diese akzeptiert ein iterierbares Objekt – in dem Fall sind es die Schlüssel-Werte-Paare. Der Parameter key bekommt als Argument die Funktion `by_value` übergeben. Diese vermittelt der Sortierfunktion, dass zum Bilden der Ordnung nur der Wert, nicht aber der Schlüssel betrachtet werden soll. Zu guter Letzt wird der Parameter reverse noch auf True gesetzt – dadurch wird alles absteigend sortiert (von groß nach klein).

Nun kann der Spaß ausgegeben werden:

```python
...


# Pipe, um einen Balken zu zeichnen
bar = "|"


# Balkendiagramm ausgeben
for letter, count in most_common_first:
    # ("e", 569) --> "e: 569 "
    label = f"{letter}: {count: >3} "

    # 1. Länge des Balkens, prozentual zum verfügbaren Platz
    width = round((count / largest_item) * console_width)

    # 2. Länge des Labels abziehen
    width = width - len(label)
```

```
# 3. Balken erzeugen
bar = bar * width

# 4. Label und Balken ausgeben:
print(f"{label}{bar}")
```
Listing 11.6: hist.py

Die nach Häufigkeit sortierten Buchstaben werden nun ausgegeben. Da die Ausgabe eine Nebenwirkung des Programms ist, wird hier eine normale for-Schleife verwendet.

Im Rumpf der Schleife wird die Länge des jeweiligen Balkens errechnet. Dazu wird die Häufigkeit der einzelnen Buchstaben im Verhältnis zum häufigsten Item verwendet, um die Breite des Balkens zu bestimmen. Der häufigste Wert soll die gesamte verfügbare Breite einnehmen; entsprechend sollen sich weniger häufige Werte weniger breit machen.

So sollte die Ausgabe des Programms aussehen:

```
$ python hist.py
e: 569 |||||||||||||||||||||||||||||||||||||||||||||||||||||
n: 319 ||||||||||||||||||||||||||||||
i: 225 |||||||||||||||||
r: 217 ||||||||||||||||
h: 183 |||||||||||||
s: 181 |||||||||||||
a: 172 |||||||||||
t: 171 |||||||||||
u: 137 |||||||
d: 131 |||||||
c: 123 ||||||
l: 117 |||||
g: 111 |||||
m:  98 |||
f:  71
...
j:   3
```

Das Ergebnis sieht ganz interessant aus: Die Häufigkeiten der Buchstaben in der Datei entsprechen in etwa deren Häufigkeiten in der gesamten deutschen Sprache. Merken Sie sich die Reihenfolge – die können Sie brauchen, wenn Sie mal wieder Galgenmännchen spielen.

Schleife oder Comprehension?

Mit Schleifen und Comprehensions können Sie grundsätzlich das Gleiche erreichen und jede Schleife lässt sich als Comprehension ausdrücken und umgekehrt. Oberflächlich betrachtet scheint der Unterschied vor allem in der Syntax zu liegen.

In der Praxis gibt es jedoch noch andere, größere Unterschiede. Schleifen sind etwas klarer, wenn beim Iterieren ein Seiteneffekt auftritt; Comprehensions sind klarer, wenn das Ergebnis weiterverarbeitet werden soll:

```
# Sinnvoll:
for i in range(10):
    print(i)

# Nicht sinnvoll:
results = [print(i) for i in range(10)]
```

Die Schleife hat eine Nebenwirkung – die Ausgabe der Ziffern auf der Konsole. Auch die Comprehension gibt Ziffern auf der Konsole aus, allerdings wird das »Ergebnis« der Ausgabe auch aufgefangen und weiterverarbeitet. Die Funktion print hat aber keinen Rückgabewert, daher ist results eine Liste, in der zehn Mal der Wert None steht. Es wird also nicht klar, was der Programmierer damit bezwecken wollte.

 Verwenden Sie Comprehensions, wenn Sie Daten weiterverarbeiten möchten; verwenden Sie Schleifen, wenn Sie beim Iterieren in eine Datei oder auf die Konsole schreiben möchten.

Sonderfälle

Manchmal macht man sich einen Knoten ins Gehirn, wenn man versucht, eine Transformation mit einer Comprehension auszudrücken. Glücklicherweise bringt Python für viele Spezialfälle optimierte Datentypen mit. Zum Beispiel haben Sie weiter oben die Buchstaben so ausgezählt:

```
histogram = {
    letter: letters.count(letter)
    for letter in set(letters)
}
```

Das klappt gut, geht aber – wie so oft – noch einfacher. Im Modul collections gibt es nämlich ein Spezialobjekt für genau diesen Fall:

```
>>> from collections import Counter
>>> histogram = Counter("Hello")
>>> histogram
Counter({'l': 2, 'H': 1, 'e': 1, 'o': 1})
>>> histogram.most_common()
[('l', 2), ('H', 1), ('e', 1), ('o', 1)]
```

Ein Counter erfasst Häufigkeiten in einer Art Dictionary. Durch die Methode Counter.most_common werden diese auch gleich absteigend als Tupel iteriert – damit sparen Sie sich sogar den etwas länglichen Schritt mit dem Sortieren.

Teil III
Buchstabensuppe

IN DIESEM TEIL...

✔ Texte verarbeiten

✔ Verzeichnisse durchsuchen

✔ Dateien lesen und schreiben

✔ Sonderzeichen ordentlich dekodieren

Kapitel 12
Strings – Python als Schreibmaschine

Eigentlich war die Zeit vor 1995 vollkommen irre: Wenn man mit jemandem sprechen wollte, der sich nicht im selben Raum befand, musste man entweder sehr laut brüllen, oder, sofern sich die zu sprechende Person in einem anderen Haus befand, einen Telefonapparat suchen.

Als Angerufene konnte man nicht wissen, wer einen da anrief (Ehepartner? Fernsehlotterie? GEZ? Meuchelmörder?). Gerade unter die Dusche gehüpft, wurde man unterbrochen und musste, nur mit einem Handtuch bekleidet, urplötzlich mit wildfremden Menschen sprechen. Als 1995 dann endlich ISDN flächendeckend verfügbar war, konnte man zumindest sehen, wer einen anrief. Die grundlegende Problematik von unerwünschtem Sprachkontakt konnte damit jedoch nicht beseitigt werden.

Glücklicherweise fand die Gesellschaft schnell eine Lösung für dieses Problem, indem sie sich auf eine Erfindung berief, die ungefähr genauso alt war wie die Telefonie – die *Telegrafie*, also das Austauschen geschriebener Texte aus der Ferne mithilfe eines entsprechenden Geräts, eines sogenannten *Fernschreibers*. Die Telefonie wurde bald als missglücktes soziales Experiment verabschiedet und wohnt heute im kulturellen Gedächtnis irgendwo zwischen Milgram- und Stanford-Prison-Experiment.

Die Telegrafie siegte also über die Telefonie und heute begleiten uns die Nachfahren der Fernschreiberei in Form von Email, ICQ, SMS, WhatsApp oder Signal. Und auch die Textverarbeitung in Python orientiert sich in weiten Teilen an einem Fernschreiber, allerdings ist damit eine Fern*schreibmaschine* (auf Englisch: teletypewriter oder teletypeprinter, kurz TTY) gemeint. Bevor es in diesem Buch jedoch um die Verarbeitung von Texten aus der Ferne geht, sollten Sie erst mal den Umgang mit nahen Texten verstanden haben – und davon handelt dieses Kapitel.

Auf einen Blick

Texte sind im Code essenziell (und allgemein erst recht!), daher ist es nicht verwunderlich, dass Python verschiedene Syntax-Formen mitbringt, um Texte zu kodieren. Je nachdem, was Sie gerade benötigen: Python legt ihnen eine passende Syntax-Form unter die Finger.

```python
# Verschiedene Anführungszeichen
string = 'Hello, World!'

string = "Dos and Don'ts"

string = "Überschrift\n-----------"

# Mehrzeilig
string = """
Die schärfsten Kritiker der Elche
waren früher selber welche.
"""

string = '''
Noch nie in seinem ganzen Leben
Hat sich der Hirsch so übergeben.
'''

# Einzeilig
string = (
    "Wie gestern, bei seinen "
    "Schwestern"
)

# Formatiert
name = 'Johannes'
nachricht = f'Hallo, {name}'
nachricht = "Hallo, %s" % name

# Raw-Strings
pattern = r'\+49[\d\s\-]+'

# Byte-String
sequence = b'\xef\xbb\xbf'
```

Listing 12.1: Verschiedene Syntax-Formen zum Kodieren von Texten

Das sind relativ viele Wege, aber sie folgen alle dem gleichen Prinzip:

✔ Text wird in (mal mehr, mal weniger) Anführungszeichen eingefasst, die vorne und hinten passen müssen.

✔ Sie können Variablen in den Text einfügen.

✔ Durch Escape-Zeichen fügen Sie Sonderzeichen ein.

✔ Präfixe steuern die Interpretation.

Diese Prinzipien beschreiben die folgenden Abschnitte im Detail.

Syntax

Um einen Text in Ihren Programmen zu kodieren, können Sie in Python *Literale* verwenden: Sie schreiben einfach den gewünschten Text auf, achten dabei ein bisschen auf die Syntax und Python legt automatisch eine Variable an, mit der Sie den Text weiterverarbeiten können (natürlich nur, wenn Sie ihr auch einen Namen geben):

```
given_name = "Robert"

surname = 'Gernhardt'
```

Sie können einfache oder doppelte Anführungsstriche verwenden, aber achten Sie darauf, dass diese vorne und hinten gleich sein müssen. Wenn das Literal also mit " anfängt, sollte es auch mit " aufhören, also "text" respektive 'text'.

String-Objekte

Im Beispiel weiter oben wurden verschiedene Variablen angelegt. Diese enthalten die Texte in Form von *String*-Objekten.

Im englischen Sprachgebrauch bezeichnet der Begriff *String* eine Schnur, Saite, Verkettung oder Verknüpfung. Ich erspare Ihnen an dieser Stelle übrigens bewusst alle naheliegenden Wortwitze, bei denen das aus so etwas bestehende Kleidungsstück gemeint sein könnte. Beim Programmieren meint *String* einfach eine Zeichenkette.

Die Idee eines Strings ist wichtig: Der Begriff drückt aus, dass Texte aus mehreren Buchstaben zusammengesetzt und auch zusammenhängend verarbeitet werden. Allerdings handelt es sich nicht ausschließlich um Buchstaben, da so ein String auch unsichtbare Zeichen, Steuerzeichen oder nicht-lateinische Zeichen enthalten kann, wie etwa kyrillische oder griechische (auch Buchstaben) sowie japanische oder chinesische (eher Silben), oder sogar Emoji-Bilder, die dann gesondert kodiert werden müssen. Man sagt im Deutschen daher *Zeichenketten* zu den Strings. Dies verdeutlicht, dass es hier allgemein um *Zeichen* und nicht bloß um *Buchstaben* geht.

Mehrzeilige Strings

Innerhalb von String-Literalen dürfen Sie die Zeilen eigentlich nicht umbrechen. Uneigentlich dürfen Sie das aber doch, sofern Sie jeweils drei Anführungszeichen am Stück verwenden ("""‹mehrzeiliger Text›""" und '''‹mehrzeiliger Text›'''):

```
biography = """
Robert Gernhardt war ein deutscher
Schriftsteller und Zeichner.
Er wurde 1937 in Reval, Estland geboren.
"""


poem = '''Die Stirn so feucht,
das Aug so fahl,
so kenn ich ihn,
den Grönlandwal'''
```

Eine Zeile über mehrere Zeilen kodiert

Um Ihren Code lesbar zu halten, sollten Sie möglichst kurze Zeilen schreiben, jedoch passen URLs, Fehlermeldungen, Nachrichten und Hinweise oft nicht in eine Zeile. Um zu verhindern, dass der Text zu weit nach rechts wandert und den Bildschirm verlässt, können Sie den folgenden Trick verwenden:

```
text = (
    "Lorem ipsum dolor sit amet, consetetur "
    "sadipscing elitr, sed diam nonumy eirmod "
    "tempor invidunt ut labore et dolore magna."
)
```

Innerhalb von Klammern können Sie Strings auf mehrere Zeilen verteilen; Python macht daraus dann einen einzigen String. Achten Sie darauf, dass die »Zeilen« in dieser Syntax nicht mit Kommata getrennt sind – sonst ergäbe das ein Tupel! Im Unterschied zur Schreibweise mit den dreifachen Anführungsstrichen (etwa """<mehrzeiliger text>""") werden dabei die Zeilenumbrüche nicht im Text kodiert, sondern das Ergebnis enthält nur eine einzige Zeile ohne Umbrüche.

Gemischte Anführungszeichen

Welche Anführungszeichen Sie verwenden, ist in aller Regel egal, denn beide erzeugen die gleiche Art von String.

Eventuell hätten Sie das anders erwartet, denn in manchen Sprachen macht das sehr wohl einen Unterschied – dergestalt etwa, dass 'c' einen Buchstaben ergibt und "Wort" einen String – so setzen das etwa C#, Java und C um. In Python gibt es diese Unterscheidung aber nicht – ein Buchstabe ist einfach ein String mit nur einem Zeichen.

Der Vorteil der syntaktischen Wahlfreiheit ist, dass Sie dadurch Anführungsstriche im Text nicht über eine Escape-Sequenz abfangen müssen:

```
verse = 'Steiner sprach zu Hermann Hesse: "Nenn mir sieben
    Alpenpässe!"'
```

Der String fängt mit einfachen Anführungszeichen an und hört mit diesen auf; der Text enthält aber wörtliche Rede, die doppelte Anführungszeichen enthält und diese sollen auch so beibehalten werden. Umgekehrt geht es auch:

```
title = "Dos and Don'ts"
```

Wenn Sie mit doppelten Anführungsstrichen beginnen, können Sie im Literal die einfachen Zeichen verwenden, etwa als Apostroph. Genauso klappt es, wenn Sie stattdessen mit den mehrfachen Anführungszeichen beginnen:

```
title = '''Don't'''
```

Ausbruch mit Escape-Zeichen

 Wenn der Interpreter Ihren Code liest, sammelt er normalerweise alles zwischen den Anführungszeichen ein und macht einen String daraus. Mit dem Backslash können Sie aus diesem Prozess für ein Zeichen »ausbrechen«, daher kommt die Bezeichnung »Escape«-Sequenz (*to escape* bedeutet so viel wie entkommen oder ausbrechen).

Durch Escape-Sequenzen können Sie etwa die Anführungsstriche in Texten kodieren:

```
escaped = 'Dos and Don\'ts'
```

Durch den vorangestellten Backslash (\, linksseitiger Schrägstrich) weisen Sie Python an, das folgende Anführungszeichen direkt danach als Teil des Textes zu behandeln und nicht als Ende des Literals.

Genauso verfahren Sie, wenn Sie einen Backslash ausgeben möchten. So gibt der folgende Text die Eingabeaufforderung unter Windows aus:

```
>>> print('C:\\Users\\johannes>')
C:\Users\johannes>
```

Texte einlesen

Nun besteht ein Programm nicht nur aus festen String-Literalen. Texte einfach in den Quellcode schreiben, ist zwar für den Anfang einleuchtend, aber in der Praxis kommen Sie damit nicht weit, denn so können Sie keine Nutzereingaben verarbeiten. Aber natürlich gibt es in Python auch die Möglichkeit, Text zur Laufzeit einzulesen. Das macht die Funktion input.

```
print(
    "Spieglein, Spieglein, an der Wand, "
    "wer hat hier Plastikfolie verbrannt?"
)
name = input('Ihr Name: ')
print(f'Hallo, {name}')
print('Der Spiegel sagt:', name[::-1])
```
Listing 12.2: mirror.py

Aus einem Konsolenprogramm aufgerufen, gibt diese Funktion zunächst eine Eingabeaufforderung aus. Es erscheint Ihr Name: und Sie können Text eingeben (zum Beispiel Ihren Namen). Nachdem Sie Enter drücken, wird die Variable name angelegt und das Programm läuft weiter.

Ausgeführt sieht das so aus:

```
$ python3 mirror.py
Spieglein, Spieglein, an der Wand, wer hat hier Plastikfolie
    verbrannt?
Ihr Name: Rücksichtsvoller Nachbar
Hallo, Rücksichtsvoller Nachbar
Der Spiegel sagt: rabhcaN rellovsthciskcüR
```

Schaut gut hin und seht – im Spiegel ward es umgedreht. Da Spiegel alles spiegeln, gibt auch dieser magische Spiegel den eingegebenen Text umgekehrt aus – das macht die Stelle name[::-1]. Wie das funktioniert, erfahren Sie in Abschnitt *Listen zerschnippeln – Slicing*. Unklar bleibt einzig, warum Spiegel rechts und links vertauschen – aber nicht oben und unten. Aber das ist eine andere Geschichte und soll ein andermal erzählt werden.

Passwörter verdeckt einlesen

Früher oder später möchte jeder mal ein Programm schreiben, das einen versteckten Text einliest, etwa wenn Sie verhindern möchten, dass Ihr Sitznachbar Ihr Email-Passwort über Ihre Schulter erspäht. Um das Passwort geheim zu halten, sollten Sie auf keinen Fall input verwenden, da diese Funktion den eingegebenen Text direkt wieder ausgibt. Besser geht es mit der Funktion getpass:

```
from getpass import getpass
password = getpass("Password: ")
quality = 'ok' if len(password) > 8 else 'too short'
print(f'That password is {quality}')
```

Wenn Sie dieses Programm ausführen, werden bei der Passworteingabe die eingegeben Zeichen nicht angezeigt.

Texte ausgeben

Die Funktion print haben Sie ja längst kennengelernt, weil sie schnell erklärt, intuitiv verständlich und extrem effektvoll ist. In der Regel übergibt man print nur einen String zum Ausgeben, es gibt jedoch noch weitere Stellrädchen:

```
def print(*objects, sep=' ', end='\n',
          file=sys.stdout, flush=False):
    ...
```

Normalerweise brauchen Sie sich nicht um die restlichen Parameter zu kümmern, da diese vorab auf sinnvolle Werte festgelegt wurden. Dennoch macht Sie erst die genaue Kenntnis der Parameter zum Profi:

✔ `print` kann beliebig viele Objekte ausgeben (das zeigt `*objects`).

✔ Wenn Sie mehrere Objekte angeben, werden diese mit einem Leerzeichen getrennt ausgegeben. Das legt der Parameter `sep` fest.

✔ Am Ende der Ausgabe gibt `print` ein Newline-Zeichen aus; dadurch landet jede Ausgabe in einer eigenen Zeile.

✔ Und außerdem können Sie statt auf die Konsole auch in eine Datei oder in einen Netzwerkstrom »drucken«, indem Sie für `file` ein entsprechendes Objekt übergeben.

Kurze Demo:

```
print('Hello, World!')
print(1, 2, 3, 4, 5)
```

Wenn Sie wie hier zwei Aufrufe von `print` hintereinander durchführen, erkennen Sie, dass jeder Aufruf eine eigene Zeile ausgibt.

```
$ python3 program.py
Hello, World!
1 2 3 4 5
```

Dass die Ausgabe in mehreren Zeilen mündet, wird vom Parameter `end` gesteuert – der ist standardmäßig auf das Zeichen \n gesetzt. Bei den Zahlen in der zweiten Zeile erkennen Sie die Wirkung von `sep` (kurz für *Separator*). Der ist auf ein Leerzeichen eingestellt, kann aber auch angepasst werden:

```
print('Wie geht es Ihnen heute,', end=' ')
print('auf einer Skala von 1 bis 5?')
print(1, 2, 3, 4, 5, sep=' - ')
```

Ausgabe:

```
Wie geht es Ihnen heute, auf einer Skala von 1 bis 5?
1 - 2 - 3 - 4 - 5
```

Wenn Sie im ersten Aufruf `end` auf ein Leerzeichen festlegen, landet der zweite Aufruf in derselben Zeile. Der Parameter `sep` verhält sich irgendwie intuitiv, denn die eingegebenen Zahlen werden mit einem Bindestrich in den Zwischenräumen separiert.

 Am Ende akzeptiert `print` noch die Parameter `file=sys.stdout` und `flush=False`. Die Konsole ist in der Regel mit dem Standard-Datenstrom `sys.stdout` verdrahtet, daher printet `print` in das Dunkel des Konsolenfensters. Dabei wird meistens mit Pufferung gearbeitet, also wird nicht jedes Zeichen einzeln ausgegeben, sondern gewartet, bis genug Zeichen beisammen sind. Das steuert normalerweise das Ausgabeobjekt, aber man kann die Ausgabe auch erzwingen, indem man den Parameter `flush` auf `True` setzt.

Die letzten beiden Parameter dienen dazu, die Ausgabe in die Konsole abzufangen und an eine andere Stelle umzuleiten. Wer aber in spezielle Dateien oder ins Netzwerk schreiben möchte, nutzt besser die speziell dafür gedachten Objekte. Ohnehin kann man mit `print` keine Binärdaten schreiben, da `print` alle Daten für die Ausgabe erst in Strings konvertiert.

Steuerzeichen

Jeder Aufruf von `print` erzeugt eine abgeschlossene Zeile, weil der Parameter end standardmäßig einen Zeilenumbruch enthält. Der ist als \n kodiert. Darin erkennen Sie nochmals das Prinzip aus Abschnitt *Ausbruch mit Escape-Zeichen*, denn das Steuerzeichen wird durch einen Backslash eingeleitet und damit ist absehbar, dass das Zeichen nicht getreu im Text ausgegeben wird, sondern irgendetwas Besonderes tut:

```
>>> print("Erste Zeile\nZweite Zeile")
Erste Zeile
Zweite Zeile
```

Tabelle 12.1 listet weitere Steuerzeichen auf:

Um zu verstehen, wie diese die Ausgabe ändern, hilft es, wenn Sie sich die Funktionsweise eines Fernschreibers oder einer Schreibmaschine vorstellen, wie in Abbildung 12.1 dargestellt. Sie hat einen Schreibkopf (einen sogenannten *Cursor*), der fest sitzt. Das Papier ist in einer Walze dahinter eingeklemmt, die auf einem beweglichen Wagen lagert. Um vertikal zu fahren, wird die Walze gedreht und das Papier dadurch weiter eingezogen, beim Tippen bewegt sich das Wägelchen von rechts nach links.

Name	Abkürzung	Zeichen	Hexcode	Beschreibung
Backspace	BS	\b	0x08	ein Zeichen zurück
Line Feed	LF	\n	0x0A	nächste Zeile
Carriage Return	CR	\r	0x0D	zurück zum Anfang der Zeile
Horizontal Tab	HT	\t	0x09	vorschub zum nächsten Tabstop
Bell	BEL	\a	0x07	Klingel

Tabelle 12.1: Gebräuchliche Steuerzeichen

Abbildung 12.1: Steuerzeichen erinnern an die Funktionsweise einer Schreibmaschine.

1. **A–Z, 0–9:** Wenn Sie ein Zeichen drücken, fährt die Walze um eine Stelle nach links (dadurch rutscht der Cursor nach rechts).

2. **\b:** Entsprechend wird er von einem Backspace ein Zeichen zurück versetzt (nach links).

3. **\n:** Der »Line Feed« (Zeilenvorschub) rollt die Papierwalze weiter, sodass der Kopf die nächste Zeile beschriften kann.

4. **\r:** Zum Line Feed gehört eigentlich noch, dass der Kopf dann auch an den Anfang der neuen Zeile rückt – dazu dient das »Carriage Return« (Wagenrücklauf).

5. **\t:** Durch die Tabulatortaste fährt der Wagen mit der Walze auf eine voreingestellte Position.

Nicht im Bild: Ältere Maschinen hatten eine Klingel eingebaut, die das Ende des Wagenlaufs mit einem lauten Klingeln quittierte. So bekam man beim Tippen ein auditives Feedback und konnte – ohne hinzusehen – den Wagenrücklauf einleiten, indem man dem Walzenwagen mit der linken Hand eine Ohrfeige verpasste. Daher rührt wohl auch das Steuerzeichen für die Klingel (auf Englisch: bell). Der amerikanische Komponist Leroy Anderson verewigte 1950 diesen Sound im Stück *The Typewriter*.

Zwischen den Betriebssystemen herrscht Uneinigkeit, was die Kodierung von neuen Zeilen innerhalb einer Datei angeht. Unter Windows wird meist CR LF (also \r\n) verstanden, unter Linux normalerweise nur LF (\n) und im klassischen Mac OS (vor Version 10) nur CR (\r). Eigentlich kann man sich die Windows-Variante ja ganz gut vorstellen, sie entspricht am ehesten der Funktionsweise einer Schreibmaschine. Allerdings ist die Computerwelt ja nicht an derart weltliche Einschränkungen gebunden, daher ist es effizienter, dass macOS und Linux einen anderen Weg gehen. Weniger Zeichen brauchen ja auch weniger Speicherplatz.

Als kurze Demonstration des Carriage-Return-Zeichens können Sie sich das folgende Programm ansehen:

```
import getpass
pin = getpass.getpass('PIN > ')
print(pin, end='\r')
print('*' * (len(pin) - 3))
```
Listing 12.3: pin.py

Durch die Funktion `getpass` wird ein Passwort eingelesen. Das Passwort wird ausgegeben und danach folgt ein Wagenrücklauf (`end=\r`). Die folgende Ausgabe mit `print` fängt dann am Anfang der Zeile an und gibt Ihre Pin aus, wobei die letzten Zeichen offen bleiben:

```
$ python3 pin.py
PIN >
***456
```

str – Objekte in Strings konvertieren

Alle Objekte, die Sie in Python verarbeiten, können Sie als Strings ausgeben, also etwa Zahlen, Listen oder selbstgebaute Objekte. Das hilft beim Entwickeln, weil Sie ohne Umstände Daten ausgeben können, um zu beobachten, wie sie sich beim Programmablauf verändern (besser ginge das mit einem richtigen Debugger-Programm, aber der braucht etwas Vorarbeit und ein print hier und da schadet auch nicht).

Wenn Sie print aufrufen, dann wird der Wert automatisch in einen String konvertiert. Im Hintergrund kommt dabei die Built-in-Funktion str zum Einsatz:

```
>>> print("Hello")
Hello
>>> "Hello"
'Hello'
>>> str('Hello')
'Hello'
>>> str(1.0)
'1.0'
>>> str(1)
'1'
>>> str([1, 2, 3])
'[1, 2, 3]'
```

Zuerst sehen Sie einen Sonderfall: Wenn Sie print aufrufen, wird der interne String direkt in die Ausgabe geschrieben. Deswegen taucht nur das Wort Hello auf, aber es erscheinen keine Anführungszeichen.

Wenn Sie auf der REPL aber "Hello" eingeben, dann erscheint in der Ausgabe 'Hello'. Python versucht stets, einfache Anführungszeichen anzuzeigen – außer sie kommen bereits im Text vor (so bei "Dos and Don'ts").

Alle Objekte können aber formatiert werden, wie beispielsweise Komma-oder Ganzzahlen. Durch die Konvertierung mit str wird aus einer verrechenbaren Zahl ein String-Objekt – dieses können Sie mit anderen Strings weiterverarbeiten.

Bei den eingebauten Datentypen erkennt man gut, dass Python die Objekte als Text so ausgibt, dass deren Ausgabe wieder als Eingabe verwendet werden könnte. Die Text-Repräsentation entspricht also weitestgehend dem Literal, das Sie zur Eingabe verwendet haben. Das ist in dem Beispiel mit der Liste gut erkennbar: Ohne die Anführungsstriche ist '[1, 2, 3]' gültiger Python-Code.

Variablen im Text formatieren

Oft müssen statische Texte mit dynamischen Variablen kombiniert werden. Dafür gibt es in Python verschiedene Wege:

✔ f-Strings

✔ Formatierung mit Modulo-Operator (%)

✔ str.format

✔ Template-Strings

Hier die Übersicht:

```
# Vorbereitung
alter = 35

# 1. f-String: Bevorzugt!
nachricht = f'Du bist {alter} Jahre alt'

# 2. Modulo-Operator
nachricht = 'Du bist %s Jahre alt' % alter

# 3. Modulo-Operator mit benannten Feldern
nachricht = 'Du bist %(jahre)s Jahre alt' % {'jahre': alter}

# 4. str.format(...)
nachricht = 'Du bist {} Jahre alt'.format(alter)

# 4. str.format(...), nummerierte Felder
nachricht = 'Du bist {0} Jahre alt'.format(alter)

# 5. str.format(...), benannte Felder
nachricht = 'Du bist {jahre} Jahre alt'.format(jahre=alter)

# 6. Unbeliebt:
nachricht = 'Du bist ' + str(alter) + ' Jahre alt'
```

Der bevorzugte Weg sind heute f-Strings, aber es gibt Sonderfälle, in denen die anderen Arten sinnvoll sein können, etwa wenn man die Auswertung einer Variable verzögern möchte.

Interpolation mit f-Strings

```
>>> alter = 35
>>> nachricht = f'Du bist {alter} Jahre alt'
>>> nachricht
'Du bist 35 Jahre alt'
```

Sie schreiben den String wie gewohnt als Literal mit Text und Anführungsstrichen auf. Da, wo eine Variable hin soll, schreiben Sie einfach eine geschweifte Klammer und den Variablennamen.

```
>>> alter = 35
>>> nachricht = 'Du bist {alter} Jahre alt'
>>> nachricht
'Du bist {alter} Jahre alt'
```

Hoppla, da haben wir ein Detail vergessen – damit es klappt wie weiter oben, muss dem String ein kleines f vorangestellt werden (außerhalb der Anführungsstriche). Dadurch wird aus dem String ein *f-String* – das f steht kurz für *formatiert*.

F-Strings sind der bevorzugte Weg, um Variablen in Text zu formatieren.

Früher war %(alle)s anders

F-Strings sind nicht die einzige Methode, um Strings zu formatieren. Sie wurden erst 2016 mit Version 3.6 eingeführt. Davor hatte Python den Formatierungsmechanismus der Sprache C übernommen:

```
>>> alter = 35
>>> nachricht = 'Du bist %s Jahre alt' % 35
>>> nachricht
'Du bist 35 Jahre alt'
```

Hier dient ein Marker mit einem Prozentzeichen vorne, also in diesem Fall %s, als Platzhalter. Das s steht für einen String, wobei man mit anderen Buchstaben die Ausgabe noch steuern kann. Darauf folgen ein oder mehrere Werte, die vom Text durch ein Prozentzeichen % getrennt sind.

Der Nachteil dieser Schreibweise ist, dass sie mit mehreren Variablen schnell unübersichtlich wird. Die Platzhalter werden der Reihe nach abgearbeitet und besonders wenn man viele Platzhalter in einen Text einfügen möchte, entsteht dann hinter dem Prozentzeichen eine lange unbenannte Liste mit Werten. Man kann die Platzhalter aber im Text mit Namen versehen, was die Sache ein wenig übersichtlicher macht:

```
>>> alter = 35
>>> nachricht = 'Du bist %(alter)s Jahre alt' % {'alter': alter}
>>> nachricht
'Du bist 35 Jahre alt'
```

Statt die einzelnen Werte der Reihe nach zu übergeben, wird der Platzhalter mit einem Namen ausgestattet. In der Werteliste hinter dem % wird dann ein Dictionary übergeben.

Die f-Strings lösen die %-Syntax zwar ab, allerdings gibt es Fälle, in denen es dennoch sinnvoll ist, keine f-Strings zu verwenden – so zum Beispiel beim *Logging*. Hier kann es sinnvoll sein, das Formatieren komplexer Daten möglichst lange zu verzögern, da voreiliges Formatieren die Laufzeit beeinträchtigen kann. Obendrein benutzt man beim Logging meistens Filter, sodass man bestimmte Nachrichten gar nicht sieht – dann hat man eventuell einiges an Rechenzeit verschwendet. Lassen Sie sich davon aber bitte nicht aus der Fassung bringen, f-Strings sind generell hocheffizient und das Mittel der Wahl.

Explizites Formatieren

Die Syntax mit dem Prozentzeichen führt manchmal zu Problemen, etwa wenn man Tupel oder Dictionarys formatieren möchte. Bevor es f-Strings gab, wurde daher ein zusätzlicher Mechanismus entwickelt, der andere Platzhalter verwendet:

```
>>> alter = 35
>>> nachricht = 'Du bist {alter} Jahre alt'.format(alter=alter)
>>> nachricht
'Du bist 35 Jahre alt'
```

Diese Syntax ist quasi der Vorgänger der f-Strings. Die Platzhalter sind die gleichen, nur benötigte man stets den Aufruf der Methode str.format(...). Diesem wurden als Argumente Schlüssel-Wert-Paare übergeben. Alternativ gab es das auch nummeriert:

```
>>> alter = 35
>>> nachricht = 'Du bist {0} Jahre alt'.format(alter)
>>> nachricht
'Du bist 35 Jahre alt'
```

Auf diese Art entfällt das ständige Wiederholen der Argumentnamen (format (alter=alter)).

Minisprache zur Formatierung

Beim Formatieren können Sie genau steuern, wie eingefügte Variablen hinterher aussehen sollen. Fügen Sie dazu im Ersetzungsfeld des Strings nach dem Variablennamen einen Doppelpunkt ein, gefolgt von der Formatangabe; syntaktisch etwa so: f"{variable:format}".

Die Formatangabe kann etwas komplex ausfallen, denn hier ist eine eigene kleine Minisprache verbaut. So können Sie zum Beispiel

1. Zahlen in andere Darstellungen verwandeln

2. Kommazahlen runden

3. Texte am vorhandenen Platz ausrichten

4. Zeit und Datumsangaben ordentlich anzeigen

Zahlen anders darstellen

Lange Zahlen können durch Unterstriche segmentiert werden, um ihre Lesbarkeit zu verbessern. Im Deutschen würde man dafür eher Punkte als Tausendertrennzeichen verwenden, allerdings werden die in der Python-Syntax bereits als Dezimaltrennzeichen verwendet.

```
>>> s = 2505249531200
>>> f"{s}"
'2505249531200'
>>> f"{s:_}"
'2_505_249_531_200'
```

Hier ist die Formatangabe nach dem Doppelpunkt schlicht ein Unterstrich. So können Sie auch die aktuelle Staatsverschuldung klar erkennen (die dürfte natürlich noch etwas höher sein, wenn dieses Buch veröffentlicht wird).

Auch können Sie Ganzzahlen als Hexadezimalzahlen ausgeben – geben Sie dazu ein x an:

```
>>> r,g,b = (255, 182, 162)
>>> f"#{r:x}{g:x}{b:x}"
'#ffb6a2'
>>> f"#{r:X}{g:X}{b:X}"
'#FFB6A2'
```

Ein kleines x ergibt Kleinbuchstaben, ein großes X Großbuchstaben.

Mit der folgenden Formatiervorschrift können Sie Zahlen mit führenden Nullen ausgeben:

```
>>> for i in range(5): print(f"{i:03}")
...
000
001
002
003
004
```

Die hintere Ziffer (3) wird dabei als Gesamtlänge der Ausgabe interpretiert. Die Zahl direkt nach dem Doppelpunkt, also die 0, wird als Füllzeichen verwendet.

Zahlen runden

Kommazahlen können bequem gerundet werden:

```
>>> benzin = 1.659
>>> f"{benzin:.2f}"
'1.66'
```

Die vereinfachte Formatangabe hinter dem Doppelpunkt erwirkt, dass die Kommazahl auf 2 Stellen gerundet ausgegeben wird. Das kleine f am Ende stet für float, also eine Gleitkommazahl.

Werte ausrichten und auffüllen

Die Format-Syntax ist hilfreich, um unterschiedlich lange Werte einheitlich als Tabelle zu formatieren. Ohne Formatierung sieht die Ausgabe der Spritpreise vielleicht so aus:

```
>>> fuels = {"Diesel": 1.559, "E10": 1.639, "Super": 1.699, "
    Super+": 1.789}
>>> for fuel,price in fuels.items():
...     print(f"{fuel} {price} Euro")
...
Diesel 1.559 Euro
E10 1.639 Euro
Super 1.699 Euro
Super+ 1.789 Euro
```

Der f-String enthält zwei Datenfelder, {fuel} und {price}. Die Bezeichnungen sind leider unterschiedlich lang – dadurch ist die Ausgabe etwas unruhig und schwerer zu lesen. Die folgenden Formatangaben richten die Werte besser aus:

```
>>> fuels = {"Diesel": 1.559, "E10": 1.639, "Super": 1.699,
    "Super+": 1.789}
>>> for fuel,price in fuels.items():
...     print(f"{fuel:>8}{price:.>12.3f} Euro")
...
  Diesel.......1.559 Euro
     E10.......1.639 Euro
   Super.......1.699 Euro
  Super+.......1.789 Euro
```

Die Namen der Kraftstoffe werden nach rechts ausgerichtet; links wird mit Leerzeichen aufgefüllt. Verwenden Sie zum Ausrichten nach dem Doppelpunkt eine spitze Klammer >. Stellen Sie sich vor, dass diese wie ein Pfeil nach rechts zeigt; entsprechend würde < nach links ausrichten und ^ in der Mitte.

Die Zahl nach der Klammer gibt an, wie viel Platz das gesamte Ersetzungsfeld einnehmen soll; hier sind es acht Zeichen. Standardmäßig werden zur Ausrichtung Leerzeichen eingefügt. Probieren Sie an dieser Stelle gerne andere Richtungen und Längenangaben, um die Felder breiter oder schmaler zu machen oder die Ausrichtung zu verändern.

Die Preise werden durch das zweite Feld {price:.>12.3f} formatiert. Es ist insgesamt zwölf Zeichen breit und enthält eine Gleitkommazahl mit drei Nachkommastellen. Auch diese soll nach rechts ausgerichtet werden. Vor dem Ausrichtungszeichen > steht noch ein kleiner Punkt; der gibt das Füllzeichen an.

Datumsangaben formatieren

Datumsangaben werden standardmäßig gut lesbar formatiert:

```
>>> import datetime
>>> meeting = datetime.datetime(2024, 12, 4, 7, 30)
>>> meeting
datetime.datetime(2024, 12, 4, 7, 30)
>>> print(meeting)
2024-12-04 07:30:00
```

Zuerst kommt das Jahr, dann der Monat, dann der Tag. Das ist besonders dann sinnvoll, wenn man Datumsangaben in längeren Listen sortieren möchte. Die Zeit wird dahinter mit Doppelpunkten ausgegeben, nämlich als Stunden:Minuten:Sekunden. Das entspricht in etwa ISO 8601, jedoch fehlt hier ein T als Trenner zwischen Datum und Uhrzeit.

Durch eine Formatangabe können Sie die Ausgabe anpassen. Zum Beispiel können Sie sich mit dem folgenden Format auf die Uhrzeit beschränken:

```
>>> f"{meeting:%H:%M} Uhr"
'07:30 Uhr'
```

Code	Beschreibung	Beispiel
%y	Jahreszahl (zweistellig)	24
%Y	Jahreszahl (vierstellig)	2024
%H	Stunde	07
%I	Stunde (12h-Uhr)	07
%M	Minute	30
%S	Sekunde	23
%b	Name des Monats (kurz)	Dez
%B	Name des Monats (lang)	Dezember
%m	Monat	12
%W	Kalenderwoche	49

Tabelle 12.2: Gebräuchliche Formatcodes für Datums- und Zeitangaben

Oder Sie können das Datum extrahieren und dabei den Namen des Tages und des Monats explizit ausschreiben:

```
>>> import locale
>>> locale.setlocale(locale.LC_ALL, "de_DE")
'de_DE'
>>> f"{meeting:%A, %d. %B %Y}"
'Mittwoch, 04. Dezember 2024'
```

Hier wurden zuvor noch die Spracheinstellungen auf Deutsch eingestellt, sonst stünden in der Ausgabe »Wednesday« und »December«. Die Formatierung verhält sich anders als die für Ganzzahlen, die eine ganz eigene Formatierungssyntax haben; hier werden spezielle Formatcodes für Datumsangaben verwendet. Ein paar davon listet Tabelle 12.2 auf; eine vollständige Liste erhalten Sie in der Doku zum datetime-Modul unter https://docs.python .org/3/library/datetime.html.

Wichtige Methoden

Genau wie Listen bringen auch Strings praktische Funktionen mit. Die Methode str.find() gibt die Position eines Strings innerhalb eines anderen aus. Die Methode str.index(...) macht das Gleiche, löst aber einen Ausnahmefehler aus, falls der String nicht gefunden wurde:

```
>>> "Hello".find("e")
1
>>> "Hello".index("l")
2
>>> "Hello".find("a")
-1
```

Beides brauchen Sie allerdings nur, wenn Sie sich tatsächlich für die Position des Gesuchten interessieren. Wenn Sie das nicht benötigen, verwenden Sie besser `in`:

```
>>> "e" "in Hello"
True
```

So testen Sie, ob ein String einen anderen irgendwo enthält. Es geht sogar noch genauer; die folgenden Methoden suchen nur am Anfang oder am Ende des Strings:

```
>>> "Hello, World!".startswith(",")
False
>>> "document.pdf".endswith(".pdf")
True
```

Mit den folgenden Methoden können Sie Substrings am Anfang oder Ende eines Strings entfernen:

```
>>> "doc-bericht-2024-02-23.pdf".removesuffix(".pdf")
'doc-bericht-2024-02-23'
>>> "doc-bericht-2024-02-23.pdf".removeprefix("doc-")
'bericht-2024-02-23.pdf'
```

Besonders nützlich ist dazu auch die Funktion `strip`; sie entfernt Leerzeichen und Zeilenumbrüche am Anfang und Ende eines Strings:

```
>>> "  Hello, World!  ".strip()
'Hello, World!'
```

Es gibt auch noch `str.lstrip(...)` und `str.rstrip(...)`, die das Gleiche tun, aber jeweils nur auf die linke oder rechte Seite des Strings beschränkt sind.

So können Sie einen String entlang bestimmter Zeichen zerteilen:

```
>>> 'bericht-2024-02-23'.split("-")
['bericht', '2024', '02', '23']
```

Die Funktion `str.split(...)` ist sehr nützlich, aber manchmal etwas übereifrig; im Beispiel wird der String an jedem Vorkommen von - zerteilt. Wenn Sie nur das Datum abtrennen möchten, hilft hier der Parameter `maxsplit`:

```
> 'bericht-2024-02-23'.split("-", maxsplit=1)
['bericht', '2024-02-23']
```

Das Gegenteil von `str.split` ist `str.join`. Die Funktion funktioniert aber anders, da der Separator nicht wie bei `split` als Argument angegeben wird, sondern `join` auf dem Separator aufgerufen wird:

```
>>> numbers = ['1', '2', '3', '4']
>>> ";".join(numbers)
'1;2;3;4'
```

Kapitel 13
Mit regulären Ausdrücken Buchstaben aus der Suppe fischen

Python bringt eine Minisprache zur Textverarbeitung mit, die Sie unbedingt kennen sollten: die regulären Ausdrücke. Ein *regulärer Ausdruck* ist ein spezieller String, der eine Menge von Zeichenketten beschreibt. Sie werden im Englischen als *Regular Expressions* bezeichnet und daher Regex oder RE abgekürzt. Bitte nicht mit dem Regional-Express der Deutschen Bahn verwechseln.

Reguläre Ausdrücke sind ein Konzept aus der theoretischen Informatik und gehören zu den sogenannten *formalen Sprachen*.

Sie sind sehr nützlich, denn mit ihnen können Sie

✔ E-Mail-Adressen in Dateien finden,

✔ aus einer Logdatei alle Datumsangaben herausfiltern,

✔ beim Programmieren im Editor gezielt Texte ersetzen, etwa um Variablennamen auszutauschen,

✔ die IBAN und den Betrag aus einer E-Mail-Rechnung herausfischen und

✔ einen Lizenzschlüssel für Ihre Lieblingssoftware finden, den Sie irgendwo auf Ihrer Backup-Platte verlegt haben.

Diese Beispiele haben gemeinsam, dass es nicht um *konkrete* Werte geht, also etwa den Namen »Horst« in einer Liste von Politikern zu finden. Vielmehr geht es darum, eine

Gruppe oder Klasse von Zeichenketten mit ähnlicher Struktur zu finden, sodass Sie sie weiterverarbeiten können. So ist eine IBAN immer ein Text mit zwei Buchstaben und vielen Zahlen – ein regulärer Ausdruck beschreibt also eine *Menge* von möglichen IBANs, keine konkrete IBAN.

 Im Hintergrund wird aus einem regulären Ausdruck ein *Zustandsautomat* erzeugt, der prüft, ob eine Zeichenkette zu dem Ausdruck passt. Würden Sie solchen Code von Hand schreiben, so würden Sie wahrscheinlich eine Schleife nehmen, die dann durch viele If-else-Verzweigungen Worte in einem Text herausfiltert. Solcher Code artet schnell aus und ist schwer zu warten. Durch reguläre Ausdrücke lässt sich dieses Problem mit viel weniger Code lösen.

Der Aufwand, die Regex-Syntax und den Umgang damit zu lernen, ist nicht ganz zu vernachlässigen, aber dieses Wissen ist übertragbar, weil eigentlich jede vernünftige Programmiersprache (und auch manche Anwendersoftware) mit Regexen umgehen kann. Somit lohnt es sich, irgendwann in der Programmierkarriere das Thema genauer unter die Lupe zu nehmen.

Textmuster beschreiben

Reguläre Ausdrücke verwenden eine sehr dichte Syntax, die auf den ersten Blick etwas furchteinflößend wirken mag, aber mit etwas Übung immer lesbarer wird. Wie ein solcher Ausdruck aussieht, ist in Abbildung 13.1 dargestellt.

Das Gröbste in Kürze:

1. [...]: Eckige Klammern definieren eine Zeichenklasse.

2. a-zA-Z0-9: Es sollen nur alphanumerische Zeichen auftauchen (also kleine und große Buchstaben sowie Ziffern).

3. +: Es sollen mehrere Zeichen aus dieser Menge vorkommen, auf jeden Fall mindestens eines.

4. @: Dies ist ein statisches Zeichen, nämlich das @.

5. [0-9.]: Dies ist eine weitere Menge, diesmal nur Zahlen und Punkte.

6. {...}: In geschweiften Klammern werden diskrete Wiederholungen angegeben.

7. 7,15: Es werden mindestens 7 und maximal 15 Elemente erwartet.

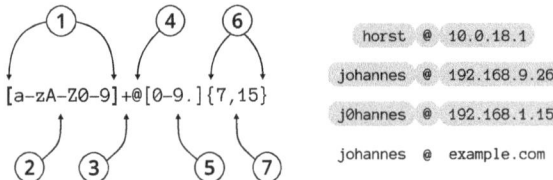

Abbildung 13.1: Ein regulärer Ausdruck und seine Treffer.

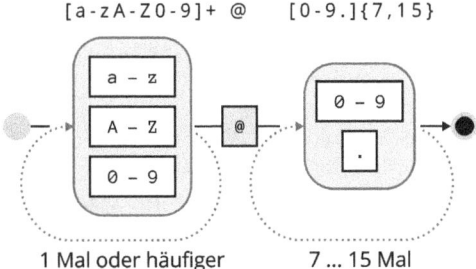

Abbildung 13.2: Zustandsdiagramm.

Schauen Sie gut hin! In der Regex-Syntax wird die Bedeutung einzelner Zeichen vom Kontext beeinflusst. So kann ein Zeichen innerhalb einer eckigen Klammer eine andere Bedeutung haben als außerhalb. Im Beispiel bedeutet das + nach der [...]-Klammer eine Mengenangabe (eins bis viele), aber das @ meint einfach nur das Zeichen @. Am Anfang fällt es Ihnen eventuell schwer, die Unterschiede zu erkennen, daher finden Sie in Abbildung 13.2 eine Darstellung des dazugehörigen Zustandsautomaten.

Der Ausdruck beschreibt alle Zeichenketten, die links von einem @ alphanumerische Zeichen enthalten und rechts davon mindestens 7 Ziffern oder Punkte, aber nicht mehr als 15 davon. Auf der rechten Seite in Abbildung 13.1 sehen Sie einige Treffer dieses Ausdrucks.

Diesen Ausdruck benutzte ich neulich, als ich dem Tech-Support eines Softwareunternehmens ein Problem meldete. Der Support bat mich, eine Logdatei hochzuladen, um das Problem nachzuvollziehen. Einen Auszug der Datei sehen Sie in Listing *13.1*. Aus Datenschutzgründen war mir wichtig, die Namen der Nutzer und deren IP-Adressen zu verschleiern, daher ersetzte ich alle Namen durch »johannes« und die IPs durch eine reservierte Adresse aus dem privaten Adressbereich (192.168 irgendwas).

```
11:36 Error [annie@83.117.234.41    ] Request processing
11:56 Error [lars@255.231.144.232   ] Request processing
12:35 Error [kim@49.58.206.215      ] User action
13:43 Error [horst@42.10.224.10     ] Request processing
15:10 Error [johannes@234.84.212.55] User action
```

Listing 13.1: Auszug aus einer Logdatei

Das @ ist immer fix, aber die Zeichenkette links davon ist weitestgehend beliebig. Möglich sind etwa »horst« und »johannes«, aber auch Zeichensalat wie »j0hannes«, also mit der Ziffer Null statt dem Buchstaben o. Das liegt daran, dass die Zeichenklasse die Kleinbuchstaben a–z, die Großbuchstaben A–Z und die Ziffern 0–9 enthält. Die Schreibweise [a–b] ist sehr intuitiv – damit können Sie eine Spanne (auf Englisch: range) angeben, es ginge also auch [2–5] oder [A–F].

Diese Zeichen werden mit eckigen Klammern [...] zu einer Klasse gruppiert. Beim Prüfen des Ausdrucks wird immer nur ein Zeichen betrachtet, daher müssen Sie dazusagen, dass Sie mehr als ein Zeichen wünschen. Das + hinter der Klammer sagt entsprechend, dass Sie mindestens ein Zeichen der Klasse erwarten, aber danach auch noch weitere folgen können.

Mit diesem Ausdruck finden Sie in einer Logdatei alle Nutzer, die sich am System anmelden können. Allerdings finden Sie damit nicht alle. Beim Erfassen des Users `dba-admin@192.168.178.1` beispielsweise würde nur `admin@192.168.178.1` zutreffen, weil der Ausdruck den Bindestrich – nicht erwischt.

Die rechte Seite vom `@` ist etwas eingeschränkter, denn hier sind nur Ziffern und Punkte erlaubt. Dadurch wäre ein String wie `johannes@example.com` nicht mehr dabei, weil die Zeichenmenge rechts vom `@` nur Zahlen und Punkte, aber keine Buchstaben enthalten darf; dadurch wird vermieden, aus Versehen echte E-Mail-Adressen zu nehmen, da diese in der Regel einen Servernamen und keine IP-Adresse aufweisen.

Der hier gezeigte Ausdruck ist sehr grob gehalten. In meinem speziellen Fall führte er zum Ziel, weil sich die IP-Adressen in der Logdatei von den sonstigen Inhalten der Datei klar abhoben, allerdings sollten Sie ihn nicht verwenden, wenn Sie hanebüchenen Beifang vermeiden wollen. Die Formulierung »zwischen 7 und 15 Zahlen und Punkte« trifft nämlich auch auf die folgenden Daten zu:

1. `johannes@01.01.1970` – dieser Wert ist wohl ein Datum.

2. `johannes@.......` – der Ausdruck würde auch auf eine Reihe zutreffen, die nur aus Punkten besteht. Keiner hat gesagt, dass Zahlen vorkommen *müssen*.

3. `nice@404.028.11` – auch dieser Wert kombiniert Zahlen und Punkte, ist aber keine IP-Adresse, sondern ein Artikelnummer im Katalog eines schwedischen Möbelhauses (die gibt es wirklich, suchen Sie mal im Internet danach).

 IPv4-Adressen schreibt man normalerweise als Oktette, die mit vier Punkten getrennt werden. Dezimal gehen die Werte von 0 bis 255, daher ist ein Wert von 404 unzulässig. Der gezeigte Ausdruck prüft nur die Struktur einer Zeichenkette, nicht deren Bedeutung; daher sieht auch eine Datumsangabe ok aus oder eine banale Reihe von Punkten.

Der Ausdruck passt auf alles, was eine IP sein *könnte*, aber leider auch auf vieles, was garantiert keine IP-Adresse ist. In der gezeigten Logdatei ist das kein Problem, aber sollten Sie IP-Adressen in einer anderen Datenquelle suchen, etwa in einem Wust aus Dateien Ihrer Backup-Festplatte, müssen Sie den Ausdruck noch etwas verfeinern:

`[0-9]{1,3}\.[0-9]{1,3}\.[0-9]{1,3}\.[0-9]{1,3}`

Hier wird viermal das Fragment `[0-9]{1,3}\.` wiederholt, nur dass ganz am Ende der Punkt fehlt. Der Ausdruck sucht also nach der Klasse von Zeichen, die zwischen `0-9` liegen. Diese sollen mindestens ein Mal und maximal drei Mal hintereinander auftauchen (`{1,3}`).

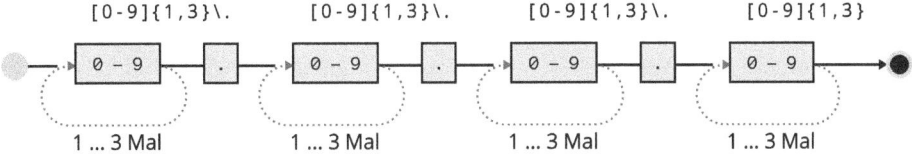

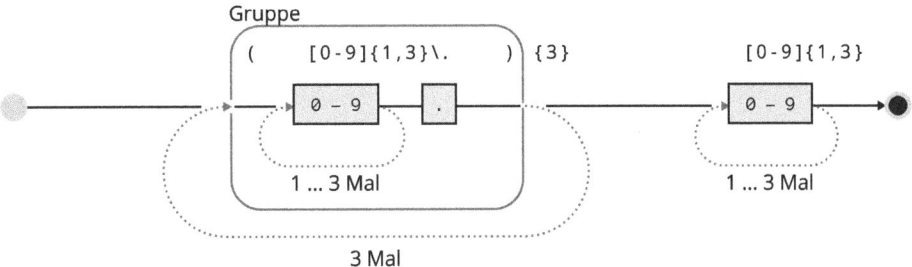

Abbildung 13.3: Zwei Zustandsdiagramme für reguläre Ausdrücke zum naiven Finden einer IP-Adresse. Oben die lange Fassung, unten mit sich wiederholender Gruppe.

 Danach kommt noch ein Punkt, der das Oktett vom nächsten trennt. In der Regex-Syntax ist der Punkt ein Platzhalterzeichen, das für jedes beliebige einstehen kann (auf Englisch: *Wildcard*), daher müssen Sie mithilfe des Backslash angeben, dass Sie in diesem Fall den Punkt selbst als Zeichen meinen und nicht als Wildcard. Der Backslash ist ein sogenanntes *Escape-Zeichen*, weil Sie aus der Interpretation des regulären Ausdrucks kurz »ausbrechen«.

Der gezeigte Ausdruck kann noch weiter eingedampft werden:

`([0-9]{1,3}\.){3}[0-9]{1,3}`

Durch die runden Klammern (...) wird das zu wiederholende Fragment in eine Gruppe eingefasst. Und diese Gruppe soll sich dann dreimal wiederholen (...){3}. Die in Abbildung 13.3 gezeigten Zustandsdiagramme veranschaulichen gut, wie sich die beiden Ausdrücke nun unterscheiden.

Im Vergleich zu dem eingangs gezeigten Ausdruck ist der hier besser, denn er findet alle Zeichenketten mit vier punktgetrennten Ziffergruppen. Dadurch sieht .... nicht mehr wie eine IP-Adresse aus und auch das Datum 01.01.1970 sowie die Artikelnummer fallen raus. Allerdings sind immer noch unsinnige IP-Adressen möglich, etwa 404.021.123.9 oder sogar 192.168.001.009, was zwar korrekt aussieht, aber durch die Füllnullen leider nicht gültig ist. In der Praxis ist das aber gut genug und der Ausdruck kann so bleiben.

Zusammenfassend haben Sie in diesem Abschnitt mehrere Aspekte von regulären Ausdrücken gesehen:

1. **Zeichenklassen:** Zeichenklassen stehen in eckigen Klammern. Mitglieder der Klasse können auch als Spanne angegeben werden.

2. **Gruppen**: Teilstrukturen können durch runde Klammern gruppiert werden.

3. **Wiederholungen**: Gruppen oder einzelne Elemente können sich wiederholen.

4. **Sonderzeichen**: Manche Zeichen dienen als Wildcard oder sonstige Spezialagenten, daher muss man manchmal Escape-Zeichen verwenden, um die Zeichen explizit einzubeziehen.

Gebräuchliche Zeichenklassen

Bevor es im folgenden Abschnitt an ein konkretes Beispiel geht, sollten Sie sich einen Überblick über die Sonderzeichen der Regex-Syntax verschaffen.

In Tabelle 13.1 finden Sie gebräuchliche Steuerzeichen. Praktisch: Mithilfe der Zeichen ^ und $ markieren Sie den Anfang und das Ende einer Zeile. Mit A|B können Sie einzelne Zeichen oder Gruppen als Alternativen auswählen.

Code	Beschreibung	Beispiel
^	Zeilenanfang	
$	Zeilenende	
\	Escape-Zeichen	\\, \{
.	Wildcard (beliebiges Zeichen)	
A|B	Alternative	

Tabelle 13.1: Gebräuchliche Steuerzeichen

Tabelle 13.2 zeigt, wie Sie Zeichenklassen anlegen. Die Spannen können Sie auch eigenständig einschränken, statt [0-9] könnten Sie auch [1-6] angeben – die Spanne ist also kein fester Wert, sondern folgt dem Schema *Anfang-Ende*. Auch können Sie Spannen kombinieren, etwa [a-x0-3].

Code	Beschreibung	Beispiel
[. . .]	Zeichenklasse (Set)	[xyz345]
[^]	Negation	[^0-9]
[a-z]	Buchstabenspanne	
[0-9]	Ziffernspanne	
.	jedes Zeichen außer Newline	

Tabelle 13.2: Zeichenklassen

Das Zeichen ^ ist als Steuerzeichen doppeldeutig. Am Anfang eines Ausdrucks bedeutet es, dass der gesamte Ausdruck am Zeilenanfang gesucht werden soll. Wenn das Zeichen ^ als erstes Zeichen innerhalb einer eckigen Klammer auftaucht, bedeutet es dagegen eine Negation, also wird *alles außer* den folgenden Zeichen ausgewählt. Zum Beispiel finden Sie mit "([^"]+) den Inhalt eines String-Literals, das kein " enthalten darf (ein ", dann alle Zeichen, die kein " sind). Wenn man das Zeichen ^ als konkretes Zeichen meint, muss man es durch einen Backslash escapen.

Es gibt zusätzlich noch vorgefertigte Klassen (Tabelle 13.3), die bestimmten Spannen entsprechen. Die sind nützlich, wenn der Regex mal etwas länger werden sollte. Kleinbuchstaben sind positiv, Großbuchstaben sind eine Negation, also ist etwa \d gleichbedeutend mit [0-9] und \D mit [^0-9].

Nachdem Sie einen Text mithilfe eines regulären Ausdrucks gesucht haben, können Sie ihn weiterverarbeiten. Oft will man aber nicht den gesuchten Text als Ganzes, sondern nur einen Teil weiterverarbeiten. Dafür gibt es die Möglichkeit, den gesuchten Text zu gruppieren, um dann separat auf die Gruppen zuzugreifen. In Tabelle 13.4 finden Sie mehrere Methoden.

In den meisten Fällen verwenden Sie einfach eine Klammer. Dies erzeugt eine *Capture-Group*, also eine Gruppe, die Sie danach einzeln weiterverarbeiten können. Der folgende Ausdruck findet *Nutzername@Domäne*:

```
([a-z0-9\-]+)@example\.(com|de)
```

Code	Beschreibung
\d	Ziffern (**d**igits)
\D	alles außer Ziffern
\s	White**s**pace
\S	alles außer Whitespace
\w	**w**ord-Characters (entspricht [a-zA-Z0-9])
\W	alles außer Word-Characters
\b	Whitespace am Wortanfang (Word-**b**oundaries)

Tabelle 13.3: Vorgefertigte Zeichenklassen

Code	Beschreibung
(...)	Capture Group: Gruppe zur Weiterverarbeitung
(?:...)	Non-capture Group: Gruppe, die nicht weiterverarbeitet werden soll
(?P<name>...)	benannte Gruppe
(?aiLmsux-imsx:...)	Gruppe mit Flags (temporäre Schalter)

Tabelle 13.4: Gruppierung

Wenn Sie in Python mit solch einem regulären Ausdruck suchen, erhalten Sie ein Treffer-Objekt. Über dieses Objekt können Sie dann die Gruppen gezielt ansprechen, um aus dem Treffer nur den Namen oder nur die Top-Level-Domäne zu extrahieren. Sie können aber auch wählen, eine Gruppe nicht weiter zu verarbeiten, oder sie zu benennen:

```
(?P<user>[a-z0-9\-]+)@example\.(?:com|de)
```

Die erste Gruppe wird user genannt. Die Top-Level-Domäne am Ende wird dagegen ignoriert, sie soll nicht weiter verarbeitet werden.

Um eine Gruppe zu ignorieren, schreibt man vorne in die Klammer ?:. Dadurch wird sie eine *Non-capture Group*. Das ist besonders dann praktisch, wenn man Wiederholungen verwenden möchte, wie in dem Beispiel der IP-Adresse weiter oben. Etwa wenn Sie mehrere Oktette beschreiben möchten, aber die einzelnen Oktette Sie nicht interessieren, sondern nur der String als ganzes. Für Wiederholungen eignen sich die Operatoren aus Tabelle Tabelle 13.5.

Code	Beschreibung	Beispiel
?	0 bis 1	
*	0 bis viele	
+	1 bis viele	
{3}	genau 3	
{,3}	bis zu drei	
{2,}	2 oder mehr	
{1,2}	zwischen 1 und 2	

Tabelle 13.5: Wiederholungen

Gebräuchliche Methoden

Um reguläre Ausdrücke in Ihren eigenen Programmen benutzen, brauchen Sie die folgenden Funktionen. Die meisten davon können in zwei Formen aufgerufen werden, entweder als Funktion im Modul re oder als Methode auf einem fertigen Muster-Objekt:

```
# Als Funktion auf dem Modul 're':
>>> import re
>>> re.match(pattern=r"H", string="Hello")
<re.Match object; span=(0, 1), match='H'>


# Als Methode auf einem Muster:
>>> import re
>>> pattern = re.compile(r"H")
>>> pattern.match(string="Hello")
<re.Match object; span=(0, 1), match='H'>
```

Unter Umständen kann es etwas effizienter sein, das Muster vorher mit `re.compile(<muster>)` zu kompilieren, besonders wenn Sie es häufig wiederverwenden möchten; darüber hinaus sind die Aufrufe aber identisch.

 Reguläre Ausdrücke benötigen viele Steuerzeichen, etwa für Zeichenklassen (\w) oder als Escape-Zeichen. Damit stehen Sie mit der normalen String-Verarbeitung in Konflikt; denn normalerweise interpretiert der Interpreter den Backslash schon selbst als Escape-Sequenz, etwa um einen Zeilenumbruch (\n) herzustellen. Damit der Interpreter nicht aus Versehen eine Regex-Escape-Sequenz interpretiert, kann man vor den String mit dem regulären Ausdruck ein kleines »r« machen, etwas so: `r"<muster>"`. Dadurch wird aus dem String ein *roher String* oder auch *raw string* und der Interpreter ignoriert die Escape-Zeichen darin.

Vorne suchen – `re.match`

Um reguläre Ausdrücke zu verwenden, erstellen Sie einen String mit einem regulären Ausdruck und verwenden Ihn dann mit einer der folgenden Methoden. Beispielsweise so:

```
>>> import re
>>> pattern = re.compile(r"a", re.IGNORECASE)
>>> pattern.match("a")
<re.Match object; span=(0, 1), match='a'>
>>> pattern.match("b")
>>> pattern.match("A")
<re.Match object; span=(0, 1), match='A'>
>>> pattern.match("awdwad")
<re.Match object; span=(0, 1), match='a'>
>>> pattern.match("dfdfd")
```

Hier wird zunächst das Modul `re` aus der Standardbibliothek importiert. Danach erzeugen Sie ein Muster `pattern`, indem Sie `re.compile(...)` aufrufen. Der erste String ist das eigentliche Muster in der Regex-Syntax; zusätzlich geben Sie eine Steuerinformation an, einen sogenannten Flag, das die Funktion in diesem Fall anweist, Groß- und Kleinschreibung zu ignorieren.

Das erhaltene Muster (`pattern`) können Sie nun verwenden, um String-Objekte zu prüfen. Rufen Sie dazu `<pattern>.match(<string>)` auf. Hier ist das Muster schlicht der Buchstabe »a« oder »A«. Das Ergebnis von `<pattern>.match(<string>)` ist ein `Match`-Objekt (eine *Übereinstimmung* oder ein *Treffer*), das Informationen über das gefundene Vorkommen enthält.

Das `Match`-Objekt bietet folgende Infos über das Vorkommen des Musters an. Und zwar erfahren Sie, dass der Buchstabe `"a"` im String `"a"` gefunden wurde und das an Index 0; und es stimmen die folgenden 1 Zeichen überein – klar, weil der String a hundertprozentig dem Muster `"a"` entspricht.

Sofern es keine Übereinstimmung gibt, wie im Falle des Strings `"b"`, wird auch kein Match-Objekt erzeugt.

Auch weiter hinten suchen – `re.search`

Die Funktion ‹pattern›.match(...) prüft, ob der Anfang des übergebenen String mit dem Muster übereinstimmt:

```
>>> import re
>>> pattern = re.compile(r"a", re.IGNORECASE)
>>> pattern.match("ad")
<re.Match object; span=(0, 1), match='a'>
>>> pattern.match("da")
>>>
```

Der zweite Fall kommt eventuell etwas unerwartet. Der String da enthält zwar ein kleines »a«, es wird aber keine Übereinstimmung gefunden, da der String nicht mit a anfängt.

Um dieses hintere a zu finden, müssen Sie eine andere Methode verwenden, nämlich ‹pattern›.search(‹string›):

```
>>> pattern.search("da")
<re.Match object; span=(1, 2), match='a'>
```

Hier zeigt Match.span auch gleich die richtige Position an.

 Um die Methoden auseinanderzuhalten, hilft die korrekte Übersetzung. *To search* im Englischen bedeutet nicht etwa »suchen«, sondern viel mehr *durchsuchen*, also wird nicht das Muster *gesucht*, sondern der String wird *durchsucht*. *To match* hingegen meint eine Übereinstimmung, was nur Treffer am Anfang des Strings mit einbezieht.

Alle Vorkommen ausfindig machen – `re.findall`

Die Funktionen ‹pattern›.match(...) und ‹pattern›.search(...) finden jeweils nur eine Übereinstimmung. Falls Sie alle Vorkommen innerhalb eines Strings finden möchten, müssen Sie ‹pattern›.findall(‹string›) verwenden:

```
>>> needle = re.compile("i")
>>> haystack = "mississippi"
>>> needle.findall(haystack)
['i', 'i', 'i', 'i']
```

findall gibt die Vorkommen direkt zurück – hier fehlen also die Metadaten. Das ist dennoch nützlich, wenn Sie nur die konkreten Werte weiterverarbeiten möchten.

Vorkommen mit Metadaten – `re.finditer`

Wenn Sie auf die Metadaten angewiesen sind, können Sie ‹pattern›.finditer(‹string›) verwenden. Der Begriff iter im Namen der Funktion ist ein Hinweis darauf, dass Sie aus Effizienzgründen einen Iterator bekommen und nicht etwa eine Liste.

```
>>> needle = re.compile("i")
>>> haystack = "mississippi"
>>> for i in needle.finditer(haystack):
...     print(i)
...
<re.Match object; span=(1, 2), match='i'>
<re.Match object; span=(4, 5), match='i'>
<re.Match object; span=(7, 8), match='i'>
<re.Match object; span=(10, 11), match='i'>
```

Vorkommen ersetzen mit `re.sub`

Mithilfe der Methode ‹pattern›.sub(‹ersatz›, ‹string›) können Sie die Vorkommen des Musters im Zielstring ersetzen (»sub« steht für *substitute*):

```
>>> needle = re.compile("i")
>>> haystack = "mississippi"
>>> needle.sub("o", haystack)
'mossossoppo'
```

Strings zerteilen mit `re.split`

Um einen längeren Text zu zerhacken, ist die Funktion ‹pattern›.sub(‹string›) nützlich:

```
>>> from os import getcwd
>>> getcwd()
'/home/johannes/Schreibtisch/dummies'
>>> path = getcwd()
>>> pattern = re.compile("/")
>>> pattern.split(path)
['', 'home', 'johannes', 'Schreibtisch', 'dummies']
```

Hier wird als String das aktuelle Verzeichnis herangezogen, dass Sie mit os.getcwd() erfahren (»cwd« steht für *current working directory*). Der Pfad wird entlang der Slashes getrennt – als Ergebnis bekommen Sie eine Liste mit Einzelteilen.

Beispiel: Nach Vereinbarung

Für die Webseite Ihres Unternehmens möchten Sie eine Liste mit Sprechzeiten erstellen. Zu diesem Zweck schicken Sie eine Excel-Tabelle per E-Mail an die Sekretariate der Abteilungen mit der Bitte, die Sprechzeiten der Mitarbeitenden in die entsprechende Spalte der Tabelle einzutragen.

Als Sie die Tabellen aus den Sekretariaten zurückbekommen, bemerken Sie ein Problem: Zwar haben viele Personen konkrete Sprechzeiten angegeben, wie zum Beispiel »10:00 bis 14:00 Uhr«, aber manche Zeilen enthalten die Abkürzung »n. V.«. Verwundert fragen Sie nach und erfahren, dass »n. V.« für *nach Vereinbarung* steht. Die Intention ist, dass die Leute einfach eine E-Mail schreiben, um einen Termin auszumachen. Nun, das versteht kein Außenstehender.

Eigentlich ist in diesem Zusammenhang die Angabe »n. V.« ja gleichbedeutend mit »keine Angabe«. Die Abkürzung könnte aber auch für »nicht verfügbar« stehen, was dann aber eher heißt, dass die Person vielleicht gar keine Sprechzeit anbietet?

Für die interne Kommunikation ist das vielleicht ok, aber auf der Webseite sollen die Mitarbeitenden ja nach außen repräsentiert werden, da muss das eindeutiger sein. Sie nehmen sich also vor, die Abkürzungen zu normalisieren. Das ist nur gar nicht so leicht, weil es offenbar keine Einigkeit darüber gibt, wie man »nach Vereinbarung« abkürzen soll. Manche schreiben `n.V.`, andere `N. V.`, wieder andere glauben an gar nichts und nehmen `nv`. Solche irren Individuen sollten Sie meiden. Die Person, die so eine Abkürzung benutzt, klaut wahrscheinlich auch Ihre guten Kulis.

Aber wie erwischen Sie alle Versionen? Ein Regex bringt Rettung.

Das eben vorgestellte Szenario kann sich durchaus so oder so ähnlich auf der Webseite einer nicht näher genannten Universität zugetragen haben. In der Kommunikation von Unternehmen und Behörden sind Abkürzungen gang und gäbe, allerdings sind sie für Außenstehende meist ziemlich unverständlich. Wenn sie zumal noch so unterschiedlich ausfallen wie in diesem Beispiel, ist das gleichzeitig auch ein Problem für die Datenverarbeitung. Hoffen wir, dass die Personen mit der durchs Abkürzen gesparten Tippzeit etwas Sinnvolles angestellt haben.

Beim Durchschauen finden Sie alle Muster, die in Tabelle 13.6 aufgeführt sind. In der Spalte *Beispiel* sehen Sie den Inhalt einer Zeile der Tabelle, in der Spalte *Match* ist aufgeführt, ob der reguläre Ausdruck auf diesen Wert zutreffen soll oder nicht.

Die Tabelle enthält nicht nur problematische Abkürzungen jeglicher Couleur, sondern auch einige Zeichenketten, die als korrekte Sprechzeiten gelten können. Es gibt außerdem einige Stellen, die der Regex ignorieren soll. Beispielsweise ist die Schreibweise von Fall 1 und Fall 10 in Ordnung. Generell ist das gut, wenn der Wert schon korrekt ist, allerdings erschwert das die Entwicklungsarbeit, da Sie diese Sonderfälle berücksichtigen und aus der Liste der gefundenen falschen Schreibweisen ausschließen müssen.

Erschwerend kommt hinzu, dass Personen ihr »n.V.« als Zusatz zu einer richtigen Sprechzeit angegeben haben, wie in Fall 2. Der reguläre Ausdruck soll also einige dieser Strings erwischen, aber andere wieder nicht.

Gesucht ist also ein regulärer Ausdruck, der auf die Fälle 2 bis 9 zutrifft und die Fälle 1, 10, 11 und 12 ignoriert.

Zunächst benötigen Sie mal ein Baugerüst:

```
office_hours = [
    "Sprechzeit: Mo-Fr 10:00-14:00 und nach Vereinbarung",
    "Sprechzeit: Do 12-12:30 Uhr telefonisch u. n.V.",
    "Sprechzeit: Mo 14-15 Uhr telefonisch und n.V.",
    "Sprechzeit: n. V.",
```

```
    "Sprechzeit: n.V.",
    "Sprechzeit: nv",
    "Sprechzeit: NV",
    "Sprechzeit: nV.",
    "Sprechzeit: v.n.",
    "Sprechzeit: nach Vereinbarung",
    "Sprechzeit: Nach Vereinbarung",
    "Sprechzeit: Nach der Inventur jederzeit",
    "Sprechzeit: Derzeit nicht sinnvoll",
]
```

#	Beispiel	Match?
1.	Mo – Fr 10:00–14:00 und nach Vereinbarung	Nein
2.	Mo 14:30–15:00 Uhr telefonisch u. n.V.	Ja
3.	n.V.	Ja
4.	n. V.	Ja
5.	NV	Ja
6.	nV.	Ja
7.	nv	Ja
8.	v.n.	Ja
9.	nach Vereinbarung	Ja
10.	Nach Vereinbarung	Nein
11.	Nach der Inventur jederzeit	Nein
12.	Derzeit nicht sinnvoll	Nein

Tabelle 13.6: Unterschiedliche Werte für Sprechzeiten

Packen Sie die Zeilen in eine Liste. Um die Aufgabe etwas interessanter zu machen, steht in jeder Zeile das Präfix »Sprechzeit«, also müssen Sie etwas auf die Umgebung achten.

```python
import re

office_hours = [ ... ]
pattern = re.compile('nv')

for line in office_hours:
    if pattern.search(line):
        print(line)
```

Als Nächstes laden Sie das Modul re (kurz für *R*egular *E*xpression). Imports stehen immer am Anfang der Datei, daher fügen Sie diese Zeile bitte noch vor der Liste ein. Mithilfe der Bibliothek erstellen Sie ein Pattern-Objekt. Der String 'nv' ist Ihr regulärer Ausdruck, den erweitern Sie gleich noch schrittweise.

Danach gehen Sie die Liste zeilenweise durch und durchsuchen den String nach dem Muster. Sofern das Muster vorhanden ist, geben Sie die entsprechende Zeile aus.

 Die Methode `pattern.search(line)` gibt eigentlich ein Objekt zurück, das Infos über den Treffer enthält – ein sogenanntes Match-Objekt. Hier wird nur geprüft, ob es eins gibt. Die Details können Sie zunächst ignorieren. Gerne dürfen Sie das Objekt aber in der *REPL* betrachten.

Die Ausgabe sollte nun etwa so aussehen:

```
Sprechzeit: nv
Sprechzeit: Nach der Inventur jederzeit
Sprechzeit: Derzeit nicht sinnvoll
```

Ok, das war ja klar. Der Ausdruck nv sucht nur nach dem Vorkommen der Buchstaben n und v nacheinander. Das trifft auf Fall 7 aus Tabelle 13.6 zu. Weiterhin finden Sie so das »nv« in »Inventur« und »sinnvoll« – die letzten beiden sind natürlich unerwünscht.

Erweitern Sie das Ganze. Für die folgenden Codes bleibt die Schleife gleich und es ändert sich nur die Stelle mit dem Ausdruck. Versuchen sie mal:

```
...
pattern = re.compile('n.v.')
...
```

Die Ausgabe könnte Sie verwundern:

```
Sprechzeit: Derzeit nicht sinnvoll
```

Interessant, das sind ja sogar noch weniger Ausgabezeilen als vorher! Nun, das liegt daran, dass der Punkt eine Wildcard ist. Sie suchen also nicht – wie Sie vermutlich vorhatten – nach »n, gefolgt von Punkt gefolgt von v, gefolgt von Punkt«, sondern nach »n, gefolgt von genau einem beliebigen Zeichen, gefolgt von v – und so weiter«. Tatsächlich findet der Ausdruck hier nur die Stelle nnv, denn das ist die einzige, wo zwischen dem n und dem v genau ein weiterer Buchstabe liegt.

 Erinnern Sie sich an Tabelle 13.1 aus der Kurzreferenz – der Punkt ist ein Sonderzeichen und muss escaped werden:

```
...
pattern = re.compile(r'n\.v\.')
...
```

Der ist nun komplett nicht richtig, denn nun ist die Ausgabe leer. Woran liegt das? Nun, der gesuchte Text kommt nirgendwo vor. Der Wert n.v. ist nicht in der Liste, zumindest nicht in der richtigen Schreibweise. Sie können das Muster aber auch ohne Groß- und Kleinschreibung suchen, dann wird es besser:

```
...
pattern = re.compile(r'n\.v\.', re.IGNORECASE)
...
```

Schon finden Sie die interessanten Werte:

```
Sprechzeit: Do 12-12:30 Uhr telefonisch u. n.V.
Sprechzeit: Mo 14-15 Uhr telefonisch und n.V.
Sprechzeit: n.V.
```

Diesmal haben Sie nichts am eigentlichen Ausdruck geschraubt, sondern der Regex-Engine einen Flag übergeben, der sie anweist, Groß- und Kleinschreibung zu ignorieren. Dadurch haben Sie nun schon mal alle Zeilen, die Ns, Punkte und Vs enthalten. Aber das geht noch besser.

Der Ausdruck ist nämlich noch etwas zu spezifisch. Immerhin finden Sie nur 3 der 8 gewünschten Zeilen. Es gibt ja auch Schreibweisen ohne Punkt, die müssen auch mit rein. Also bauen Sie eine optionale Wiederholung aus Tabelle 13.5 ein:

```
...
pattern = re.compile(r'n\.?v\.?', re.IGNORECASE)
...
```

Die Fragezeichen zeigen an, dass die Werte optional sind. Sie können also keinmal oder maximal einmal vorkommen. Blöd nur, dass dann die Inventur und das Wort »sinnvoll« wieder mit von der Partie sind:

```
Sprechzeit: Do 12-12:30 Uhr telefonisch u. n.V.
Sprechzeit: Mo 14-15 Uhr telefonisch und n.V.
Sprechzeit: n.V.
Sprechzeit: nv
Sprechzeit: NV
Sprechzeit: nV.
Sprechzeit: Nach der Inventur jederzeit
Sprechzeit: Derzeit nicht sinnvoll
```

Auch dieses Problem lässt sich lösen:

```
...
pattern = re.compile(r'\bn\.?v\.?', re.IGNORECASE)
...
```

Das \b findet ein Leerzeichen am Wortanfang (siehe Tabelle 13.3). Dadurch verschwinden Inventur und momentan fehlende Sinnesfülle:

```
Sprechzeit: Do 12-12:30 Uhr telefonisch u. n.V.
Sprechzeit: Mo 14-15 Uhr telefonisch und n.V.
Sprechzeit: n.V.
Sprechzeit: nv
Sprechzeit: NV
Sprechzeit: nV.
```

Jetzt fehlt noch das n. V. mit dem Leerzeichen in der Mitte sowie der offensichtliche Buchstabenverdreher v.n. Das Leerzeichen fügen Sie einfach als optional ein:

```
...
pattern = re.compile(r'\bn\.?\s?v\.?', re.IGNORECASE)
...
```

Die Klasse \s? meint bis zu einem Leerzeichen. Bleibt der Verdreher. Den fangen Sie so:

```
...
pattern = re.compile(r'\b[nv]\.?\s?[nv]\.?', re.IGNORECASE)
...
```

```
Sprechzeit: Do 12-12:30 Uhr telefonisch u. n.V.
Sprechzeit: Mo 14-15 Uhr telefonisch und n.V.
Sprechzeit: n. V.
Sprechzeit: n.V.
Sprechzeit: nv
Sprechzeit: NV
Sprechzeit: nV.
Sprechzeit: v.n.
```

Super! Nur einer fehlt noch: der Text nach Vereinbarung. Aber den finden wir einfach als Alternative:

```
pattern = re.compile(r'\b([nv]\.?\s?[nv]\.?)|(nach\sVereinbarung)',
    re.IGNORECASE)
```

Die Ausgabe wirkt nun schon ziemlich vielversprechend:

```
Sprechzeit: Mo-Fr 10:00-14:00 und nach Vereinbarung
Sprechzeit: Do 12-12:30 Uhr telefonisch u. n.V.
Sprechzeit: Mo 14-15 Uhr telefonisch und n.V.
Sprechzeit: n. V.
Sprechzeit: n.V.
Sprechzeit: nv
Sprechzeit: NV
Sprechzeit: nV.
Sprechzeit: v.n.
Sprechzeit: nach Vereinbarung
Sprechzeit: Nach Vereinbarung
```

Ach Mist, jetzt ist der String Nr. 10 mit der richtigen Schreibweise auch wieder dabei. Wie kann man ihn davon ausnehmen?

Dafür gibt es Spezialgruppen, die ihre eigenen Flags mitbringen. In diesem Fall verwenden wir (?-i:...). Das Fragezeichen in der runden Klammer leitet eine Gruppe ein; der Doppelpunkt trennt den Schalter von dem Suchausdruck ab. Das i steht für das Ignorieren von Groß- und Kleinschreibung (genau wie re.IGNORECASE), nur wird es durch das vorangestellte Minus negiert. Zusammmen also:

```
...
pattern =
    re.compile(r'\b([nv]\.?\s?[nv]\.?)|(?-i:nach\sVereinbarung)',
    re.IGNORECASE)
...
```

 Spätestens jetzt merken Sie, dass der Kalauer mit dem Regional-Express am Anfang dieses Kapitels durchaus gerechtfertigt war, da Bahn-Regex und Python-Regex sich kaum unterscheiden – was Gedränge und Chaos angeht.

Um da noch den Überblick zu behalten, schalten wir den gesprächigen Modus an (auf Englisch: verbose). Dadurch können Sie innerhalb des Regex-Codes Kommentare einfügen:

```
...
pattern = re.compile(
    r'''
    \b              # Leerzeichen am Wortanfang
    (               # Gruppenanfang
        [nv]\.?     # n oder v und ein optionaler Punkt
        \s?         # optionales Leerzeichen
        [nv]\.?     # n oder v und ein optionaler Punkt
    )               # Gruppenende
    |               # Alternative
    (?-i:nach\sVereinbarung)
                    # der Text <nach Vereinbarung>,
                    # unter Beachtung der Groß- und
                    # Kleinschreibung
    ''',
    re.IGNORECASE | re.VERBOSE
)
...
```

Vergessen Sie nicht, am Ende noch den re.VERBOSE-Flag an die Funktion re.compile(...) zu übergeben, sonst klappt es nicht.

Damit ist alles vollständig. Bisher haben Sie den Ausdruck nur verwendet, um die entsprechenden Fälle zu identifizieren und auszugeben, aber Pythons Regex-Engine kann damit auch direkt eine Textersetzung durchführen. Dazu müssen Sie die Schleife anpassen. Ändern Sie die Stelle pattern.search(line) ab:

```
...
for line in office_hours:
    if pattern.search(line):
        print(line)
```

Listing 13.2: Muster suchen und ausgeben mit pattern.search

Ersetzen Sie die Suchfunktion durch die Methode re.sub, was bekanntlich eine Abkürzung für englisch »substitute« ist und *ersetzen* bedeutet:

```
for line in office_hours:
    replaced = pattern.sub('Nach Vereinbarung', line)
    print(replaced)
```

Listing 13.3: Muster ersetzen mit pattern.sub

Wenn Sie das Programm nun ausführen, bekommen Sie die fast richtige Ausgabe zu sehen:

```
\$ python nv.py
Sprechzeit: Mo-Fr 10:00-14:00 und Nach Vereinbarung
Sprechzeit: Do 12-12:30 Uhr telefonisch u. Nach Vereinbarung
Sprechzeit: Mo 14-15 Uhr telefonisch und Nach Vereinbarung
Sprechzeit: Nach Vereinbarung
Sprechzeit: Nach Vereinbarung
Sprechzeit: Nach Vereinbarung
```

```
Sprechzeit: Nach Vereinbarung
Sprechzeit: Nach Vereinbarung
Sprechzeit: Nach Vereinbarung
Sprechzeit: Nach Vereinbarung
Sprechzeit: Nach Vereinbarung
Sprechzeit: Nach der Inventur jederzeit
Sprechzeit: Derzeit nicht sinnvoll
```

Einzig die Stelle, wo der Text »Nach Vereinbarung« auf ein »und« folgt, stimmt es noch nicht. Dazu dürfen Sie das Programm und das Suchmuster noch ein letztes Mal anpassen:

```python
import re
office_hours = [
    ...
]

pattern = re.compile(
    r'''
    (?P<and>(und|u\.)\s)?
    (
        \b              # Leerzeichen am Wortanfang
        (               # Gruppenanfang
            [nv]\.?     # n oder v und ein optionaler Punkt
            \s?         # optionales Leerzeichen
            [nv]\.?     # n oder v und ein optionaler Punkt
        )
        |nach\sVereinbarung
    )
    ''',
    re.IGNORECASE | re.VERBOSE
)

def expand_nv_to_nach_vereinbarung(match):
    if match.group('and'):
        return 'und nach Vereinbarung'
    return 'Nach Vereinbarung'

for line in office_hours:
    replaced = pattern.sub(expand_nv_to_nach_vereinbarung, line)
    print(replaced)
```

Listing 13.4: nv.py

Das Muster wird so angepasst, dass es eine benannte Gruppe enthält, mit der Sie prüfen können, ob der gesuchte Text auf das Wort »und« oder einer entsprechenden Abkürzung folgt. Die Gruppe wird hier and genannt. Dann passen Sie den Aufruf der Funktion pattern.sub an. Diese akzeptiert statt eines statischen Textes auch eine Funktion, die für jeden Treffer aufgerufen wird. In dieser Funktion können Sie nun das Match-Objekt untersuchen. Wenn es eine Gruppe namens and gibt, dann weist das darauf hin, dass der String »nv« in seinen Varianten innerhalb eines Fließtexts eingebettet wurde. In diesem Fall können Sie den Text in der korrekten Schreibweise zurückgeben.

Nun stimmt es:

```
\$ python nv.py
Sprechzeit: Mo-Fr 10:00-14:00 und nach Vereinbarung
Sprechzeit: Do 12-12:30 Uhr telefonisch und nach Vereinbarung
Sprechzeit: Mo 14-15 Uhr telefonisch und nach Vereinbarung
Sprechzeit: Nach Vereinbarung
Sprechzeit: Nach Vereinbarung
Sprechzeit: Nach Vereinbarung
Sprechzeit: Nach Vereinbarung
Sprechzeit: Nach Vereinbarung
Sprechzeit: Nach Vereinbarung
Sprechzeit: Nach Vereinbarung
Sprechzeit: Nach Vereinbarung
Sprechzeit: Nach der Inventur jederzeit
Sprechzeit: Derzeit nicht sinnvoll
```

Zusammenfassen lässt sich dieses Beispiel so:

✔ Verwenden Sie Raw-Strings (r"..."), um Regex-Ausdrücke in Python-Code einzubetten.

✔ Verwenden Sie pattern.search, um einen Text zu durchsuchen.

✔ Verwenden Sie pattern.sub, um einen Treffer in einem String zu ersetzen. Hier können Sie eine Funktion als Argument übergeben.

✔ Mit Flags können Sie die Regex-Engine einstellen. Mit re.VERBOSE können Sie unübersichtlichen Ausdrücken Kommentare hinzufügen.

✔ Der Flag re.IGNORECASE ignoriert die Groß-/Kleinschreibung, aber dies können Sie auch innerhalb des Suchmusters über Gruppen-Flags noch anpassen.

✔ Verwenden Sie benannte Gruppen, wenn Sie Einzelteile der Suchtreffer weiterverarbeiten möchten.

Reguläre Ausdrücke in der Praxis

Lassen Sie sich von komplexen Ausdrücken nicht verängstigen. Wie im Beispiel gezeigt, hilft hier die Salami-Taktik, also die scheibchenweise Verfeinerung eines Ausdrucks.

 Außerdem sei dazu gesagt, dass nicht jedes text-ige Problem mit einem regulären Ausdruck gelöst werden sollte. Bei manchen Problemen kommen Regexe an ihre Grenzen oder werden schnell übermäßig kompliziert, wenn man zu viel von Ihnen verlangt.

Zum Durchsuchen einer Logdatei ist die grobe Version des Ausdrucks zum Finden von Namen und IP-Adressen vollkommen ausreichend. Der Ausdruck ist recht schlicht, denn er findet nur irgendwelche Ziffern und Punkte.

Allerdings steht die berechtigte Kritik im Raum, dass dieser Ausdruck IP-Adressen nicht eindeutig identifiziert. Wie auch, reguläre Ausdrücke wissen nun einmal nichts über Adressbereiche, Oktette oder Bytes und gucken nur auf die Struktur. Der Ausdruck kann ja lediglich Textstellen finden, die wie eine IP-Adresse *aussehen*.

Sie könnten nun versucht sein, den Ausdruck so zu gestalten, dass er tatsächlich nur auf den Adressbereich einer IPv4-Adresse passt (also `0.0.0.0` - `255.255.255.255`). Es ist durchaus möglich, den Ausdruck weiter zu verfeinern, sodass hanebüchene Werte ignoriert und nur echte IP-Adressen gefunden werden. Korrekt wäre dieses Monster hier:

```
(?:(?:25[0-5]|2[0-4][0-9]|1[0-9][0-9]|[1-9][0-9]?|0)\.){3}
(?:25[0-5]|2[0-4][0-9]|1[0-9][0-9]|[1-9][0-9]?|0)
```

Auch hier wird die Form ‹Oktett›`\.{3}`‹Oktett› verwendet, allerdings wird penibel darauf geachtet, die Byte-Werte nicht zu überschreiten. Dadurch fliegt, wie eingangs gezeigt, der Wert `999.999.999.0` raus, genauso wie `192.168.255.256` und `01.0.0.0.0.0.0` bleibt drin.

Sie sehen schon, dass der Regex-Code etwas eskaliert. Am Ende ist solcher Code auch nicht besser wartbar als eine handgeklöppelte If-else-Schleife. Schlimmer noch, einem solchen Text-String fehlt jede Struktur und womöglich hilft Ihr Editor Ihnen nicht, weil er die Fragmente des Ausdrucks nicht durch Syntax-Highlighting hervorheben kann. Reguläre Ausdrücke sind ein super Werkzeug für bestimmte Anwendungsfälle, aber sie sollten mit Vorsicht eingesetzt werden. In der Kürze liegt die Würze.

Obendrein ist der Code *immer* noch nicht ausreichend, um alle falschen Treffer zu vermeiden. Beim Suchen nach Zeichenketten, die zu dem regulären Ausdruck passen, gewinnt (je nach Ausdruck und Einstellungen drumrum) die kürzeste. So kommt es, dass Sie beispielsweise die Adresse `192.168.255.25` finden würden, wenn der Code die Adresse `192.168.255.256` enthält, da die kürzere Zeichenkette ein Teil der längeren ist. Die komplette Adresse (*.256) kann es so nicht geben; die kürzere Adresse (*.25) allerdings schon. Je nachdem wie Sie suchen, finden Sie sogar falsche Treffer. Da kommen selbst reguläre Ausdrücke mal an Ihre Grenzen.

In der Praxis zeigt sich, dass es schier unmöglich ist, bestimmte Probleme durch reguläre Ausdrücke vollständig zu lösen. So ist es erstaunlich schwer zu prüfen, ob ein String eine gültige E-Mail Adresse ist. Da ist es am Ende oft einfacher, einfach eine E-Mail an die Adresse zu schicken und dann abzufangen, ob jemand antwortet – für die Anmeldung in einem Online-Shop ist das durchaus eine valide Vorgehensweise.

Auch bei den IP-Adressen sollten Sie pragmatisch vorgehen. Statt einen regulären Ausdruck so lang werden zu lassen, dass er Ihnen zu den Ohren herauskommt, sollten Sie lieber den Ausdruck kurz belassen und alles finden, was wie eine Adresse aussieht. In einem zweiten Schritt würde ich dann die einzelnen Werte an den Punkten trennen und dann die Zahlenwerte vergleichen, um zu schauen, ob der Wert denn ok ist. Damit wäre so ein Ausdruck ein Teil der Lösung, nicht die ganze Lösung an sich.

Etwa so:

```python
import re

def test_ipv4_address(string):
    pattern = re.compile(r'([0-9]{1,3}\.?){4}')
    match = pattern.match(string)
    if not match:
        return
    parts = [int(part) for part in match.group().split('.')]
    return all(0 <= part <= 255 for part in parts)
```

Zusammenfassend sollten Sie im Umgang mit Regexen die folgenden Tipps im Hinterkopf behalten:

✔ **Suchen und Finden**: Reguläre Ausdrücke sind hervorragend, wenn Sie viel Text durchsuchen möchten. Sie sind halbwegs portierbar, so können Sie mit Regexen auch in vielen Datenbanken suchen.

✔ **Aufpassen beim Validieren**: Für die Weiterverarbeitung, die über eine Textersetzung hinaus geht, sind Regexe nur bedingt geeignet. Benutzen Sie beim Validieren von E-Mails oder IP-Adressen lieber vorgefertigte Python-Klassen.

✔ **Kurz und bündig**: Lassen Sie den Code für Ausdrücke nicht zu lang werden. Die Syntax ist sehr dicht und das schmälert die Lesbarkeit. Vermeiden Sie es, zu viele Details in den Regex-Code zu packen.

✔ **Kommentieren**: Fügen Sie in der Nähe des Regex-Codes einige Beispiele ein, die zeigen, was hier gesucht wird. Die explizite Syntax-Form kann Lesern helfen, den Regex zu verstehen.

✔ **Nicht nur Regexe verwenden**: Denken Sie daran, dass Ausdrücke nur Strukturen suchen und keine Details kennen. Es ist sinnvoll, mit regulären Ausdrücken eine grobe Auswahl an Kandidaten zu finden, die dann durch schlaueren Code weiter verfeinert wird.

✔ **Parser verwenden**: Für viele Probleme der Textverarbeitung gibt es bereits spezielle Parser. Bevor Sie aufwändig einen Regex entwerfen, sollten Sie eine vorgefertigte Bibliothek verwenden. Meistens decken solche Bibliotheken auch sehr komplexe Randfälle ab. Vermeiden Sie eigene Regexe für das Parsen von CSV, HTML oder XML.

Fallstrick: Gierige Ausdrücke

Beim Verwenden von Wildcards – den Platzhaltern für beliebige Zeichen – versuchen diese stets den längsten passenden Treffer zu landen. Das führt häufig zu unerwarteten Ergebnissen:

```python
>>> html = "<html><head><title>Meine Homepage |
    Django</title></head><body></body></html>"
>>> re.match(r"<.*>", html)
```

```
<re.Match object; span=(0, 77), match='<html><head>
   <title>Meine Homepage | Django</title>
```

Das Muster sieht eigentlich ganz einfach aus. Gesucht ist eine Zeichenkette, die mit einer spitzen Klammer beginnt und endet. Darin dürfen sich beliebige Zeichen befinden (der Punkt steht für ein beliebiges Zeichen, das Sternchen steht für beliebig viele). Eigentlich könnten man nun erwarten, dass die Übereinstimmung nur "<html>" ist, jedoch landet der gesamte Text im Match-Objekt. Es sieht zwar nicht so aus, weil die Ausgabe nur bist </title> geht, aber die Spanne gibt preis, dass alle 77 Buchstaben als Treffer gewertet wurden.

 Dieses Verhalten wird als *greedy – gierig –* bezeichnet. Das Muster versucht, die längste Übereinstimmung zu finden.

Hier schafft ein besonderer Operator Abhilfe, der leider etwas doppeldeutig ist; ein einfaches Fragezeichen am Ende des Musters markiert das Verhalten als *non-greedy*, was man wohl mit *genügsam* übersetzen könnte:

```
>>> re.match(r"<.*?>", html)
<re.Match object; span=(0, 6), match='<html>'>
```

Das Fragezeichen hinter dem Sternchen macht den Unterschied, schon läuft die Textspanne nicht bis ins zum Ende des Textes, sondern endet beim ersten passenden Zeichen.

Nützliche Rezepte

Zum Abschluss finden Sie hier noch ein paar Beispiele, wie Sie reguläre Ausdrücke einsetzen können.

Einen Text nach Zahlen durchsuchen

```
>>> import re
>>> text = "Am 11.03.2004 werde ich 12 Jahre alt!"
>>> re.findall(r"\d+", text)
['11', '03', '2004', '12']
```

Überflüssige Leerzeichen in einem Text zusammenfalten

```
>>> text = (
... "Dieser   Text   enthält       "
... "zu viel      Abstand    "
... "zwischen        den      Wörtern."
... )
>>> re.sub(r"\s+", " ", text)
'Dieser Text enthält zu viel Abstand zwischen den Wörtern'
```

Alle Schreibweisen von »Mayer« finden

```
>>> mayer_pattern = r"(M[ae][iy]e?r)"
>>> mayers = (
... "Mayer, Maier Mair, Mayr, Meyer,
... "Meyr, Meier, Müller"
... )
>>> re.findall(mayer_pattern, mayers)
['Mayer', 'Maier', 'Mair', 'Mayr', 'Meyer', 'Meyr', 'Meier']
```

Einen Text in Wörter zerlegen

```
>>> import re
>>> text = "Call me Ishmael. Some years ago - never mind how long
    precisely-having little or ..."
>>> re.split(r"\s", text)
['Call', 'me', 'Ishmael.', 'Some', 'years', 'ago - never', 'mind', '
    how', 'long', 'precisely-having', 'little', 'or', ...]
```

Auskommentierte Zeilen in einem Python-Programm ausgeben

```
from pathlib import Path
import re

path = "program.py"

code = Path(path).read_text()
lines = code.split("\n")

comment_pattern = r"(#\s*.*)"
for line in lines:
    if match := re.match(comment_pattern, line):
        print(match.group(1))
```

HTML-Farbcodes in einer css-Datei finden

```
>>> from pathlib import Path
>>> css = Path("css.css").read_text()
>>> color = r"#[0-9a-f]{6}"
>>> list(re.findall(color, css))
['#385499', '#2a4074', '#314a86']
```

IN DIESEM KAPITEL...

Pfade verarbeiten

....

Verzeichnisinhalte auflisten

....

Dateien verschieben und kopieren

....

Kapitel 14

Surfen im Dateisystem

atenverarbeitung ist was Feines, aber man kann nicht alle Daten händisch in die *REPL* tippen. Kann man schon, aber dann sind die Daten weg, sobald Sie die Konsole schließen. Daher lagert man Daten meistens in *Dateien*. Sicher kennen Sie Word-Dateien und PDFs; Sie haben schon mal ein Foto per E-Mail erhalten und dann auf ihrem Windows-Desktop gespeichert oder auf einem USB-Stick zum Entwickeln gebracht; vielleicht läuft ihr Finder im macOS auch schon über; kurzum, sie wissen sicher, was eine Datei ist.

Dateien gruppiert man meistens in *Verzeichnissen*; diese kann man beliebig verschachteln, das heißt, Verzeichnisse können wiederum Unterverzeichnisse haben und so weiter.

Im öffentlichen Dienst sollte man vermeiden, Aktenordner mit Aktenordnern zu füllen, in denen bereits Aktenordner sind. Es gibt Kollegen, die so arbeiten, aber die sind meist nicht sehr beliebt und müssen alleine Kaffee trinken gehen (was eigentlich eine besonders schlimme Strafe ist, weil dieselben Kollegen manchmal wirken, als hätten sie außer Kaffeetrinken eigentlich keine wesentliche andere Rolle).

Die Qual der Wahl ...

Die Standardbibliothek bietet Ihnen die Möglichkeit, Dateien und Verzeichnisse zu erstellen, zu verschieben und zu durchsuchen. Dafür gibt es mehrere Module:

1. os

2. os.path

3. pathlib

os steht für *operating system*; hier finden Sie nützliche Funktionen zum Umgang mit dem Betriebssystem, darunter auch Funktionen für das Navigieren des Dateisystems. os.path ist spezifisch für die Verarbeitung von Dateipfaden.

Die Module os und os.path arbeiten mit Strings; pathlib hingegen ist etwas neuer und verwendet Pfad-*Objekte*. Welches Modul Sie verwenden, ist vor allem eine Stilfrage, da sie vom Umfang her gleich sind – zum Beispiel gibt es os.getcwd(<path>) und pathlib.Path.cwd(). Im Folgenden wird die pathlib etwas bevorzugt, da Pfad-Objekte etwas flexibler in der Benutzung sind.

Das aktuelle Verzeichnis herausfinden

Verwenden Sie die Funktion getcwd(), um das aktuelle Verzeichnis herauszufinden. Sie finden sie im Modul os, das Sie zunächst importieren müssen:

```
>>> import os
>>> os.getcwd()
'C:\\Users\\johannes\\Desktop'
```

os.getcwd() gibt stets das Verzeichnis des laufenden Prozesses aus – in diesem Fall das Verzeichnis, von dem aus die *REPL* gestartet wurde. Der Name der Funktion ist eine Abkürzung von *get current working directory*, also etwa: »Hol das aktuelle Arbeitsverzeichnis«. Hier wird ein Windows-Verzeichnis ausgegeben, erkennbar an den Backslashes (\) als Trenner der Unterverzeichnisse. Unter Unix werden Dateipfade mit Slashes, also (Vorwärts-)Schrägstrichen (/) getrennt, dort würde die Ausgabe so aussehen:

```
# Linux, macOS:
/home/johannes/Desktop

# Windows:
C:\Users\johannes\Desktop
```

Unter Windows wird das Dateisystem immer an einer bestimmten Wurzel verortet, erkennbar an dem Laufwerksbuchstaben (C:) – die gibt es so in Linux nicht. Python kann aber mit beidem umgehen.

Wie im Abschnitt vorher erwähnt, gibt es noch eine alternative Möglichkeit, um an das aktuelle Verzeichnis zu gelangen:

```
>>> from pathlib import Path
>>> Path.cwd()
WindowsPath('C:/Users/johannes/Desktop')
```

Die Pathlib arbeitet mit Path-Objekten; der Einstieg dafür ist immer die Klasse pathlib.Path. Auf einem Windows-System aufgerufen, bekommen Sie stets einen speziellen WindowsPath; unter Linux oder macOS wäre es ein PosixPath.

Die Funktion os.getcwd gibt stets einen String zurück; dabei versucht die *REPL*, eine Ausgabe zu erzeugen, die Sie als Literal in Ihrem Code wiederverwenden könnten. Weil Windows Backslashes als Separatoren für die Verzeichnisse verwendet, müssen diese escaped werden, sonst denkt der Interpreter, in dem String würden die Steuerzeichen \U \j und \D benutzt. Path-Objekte hingegen werden in der Ausgabe auf normale Vorwärts-Slashes normalisiert.

Die aktuelle Programmdatei finden

 Verwechseln Sie den Start-Pfad des Programms bitte nicht mit dem Verzeichnis, in dem Ihr Programm liegt!

Ist `/home/johannes/desktop/dummies/code/program.py` der Speicherpfad Ihres Programms, so gibt `Path.cwd()` unterschiedliche Werte aus – abhängig von dem Pfad, von dem aus Sie es aufrufen:

```
$ cd /home/johannes/desktop/dummies/code/
$ python program.py
'/home/johannes/desktop/dummies/code/'

$ cd /home/johannes/desktop/
$ python dummies/code/program.py
'/home/johannes/desktop/'
```

Falls Sie stattdessen den Pfad haben möchten, in dem das Programm liegt (also die eigentliche `*.py`-Datei, die Ihren Code enthält), benötigen Sie die Variable `__file__`:

```
from pathlib import Path
# Verzeichnis, aus dem der Prozess gestartet wurde
print("     cwd:", Path.cwd())

# Verzeichnis, in dem das Modul liegt
directory = Path(__file__).parent
print("__file__:", directory)
```
Listing 14.1: where.py

Die Ausgabe dieses Programms sieht so aus:

```
$ cd /home/johannes/Desktop
$ python code/where.py
     cwd: /home/johannes/desktop/
__file__: /home/johannes/desktop/code

$ cd /home/johannes/Desktop/code
$ python where.py
     cwd: /home/johannes/desktop/code
__file__: /home/johannes/desktop/code
```

Hier wird der Unterschied ersichtlich: Der Pfad von `Path.cwd()` ändert sich abhängig davon, wo Sie das Programm starten; der Pfad der Code-Datei bleibt hingegen konstant.

 Der spezielle Wert `__file__` gibt stets den Pfad der aktuellen Code-Datei zurück. Er enthält auch den Dateinamen, daher wird er zunächst in ein `pathlib.Path`-Objekt überführt, über das Sie das Verzeichnis herausfinden.

Verzeichnisse normalisieren

Wenn Sie auf der Kommandozeile Ihres Betriebssystems die Dateien eines Verzeichnisses auflisten (unter Windows mit `dir`; Linux und macOS mit `ls -la`), fallen zwei besondere Einträge ins Auge: `.` und `..` Ein Punkt steht für das aktuelle Verzeichnis; zwei Punkte für das übergeordnete. Um welchen es sich genau handelt, können Sie mit `Path.resolve()` auflösen:

```
>>> from pathlib import Path
>>> path = Path(".")
>>> path
WindowsPath('.')
>>> path.resolve()
WindowsPath('C:/Users/johannes/Desktop')
```

Das wäre sozusagen noch eine Alternative für `Path.cwd()`.

Unter Linux ist es üblich, das Home-Verzeichnis des Nutzers durch eine Tilde ~ auszudrücken. Auch damit kann Python umgehen:

```
>>> desktop = Path("~/Desktop").expanduser()
>>> desktop
WindowsPath('C:/Users/johannes/Desktop')
```

Wenn Sie aufgepasst haben, merken Sie, dass hier wieder ein Windows-Pfad ausgegeben wurde. Die Konvention ist zwar in der Windows-Welt unüblich; dennoch versucht Python, die Unterschiedlichkeiten der Betriebssysteme zu verstecken, daher klappt das auch unter Windows. Expliziter wäre jedoch `Path.home()`:

```
>>> Path.home()
WindowsPath('C:/Users/johannes')
```

Pfade verbinden und lösen

`Path`-Objekte können in Python leicht kombiniert werden:

```
>>> desktop = Path.home() / "Desktop"
>>> desktop
WindowsPath('C:/Users/johannes/Desktop')
```

Wenn Sie schon ein Pfad-Objekt haben, können Sie mithilfe des Slash einfach weitere Pfade anfügen. Das ist praktisch und garantiert plattformunabhängigen Code.

Für die umgekehrte Operation, also das Zerteilen des Pfades, gibt es mehrere Wege:

```
>>> desktop.root
'\\'
>>> desktop.drive
'C:'
>>> desktop.anchor
```

```
'C:\\'
>>> desktop.parent
WindowsPath('C:/Users/johannes')
>>> list(desktop.parents)
[WindowsPath('C:/Users/johannes'), WindowsPath('C:/Users'),
    WindowsPath('C:/')]
```

Pfade können relativ oder absolut angegeben werden. Absolute Pfade beziehen sich dabei auf das Wurzelverzeichnis, auch root genannt. Das hat eine Sonderrolle und wird als String zurückgegeben. Path.drive gibt den Laufwerksbuchstaben zurück – das hat nur unter Windows eine Bedeutung, wo Pfadangaben stets das Laufwerk enthalten. Laufwerk und Wurzelverzeichnis sind auch über Path.anchor verfügbar.

Mit Path.parent erhalten Sie das übergeordnete Verzeichnis als Pfad-Objekt; die jeweils übergeordneten Verzeichnisse können Sie mithilfe von Path.parents iterieren.

Verzeichnis oder Datei?

Pfade identifizieren beliebige Objekte im Dateisystem. In der Praxis (und hier auch!) unterscheidet man jedoch zwischen Dateien und Verzeichnissen:

```
>>> desktop = Path.home() / "Desktop"
>>> desktop.is_file()
False
>>> desktop.is_dir()
True
```

So können Sie eine leere Datei erstellen:

```
>>> file = desktop / "file.txt"
>>> file
WindowsPath('C:/Users/johannes/Desktop/file.txt')
>>> file.exists()
False
>>> file.write_text("")
0
>>> file.exists()
True
```

So erstellen Sie ein Verzeichnis:

```
>>> directory = desktop / "test"
>>> directory.exists()
False
>>> directory.mkdir()
>>> directory.exists()
True
```

Dateien in einem Verzeichnis auflisten

Zum Auflisten von Dateien in einem Verzeichnis bietet Python drei verschiedene Funktionen an:

✔ `Path.iterdir()`: Listet alle Dateien im Verzeichnis auf.

✔ `Path.glob("*.jpg")`: Listet alle Dateien auf, deren Namen einem bestimmten Schema entsprechen.

✔ `Path.walk()`: Listet alle Dateien des Verzeichnisses sowie aller Unterverzeichnisse auf.

So werden sie eingesetzt:

```
>>> desktop.iterdir()
<map object at 0x0000027B12EF1A20>
>>> for path in desktop.iterdir():
...     print(path)
...
```

 Die Ausgabe dieser Funktion zeige ich Ihnen hier nicht, da ich ein notorischer Desktop-Messi bin, der alles, was gerade relevant ist, auf dem Desktop speichert. Wenn der zu voll wird, verschiebe ich die Dateien dann in einen Unterordner und nehme mir fest vor, alles irgendwann mal zu sortieren. Der Ordner heißt übrigens »Asse«.

Nur so viel sei gesagt: Die Funktion selbst gibt einen Generator zurück. Erst wenn Sie diesen iterieren, erhalten Sie die Verzeichnisse.

Nützlicher ist die Methode `Path.glob`. Der Name `glob` steht wohl kurz für *global* und bezieht sich auf ein Programm, das bereits in den 1970ern in den Bell Labs eingesetzt wurde. Es diente dazu, Platzhalterzeichen (*Wildcards*) zu expandieren. Gemeint ist damit das Sternchen, das als Platzhalter für einen oder mehrere beliebige Buchstaben dient. Zum Beispiel können Sie mit dem folgenden Schema alle Python-Dateien in einem Ordner finden:

```
>>> desktop.glob("*.py")
<map object at 0x0000027B12EF1D20>
>>> for file in desktop.glob("*.py"):
...     print(file)
...
C:\Users\johannes\Desktop\program.py
C:\Users\johannes\Desktop\request_listserv_cohorts.py
```

Die Dateien werden hier nach dem Muster `*.py` gefiltert. Das Sternchen steht für beliebige Buchstaben, wobei aber die Pfadtrenner / natürlich außen vor bleiben.

Sowohl `Path.glob` als auch `Path.iterdir` finden nur Dateien, die direkt im iterierten Verzeichnis liegen. Um zusätzlich Dateien in Unterverzeichnissen zu finden, gibt es die Methode `Path.walk`. Sie arbeitet rekursiv, also finden Sie dabei auch Dateien in allen Unterverzeichnissen. Wenn diese selbst Unterverzeichnisse haben, werden auch diese durchsucht und immer so fort.

Das folgende Programm verwendet die Funktion. Es heißt du.py, in Anlehnung an das gleichnamige Unix-Tool, dessen Name übrigens für disk usage steht. Damit können Sie den Speicherbedarf eines Verzeichnisses erfassen:

```python
import sys
from pathlib import Path

# Argumente von der Kommandozeile annehmen
# Modul wird ignoriert
_, target = sys.argv

total = 0

for path, dirnames, filenames in Path(target).walk():
    for name in filenames:
        file = (path / name)
        try:
            filesize = file.stat().st_size
        except PermissionError:
            pass
        total += filesize

print(total)
```

Listing 14.2: du.py

Rufen Sie das Programm auf und übergeben Sie ein Verzeichnis:

```
$ python du.py F:\Lightroom
1182617159504
```

Das Programm wird wie gewohnt über den Interpreter gestartet. Die übergebenen Daten stecken in der Liste sys.argv. Dabei ist der erste Eintrag stets der Name des übergebenen Moduls, in diesem Fall wäre das also du.py. Der Wert soll ignoriert werden, daher wird er hier der Variable _ zugewiesen. Ihr Name soll signalisieren, dass der Wert vernachlässigt werden kann.

In diesem Fall wurde ein Verzeichnis mit Fotos übergeben – etwas mehr als ein Terabyte. Beim Iterieren gibt Path.walk() stets drei Dinge zurück: das Verzeichnis, das gerade iteriert wird, sowie die darin enthaltenen Verzeichnis- und Dateinamen. Der Pfad in path ist ein Pfad-Objekt; die Dateinamen sind leider nur Strings. Aus denen wird jeweils wieder ein Pfad gemacht, indem man sie mit einem Slash zum aktuellen Pfad hinzufügt. Danach kann man file.stat() aufrufen, was die Metadaten der Datei ausgibt. Das Feld st_size enthält die Dateigröße in Bytes, die dann in total summiert wird. Die ulkige Benamung stammt aus der Linux-Welt.

Sollten Sie keine Berechtigung zum Lesen einer Datei haben, würde das Programm abbrechen. Daher wurde hier eine Fehlerbehandlung mit try ... except ... eingefügt, die fehlende Berechtigungen ignoriert.

Dateien verschieben und kopieren

Das Verschieben von Dateien ist leider nicht ganz intuitiv, sofern man den Umgang mit Desktops gewöhnt ist. In einer grafischen Umgebung kann man Dateien mit der Maus von einem Verzeichnis in ein anderes ziehen, um sie zu *verschieben*. Vom Gefühl her ist das eine andere Aktion, als eine Datei anders zu *benennen* – da bleibt die Datei doch, wo sie ist.

Wenn Sie mit Pfaden arbeiten, wird daraus jedoch eine identische Aktion: Der Pfad einer Datei identifiziert ihren Speicherort – wenn Sie diesen verändern, ändern Sie sowohl das Verzeichnis, in dem Sie sich befindet, als auch den Namen:

```
>>> from pathlib import Path
>>> Path("dir1").mkdir()
>>> Path("dir2").mkdir()
>>> file = Path("dir1/file.txt")
>>> file.write_text("Hello, World!")
13
>>> new = file.rename("dir2/file.txt")
>>> new
WindowsPath('dir2/test.txt')
>>> file
WindowsPath('dir1/file.txt')
>>> file.exists()
False
>>> new.exists()
True
```

Hier werden zwei Verzeichnisse erstellt, `dir1` und `dir2`. Im ersten Verzeichnis wird eine Datei mit etwas Text erstellt: `dir1/file.txt`. Diese wird dann durch die Methode `Path.rename(<ziel>)` umbenannt, wobei sowohl ihr Pfad als auch ihr Dateiname abgeändert wird. Durch die »Umbenennung« des Pfades befindet sich die Datei nun in einem anderen Verzeichnis.

 Zu beachten: Durch `Path.rename()` erhalten Sie einen neues Pfad-Objekt mit der verschobenen Datei. Dabei wird das bestehende Pfad-Objekt nicht zerstört; im Beispiel verweist es immer noch auf `dir1/file.txt`. Wenn Sie die Pfad-Objekte jedoch fragen, ob die Datei existiert, auf die da verwiesen wird, sagt das neue Objekt ja, das alte verneint. Pfad-Objekte meinen eben einen *Pfad*, und der kann entweder zu einer Datei oder einem Verzeichnis führen ... oder auch nicht.

Blöd ist leider, dass es keine Methode `Path.copy(...)` gibt. Nutzen Sie stattdessen die Funktion `shutil.copy(<quelle>, <ziel>)`:

```
>>> import shutil
>>> shutil.copy("test.txt", "document.txt")
'document.txt'
```

Auch hier erhalten Sie einen Pfad der neuen Datei, allerdings leider nur als String.

Kapitel 15
Für Ihre Unterlagen – Dateien lesen und schreiben

Das letzte Kapitel hat verschiedene Operationen im Dateisystem vorgestellt, allerdings wurden dabei kaum Infos zu den Inhalten besprochen – natürlich können Sie Dateien auch lesen und schreiben. Dabei unterscheidet man grundsätzlich zwischen Text- und Binärdateien:

✔ **Textdateien** sind solche Dateien, die nacheinander Buchstaben (oder gegebenenfalls Zahlen, Satzzeichen, Emojis und so weiter) abspeichern. Man kann sie mit einem Text-Programm, wie Notepad, Notepad++ oder Sublime öffnen und bearbeiten.

✔ **Binärdateien** enthalten Bytes, die keine Buchstaben oder sonstigen Schriftzeichen kodieren, sondern anhand der Vorschriften eines Dateiformats gelesen werden. Zum Lesen und Bearbeiten benötigt man besondere Programme, die das Format verstehen.

 Aufgepasst: Die bekannten Word-Dateien enthalten zwar Text, es handelt sich aber trotzdem nicht um Text-, sondern um Binärdateien (Zip-Dateien, um genau zu sein). Das liegt daran, dass Word-Dokumente auch die Formatierung, Tabellen, Grafiken und Infos zu Schrift und Layout enthalten und dafür ein eigenes Format verwenden. Textdateien enthalten wirklich nur den Text, keine Formatierung.

Textdateien

Eine Beispieldatei namens wachtel.txt liegt den Code-Beispielen bei. Darin finden Sie ein kurzes Gedicht von F. K. Waechter über einen drolligen Vogel, der eventuell seine Rolle in der Welt etwas überschätzt.

Grundsätzlich gilt alles, was Sie über Strings wissen, auch für Textdateien; so können diese ebenfalls Steuerzeichen wie zum Beispiel Zeilenumbrüche (\n) enthalten.

Öffnen Sie zum Ausprobieren eine *REPL*-Sitzung im gleichen Verzeichnis, in dem wachtel.txt liegt:

```
>>> open('wachtel.txt')
<_io.TextIOWrapper name='wachtel.txt' mode='r' encoding='cp1252'>
>>> file = _
>>> file.read()
'Schaut euch nur die Wachtel an!\nTrippelt aus dem dunklen
    Tann;\ntut grad so, als sei sie wer.\nWachtel Wachtel tÃ¤uscht ...
>>> file.close()
>>>
```

Wenn Sie sich etwas doof anstellen, so wie Ihr Autor in der ersten Zeile, dann öffnen Sie mit open lediglich die Datei und speichern sie nicht direkt in eine Variable. Dann bekommen Sie nur Informationen zum Dateiobjekt.

> Alles, was Sie auf der *REPL* nicht in eine Variable packen, können Sie durch die Spezialvariable _ wiederfinden und flugs nachträglich in einer benannten Variable speichern, im Beispiel passiert das so: >>> file = _ (noch mal gut gegangen!).

Jetzt, wo die Katze schon aus dem Sack ist, können Sie das ausgegebene Objekt auch einmal genauer betrachten:

✔ TextIOWrapper: Python hat verstanden, dass es sich um eine Textdatei handelt.

✔ name='wachtel.txt': Der Name der Datei ist auch klar.

✔ mode='r': Die Datei wurde nur zum Lesen geöffnet.

✔ encoding='cp1252': Die Datei gehört der kommunistischen Partei an, Mitgliednummer 1252 (bei Ihnen steht hier eventuell was anderes).

Auf der *REPL* wird der Inhalt dann ausgegeben; natürlich geziemt sich auch hier, das Ergebnis in einer Variable weiterzuverarbeiten. Für die Demo wird das Ergebnis (ein String, übrigens) aber bloß an Ort und Stelle ausgegeben.

Wenn Sie genau hingucken, erkennen Sie in der Ausgabe auch das Steuerzeichen für den Zeilenumbruch wieder, das kennen Sie noch aus Kapitel 12 unter *Steuerzeichen*. Dort stehen in Tabelle 12.1 weitere solche Zeichen aufgelistet.

> Hier und in den folgenden Beispielen wird die eingebaute Funktion open(...) verwendet. Sie können aber auch wie im vorigen Kapitel pathlib.Path importieren und dann Path(<dateiname>).open(...) aufrufen. Für die Beispiele hier ist das Manipulieren der Pfadangaben nicht so wichtig, daher wird hier die kürzere Variante mit open(...) verwendet.

Buchstabenweise lesen

Die Variable `file` können Sie nutzen, um die Datei zu lesen. Dazu müssen Sie nur die Funktion `file.read()` wie gezeigt aufrufen, sie liest die Datei am Stück ein.

 Generell ist dabei Vorsicht geboten. Eine Große Datei wird dadurch komplett in den Speicher geladen, daher sollten Sie vorher prüfen, ob davon noch genug zur Verfügung steht. Unter Windows hilft ein Blick in den Task-Manager; im Tab Leistung sehen Sie alles über CPU und Speicher. Den Task-Manager öffnet man mit $\boxed{\text{Strg}}$ + $\boxed{⇧}$ + $\boxed{\text{Esc}}$. Unter Linux und macOS erfahren Sie es auf dem Terminal mit `free -h`.

Wenn Sie die einzulesenden Dateien vorher begutachten, sollte da nichts schiefgehen. In einigen Fällen ist es sinnvoll, erst mal nur ein paar Zeichen einzulesen:

```
>>> file = open('wachtel.txt')
>>> file.read(19)
'Schaut euch nur die'
>>> file.read(19)
' Wachtel an!\nTrippe'
>>> file.read(19)
'lt aus dem dunklen '
>>> file.tell()
57
```

Wenn Sie der Funktion `file.read` eine Zahl als Argument übergeben, werden nur entsprechend viele Zeichen eingelesen. Dabei fällt auf, dass wiederholtes Aufrufen der Funktion die jeweils folgenden Zeichen einliest. Intern besitzt das Datei-Objekt einen Zeiger, der sich merkt, wo Sie gerade sind. Durch `file.tell()` können Sie die aktuelle Position des Zeigers erfragen. Abbildung 15.1 stellt dies bildlich dar.

Das Lesen mit `file.read(...)` ist immer nach vorne gerichtet und liest die Zeichen der Datei nacheinander ein. Wenn Sie am Ende angelangt sind und dann weiterlesen, erhalten Sie nur noch einen leeren String:

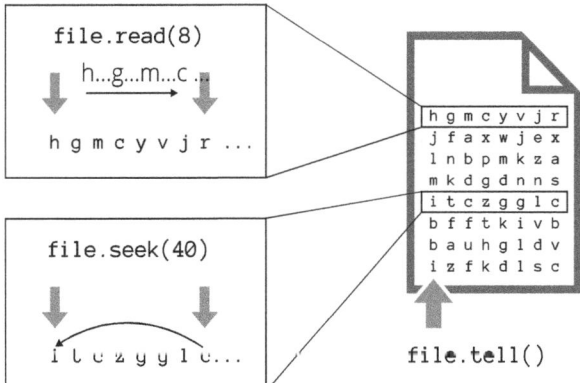

Abbildung 15.1: Mit `read` und `seek` können Sie in Dateien herumspringen; `tell` hilft, falls Sie sich dabei verlaufen.

```
>>> file = open('wachtel.txt')
>>> content = file.read()
>>> file.tell()
386
>>> len(content)
386
>>> file.read()
''
>>> file.seek(0)
0
>>> file.read(10)
'Schaut euc'
```

Lesevorgänge mit `file.read(...)` sind stets vorwärtsgerichtet. Aber Sie können auch in der Datei zurückspringen – dafür gibt es die Funktion `file.seek(...)`, die eine Position innerhalb der Datei erwartet (Sie können also auch nach vorne springen). Im Gegensatz zu `file.read(...)` werden dabei keine Zeichen eingelesen und zurückgegeben, sondern nur der Zeiger im Dateiobjekt verschoben.

Zeilenweise lesen

Eine Datei zeichenweise zu lesen, ist flexibel und nützlich, aber für Textdateien etwas umständlich. Eigentlich sind die ja auch schon strukturiert – nämlich in Zeilen. Die read-Funktion will davon aber nichts wissen – sie kümmert sich nur um einzelne Zeichen. Besser geht es, wenn Sie die Funktion `file.readline()` verwenden:

```
>>> file = open('wachtel.txt')
>>> file.readline()
'Schaut euch nur die Wachtel an!\n'
```

Hier wird bis zum ersten Zeilenumbruch gelesen und das Gelesene als String weitergereicht. Sie können auch alle Zeilen auf einmal lesen:

```
>>> file = open('wachtel.txt')
>>> lines = file.readlines()
>>> lines[:5]
['Schaut euch nur die Wachtel an!\n',
 'Trippelt aus dem dunklen Tann;\n',
 'tut grad so, als sei sie wer.\n']
```

Auch hier wird die Datei vollständig eingelesen, dabei aber in Zeilen zerhackt. Zu beachten: Die Zeilen haben jeweils noch ein \n hintendran. Das müssen Sie gegebenenfalls wegwerfen (zum Beispiel mit `line.strip()`).

Praktisch: Sie können Dateien auch direkt iterieren und erhalten daraufhin einzelne Zeilen.

```
>>> file = open('wachtel.txt')
>>> for line in file:
...     print(line.strip())
...
Schaut euch nur die Wachtel an!
Trippelt aus dem dunklen Tann;
```

```
tut grad so, als sei sie wer.
Wachtel Wachtel täuscht sich sehr.

Wär sie hunderttausend Russen,
hätt den Vatikan zerschussen
und vom Papst befreit - ja dann:
Wachtel Wachtel Dschingis-Khan!

Doch die Wachtel ist nur friedlich,
rundlich und unendlich niedlich;
sie erweckt nur Sympathie.
Weltmacht Wachtel wird sie nie!
```

Sie können die Datei also einfach iterieren und zeilenweise verarbeiten. Genau wie bei `file.readline(...)` bleibt auch hier ein \n am Ende jeder Zeile kleben. Da `print()` für die Ausgabe automatisch einen Zeilenumbruch anfügt, können Sie den Umbruch im String durch `str.strip()` entfernen (`strip` entfernt alle Whitespace-Zeichen vom Anfang und Ende eines Strings, also auch Leerzeichen und Umbrüche). Hier wird somit gestrippt, damit bei der Ausgabe keine zusätzlichen Leerzeilen entstehen.

Dateien schließen

Nachdem die Datei gelesen wurde, müssen Sie sie wieder schließen, indem Sie `file.close()` aufrufen.

 Sie sollten Dateien nur so lange wie nötig offen halten. Das Betriebssystem merkt sich geöffnete Dateien und es kann nicht unendlich viele öffnen. Unter Windows blockieren offene Dateien bestimmte Operationen, wie das Verschieben oder Löschen der Datei oder auch das Aushängen (auch Abmelden oder Unmounten genannt) des Dateisystems, auf dem sie sich befindet.

Außerdem werden Textdateien in Python gepuffert gelesen und geschrieben. Der *Puffer* ist ein Vorspeicher, der dafür sorgt, dass die Festplatte nicht zu häufig beansprucht wird, da das Schreiben auf die Festplatte sehr viel langsamer ist als der Zugriff auf den Arbeitsspeicher (wenn das nicht so wäre, bräuchte man den Arbeitsspeicher gar nicht).

Wenn Sie (vermeintlich) in eine Datei schreiben, wird zuerst in den Puffer im Arbeitsspeicher geschrieben; dieser wird dann systematisch geleert. Das geschieht, ...

✔ ... wenn der Puffer voll ist,

✔ ... sobald Sie die Datei schließen (`file.close()`) oder

✔ ... wenn Sie die Daten mit `file.flush()` wegspülen.

Das Leeren des Zwischenspeichers wird durch die Funktion `file.flush()` eingeleitet. Dabei wird der Puffer geleert und sein Inhalt an eine weitere Schreibfunktion weitergereicht, die sich darum kümmert, dass Ihre Daten auch auf dem Datenträger landen.

Das englische *to flush* bedeutet übrigens so viel wie *ausspülen*, dabei wird der Puffer in den darunterliegenden Datenstrom entleert. Dieses Prinzip veranschaulicht Abbildung 15.2 – das kennen Sie sicher.

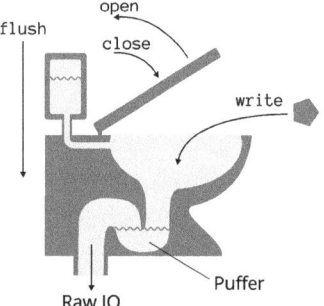

Abbildung 15.2: Python macht automatisch ein `flush()`, wenn Sie `close()` machen. Zuhause müssen Sie selbst dran denken.

Allein deswegen sollten Sie die Datei schließen, denn dadurch signalisieren Sie, dass Sie fertig sind. Spätestens dann wird auch der Puffer auf die Festplatte geschrieben. Im Falle eines Abbruchs (durch Absturz oder Kabelbiss Ihres Meerschweinchens) kann es nämlich sonst sein, dass der Puffer noch nicht geschrieben wurde – und dann verlieren Sie Ihre Änderungen. Für immer.

 Zum Ausprobieren in der *REPL* ist es verzeihlich, wenn Sie eine Sitzung einfach schließen, ohne zuvor `file.close()` aufzurufen, denn die *REPL* räumt von alleine auf. In Ihren eigenen Programmen sollten Sie aber den Zeitpunkt des Schließens genau bestimmen. Um den Aufruf von `file.close()` gar nicht erst zu vergessen, sollten Sie sich von Anfang an die folgende Struktur angewöhnen:

```
with open("wachtel.txt") as file:
    text = file.read()
    print(text)
```

Hier sehen Sie einen sogenannten *Context-Manager*. Ein Kontext ist ein eingerückter Code-Block, der mit einer `with`-Anweisung eingeleitet wird. Sie enthält einen Ausdruck, dessen Ergebnis durch das Schlüsselwort as in eine Variable gebunden wird und im darauffolgenden Block zur Verfügung steht. Sobald der Code im Block verlassen wird, ruft der Context-Manager im Hintergrund automatisch einen Aufräum-Code auf, im Falle einer Datei wird automatisch `file.close()` durchgeführt.

Solche Kontexte sind immer dann nützlich, wenn Sie in Ihrem Code sicherstellen wollen, dass am Ende wieder aufgeräumt wird; meist verwendet man sie, wie hier gezeigt, mit Dateien.

 Auf der *REPL* ist das wegen der Einrückung etwas blöd zu tippen, deswegen zeigen die Beispiele hier immer `file = open("...")`, aber eigentlich sollten Sie Dateien immer mit `with ... as ... : ...` öffnen.

Wenn Sie ein `Path`-Objekt verwenden, können Sie Ihre wertvollen Dateien auch vollständig einlesen, indem Sie `Path(<dateiname>).read_text()` aufrufen. So vergessen Sie auch nicht, die Dateien wieder zu schließen.

Geschlossene Dateien bleiben als Variablen vorhanden, aber Sie können damit nichts mehr anstellen:

```
>>> file.read()
Traceback (most recent call last):
  File "<stdin>", line 1, in <module>
ValueError: I/O operation on closed file.
```

Dateimodi

Wenn Sie einfach nur `open('wachtel.txt')` aufrufen, dann wird die Datei im Lesemodus geöffnet. Wenn Sie versuchen, da was hineinzuschreiben, geht es schief:

```
>>> file = open('wachtel.txt')
>>> file.write('Hello, World!')
Traceback (most recent call last):
  File "<stdin>", line 1, in <module>
io.UnsupportedOperation: not writable
```

Sie müssen schon vorher sagen, was Sie vorhaben. Das tun Sie, indem Sie beim Öffnen der Datei einen anderen Modus als Argument übergeben:

```
with open("wachtel.txt", mode="a") as file:
    file.write("\n")
    file.write("Autor: F.K. Waechter")
    file.write("\n")
```
Listing 15.1: reader.py

Im Beispiel wurde der Modus a verwendet. Das steht für *anfügen* (auf Englisch: to append), also wandert das Geschriebene ans Ende der Datei. Beim Aufruf von `file.write` muss jeweils ein "\n" ans Ende, damit es eine neue Zeile gibt. Eine Zeile, in der nur "\n" steht, ist entsprechend eine Leerzeile.

Wenn Sie danach die Datei öffnen, steht am Ende der Datei zu lesen:

```
...
sie erweckt nur Sympathie.
Weltmacht Wachtel wird sie nie!

Autor: F.K. Waechter
```

Es gibt noch weitere Modi, die Sie in Tabelle 15.1 und 15.2 finden.

Der Umgang mit Dateimodi will gekonnt sein, denn es gibt einige Fallstricke. Zunächst müssen Sie wissen, dass Sich die Modi r, a, w und x gegenseitig ausschließen – Sie können eine Datei also nur entweder lesen oder auf eine der drei anderen Arten schreiben. Genauso ist es bei den Modi t und b, also können Sie die Datei entweder im Text- oder im Binärmodus lesen, beides zusammen ist offenkundig Unsinn.

Modus	Beschreibung
'r'	Lesen (**r**ead)
'a'	Anfügen (**a**ppend)
'w'	Schreiben (**w**rite)
'x'	**ex**klusives Erstellen
't'	**t**ext
'b'	**b**inär
'+'	Lesen und schreiben

Tabelle 15.1: Dateimodi steuern, welche Operationen nach dem Öffnen einer Datei zur Verfügung stehen.

Sie können rawx und tb auch mischen, und zwar in diesen Kombinationen:

✔ rt: Lesen im Textmodus (der Standard, wenn Sie mode weglassen)

✔ at: Anfügen im Textmodus

✔ wt: Schreiben im Textmodus

✔ xt: Anlegen und schreiben im Textmodus

✔ rb: Lesen im Binärmodus

✔ ab: Anfügen im Binärmodus

✔ wb: Schreiben im Binärmodus

✔ xb: Anlegen und schreiben im Binärmodus

Und was, wenn man nun lesen und schreiben will – beides in der gleichen Datei? Dafür gibt es die erweiterten Modi mit +. Das + ergänzt den jeweils fehlenden Modus (es steht nicht alleine, sondern immer nur in Kombination mit rawx sowie b und t).

Modus	Beschreibung	Besonderheit
r+	Lesen, mit ergänzten Schreibrechten	Knallt, wenn die Datei nicht existiert.
w+	Schreiben, mit Leserechten	Erstellt die Datei, falls sie nicht existiert, aber löscht bestehende Dateien!
a+	Anfügen, aber auch Lesen	Erstellt die Datei, falls sie nicht da ist; existierende Dateien werden erweitert.
x+	Datei erstellen und darin lesen	Knallt, wenn die Datei existiert.

Tabelle 15.2: Mit + erhalten Sie zusätzliche Lese- oder Schreibmöglichkeiten.

In den Modus + sollten Sie sich kurz hineinversetzen. Intuitiv würde man erwarten, dass r+ und w+ dasselbe tun, nämlich jeweils zum Lesen das Schreiben ergänzen und zum Schreiben das Lesen; der Unterschied ist aber, was passiert, wenn die Datei bereits existiert.

Im Modus w+ wird die Datei geleert, falls sie existiert. Der Fachbegriff dafür ist übrigens *to truncate*, was so viel bedeutet wie *kürzen*, *stutzen* oder *abschneiden*.

Mit r+ wird die Datei geöffnet, aber es gibt einen Fehler, falls sie noch nicht existiert. Sie erhalten dann einen Lesezeiger, den Sie durch Lese- und Schreiboperationen verschieben können; der wird bei r+ am Kopf der Datei platziert, bei a+ am Ende der Datei. Der Unterschied ist hier wiederum, dass a+ auch klappt, wenn die Datei nicht existiert, aber r+ rumheult, wenn sie nicht da ist.

Außerdem können Sie mit dem Modus a grundsätzlich nur ans Ende der Datei schreiben.

 a+ ist nützlich für das Schreiben von Logdateien, die Sie zwischen mehreren Programmstarts behalten wollen, aber vorher nochmal kontrollieren möchten, ob beim letzten Durchlauf irgendwas Weltbewegendes passiert ist.

Lesen und Schreiben gleichzeitig

Um Inhalte in Dateien einzufügen, können Sie wie gesagt verschiedene Modi verwenden. Modus a kennen Sie bereits. So funktioniert der Modus w:

```
horses = [
    "Iltschi",
    "Jolly Jumper",
    "Duncan",
    "Kleiner Onkel",
    "Tornado",
    "Rosinante",
]

with open("famous_horses.txt", mode="w") as file:
    for horse in horses:
        file.write(horse)
        file.write("\n")
```

Listing 15.2: writer.py

Wenn Sie dieses Programm ausführen, haben Sie hinterher eine Datei mit den Namen berühmter fiktiver Pferde. Hübsch.

 Verwenden Sie den Modus w, um Dateien zu erstellen oder existierende Dateien zurückzusetzen.

Beim Schreiben bitte aufpassen: Wenn Sie eine Datei, die es schon gibt, im Modus w öffnen, wird deren kompletter bisheriger Inhalt gelöscht. Dagegen können Sie sich schützen, indem Sie den Modus x verwenden – der schlägt lauthals Alarm, wenn die Datei bereits existiert. Falls nicht, wird sie stillschweigend angelegt, das ist auch der Fall bei w und a.

Die soeben erstellte Datei soll nun aktualisiert werden. Die darin befindlichen Pferdenamen sind leider nicht alphabetisch sortiert, das holen Sie jetzt nach.

Der waghalsige Plan:

✔ Datei öffnen.

✔ Zeilen einlesen.

✔ Zeilen sortieren.

✔ Zeilen zurückschreiben.

So sieht das Programm aus:

```python
with open("famous_horses.txt", mode="r+") as file:
    lines = file.readlines()
    lines.sort()
    file.seek(0)
    file.writelines(lines)
```
Listing 15.3: extend.py

Öffnen Sie die Datei famous_horses.txt im Lesemodus, der aber auch schreiben kann, also r+. Aus der Datei werden dann alle Zeilen eingelesen. Die haben zwar jeweils einen Zeilenumbruch hintendran, aber das ist egal, weil die Zeilen ja wieder zurück in die Datei sollen.

Als Nächstes wird die Liste sortiert. Würde man sie nun einfach mit file.writelines() zurückschreiben, dann hätte man die Pferdenamen zweimal in der Datei, da nach dem Lesen der Zeiger ja bereits am Ende der Datei stand. Er muss vor dem Schreiben mit file.seek(0) zurück an den Anfang gesetzt werden.

Das Beispielprogramm erinnert an das Schicksal der Figur Cursorphos aus der griechischen Mythologie. Zeit seines Lebens weigerte er sich, offene Dateien mit file.close() wieder zu schließen. Das erzürnte die Speichergötter und so wurde er damit bestraft, für immer eine Datei einzulesen. Kurz vor dem End-of-File wurde der Zeiger mit file.seek(0) wieder zurückgesetzt. Dieser Fluch wird Sie nicht ereilen, weil Sie einen with ... as -Kontext verwendet haben, daher dürfen Sie nach dem Schreibvorgang einfach aufhören.

Abbildung 15.3 und Abbildung 15.4 veranschaulichen das Ganze nochmal. Auch das Schreiben verschiebt den Zeiger nach vorne – das sollten Sie im Hinterkopf behalten, falls Sie später mal erst schreiben und dann lesen oder umherspringen möchten.

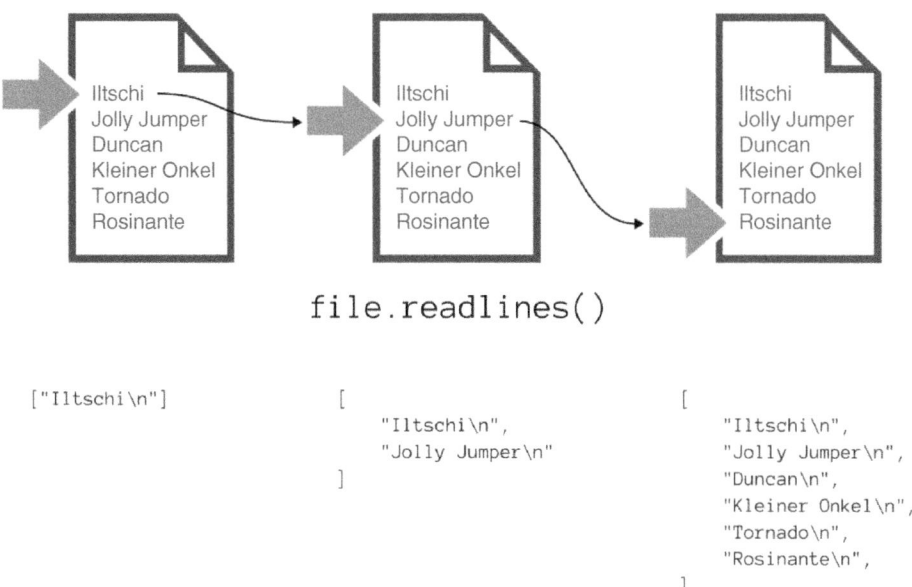

Abbildung 15.3: Beim zeilenweisen Lesen wird der Zeiger nach vorne verschoben …

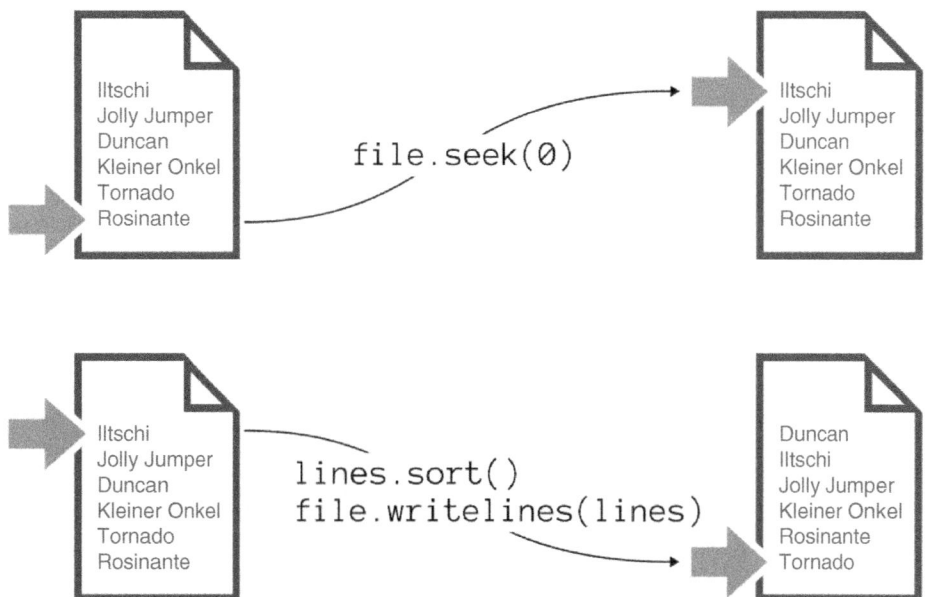

Abbildung 15.4: … und muss zum Schreiben an den Anfang zurückgesetzt werden. Das Schreiben schiebt den Cursor dann wieder nach vorne.

Binärdateien

Manche Dateien enthalten keine lesbaren Texte, sondern Bits und Bytes. Darunter fallen zum Beispiel Dateitypen wie PDF-, Jpg- oder Zip-Dateien. Wenn Sie solche Dateien auf einer Linux- oder macOS-Konsole mit *cat* oder *head* oder auf Windows mit *type* ausgeben, können Sie was erleben – dann sieht die Konsole aus wie in Abbildung 15.5. Es wird allerlei Stuss ausgegeben und es wird möglicherweise ein paar Mal piepen, weil eines der gelesenen Bytes als Klingel-Zeichen interpretiert wird (0x07 ist ein ASCII-Zeichen namens BEL, escaped im String \a).

Den gleichen Salat erhalten Sie, wenn Sie eine solche Datei mit einem Text-Editor öffnen. Dazu kommt es, weil weder die Konsole noch der Editor die Kodiervorschrift für das Format kennen. Bei der Ausgabe wird versucht, die Bytes als Buchstaben zu interpretieren, allerdings geht auch das schief, weil auch dafür eine Kodiervorschrift notwendig ist. So enthält die rohe Ausgabe viele unsinnige Zeichen. Um die Bytes sinnvoll interpretieren zu können, muss das Format der Datei bekannt sein; für gebräuchliche Formate bringt Python Module mit, zum Beispiel kann Python ohne Umwege Zip-Dateien lesen und schreiben; für Bilder oder PDFs muss man aber Module nachinstallieren.

Dem Beispielcode dieses Buches liegt ein Bild namens spaghett.png bei, das Sie für das folgende Beispiel verwenden können. Bilder, wie JPGs oder PNGs, bestehen aus einigen Metadaten sowie komprimierten Farbwerten. Sie können natürlich auch ein eigenes Bild hernehmen, für die Nachvollziehbarkeit ist es aber sinnvoll, wenn Sie ein *PNG* verwenden (das steht für *Portable Network Graphics*. Den Inhalt der Datei finden Sie in Abbildung 15.6.

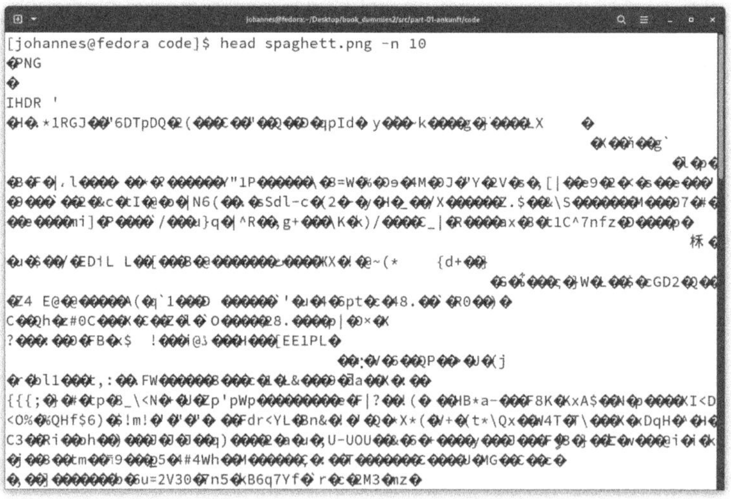

Abbildung 15.5: Binärdateien enthalten viele Bytes ohne darstellbare Repräsentation.

Abbildung 15.6: spaghett.png

Das abgebildete Gericht ist vegan und heißt *Spaghett* (alternative Schreibweise: *Spaguette*). Es handelt sich dabei um eine kreative Kombination aus Nudeln, Toastbrot und Inkompetenz. Es schmeckt besonders gut, wenn man es kurz vor der Mahlzeit durch einen Döner ersetzt.

Bytes-Objekte

Zum Lesen von Binärdateien müssen Sie den Modus rb verwenden, wobei das b für *binary* steht (das überrascht Sie vermutlich nicht). Dies bewirkt, dass Python nicht versucht, die Bytes in Buchstaben zu übersetzen.

Mit dem folgenden Code können Sie die ersten 16 Bytes des Bildes einlesen:

```
>>> with open('spaghett.png', 'rb') as file:
...     print(file.read(16))
...
b'\x89PNG\r\n\x1a\n\x00\x00\x00\rIHDR'
```

Genau wie beim Lesen von Text liest file.read(<bytes>) eine bestimmte Anzahl an Bytes ein. Das ist bei Binärdateien besonders wichtig, da man beim Einlesen meist schrittweise vorgeht.

Auf der Konsole wird kein String ausgegeben, sondern ein bytes-Objekt – erkennbar an dem kleinen b vor den Anführungsstrichen. Das ist ein Hinweis darauf, dass hier rohe Bytes vorhanden sind, die sich nicht als Textzeichen (Buchstaben, Ziffern oder Ähnliches) ausgeben lassen.

Bytes-Objekte sind den Strings sehr ähnlich: Es handelt sich um unveränderliche Zeichenketten, die Sie durchsuchen, indizieren und iterieren können. Syntaktisch verwenden sie einfache (b'...') oder doppelte Anführungszeichen (b"..."); das kleine b am Anfang macht den Unterschied zu einem String aus.

Anders als Strings enthalten Bytes aber keine Buchstaben, sondern nur einzelne Bytes, also Ganzzahlen mit Werten von 0 bis 255. Genau genommen sind Strings Spezialfälle von Bytes-Objekten, bei denen die Bytes anhand einer bestimmten Vorschrift in Buchstaben übersetzt werden – diese Vorschrift nennt man auch das *Encoding*.

In der rohen, also unkodierten Ansicht werden einzelne Bytes mit einem Steuerzeichen (\x) ausgegeben, gefolgt von der hexadezimalen Darstellung des Byte.

 Im Beispiel erkennen Sie die ersten 16 Bytes des PNG-Formats. Die PNG-Spezifikation gibt vor, dass die ersten paar Bytes stets die gleiche Bytefolge enthalten müssen, nämlich 89 P N G CR LF 1A LF. Die Folge P N G meint dabei die entsprechenden Buchstaben; CR und LF stehen für Carriage-Return und Line-Feed, also ist hier direkt ein Zeilenumbruch kodiert. Danach kommt der Wert 1A, was unter MS-DOS als Dateiende gewertet wird und verhindert, dass jemand die Datei aus Versehen auf der Konsole ausgibt. Also eigentlich genau das, was Sie gerade vorhaben.

Byte-Blöcke lesen

Um die PNG-Datei etwas genauer unter die Lupe zu nehmen, können Sie das folgende Programm verwenden:

```python
import sys
import textwrap
from pathlib import Path
# Argumente auspacken, erstes Argument ignorieren
_, filename = sys.argv

with open(filename, "rb") as file:
    while row := file.read(16):
        line = ' '.join(f"{byte:02X}" for byte in row)
        print(line)
```

Die Ausgabe des Programms sieht etwa so aus:

```
$ python hexview.py spaghett.png
89 50 4E 47 0D 0A 1A 0A 00 00 00 0D 49 48 44 52
00 00 03 20 00 00 02 58 08 02 00 00 00 15 14 15
27 00 00 0A 37 69 43 43 50 73 52 47 42 20 49 45
43 36 31 39 36 36 2D 32 2E 31 00 00 78 9C 9D 96
77 54 53 D9 16 87 CF BD 37 BD 50 92 10 8A 94 D0
...
```

Die Bytes werden hier überhaupt nicht interpretiert, sondern nur in ihrer hexadezimalen Schreibweise ausgegeben. Das ist nicht weniger kryptisch als der Zeichensalat auf der

Konsole und muss gleich noch aufgeschlüsselt werden. Das Programm hat jedoch einige nützliche Tricks für den Umgang mit Binärdaten auf Lager:

✔ **Blöcke lesen:** Durch `file.read(16)` werden jeweils 16 Bytes eingelesen.

✔ **Walross-Operator:** In der Schleife wird so lange gelesen, bis nichts mehr da ist; durch den Walross-Operator lässt sich das mit einer Zeile im Kopf der Schleife ausdrücken: `row := file.read(...)`.

✔ **Bytes formatieren:** Mit einem geschickten f-String werden alle Bytes gleich breit dargestellt.

Mit `file.read(16)` werden jeweils 16-Bytes gelesen und der Lesezeiger weitergeschoben. Bei jeder Wiederholung werden weitere 16 Bytes gelesen, bis Sie am Ende der Datei angelangt sind. Es ist möglich, dass die Gesamtanzahl der Bytes in der Datei nicht durch 16 teilbar ist, dann gibt der letzte Lesevorgang weniger Bytes zurück. Danach ist die Datei erschöpft und weitere Lesevorgänge ergeben nur noch leere Bytes-Objekte. Diesen Fall müssen Sie abfangen und dann aus der Schleife aussteigen, wofür es verschiedene Möglichkeiten gibt:

```
row = file.read(16)
while row:
    # Verarbeiten ...
    ...
    row = file.read(16)
```

Dieser Code ist gleichbedeutend mit

```
while row := file.read(16):
    # Verarbeiten ...
    ...
```

Hier wird geschickt der Walross-Operator eingesetzt. Normale Zuweisungen sind Anweisungen, die nicht weiter verarbeitet werden können. Wenn Sie jedoch einen Doppelpunkt hinter dem Ist-gleich-Zeichen platzieren, wird daraus ein Zuweisungsausdruck, wobei das Ergebnis des Ausdrucks wieder der eingelesene Wert ist. Das bedeutet, dass hier 16 Bytes gelesen und der Variable `row` zugewiesen werden. Im selben Schritt kann die Variable auch gleich überprüft werden, dadurch kann die `while`-Schleife testen, ob etwas gelesen wurde.

Im Gegensatz zur »normalen« Zuweisung (`row = file.read(...)`) entfällt damit der doppelt-gemoppelte Code. Hier müssen Sie am Ende des Schleifenrumpfs die Bytes einlesen und im Kopf der Schleife das Ergebnis prüfen. Allerdings müssen Sie in einer separaten Zeile bereits ein paar Bytes einlesen, *bevor* Sie in den Schleifenrumpf einsteigen, da die Schleife sonst gar nicht aktiv wird. In diesem Fall ist der Walross-Operator etwas eleganter.

Zur Ausgabe der Bytes wird hier ein f-String eingesetzt: `f"{byte:02X}"`. Dabei wird die Variable `bytes` als Hexadezimalzahl formatiert – erkennbar am X. Die Zahl soll zwei Zeichen breit dargestellt werden, wobei fehlende Stellen mit einer 0 aufgefüllt werden. Details zu dieser Syntax finden Sie in Kapitel 12 unter *Variablen im Text formatieren* (sofern Sie das Buch von vorne nach hinten lesen, sind Sie daran bereits vorbeigekommen).

Bytes interpretieren (als PNG)

Um aus den Bytes sinnvolle Informationen zu lesen, müssen Sie wissen, was sich die Autoren dabei gedacht haben. Im Falle des PNG-Formats ist diese Information gut dokumentiert; bei anderen Formaten machen die Hersteller oft ein Geheimnis daraus.

PNGs fangen mit einigen vorgegebenen Bytes an, die Sie weiter oben schon gesehen haben. Die folgenden Daten sind in *Chunks* (*Brocken* oder *Häppchen*) unterteilt. Ein Chunk ist ein Datenfeld, bestehend aus:

✔ Länge (4 Bytes)

✔ Chunk-Typen (4 Bytes)

✔ Daten (...)

✔ Prüfsumme (4 Bytes)

Chunks haben also immer dasselbe Format, sind aber unterschiedlich groß. Dabei sagen die ersten vier Bytes an, wie viele Nutzdaten kommen; der Typ sagt aus, wie die gelesenen Nutzdaten zu interpretieren sind.

Das folgende Programm liest die Chunks einer PNG-Datei aus:

```python
import sys

# Dateinamen von der Kommandozeile annehmen
# Erstes Argument ignorieren
_, filename = sys.argv

PNG_SIGNATURE = b'\x89PNG\r\n\x1a\n'

with open(filename, "rb") as png:
    signature = png.read(8)

    if signature != PNG_SIGNATURE:
        print("Keine PNG-Datei!")
        exit()

    while True:
        length = int.from_bytes(png.read(4))
        chunk_type = png.read(4)
        data = png.read(length)
        checksum = png.read(4)

        print(f"{chunk_type} ({length})")

        if chunk_type == b"IEND":
            break
```

Listing 15.4: chunks.png

Die Datei spaghett.png hat zum Beispiel die folgenden Chunks:

```
$ python chunks.py spaghett.png
b'IHDR' (13)
b'iCCP' (2615)
b'pHYs' (9)
b'iTXt' (8398)
b'IDAT' (468125)
b'IEND' (0)
```

Der erste Chunk sollte immer ein Header (IHDR) sein; der letzte vom Typ IEND. Wie die Daten der Chunks zu interpretieren sind, hängt von ihrem Typ ab. Das ist etwas komplizierter – insbesondere auf die Kodierung der Bilddaten im IDAT-Chunk wird hier daher nicht näher eingegangen. Nur so viel: Der Header-Chunk liefert einige Metadaten des kodierten Bildes, wie in Tabelle 15.3 aufgeführt.

Eigenschaft	Bytes	Beschreibung
Breite	4	Breite des Bildes in Pixel
Höhe	4	Höhe des Bildes in Pixel
Farbtiefe	1	Bits pro Sample
Farbart	1	Schwarz-Weiß, Truecolor, Indiziert
Kompression	1	sollte 0 sein
Filter	1	sollte 0 sein
Interlace-Methode	1	Option für schnelles Laden

Tabelle 15.3: Der IHDR-Chunk enthält die Metadaten eines PNG-Bildes.

Erweitern Sie das Programm wie folgt, um die IHDR-Daten auszulesen:

```python
from collections import namedtuple
import sys
import struct

_, filename = sys.argv

PNG_SIGNATURE = b'\x89PNG\r\n\x1a\n'

IHDR = namedtuple("IHDR", [
    "width", "height", "bit_depth", "color_type",
    "compression", "filter", "interlace"
])

def ihdr(data):
    metadata = struct.unpack(">iibbbbb", data)
    header = IHDR(*metadata)
    print(header)
```

```
with open(filename, "rb") as png:
    signature = png.read(8)

    if signature != PNG_SIGNATURE:
        print("Keine PNG-Datei!")
        exit()

    while True:
        length = int.from_bytes(png.read(4))
        chunk_type = png.read(4)
        data = png.read(length)
        # ...
        crd = png.read(4)

        print(f"{chunk_type} ({length})")

        if chunk_type == b"IEND":
            break

        if chunk_type == b"IHDR":
            ihdr(data)
```

Listing 15.5: chunks.py

Hier ist eine Fallunterscheidung hinzugekommen – es wird geprüft, ob der aktuelle Chunk-Typ b"IHDR" ist. Falls ja, wird die Funktion ihdr(data) angeworfen und die eingelesenen Chunk-Daten übergeben. Die Funktion ihdr verwendet die spezielle Funktion struct.unpack(...) mit einer Formatangabe. Diese sagt aus, dass erst zwei Integer mit jeweils vier Bytes kommen sollen und dann fünf einzelne Bytes.

 Structs sind die grundlegenden Datenstrukturen der Programmiersprache C – da der Standard-Interpreter von Python in C geschrieben ist, verwundert es nicht, dass die Entwickler eine Abstraktion dafür eingebaut haben. In der Formatangabe verwendet man den Buchstaben c, um ein einzelnes Byte anzugeben – in der C-Welt steht das für einen »Character«, also einen einzelnen Buchstaben.

struct.unpack(...) liefert leider nur ein Tupel, also eine (fixe) Liste von Zahlen. Um die Ausgabe etwas klarer zu gestalten, werden die einzelnen Daten in ein namedtuple überführt, sodass in der Ausgabe die Feldnamen dabeistehen. Diese sollte nun so aussehen:

```
$ python chunks.py spaghett.png
b'IHDR' (13)
IHDR(width=800, height=600, bit_depth=8, color_type=2,
    compression=0, filter=0, interlace=0)
```

Das Bild ist mithin 800 × 600 Pixel groß und verwendet acht Bits pro Sample. Es handelt sich um ein True-Color-Bild, also könnte das Bild theoretisch 16 Millionen Farben darstellen. Bei der Kompressions- und der Filter-Methode sollte stets 0 stehen (das sagt die Spezifikation, diese Optionen sind reserviert). Der letzte Wert, die Interlacing-Methode ist hier ebenfalls 0, also gibt es kein Interlacing – durch Interlacing werden Bilder im Browser etwas schneller geladen.

Das Schreiben von Binärdaten funktioniert analog zum Lesen; statt `file.read(...)` verwenden Sie dafür `file.write(...)`. Wie Sie Daten aus Ihrem Python-Programm binär kodieren, wird in Kapitel 32 unter *Nachrichten* beschrieben; anschließend werden dort die Daten über das Netz übertragen.

Kapitel 16
Bl\xc3\xb6des Encoding

Lesen und schreiben von Texten ist eigentlich unkompliziert, aber es gibt durchaus einige Fallstricke, etwa die Behandlung von Sonderzeichen. Wenn Sie nur ein paar Strings in die *REPL* tippen, geht alles gut; wenn Sie aber später einmal mit Dateien aus dem Internet arbeiten oder welche von Kollegen erhalten, dann kann es passieren, dass Ihr Programm einige Sonderzeichen »verschluckt«. Schauen Sie nur, was passiert, wenn man das wachtelfeindliche Schmähgedicht aus dem vorigen Kapitel unter Windows 10 über die Kommandozeile *cmd* öffnet:

```
>>> f = open('wachtel.txt')
>>> f.readlines()[3]
'Wachtel Wachtel tÃ¤uscht sich sehr.\n'
```

Sieht so ein ä aus? Wohl äher nicht. Wenn Ihnen das nicht aufgefallen ist, dann liegt das wahrscheinlich daran, dass Sie ein vernünftiges Betriebssystem verwenden. Solche Darstellungsfehler entstehen nämlich vor allem im unvernünftigen Windows.

Selbst wenn in diesem konkreten Fall bei Ihnen alles glatt läuft, so kennen Sie das sicher: Sie bekommen eine E-Mail aus dem Ausland, aber statt Sonderzeichen sind dort Fragezeichen vermerkt. Auch auf einigen älteren Webseiten trifft man das noch an. Solche Fehler entstehen aus einem bestimmten Grund und früher oder später fällt Ihnen dieser auf die Füße, daher sollten Sie sich an dieser Stelle damit befassen.

 Bevor es weitergeht, muss aber zunächst ein wenig Wahrheit ans Licht kommen. Bisher wurden Sie schamlos angelogen. In Kapitel 15 unter *Für Ihre Unterlagen – Dateien lesen und schreiben* stand noch, dass man Text- von Binärdateien unterscheidet, aber eigentlich stimmt das nicht. Es gibt eigentlich gar keine Textdateien.

In Wahrheit sind alle Dateien lediglich Ansammlungen von Bytes. Textdateien auch, nur haben diese die positive Eigenschaft, dass sie aus solchen Bytes bestehen, für die man irgendwann mal Buchstaben festgelegt hat. Beim Verarbeiten interpretiert Python die Datei als Text, um bestimmte gängige Operationen zu ermöglichen, wie das zeilenweise Lesen.

Um die Bytes in einer Datei in Buchstaben zu übersetzen, muss die Datei *dekodiert* werden. Die Vorschrift, nach der das geschieht, nennt man auch die *Kodierung*. In den folgenden Abschnitten erfahren Sie etwas darüber, wie die heute wichtigste Kodierung entstanden ist und welche Probleme es dabei zu lösen gab.

Am Anfang war das ASCII

Eine der bekanntesten Kodierungen ist der American Standard Code for Information Interchange von 1963, kurz *ASCII*, den Sie in Tabelle 16.1 bestaunen können.

	0.	1.	2.	3.	4.	5.	6.	7.
0.	NUL	DLE	SP	0	@	P	`	p
1.	SOH	DC1	!	1	A	Q	a	q
2.	STX	DC2	"	2	B	R	b	r
3.	ETX	DC3	#	3	C	S	c	s
4.	EOT	DC4	$	4	D	T	d	t
5.	ENQ	NAK	%	5	E	U	e	u
6.	ACK	SYN	&	6	F	V	f	v
7.	BEL	ETB	'	7	G	W	g	w
8.	BS	CAN	(	8	H	X	h	x
9.	HT	EM	)	9	I	Y	i	y
A.	LF	SUB	*	:	J	Z	j	z
B.	VT	ESC	+	;	K	[	k	{
C.	FF	FS	,	<	L	\	l	|
D.	CR	GS	–	=	M	]	m	}
E.	SO	RS	.	>	N	^	n	~
F.	SI	US	/	?	O	_	o	DEL

Tabelle 16.1: Die ASCII-Zeichentabelle

In der ersten Zeile und der ersten Spalte stehen die Indizes. Die ASCII-Kodierung verwendet sieben Bits, also gibt es die Zahlen von 0 bis 127 und somit 128 Zeichen, allerdings sind 33 davon nicht darstellbar. Es handelt sich dabei um Steuerzeichen für Maschinen, die die ASCII-Kodierung verwenden. Sie finden dort ein paar alte Bekannte aus dem String-Kapitel wieder, wie zum Beispiel LF (Line-Feed) und CR (Carriage-Return).

Die gezeigte Tabelle verwendet hexadezimale Indizes. Das Schema ist *<spalte><zeile>*. Das große A finden Sie in der Zelle in Spalte 4 und Zeile 1. Als Hex-Zahl gelesen ergibt das 41. Dezimal betrachtet entspricht das der Zahl 65.

Im Interpreter können Sie das auch nachschauen:

```
>>> chr(0x41)
'A'
>>> chr(0x6d)
'm'
>>> ord('A')
65
```

```
>>> ord('m')
109
>>> hex(ord('m'))
'0x6d'
```

In der ASCII-Tabelle sind die Buchstaben des Alphabets, Interpunktionszeichen und Ziffern enthalten. Auffällig ist, dass keine Sonderzeichen vorkommen, wie etwa Umlaute des deutschen Alphabets. Und genau die sind es, die beim Lesen und Schreiben auch heute noch manchmal nicht richtig abgebildet werden und dann Darstellungsfehler produzieren.

Eine kleine Demo dazu:

```
>>> file = open('beispiel.txt', 'w', encoding='ascii')
>>> file.write('Ärgernis')
Traceback (most recent call last):
  File "<stdin>", line 1, in <module>
UnicodeEncodeError: 'ascii' codec can't encode character '\xc4' in
    position 0: ordinal not in range(128)
>>> file
<_io.TextIOWrapper name='beispiel.txt' mode='w' encoding='ascii'>
```

Hier öffnen Sie eine Datei und geben Sie als Modus w an (um eine frische zu erstellen). Als weiteres Argument bekommt die Funktion aber encoding='ascii'. Dadurch wird festgelegt, dass die ASCII-Kodierung verwendet werden soll, um den folgenden Text in Bytes zu übersetzen. Wenn Sie nun versuchen, ein Wort mit einem Umlaut in die Datei zu schreiben, bekommen Sie eine Beschwerde vom Encoder. Der verrät, dass sich das Ä am Anfang nicht durch eines der 128 Zeichen der ASCII-Tabelle abbilden lässt (»ordinal not in range (128)«).

Codepages

Die ASCII-Kodierung versteht nichts von Umlauten und Sonderzeichen. Ist aber nicht weiter schlimm, denn das A in ASCII steht ja für *American* und es wurde für die Kodierung englischer Texte konzipiert.

 Damals wurde nicht so weit gedacht, dass jemals irgendwer was Anderes als lateinische Grundbuchstaben verwenden könnte, so wie etwa die Polen tun, oder die Spanier, Portugiesen, Mexikaner, Brasilianer, Ukrainer, Chinesen, Koreaner, Japaner, Griechen, Araber, Inder oder gar die konservativen Deutschen.

Man bemerkte aber dann doch, dass man so nicht weiter kommen konnte, und unternahm erste Versuche, doch noch Umlaute zu kodieren. Was ist schon ein Bit, dachte man sich da und nahm ein weiteres zur ASCII-Kodierung hinzu, was immerhin weitere 128 Stellplätze für zusätzliche Zeichen freimachte. Die füllte man dann mit allerlei Sonderzeichen für Währungen und Diakritika (ä-Strichelchen, Häckchen und Akzente). Das Ä beispielsweise findet man in der erweiterten Tabelle in Zelle C4 (196) – einige Hersteller trieben aber auch Schabernack und füllten hier Zeichen für Spielkarten, Smileys und Linien zum Zeichnen von Rahmen ein. Generell war die Idee aber gut, durch die Erweiterung konnte man zusätzliche Zeichen verarbeiten.

Mit einem ganzen Byte kann man immerhin 256 Zeichen abbilden, aber das reichte bei Weitem nicht für alle denkbaren Zeichen. Es gestaltete sich als schwierig, in einer einzigen Tabelle zu den lateinischen Buchstaben und Diakritika auch noch (zum Beispiel) griechische und kyrillische Zeichen aufzunehmen, daher entwickelte man, aufbauend auf der ASCII-Tabelle, zielgruppenorientierte Tabellen.

Beispielsweise ging man so vor, dass man einfach die Zellen 128–255 der Tabelle wiederverwendete, um dort für griechische Benutzer griechische und für russische Benutzer kyrillische Buchstaben einzutragen. Griechische Rechner mussten dann diese alternative Tabelle verwenden und russische die russische Tabelle, um die jeweils richtigen Buchstaben auszugeben. In der griechischen Tabelle findet man beispielsweise in Zelle C4 den Buchstaben Δ (Delta), in der kyrillischen Tabelle das kyrillische u (das sieht so aus: y).

Aus diesen Überlegungen ging Ende der 1980er der Standard ISO-8859 hervor. Man definierte die unterschiedlichen Tabellen als Teile dieses Standards. Die in Deutschland gebräuchliche ist ISO-8859-1, die Griechen verwenden für ihren Zeichensalat nur Pflanzen aus Gewächshaus ISO-8859-7. Die Dinger haben auch etwas sprechendere Namen; unserer heißt auch *Latin-1 Western European*, der für die Griechen *Latin/Greek*. Die Tatsache, dass das *Latin* da noch drinsteckt, ist ein Hinweis, dass die ersten 128 Codes auch hier Steuerzeichen und das lateinische Alphabet enthalten.

Etwas fachlicher ausgedrückt definiert der ISO-Standard verschiedene Zeichensätze, die man auch als *Codepages* bezeichnet. Eine Codepage ordnet einem Byte-Wert ein bestimmtes Zeichen zu. Durch diese Herangehensweise hatte man sich jedoch ein großes Problem eingekauft: Ein Grieche, der ein Delta in eine Datei tippt und abspeichert, trug dort (ohne es zu wissen) den Wert C4 ein. Ein Deutscher, der auf seinem Rechner diese Datei öffnete, sah an dieser Stelle dann aber ein Ä. Diese Doppelbelegung zeigt auch Abbildung 16.1. Hier sind die unter Windows gebräuchlichen Codepages für Deutsch und Griechisch abgebildet, die den Standard ISO-8859-1 um einige Steuer- und Sonderzeichen erweitern (die sind aber nicht im Bild).

 Solange man niemals eine griechische Datei auf einem deutschen Rechner öffnete (oder umgekehrt), war alles gut. Wer aber mehrsprachig unterwegs war, der hatte große Probleme.

Obendrein bemerkten die Einwohner von Asien, dass ihre Schriftzeichen mit einem einzigen Byte gar nicht zu bewältigen waren. Hier verwendete man gerne DBCS (double-byte character sets) mit denen man volle 65.536 Zeichen abbilden kann.

Das Chaos war perfekt. Alle Länder hatten irgendwelche eigenen Codepages, die untereinander nicht kompatibel waren und die einen taten so, als sei ein Byte pro Buchstabe ausreichend, die anderen nicht. Man wollte sich aber auch nicht einfach darauf einlassen, immer zwei Bytes für alles zu verwenden, denn das war erstens Platzverschwendung und zweitens gab es Ständig streit darüber, welches Byte zuerst kommt (weil manche Mikroprozessoren Bytefolgen lieber von rechts nach links, andere lieber von links nach rechts abarbeiten, man nennt das *Endianness*).

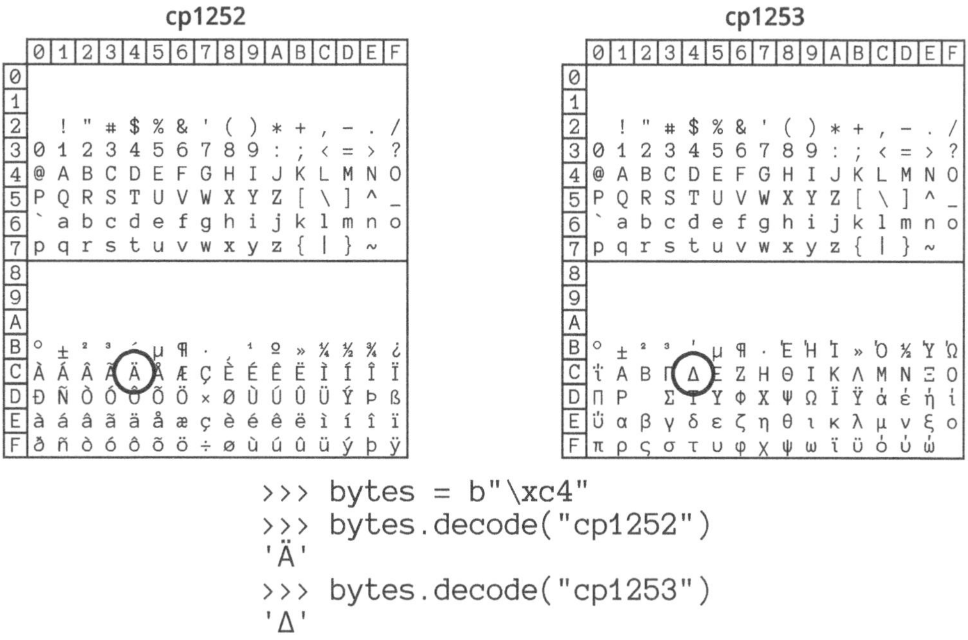
cp1252
cp1253
>>> bytes = b"\xc4"
>>> bytes.decode("cp1252")
'Ä'
>>> bytes.decode("cp1253")
'Δ'

Abbildung 16.1: Codepages erweiterten die ASCII-Codierung um Sonderzeichen.

Mit Unicode gegen den Zeichensalat

Im Jahr 1991 kam dann ein genialer Plan auf, die Zeichen zu vereinen. Ein Konsortium aus schlauen Köpfen tat sich zusammen und definierte den *Unicode*-Standard. Der ist bis heute der wichtigste und löst einige der Probleme der alten Kodierungsversuche. Dazu wurde eine neuartige Tabelle mit sogenannten *Codepoints* entworfen.

Ein Codepoint ist ein Index in der magischen Unicode-Tabelle. Diese enthält in Version 15 (September 2022) 149.186 Zeichen. Die finden Sie auf den folgenden Seiten abgedruckt, der Rest des Buches besteht nur noch aus dieser Tabelle, deshalb ist es so dick. Nein, Spaß, Sie finden in Tabelle 16.2 nur einige davon.

Im Standard sind die Bezeichnungen freilich auf Englisch vermerkt, zum Beispiel »Latin Capital Letter A with Diaeresis«. Auch kennen Sie sicher das Platzhalterzeichen. Scherzbolde verkaufen im Internet T-Shirts mit dem Aufdruck »Schei� Encoding!«

Die Unicode-Tabelle ist im Detail noch weiter strukturiert. Sie ist gegliedert in 17 Ebenen (auf Englisch: planes) mit jeweils 65.536 Codepoints. Ebene 0 ist die für Sie wichtigste, sie enthält alle modernen Sprachen. Ebene 1 ist für historische Zeichen (zum Beispiel alte ägyptische Hieroglyphen), Symbole und Emojis. Auf Ebene 2 und 3 befinden sich chinesische, japanische und koreanische Schriftzeichen; Ebene 4–13 sind derzeit nicht belegt. Ebene 14 ist interessant, denn hier sind Modifizierer eingebaut, mit denen man Unicode-Zeichen verändern kann; Ebene 15 und 16 sind für den Privatgebrauch reserviert (hier können Sie oder

Ihre Firma irgendwelche Zeichen definieren, ohne dafür beim Unicode-Konsortium um Erlaubnis bitten zu müssen). Die Ebenen selbst sind nochmals unterteilt.

Codepoint	UTF-8 (Hex)	Darstellung	Bezeichnung
U+0041	41	A	lateinischer Großbuchstabe A
U+0042	42	B	lateinischer Großbuchstabe B
U+00C4	C3 84	Ä	lateinischer Großbuchstabe A mit Durchfall
U+00DF	C3 9F	ß	lateinisches kleines scharfes S
U+2603	E2 98 83	☃	Schneemann
U+FFFD	E1 BF BF 44	◆	Platzhalter für ein nicht erkanntes oder nicht darstellbares Zeichen
U+1D11E	E1 B4 91 45	𝄞	Musik-Zeichen Violinschlüssel

Tabelle 16.2: Einige Unicode-Zeichen und ihre Codierung

Man kann also teilweise anhand des jeweiligen hexadezimalen Zahlenbereichs erkennen, zu welcher Kategorie ein Zeichen gehört, etwa erkennt man am Codepoint U+1F40D, dass es sich um ein Emoji aus Ebene 2 handelt.

Natürlich müssen Sie sich die Werte nicht alle merken, aber wenn sie genau hingucken, können Sie anhand des Codepoints seine Verortung in der Unicode-Tabelle erkennen. Je höher der Wert, desto weiter hinten in der Unicode-Plane liegt das Zeichen. Je weiter hinten ein Zeichen liegt, desto abgefahrener ist es wahrscheinlich auch. U+1F40D zum Beispiel ist der Codepoint für ein Schlangen-Emoji. Lateinische Buchstaben haben relativ kleine Werte, so liegen A–Z zwischen U+0041 und U+005A.

Es sind übrigens bei Weitem nicht alle möglichen Codepoints belegt; viele wurden auch freigelassen, um spätere Erweiterungen zu ermöglichen.

Der Unicode-Standard versucht, möglichst viele Schreibsysteme einzufangen und erhält daher fast alle gebräuchlichen Schriftzeichen. Weil die Tabelle einigen unbenutzten Platz bot, fing man vor einigen Jahren auch an, Sonderzeichen für Emotionsausdrücke hineinzukodieren, die sogenannten Emojis.

Jedem Codepoint ist ein Zeichen zugeordnet, keine spezielle Darstellung. Ein A ist das gleiche Zeichen wie ein A, ein **A** oder ein *A*, egal in welcher Schriftart. Das wird einem bei Emojis besonders klar. Emojis kommen häufig in Instant-Messengern zum Einsatz und die Hersteller der Browser und Messenger verwenden oft ihre eigenen Darstellungen. Eine kleine Übersicht finden Sie übrigens in der Emojipedia: `https://emojipedia.org/`.

UTF-8

In Tabelle 16.2 finden Sie zunächst die einzelnen Codepoints. Dabei ist wichtig zu verstehen, dass der Codepoint **nicht unbedingt** der Bytefolge entspricht, die hinterher in Ihrer Datei landet. Im Falle von A und B ist das zwar der Fall, aber beim scharfen S und dem Schneemann schon wieder nicht.

 Der Grund dafür ist, dass Unicode zu ASCII kompatibel ist. ASCII-kodierte Zeichen sehen in Unicode genau gleich aus, daher entspricht der Codepoint 41 dem gleichen Wert in der ASCII-Tabelle.

Beim ß hingegen sieht es anders aus. Da dieses nicht in der ASCII-Tabelle steht, wird es über einen Codepoint weiter oben kodiert (zum Beispiel U+00DF). Eigentlich würde diese Zahl (223) in ein einziges Byte passen, aber man entschied sich dafür, die Zahlen auf mehrere Bytes aufzuteilen. Dazu verwendet man die eigentliche Kodierung namens *UTF-8*.

UTF-8 steht für *8-Bit Universal Coded Character Set Transformation Format*. Falls Sie dieses Buch jemandem vorlesen, sollten Sie beim Aussprechen bitte aufpassen, sonst fangen noch Ihre Möbel an zu schweben und Blut läuft aus der Steckdose; belassen Sie es bei UTF-8, das machen alle.

UTF-8 ist eine Kodierung für Unicode, also ein Satz an Vorschriften, wie die Codepoints der Unicode-Tabelle in eine Bytefolge in einer Datei eingefügt werden. UTF-8 kodiert variabel, also belegt nicht einfach jedes Zeichen 2 Byte, sondern es können mal mehr oder weniger sein, je nachdem, welchen Codepoint ein Zeichen belegt.

 Das ist tatsächlich auch etwas problematisch, da es einige Sprachen gibt, die eine relativ weit oben gelegene Spanne an Codepoints belegen. Englische Texte benötigen damit weniger Speicherplatz als mongolische (zum Beispiel ist Manchu Ali Gali Gha U+189A und wird als E1 A2 9A kodiert, das sind 3 Bytes gegenüber einem einzigen Byte für ein Lateinisches A).

Es gibt noch andere Kodierungen, etwa UTF-16, UTF-32 oder BOCU und SCSU mit Kompression, UTF-8 ist aber die im Internet gebräuchlichste. Hier sehen Sie, wie so ein Sonderzeichen aussieht, nachdem Sie es durch UTF-8 gejagt haben:

```
>>> bytes = "\U0001f40d".encode("utf-8")
>>> bytes
b'\xf0\x9f\x90\x8d'
>>> for byte in bytes:
...     print(f'{byte:b}')
...
11110000
10011111
10010000
10001101
```

Eine UTF-8-Byte-Sequenz besteht aus Start-Bytes und Folge-Bytes. Das Start-Byte beginnt vorne in der binären Darstellung mit 11, die Folge-Bytes jeweils mit 10. Die ersten Bits des Start-Byte sagen aus, wie viele Bytes noch folgen (11 = 2, 111 = 3, 1111 = 4). Die Payload (also die Bit-Sequenz des Codepoints) wird auf die Bytes aufgeteilt, wodurch das gezeigte Muster entsteht.

Sie sehen den Unterschied zur ASCII-Kodierung. Dort entspricht ein Byte einfach einem Buchstaben. Mit UTF-8 kodiert kommen jedoch Steuer-Bits hinzu. Dadurch steigt für viele Zeichen der Speicherbedarf, aber wenigstens haben Sie keine Fragezeichen mehr in Ihrem Code.

Auf die Länge kommt es an

Das hat übrigens eine wichtige Auswirkung: Sie können bis zur Dekodierung keine Aussage über die Länge eines Textes treffen!

Das folgende Beispiel zeigt es:

```
>>> len("Hallo")
5
>>> len("Hallo".encode("utf-8"))
5
>>> len("Gefräßig")
8
>>> len("Gefräßig".encode("utf-8"))
10
```

Solange sie nur lateinische Zeichen verwenden, bleibt alles gleich, weil diese in UTF-8 der ASCII-Kodierung entsprechen. Das ä und das ß werden aber als je zwei Bytes kodiert. Die str.encode(...)-Funktion überführt die Strings aus Python in die entsprechende Byte-Folge des Encodings – Sie erkennen direkt den erhöhten Speicherbedarf.

Zusammenfassend:

✔ Die alte ASCII-Kodierung erwies sich als beschränkt.

✔ Daher wurden die Schriftsysteme der Welt im Unicode-Standard vereinheitlicht.

✔ Unicode definiert Codepoints, die ein Zeichen repräsentieren.

✔ Diese Codepoints können auf verschiedene Arten kodiert werden, die gebräuchlichste ist UTF-8.

✔ Durch verschiedene Kodierungen kann man leider die Bit-Folge eines Zeichens nicht mehr direkt erkennen und sie kann sich über mehrere Bytes erstrecken.

✔ Aber dafür hat man mit UTF-8 einen riesigen Spielraum.

```
>>> "\u2603", "\u1f40d", "\u2705"
('☃', 'ὁd', '✅')
>>> "\u2603", "\U0001f40d", "\u2705"
('☃', '🐍', '✅')
```

Abbildung 16.2: Unicode Codepoints werden in Python-Strings übersetzt, wenn Sie sie (richtig) escapen.

Unicode-Support in Python

Unicode löst viele Probleme der ASCII-Tabelle und UTF-8 ist der Platzhirsch unter den Kodierverfahren für Unicode. In der Praxis müssen Sie das mit der Kodierung natürlich nicht händisch ausrechnen, sondern können diese unleidliche Aufgabe an Python abdrücken.

Überhaupt kann man in Python sehr gut mit Unicode arbeiten. So enthalten alle Strings intern Unicode-Zeichen und der Interpreter geht davon aus, dass der Quellcode in UTF-8 kodiert ist. Dadurch man kann Sonderzeichen direkt in den Code schreiben:

```
message = "Please upload your résumé."
```

Auch kann man Codepoints durch Escape-Sequenzen direkt in Strings eingeben, wie Abbildung 16.2 demonstriert. Verwenden Sie in String-Literalen die Syntax \u0000 und \U00000000. Der Codepoint wird dann per UTF-8 in eine Byte-Folge kodiert und, sofern Ihre Konsole es hergibt, das entsprechende Symbol wird direkt in seiner bildlichen Form angezeigt. Das kann übrigens auch von der eingestellten Schriftart abhängig sein; falls es nicht auf Anhieb klappt, müssen Sie die Einstellungen Ihres Konsolenfensters prüfen. Gleiches gilt auch für Ihren Text-Editor, die meisten (guten) können UTF-8-kodierte Zeichen direkt im Text anzeigen.

Leider ist die Umsetzung der Escape-Sequenzen nicht vollständig transparent. Wenn der Codepoint eines Zeichens in zwei Bytes passt, können Sie die Kurzversion mit kleinem u verwenden, Zeichen mit höhergelegenen Codepoints benötigen aber schon vier Bytes. Schneemann und Checkbox sind eher urtümliche Sonderzeichen, daher haben sie Codepoints weiter unten; die Schlange kam als Emoji später dazu, daher liegt ihr Codepoint weiter oben in der Tabelle. Um die richtig zu escapen, benötigen Sie die Langform mit großem U. Wenn Sie sich hier vertun, nimmt Python womöglich ein falsches Symbol an.

Um den Codepoint eines Zeichens herauszufinden, können Sie Python fragen, wie in Abbildung 16.3 gezeigt. Wenn Sie beispielsweise ein spezielles Zeichen im Internet finden, können Sie es per Copy-Paste in Ihre Konsole als String einfügen. Dort sehen Sie die Darstellung des Zeichens (vorausgesetzt, die Konsole unterstützt das). Durch eine Encodierung "ä".encode("unicode-escape") erhalten Sie den Codepoint.

 Aufgepasst: Zum besseren Verständnis zeigt Abbildung 16.3 nochmal den Unterschied zur Kodierung mit UTF-8. UTF-8 verwendet man, wenn man ein Sonderzeichen als Bytefolge in eine Datei schreiben möchte; darin kodiert ist der Codepoint zusammen mit ein paar Bits für die Verwaltung. Der Codepoint ist immer dann wichtig, wenn Sie das Zeichen im Internet suchen.

```
>>> 'א'.encode('unicode-escape')
b'\\u05d0'
>>> '🚀'.encode('unicode-escape')
b'\\U0001f680'
>>> '🚀'.encode('utf-8')
b'\xf0\x9f\x9a\x80'
```

Abbildung 16.3: So finden Sie den Codepoint zu einem Zeichen heraus ...

```
>>> 'א'.encode(encoding='ascii', errors='namereplace')
b'\\N{HEBREW LETTER ALEF}'
>>> '🚀'.encode(encoding='ascii', errors='namereplace')
b'\\N{ROCKET}'
>>> 
```

Abbildung 16.4: ... und so seinen Namen.

Übrigens können Sie auch den Namen eines Symbols herausfinden, wie in Abbildung 16.4 gezeigt. Das Zeichen aus dem Internet beispielsweise ist der hebräische Buchstabe Aleph.

Wie encode ich richtig?

In der Python-Welt hat man sich klar für Unicode und eine Kodierung mit UTF-8 entschieden. Allerdings gibt es einige Systeme, die anderer Meinung sind. Zwar kann Python mit Unicode umgehen, aber das bedeutet nicht unbedingt, dass ihr Editor oder ihr Terminal das auch können.

Ob die Darstellung der Sonderzeichen auf Anhieb klappt, ist von verschiedenen Faktoren abhängig, aber wenn Sie moderne Software verwenden, dann sollte das eigentlich gut gehen. Alle vernünftigen Browser können Unicode anzeigen und die meisten Webseiten verwenden heute die UTF-8-Kodierung und die Terminals der Unix-Welt können alle auf ihrer Kommandozeile Schlangen, Alephs und Raketen anzeigen.

Einzig Windows ist eigen, denn das Betriebssystem hat ein bisschen was mitzureden und standardmäßig ist in älteren Versionen auf der Konsole nicht UTF-8 voreingestellt.

Wenn Sie beim Aufruf von open(...) kein Argument für den Parameter encoding angeben, dann wird ein Standard-Encoding verwendet. Welches das ist, hängt von Ihrem Betriebssystem ab:

```
>>> import locale
## Windows:
>>> locale.getpreferredencoding()
'cp1252'
## Linux, macOS
>>> locale.getpreferredencoding()
'UTF-8'
```

Das betrifft vor allem die älteren Konsolen bis Windows 10. Mit Windows 11 wird die Anwendung *Windows Terminal* ausgeliefert, die die beiden anderen Terminals (*cmd* und *Powershell*) ersetzt und viele vorteilhafte Neuerungen bringt, etwa Tabs und eben auch eine Unicode-Unterstützung.

 Leider bringt die Konsole auch sehr umfassende Überwachungsmech... äh, Pardon, *Telemetrie*-Funktionen mit. Daher sollten Sie überlegen, ob Sie dieses Holzpferd in Ihre Stadt lassen, nur weil in seinem Bauch griechisch geschrieben wird.

Welches Encoding gerade verwendet wurde, verrät Ihnen übrigens der TextIOWrapper:

```
>>> open('wachtel.txt')
<_io.TextIOWrapper name='wachtel.txt' mode='r' encoding='cp1252'>
```

Es handelt sich bei

cp1252 also nicht um eine Mitgliedsnummer in der kommunistischen Partei, wie in Kapitel 15 unter *Textdateien* behauptet, sondern um die von Microsoft verwendete *Codepage 1252* oder auch *Windows-1252*. Die ist unter Windows gebräuchlich und entspricht in etwa Latin-1. Wenn Sie versuchen, eine UTF-8-kodierte Datei unter Windows auf der Konsole zu öffnen, dann nimmt Python standardmäßig an, dass die Datei auch in der Windows-Kodierung vorliegt.

Um nun beim Lesen und Schreiben von Dateien keine Überraschungen zu erleben, sollten Sie beim Öffnen einfach ein Encoding angeben (sofern die Datei vorher mit UTF-8 kodiert wurde):

```
# Schreiben
>>> with open("file.txt", "wt", encoding="utf-8") as file:
...     file.write("Ärgernis")
...
8

# Lesen
>>> with open("file.txt", "rt", encoding="utf-8") as file:
...     print(file.read())
...
Ärgernis

# Binäre Darstellung
>>> with open("file.txt", "rb") as file:
...     print(file.read())
...
b'\xc3\x84rgernis'
```

In den Modi rt und wt wird jeweils der Text beim Schreiben in die Datei mit UTF-8 ko-diert, auch unter Windows. Wenn Sie die Datei danach binär einlesen (durch rb entfällt die Dekodierung), können Sie die Bytefolge bestaunen.

Sofern Sie die Kontrolle darüber haben, verwenden Sie als Encoding am besten stets UTF-8, außer Sie wissen genau, was Sie tun. Wenn Sie Dateien in einer an-deren Kodierung bekommen, sollten Sie überlegen, ob Sie sie nicht besser nach UTF-8 konvertieren.

Teil IV
Objekte und Funktionen

✔ Code mit Funktionen strukturieren

✔ Objekte, Klassen und Vererbung

✔ Ausnahmen und wie man sie behandelt

✔ Module und Pakete nachinstallieren

✔ Virtuelle Umgebungen

Kapitel 17
Wie Funktionen funktionieren

Für einfache Programme reicht es, grundlegende Befehle nacheinander in eine Datei zu tippen. Der Python-Interpreter arbeitet sie dann zeilenweise von oben nach unten ab. Mit Bedingungen können Sie dabei Befehle überspringen oder sie mit Schleifen wiederholen, aber auch das ist noch recht begrenzt. Richtig spannend wird es erst, wenn Sie die grundlegenden Befehle zu komplexeren zusammensetzen, die dann als geschlossene Einheiten auftreten. Das Ergebnis ist ein kleines »Unterprogramm«, das eine Teilaufgabe erledigt und beliebig an anderen Stellen wiederverwendet werden kann.

In Python gibt es dafür *Funktionen*. Funktionen fallen Ihnen in jedem Python-Programm ins Auge, denn sie haben meist eine runde Klammer an Anfang und Ende. Die prominenteste ist wohl print, da sieht das so aus:

```
>>> print("Hello, World!")
Hello, World!
```

Die Klammern sind notwendig, um die Funktion *aufzurufen*. Beim Aufruf kann man der Funktion Daten zum Verarbeiten mitgeben, in diesem Fall den String »Hello, World!«.

Mithilfe von Funktionen können Sie Ihren Code strukturieren und vereinfachen. Sie sind wichtige Bausteine in der Programmierung. Und das Beste: Sie können damit allerlei abgefahrenen Schabernack treiben.

Built-in Functions

Wenn Sie den Python-Interpreter laufen lassen, stehen Ihnen bereits viele Funktionen zur Verfügung. Welche das sind, erfahren Sie in Tabelle 17.1. Um sie zu nutzen, müssen Sie die Funktionen nur beim Namen nennen (also ähnlich wie beim Teufel, nur netter) – Sie müssen nichts importieren. Sie sind in die Sprache *eingebaut*, deswegen bezeichnet man sie auf Englisch auch als »built-in functions«.

abs	complex	getattr	locals	repr
aiter	copyright	globals	map	reversed
all	credits	hasattr	max	round
anext	delattr	hash	memoryview	set
any	dict	help	min	setattr
ascii	dir	hex	next	slice
bin	divmod	id	object	sorted
bool	enumerate	input	oct	staticmethod
breakpoint	eval	int	open	str
bytearray	exec	isinstance	ord	sum
bytes	exit	issubclass	pow	super
callable	filter	iter	print	tuple
chr	float	len	property	type
classmethod	format	license	quit	vars
compile	frozenset	list	range	zip

Tabelle 17.1: Built-in-Functions – nützliche Funktionen, die Sie ohne Umwege verwenden können

Manche dieser Funktionen sind ohne Kontext etwas schwierig zu verstehen, wie zum Beispiel isinstance; wieder andere sind aber sehr basic und selbsterklärend, wie print oder list. Der Wert einer solchen Auflistung ohne genaue Erklärungen ist natürlich begrenzt, aber sie soll hier trotzdem stehen, um Sie zum Erkunden zu animieren.

 Mit dem Befehl help erhalten Sie zu jeder Funktion eine Erklärung. help ist selbst eine Built-in-Funktion. Nützlich, oder? So dokumentiert der Code sich selbst.

```
>>> help(print)
```

Alternativ finden Sie eine Übersicht auf https://docs.python.org/3/library/functions.html.

Eigene Funktionen

Die existierenden Funktionen sind ja schön und gut, aber spannend wird es erst, wenn Sie eigene Funktionen schreiben. Das sollten Sie aus den folgenden Gründen auch häufig tun:

1. **Strukturierung**: Funktionen gliedern Code, so wie die Zwischenüberschriften einen Text. Das erleichtert die Orientierung.

2. **Abstraktion**: Mit Funktionen können sie primitive Befehle zu komplexeren zusammensetzen. Dadurch können Sie nach und nach unwichtige Details verstecken und sich auf die großen Linien Ihrer Problemstellung konzentrieren.

3. **Wiederverwendbarkeit**: Funktionen fassen Befehle zusammen und geben ihnen einen Namen. Dadurch können Sie Ihre Funktionen später in anderen Modulen weiterverwenden, indem Sie sie importieren.

4. **Hexerei**: Spannend wird es, wenn Sie Funktionen schreiben, die andere Funktionen produzieren. Damit lassen sich geradezu unheilige Dinge anstellen.

Bis das alles funktioniert, müssen Sie sich aber erst mal an ein bisschen Syntax gewöhnen.

Funktionen definieren

Die Syntax für Ihre eigenen Funktionen folgt in etwa diesem Schema:

```
def <name>(<Parameterliste>):
    <Rumpf>
```

✔ Eine neue Funktion beginnt stets mit dem Schlüsselwort `def`. Das steht kurz für eine *Definition*.

✔ Danach folgt ihr *Name*.

✔ Dann kommen ein oder mehrere *Parameter* in Klammern. Wenn die Funktion keine Parameter hat, können Sie die Liste einfach leer lassen – die Klammern müssen aber hin.

✔ Diese erste Zeile nennt man manchmal auch die *Signatur*. Sie endet mit einem Doppelpunkt.

✔ Danach kommt der eingerückte Code, der den Körper, *Rumpf* oder Body der Funktion festlegt.

Funktionsdefinitionen sind syntaktisch gesehen Anweisungen (siehe Kapitel 5 unter *Schlüsselwörter, Anweisungen und Ausdrücke*). Die genaue Syntax hat noch viel mehr Spielarten, besonders was die Parameterliste anbelangt. Sie wird im Abschnitt *Parameter* noch genauer beschrieben – das hier sind erst mal nur die Mindestanforderungen.

Auch in der einfachsten Version der Geschichte gelten bereits ein paar Regeln, beispielsweise muss der Name der Funktion den üblichen Regeln für Bezeichner entsprechen (er darf nicht mit einer Zahl beginnen, Sonderzeichen oder Unterstriche sind nicht erlaubt). Gleiches gilt natürlich auch für die Parameternamen. Außerdem benötigt der Rumpf mindestens eine eingerückte Zeile.

Konkret sieht eine Funktion zum Beispiel so aus. Speichern Sie diesen Code in einer Datei namens `advent.py`.

```
from datetime import date, timedelta

def advent(year):
    """
    Berechnet das Datum des 1. Sonntag im Advent.
```

```
    """
    start = date(year, 11, 27)
    weekday = start.isoweekday()

    return start + timedelta(days=7-weekday)
```

Listing 17.1: advent.py

Hier haben Sie eine Funktion, die den Beginn einer an Universitäten sehr wichtigen Zeitspanne berechnet – mehr dazu in Kasten *Wir sagen euch an* ... Sie nimmt einen Parameter namens year an und erfasst damit das frühestmögliche Adventsdatum start = date(year, 11, 27) und sucht dann den nächsten Sonntag. Dazu schnappt sie sich den entsprechenden Wochentag (weekday = start.isoweekday()), wobei die Funktion isoweekday eine Zahl zwischen 1 und 7 erzeugt – die Sieben ist dabei der Sonntag. Nun berechnet man, wie viele Tage noch bis Sonntag vergehen (days=7 - weekday). Dies wird als Zeitspanne auf das mögliche Datum addiert: start + timedelta(days=7 - weekday).

Vor dem return ist übrigens noch eine Leerzeile; solange die Einrückungstiefe der folgenden Zeilen die gleiche ist, gehören sie noch zur Funktion.

Wir sagen euch an ...

In Deutschland ist der Dezember vom *Advent* durchsetzt. Der Begriff stammt aus dem Lateinischen und bedeutet so viel wie »Ankunft« – gemeint ist, dass hier die Prä- und Perinatalzeit eines sehr beliebten Bauhandwerkers gefeiert wird, die mit dessen Ankunft an Weihnachten endet.

Der Advent ist gleichzeitig eine Zeit der Erwartung und Besinnlichkeit. Im öffentlichen Dienst etwa besinnt man sich darauf, dass ja noch Gelder übrig sind, und weil man erwartet, dass diese gekürzt werden, wenn man sie nicht ausgibt, überlegt man sich schnell, was man dafür noch anschaffen könnte. Das bezeichnet man gemeinhin als *Dezemberfieber*. Dezember – der Freitagnachmittag des Jahres.

Die Adventszeit umfasst vier Sonntage; ihr Ende ist jedoch an ein festes Datum gebunden (24. beziehungsweise 25. Dezember). Um das Adventsstartdatum zu bestimmen, könnte man versucht sein, einfach den ersten Sonntag im Dezember zu nehmen, allerdings ist das frühestmögliche Datum tatsächlich der 27. November. So liegt der erste Advent oft im November, so auch 2021, 2022 und dann wieder 2025, 2026 und 2027. Die Funktion zeigt, wie es richtig geht.

Im Rumpf

Die Adventsfunktion ist komplex genug, um spannend zu sein, aber kurz genug, dass man sie versteht. Zunächst sollten Sie kurz die Augen zusammenkneifen und sich nochmal von der Form der Funktion beeindrucken lassen – hier sind im Rumpf gleich drei wichtige Details zu entdecken:

```
def <name>(<Parameterliste>):
    """<Docstring>"""
    <Code>
    <Rückgabewert>
```

✔ **Docstring**: Wenn Sie direkt in der ersten Zeile nach der Signatur ein String-Literal einfügen, dient das als Dokumentation – als sogenannter Docstring.

✔ **Code**: Dann kommt beliebiger, eingerückter Code.

✔ **Rückgabewert**: Die Funktion kann einen oder mehrere Rückgabewerte erzeugen. Oft macht man das am Ende.

Funktionen aufrufen

Die Definition einer Funktion alleine meldet erst mal nur ihre Existenz an, tut aber sonst noch nichts. Erst wenn Sie die Funktion *aufrufen*, wird der Code darin aktiviert. Beim *Aufruf* macht der Interpreter einen Sprung, wie in Abbildung 17.1 schemenhaft dargestellt.

Die Ausführung auf der aktuellen Ebene wird dabei zunächst unterbrochen und der Interpreter macht erst mit dem Code in der Funktion weiter. Diese kann ihrerseits wieder andere Funktionen aufrufen, die wieder andere Funktionen aufrufen und so weiter. Die Funktion advent beispielsweise ruft weitere Funktionen auf, wie etwa isocalendar, die dann auch wieder eine Funktion aufruft (das ist hier unsichtbar, kann man aber im Quellcode von Python nachschauen).

Nachdem die Funktion fertig gearbeitet hat, springt der Interpreter zu der Stelle zurück, an der sie ursprünglich aufgerufen wurde.

Bei jedem Sprung kann die aufrufende Ebene der gerufenen Funktion Daten übermitteln. Wenn die Funktion fertig ist, kann man ihr Ergebnis einsammeln und weiterverarbeiten – falls sie eines produziert hat.

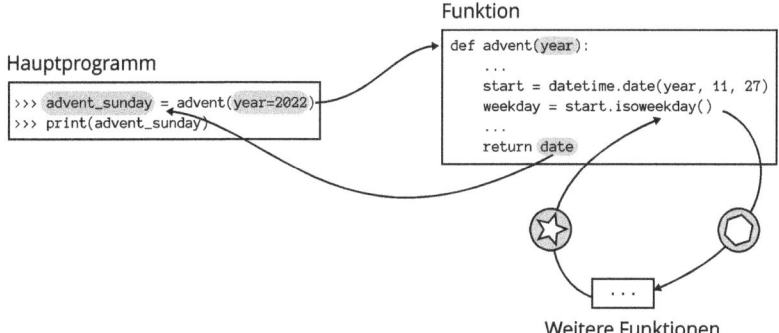

Abbildung 17.1: Beim Funktionsaufruf springt der Interpreter in die Funktion hinein.

Funktionsobjekte

Die Argumente für den Aufruf werden in Klammern übergeben, etwa so:

```
advent(2022)
```

Wenn die Funktion keine Parameter hat, können Sie die Klammern leer lassen. Die Klammern sind aber auf jeden Fall wichtig, ohne sie passiert nix. Die *REPL* zeigt das ganz gut:

```
>>> from advent import advent
>>> advent
<function advent at 0x000001F8C5963E20>
```

Starten Sie die *REPL* in dem Verzeichnis, wo die Datei advent.py liegt. Dort importieren Sie die Funktion. Die Definition einer Funktion legt automatisch eine Variable an, die so heißt wie die Funktion – sonst hätten Sie keinen Henkel, um die Funktion später aufzugreifen. Im Beispiel wird die Funktion advent aus dem Modul mit gleichem Namen importiert. Wenn Sie den Namen einfach so als Ausdruck verwenden, bekommen Sie ein paar Infos über die Variable.

Gut, dass Sie die Funktion ordentlich mit einem Docstring kommentiert haben. Den können Sie jederzeit mit der Funktion help auslesen:

```
>>> help(advent)
Help on function advent in module advent:

advent(year)
    Berechnet das Datum des 1. Sonntag im Advent.
```

Sie sehen also, eine Funktion ist auch nur ein Objekt. Sie können es importieren und beliebig hin- und herschieben. Dadurch ist aber noch nichts berechnet worden. Erst der Aufruf führt den Code auch aus. So spuckt advent für das angegebene Jahr das Datum des ersten Adventssonntags aus:

```
>>> advent(year=2022)
datetime.date(2022, 11, 27)
```

Argumente übergeben

Beim *Aufruf* wird ein *Argument* an die Funktion gesendet, indem Sie einen Wert in Klammern *übergeben*.

Das klappt natürlich nur, wenn Sie in der Signatur Ihrer Funktion auch einen Parameter definiert haben. Wenn das nicht der Fall ist, können (und müssen) Sie die Klammern einfach leer lassen.

Argumente sind die konkreten Werte, die eine Funktion erhält, in diesem Fall eine Ganzzahl mit Wert 2022. Dieser Wert steht innerhalb der Funktion anhand des Parameternamens zur Verfügung.

✔ **Parameter** sind die Variablennamen, unter denen die übergebenen Werte innerhalb der Funktion verfügbar sind.

✔ **Argumente** sind konkrete Werte, die Sie der Funktion beim Aufruf übergeben.

Python bietet mehrere Arten, um Argumente zu übergeben:

✔ **Args**: Argumente werden anhand ihrer Position an einen Parameter übergeben.

✔ **Kwargs**: Argumente werden anhand ihres Namens an einen Parameter übergeben. Die Abkürzung steht kurz für *Keyword-Arguments.*

Beim Aufruf sieht das dann so aus:

```
# Mit Args
>>> advent(2023)
datetime.date(2023, 12, 3)

# Mit Keyword-Args
>>> advent(year=2023)
datetime.date(2023, 12, 3)
```

Beim ersten Aufruf wird der Wert 2023 als *positionales Argument* übergeben, beim zweiten Aufruf wird er als *Keyword-Argument* übergeben, indem der Parametername explizit genannt wird.

 Nicht jede Funktion erlaubt beide Stile, da Sie bei der Definition angeben können, ob die Parameternamen nach außen kommuniziert werden sollen oder lieber nicht. Im Falle von advent wurde hier nichts Besonderes eingestellt, daher sind beide Aufrufstile möglich.

Welche von beiden Aufrufarten Sie verwenden, ist Geschmackssache. Durch das explizite Nennen der Parameternamen können Sie die Lesbarkeit Ihres Codes verbessern. Besonders bei Funktionen mit vielen Parametern ist es hilfreich, nochmal zu sehen, welcher Wert da was meint. Außerdem ist dann deren Reihenfolge beliebig. Die folgenden Aufrufe sind daher alle in Ordnung:

1. datetime.datetime(2022, 11, 27, 12)

2. datetime.datetime(year=2022, month=11, day=27, hour=12)

3. datetime.datetime(day=27, month=11, year=2022, hour=12)

 Damit es keine Missverständnisse gibt: Beim Aufruf mit Keyword-Argumenten wird keine neue Variable angelegt, sondern Sie sagen der Funktion, welcher Parameter welchen Wert bekommt. Sie können also nicht einfach irgendeinen anderen Namen angeben, sondern Sie müssen schon wissen, welche Parameter eine Funktion akzeptiert:

```
>>> advent(jahr=2023)
Traceback (most recent call last):
  File "<stdin>", line 1, in <module>
TypeError: advent() got an unexpected keyword argument 'jahr'
```

Rückgabewerte

Am Ende macht die Funktion `advent` was Spannendes: Sie verwendet das Schlüsselwort `return`. Dieses darf immer nur innerhalb von Funktionen stehen. Es dient dazu, ein Objekt von innerhalb der Funktion an die aufrufende Ebene zurückzugeben (auf Englisch: to return something – etwas zurückgeben, klar). In diesem Fall ist es das errechnete Adventsdatum. In der Fachsprache sagt man: Die Funktion liefert einen *Rückgabewert*:

```
>>> erster_advent = advent(2023)
```

In den Beispielen weiter oben ist der Aufrufer die *REPL*. Wenn der einen Wert bekommt, gibt er ihn einfach aus. Wenn Sie ihn einer Variable zuweisen, wird natürlich nichts ausgegeben.

Jede Funktion hat immer einen Rückgabewert. Falls Sie selbst keinen auserkoren haben, ist er None. Auf der *REPL* wird dann nichts ausgegeben, weil sie None einfach verschluckt (ist ja »Nichts«, daher gibt es auch nichts zu sehen). Sie können die `return`-Anweisung also auch weglassen.

Da `return`-Anweisungen zum rufenden Code zurückspringen, kann man sie auch verwenden, um Funktionen frühzeitig zu verlassen:

```
def all(iterable):
    for element in iterable:
        if not element:
            return False
    return True
```
Listing 17.2: haystack.py

Diese Funktion geht die Elemente einer Liste durch und prüft sie auf ihren Wahrheitsgehalt (dabei kommt die Truthy-Falsy-Logik zum Einsatz).

```
>>> all([True, False, True, True, True])
False
```

Eine Besonderheit ist übrigens, dass eine Funktion auch mehrere Rückgabewerte liefern kann:

```
def find(needle, haystack):
    for i, straw in enumerate(haystack):
        if straw == needle:
            return i, needle
```

Hier sucht die Funktion einen Wert `needle` in einer Menge `haystack`. Wenn sie ihn gefunden hat, gibt sie den Index und den Wert zurück.

```
>>> movies = ["Terminator", "Alien", "Star Wars"]
>>> find("Alien", movies)
(1, 'Alien')
```

```
>>> find("Gunship", movies)
None
```

Eigentlich kein großer Trick – das Komma erzeugt ein Tupel.

 Tippen Sie die Suchfunktion bloß nicht ab, das kann Python schon – nur dass da kein Tupel zurückkommt:

```
>>> movies = ["Terminator", "Alien", "Star Wars"]
>>> movies.index("Alien")
1
```

Namensräume

Sicher fragen Sie sich, wozu diese Zeremonie mit den Parametern und Rückgabewerten veranstaltet wird. Ist ja etwas umständlich, ständig Parameter zu definieren, Argumente zu übergeben und Rückgabewerte zu empfangen. Wozu also das Ganze?

 Die kurze Antwort ist, dass Python sich beim Suchen von Variablen in etwa so anstellt wie junge Eltern, deren Kleinkind im Einkaufszentrum ausgebüxt ist: Zuerst sucht man in dem Laden, wo man sich zuletzt gesehen hat, dann auf dem Korridor, dann im Spielzeugladen. Am Ende findet man den abtrünnigen Abkömmling hoffentlich spätestens auf dem Parkplatz. Auf keinen Fall sollte man laut »Kevin« ausrufen und das erstbeste Kind dann mit nach Hause nehmen, nur weil es so heißt; genau das ist aber die Strategie, die Python beim Suchen von Variablen durchzieht.

Innerhalb von Funktionen sind Namen von Variablen nach außen hin isoliert. Argumente und Rückgabewerte sind also notwendig, um zwischen den isolierten Funktionen Daten auszutauschen, sodass es nicht zu Verwechslungen kommt und Sie womöglich dem falschen Kevin eine neue Jacke kaufen.

Die lange (und außerdem korrektere und überhaupt viel nützlichere) Antwort ist die:

✔ Wenn die Funktion fertig ist, wird sie verlassen. Der Interpreter springt zur Stelle zurück, wo sie aufgerufen wurde.

✔ Alle innerhalb der Funktion angelegten Namen werden dann gelöscht.

✔ Die Objekte, also die Daten hinter den Namen, sind eventuell noch ein Weilchen da, aber ohne die Namen kommen Sie nicht mehr dran.

✔ Durch den Rückgabewert ernennen Sie eine oder mehrere Variablen oder Werte in der Funktion, die vom Aufrufer weiterverarbeitet werden sollen.

Das können Sie am folgenden Beispiel gut nachvollziehen (wichtig: starten Sie dafür eine neue REPL-Sitzung).

```
>>> def a():
...     x = 5
...
>>> a()
>>> x
Traceback (most recent call last):
  File "<stdin>", line 1, in <module>
NameError: name 'x' is not defined
```

Ohne den Rückgabewert ist die Variable x nicht mehr erreichbar. Es gibt einen sehr speziellen Fehler – einen NameError. Namen, die innerhalb einer Funktion angelegt wurden, sind also nach deren Ablauf futsch.

Gut, das erklärt, warum man Rückgabewerte braucht. Ohne könnte man nämlich Ergebnisse einer Funktion gar nicht weiterverarbeiten. Die Übergabe von Argumenten ist aber etwas komplexer, es scheint nämlich, als müsste man gar keine Argumente übergeben:

```
>>> x = 5
>>> def a():
...     print(x)
...
>>> a()
5
```

Sie erkennen es schon, der Name x ist innerhalb der Funktion a durchaus bekannt. Aber gut, das mag daran liegen, dass x vor der Funktion definiert wurde und daher in der Zeile mit dem print schon feststeht. Leider ist diese vorläufige Erklärung nicht richtig.

 Versuchen Sie mal, die folgende Knobelei durch Anstarren und Nachdenken zu lösen, bevor Sie die Antwort eintippen. Was ist das Ergebnis der folgenden Befehle auf der *REPL*?

```
>>> x = 5
>>> def a():
...     print(x)
...
>>> x = 13
>>> a()
???
```

Die Antwort könnte 5 sein – zur Laufzeit wird erst der Name x festgelegt, danach eine Funktion definiert, die x verwenden möchte. Genau wie im Beispiel vorher liegt nahe, dass der Wert im Moment der Definition 5 ist und der Aufruf später auch 5 ausgibt. Mitnichten, der Aufruf der Funktion wird 13 ausspucken, und das ist der Tatsache geschuldet, dass Python eine dynamische Sprache ist. Dynamisch bedeutet dabei unter anderem, dass Namen so spät wie es geht aufgelöst werden.

Sichtbarkeit (Scope) von Variablen

Bei der Verwendung von Variablen innerhalb von Funktionen müssen Sie die folgenden Dinge beachten:

✔ **Sichtbarkeit**: Namen sind immer nur innerhalb eines bestimmten Namensraums sichtbar. Auf Englisch bezeichnet man dies als *scope* (*Sichtbarkeits-* oder *Gültigkeitsbereich*) einer Variablen.

✔ **Namensraum**: Jede Funktion hat einen eigenen *Namensraum* (übrigens auch jedes Modul).

✔ **Globaler Namensraum**: Variablen auf der obersten Einrückungsebene landen in einem *globalen* Namensraum. Das Gleiche gilt für Variablen in *REPL*-Sitzungen.

✔ **Schachtelung**: Wenn innerhalb eines Namensraums ein weiterer definiert wird, dann sind Namen des äußeren auch im inneren Namensraum sichtbar, aber nicht umgekehrt.

✔ **Von innen nach außen**: Beim Auflösen von Namen wird immer von innen nach außen vorgegangen. Der innerste Block, in dem ein Name auftaucht, gewinnt.

 Die letzten beiden Punkte sind wichtig: Jede Funktion ist ein eigener Block und somit auch ein eigener Namensraum. Wenn innerhalb eines Namensraums ein Name gebunden wird (das geschieht bei der Zuweisung einer Variable oder beim Definieren einer Funktion), dann gilt der Name erst mal nur in diesem Raum. Die Namen in äußeren Räumen bleiben davon unberührt.

Die folgende Demo wird ein wenig länger, deswegen tippen Sie den Code am besten in eine Datei, nicht in die *REPL*:

```
x = 29
def a():
    x = 5
    def b():
        x = 13
        def c():
            print(x)
        c()
    b()
a()        # --> 13
print(x)   # --> 29
```
Listing 17.3: scope.py

Hier sehen Sie die geschachtelten Funktionen a, b und c. Zwischen den Definitionen wird jeweils die Variable x überschrieben. Die Kommentare am Ende verraten schon, was passiert, wenn Sie das Programm ausführen:

```
$ python3 scope.py
13
29
```

Bei der Ausgabe wird das innerste x ausgegeben. Am Ende ist das x im globalen Namensraum aber unverändert geblieben.

Namen sind also immer nur begrenzt – innerhalb eines Namensraums – gültig. Zwar kann man von innen nach außen lesen, aber nicht ohne Weiteres Daten zurückschreiben. Sobald man im inneren Block eine Zuweisung macht, wird ein *neuer* Name angelegt, deswegen bleibt ja die 29 erhalten, obwohl Sie die augenscheinlich zweimal überschreiben.

Wenn die Namensräume zu stark geschachtelt sind, ist das mit dem Lesen auch nicht so ganz ohne, denn auf dem Weg dorthin kann eine Funktion einen anderen Namen überdecken. In dem Beispiel wird beim Aufruf von print, ganz tief im Bauch der Funktion c, der Wert 13 für x ausgegeben.

Es gibt noch eine Möglichkeit, um die Namensauflösung präziser zu steuern. Wie das geht, erfahren Sie in Kasten *Für Experimentierfreudige*. Dazu sei aber gesagt, dass dies der perfekte Weg ist, um unverständlichen Spaghetti-Code zu schreiben.

Für Experimentierfreudige

Mithilfe der Anweisung global können Sie festlegen, dass ein Name in einem geschachtelten Block sich auf den globalen Namensraum bezieht.

```
x = 29
def a():
    x = 13
    def b():
        global x
        print(x)
    b()
    print(x)

a()    # --> 29, 13
```

Analog dazu können Sie mit dem Schlüsselwort nonlocal entscheiden, dass eine Variable nicht im lokalen Namensraum gesucht werden soll, sondern eins darüber.

```
x = 29
def a():
    x = 13
    def b():
        nonlocal x
        x = 5
        print(x)
    b()
    print(x)
a()    # --> 5, 5
```

Hier wird mit nonlocal x angegeben, dass der Name x im Folgenden eine Variable des äußeren Namensraums meint. Und aufgepasst: Dadurch wird diese tatsächlich überschrieben. Innerhalb von a wird x auf 13 gesetzt, aber die Zuweisung in b legt durch nonlocal keinen neuen Namen an, sondern überschreibt den Namen darüber. Wenn Sie also am Ende von a den Wert von x nochmals ausgeben, ist der auch auf 5 festgesetzt. Sie können durch `nonlocal` also Variablen überschreibbar machen – das geht übrigens auch mit `global`. Zur Veranschaulichung hilft Abbildung 17.2.

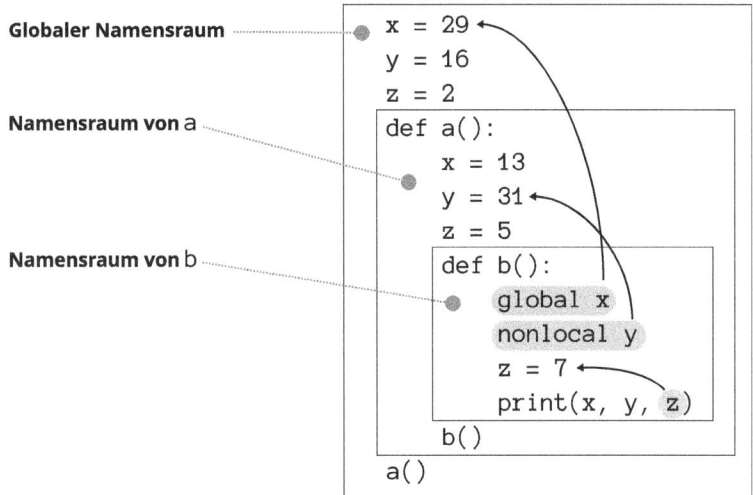

Abbildung 17.2: Mit `global` und `nonlocal` können Sie auf Variablen in den äußeren Namensräumen zugreifen. Dabei ist aber Vorsicht geboten.

 Generell sollten Sie globale Variablen vermeiden. Zum Lesen sind die gerade so noch ok, aber auf keinen Fall sollten Sie in globale Variablen hineinschreiben. Das obige Beispiel ist sehr kurz und trotzdem schon schwierig nachzuvollziehen – jetzt stellen Sie sich mal vor, wie das wird, wenn Sie ein größeres Programm mit Dutzenden Dateien und Tausenden Zeilen Code bearbeiten. Wenn da jeder im globalen Namensraum die Namen überschreibt, wie er lustig ist, wird es sehr schwierig, die Übersicht zu behalten.

Jede für sich

Funktionen haben Zugriff auf Variablen in ihrer Umgebung und können so Daten von außen verarbeiten. Sie haben auch Zugriff auf Variablen im übergeordneten Namensraum, aber das gilt natürlich nur, wenn die Funktionsdefinitionen geschachtelt werden. Das sollte man aber eigentlich vermeiden, eben weil es dabei schnell zu Namenskonflikten kommt.

Häufig sind Funktionsdefinitionen auch gar nicht verschachtelt, sondern sie stehen nebeneinander. Daher noch eine Knobelfrage:

```
>>> def a():
...     x = 5
```

```
...         b()
...
>>> def b():
...         print(x)
...
>>>
```

Was passiert, wenn Sie a() aufrufen? Wie kommt Funktion b an den Wert x?

Die Antwort ist: Gar nicht. Die Namensräume sind voneinander komplett isoliert, daher gibt es schlicht einen NameError:

```
>>> a()
Traceback (most recent call last):
  File "<stdin>", line 1, in <module>
  File "<stdin>", line 3, in a
  File "<stdin>", line 2, in b
NameError: name 'x' is not defined
```

 Beachten Sie, wer den NameError auslöst. Sie haben zwar a aufgerufen, aber b hat den Fehler produziert. Der *Traceback* gibt Ihnen hier den Aufruf-Stapel aus, aus dem Sie den Verlauf nachvollziehen können.

Wie bringt man das Beispiel also zum Laufen? Wie schaffen Sie es, dass b den Wert von x in der Funktion a ausgeben kann?

So:

```
>>> x = 12
>>> def a():
...         x = 5
...         b(x)
...
>>> def b(x):
...         print(x)
...
>>> a()
5
>>> x
12
```

Einfache Sache: Sie definieren einen Parameter in b. Beim Aufruf von b wird dann das lokal in a gebundene x übergeben, so erreicht der korrekte Wert die print-Funktion.

Diese Herangehensweise ist der präferierte Weg, um Daten zwischen Funktionen (genauer: Namensräumen) auszutauschen.

Sie hätten natürlich auch einfach eine globale Variable nehmen können, allerdings hätte das dann das x im globalen Namensraum auch überschrieben. So wie es gezeigt wurde, hat das lokale x in a mit dem in b nicht das Geringste zu tun, daher wird auch nichts überschrieben.

Und dadurch wird vielleicht auch klar, warum man Parameter und Rückgabewerte definiert: Anstatt sich darauf zu verlassen, dass Variablen in den äußeren Schichten existieren und darauf zu hoffen, dass sie nicht bis zum Aufruf Ihrer Funktion überdeckt werden oder irgendwas überschreiben, sollten Sie Werte als Argumente über- und als Rückgabewerte zurückgeben.

Parameter

Um Argumente sauber anzunehmen und verarbeiten zu können, müssen sie in der Signatur der Funktion definiert werden. Beim Design von Funktionen sollten Sie sich Zeit nehmen, um zu entscheiden, welche Parameter diese wirklich benötigt.

Parameter sind Platzhalter, die später beim Aufruf mit Werten gefüllt werden. Innerhalb der Funktion stehen sie wie normale Variablen zur Verfügung. Da Sie hier auch mehrere Parameter angeben können, spricht man auch von der *Parameterliste*.

Die Adventsfunktion hat bisher nur einen Parameter namens year:

```
def advent(year): ...
```

Wenn es mehrere sein sollen, können Sie einfach mehrere Namen angeben und diese je mit einem Komma voneinander trennen:

```
def advent(year, sunday):
    ...
    first_sunday = start + timedelta(days=(7 - weekday))
    advent_sunday = first_sunday + timedelta(days=7 * (sunday - 1))
    return advent_sunday
```

Hier wurde die Funktion erweitert. Der Advent hat ja vier Sonntage und bisher hat die Funktion immer nur den ersten Adventssonntag ausgegeben. Durch den zweiten Parameter können Sie nun angeben, ob Sie den ersten, zweiten, dritten oder vierten Adventssonntag haben möchten:

```
>>> from advent import advent
>>> advent(2022, 2)
datetime.date(2022, 12, 4)
```

Der zweite Parameter sollte eine Zahl zwischen 1 und 4 sein, denn daraus wird der Abstand zum jeweils nächsten Sonntag berechnet. Wenn man den 3. Advent angibt, wird erst wie gewohnt das Datum des ersten Adventssonntags gesucht und dann einfach 2 · 7 Tage addiert. Die Formel ist sunday - 1, weil der erste Advent ja schon der richtige Sonntag ist und daher 0 · 7 addiert werden muss.

Der Code im Beispiel ist auf die Lesbarkeit fürs Buch optimiert; Kürzer wäre das hier – Sie sparen sich die Zwischenschritte und das Anlegen einer zusätzlichen Variable und machen alles in einem Abwasch:

```
    ...
    ... + timedelta(days=(7 - weekday) + 7 * (sunday - 1))
    ...
```

Durch den zweiten Parameter haben Sie die Funktion erweitert, aber damit haben Sie sich einige Probleme eingekauft:

✔ Die Funktion hat jetzt einen potenziellen Fehler: Sie berechnet unter Umständen ein falsches Ergebnis.

✔ Sie müssen nun bei *jedem* Aufruf beide Parameter mit Argumenten ausstatten.

Gegen beides kann man etwas tun.

Argumente prüfen

Die Funktion hat einen Fehler. Wenn Sie sie ordentlich aufrufen, geht zwar alles gut ...

```
>>> advent(2022, 2)
datetime.date(2022, 12, 4)
```

... aber wenn Sie für den Sonntag eine zu große Zahl eingeben, verlängern Sie die Adventszeit über das Enddatum hinaus:

```
>>> advent(2022, 37)
datetime.date(2023, 8, 6)
```

 Der siebenunddreißigste Adventssonntag läge irgendwann im August des folgenden Jahres. Glücklicherweise wird eine derartige Ausweitung der Adventszeit ins Folgejahr hinein durch das Neujahrsfest verhindert, sonst hätte dies verheerende Auswirkungen auf unsere Kultur. Die Ausweitung ins laufende Jahr wird glücklicherweise durch Halloween blockiert, so hat dieses unsinnige Importfest wenigstens was Gutes, auch wenn diese Barriere nicht 100%ig dicht hält und der Lebkuchenverkauf trotzdem schon im August einsetzt. Stellen Sie sich mal vor, der Advent würde sich ungehemmt noch weiter nach links und rechts auf dem Kalenderblatt ausbreiten und sich dann in der Mitte treffen. Es würde im Juni ein Super-Feiertag entstehen, an dem alle zur Arbeit gehen, um Überstunden zu machen und mal eine Pause von den anhaltenden Festivitäten zu haben. Die Leute würden sich an diesem Tag nur noch anbrüllen und ohne Blinken abbiegen, um ein Zeichen gegen den Terror der Besinnlichkeit zu setzen. Nicht auszudenken.

Ein klassisches Beispiel dafür, dass Computer das machen, was Sie ihnen sagen, und nicht das, was Sie meinen. Das Ergebnis ist nicht mal ein Fehler; immerhin hat die Funktion korrekt gerechnet. Dennoch ist das Ergebnis inhaltlich unsinnig. Hier fehlt ganz klar eine Prüfung: Sie sollten festlegen, welche Werte für einen Adventssonntag ok sind:

```
def advent(year, sunday):
    """..."""
    if not 1 <= sunday <= 4:
        raise ValueError(
            "Argument for 'sunday' must"
            " be between 1 and 4"
        )
    ...
    return advent_sunday
```

Sie sollten Argumente grundsätzlich so früh wie möglich prüfen. Wenn Sie das wie hier direkt nach dem Docstring machen, benimmt sich diese Funktion schon deutlich besser als so mancher, der im Internet Kommentare in den »sozialen« Medien hinterlässt, wo Argumente meistens gar nicht geprüft werden.

Im Beispiel bestimmen Sie, dass der Wert für sunday zwischen 1 und 4 liegen muss. Alles andere gilt als Fehler und führt zum Abbruch der Funktion:

```
>>> from advent import advent
>>> advent(2022, 18)
Traceback (most recent call last):
  File "<stdin>", line 1, in <module>
  File "E:\Solutions\book_dummies2\src\part-02-obj\code\advent.py",
    line 12, in advent
    raise ValueError("Argument for 'sunday' must be between 1 and 4")
ValueError: Argument for 'sunday' must be between 1 and 4
```

Dabei wird ein Fehlerwert erzeugt, ein ValueError, sodass der jeweilige Aufrufer den Fehler abfangen und korrigieren kann (zum Beispiel die Funktion nochmal mit den richtigen Werten aufrufen). ValueErrors sind genau dafür gedacht, sie sollen anzeigen, dass ein korrekter und sinnvoller Wert übergeben wurde (auch 18 ist ja zumindest mal eine saubere Ganzzahl), aber dass diese nicht zum gewünschten Wertebereich passt.

Das Schlüsselwort raise löst eine sogenannte *Ausnahme* aus. Diese fließt über einen zweiten Kanal an den Aufrufer zurück und zwingt ihn, sich damit zu befassen. Die gutmütige *REPL* gibt den Fehler einfach aus. Mehr über diesen Mechanismus erfahren Sie in Kapitel 19 unter *Exceptions – ausnahmsweise keine Katastrophe.*

Es mag dramatisch wirken, aufgrund einer falschen Zahl die Funktion abzubrechen und gleichzeitig so ein Trara zu veranstalten, aber das ist definitiv der gewünschte Weg.

Übrigens ist das Wort »Trara« der Beginn des Refrains des »Heiligobndlied«, dem wohl längsten Weihnachtslied der Welt. Es stammt aus dem Erzgebirge und hat irgendwas zwischen 13 und 16 Strophen. Mit Sicherheit wurde es erfunden, um kurz vor der Bescherung die Kinder zu provozieren, indem man den Moment des Geschenkeauspackens hinauszögert. Ich bin beim Korrekturlesen des obigen Abschnitts über diesen Begriff gestolpert. Eigentlich sollte dieses Kapitel gar kein durchgängiges Weihnachtsmotiv bekommen, aber da habe ich wohl meine Rechnung ohne den Einzelhandel gemacht, der mit dem Lebkuchenverkauf bis in dieses Buch vorgedrungen ist.

Natürlich könnten Sie auch einfach ein leeres return verwenden, dann würde die Funktion im Fehlerfall einfach None zurückgeben, aber dann müssen Sie beim Aufruf dran denken, diesen Fall auszuwerten. Das Auslösen der Ausnahme ist der bessere Weg, denn so kann man den Fehlerfall nicht unter den Teppich kehren.

Typ-Fehler vermeiden

Durch die Prüfung des Sonntags wird die Funktion zwar um einen Fehler ärmer, aber genau genommen hatte sie vorher auch schon einen, weil Sie den Parameter year nicht geprüft haben. Allerdings wird der vorher nochmal durch die date-Funktion gejagt, die sich so oder so lauthals beschwert, wenn die Zahl nicht wie ein Jahr aussieht:

```
>>> advent(49123, 2)
Traceback (most recent call last):
  File "<stdin>", line 1, in <module>
  File "E:\Solutions\book_dummies2\src\part-02-obj\code\advent.py",
    line 8, in advent
    start = date(year, 11, 27)
ValueError: year 49123 is out of range
```

Es gibt natürlich noch mehr Fehlerfälle:

```
>>> advent("barry", 3)
Traceback (most recent call last):
  File "<stdin>", line 1, in <module>
  File "E:\Solutions\book_dummies2\src\part-02-obj\code\advent.py",
    line 14, in advent
    start = date(year, 11, 27)
TypeError: 'str' object cannot be interpreted as an integer
```

Wenn Sie einen String übergeben, dann gibt es einen TypeError, weil Sie dem Interpreter ein X für ein U vormachen – genauer gesagt einen String für eine Ganzzahl. Hier beschwert sich die date-Funktion, da sie daraus kein Datum erstellen kann. Beim Prüfen von Argumenten sollten Sie nicht jeden möglichen Fall von vornherein vermeiden, sondern Sie können sich oft darauf verlassen, dass es schon früh genug kracht.

Das soll natürlich keine Ausrede sein, um nicht systematisch vorzugehen und sich auf Fehlerfälle vorzubereiten. Dafür wird im Kapitel 19 unter *Exceptions – ausnahmsweise keine Katastrophe* eine methodische Herangehensweise diskutiert.

 Der TypeError wird ausgelöst, wenn die Datentypen nicht stimmen. Dies geschieht zur Laufzeit, also erst, wenn Sie die Funktion mit einem falschen Wert aufrufen. Solche Fehler lassen sich aber schon viel früher abfangen, indem Sie die erwarteten Datentypen dran schreiben. Wie das geht, erfahren Sie in Kapitel 25 unter *Typing – dem Interpreter Ratschläge geben*.

Optionale Parameter – Default-Argumente

Da die Adventsfunktion nun einen zweiten Parameter hat, müssen Sie beim Aufruf auch zwei Argumente übergeben. Wenn Sie eines weglassen, knallt es:

```
>>> advent(2022)
Traceback (most recent call last):
  File "<stdin>", line 1, in <module>
TypeError: advent() missing 1 required positional argument: 'sunday'
```

Das ist blöd – gibt es da keine Möglichkeit, dass einfach der erste Sonntag zurückgegeben wird, wenn der Parameter leer ist? Doch, den gibt es. Sie können in der Signatur direkt einen Vorgabewert festlegen.

 Um nicht mit der denglischen Tradition zu brechen, in einem deutschen Fachbuch jede Menge englische Fachbegriffe zu verwenden: Man nennt diese Vorgabe- oder Standardwerte auch *Default-Argumente*.

Passen Sie die Signatur der Adventsfunktion an:

```
def advent(year, sunday=1):
    ...
```

Hier legen Sie fest, dass der Parameter sunday eine 1 bekommt, wenn Sie kein Argument übergeben:

```
>>> advent(2022)
datetime.date(2022, 11, 27)
>>> advent(2022, 2)
datetime.date(2022, 12, 4)
```

Sie können auch Default-Argumente für den ersten Parameter angeben, dann können Sie die Funktion ganz ohne Argumente aufrufen. Es wäre ja nützlich, wenn die Funktion ohne alles einfach den ersten Advent im laufenden Jahr ausgibt.

Dazu erweitern Sie Ihre Funktion so:

```
from datetime import date
...
def advent(year=None, sunday=1):
    """..."""
    if year is None:
        year = date.today().year
    ...
```

Der Parameter year wird in der Signatur auf None gesetzt. Im Rumpf der Funktion wird dann geprüft, ob das Argument für year noch None ist. Falls ja, dann wird der Parameter schlicht mit dem aktuellen Jahr überschrieben. Damit der Aufruf von today klappt, müssen Sie date importieren, aber das sollte sowieso längst importiert sein, da Sie ja das Startdatum des Advents damit erzeugen.

Jetzt können Sie die Funktion ohne Argumente aufrufen:

```
>>> advent()
datetime.date(2022, 11, 27)
```

Syntaktisch gesehen ginge das auch anders. Als Default-Argument können Sie eigentlich beliebige Ausdrücke verwenden, also könnten Sie das auch so schreiben:

```
# Bitte nicht!
def advent(year=date.today().year, sunday=1):
    ...
```

Es gibt aber Gründe, warum Sie das *nicht* tun sollten:

✔ **Lesbarkeit**: Versuchen Sie nicht, zu viel Code in die Signatur zu packen. Zwar können Sie hier beliebige Ausdrücke verwenden, aber das lenkt davon ab, dass Sie ja eigentlich gerade dabei sind, eine Funktion zu definieren. Sie sollten sich also kurz fassen.

✔ **Ein für alle Mal**: Default-Argumente werden nur einmal ausgewertet, nämlich bei der Definition der Funktion, nicht beim Aufruf.

Besonders der letzte Punkt wiegt schwer. Schauen Sie nur:

```
>>> from datetime import datetime
>>> def alert(second=datetime.now().second):
...     print(second)
...
>>> alert(12)
12
>>> alert()
51
>>> alert()
51
>>>
```

Wenn Sie diese Funktion mit 12 aufrufen, wird das Argument wie gewöhnlich durchgereicht. Wenn Sie die Funktion aber ohne Argumente aufrufen, verwendet sie für die Ausgabe den Standardwert.

Hoppla, was ist das? Wenn Sie die Funktion leer aufrufen, und danach mehrere Sekunden warten und sie dann nochmal aufrufen, dann wird die Ausgabe leider gleich bleiben, da das Argument schon feststeht.

Die Beispielfunktion zeigt hier bewusst eine Sekunde als Zeiteinheit, weil das beim Ausprobieren anschaulicher ist. Natürlich können Sie zum Ausprobieren auch die Adventsfunktion wie oben gezeigt mit einem Default-Argument ausstatten, ausführen, dann ein Jahr warten und dann nochmal ausführen.

Spaß beiseite: Die Funktion advent hat grundsätzlich das gleiche Problem. Solange die Definition und der Aufruf im selben Jahr liegen, geht alles gut. Es kann aber sein, dass das nicht der Fall ist, etwa wenn Sie einen Server-Prozess starten, der dann auf unbestimmte Zeit laufen soll. Sie sollten sich nicht darauf verlassen, dass die Funktion zufällig korrekt ist. Selbiges gilt für andere Default-Argumente, sagt zumindest der Kasten *Klassiker*.

Um unerwünschtes Verhalten zu vermeiden, ist es besser, den Parameter erst mal auf »Nichts« festzulegen und ihn dann im Rumpf aufzufüllen. So können Sie sicher sein, dass der gewünschte Wert auch wirklich erst beim Aufruf erfasst wird.

Klassiker

Sie sollten unbedingt aufpassen, wenn Sie Listen als Default-Argumente festlegen. Die haben ein ähnliches Problem: Nicht nur dass Default-Argumente nur einmal angelegt werden, es gibt dann auch nur ein Objekt im Speicher. Für Listen heißt das: Alles wurschtelt auf derselben Liste rum!

```
>>> def a(data=[]):
...     data.append(3)
...     print(data)
...
>>> a()
[3]
>>> a()
[3, 3]
>>> a()
[3, 3, 3]
```

Sie wären nicht die erste Person, die darüber stolpert. Dabei handelt es sich um ein klassisches Missverständnis. Die Liste behält zwischen den Aufrufen Ihren Zustand und das ist meistens nicht erwünscht. Auch hier hilft es, den Parameter auf None zu setzen und beim Aufruf zu initialisieren:

```
>>> def a(data=None):
...     data = data or []
```

Parameterreihenfolge

Und noch ein wichtiges Detail zur Parameterliste: Wenn sie optionale und erforderliche Parameter mischen, müssen die optionalen Parameter stets ganz rechts stehen:

```
# Geht:
def advent(year, sunday=1): ...

# Geht: Beide Parameter haben ein Default-Argument
def advent(year=None, sunday=1): ...

# Geht nicht: Default-Argument vorne
def advent(year=None, sunday): ...
```

Bei der Definition müssen Default-Argumente für Parameter rechts stehen, wenn die Funktion gleichzeitig auch positionale Argumente akzeptieren soll. Das Gleiche gilt auch für den Aufruf mit Keyword-Argumenten:

```
# Geht, wenn sunday ein Default-Argument hat
advent(2022)

# Geht: Positionale Übergabe
advent(2022, 1)
```

```
# Geht: Sunday wird als Keyword-Argument übergeben
advent(2022, sunday=1)

# Geht: Beide als Keyword-Argument
advent(year=2022, sunday=1)

# Geht nicht: Keyword-Argument vorne, positional hinten
advent(year=None, 1)
```

Wenn Sie positionale Argumente und Keyword-Argumente mischen, müssen die Keyword-Argumente immer rechts stehen, sonst kriegt Python nen Koller:

```
>>> def advent(year=None, sunday):
  File "<stdin>", line 1
    def advent(year=None, sunday):
                          ^^^^^^
SyntaxError: non-default argument follows default argument
```

Der Grund ist schlicht, dass Python ja normalerweise versucht, die Argumente anhand der Reihenfolge den Parametern zuzuweisen. Dafür werden die Parameter von links nach rechts ausgefüllt. Ein Keyword-Argument dazwischen würde diesen Fluss unmöglich machen:

```
>>> def a(u, v, w):
...     print(u,v,w)
...
>>> a(1, u=2, 3)
  File "<stdin>", line 1
    a(1, u=2, 3)
              ^
SyntaxError: positional argument follows keyword argument
```

Zusammenfassend:

✔ Bei Funktionsdefinitionen stehen zuerst die erforderlichen Parameter, dann die optionalen (Parameter mit Standardwerten).

✔ Beim Funktionsaufruf stehen zuerst die positionalen Argumente, dann folgen die Keyword-Argumente.

Positionale Übergabe erzwingen

Normalerweise können alle Funktionen sowohl mit positionalen Argumenten als auch mit Keyword-Argumenten aufgerufen werden:

```
def a(u, v, w):
    ...

a(1,2,3)
a(1,2,w=3)
a(u=1,v=2,w=3)
```

Aber auch das können Sie steuern. Sie können erzwingen, dass Parameter nur positional oder nur als Keyword-Argument übergeben werden dürfen, dazu setzen Sie die optionalen Zeichen / und * ein, wie in Abbildung 17.3 gezeigt. Diese Zeichen stehen mit einem Komma getrennt in der Parameterliste, als seien sie selbst eigene Parameter.

✔ Parameter links von einem Slash / akzeptieren nur positionale Argumente.

✔ Parameter rechts von einem Sternchen * akzeptieren nur Keyword-Argumente.

✔ Bei allen anderen Parametern können Sie es sich aussuchen.

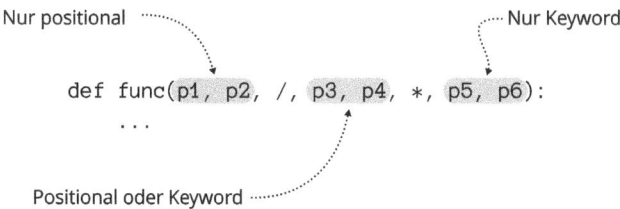

Abbildung 17.3: Sie können festlegen, ob Parameter nur positionale oder Keyword-Argumente akzeptieren oder beides.

 Übertreiben Sie es nicht. Sie sollten auf den Einsatz dieser Symbole verzichten, denn damit schränken Sie nur Ihre Freunde und Kollegen ein, die Ihre Funktionen aufrufen möchten. In den meisten Fällen sollten Sie die normale Konvention beibehalten, sodass Aufrufer entscheiden können, wie sie die Funktion einsetzen möchten.

Parameter als positional oder Keyword-only festzulegen, kann sinnvoll sein, wenn man eine große Benutzerschaft hat. Die Python-Entwickler setzen dies beispielsweise bei den Built-in-Funktionen ein. So kommt es, dass Sie in der Dokumentation manchmal so etwas finden:

```
class int(x=0, /)
class int(x, /, base=10)
```

Dieses Detail stammt aus der Doku der Built-in-Funktion int. Die finden Sie unter https://docs.python.org/3/library/functions.html. Schade, da ist Python nicht sehr konsistent; die eingebaute Hilfe gibt das nicht so eindeutig wieder, da hier die Separatoren fehlen:

```
>>> help(int)
Help on class int in module builtins:

class int(object)
 |  int([x]) -> integer
 |  int(x, base=10) -> integer
 |
 |  Convert a number or string to an integer, ...
 ...
```

Hier wird klar, dass solche Einschränkungen sinnhaft sein können. Die Funktion int dient dazu, Strings oder andere Zahlenarten in eine Ganzzahl zu konvertieren. Dazu akzeptiert sie zwei Parameter, nämlich x und base. Der Parameter x darf nur positional übergeben werden, da er sich links vom Slash / befindet.

```
>>> int(5)
5
>>> int(x=5)
Traceback (most recent call last):
  File "<stdin>", line 1, in <module>
TypeError: 'x' is an invalid keyword argument for int()
```

Anders sieht es für base aus, da dieser Parameter rechts vom Slash steht, also kann man es sich hier aussuchen:

```
>>> int("ff", 16)
255
>>> int("ff", base=16)
255
```

Die Funktion soll für alle Zahlen gelten, aber diese brauchen für den Aufruf keinen Namen. Mathelehrertrocken wurde hier für die Doku der Name x gewählt, aber auch dieser Name steht ja immer nur für eine beliebige Variable. Von daher kann man verstehen, dass hier kein Keyword-Argument verwendet werden sollte. Das mit der Basis ist wiederum vielleicht nicht jedem klar, daher steht es Ihnen frei, beim Aufruf nochmal dazuzusagen, was das zweite Argument in der Funktion für eine Rolle spielt. Beim ersten ist das eher nicht nötig. Fühlt sich schon richtig an.

Beim Built-in sorted gibt's nicht nur den Slash /, sondern auch ein Sternchen ∗:

```
>>> help(sorted)
Help on built-in function sorted in module builtins:

sorted(iterable, /, *, key=None, reverse=False)
    Return a new list containing all items from the iterable in
        ascending order.
```

Der Slash / deutet an, dass der Parameter iterable stets anhand seiner Position zugewiesen wird. Die Parameter nach dem ∗ erwarten, beim Namen genannt zu werden:

```
>>> sorted([3,4,1,5,8,2], reverse=True)
[8, 5, 4, 3, 2, 1]
>>> sorted([3,4,1,5,8,2], True)
Traceback (most recent call last):
  File "<stdin>", line 1, in <module>
TypeError: sorted expected 1 argument, got 2
```

Ohne das Keyword-Argument gibt es einen Fehler.

 Die Einschränkung der Parameter durch /, ∗ kommt vor allem bei den internen Python-Funktionen zum Einsatz. Ziel ist es, die API der Sprache über längere Zeiträume hinweg stabil zu halten; so sind Funktionsaufrufe gegen Namensänderungen der Parameter geschützt, wenn man verhindert, dass diese überhaupt genannt werden. Das ist für Allerwelts-Funktionen wie int besonders wichtig, da diese von vielen Personen sehr häufig eingesetzt werden. Andererseits sind Aufrufe mit Keyword-Argumenten gegen Veränderungen der Parameterposition robuster. Wenn Sie kein API-Designer sind, lassen sie die Einschränkungen lieber weg.

Ein Detail gibt es noch: Mit positionalen Argumenten kann man eine bestimmte semantische Sackgasse vermeiden. Diese basiert auf einem letzten Syntax-Hack, den Python beim Definieren von Funktionen ermöglicht.

Flexible Parameter

Die Parameterliste lässt sich nicht nur weiter einschränken, sondern auch befreien. Normalerweise gibt sie vor, welche Parameter erwartet werden; Wenn beim Aufruf dann einer fehlt, oder ein Argument zu viel übergeben wird, gibt es einen Fehler:

```
>>> def calc(a, b):
...     return a + b
...
>>> calc(1,2,3,4)
Traceback (most recent call last):
  File "<stdin>", line 1, in <module>
TypeError: func() takes 1 positional argument but 4 were given
```

Was aber, wenn Sie gar nicht wissen, wie viele Argumente Ihre Funktion beim Aufrufen bekommen soll? Dann können Sie zwei spezielle Parameter verwenden, nämlich *args und **kwargs, wie in Abbildung 17.4 dargestellt.

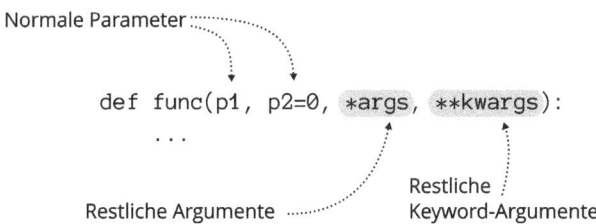

Abbildung 17.4: Mit *args und **kwargs fangen Sie alle übrigen Argumente.

Mithilfe dieser Parameter kann die Funktion beliebig viele Argumente entgegennehmen:

✔ *args: Alle positionalen Argumente, die keinem Parameter zugeordnet werden können, werden beim Aufruf der Funktion im Parameter args als **Tupel** gespeichert.

✔ **kwargs: Alle Keyword-Argumente, die keinem Parameter zugeordnet werden können, werden beim Aufruf der Funktion im Parameter kwargs als **Dictionary** gespeichert.

 Genau genommen können Sie die Parameter nennen, wie Sie wollen, da es nur auf die Sternchen ankommt, zum Beispiel *items oder **names. Die Bezeichnungen args und kwargs sind eine gängige Namens-Konvention, die bei der Programmierung von *Dekoratoren* vorkommt, aber das steht erst in Abschnitt *Dekoratoren*.

Wenn Sie die calc-Funktion mit einem Sternchen-Argument erweitern, können Sie (fast) beliebig viele Argumente übergeben – nur fast, weil mindestens ein Argument erforderlich ist:

```
>>> def calc(*numbers):
...     result = 0
```

```
...        for n in numbers:
...            result += n
...        return result
...
>>> calc(1,2)
3
>>> calc(1,2,3,4)
10
```

Mit den Kwargs geht es ähnlich:

```
>>> def func(**kwargs):
...        for key, value in kwargs.items():
...            print(f'{key} = {value}')
...
>>> func()
>>> func(name='Johannes', movie='Aliens')
name = Johannes
movie = Aliens
```

Einmal pro Funktion können Sie diese Parameter definieren. Die Reihenfolge ist dabei wichtig, *args muss immer links von **kwargs stehen:

```
# Richtig
def function(a, b, *args): ...
# Richtig
def function(a, b, **kwargs): ...
# Richtig
def function(a, b, *args, **kwargs): ...
# Richtig:
def function(a, b, *args, c=None, d=None **kwargs): ...
# Richtig:
def function(a, b, c=None, d=None, *args, **kwargs): ...


# Falsch!
def function(a, b, **kwargs, *args): ...
```

Bei den Sternchen gilt die gleiche Regel wie weiter oben im Abschnitt *Positionale Übergabe erzwingen*. Alles was rechts vom Sternchen steht, wird automatisch als benannter Parameter gewertet, der nur als Keyword-Argument übergeben werden darf.

```
>>> def function(*args, a, b): pass
...
>>> function(1,2,3)
Traceback (most recent call last):
  File "<stdin>", line 1, in <module>
TypeError: function() missing 2 required keyword-only arguments: 'a'
    and 'b'
```

Ergibt ja auch Sinn. Das Sternchen bei *args sammelt alles ein, was der Reihe nach übergeben wird. Wie soll der Interpreter da wissen, wann die Liste zu Ende ist? So kann er die Argumente für a und b ja gar nicht finden. Daher fordert er, dass die letzten beiden Argumente als Keyword-Argument übergeben werden, also so:

```
>>> function(1,2,3,4,5,6, a=12, b=4)
```

Mit ∗∗kwargs ist der Interpreter nochmal etwas unbarmherziger – das muss in der Signatur ganz rechts stehen, sonst gilt das als Syntax-Fehler:

```
>>> def function(**kwargs, a=2, b=3): pass
  File "<stdin>", line 1
    def function(**kwargs, a=2, b=3): pass
                    ^
SyntaxError: invalid syntax
```

Solche Definitionen finden Sie in einigen Built-ins. Als Beispiel können Sie die Signatur der allseits beliebten Funktion print betrachten:

```
print(*objects, sep=' ', end='\n', file=None, flush=False)
```

So steht's zumindest in der Doku unter https://docs.python.org/3/library/functions .html#print, im Docstring wird das nur durch einige Auslassungspunkte angedeutet:

```
>>> help(print)
Help on built-in function print in module builtins:
print(...)
    print(value, ..., sep=' ', end='\n', file=sys.stdout,
        flush=False)
```

Am ∗objects beziehungsweise dem value, ... erkennen Sie es – Sie können beliebig viele Objekte in diese Funktion stecken:

```
>>> print(1,2,3,4,5)
1 2 3 4 5
```

Damit print dann am Ende weiß, wann die auszugebenden Argumente zu Ende sind, sind noch einige optionale Parameter vorhanden, die Sie als Keyword-Argumente übergeben müssen (sonst würden sie mit ausgegeben werden). Damit könnten Sie zum Beispiel sogenannte Likert-Items generieren:

```
>>> print(1,2,3,4,5, sep=' - ')
1 - 2 - 3 - 4 - 5
```

 Das kennen Sie, das sind die Fragen in psychologischen Ausfragetests zu Ihren persönlichen Einstellungen, zum Beispiel: »Python hat eine einfache Syntax: trifft voll zu (1) - trifft kein Stück zu (5)«. Spätestens nach diesem Kapitel haben Sie bestimmt ein bisschen Respekt vor der Syntax bekommen und geben sicher nicht mehr 1 an. Die Skala hat übrigens Rensis Likert erfunden, nach dem sind diese Items benannt. Er war ein amerikanischer Sozialforscher.

Die Frage drängt sich auf, wofür man das Ganze braucht. Weiter oben wurde die Funktion calc erweitert, um ihren Aufruf flexibler zu gestalten:

```
>>> def calc(*numbers): ...
```

Da die Argumente zur Verarbeitung iteriert werden, könnte man auch gleich irgendeinen iterierbaren Container übergeben. So geht es ja auch:

```
>>> def calc(numbers):
...     result = 0
...     for n in numbers:
...         result += n
...     return result
```

```
>>> calc([1,2])
3
>>> calc([1,2,3,4])
10
```

 Der Nutzen von *args und **kwargs besteht offenbar nicht so sehr darin, dass hier die Elemente vom Aufrufer eingepackt werden, sondern vielmehr darin, dass die Funktion dadurch eine andere Funktion imitieren kann. Eine Funktion mit variablen Argumenten kann mal mit zwei, mal mit drei oder mehr oder weniger Argumenten aufgerufen werden – dadurch ist sie in der Lage, andere Funktionen »abzulösen«. Wozu das gut ist, erfahren Sie im Abschnitt *Dekoratoren*, aber zuvor erfahren Sie noch was übers Auspacken von Argumenten beim Aufruf. Das benötigt man dafür auch noch und es ist dummerweise verwirrend ähnlich.

Auspacken beim Aufruf

Innerhalb einer Funktionsdefinition dient die Sternchen- und Doppelsternchen-Syntax dazu, variable Argumentlisten einzupacken und geschlossen weiterzureichen. Bei einem Aufruf können Sie den umgekehrten Trick benutzen:

```
>>> def calc(a, b):
...     return a + b
...
>>> arguments = [1,2]
>>> calc(*arguments)
3
>>> arguments = {"b": 15, "a": 5}
>>> calc(**arguments)
20
>>> arguments = [1,2,3,4]
>>> calc(*arguments)
Traceback (most recent call last):
  File "<stdin>", line 1, in <module>
TypeError: calc() takes 2 positional arguments but 4 were given
```

Wenn Sie bei einem Funktions-*Aufruf* ein Argument mit einem Sternchen dekorieren, dann werden die Inhalte des Arguments als positionale Argumente an die Funktion übergeben. Damit das klappt, muss das Argument iterierbar sein und dann einzelne Werte liefern. Das gilt für alle Sequenz-Typen, wie etwa Listen, Tupel oder Sets, aber nicht für Dicts. Dictionarys gehören zu den Mappings, diese kann man als Keyword-Args übergeben, dazu verwendet man die doppelten Sternchen.

 Leider, leider, leider ist Python hier etwas doppeldeutig. Die Sternchen * und ** werden sowohl zum Einpacken als auch zum Auspacken verwendet. In der Parameterliste einer Funktion bedeuten sie, dass die Argumente eingesammelt werden. Beim Aufruf hingegen bedeuten sie, dass die Argumente innerhalb eines Containers ausgepackt werden. Kontrastierend zeigt Abbildung 17.5 nochmal, was bei einem normalen Aufruf passiert; Abbildungen 17.6 und 17.7 veranschaulichen den Unterschied bei Sternchen in Definition und Aufruf.

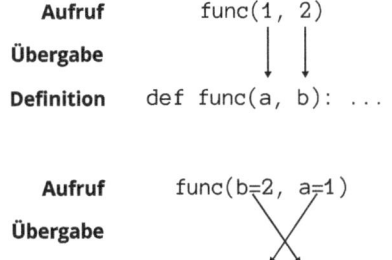

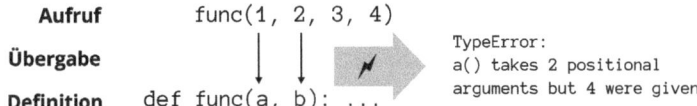

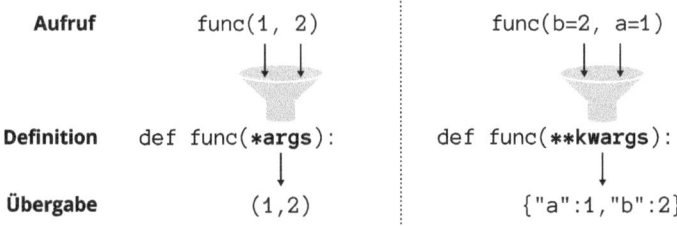

Abbildung 17.5: Ohne ∗ und ∗∗ erzwingt die Parameterliste korrekte Aufrufe. Abweichungen verursachen einen Fehler.

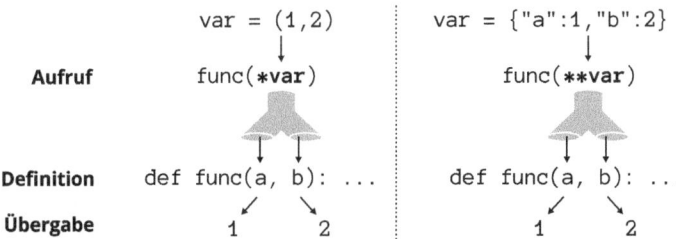

Abbildung 17.6: Einpacken: Definiert eine Funktion die Parameter ∗args und ∗∗kwargs, kann sie beliebig viele Argumente annehmen.

Aufruf	var = (1,2) func(∗**var**)	var = {"a":1,"b":2} func(∗∗**var**)
Definition	def func(a, b): ...	def func(a, b): ...
Übergabe	1 2	1 2

Abbildung 17.7: Auspacken: Beim Aufruf können Sie durch ein Sternchen eingepackte Werte als positionale Argumente übergeben. Mit zwei Sternchen wird ein Dict zu Keyword-Args.

Der Nutzen davon ist vielleicht auch nicht unmittelbar klar. Warum sollte man etwas erst einpacken, nur um es beim Aufruf einer Funktion wieder auszupacken?

Vielleicht überzeugt Sie das Argument, dass Listen ja ohnehin immer verpackt geliefert werden. Das macht es einfacher, Argumente en gros zu produzieren:

```
>>> from advent import advent
>>> sundays = [(year, sunday) for year in range(2022, 2024) for
    sunday in range(1,5)]
```

```
>>> sundays
[(2022, 1), (2022, 2), (2022, 3), (2022, 4), (2023, 1), (2023, 2),
    (2023, 3), (2023, 4)]
>>> for sunday in sundays:
...     print(advent(*sunday))
...
2022-11-27
2022-12-04
2022-12-11
2022-12-18
2023-12-03
2023-12-10
2023-12-17
2023-12-24
```

Muss das sein?

Herrschaftszeiten, Sie haben natürlich recht. Es spräche nichts dagegen, in diesem Falle den ganzen Quatsch einfach on-the-fly auszupacken:

```
>>> for year, sunday in sundays:
...     print(advent(year, sunday))
```

Dadurch wird der Code sogar etwas lesbarer, weil nochmal klar wird, welche Argumente da übergeben werden – sehr zu begrüßen. Es gibt allerdings Fälle, wo so eine Zeile zu lang wird, etwa wenn Sie ein komplexes Tupel übergeben:

```
for x, y, latitude, longitude, elevation, snowcover_cm,
    accuracy in cells:
    plot_cell(x, y, longitude, latidude, elevation,
        snowcover_cm, accuracy)
```

Der Mehrwert von solchen Papagei-Spielen ist begrenzt. Wenn Sie so viele Parameter auf wenig Raum mehrfach wiederholen, hat das eher einen gegenteiligen Effekt: die Lesbarkeit sinkt. Wahrscheinlich haben Sie den Aufruf gar nicht richtig gelesen, daher ist Ihnen auch nicht aufgefallen, dass Longitude und Latitude vertauscht wurden und da außerdem lati*dude* steht. So nun nicht. Wie wär's mit Folgendem?

```
for cell in cells:
    plot_cell(*cell)
```

Funktionale Programmierung

Wenn Sie sich nochmal die Einleitung dieses Buchteils in Erinnerung rufen (oder sie einfach nochmal durchlesen – Sie haben ja hoffentlich das ganze Buch gekauft oder geliehen und nicht einfach in der Bahnhofsbuchhandlung ein paar Seiten rausgerissen, bevor Sie zu Ihrem falsch aufgereihten ICE gespurtet sind?), dann merken Sie eventuell bereits, dass Funktionen einen Musterbruch darstellen.

Die Ausführung des Codes funktioniert in Python normalerweise von oben nach unten. Durch Bedingungen gibt es dann Auslassungen und durch Schleifen wird wiederholt. Durch Funktionen aber wird wild gesprungen, mal hierhin, mal dorthin, beim Aufruf hinein und beim Return wieder heraus. Auf dem Weg schleifen Sie irgendwelche Daten mit und verteilen sie freigiebig in der Gegend.

Mit so einem mächtigen Werkzeug an der Hand ist Umdenken gefordert. Das haben auch schon andere vor Ihnen erkannt. Man spricht daher auch vom *Paradigma der funktionalen Programmierung*.

Damit ist vor allem eine Alternative zum imperativen Ausführungsmodell gemeint. Statt ein Programm als eine Liste von Befehlen zu begreifen, die nacheinander Zustände (Variablen) verändern, wird ein Programm als eine Komposition aus Funktionen im mathematischen Sinne verstanden. Eine solche hat etwa die Form $f(x) = mx + b$, sie bildet also einen Eingabewert auf einen Ausgabewert ab. Statt also rezeptartig Einzelschritte aufzulisten, wird stattdessen ein Ausdrucksbaum erstellt, der Daten auf andere Daten abbildet.

Wenn sich das für Sie nun etwas abstrakt und kompliziert anhört, dann ist das nicht weiter schlimm, ist ja ein anderes Paradigma – eine andere Denkweise. Wäre ja ulkig, wenn Sie die schon kennen. Diese Denkweise vereint unter anderem die folgenden Aspekte:

- ✔ **Bürgerrechte**: Funktionen haben die gleichen Rechte wie alle anderen Objekte. Sie dürfen überall definiert und wie Variablen herumgereicht werden.

- ✔ **Höhere Ordnung**: Dadurch sind die Voraussetzungen für Funktionen höherer Ordnung gegeben, also Funktionen, die andere Funktionen als Argumente annehmen oder ihrerseits Funktionen zurückgeben.

- ✔ **Naturreine Funktionen**: Funktionen sollten möglichst nur das verarbeiten, was sie auf direktem Wege (als Argumente) bekommen, und nicht noch irgendwelche globalen Daten mit einbeziehen. Außerdem sollte die Ausgabe nur mit Rückgabewerten geschehen und nicht, indem man irgendwelche globalen Daten zurückschreibt. Diese Herangehensweise gewährleistet, dass die gleichen Eingaben auch immer die gleichen Ausgaben produzieren. Auf Englisch nennt man dieses Konzept *pure functions*.

- ✔ **Rekursion**: Funktionen sollten sich selbst aufrufen können. Damit macht man sich anfangs einen Knoten in den Präfrontalkortex, aber man kann bestimmte Probleme dadurch sehr effizient lösen.

- ✔ **Unveränderlichkeit**: Einmal definierte Daten ändern sich nicht mehr.

Ein Hauptvorteil der funktionalen Programmierung ist, dass man das Programm hinterher validieren kann (zumindest theoretisch). Ein weiterer Vorteil ist, dass man Programme und Ausdrücke mit ihr leichter parallelisieren kann. Das ist natürlich ein riesiger Vorteil, wenn man auf einem Prozessor mit mehreren Kernen arbeitet.

Genau die richtige Menge des Guten

Aus irgendeinem Grund sind Paradigmen auch häufig mit Dogmen verheiratet. Wo es eine Denkweise gibt, gibt es also auch immer wen, der es damit übertreibt. Einige Programmiersprachen sind so unnachgiebig von der Überlegenheit der funktionalen Programmierung überzeugt, dass Sie Ihre Nutzer zwingen, nur innerhalb dieser Ideen zu programmieren. Im Ergebnis wirken diese Sprachen auf viele dann kompliziert, verwirrend und fremdartig, obgleich ihre Befürworter von deren Ausdruckskraft, Schlichtheit und Eleganz schwärmen.

Python ist da etwas anders. Python setzt einige Prinzipien der funktionalen Programmierung sehr konsequent um, aber es zwingt Sie zu nichts. Sie können Funktionen zu Funktionen höherer Ordnung komponieren, aber Ihre Funktionen dürfen weiterhin Risiken und Nebenwirkungen haben sowie veränderliche Daten anlegen.

Python ist nicht auf die funktionale Programmierung festgelegt. Bei der Wahl des Paradigmas ist Python mehr so laissez faire und unterstützt unterschiedliche Paradigmen, also sowohl das imperative als auch das funktionale sowie das objektorientierte Paradigma (dat kriegen wir später). Sie dürfen die Stile frei mischen. Das hat für Sie den angenehmen Vorteil, dass Sie je nach Problemstellung eine angemessene Herangehensweise finden und das Beste aus beiden Welten nutzen können.

Wenn Sie sich von den funktionalen Sprachen inspirieren lassen und deren Grundzüge mal ausprobieren, dann bemerken Sie schnell, dass die folgenden Ideen Ihren Code verbessern:

✔ **Üble Nebenwirkungen**: Funktionen sollten nur Argumente annehmen und Ergebnisse zurückgeben. Lesen und Schreiben von globalen Variablen sorgt schnell für Kopfschmerzen.

✔ **Konzentration**: Funktionen sollten möglichst kurz und bündig formuliert werden und möglichst nur eine Sache machen. Kleine Funktionen lassen sich besser komponieren. Der Code wird dann deklarativer.

✔ **Verlässliche Daten**: Unveränderliche Datentypen können helfen, versehentliches Schreiben von gemeinsamen Daten zu vermeiden. In der Praxis bedeutet das, häufiger mal ein Tupel zu verwenden, wenn man normalerweise eine Liste nehmen würde.

✔ **Dekoration**: Funktionen höherer Ordnung können in Python transparent über andere Funktionen gestülpt werden. Wie das geht, erfahren Sie gegen Ende dieses Kapitels.

Im Gegensatz zu anderen Sprachen verhindert Python nicht, dass Sie etwas Dummes tun, daher müssen Sie selbst darauf achten, diese Ideen hinreichend schlau umzusetzen. Sie können gerne alles in lange Funktionen mit jeweils mehreren tausend Zeilen packen, aber besser ist es, wenn Sie Ihre Programme aus einzelnen, kleinen Funktionen zusammensetzen. Dieses Prinzip gilt grundlegend auch für andere Paradigmen. Kleine, saubere, modulare Code-Schnipsel sind einfacher zu Verwenden als große, behäbige Code-Brocken.

 Funktionale Programmiersprachen haben oft noch eine eher unbeabsichtigte Eigenschaft: Viele haben eine obskure, unaussprechliche Syntax mit vielen Sonderzeichen. In Python sieht eine List-Comprehension so aus:

```
>>> [x**2 for x in range(1, 6)]
[1, 4, 9, 16, 25]
```

In Haskell etwa schreibt man sie so:

```
> map (\x -> x**2) [1..5]
[1,4,9,16,25]
```

Das soll jetzt keine Beleidigung gegenüber Haskell sein, zumal Python die Idee der Comprehensions ursprünglich bei Haskell abgekupfert hat. Vielmehr soll es aufzeigen, dass es auch andere Arten gibt, die gleiche Lösung auszudrücken. Fans der funktionalen Programmierung berichten aber häufig, dass sie diese verdichtete Ausdrucksweise als intuitiv empfinden, weil sie der mathematischen Herangehensweise entspricht.

Funktionen: Keine Bürger zweiter Klasse

Das wohl wichtigste und nützlichste Prinzip sind Funktionen höherer Ordnung. Das sind Funktionen, die andere Funktionen annehmen, oder ihrerseits neue Funktionen erzeugen. In einer Programmiersprache klappt das aber nur, wenn Funktionen keine Sonderrolle einnehmen.

An dieser Stelle muss ein wichtiges Schlagwort fallen. Der britische Informatiker Christopher Strachey sprach schon in den 1960er Jahren von Funktionen als *first-class citizens*. Dieser Begriff hat sich eingebürgert, er soll ausdrücken, dass Funktionen keine Einwohner zweiter Klasse sind, sondern genau wie alle anderen behandelt werden. Auf deutsch hätte dieser Ausdruck wohl eher die Bedeutung, dass Funktionen einen besonderen Status genießen, aber genau das soll es ja eigentlich nicht ausdrücken. Daher ist hier von *Bürgerrechten* die Rede – Funktionen haben die gleichen Rechte wie alle anderen Objekte. Funktionen höherer Ordnung heißen übrigens auf Englisch *higher-order functions*.

Sie können Funktionen wie normale Variablen behandeln. Das haben Sie auch schon gesehen – Funktionen auf der *REPL* ohne Klammern werden einfach ausgegeben:

```
>>> print
<built-in function print>
>>> from advent import advent
>>> advent
<function advent at 0x00000208EC2E3E20>
```

Letzteres klappt natürlich nur, wenn Sie dem Beispiel am Anfang des Kapitels gefolgt sind und schon ein advent.py Modul mit einer Adventsfunktion drin haben. Falls nicht, macht das nichts, denn Sie können auch schnell eine leere Platzhalterfunktion erzeugen:

```
>>> def advent(year, sunday=1): pass
...
```

Auch das trägt übrigens zur funktionalen Programmierung bei: Funktionsdefinitionen können überall stehen. Zwar handelt es sich dabei um Anweisungen, aber die können überall im Code auftauchen. Es gibt Sprachen, da ist das nicht so. Funktionen sind also in dieser Hinsicht nichts Besonderes.

Das bedeutet auch, dass Sie Funktionen beliebig zuweisen können:

```
>>> schreibe = print
>>> schreibe("Meine Güte!")
Meine Güte!
>>> schreibe
<built-in function print>
```

Hier wird eine neue Variable angelegt, die als Wert eine Funktion – print – erhält. Python lässt sich natürlich nicht veräppeln – bei der Ausgabe weiß der Interpreter durchaus, dass es sich in Wirklichkeit um die print-Funktion handelt. So haben Sie ein Pseudonym angelegt.

 Den Trick merke ich mir, wenn ich demnächst doch noch »Haskell für Dummies« schreibe, dann ist wenigstens mein guter Autorenname nicht ruiniert, wenn ich an der Syntax scheitere.

Funktionen, die Funktionen annehmen

Nun zu etwas Praktischerem. Es gibt einige eingebaute Funktionen, die den Nutzen davon schön demonstrieren. Achten Sie auf die Funktion sorted:

```
>>> names = [
...     "Ada Lovelace", "Grace Hopper", "Margaret Hamilton",
...     "Adele Goldberg", "Barbara Liskov", "Annie Easley"
... ]
>>> def by_surname(name):
...     return name.split()[1]
...
>>> scientists = sorted(names, key=by_surname)
>>> for name in scientist:
...     print(name)
...
Annie Easley
Adele Goldberg
Margaret Hamilton
Grace Hopper
Barbara Liskov
Ada Lovelace
```

Hier werden zunächst einige Namen in einer Liste festgelegt. Hartnäckig hält sich das Klischee, es gäbe keine weiblichen Informatikerinnen, aber hier sind schon mal sechs von ihnen. Danach wird eine Funktion definiert, die schlicht by_surname heißt. Sie zerteilt einen String, der als Parameter name reinkommt, in der Mitte (am Leerzeichen) und gibt den zweiten Teil zurück, also wird "Grace Hopper" zu "Hopper".

Jetzt kommt der eigentliche Trick: Sie verwenden die eingebaute Funktion `sorted`. Normalerweise würde sie die Strings in der Liste anhand der Anfangsbuchstaben alphabetisch sortieren, aber hier wird als Argument für den Parameter `key` die zuvor erzeugte Funktion mitgegeben. Dabei stehen mit Absicht keine Klammern hinter `by_surname`, weil diese Funktion nicht aufgerufen, sondern wie eine Variable als Argument weitergereicht wird. Sie wird erst später von der Funktion `sorted` für jedes Element in `names` aufgerufen. Der Sortieralgorithmus ordnet die Daten anhand des Rückgabewertes.

Die Funktion `sorted` ist eine *Funktion höherer Ordnung*, da sie eine andere Funktion annimmt. Auch sonst sind an diesem Code mehrere Dinge bemerkenswert. So gibt `sorted` eine *neue* Liste zurück. Die Liste `names` bleibt daher durch den Aufruf unverändert. Anders wäre das, wenn Sie auf der Liste selbst die Funktion `sort` aufrufen:

```
>>> names.sort(key=by_surname)
>>> names
['Annie Easley', 'Adele Goldberg', 'Margaret Hamilton', 'Grace
    Hopper', 'Barbara Liskov', 'Ada Lovelace']
```

Die Funktionen arbeiten genau gleich, nur dass die eine die Liste an Ort und Stelle (auf Englisch: in place) verändert. Sie erkennen es bereits an der Benennung, das Verb `sort` liest sich eher imperativ, das Adjektiv `sorted` hingegen deutet darauf hin, dass da was Neues kommt, dass dann sortiert ist. Auch das ist Teil des funktionalen Stils – Daten nicht zu verändern, wenn es nicht unbedingt sein muss.

Noch funktionaler wäre übrigens, statt einer Liste gleich ein Tupel zu nutzen:

```
>>> names = (
...     "Ada Lovelace", "Grace Hopper", "Margaret Hamilton",
...     "Adele Goldberg", "Barbara Liskov", "Annie Easley"
... )
>>> names.sort()
Traceback (most recent call last):
  File "<stdin>", line 1, in <module>
AttributeError: 'tuple' object has no attribute 'sort'
```

Da Tupel unveränderlich sind, haben sie auch keine `sort`-Methode. Sie können sich aber natürlich eine neue sortierte Liste rauslassen. Auf diese Art und Weise verhindern Sie, dass Daten aus Versehen geändert werden. Besonders in größeren und komplexen Programmen ist das hilfreich.

Die Benennung der ganzen Funktionen ist übrigens auch Teil des Stils. Sie sehen, dass hier die Konzepte stetig interessanter werden:

```
>>> scientists = sorted(names, key=by_surname)
```

Der Code ist damit ziemlich deklarativ – allein anhand der Benennung können Sie ja schon in etwa abschätzen, was der Code so tut. Schade übrigens, dass `sorted` den Parameter `key` nur als Keyword-Argument akzeptiert, das unterbricht den Lesefluss ein bisschen.

Lambdas: Funktionen ohne Namen

Es gibt Fälle, in denen das Definieren einer Funktion etwas umständlich ist, zum Beispiel, wenn Sie ein Tupel beim Sortieren umstrukturieren möchten:

```
>>> languages = [
...     ("C", 1972),
...     ("C++", 1979),
...     ("Java", 1995),
...     ("LISP", 1958),
...     ("Perl", 1987),
...     ("Python", 1991),
...     ("Smalltalk", 1972),
... ]
>>>
>>> for language in sorted(languages, key=lambda v: v[1]):
...     print(language)
...
('LISP', 1958)
('C', 1972)
('Smalltalk', 1972)
('C++', 1979)
('Perl', 1987)
('Python', 1991)
('Java', 1995)
```

Beim Aufruf von `sorted` wird für den Parameter `key` diesmal das Argument `lambda v: v[1]` übergeben. Dabei handelt es sich um einen *Lambda-Ausdruck*, der eine Funktion erzeugt. Der Lambda-Ausdruck im Beispiel ist gleichbedeutend mit

```
def <...>(v):
    return v[1]
```

Das Schlüsselwort `lambda` leitet somit einen Funktionsausdruck ein. Dann kommen die Parameter, mit Kommata getrennt, aber ohne Klammern. Danach folgt ein Doppelpunkt; abgeschlossen wird das Ganze von einem Ausdruck, der den Rückgabewert der Funktion festlegt.

Die gezeigte Funktion nimmt ein Argument namens v an und gibt das zweite Element des Tupels zurück – so wird es beim Aufruf von `sorted` zur Sortierung verwendet. Die Liste der Programmiersprachen wird dadurch anhand des Erscheinungsdatums sortiert statt alphabetisch.

 Das Schlüsselwort `lambda` ist übrigens ein Hinweis auf den theoretischen Unterbau des Ganzen. Gemeint ist der *Lambda-Kalkül*, eine formale Sprache, in der Berechnungen durch das Definieren und Anwenden von Funktionen ausgedrückt werden können. Dieses System wurde in den 1920er Jahren von Alonso Church erfunden, einem amerikanischen Mathematiker und Logiker. Der Lambda-Kalkül gilt als computerlose Programmiersprache und hat verschiedene moderne Programmiersprachen beeinflusst, darunter Lisp, Scheme, ML oder Haskell – und schließlich auch Python. Church verwendete den griechischen Buchstaben Lambda (λ) als Symbol für Funktionen.

Lambda-Ausdrücke sind also Ausdrücke, die eine Funktion erzeugen, genau wie eine Definition. Es gibt dennoch Unterschiede:

1. **Nur eine Zeile**: Im Gegensatz zu normalen Funktionen kann man in Lambda-Ausdrücken keine Umbrüche und Einrückungen platzieren.

2. **Verpflichtende Rückgabe**: Der Rumpf gibt immer einen Wert zurück, obwohl kein `return` verwendet wird. Daher muss hier ein Ausdruck stehen.

3. **Kein Name**: Definitionen mit `def` erzeugen *benannte* Funktionen. Durch Lambda-Ausdrücke erzeugte Funktionen hingegen haben keinen Namen. Aus diesem Grund nennt man Lambda-Funktionen auch *anonyme Funktionen*.

Die Namenlosigkeit hat gewisse Auswirkungen. Auf der *REPL* sieht man das gut:

```
>>> def div(a, b): return a / b
...
>>> div(1,2)
0.5
>>> div2 = lambda a,b: a / b
>>> div2(1,2)
0.5
>>> div(1,0)
Traceback (most recent call last):
  File "<stdin>", line 1, in <module>
  File "<stdin>", line 1, in div
ZeroDivisionError: division by zero
>>> div2(1,0)
Traceback (most recent call last):
  File "<stdin>", line 1, in <module>
  File "<stdin>", line 1, in <lambda>
ZeroDivisionError: division by zero
```

Hier sehen Sie zwei Funktionen, die genau das Gleiche tun, allerdings ist `div` eine »klassische« Definition; `div2` verwendet einen Lambda-Ausdruck. Um Letztere zu verwenden, muss die Funktion in eine Variable gepackt werden. Beim Aufrufen geht alles gut, beide tun das Gleiche und dividieren ordnungsgemäß ihre Argumente. Sobald Sie durch 0 teilen, gibt es aber einen Fehler, bei dem der Ursprung berichtet werden soll – im Falle der Lambda-Funktion steht hier einfach nur lambda, nicht `div2`.

 Besonders in komplexen Programmen sind die Namen von Funktionen wichtig. Die Funktionsdefinition sorgt dafür, dass die Funktion ihren eigenen Namen kennt, was beim Debuggen sehr hilfreich ist, weil dieser in Fehlermeldungen auftaucht. Durch zu viele Lambda-Funktionen wird der Code schwerer zu verstehen.

Lambdas sind hervorragend geeignet, wenn Sie kurze Funktionen benötigen, die Ihnen auf einen Blick sagen, was passieren soll. Daher sollten Sie nicht zu viel Code in den Ausdruck packen, aber das wird ja allein schon durch die Syntax beschränkt. Befürworter führen außerdem an, dass es ok ist, hier einbuchstabige Bezeichner als Parameternamen zu verwenden – längere Bezeichner kann man teils nicht mehr auf einen Blick wahrnehmen.

Funktion	Beschreibung
lambda a,b: b,a	Swap – Argumente vertauschen
lambda a: a[0]	Subskript-Notation
lambda o: o.name	Attribut eines Objekts
lambda x: x**x	Mathe

Tabelle 17.2: Einige nützliche Lambda-Funktionen

Es gibt nur wenige Fälle, in denen ein Lambda eine *normale* Funktion in Sachen Lesbarkeit und Eleganz schlägt. Deswegen spielen Lambdas in der Python-Welt eine eher untergeordnete Rolle und werden nur selten verwendet. Der offizielle Style-Guide PEP 8 empfiehlt sogar, dass man auf Lambda-Ausdrücke zugunsten regulärer Funktionen verzichten sollte.

Tabelle 17.2 listet ein paar Positivbeispiele auf, die man in der freien Wildbahn findet, aber häufig sind selbst diese nicht notwendig, da es Alternativen gibt. Das Vertauschen der Elemente kann man auch einfach beim Iterieren erledigen. Für die Lambdas mit Subskript-Notation gibt es allgemeine Funktionen im Modul operator, wie zum Beispiel operator.itemgetter und operator.attrgetter.

Bei mathematischen Funktionen sind Lambdas ganz praktisch, weil man da auf einen Blick sieht, welche Operation ausgeführt wird:

```
>>> n = map(lambda x: 2**x, [1, 2, 3, 4])
>>> for i in n:
...     print(i)
...
2
4
8
16
>>> [2 ** x for x in [1,2,3,4]]
[2, 4, 8, 16]
```

Die map-Funktion ist ein bekanntes Mitglied der funktionalen Familie. Auch sie ist eine Funktion höherer Ordnung – sie nimmt als erstes Argument eine Funktion und als zweites ein iterierbares Objekt (zum Beispiel eine Liste, ein Tupel oder einen String). Die übergebene Funktion wird dann auf jedes Element angewandt.

Beachten Sie aber, dass die List-Comprehension im Anschluss das Gleiche tut und auch nicht weniger lesbar ist (eher noch besser lesbar). Erwähnenswert ist dabei, dass map *lazy* implementiert ist, das heißt, dass die übergebene Funktion erst ausgeführt wird, wenn der Wert auch angefragt wird.

Oft sind Lambda-Ausdrücke auch überhaupt nicht notwendig, nämlich wenn man schon eine Funktion hat, ohne es zu wissen:

```
>>> list(map(lambda v: int(v), ["1", "2", "3"]))
[1, 2, 3]
>>> list(map(int, ["1", "2", "3"]))
```

```
[1, 2, 3]
>>> [int(v) for v in ["1", "2", "3"]]
[1, 2, 3]
```

Das Beispiel zeigt drei Wege, wie Sie eine Liste mit Strings in eine Liste mit Zahlen überführen können. Zur Konvertierung muss die Funktion int für jedes Element aufgerufen werden. In der ersten Zeile wird dazu ein Lambda-Ausdruck verwendet, da int aber bereits eine Funktion *ist*, kann man sich das sparen und die Funktion int ohne die lambda-Verpackung an map übergeben. Oder man verwendet auch hier wieder eine Comprehension.

Python ist eine vielseitige Sprache und vereint viele Paradigmen und Stile. Die anonymen Funktionen bestätigen mal wieder die Regel, dass es für jede Anweisung auch einen Ausdruck gibt, nur werden in diesem Fall die Ausdrücke – die Lambdas – eher stiefmütterlich behandelt, da die Anweisungen – die klassischen Definitionen – meist besseren Code fabrizieren. Meistens trifft man anonyme Funktionen da, wo etwas sortiert wird.

Funktionen, die Funktionen zurückgeben

Da Funktionen wie Variablen herumgereicht werden können, dürfen Sie damit Funktionen basteln, die andere Funktionen herstellen:

```
>>> def a(u):
...     def b(v):
...         return u + v
...     return b
...
>>> a(1)
<function a.<locals>.b at 0x0000025F1EA53E20>
>>> a(1)(2)
3
```

Anhand der abstrakten, einbuchstabigen Namen der Funktionen können Sie bereits erkennen, dass es sich eher um ein theoretisches Beispiel handelt. Dennoch lohnt es sich, das Beispiel unter die Lupe zu nehmen, da das alles später nochmal relevant wird, wenn Sie damit *Dekoratoren* bauen (die finden Sie im Abschnitt *Dekoratoren*).

Die Funktion a erzeugt eine Funktion b. b wird einfach im Rumpf von a mit def angelegt und am Ende zurückgegeben. Wenn Sie nun a(1) aufrufen, bekommen Sie die Funktion b zurück.

Dabei passiert noch was Verrücktes: Die Funktion b addiert jeweils die Werte der Parameter u und v. Das Ergebnis (3) steht am Ende fest, sobald Sie die Funktion b(2) aufrufen; dabei wurde b aber aus a zurückgegeben, also ist der Aufruf an dieser Stelle ja schon längst beendet. Eigentlich dürfte der Wert für u ja gar nicht mehr lesbar sein, oder?

 Dieses Konzept nennt man eine *Closure* oder auch *Funktionsabschluss*. Die Funktion b hat hier Zugriff auf die Daten, die zum Zeitpunkt ihrer Erstellung vorhanden waren, in dem Fall auf den Wert des Parameters u.

In der funktionalen Programmierung setzt man diesen Mechanismus ein, um komplexe Aufrufe zu vereinfachen. Je nachdem, worauf der Fokus liegt, bezeichnet man das als *Currying* oder *Partial Function Application*. Beim Currying geht es darum, eine Funktion mit mehreren Parametern in eine Reihe von Funktionen mit jeweils nur einem Parameter zu verwandeln. Benannt ist dieser große Spaß nach Haskell Curry, dem amerikanischen Mathematiker, nach dem auch die Sprache Haskell benannt ist. Bei der partiellen Anwendung werden die Werte für einige Parameter fixiert, um eine Funktion mit weniger Parametern zu erhalten. Currying und partielle Anwendung sind nicht dasselbe, kommen aber ähnlich daher.

Rekursion: Funktionen, die sich selbst aufrufen

Funktionen können sich selbst aufrufen:

```
>>> def loop(i=0):
...     print(i)
...     loop(i+1)
...
>>> loop()
0
1
2
3
...
994
Traceback (most recent call last):
  File "<stdin>", line 1, in <module>
  File "<stdin>", line 3, in loop
  File "<stdin>", line 3, in loop
  File "<stdin>", line 3, in loop
  [Previous line repeated 992 more times]
  File "<stdin>", line 2, in loop
RecursionError: maximum recursion depth exceeded while calling a
    Python object
995
```

Die Funktion loop ruft am Ende wieder die Funktion loop auf. Vor dem Aufruft wird die Zahl i inkrementiert, sodass der nächste Aufruf die nächste Zahl ausgibt. Solche Selbstaufrufe werden auch als *Rekursion* bezeichnet. Rekursion ist also eine Alternative zur Iteration, eine Art Schleife ganz ohne for- und while-Konstrukte.

In der theoretischen Informatik weiß man die Eleganz der Rekursion zu schätzen. Tatsächlich kann man alles, was man iterativ erledigt, auch rekursiv erledigen. Allerdings ist die Rekursion in der Python-Praxis mit Schwierigkeiten verbunden.

Eine davon sehen Sie bereits im Beispiel: Der Aufruf endet mit einem RecursionError. Der entsteht, weil jeder Funktionsaufruf zum Arbeiten Speicher reservieren muss, der aber erst wieder freigegeben wird, sobald die geschachtelten Aufrufe fertig sind. Wenn Sie aber immer nur neue Funktionen aufrufen, wird immer weiter Speicher reserviert und nie freigegeben. Da man nicht unendlich viel davon hat, beschwert sich der Interpreter, sobald er merkt, dass zu viel Speicher verbraucht wird. Wie viele Aufrufe das sind, können Sie einstellen – der Standardwert liegt bei 1000.

```
>>> import sys
>>> sys.getrecursionlimit()
1000
```

Rekursion ist eine geeignete Lösungsstrategie, wenn Sie Daten verarbeiten, die sich irgendwie selbst enthalten. Zum Beispiel ist Ihr Datei-System so organisiert. Dort finden Sie Verzeichnisse, die Dateien enthalten; aber auch Verzeichnisse, die wiederum Verzeichnisse und Dateien enthalten und so weiter:

```
import sys
from pathlib import Path


def walk(root, depth=0):
    padding = "  " * depth

    if root.is_file():
        padding += "-"
        print(padding, root.name)

    if root.is_dir():
        padding += "+"
        print(padding, root.name)
        for path in root.iterdir():
            walk(path, depth+1)

_, path = sys.argv

walk(Path(path))
```
Listing 17.4: walk.py

Wenn Sie einen Blick auf Abbildung 17.8 werfen, dann sehen Sie links eine Ansicht eines Dateibaums. Dieser konkrete liegt sogar dem Quellcode des Buches bei; darin sind ein paar Nonsens-Dateien, aber natürlich können Sie auch einen eigenen Ordner angeben.

Rufen Sie den Code so auf:

```
$ python walk.py <Verzeichnisname>
```

Das Programm entpackt erst das Argument path von der Kommandozeile. Da das nur ein Text ist, wird daraus erst mal ein Path gemacht. Der wird dann an walk weitergereicht. Die Funktion walk betrachtet den Inhalt eines Verzeichnisses und gibt Dateien einfach aus; geschachtelte Verzeichnisse werden jeweils nochmal an walk übergeben.

Als Gimmick wurde noch ein Parameter namens depth eingefügt, der standardmäßig auf 0 steht. Bei jedem *Abstieg* in ein geschachteltes Verzeichnis wird dieser Wert um eins erhöht, so weiß die Funktion, wie *tief* sie sich in die Verzeichnisse eingegraben hat. Der Wert wird verwendet, um bei der Ausgabe eine Einrückung zu produzieren – je tiefer, desto größer die Einrückung; je verschachtelter, desto weiter rechts taucht die Datei auf. Die Ausgabe sieht aus wie die rechte Seite von Abbildung 17.8.

```
A
  B
    e
    f
    g
  C
    H
      u
      v
    i
  D
    J
      y
      x
    k
    l
    m
```

```
walk(A, func, ...)
    ...
    walk(B, func, ...)
        ...
    walk(C, func, ...)
        ...
        walk(H, func, ...)
            ...
    walk(D, func, ...)
        ...
        walk(J, func, ...)
            ...
    ...
```

```
+ A
  + B
    - e
    - f
    - g
  + C
    + H
      - u
      - v
    - i
  + D
    + J
      - x
      - y
    - k
    - l
    - m
```

Abbildung 17.8: Baumartige Strukturen lassen sich rekursiv am elegantesten durchforsten.

Weitere Beispiele

Oft erkennt man einem Problem die rekursive Lösung nicht auf Anhieb an. Die prominentesten Beispiele für Rekursion sind:

✔ das Kürzen von Brüchen

✔ Generieren der Fibonacci-Folge

✔ Berechnung der Fakultät

✔ die Türme von Hanoi

Im Zusammenhang mit Rekursion tauchen diese Beispiele ständig auf und Sie werden im Internet dazu eine Tonne Beispiele finden. Wenn Sie sich mit Fraktalen befassen, wie etwa dem Sierpinski-Dreieck, können Sie mit dem rekursiven Ansatz schöne Grafiken generieren. Auch eine binäre Suche oder der Quicksort-Algorithmus profitieren von einer rekursiven Herangehensweise.

Dekoratoren

Sie wissen nun alles über Sternchen an verschiedenen Stellen und haben gesehen, dass Funktionen in anderen Funktionen ein- und ausgehen wie Handwerker in beliebten Eckkneipen. In Einzelteilen:

✔ variable Parameterlisten

✔ Auspacken von Argumenten beim Aufrufen

✔ Funktionen, die Funktionen annehmen

✔ Funktionen, die Funktionen zurückgeben

Damit ist die Reise aber noch nicht zu Ende, denn erst, wenn Sie diese Teile kombinieren, wird es richtig bunt. Dann erschaffen Sie eine *James-Bond-Funktion*, einen unverhältnismäßig mächtigen Geheimagenten, der sich wie ein Spion für jemand anderen ausgibt – einen *Dekorator*. Nur dass Dekoratoren am Roulette-Tisch weniger Chaos anrichten.

 Dekoratoren sind Funktionen, die andere Funktionen *einwickeln* (auf Englisch: to wrap). Dadurch können Funktionsaufrufe abgefangen werden, um Daten hinzuzufügen oder in einem Seitenkanal weiterzuverarbeiten.

Zum Beispiel:

```python
# Dekorator
def substitute(function):
    # Innere Funktion akzeptiert beliebige Argumente ...
    def wrapper(*args, **kwargs):
        # ... und reicht sie einfach weiter
        return function(*args, **kwargs)
    # Innere Funktion wird zurückgegeben
    return wrapper
```
Listing 17.5: decorator.py

Hier wird die Funktion `substitute` definiert. Sie nimmt als Parameter eine Funktion namens `function` an. Im Rumpf definiert sie eine *neue* Funktion namens `wrapper`, die zurückgegeben wird.

Soweit ist das nichts Besonderes, `substitute` ist eine Funktion höherer Ordnung, die eine Funktion annimmt und eine zurückgibt. Spannend ist aber, was die Funktion `wrapper` so treibt: Sie hat nur variable Parameter, nämlich `*args` und `**kwargs`. Dadurch kann sie jedes beliebige Argument annehmen. Die Funktion selbst tut nicht viel, sie ruft am Ende `function(*args, **kwargs)` auf. Bei der Übergabe der Parameter werden diese aber expandiert, also so, dass die ursprünglichen Argumente des Aufrufes von `wrapper` einfach an `function` weitergereicht werden.

Dadurch ist `wrapper` in der Lage, jede beliebige Funktion zu imitieren. Im folgenden Beispiel wird die Funktion `print` mit einer neuen Funktion überschrieben, die sich aber genauso verhält, wie die alte:

```python
>>> from decorator import substitute

# Dekorieren -- die innere Funktion ersetzt 'print'
>>> print = substitute(print)

>>> print("Hello, World!")
Hello, World!

>>> print.__name__
'wrapper'
```

Die substitute-Funktion ist noch nicht sehr nützlich, aber dem kann Abhilfe geschaffen werden:

```python
calls = 0

# Dekorator
def count(function):
    def wrapper(*args, **kwargs):
        global calls
        calls += 1
        return function(*args, **kwargs)
    return wrapper


# Dekorieren
print = count(print)
print("Hello, World!")
print("Hello, World!")
print("Aufrufe:", calls)  # Ausgabe: 2
```
Listing 17.6: count.py

Dieser Dekorator macht das Gleiche wie der weiter oben. Durch die flexible Parameterliste kann er mit jedem Argument aufgerufen werden und reicht alles an die eigentliche Funktion function weiter. Zusätzlich wurde hier aber ein Seiteneffekt eingeführt: Die Variable call wird vor dem Aufruf von function um eins erhöht. Ergebnis: jedes Mal, wenn Sie print aufrufen, wird der Aufruf gezählt. Das Programm gibt also am Ende eine 2 aus.

Es lässt sich streiten, ob hier eine 3 ausgegeben werden sollte, je nachdem ob der letzte Aufruf sich dann selbst zählt oder nicht. Das dürfen Sie gerne anpassen, indem Sie calls auf 1 initialisieren.

Mit solchen Dekoratoren können Sie allerlei Schabernack treiben:

```python
# Hilfsfunktion
def format_call(function, args, kwargs):
    """Formatiert den Aufruf einer Funktion"""
    name = function.__name__
    arglist = [str(a) for a in args]
    kwarglist = [f'{a}={b}' for a, b in kwargs.items()]
    arguments = ', '.join(arglist + kwarglist)
    return f'{name}({arguments})'


# Dekorator
def trace(function):
    def wrapper(*args, **kwargs):
        print(format_call(function, args, kwargs))
        return function(*args, **kwargs)
    return wrapper


# Beispielfunktion
def add(a, b):
```

```
    return a + b
# Beispielfunktion 'dekorieren'
add = trace(add)

# Aufruf
result = add(1, 2) + add(3, 4) + add(5, 6) + add(7, 8)
print(result)
```
Listing 17.7: trace.py

Ausgabe:

```
$ python trace.py
add(1, 2)
add(3, 4)
add(5, 6)
add(7, 8)
36
```

Der Dekorator `trace` wird hier benutzt, um die einfache Funktion `add` zu dekorieren. Auch hier kommt das gleiche Muster zum Vorschein: `add` wird im Dekorator als Parameter `function` übergeben; die Args und Kwargs beim Aufruf werden unverändert weitergereicht. Zuvor wird aber der Aufruf der Funktion ausgegeben, dazu werden der Name der Funktion und die Argumente durch die Funktion `format_call` gejagt.

Der Effekt davon ist, dass die Funktion `add` den Aufruf so ausgibt, wie er im Code stattgefunden hat. Und das Beste: Die Funktion `add` bekommt von alledem nichts mit. Sie können also Funktionen durch Dekoratoren erweitern und deren Argumente oder ihre Ausgabe verändern.

Einzig eine Frage bleibt ungeklärt: Warum heißen Dekoratoren eigentlich Dekoratoren? Das ist eine gute Frage, denn im Beispiel sind es ja eher *Wrapper* – Aufrufe wie der hier sehen eher so aus, als sei in `add = trace(add)` das `trace` eine dünne Plastikverpackung um die Variable `add` herum und kein Schleifchen mit Blumendekor.

Genau genommen stimmt das auch, aber es gibt noch einen Syntax-Hack. Statt `add = trace(add)` können Sie auch schreiben:

```
@trace
def add(a, b):
    return a + b
```

Kombinieren Sie ein `@` und den Namen des Dekorators – diesen Party-Hut können Sie nun einer beliebigen Funktionsdefinition aufsetzen. Daher rührt wohl der Name – mit der Dekorator-Syntax können Sie Funktionsdefinitionen *dekorieren*.

 Dekoratoren mit `@` sind der bevorzugte Weg, um Funktionen zu erweitern. Semantisch ist dies das Gleiche wie `add = trace(add)`. Letzteres benutzt man nur, wenn man die Funktion nicht selbst definiert hat, wie weiter oben im Beispiel mit `print`. Solange sie aber die Funktion selbst kontrollieren und ein `def` irgendwo auftaucht, sollten Sie stets mit `@` dekorieren.

Innerhalb eines Dekorators können sie sowohl vor als auch nach dem eigentlichen Funktionsaufruf eingreifen. Der folgende Dekorator macht sich das zunutze, um die Zeit zu stoppen, die eine Funktion benötigt:

```python
import functools
import time

def stopwatch(function):
    @functools.wraps(function)
    def wrapper(*args, **kwargs):

        # Startzeit
        start = time.perf_counter()

        # Aufruf
        result = function(*args, **kwargs)

        # Endzeit
        end = time.perf_counter()

        # Verstrichene Zeit (in Sekunden)
        elapsed = end - start

        print(f'{function.__name__}: {elapsed:.2f}s')

        # Ergebnis zurückgeben
        return result
    return wrapper
```

Listing 17.8: stopwatch_decorator.py

Auch hier wird die eingeschlossene Funktion einfach aufgerufen, nur dass das Ergebnis nicht direkt zurückgegeben wird. Es wird erst mal eingesammelt und dann die Zeit berechnet, die der Aufruf nun verbraucht hat (perf_counter gibt die verstrichene Zeit in Sekunden zurück).

 Übrigens wird hier noch ein Mangel beseitigt. Die innere Funktion wrapper wird ihrerseits mit @functools.wraps(function) dekoriert. Ohne diese Zeile würde die dekorierte Funktion den Namen wrapped tragen, was das Debuggen erschweren kann. Durch diesen kleinen Dekorator aus dem functools-Modul wird der Name ausgetauscht – so behält die dekorierte Funktion ihren Namen.

Mit der stopwatch können Sie die folgenden beiden Funktionen dekorieren:

```python
import functools
import re
import time
from urllib.request import urlopen

...

title_pattern = re.compile(r'<title>(.*?)</title>')
```

```
url = (
    "https://de.wikipedia.org/wiki/"
    "Spezial:Zuf%C3%A4llige_Seite"
)

@stopwatch
def random_wiki_article():
    with urlopen(url) as response:
        content = response.read().decode('utf-8')
        if match := title_pattern.search(content):
            return match.group(1)

@stopwatch
def add(a, b):
    return a + b

# Aufruf
print("Schnell")
print("-------")
print(add(400, 20))

print()
print("Langsam")
print("-------")
print(random_wiki_article())
```

Listing 17.9: stopwatch_decorator.py

Die add-Funktion ist natürlich schnell beendet. Das Herunterladen des Wikipedia-Artikels hingegen dauert etwas länger:

```
$ python stopwatch_decorator.py
Schnell
-------
add: 0.00s
420

Langsam
-------
random_wiki_article: 0.72s
Peruanische Badmintonmeisterschaft - Wikipedia
```

So ein Dekorator ist sehr nützlich, wenn Sie in einer größeren Codebasis unverbindlich nachschauen wollen, welche Funktion etwas länger braucht. Als Profi würde man freilich einen Profiler anstrengen, aber solche Dekoratoren sind wenig invasiv und punktgenau.

Kapitel 18
Die Welt verstehen mit Objekten

In der Geschichte der Computer kam man irgendwann zu der Eingebung, dass man statt Textbefehlen auch mit grafischen Oberflächen (auf Englisch: Graphical User Interfaces, kurz GUIs) arbeiten könnte (siehe Kasten *Kurze Geschichtsstunde*). Solche GUIs waren etwas komplexer als die bis dahin verbreiteten »Daten rein – ratter, ratter – Daten raus«-Systeme.

In diesem Kapitel geht es noch nicht um GUIs, sondern um die objektorientierte Programmierung. Zwar kann man auch ohne objektorientierte Programmierung GUIs erstellen, aber geschichtlich ist das sehr verzahnt. Wenn Sie vor allem an GUIs interessiert sind, dann schauen Sie doch in Kapitel 39 unter *Ansichtssache – Programme mit GUI* vorbei.

Für die grafische Darstellung verwendet man in der Regel überlappende Fenster, die so lange ruhen, bis Nutzer mit ihnen interagieren, wie in Abbildung 18.1. Die Steuerelemente (Knöpfe und Displays) in den Fenstern sind untereinander verknüpft. Eine Aktion soll auch eine unmittelbare Reaktion erzeugen, sonst ist es ja nicht interaktiv. Eingabe und Ausgabe geschehen in einem GUI-System also gleichzeitig.

Außerdem können Fenster verschoben werden und dabei soll sich ihr Inhalt natürlich mit verschieben. Damit sind die Steuerelemente innerhalb eines Fensters von diesem abhängig.

Um so etwas zu programmieren, braucht man Strukturen, die ihren eigenen Zustand kennen und zeitlich versetzt auf Ereignisse wie Benutzereingaben reagieren. Abbildung 18.1 deutet außerdem an, dass solche Fenster immer recht ähnlich aussehen. Ein Knopf im Taschenrechner ist irgendwie der gleiche Knopf wie im *Speichern*-Dialog, nur dass die Beschriftung anders ist. Somit kam schon früh das Bedürfnis auf, den Code dafür (mit ein paar Anpassungen) wiederzuverwenden.

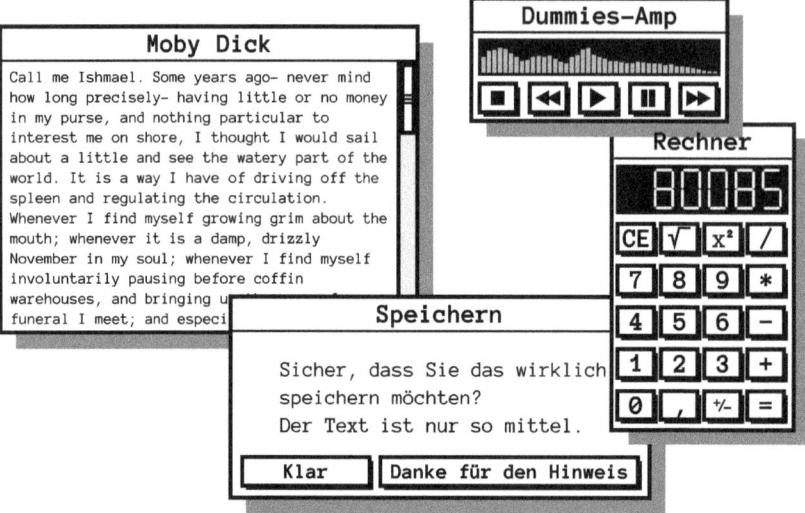

Abbildung 18.1: Grafische Nutzeroberflächen erfordern ein Umdenken.

Kurze Geschichtsstunde

In den 1970er Jahren gab es in Palo Alto in Kalifornien ein Forschungszentrum, das von der erfolgreichen Firma Xerox betrieben wurde – das Palo Alto Research Center, genannt PARC. Xerox hatte irgendwas mit Fotokopierern zu tun und verlor damals stetig Marktanteile an die japanische Konkurrenz – das PARC sollte dem durch neue Erfindungen entgegenwirken.

Dabei ist einiges ganz richtig gelaufen, denn das PARC entwickelte verschiedene Technologien, die das Computerleben bis heute beeinflussen. Unter anderem wurde das Ethernet dort erfunden (die Netzwerktechnologie, auf der unter anderem ihr Heimnetz basiert), aber auch das Konzept des Laptops oder der erste Laserdrucker stammen aus dem PARC.

Eine der wichtigsten Erfindungen war die grafische Benutzeroberfläche. Bis die GUIs erfunden waren, musste man kryptische Befehle in die Tastatur eintippen und verwaschene Buchstaben auf Röhrenmonitoren anzeigen. GUIs ermöglichten erstmals das Zeigen und Ausführen in zwei Dimensionen. Das konnte natürlich nur durch eine weitere Erfindung klappen – die der Computer-Maus, die ebenfalls am PARC erfunden wurde.

All das entstand nicht unabhängig voneinander: Dem Informatiker Alan Kay schwebte als Idee eine Art Bildungsplattform vor, die er in einem Gerät namens »Dynabook« umsetzen wollte. Dieses Dynabook war der Vorreiter zu dem, was man heute als Laptop, Tablet oder auch E-Book-Reader kennt. Um es umzusetzen, musste ein neues Eingabekonzept her.

Der Umgang sollte leicht zu erlernen, inklusiv und intuitiv sein, sodass dafür nur GUIs infrage kamen, denn GUIs haben den Vorteil, dass mögliche Aktionen effizient auf dem Bildschirm präsentiert werden, sodass Nutzerinnen Dinge ohne das Studieren eines Handbuchs entdecken können. Um GUIs zu erstellen, musste auch gleich eine neue Programmiersprache her, und um diese dann zu programmieren, benötigte man auch obendrein noch eine Entwicklungsumgebung. Die wurde auch am PARC erfunden, man nannte sie Smalltalk.

Xerox PARC war ein Ort voller Offenheit und man ließ sich bereitwillig in die Karten gucken, was die damalige Konkurrenz sehr freute, darunter Steve Jobs und Bill Gates, die die Konzepte dann an den Mann und die Frau brachten. Lassen Sie sich von deren Erfolgsgeschichten nicht ablenken – viele der Erfindungen gehen auf Xerox zurück, auch wenn die Welt für die ursprünglichen Ideen noch nicht bereit war. GUIs wurden erst durch die ersten Apple-Computer so richtig populär, die Idee stammt aber aus dem PARC.

Objektorientierte Programmierung

Um diese komplexeren Anforderungen zu bedienen, entwickelte man Anfangs der 1970er am PARC die Programmierumgebung *Smalltalk*. Deren Konzepte und Ideen haben sich bis heute durchgesetzt, auch wenn sie über die Zeit ein wenig mutiert sind und man heute damit bei Weitem nicht nur GUIs baut. Zwar war Smalltalk nicht die erste objektorientierte Sprache (dieser Titel geht an die Sprache Simula), wohl aber ein wichtiger Meilenstein, der die Softwarewelt bis heute prägt.

Mit Smalltalk kristallisierte sich das Paradigma der *objektorientierten Programmierung*, das Sie auch in Java, C++ und eben auch Python wiederfinden. Der Kern ist schlicht:

✔ Objekte bilden Konzepte oder Gegenstände einer Modellwelt ab.

✔ Objekte kapseln Funktionen und Daten zu abgeschlossenen Einheiten.

✔ Beim Programmieren versucht man, Objekte geschickt miteinander in Beziehung zu setzen.

Objektorientierte Programme sind etwas anders als imperativ-prozedurale oder funktionale Programme. Das liegt vor allem daran, dass man statt über einzelne Funktionen nun über Beziehungen zwischen Objekten nachdenken muss. Das Ganze hat auch eine interessante Lernkurve, mit der sich selbst professionelle Programmierer mitunter schwertun; daher hagelt es häufig Kritik an diesem Paradigma (es sei zu kompliziert, unnötig, unnatürlich oder nur blöd). Jedoch ist das hier ein geschriebenes Buch und nicht Twitter oder gar X, daher können Hater und Bedenkenträger getrost ignoriert werden.

Bevor Sie sich allerdings in den Code stürzen können, sollten Sie sich zunächst mit einigen Begriffen vertraut machen.

Was sind Objekte?

Im Fokus der objektorientierten Programmierung stehen – klar – die *Objekte*. Objekte sind einerseits ein Weg, um eine Problemstellung zu modellieren, und andererseits eine Möglichkeit, um Code zusammenzufassen. Es handelt sich um eine Abstraktion, also ein Mittel, um Code zu vereinfachen.

✔ Objekte repräsentieren Konzepte Ihrer Problemstellung.

✔ Objekte verstecken technische Details (sie *abstrahieren* sie).

✔ Objekte sind Container, die Daten und Funktionen zusammenbringen.

Die Idee mit den Datencontainern kennen Sie schon, die ist in Python so essenziell, dass sie bereits vorgegriffen wurde. Alle Daten in Python werden in Objekt-Container gepackt. Der Container kann Ihnen Auskunft darüber geben, welche Art von Daten er enthält, und er bringt auch schon geeignete Methoden zur Verarbeitung mit:

```
>>> numbers = [3,4,1,2]
>>> type(numbers)
<class 'list'>
>>> numbers.sort()
>>> numbers
[1, 2, 3, 4]
```

Die Variable numbers enthält eine Liste – es handelt sich also um ein Listen-*Objekt*. Durch Aufruf von type erfährt man den Datentyp des Objekts – <class 'list'> – es handelt sich also um eine Liste. Warum da class steht, darauf wird weiter unten eingegangen. Listen haben eine eingebaute Sortierfunktion, die aktiviert man so:

```
>>> numbers.sort()
```

Nach der Ausgabe sind die Elemente sortiert, also hat sich die Liste intern geändert.

Die Syntax macht es schon klar: Die Funktion sort wird im Bezug zur Liste aufgerufen. Deswegen nimmt sie auch kein Argument mit Daten an (anders etwa als die Funktion sorted(numbers)). Die Daten sind schon da, die Funktion ist an das Objekt gebunden. Solche gebundenen Funktionen nennt man im Fachjargon *Methoden*. Die im Objekt gespeicherten Daten nennt man auch die *Attribute* des Objekts.

Objekte sind also Datencontainer, die ihre Verarbeitungsfunktionen gleich mitbringen.

Wo kommen die Objekte her?

Um Objekte herzustellen, verwendet man spezielle Funktionen, die sogenannten *Konstruktoren*. Konstruktoren konstruieren Objekte und geben ihnen benötigte Daten mit.

So etwas haben Sie auch schon verwendet, vielleicht ohne es zu merken. Die eingebauten Datentypen in Python schreiben Sie meistens als Literale auf, wie beispielsweise die Liste weiter oben. Sie können aber auch den Konstruktor der Liste explizit aufrufen:

```
>>> empty = list()
>>> numbers = list((3,4,1,2))
>>> numbers
[3, 4, 1, 2]
```

Die Built-in-Funktion list erzeugt ohne Argumente eine leere Liste. Mit einer Sequenz von Daten aufgerufen (im Beispiel ist es ein Tupel) erzeugt die Funktion ein Listen-Objekt (sie konvertiert das unveränderliche Tupel in eine veränderliche Liste).

Wenn Sie die Built-in-Funktion type fragen, was für einen Typ die Variable numbers hat, dann erfahren Sie den Namen der Klasse, zu der das Objekt gehört – und dieser Name ist in aller Regel auch der Konstruktor:

```
>>> type(numbers)
<class 'list'>
>>> type(5)
<class 'int'>
```

Hier steht wörtlich, dass die Variable numbers zur Klasse der Listen gehört. Das sagt so viel aus wie: Hier hast du ein Objekt, das gehört zur Klasse der Listen. Es ist also nur *eine von vielen möglichen Listen*, genau wie die 5 nur eine von vielen möglichen Ganzzahlen ist (sie gehört zur Klasse der Integer). Jede Klasse definiert einen Konstruktor, also eben eine spezielle Funktion, die Objekte erzeugt, die dann zur Klasse gehören.

Klassen sind dabei nicht nur abstrakte Gruppierungen, sondern konkrete Sprachkonstrukte:

```
class Fraction:
    def __init__(self, a, b):
        self._a = a
        self._b = b

    def value(self):
        return self._a / self._b
```

Hier wird beispielhaft eine Klasse namens Fraction definiert, dazu dient das Schlüsselwort class. Die Funktion mit dem Spezialnamen __init__ ist der eigentliche Konstruktor.

 Den Namen einer Klasse schreibt man mit großem Anfangsbuchstaben – so gibt es der Style-Guide PEP 8 offiziell vor. In Mathe schreibt man häufig so etwas wie *a* ist ein Element der Menge *A*, und das passt gar nicht schlecht auf Objekte und Klassen: Objekte sind die Mitglieder einer Menge, entsprechend schreibt man die Variablenname konkreter Objekte klein.

```
>>> half = Fraction(1, 2)
>>> half.value()
0.5
```

In diesem Beispiel sehen Sie es auch schon: Hier wird einfach der Name der Klasse wie eine Funktion aufgerufen. Das aktiviert die Funktion __init__, der Sie zwei Argumente übergeben. Dadurch wird das Objekt erzeugt.

Eigentlich ist das nicht ganz richtig. Das Objekt wird schon vorher erzeugt und dann im Parameter self übergeben. Die Methode __init__ soll das Objekt mit Daten füttern, es *initialisieren*. Der eigentliche Konstruktor wird schon vorher aufgerufen. Da kommen Sie auch dran – er heißt __new__, allerdings ist diese Sache etwas komplizierter, daher wird darauf (erst mal) nicht eingegangen.

Magische Methoden

Übrigens erkennt man an den Unterstrichen stets besondere Funktionen: Die sogenannten magischen Methoden (auch Magic-Methods oder Dunder-Methoden, von englisch *double-underscore methods*). Diese werden in aller Regel nicht direkt aufgerufen, sondern durch einen anderen Mechanismus aktiviert. __init__ zum Beispiel wird dann aufgerufen, wenn Sie den Klassennamen wie eine Funktion aufrufen.

Wo gehen Objekte hin?

Jedes Mal, wenn Sie den Konstruktor aufrufen, bekommen Sie ein neues Objekt:

```
>>> a = Fraction(1, 2)
>>> b = Fraction(3, 4)
>>> hex(id(a))
'0x158ed21cd00'
>>> hex(id(b))
'0x158ed25f4c0'
```

Mit id erfährt man die Speicheradresse des Objekts. Daran lässt sich erkennen, dass die beiden Objekte nicht dieselben sind, sondern an unterschiedlichen Stellen im Speicher stehen. Da beide Objekte immer noch zur selben Klasse gehören, sagt man auch, die beiden Objekte seien je eine *Instanz* der Klasse, also eine konkrete Ausprägung im Speicher.

Wie alle Variablen, die nicht mehr benötigt werden, werden Objekte automatisch zur Löschung freigegeben, wenn sie nicht mehr verwendet werden. Bei zyklischen Abhängigkeiten wird die *garbage collection* aktiv (wörtlich *Müllabfuhr*, dabei werden Objekte automatisch zur Löschung freigegeben, wenn sie nicht mehr verwendet werden).

Was können Objekte so?

Objektorientiere Programme bauen auf imperativen Befehlen und Funktionen auf und erweitern deren Umfang um ein wichtiges Prinzip. Objekte können für andere Objekte einstehen und deren Aufgaben übernehmen, das bezeichnet man auch als *Polymorphie* (griechisch, *poly* bedeutet viele, mehrere; *morph* bedeutet Gestalt, Form, Körper). Genau genommen geht das auch schon mit Funktionen, denn diese können sich gegenseitig ablösen, solange die Signatur stimmt (die Struktur der Parameterlisten), aber Objekte sind hier nochmals etwas flexibler, da sie bei ihnen die Beziehungen noch genauer steuern können.

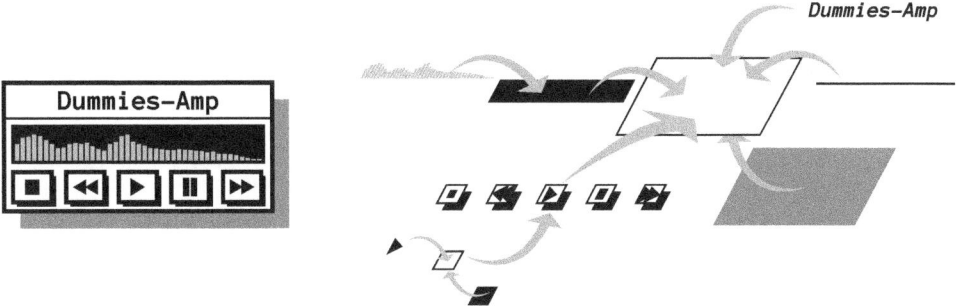

Abbildung 18.2: Komposition: Die GUI eines Audio-Players setzt sich aus unabhängigen Einzelteilen zusammen, die gemeinsam das Programm steuern.

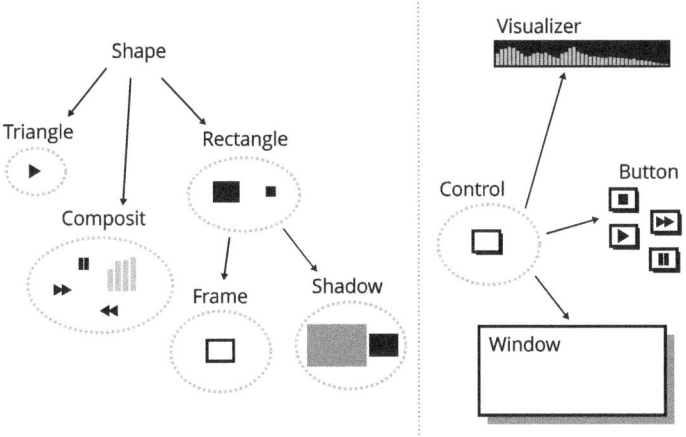

Abbildung 18.3: Vererbung und Komposition greifen ineinander.

Sie können Objekte zu höheren Konzepten zusammensetzen – das nennt man *Komposition*. Abbildung 18.2 zeigt das gut, der fiktive Audio-Player gruppiert einzelne Steuerelemente, die nun Teil des Fensters sind. Jedes Element wird wiederum durch ein Objekt repräsentiert, das verschiedene Aufgaben übernimmt, wie das Anzeigen oder Auslösen von Ereignissen (beispielsweise wenn jemand draufklickt).

Außerdem können Sie Klassen miteinander in Beziehung bringen und damit festlegen, welche Objekte sich ähnlich zu anderen Objekten verhalten. Dieses Konzept wird als *Vererbung* bezeichnet. Abbildung 18.3 deutet es an: Klassen können in hierarchischen Strukturen organisiert werden, um Spezialisierungen auszudrücken. Die obere Ebene ist dabei abstrakt, nach unten hin wird es konkreter.

Für den fiktiven Musik-Spieler aus Abbildung 18.2 etwa bedeutet das, dass auf der obersten Ebene (der Shape-Klasse) erst mal nur geregelt wird, dass irgend eine Sammlung von Funktionen auch irgendwas auf den Bildschirm zeichnen kann. Darunter sind dann schon genauere Formen, die diesen Code wiederverwenden, aber gleichzeitig Details zu einer konkreten Geometrie enthalten (Dreiecke und Rechtecke). Davon kann man wieder Ableitungen bilden, etwa ist ein Schlagschatten unter einem Fenster auch nur ein Rechteck, aber vielleicht ein bisschen dunkler und transparenter als die anderen.

Jede Ebene *erbt* die Funktionalität der darüberliegenden. Dadurch kann ein Schatten auf den Bildschirm gezeichnet werden und verwendet dafür womöglich weite Teile des Codes zum Zeichnen von Rechtecken wieder.

Die Einzelteile können nun auch wieder zu neuen Komponenten zusammengesetzt werden (Komposition), die dann wiederum in eigene Vererbungshierachien gebracht werden, die Ansätze ergänzen sich somit.

Ein Button ist eine Kombination aus einem Rahmen mit einem Schlagschatten, ein Window ist das Gleiche, wenn auch etwas größer. Auch bei dem Visualizer erkennen Sie sicher, welche Elemente da kombiniert werden. Vielleicht müssen alle diese Elemente aber auf Mausklicks reagieren, daher können Sie den Code in einer gemeinsamen `Control`-Klasse zusammenfassen.

Welche Vorteile haben Objekte?

Objekte sind ein wichtiger Schritt, um Abhängigkeiten zwischen den Elementen eines Programms abzubilden. Es ist möglich und auch ab und zu sinnvoll, vollständig auf Klassen und Objekte zu verzichten, aber Objekte können bestimmte Problemfälle signifikant vereinfachen.

✔ Es gibt Problemklassen, die mit Objekten elegant gelöst werden können, wie bestimmte Formen von **Simulationen**, oder eben die eingangs erwähnten GUIs.

✔ Das Ziel von Objekten ist meistens die **Wiederverwendbarkeit** von Code. Wenn Sie gut designt sind, können Sie Code entweder durch Vererbung oder durch Komposition an verschiedenen Stellen einsetzen.

✔ Objekte sind kleine Mini-Module, die helfen, den Code zu strukturieren. Wenn man klare Grenzen festlegt, schafft man **Lokalität**, das bedeutet, dass bestimmter Code an eine einzige Stelle wandert, anstatt sich über die gesamte Code-Basis zu verstreuen.

Und die Nachteile?

Objekte haben eine interessante Lernkurve. Die ist nicht besonders steil, eher sehr flach, aber dafür zieht sie sich etwas in die Länge. Objekte sind ein Wolf im Schafspelz, da man die Grundprinzipien eigentlich recht schnell versteht. Man schreibt beim Code irgendwas mit Klassen hin und dann hat man Objekte. Allerdings dauert es eine Weile, bis man den wahren Nutzen der Objektorientierung durchdringt.

Leider sind Objekte auch mit einiger **Komplexität** verbunden. Eine gängige Kritik ist, dass man viel Boilerplate-Code schreiben muss. Der Begriff stammt aus der Medienbranche, gemeint ist, dass man viel Gerüst-Code schreiben muss, der nicht mit dem eigenen Problem zu tun hat, was der Klarheit abträglich ist. Im Verhältnis zu imperativem Code oder Programmen, die nur aus Funktionen bestehen, benötigen Klassendefinitionen tatsächlich etwas mehr Platz, allerdings spielt dies in der Praxis eine untergeordnete Rolle, da die Vorteile von Objekten diese Nachteile mehr als wett machen.

Ein weiterer Kritikpunkt ist, dass Objekte mehr Rechenressourcen benötigen und daher für manche Probleme ungeeignet sind. Außerdem braucht man weitere Infrastruktur wie etwa einen Garbage-Collector, damit das mit den Objekten rund läuft. Für die Chips von eingebetteten Systemen oder Berechnungen mit sehr vielen Daten kann das problematisch sein. Für Hochleistungssysteme sollte man daher vorsichtig sein, wenn man Objekte einsetzt, aber dann programmiert man die eben in C oder Rust. GUI-Programme, Webseiten, Web-Crawler, Computerspiele und viele weitere Programmarten profitieren aber von einer expliziten Modellierung und verkraften es in vielen Fällen, wenn Sie nicht das letzte Quäntchen Performance aus der Maschine herauskitzeln.

Zusammenfassung

Nun ja, das waren viele Ideen für den Hinterkopf. In Tabelle 18.1 finden Sie sie nochmal übersichtlich dargestellt.

Begriff	Bedeutung
Objekt	ein Datencontainer mit Methoden, die Konzepte Ihrer Problemstellung repräsentieren
Klasse	eine Vorlage für eine Gruppe von Objekten
Methode	Verhalten eines Objekts
Attribut	Informationen eines Objekts
Instanz	ein konkretes Objekt im Speicher
Konstruktor	Methode, die ein neues Objekt erzeugt
Vererbung	Beziehung zwischen zwei Klassen
Komposition	Beziehung zwischen zwei Objekten

Tabelle 18.1: Wichtige Konzepte der objektorientierten Programmierung

Eine Klasse für sich

Objekte fangen stets mit einer Klassendefinition an. Packen Sie den folgenden Code in eine Datei namens year.py – diese wird in den folgenden Abschnitten sukzessive erweitert, das steht auch an den Listings immer dran.

```
class Year:
    def __init__(self, year):
        self.year = year
```

Listing 18.1: year.py

Am Anfang steht das Schlüsselwort class. Danach folgen, beginnend mit einem Großbuchstaben, der Klassenname und ein Doppelpunkt. Darunter finden Sie eingerückt die Funktionen, die den Objekten später bereitstehen. Diese werden *Methoden* genannt. Methoden sind gewöhnliche Funktionen, die mit def eingeleitet werden. Danach kommt die Parameterliste, dann der Doppelpunkt, dann eingerückt der Rumpf der Funktion.

Eine Sache ist jedoch besonders: Der erste Parameter wird für gewöhnlich `self` genannt und hat einen besonderen Stellenwert: Mit ihm können Sie im Verlaufe der Methode auf das aktuelle Objekt zugreifen.

Außerdem ist die `__init__`-Methode eine spezielle Methode. Sie wird bei der Erzeugung des Objekts aufgerufen, um die Attribute des frischen Objekts zu initialisieren.

Eine Methode ist eine Funktion, die an ein Objekt *gebunden* wurde. Das Objekt wird als erster Parameter übergeben, man nennt diesen `self`.

Öffnen Sie die *REPL* im gleichen Ordner, in dem sich auch das Modul `year.py` befindet. Der Aufruf findet dann so statt:

```
>>> from year import Year
>>> Year(2011)
<year.Year object at 0x00000251B8CBEBF0>
```

Halt stopp! Was soll das denn geben, warum wird hier eine Klasse für ein Jahr angelegt? So ein Unsinn. Ein Jahr ist ja einfach nur ein Integer, oder?

Nun ja, nicht ganz. Ein Jahr ist ein sehr besonderer Integer. Wenn Sie 2^{32} rechnen, kommen Sie auf 4 Milliarden-irgendwas, also eine sehr große Zahl. Es ist unwahrscheinlich, dass solche großen Zahlen hier Sinn ergeben.

Hängt natürlich ganz von Ihrem Anwendungsfall ab. Theoretisch ist das ein gültiges Jahr – wenn Sie das Alter von Galaxien berechnen, beeindruckt sie so ein Wert wahrscheinlich nicht. Für dieses Kapitel tun wir mal so, als sei mit Jahr ein normales Jahr im gregorianischen Kalender gemeint, vielleicht als Geburtsjahr, oder für eine Altersangabe.

Und da liegt auch schon der Grund, warum man gerne Klassen und Objekte verwendet: Mit einer eigenen Klasse können Sie ab sofort die gemeinen Ganzzahlen ignorieren, von denen die meisten ja überflüssig sind und sich auf die sehr besonderen Ganzzahlen konzentrieren, nämlich all die, die Jahreszahlen darstellen. Mit *Klasse* ist hier die Idee aller sinnvoll verarbeitbaren Jahre gemeint, ein *Objekt* aber ist ein konkretes Jahr.

Konstruktoraufruf

In der Definition der Klasse können Sie sicherstellen, dass nicht zufällig unsinnige Objekte entstehen:

```
class Year:
    def __init__(self, year):
        if year < 1900:
            raise ValueError('Zu früh')
        if year > 2200:
            raise ValueError('Zu spät')
        self.year = year
```

Listing 18.2: year.py

Die `__init__`-Methode ist ein guter Ort, um Daten bei der Erzeugung gleich zu prüfen. Hier wird getestet, ob die übergebene Zahl zwischen 1900 und 2200 liegt, falls sie größer oder kleiner ist, gibt es einen Fehler.

Schon haben Sie was gewonnen. »Normale« Jahre werden einfach so erzeugt, aber Jahre außerhalb der gewünschten Spanne ergeben einen Fehler:

```
>>> from year import Year
>>> Year(2011)
<year.Year object at 0x000002411EDAEBF0>
>>> Year(1816)
Traceback (most recent call last):
  File "<stdin>", line 1, in <module>
  File "year.py", line 4, in __init__
    raise ValueError('Zu früh')
ValueError: Zu früh
```

Mit `raise ValueError` wird das Programm unterbrochen (ähnlich wie bei einem `return`). So verhindern Sie, dass der Code weiter ausgeführt wird, wenn ungültige Daten eingegeben werden. Wie das genau funktioniert, wird später nochmal wichtig, nämlich in Kapitel 39 unter *Ansichtssache – Programme mit GUI*.

Attribute anlegen

Übergebene Daten werden in der `__init__`-Methode im Objekt gespeichert, indem man es als Variable auf `self` zuweist, also etwa:

```
class Year:
    def __init__(self, year):
        ...
        self.year = year
        ...
```

Dadurch wird eine neue Variable angelegt, die dem Objekt gehört (das nennt man ein *Attribut*). Durch den Punkt-Operator kommen Sie später auch wieder an den Datenwert heran:

```
>>> year = Year(2023)
>>> year.year
2023
```

Um auf die Daten im Objekt zuzugreifen, müssen Sie nun stets über das Objekt gehen. Man sagt auch, dass das Objekt die Daten *kapselt*. Dadurch wird signalisiert, dass die Daten irgendwelche zusätzlichen Fähigkeiten haben und nicht mehr nur für sich stehen.

Daten, die für die konkreten Objekte relevant sind, werden in der Regel im Konstruktor eingefügt. Manchmal kann es aber sinnvoll sein, Daten für alle Objekte der Klasse bereitzustellen, dann können Sie eine Variable bereits in der Klasse anlegen:

```
class Year:
    MONTHS = 12
```

Solche *Klassenattribute* stehen allen Objekten zur Verfügung und können auch unabhängig von Objekten verwendet werden.

Objekte sind aber nicht nur reine Datencontainer. Es hilft, wenn man sich Objekte eher wie einen Satz Funktionen vorstellt, die Ihre Daten bereits mitbringen. Leider tun Objekte der Klasse Year im Moment noch gar nichts; da müssen erst mal ein paar Funktionen geschrieben werden.

Die Ausgabe steuern

Die grundlegendste Funktion, die alle Objekte können sollten, ist die Ausgabe. Glücklicherweise gibt es dazu ein Standardverhalten; sie können jedes Objekt direkt ausgeben:

```
>>> year = Year(2023)
>>> year
<year.Year object at 0x000001C804CDE680>
>>> repr(year)
'<year.Year object at 0x000001C804CDE680>'
>>> print(year)
<year.Year object at 0x000001C804CDE680>
>>> str(year)
'<year.Year object at 0x000001C804CDE680>'
```

Hier wird das Objekt gleich dreimal ausgegeben. Das liegt nicht an den zittrigen Händen Ihres Autors, der gerade einen kalten Koffein-Entzug durchmacht, sondern das wird gleich nochmal wichtig. Genau genommen gibt es nämlich nicht nur eine Art der Ausgabe, sondern zwei:

1. Auf der *REPL* ist Genauigkeit wichtig, daher wird hier eine akkurate *Repräsentation* des Objekts ausgegeben. Wenn Sie eine Variable eingeben und Enter drücken, wird jedes Objekt durch Aufrufen der Built-in-Funktion repr konvertiert.

2. Für eine etwas formlosere Ausgabe verwendet man die Built-in-Funktion str. Das macht auch print vor der Ausgabe.

Der Grundgedanke dieser Trennung ist, dass man mit repr eine *offizielle* Ausgabe erzeugt, die einen beim Debuggen unterstützt. Diese Sicht ist eher für Sie als ProgrammiererIn wichtig – standardmäßig werden daher die Klasse und die Speicheradresse des Objekts ausgegeben. Das Ganze wird in spitze Klammern gefasst, die – wie alle Sonderzeichen auf der Tastatur – möglichst abschreckend und Programmierern vorbehalten wirken sollen.

Mit str hingegen sollte eine Ausgabe erzeugt werden, die sich an Endnutzer richtet. Da können Sie durchaus auf Ästhetik setzen und Zusatzinformationen oder Emojis einfügen.

Wie Sie unschwer erkennen können, geben derzeit alle vier Aufrufe das Gleiche aus, das liegt daran, dass Sie sich noch nicht um die Ausgabe Ihres Year-Objekts gekümmert haben. Die Ausgabe von str fällt daher auf die Ausgabe von repr zurück.

Um diesen unbefriedigenden Umstand zu ändern, können Sie zwei spezielle Funktionen einfügen:

```
class Year:
    ...
    def __repr__(self):
        class_name = self.__class__.__name__
        return f"{class_name}({self.year})"
```

```
    def __str__(self):
        return f"{self.year}"
```
Listing 18.3: year.py

Wenn Sie damit eine Ausgabe probieren (nicht vergessen: *REPL* schließen und Modul neu laden!) dann sieht die Ausgabe schon etwas anders aus:

```
>>> from year import Year
>>> year = Year(2023)
>>> year
Year(2023)
>>> repr(year)
'Year(2023)'
>>> str(year)
'2023'
>>> print(year)
2023
```

Hier hat sich etwas verändert. Sowohl repr als auch str geben jetzt unterschiedliche Repräsentationen aus. Die »informelle« Ausgabe gibt einfach nur die Jahreszahl aus, die man als Mensch ja sofort erkennt; die etwas robotische Repr aber wird so umgesetzt wie es in der Python-Doku steht:

> Ausgaben mit repr sollen (sofern möglich und sinnvoll) einen String ergeben, der einen gültigen Python-Ausdruck darstellt. Daher ist die Ausgabe zum Beipiel Year(2023) – und das sieht ja wie ein Konstruktoraufruf aus. Beachten Sie auch den Trick, wie man an den Klassennamen kommt.

__repr__ und __str__ sind (genau wie __init__) Spezialfunktionen, die nicht direkt, sondern meist durch andere Mechanismen aufgerufen werden, hier etwa durch Aufruf der Built-in-Funktionen. str etwa konvertiert ein Objekt in eine Zeichenkette, indem es nachsieht, ob das Objekt eine __str__-Methode mitbringt.

Diesen Mechanismus findet man öfter, denn auf diese Weise sind verschiedene *Protokolle* umgesetzt. Zum Beispiel können Sie durch Implementieren einiger magischer Methoden ein beliebiges Objekt wie eine Liste aussehen lassen, oder auch wie eine Zahl.

Auch nur mit Wasser gekocht

Innerhalb der Funktionen __str__ und __repr__ wird auf ein Attribut des Objekts zugegriffen; daher wird stets self als erster Parameter eingefügt – der meint das aktuelle Objekt. Syntaktisch gesehen sind das normale Funktionen und die können auch so aufgerufen werden:

```
>>> from year import Year()
>>> year = Year(2023)
>>> year.__str__()
'2023'
>>> year.__repr__()
'Year(2023)'
```

Die Funktionen werden ohne Argumente aufgerufen; allerdings erwarten sie ja einen Parameter namens `self`. Der wird dadurch übergeben, dass Sie die Methode durch den Punkt im Namensraum des Objekts aufrufen.

Während die Attribute der Objekte beim Konstruktoraufruf übergeben werden, werden die Funktionen ja in der Klasse schon festgelegt. Somit haben alle Objekte einer Klasse die gleiche Funktionalität – das ist im Grunde die Kernidee der Objektorientierung. Syntaktisch bedeutet das aber, dass die Methoden eigentlich der Klasse *gehören*:

```
>>> year.__repr__
<bound method Year.__repr__ of Year(2023)>
>>> Year.__repr__
<function Year.__repr__ at 0x0000021BDA0032E0>
```

Methoden werden auf der Klasse festgelegt. Beim Erzeugen des Objekts bekommt das Objekt aber eine »Kopie« davon mit. Diese wird dabei an das Objekt *gebunden* – deswegen zeigt Python sie auch als *bound method* an. Eigentlich ist das alles also nur ein syntaktischer Taschenspielertrick – im Hintergrund wird wie gehabt eine Funktion aufgerufen, nur dass der erste Parameter automatisch auf das aktuell gebundene Objekt verweist.

Tatsächlich können Sie diesen Spaß auch noch weiter treiben:

```
>>> year = Year(2023)
>>> Year.__repr__(year)
'Year(2023)'
>>> Year.__str__(year)
'2023'
```

 Klassen definieren Funktionen, die für alle Objekte gelten. Auf der Klasse sind sie noch nicht gebunden, daher können Sie sie wie eine gewöhnliche Funktion aufrufen. Ungebunden müssen Sie aber den `self`-Parameter übergeben. Lassen Sie sich davon jedoch nicht verwirren, in der Regel müssen (und sollten) Sie magische Methoden nicht direkt aufrufen.

Vererbung

Übrigens kommen Sie auf diese Art auch an die alte Version der `repr`-Methode:

```
>>> object.__repr__(year)
'<year.Year object at 0x0000021BD9FDEBF0>'
```

Hier werden die Methode `__repr__` im Namensraum von `object` aufgerufen und dann das Jahr als Argument übergeben. Dadurch erhalten Sie wieder die ursprüngliche Ausgabe.

Klassen stehen mit anderen Klassen in Beziehung. In Ihrem Code können Sie entscheiden, dass Ihre Klasse alle Features einer anderen Klasse *erben* soll, daher spricht man hier von *Vererbung*.

 Wichtig ist zu wissen: Jede Klasse erbt immer etwas. Wenn Sie das nicht ausdrücklich angeben, dann erbt die Klasse von der Basisklasse – und die heißt einfach `object`. Ist ja auch logisch: Alle Objekte gehören zur Klasse der Objekte.

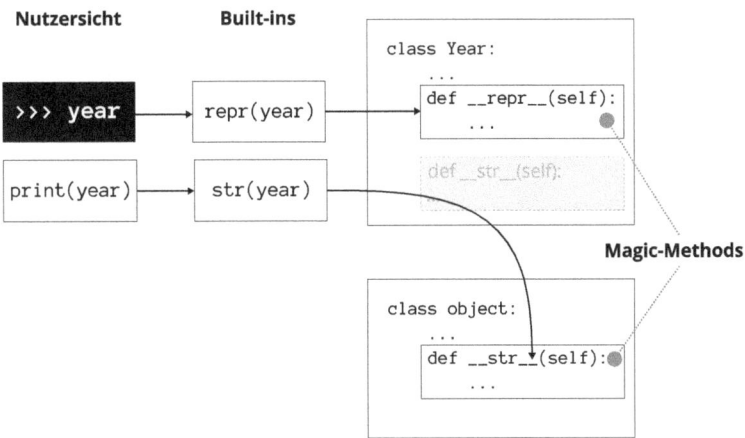

Abbildung 18.4: Objekte sind über Protokolle mit der Umgebung verdrahtet.

In Vererbungsbeziehungen spricht man davon, dass eine *Kind*-Klasse von einer *Eltern*-Klasse erbt. Das bedeutet, dass Objekte der Kindklasse auf alle Funktionen der Elternklasse zugreifen können.

Objekte, die nur von der Basisklasse object erben, können alle so ein paar Basics. So können sie mit __str__ oder __repr__ in Strings konvertiert werden. Das ist sehr hilfreich, denn damit können Sie ohne Umwege Objekte ihrer eigenen Klassen auf der Konsole ausgeben.

Abbildung 18.4 veranschaulicht nochmal, wie das funktioniert. Wenn Sie als Nutzer print aufrufen, versucht diese Funktion, das jeweilige Objekt in einen String zu konvertieren. Dazu wird die Built-in-Funktion str aufgerufen. Die wiederum schaut nach, ob das Objekt eine Methode namens __str__ mitbringt, mit der diese Aufgabe erfüllt werden kann. Falls das nicht der Fall ist (wie bei __str__ angedeutet), dann wird versucht, eine solche Methode auf der Elternklasse zu finden. Wenn keine angegeben wurde, wird einfach die von object genommen.

Gleich und Selb

Bisher tut die Year-Klasse noch nicht viel. Sie kann eine Zahl speichern und prüfen und dann ausgeben, aber dafür alleine bräuchte man kein Objekt. Vor allem weil das Objekt sich bisher etwas komisch verhält:

```
>>> from year import Year
>>> Year(2023) == Year(2023)
False
>>> 2023 == 2023
True
```

Wenn Sie zwei gleichartige Objekte vergleichen, behauptet der Interpreter, dass diese nicht übereinstimmen. Python kann an sich durchaus zwei Zahlen vergleichen, daran kann's also nicht liegen. Woran dann?

Ohne Ihr Zutun bezieht sich der Vergleich zweier Objekte auf die Instanzen im Speicher – es werden also die Speicheradressen verglichen, nicht die Werte innerhalb des Objekts. Um das umzusetzen, müssen Sie eine weitere magische Methode implementieren:

```
class Year:
    ...
    def __eq__(self, other):
        return self.year == other.year
```
Listing 18.4: year.py

Der Name __eq__ steht für »equals« und prüft, ob zwei Objekte gleich sind. Richtig, auch hier handelt es sich um eine magische Methode, die im Hintergrund durch den viel treffenderen Vergleichsoperator aufgerufen wird. Sie akzeptiert einen zweiten Parameter, als Argument wird hier (hoffentlich) ein anderes Jahr gereicht. Das kann man dann auf seinen »Jahresgehalt« inspizieren. Nun klappt der Vergleich:

```
>>> from year import Year
>>> Year(2023) == Year(2023)
True
```

Diese Zeremonie ist notwendig, weil Objekte normalerweise nur anhand Ihrer Speicheradressen verglichen werden. Der Vergleich mit == prüft, ob die Speicheradressen auf dasselbe Objekt verweisen. In der Regel ist das auch sinnvoll. Das Jahresobjekt Year ist aber ein *Wertobjekt*, das auf seine *Äquivalenz* geprüft wird – also ob die Objekte *von gleichem Wert* sind.

Vergleiche

Bisher enthält die Year-Klasse ganz schön viel Code – und das nur, um sich so zu verhalten wie der Integer, den sie kapselt. Zur Verteidigung sei gesagt, dass diese Klasse erst mal bloß Demo-Zwecken dient und die Syntax veranschaulichen soll. In der Praxis ist das aber auch nicht so wild; außerdem entscheiden Sie in der Praxis ja selbst, was Ihre Objekte so alles können sollen.

Sinnvoll für die Jahresklasse wäre zum Beispiel ein Vergleich. Das Jahr 2004 liegt vor dem Jahr 2023; Das Jahr 2105 liegt (derzeit) noch in der Zukunft. Wäre doch super, wenn man das im Code auch ausdrücken könnte. Implementieren Sie die beiden Methoden hier:

```
class Year:
    ...
    def __lt__(self, other):
        return self.year < other.year

    def __le__(self, other):
        return self.year <= other.year
```
Listing 18.5: year.py

Die funktionieren genauso wie das mit dem __eq__ weiter oben. Die Namen wirken kryptisch, lassen sich aber übersetzen:

✔ `__lt__` steht für *less than*, also kleiner-als.

✔ `__le__` steht für *less or equal*, also kleiner-gleich.

Sie sehen es ja im Body der Methoden, hier wird einfach wieder auf den gekapselten Integer delegiert.

Sie haben nun zwar lediglich zwei kleine Methoden implementiert, allerdings klappen dadurch gleich mehrere Dinge, die auf diesen beiden Vergleichen aufbauen:

```
>>> Year(2023) > Year(2024)
False
>>> Year(2023) < Year(2024)
True
>>> Year(2023) <= Year(2024)
True
>>> Year(2023) >= Year(2024)
False
>>> years = [Year(2024), Year(1999), Year(2011), Year(2023)]
>>> sorted(years)
[Year(1999), Year(2011), Year(2023), Year(2024)]
```

Sie haben zwar nur *Kleiner als* implementiert, aber das Objekt kann auch sofort den *Größer-als*-Vergleich. Bei *Kleiner gleich/Größer gleich* genauso. Und das Sortieren geht auch, weil beim Sortieren die einzelnen Objekte verglichen werden.

Die Methoden `__lt__` und `__le__` werden nicht direkt aufgerufen, sondern stets durch die entsprechenden Operatoren. Es handelt sich dabei um *magische Methoden*, genau wie `__init__`.

Arithmetik

Wenn Sie im Vorstellungsgespräch gefragt werden, wo Sie sich in 5 Jahren sehen, dann müssen Sie erst mal die Jahreszahl und 5 Jahre zusammenzählen, um sich dann vorzustellen, was da sein soll. Außerdem können Sie gleichzeitig eins und eins zusammenzählen und dann das Weite suchen, da die Firma offenbar keine gute Strategie für die Auswahl von Fachpersonal hat, wenn sie Sie mit solchen Plattitüden löchert. Die Chancen stehen gut, dass Sie dort die einzige sein würden, die was auf dem Kasten hat, daher nichts wie raus.

Aber nehmen Sie mit: Jahre kann man addieren. Das sollte auch ihr Python-Jahr können:

```python
class Year:
    ...
    def __add__(self, n):
        return Year(self.year + n)

    def __sub__(self, n):
        return Year(self.year - n)
```

Listing 18.6: year.py

Hier sehen Sie die magischen Methoden für + und –. Klappt:

```
>>> from year import Year
>>> Year(2023) + 5
Year(2028)
>>> Year(2023) - 1
Year(2022)
```

Einzig zu beachten ist, dass Addition und Subtraktion eines Jahres mit einem Integer wieder ein Jahr ergeben sollen, daher wird jeweils der Konstruktor aufgerufen und ein neues Year-Objekt zurückgegeben.

 Addition und Subtraktion ergeben für das Jahresobjekt Sinn, aber es ist auch wichtig zu entscheiden, welche Operationen ein Objekt *nicht* können soll. In dem Fall wäre das wohl die Multiplikation, die wird hier bewusst weggelassen. Wenn Sie das nachholen möchten, oder später mal in einer anderen Klasse brauchen, dann implementieren Sie einfach __mul__. Fürs Dividieren nutzen Sie __floordiv__ (//) oder __truediv__ (/).

Eigene Methoden

Durch das Implementieren von magischen Methoden können Sie Ihre Objekte mit den normalen Python-Operatoren verarbeiten. Das ist ein wichtiges Feature, aber nicht das überzeugendste Argument für objektorientierte Programme. Spannend wird es, wenn Sie eigene Methoden entwickeln, die Ihren Objekten neue Ideen und Aussagen auftun.

Addieren und Subtrahieren – das kann ja jeder Integer. Aber Integer wissen nichts von Jahren. Die wissen auch nicht, welches Jahr wir gerade haben, ob irgendwas in der Zukunft oder in der Vergangenheit liegt oder ob ein Jahr ein Schaltjahr ist. Kurzum: Es gibt einfach eine Vielzahl an Infos, die für Jahre wichtig sind, aber nicht für normale Integer. Durch die eigene Klasse haben Sie einen guten Ort, wo sie alle diese Informationen bündeln können. Beispielsweise:

```
import datetime
class Year:
    ...

    @classmethod
    def current(cls):
        return cls(datetime.date.today().year)

    def is_future(self):
        return self > self.current()

    def is_past(self):
        return self < self.current()
```
Listing 18.7: year.py

Hier werden drei Methoden implementiert, die eine zusätzliche Frage beantworten können, nämlich ob das Jahr in der Zukunft oder in der Vergangenheit liegt.

Interessant ist die Methode `current` (im Englischen der richtige Begriff für das *aktuelle* Jahr). Diese verwendet nicht den Parameter `self`, sondern `cls`. Es handelt sich um eine *Klassenmethode* (dafür sorgt der Dekorator `@classmethod`), daher ist das erste Argument stets die Klasse selbst – und die kann ja wieder als Konstruktor aufgerufen werden. Da `class` ein Schlüsselwort ist, kürzt man diesen Parameter meist mit `cls` ab.

Der Aufruf von `current` erzeugt ein neues `Year`-Objekt, das dem aktuellen Jahr entspricht. Um dieses festzustellen, wird einfach das Modul `datetime` importiert und das aktuelle Datum abgefragt.

Als *Klassenmethode* ist das Besondere an dieser Funkion, dass Sie nicht an einem Objekt klebt, sondern an einer Klasse:

```
>>> from year import Year
>>> Year.current()
Year(2023)
```

Klassenmethoden beziehen sich eben auf die Klasse. Es wäre ja unsinnig, erst ein konkretes Objekt erzeugen zu müssen, wenn man noch gar nicht weiß, wie das aktuelle Jahr aussehen soll, also zum Beispiel so was: `Year(2005).current()`. Da Klassenmethoden aber auch den Objekten zur Verfügung stehen, können Sie das schon so aufrufen. Das machen sich auch die anderen Methoden zunutze; diese geben Auskunft über ein konkretes Jahr, indem sie sich im Hintergrund mit dem aktuellen Jahr vergleichen:

```
>>> Year(2035).is_future()
True
>>> Year(2035).is_past()
False
>>> Year(2011).is_past()
True
>>> Year(2011).is_future()
False
```

Und noch eine letzte Erweiterung: So können Sie herausfinden, ob eines der Jahre ein Schaltjahr ist:

```
class Year:
    ...
    def is_leap_year(self):
        if self.year % 400 == 0:
            return True
        if self.year % 100 == 0:
            return False
        if self.year % 4 == 0:
            return True
        return False
```

Die Regeln dazu finden Sie auf Wikipedia: `https://de.wikipedia.org/wiki/Schaltjahr#G regorianischer_Kalender`. Schaltjahre ziehen den Kalender gerade, indem sie einen Schalttag enthalten (den 29. Februar). Das geschieht alle 4 Jahre und auch alle 400 Jahre. Säkularjahre sind davon aber ausgenommen – also Jahre, die ein Jahrhundert abschließen, außer denen, die eben auch durch 400 teilbar sind.

Zusammenfassung

Auf einen Blick sieht die Klasse Year jetzt so aus:

```python
import datetime

class Year:
    def __init__(self, year):
        if year < 1900:
            raise ValueError('Zu früh')
        if year > 2200:
            raise ValueError('Zu spät')
        self.year = year

    def __repr__(self):
        class_name = self.__class__.__name__
        return f"{class_name}({self.year})"

    def __str__(self):
        return f"{self.year}"

    def __eq__(self, other):
        return self.year == other.year

    def __lt__(self, other):
        return self.year < other.year

    def __le__(self, other):
        return self.year <= other.year

    def __add__(self, n):
        return Year(self.year + n)

    def __sub__(self, n):
        return Year(self.year - n)

    def is_future(self):
        return self > self.current()

    def is_past(self):
        return self < self.current()

    def is_leap_year(self):
        if self.year % 400 == 0:
            return True
        if self.year % 100 == 0:
            return False
        if self.year % 4 == 0:
            return True
        return False

    @classmethod
    def current(cls):
        return Year(datetime.date.today().year)
```

✔ Die Klasse `Year` kapselt eine Ganzzahl, die eine Jahreszahl repräsentiert.

✔ `__init__` initialisiert die Objekte dieser Klasse mit einem Datenwert, sofern er gültig ist.

✔ `__str__` und `__repr__` werden für die Ausgabe benutzt.

✔ `__eq__`, `__lt__` und `__le__` werden durch Vergleichsoperatoren aktiv.

✔ `__add__`, `__sub__` ermöglichen einfache Arithmetik.

✔ Die Methoden `is_future`, `is_past` und `is_leap_year` beantworten zusätzliche Fragen.

✔ Die Klassenmethode `current` ist eine Art zweiter Konstruktor für Objekte des aktuellen Jahres.

Vererbung

Mithilfe von Klassen können Sie Code strukturieren. Sie gruppieren verschiedene Methoden, sodass Sie einen Ort haben, an dem Sie sehen können, was Objekte hinterher für Fähigkeiten haben. Von diesen Klassen können Sie dann Unterklassen erstellen, die alles das können, was die übergeordnete Klasse kann. Das ist ein wichtiger Mechanismus im Umgang mit Klassen. Wenn man das geschickt nutzt, kann man damit komplexe Sachverhalte elegant ausdrücken.

Zum Beispiel kann man damit die Struktur der deutschen Feiertage beschreiben und dabei mächtig Code sparen. Wenn Sie sich zu den glücklichen Bayern oder fleißigen Baden-Württembergern zählen, dann sind Sie sicher mit diesen Sondertagen vertraut. Immerhin zersetzen die das Jahr und reduzieren die Produktivität – und seine Feinde hält man sich ja schließlich noch näher als die Freunde, daher wissen Sie sicher alles über die Feiertage, wenn Sie aus diesen Bundesländern stammen. Wenn Sie aber irgendwo in einem gesetzlosen Niemandsland wie Hessen ihr täglich Brot erkämpfen müssen, dann haben Sie eh nicht so viele Feiertage, lediglich die bundesweiten und Fronleichnam. So verdrängen Sie wahrscheinlich vor Gram deren Existenz vollständig. Daher sei hier erklärt, was es mit den Feiertagen auf sich hat.

Von den christlichen Feiertagen ist der wichtigste das Osterfest. Den Termin erfährt man aus dem Radio (oder in Dummies-Büchern, wie Sie noch sehen werden). Viele weitere Feiertage beziehen sich auf das Osterdatum, wie beispielsweise Pfingsten. Es gibt noch ein paar willkürliche Daten, wie etwa den Tag der Arbeit, der stets am 1. Mai stattfindet, oder Silvester, wo auch keiner so wirklich was arbeitet. Ach und klar – der Advent.

Um die nun alle abzubilden, ist Vererbung super geeignet. Abbildung 18.5 illustriert die Idee.

Die runden Eier sind die Klassen, die eckigen Kisten sollen Objekte darstellen. Ziel dieser Hierarchie ist es, die Daten der jeweiligen Feiertage eines Jahres zu errechnen. Die Klassen sind dabei mögliche Feiertage, die auf unterschiedliche Art berechnet werden; die Objekte, die später herauspurzeln, stellen die konkreten Datumsangaben dar.

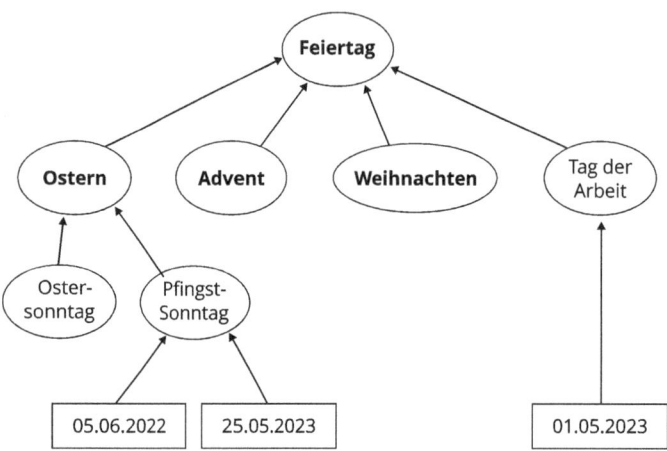

Abbildung 18.5: Vererbungshierarchie der Feiertage.

Objekte der Klassen verwenden jeweils unterschiedliche Strategien zur Berechnung eines konkreten Datums.

✔ **Feiertag:** Am Kopf steht die Klasse der Feiertage. Ostern bildet eine Unterklasse der Feiertage, genau wie der Advent oder Weihnachten, aber auch der Tag der Arbeit.

✔ **Tag der Arbeit:** Der *Tag der Arbeit* ist hier als Klasse dargestellt, denn er beschreibt eine Menge verschiedener Daten; nämlich den Tag der Arbeit eines jeden Jahres. Beispielsweise ist der 1. Mai 2023 dann ist ein konkretes Objekt, das zur Klasse *Tag der Arbeit* gehört.

✔ **Ostern:** Ostern ist nicht nur ein einzelner Feiertag, sondern dazu gehören mehrere, etwa der Karfreitag, Ostersonntag und Ostermontag und so weiter. Die beziehen sich auf das Osterdatum, brauchen also eine eigene Strategie, um das Datum zu errechnen. Auch das Pfingstdatum ist vom Osterdatum abhängig, daher wird es hier in der Hierarchie dem Osterdatum untergeordnet.

✔ **Advent:** Der Freitagnachmittag des Jahres. Genau wie »Ostern« ist auch der Begriff »Advent« etwas mehrdeutig, denn damit können vier Adventssonntage gemeint sein, und obendrein ist der Buß- und Bettag (den man seit 1994 nur noch in Sachsen gesetzlich feiert) vom ersten Advent abhängig.

✔ **Weihnachten:** Heiligabend und zwei Feiertage.

 Vererbungsbeziehungen stellen immer eine »ist ein«-Beziehung zwischen Klassen her. Ostern *ist ein Feiertag*. Das Datum 01.05.2023 *ist ein* Tag der Arbeit. Beim Pfingstsonntag bricht diese Sichtweise ein bisschen, denn der ist ja kein Ostern, wohl aber ein ostersonntagbezogener Feiertag. Der Einfachheit halber wird hier aber nicht noch eine Klasse eingefügt.

Elternklasse

Der Trick beim Programmieren ist nun, an jeder Stufe in dieser Hierarchie gerade so viel Code einzufügen, dass die unteren Schichten die oberen verfeinern. Ganz oben – die Feiertage – stehen ganz allgemeine Dienste für die Klassen und Objekte der unteren Ebenen:

```python
import datetime

class Feiertag:
    # Month, Day
    DATE = (0, 0)

    def __init__(self, year):
        self._year = year

    def _date(self):
        return datetime.date(self._year, *self.DATE)

    def date(self):
        return self._date()

    @property
    def NAME(self):
        return self.__class__.__name__

    def __str__(self):
        return f'{self.NAME} {self._year} ({self.date()})'

    def __repr__(self):
        return str(self)
```

Listing 18.8: holiday.py

> Die Elternklasse Feiertag ist so gedacht, dass man später von ihr weitere Klassen ableiten kann. Eine solche Klasse nennt man auch eine *Basisklasse.*

Da Feiertage dieser Form ein sehr deutsches Konzept sind, wird die Klasse hier einfach `Feiertag` genannt. Normalerweise ist der Code englisch zu halten (weil die Schlüsselwörter und so ja bereits englisch sind), aber wenn die Konzepte irgendwie sprachspezifisch sind, sollte man sich nicht an einer holprigen Übersetzung versuchen. Daher sind deutsche Bezeichner angebracht. Unter *German Unity Day* weiß ja keiner, was gemeint ist, aber den *Tag der Deutschen Einheit* kennt jeder.

> Der Name der Klasse selbst ist übrigens im Singular benannt (also *Feiertag*, nicht *Feiertage*). Wer den Code liest, soll ein Gefühl dafür bekommen, was ein konkretes Objekt aus dieser Klasse später kann.

Erst mal kapselt die Klasse einen Integer – eine Jahreszahl. Die Idee ist, dass Feiertage sich ja jedes Jahr wiederholen, daher wird das Jahr als Argument in den Konstruktor eingegeben. Es wird als Attribut namens `_year` gespeichert, sodass die Methoden später darauf zugreifen können. Der einzelne Unterstrich am Anfang des Namens soll signalisieren, dass dieser Wert nur innerhalb des Objekts verwendet werden sollte.

Weiter unten gibt es die Funktionen `__str__` und `__repr__`, die für die Ausgabe bestimmt sind. Dabei gibt `__repr__` einfach das Gleiche aus wie `__str__`, das macht für Sie gleich das Debuggen in der *REPL* einfacher.

Für die Ausgabe wird der `NAME` bestimmt. Hier wird eine kleine Spezialfunktion verwendet, eine *Eigenschaft* (auf Englisch: property) des Objekts. Durch den kleinen Decorator `@property` kann man die Funktion so aufrufen, als handle es sich bei ihr um ein Datenfeld – also ohne die Klammern:

```
>>> from holiday import Feiertag
>>> f = Feiertag(2023)
>>> f.NAME
'Feiertag'
```

Die Hauptfunktion aller Feiertage in der Hierarchie soll sein, dass sie ihr jeweiliges Datum im Jahr ausgeben. Dazu gibt es zwei Methoden, eine *öffentliche* und eine *private*. Die öffentliche ist die namens `date` – das ist die Methode, die die Nutzer des Objekts später aufrufen sollen. Die private Methode hingegen wird mit einem Unterstrich dekoriert, also `_date` – das soll potenzielle Nutzer abschrecken und weist darauf hin, dass diese Funktion möglichst nicht von außen, sondern nur von anderen Methoden des Objekts aufgerufen werden soll.

Hier werden zwei Methoden verwendet, damit man dann später in der Vererbungshierarchie die Implementierungsdetails flexibler austauschen kann.

Auch das Attribut `_year` verwendet die Konvention mit dem Unterstrich. Er soll signalisieren, dass man ab sofort nicht mehr von außen auf diesen Wert zugreifen soll, sondern dass die Verwaltung stets von den öffentlichen Methoden der Objekte übernommen wird.

Wenn Sie Erfahrung mit objektorientierten Generationen der C-Familie haben (z.B. Java, C++, C#), dann kennen Sie sicher die Schlüsselworte `public`, `private`, `protected` oder `internal`. Die gibt es so in Python nicht, es ist alles immer *public*. Der Unterstrich signalisiert jedoch, dass diese Methode privat gemeint ist. Wer das von außen verwendet, soll sich nicht wundern, wenn Code in einer späteren Version nicht mehr funktioniert; die Deutungshoheit obliegt der Klasse und ihren Objekten.

Die private Methode `_date` macht die eigentliche Arbeit: Hier wird das Datum erstellt. Dazu wird das Jahr mit den Infos eines Klassenattributs `DATE` vereint. `DATE` ist ein Tupel aus Datum und Tag. Beim Erstellen wird das Datum ausgepackt:

```
DATE = 12, 24
datetime.date(self._year, *self.DATE)

# Das Gleiche wie

datetime.date(self._year, 12, 24)
```

Derzeit dürfte das noch knallen, weil im Moment das Feld `DATE` noch auf `0, 0` gesetzt ist und damit das Datetime ungültig wäre. Abgeleitete Klassen können hier was anderes eintragen, oder man kann es zum Testen schnell überschreiben:

```
>>> silvester = Feiertag(2023)
>>> silvester.DATE = (12, 31)
>>> silvester
Feiertag 2023 (2023-12-31)
```

Das Objekt wird auf der *REPL* durch den Aufruf von __repr__ ausgegeben, was wiederum __str__aufruft, was wiederum date aufruft, was wiederum _date aufruft. Das sauber formatierte Datum in Klammern bedeutet also, das alles sauber verdrahtet ist.

Das war schon mal die erste Hierarchiestufe. Die Elternklasse Feiertag ...

✔ ... kapselt eine Jahreszahl,

✔ ... weiß, wie man ein Datum erzeugt,

✔ ... formatiert eine schöne Ausgabe.

Erben

Von der Basisklasse Feiertag können Sie nun zwei weitere Klassen ableiten – den *Tag der Arbeit* und den *Tag der deutschen Einheit*:

```
...
class TagDerArbeit(Feiertag):
    NAME = 'Tag der Arbeit'
    DATE = (5, 1)

class TagDerDeutschenEinheit(Feiertag):
    NAME = 'Tag der Deutschen Einheit'
    DATE = (10, 3)
```
Listing 18.9: holiday.py

Legen Sie dazu mit dem Schlüsselwort class zwei neue Klassen an. Dahinter kommt wieder der Klassenname. Komplexere Namen sollen in Camel-Case gehalten werden, also fangen die Teilbegriffe jeweils mit großem Anfangsbuchstaben an. Am Ende wird, noch vor dem Doppelpunkt, in Klammern die Klasse angegeben, von der geerbt werden soll.

 Durch das Nennen einer Klasse in Klammern wird die Vererbungsbeziehung festgelegt. Man nennt die neue Klasse dann eine *abgeleitete* Klasse, oder auch eine *Kindklasse*. Die Klasse Feiertag würde man hingegen als *Elternklasse* bezeichnen.

Dadurch wird festgelegt, dass Objekte der Klasse TagDerArbeit all das können, was schon Objekte der Klasse Feiertag können. So gibt es bereits eine schöne Formatierung:

```
>>> from holiday import TagDerArbeit
>>> TagDerArbeit(2023)
Tag der Arbeit 2023 (2023-05-01)
>>> TagDerArbeit(2023).date()
datetime.date(2023, 5, 1)
```

Nun, da passiert ja schon eine ganze Menge. Dadurch, dass TagDerArbeit von Feiertag erbt, können __str__ und __repr__ wiederverwendet werden.

Außerdem kommt jetzt auch raus, warum da weiter oben so umständlich mit der `@property` rumgemacht wurde. Bei der Ausgabe wird der `NAME` zur Formatierung herangezogen:

```
class Feiertag:
    ...
    @property
    def NAME(self):
        return self.__class__.__name__

    def __str__(self):
        return f'{self.NAME} {self._year} ({self.date()})'
```
Listing 18.10: year.py

Dadurch, dass die abgeleitete Klasse das Attribut `NAME` einfach auf einen String festlegt, wird die gleichnamige Methode der Elternklasse überschrieben. Dadurch geben Objekte der Kindklasse `'Tag der Arbeit'` und nicht `'TagDerArbeit'` aus.

✔ `TagDerArbeit` und `TagDerDeutschenEinheit` sind neue Klassen, von denen Sie konkrete Objekte erzeugen können.

✔ Die Methoden der Elternklasse werden dabei wiederverwendet.

✔ Sie können in der Kindklasse Details der Elternklasse überschreiben.

✔ Alle Objekte der Klassenhierarchie kapseln eine Jahreszahl, können sich ausgeben und ein Datum erzeugen.

Späte Bindung

Die Grundfunktionalität steht, alle Objekte der Klasse `Feiertag` können jetzt Ihr Datum angeben, solange sie Monat und Tag definieren (`DATE = (12, 24)`). Aber wie sieht es mit Ostern aus? Das Osterdatum ist nicht einfach immer der 12. April oder so, sondern, festgelegt vom Konzil von Nicäa im Jahre 325, fällt es auf den ersten Sonntag nach dem ersten Vollmond im Frühling. Uff. Was nun?

Glücklicherweise haben sich in der Vergangenheit schlaue Leute damit befasst, wie man dieses Datum errechnet – darunter der deutsche Mathematiker Carl Friedrich Gauß oder der britische Astronom Harold Spencer Jones. Letzterer ist der Namenspate für *Spencers Osterformel* von 1922, allerdings wurde die gleiche Formel bereits 1876 von einer anonymen Person in Nature veröffentlicht.

 Der Einfachheit halber wird sie hier weiterhin Herrn Spencer Jones zugerechnet, das macht es auch einfacher, sie zu googeln – allerdings wurde der entsprechende Artikel dazu bereits aus der englischen Wikipedia getilgt. Vielleicht folgt die deutsche Wikipedia dem später nach.

```
...

def spencers_formula(year):
    a = year % 19
    b = year // 100
```

```
c = year % 100
d = b // 4
e = b % 4
f = (b + 8) // 25
g = (b - f + 1) // 3
h = (19 * a + b - d - g + 15) % 30
i = c // 4
k = c % 4
l = (32 + 2 * e + 2 * i - h - k) % 7
m = (a + 11 * h + 22 * l) // 451
n = (h + l - 7 * m + 114) // 31
p = (h + l - 7 * m + 114) % 31
return datetime.date(year, n, p + 1)
```
Listing 18.11: holiday.py

Zunächst wird diese Funktion im globalen Namensraum als normale Methode platziert.

Schauen Sie beim Abtippen bitte genau hin; so sieht der Buchstabe l der 1 zum Verwechseln ähnlich – deswegen rät PEP8 auch von ihrer Verwendung ab. Generell können einbuchstabige Bezeichner das Programmverständnis erschweren, daher sollten Sie in ihrem eigenen Code grundsätzlich treffende und klare Namen verwenden; hier stehen sie als stummes Mahnmal für schlechten Code.

Bitte fragen Sie nicht, wie die Formel genau funktioniert. Sie berücksichtigt unter anderem, dass die Mondphasen alle 19 Jahre in auf den gleichen Tag fallen. Auch 10-Mark-Schein-Gauß hat sich darüber einmal den Kopf zerbrochen und im Verlauf mehrerer Jahrzehnte regelmäßige Patches nachgeliefert, sozusagen die ersten Softwareupdates. Fürs Beispiel in diesem Buch ist die Wahl auf Spencers Formel gefallen, einfach weil sie etwas einfacher abzutippen ist.

Wenn Sie die Funktion abschreiben oder aus der Code-Beilage des Buches fischen, errechnet sie Ostersonntage, wie etwa 2023, wo es den 9. April trifft.

Es kann natürlich sein, dass irgendwo in den nächsten 200 Jahren eine Abweichung von ein paar Tagen ergeben könnte – einfach aus dem Gefühl heraus, dass sich Bugs immer nur in Code verstecken, den man nicht versteht.

```
>>> from holiday import spencers_formula
>>> spencers_formula(2023)
datetime.date(2023, 4, 9)
```

Grundsätzlich ist diese Info nur für die osterbezogenen Feiertage wichtig, die anderen Feiertage brauchen das nicht. Daher erstellen Sie eine neue Klasse:

```
class Ostern(Feiertag):
    ...
```
Listing 18.12: holiday.py

Wenn Sie diese Funktion im Modul belassen, dann ist Lesern Ihres Codes womöglich nicht klar, dass es sich dabei um eine Osterformel handelt. Es lohnt sich, einen Kommentar dazu zu schreiben. Leider verhalten sich Code-Interpreter oft wie Politiker und ignorieren sämtliche Kommentare, daher ist es besser, die Konzepte auch durch Dinge auszudrücken, die der Interpreter gar nicht erst ignoriert. Verschieben Sie aus diesem Grund die Funktion einfach in die neue Klasse:

```
...

class Ostern(Feiertag):
    ...
    def _spencers_formula(self):
        ...
        year = self._year
        a = year % 19
        b = year // 100
        c = year % 100
        ...
        return datetime.date(year, n, p + 1)
```
Listing 18.13: holiday.py

Durch die Verschiebung wird kommuniziert, dass Spencers Formel nur im Zusammenhang mit Ostern einen Sinn ergibt. Auch hier gibt der Unterstrich wieder an, dass die Details für Nutzerinnen des Objekts von außen eigentlich egal sein sollten.

Da das Jahr bereits in allen Feiertagen gekapselt wird, kann man über self._year innerhalb der Funktion darauf zugreifen; da dieser Wert in der Formel mehrfach verwendet wird, legen Sie schnell einen Alias an.

Und jetzt kommt der Trick: Ostern bekommt eine Methode mit einer eigenen Strategie, die die ursprüngliche Methode überschreibt.

Schauen Sie nochmal auf kurz auf die Elternklasse: Feiertage generieren Ihre Datumsangaben aus dem Tupel der Klasse mit dieser Funktion:

```
class Feiertag:
    ...
    def _date(self):
        return datetime.date(self._year, *self.DATE)

    def date(self):
        return self._date()
    ...
```
Listing 18.14: holiday.py

Die öffentliche date-Methode reicht den Aufruf an die private _date-Methode weiter. Schreiben Sie die Methode so um, dass statt der alten Berechnung die neue Formel eingesetzt wird:

```
class Ostern(Feiertag):
    ...
    def _spencers_formula(self):
        ...
        return datetime.date(...)
```

```
def _date(self):
    return self._spencers_formula()
...
```

Listing 18.15: holiday.py

Wenn Sie nun ein Oster-Objekt erzeugen, etwa im Jahr 2023, dann wird das richtige Oster-datum errechnet:

```
>>> from holiday import Ostern
>>> easter = Ostern(2023)
>>> easter
Ostern 2023 (2023-04-09)
>>> easter.date()
datetime.date(2023, 4, 9)
```

 Damit das klappt, braucht die Klasse Ostern keine eigene öffentliche date-Methode. Hier wird die Methode der Elternklasse Feiertag verwendet. Die ruft wiederum _date auf, allerdings nicht aus der Elternklasse. Schauen Sie sich mal Abbildung 18.6 an. Obwohl die Methode der Elternklasse aufgerufen wird, wird dann am Ende die private _date-Funktion des Oster-Objekts aufgerufen. Dieses Vorgehen wird auch als *späte Bindung* – auf Englisch: *late binding* – bezeichnet; die Bedeutung eines Namens wird damit erst zur Laufzeit festgestellt.

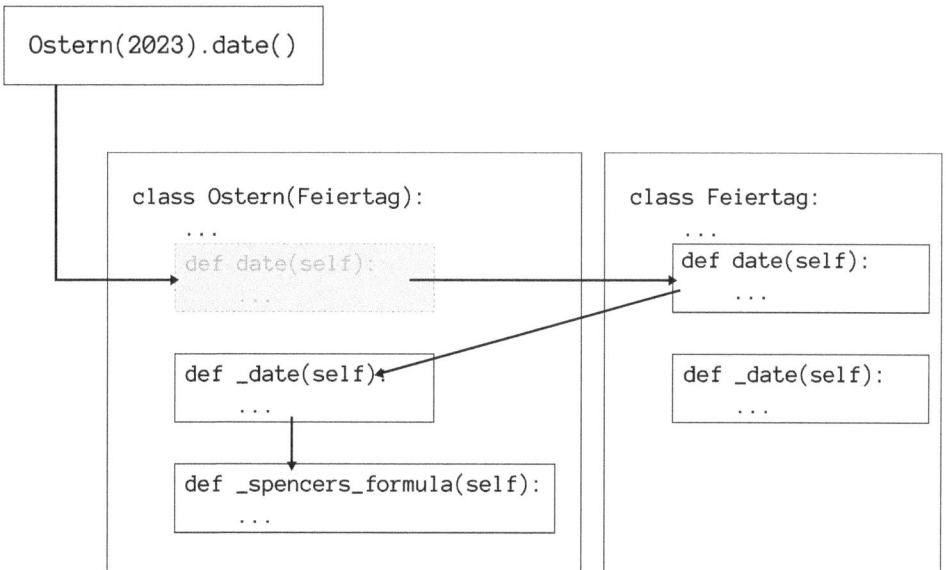

Abbildung 18.6: Gleichnamige Methoden in Kindklassen überschreiben die Methoden ihrer Eltern.

Mixins – misch dich ruhig ein

In der Hierarchie gibt es jetzt Feiertage und Ostern, aber Ostern besteht ja aus mehr als nur einem Sonntag. So deutet es auch Abbildung 18.7 an. Sobald man das Osterdatum eines Jahres kennt, kann man auch die Daten der ganzen davon abhängigen Feiertage errechnen.

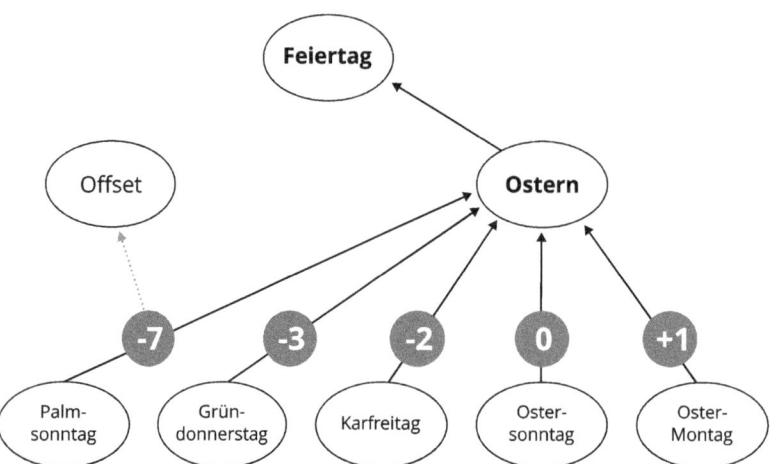

Abbildung 18.7: Die Unterklassen der Osterfeiertage werden jeweils mit einem Versatz erweitert.

Mit dem Palmsonntag beginnt die Karwoche und der liegt genau 7 Tage vor dem Osterdatum. Zusätzlich bekommt man die Pfingstfeiertage raus (Christi Himmelfahrt ist +39, Pfingstsonntag +49, Fronleichnam +60).

In der Struktur der Feiertage gibt es also solche, die ein festes Datum haben (wie der erste Mai), aber dann gibt es auch welche, die relativ zu einem anderen Datum berechnet werden, wie eben Ostern, Pfingsten oder der Advent. Ostern und Pfingsten beziehen sich aufs gleiche Datum; die Adventssonntage aber werden über eine ganz andere Formel festgelegt – doch auch hier müssen nachträglich mindestens vier Sonntage errechnet werden.

Um das abzubilden, kann man die Klassen der konkreteren Feiertage erweitern, indem man zusätzlich zur Elternklasse eine weitere Elternklasse hinzugibt:

```
...

class Offset:
    OFFSET_DAYS = 0

    def _offset(self):
        return datetime.timedelta(days=self.OFFSET_DAYS)

    def date(self):
        return self._date() + self._offset()

...
```

Listing 18.16: holiday.py

Diese Offset-Klasse hat eine einzige Aufgabe: Ein Datum zu errechnen, indem zu einem Basisdatum eine bestimmte Anzahl an Tagen hinzugefügt wird. Dazu wird die date-Methode überschrieben. Wenn nun eine Klasse von Offset ableitet, dann wird zum Basisdatum (das aus _date stammt) der Tagesabstand hinzugezählt.

 Vielleicht fällt Ihnen dabei auf, warum es sinnvoll war, von Anfang an _date und date zu trennen, obwohl in der Basisklasse beides fast das Gleiche ist: In Vererbungshierarchien kann es sinnvoll sein, Methoden in Einzelteile aufzutrennen, sodass man auf verschiedenen Ebenen verschiedene Anteile ersetzen oder wiederverwenden kann.

So wird die neue Klasse eingesetzt:

```
...

class Ostern(Offset, Feiertag):
    ...
    def _date(self):
        return self._spencers_formula()

class Palmsonntag(Ostern):
    OFFSET_DAYS = -7


...
```

Listing 18.17: holiday.py

Da sich die Osterfeiertage alle auf das zentrale Osterdatum beziehen, wird das Offset in die Klasse Ostern mit einbezogen. Dazu kommt die Klasse oben in die Klammern *vor* die Elternklasse.

Aufgerufen gibt die date-Methode nun Daten mit einem Offset aus, da die Offset-Klasse die ursprüngliche Methode (Feiertag.date()) überschreibt:

```
>>> from holiday import Palmsonntag, Ostern
>>> Ostern(2023).date()
datetime.date(2023, 4, 9)
>>> Palmsonntag(2023).date()
datetime.date(2023, 4, 2)
```

Da sehen Sie es, der Palmsonntag erzeugt ein Datum, das 7 Tage vor dem Ostersonntag liegt. Die Kindklasse Palmsonntag erbt von Ostern; Ostern wiederum erbt von Feiertag und zusätzlich von Offset. Dieser Stunt wird für alle osterbezogenen Feiertage wiederholt:

```
...

class Gründonnerstag(Ostern):
    OFFSET_DAYS = -3

class Karfreitag(Ostern):
    OFFSET_DAYS = -2

class Ostersonntag(Ostern):
    pass

class Ostermontag(Ostern):
    OFFSET_DAYS = +1
```

```
class ChristiHimmelfahrt(Ostern):
    NAME = 'Christi Himmelfahrt'
    OFFSET_DAYS = +39

class Pfingstsonntag(Ostern):
    OFFSET_DAYS = +49

class Pfingstmontag(Ostern):
    OFFSET_DAYS = +50

class Fronleichnam(Ostern):
    OFFSET_DAYS = +60
```
Listing 18.18: holiday.py

Der Ostersonntag ist das Basisdatum, daher hat dieser einen Offset von 0. Hier steht pass, weil die 0 der Standardwert der Offset-Klasse ist. Der Ostermontag ist am Tag darauf. Weil es syntaktisch erlaubt ist, kann man das + vorne anfügen, das unterstreicht die Idee, dass der Wert einen Offset darstellt.

Der Offset ist übrigens mit Absicht nicht einfach direkt in die Osterklasse gewandert, denn der Advent und Weihnachten haben das gleiche Problem. Zwar ist jeweils das Ausgangs-datum ein anderes (im Advent die Formel für den Adventssonntag; Heiligabend ist auf 24.12.YYYY festgepinnt), aber dann braucht man nur die Idee eines Abstands zu einem Da-tum. Genau diese Info steckt in der Klasse Offset – und nichts anderes. Dadurch, dass der Code in einer eigenen Klasse steckt, kann man diese ganz easy in einer Advent- und in einer Weihnachten-Klasse wiederverwenden.

Eine Klasse, die wie Offset verwendet wird, wird auch als *Mixin* bezeichnet (auf Englisch: *to mix in*, eine Beimischung sozusagen). Syntaktisch gibt es keinen Unterschied zur Basisklasse Feiertag, beide werden einfach hinten in die Klammern geschrieben.

 Dabei ist allerdings die Reihenfolge in der Klassenliste enorm wichtig! Überlegen Sie mal, was passiert, wenn Sie die Reihenfolge der beiden Elternklassen vertau-schen:

```
# Falsch herum:
class Ostern(Feiertag, Offset):
    ...

class Palmsonntag(Ostern):
    OFFSET_DAYS = -7
```
Listing 18.19: holiday.py

Auf der Konsole erzeugt der Palmsonntag nun das falsche Datum:

```
>>> from holiday import *
>>> Ostern(2023).date()
datetime.date(2023, 4, 9)
>>> Palmsonntag(2023).date()
datetime.date(2023, 4, 9)
```

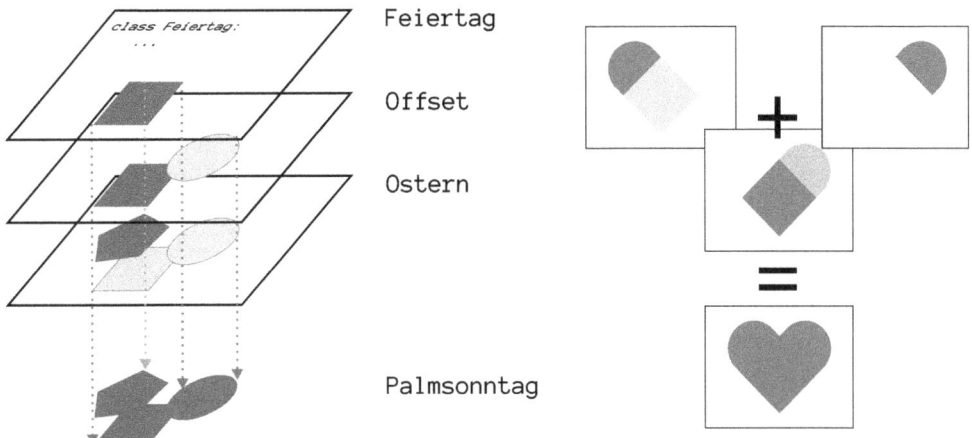

Abbildung 18.8: Beim Vererben sollten Sie auf die Reihenfolge achten, da sich gleichnamige Methoden überdecken können.

Der Grund dafür ist, dass beim Überschreiben der Methoden die Reihenfolge eine große Rolle spielt. Palmsonntag implementiert die date-Methode nicht, daher wird beim Aufruf in der Elternklasse nachgeschaut. Die Elternklassen werden dann der Reihe nach abgeklappert und wer zuerst kommt, mahlt zuerst, also wird die Methode Feiertag.date aufgegriffen, die aber natürlich nichts von Offsets versteht.

Stellen Sie es sich vor wie in Abbildung 18.8: Die Klassen einer Vererbungshierarchie überblenden sich gegenseitig wie Folien auf einem Overhead-Projektor; wie das Bild am Ende aussieht, ist davon abhängig, welche Folie weiter unten und welche weiter oben liegt.

Suchreihenfolge ausgeben lassen

Die Suchreihenfolge in der Klassenhierarchie können Sie sich auch ausgeben lassen:

```
>>> from holiday import *
>>> class Example1(Offset, Feiertag):
...     pass
...
>>> Example1.mro()
[<class 'Example1'>, <class 'Offset'>, <class '
    Feiertag'>, <object>]
```

Und einmal falsch herum:

```
>>> class Example2(Feiertag, Offset):
...     pass
...
>>> Example2.mro()
[<class 'Example2'>, <class 'Feiertag'>, <class '
    Offset'>, <object>]
```

Hier werden zwei Beispielklassen angelegt, `Example1` und `Example2`. Auf den Klassen finden Sie jeweils die Methode `mro()`. Diese zeigt Ihnen die Suchreihenfolge der Methoden (auf Englisch: Method Resolution Order). Hier können Sie sehen, welche Klasse zuerst befragt wird, ob die gesuchte Methode vorhanden ist; die Klasse, die in der Vererbungsliste zuerst genannt wird, wird auch zuerst gefunden.

Mit der Mixin-Klasse `Offset` bewaffnet, können Sie nun die restlichen Feiertage implementieren:

```
...
class Advent(Offset, Feiertag):
    def _date(self):
        start = datetime.date(self._year, 11, 27)
        y, w, d = start.isocalendar()
        days_before_sunday = 7 - d
        return (
            start + datetime.timedelta(days=days_before_sunday)
        )

class BußUndBettag(Advent):
    NAME = 'Buß- und Bettag'
    OFFSET_DAYS = -11

class ErsterAdvent(Advent):
    NAME = 'Erster Advent'
    OFFSET_DAYS = 0

class ZweiterAdvent(Advent):
    NAME = 'Zweiter Advent'
    OFFSET_DAYS = +7

class DritterAdvent(Advent):
    NAME = 'Dritter Advent'
    OFFSET_DAYS = +14

class VierterAdvent(Advent):
    NAME = 'Vierter Advent'
    OFFSET_DAYS = +21
```

Der Advent verhält sich so wie Ostern. Er überschreibt die Methode zur Berechnung des Basisdatums `_date`, implementiert aber auch `Offset`, sodass alle davon abgeleiteten Klassen ein relatives Datum berechnen können und Sie nur noch den Tagesabstand `OFFSET_DAYS` festlegen müssen.

Ebenso Weihnachten:

```
class Weihnachten(Offset, Feiertag):
    DATE = (12, 24)
```

```
class Heiligabend(Weihnachten):
    NAME = 'Heiligabend'
    OFFSET_DAYS = 0

class ErsterWeihnachtsfeiertag(Weihnachten):
    NAME = 'Erster Weihnachtsfeiertag'
    OFFSET_DAYS = +1

class ZweiterWeihnachtsfeiertag(Weihnachten):
    NAME = 'Zweiter Weihnachtsfeiertag'
    OFFSET_DAYS = +2
```

Interessant an Weihnachten wiederum ist, dass hier wieder mit DATE gearbeitet wird, also einem Fixdatum. Beim Aufrufen von Weihnachten.date wird die Methode in den Eltern-klassen gesucht und in Offset gefunden. Offset.date verweist intern auf _date, auch diese Methode wird wieder gesucht (ausgehend von der Weihnachten-Klasse), aber sie wird erst in Feiertag gefunden. Daher wird hier einfach wieder die ursprüngliche Methode Feiertag._date verwendet, und die orientiert sich ja an einem Fixdatum.

In Abbildung 18.9 ist dargestellt, wer da wen sucht und findet. Ostern und der Advent ge-nerieren ihr Basisdatum jeweils mit komplexen Formeln. Weihnachten hingegen verwendet die ursprüngliche Implementierung mit der Basisklasse.

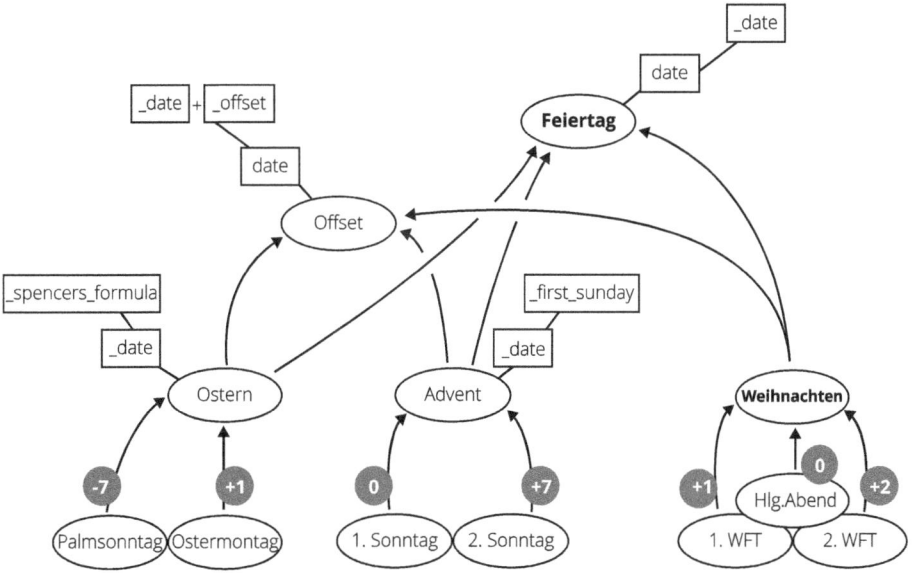

Abbildung 18.9: Innerhalb der Hierarchie können Sie flexibel bestimmen, wer von wem erbt. Passen Sie aber auf, dass Sie nicht den Überblick verlieren!

Diskussion

Das Beispiel zeigt sehr schön, wie mächtig Vererbung ist. Leider liegen darin sowohl viele Vor- als auch viele Nachteile. Verfechter werden betonen, wie elegant der Code hier wieder-verwendet wird, indem die Kindklassen nur einzelne, fokussierte Aspekte überschreiben.

Ablehner werden hingegen eher darauf hinweisen, wie übermäßig kompliziert es ist, Code zu verstehen, der sich wie Folien übereinander legt (wie in Abbildung 18.8 angedeutet). Wer nur einzelne Folien anguckt, sieht womöglich nicht das gesamte Bild.

Vielen fällt es schwer, sich in dieser Art der Programmierung zurechtzufinden. Das ist auch nicht verwunderlich – beim Lesen des Codes muss man nicht nur die lokalen (direkt sichtbaren) Methoden im Kopf behalten, sondern auch, welche Methoden noch in den Elternklassen existieren. Abbildung 18.9 demonstriert das ganz gut. Schon rein optisch sieht das wie ein großes Durcheinander aus. Sie müssen schon gut hingucken, um zu begreifen, welche date-Methode jeweils aktiv ist.

Sie merken es selbst, der Code ist sehr anders als der Code am Anfang des Buches. Er ist sehr *deklarativ*, denn der Fokus liegt nicht mehr darauf, welche Anweisung in welcher Reihenfolge ausgeführt wird, sondern darauf, welche Klassen miteinander in Beziehung stehen.

Wenn Sie nicht aufpassen, geht so was auch mal schief. Vererbung ist definitiv ein Mittel, dass Sie vorsichtig einsetzen sollten. Halten Sie solche Hierarchien lieber etwas flacher.

Richtig eingesetzt ist solcher Code aber großartig. Die einzelnen Klassen enthalten nur den Code, der für Sie wichtig ist. So weiß die Weihnachtsklasse nichts davon, dass irgendein Herr Gauß oder Spencer an irgendwelchen Formeln rumorakeln und Ostern kann das Adventsdatum egal sein. Diese Trennung ist sinnvoll und so helfen Ihnen die Klassen dabei, sich immer auf das gerade Wesentliche zu konzentrieren.

Obendrein können Sie das Ganze noch erweitern. Sie müssen nur eine Klasse hinzufügen, von Feiertag ableiten und die Formatierung weiterverwenden. So könnten Sie sich an Eid al-Fitr oder dem Chinesischen Neujahrsfest versuchen. Sie müssen dafür lediglich die date- oder _date-Methode überschreiben.

In jedem Fall sind Sie nun schon mal gewappnet für das, was da noch so kommt. Selbst wenn Sie jetzt nicht persönlich stundenlang mit Vererbungshierarchien jonglieren möchten, so haben Sie dennoch einen Einblick in diesen Mechanismus bekommen – und er taucht in Python wirklich ständig auf.

Kapitel 19
Exceptions – ausnahmsweise keine Katastrophe

L eider kann man beim Programmieren nicht alle möglichen Anwendungsfälle vorhersehen. Man sollte es zwar versuchen und dafür möglichst vorausschauend arbeiten. Dennoch kann es passieren, dass Ihr Programm einen Zustand erreicht, für den Sie keine Vorbereitungen treffen konnten – weil die Ursache außerhalb Ihres Einflussbereichs liegt.

Zur Illustration: Stellen Sie sich eine Mathe-Bibliothek für einen Taschenrechner vor. Sie möchten diese Bibliothek im Internet veröffentlichen, sodass Aufrufer diese in ihre eigenen Projekte einbinden können:

```
def add(a, b):
    return a + b

def subtract(a, b):
    return a - b

...

def divide(a, b):
    return a / b
```

Addition und Subtraktion sind meistens recht problemarm, aber die Division hat es in sich. Was, wenn jemand durch null teilt?

Wenn Sie 2 Stunden lang Fahrrad fahren und 50 km zurücklegen, dann sind Sie 25 km/h schnell (sportlich!). Was aber, wenn Sie 50 km in 0 Sekunden zurückgelegt haben? Das kann irgendwie nicht gehen, denn das käme einer Teleportierung gleich.

Diesen Fall sollten Sie also abfangen:

```
def division(a, b):
    if b == 0:
        return 0
    return a / b
```

Ernstzunehmender Code sollte sich auf solche mathematischen Abgründe vorbereiten, nur leider ist es schwierig, hier eine Entscheidung zu treffen. Hier wird die 0 einfach weitergereicht, allerdings ist das je nach Interpretation nicht sauber. Wenn Sie eine Pizza auf 0 Personen aufteilen, ist ja nicht die Pizza verschwunden, sondern sie wurde einfach nicht *geteilt* – daher wäre es vielleicht sinnvoll, einfach a wieder zurückzugeben? Im Falle der unerlaubt schnellen Fahrradfahrt (50 km in 0 Sekunden) wäre aber vielleicht float("inf") besser – das steht für *infinity* und repräsentiert einen unendlich großen Wert. Vielleicht entscheiden Sie sich aber auch gar nicht und geben einfach float("nan") zurück – das steht für »Not a number« und zeigt an, dass das Ergebnis undefiniert ist (und repräsentiert eigentlich 0/0).

Egal was Sie zurückgeben: Sie ziehen wahrscheinlich den Unmut Ihrer Nutzer auf sich, wenn Sie einfach über deren Köpfe hinweg eine Entscheidung treffen. Aber auf jeden Fall können Sie hier nicht einfach weiterrechnen. Das sollte Ihr Programm auch mitteilen und nicht einfach einen willkürlichen Wert zurückgeben.

Das wäre ja, als wäre in der Imbissbude der Ketchup alle und der Verkäufer schmiert Ihnen stattdessen ungefragt Erdnussbutter auf die Pommes. Je nach Vorliebe kann das gut gehen, aber besonders für Allergiker könnte es auch dramatische Folgen haben – besser wäre es, wenn der Verkäufer vorher nachfragt. Eben dieses Prinzip verfolgt man auch beim Programmieren. Statt einfach mit einem falschen Wert weiterzuarbeiten, sollte eine Gegenfrage erlaubt sein, im Prinzip kann dann der Kunde selbst entscheiden, ob er stattdessen Mayo oder gar nichts will. Falls keine der verfügbaren Alternativen passt, gibt es eben keine Pommes. Basta.

Im Code kann man leider nicht einfach so *nachfragen* – da oben ist zum Beispiel gar nicht klar, wie die Werte a und b entstanden sind. Ihre Mathe-Lib weiß ja nicht, ob Sie gerade in einem GUI-Taschenrechner oder einer Kommandozeile eingesetzt wird, daher können Sie hier nicht einfach mit input einen Wert abfragen.

Um solche Fälle zu kommunizieren, gibt es *Ausnahmen* – auf Englisch auch *Exceptions* genannt. Exceptions sind Nachrichtenobjekte, die den Programmablauf bis zu ihrer Behandlung unterbrechen.

Eine Exception für den Fall einer Division durch null ist bereits in Python eingebaut:

```
>>> 1/0
Traceback (most recent call last):
  File "<stdin>", line 1, in <module>
ZeroDivisionError: division by zero
```

Hier ernten Sie einen ZeroDivisionError. Wenn Ihre division-Funktion einen solchen Fehler auslöst, kann der Aufrufer entscheiden, wie er oder sie damit umgehen möchte.

Es gibt noch weitere eingebaute Exceptions, zum Beispiel:

✔ `TypeError`: Tritt auf, wenn die Datentypen in einer Operation nicht zusammenpassen, zum Beispiel `"a" + 1`.

✔ `KeyError`: Wenn ein Schlüssel nicht in einem `dict` vorhanden ist, gibt es diesen Fehler, etwa bei `dict(a=1)['b']`.

✔ `IndexError`: Entsteht, wenn Sie einen Index abfragen, der außerhalb einer Liste läge: `[1,2,3][18]`.

✔ `ValueError`: Weist darauf hin, dass ein als Argument übergebener Wert unpassend ist (zum Beispiel zu groß oder zu klein).

Diese Exceptions haben gemein, dass sie jeweils *Fehlerfälle* kommunizieren. Es gibt sie auch in anderen Sprachen und sie haben oft den Ruf, grundsätzlich nur für die Kommunikation von Fehlern geeignet zu sein. In Python werden sie aber auch zu anderen Zwecken eingesetzt, wie beispielsweise:

✔ `KeyboardInterrupt`: Wenn Sie auf der *REPL* die Tastenkombination Strg + C drücken, signalisieren Sie dem Interpreter, dass er die aktuelle Operation unterbrechen soll. Dieses Signal stammt aus dem Betriebssystem und wird als Exception an den Interpreter weiter gereicht.

✔ `SystemExit`: Diese Nachricht signalisiert dem Interpreter, dass er das Programm gesittet beenden möge.

✔ `StopIteration`: Wird von Iteratoren gesendet, wenn sie nichts mehr zu iterieren haben. Dadurch wissen `for`-Schleifen, dass sie fertig sind.

Diese Exceptions dienen der Ablaufsteuerung, nicht der Behandlung von Fehlern.

 Natürlich sind Exceptions grundsätzlich sehr gut geeignet, um Fehler zu vermitteln – das liegt daran, wie der Interpreter mit ihnen umgeht: Wenn im Code eine Exception auftritt, wird in der näheren Umgebung nach einer speziellen Struktur gesucht, die auf das Ereignis reagieren kann. Wenn es auf derselben Ebene keine gibt, wird die Exception an die darüberliegende Ebene weitergereicht – innerhalb einer Funktion etwa wird sie an die aufrufende Funktion weitergereicht, wie Abbildung 19.1 demonstriert.

1. Aus der *REPL* wird die Funktion `advent` aufgerufen und der Wert 0 übergeben.

2. `advent` macht damit nichts. Es möchte nur ein Datum errechnen und ruft dazu `datetime.date` auf.

3. Hier wird der falsche Wert erkannt – das Jahr 0 liegt außerhalb des gültigen Bereichs für Jahreszahlen. Also wird eine Ausnahme ausgelöst, das heißt hier ein `ValueError`.

4. Die Ausnahme blubbert wie eine Luftblase in der Badewanne nach oben. Sie erreicht die rufende Funktion `advent`. Da diese aber keinen Code zur Behandlung der Ausnahme bereithält, gibt sie das heiße Eisen an die *REPL* weiter. Dort gibt es auch keinen Sanitäter, daher wird die Operation abgebrochen und das `ValueError`-Objekt ausgegeben.

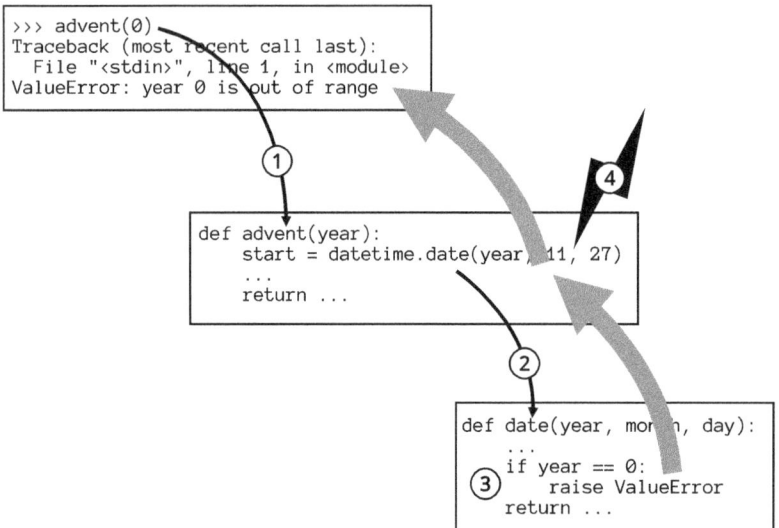

Abbildung 19.1: Exceptions wandern den Stapel aufgerufener Funktionen nach oben, bis jemand sie behandelt.

Während die Exception weiter nach oben wandert, merkt sie sich im Hänsel-und-Gretel-Brotkrumen-Stil, wo sie überall vorbeigekommen ist. Bei der Ausgabe können Sie den deshalb Pfad durch den Code anhand der hinterlassenen Spuren nachvollziehen – diese bezeichnet man auch als *Stack trace* oder *Traceback* (auf Englisch: trace, Spur, oder (etwas) zurückverfolgen) – der Begriff steht auch oben in der Ausgabe.

Exceptions behandeln

Unbehandelte Exceptions unterbrechen den Programmablauf. Im Falle der Nulldivision weiter oben ist das nicht weiter schlimm, denn die *REPL* zeigt dann einfach erneut eine Eingabeaufforderung; Ihre eigenen Programme werden dadurch aber abrupt gestoppt. Wenn Ihr Code nicht graziös darauf reagiert, kann es passieren, dass Rechnungen nicht fertig gerechnet und Dateien nicht beschrieben werden – es droht ein Datenverlust.

Sie sollten möglichst alle denkbaren Ausnahmezustände behandeln, denn wenn Sie einen vergessen, wird die Exception bis zum Nutzer weitergeleitet und manifestiert sich als kryptische Fehlermeldung. Nutzer denken dann häufig, das Programm sei kaputt (und das ist es ja gewissermaßen auch, weil es nicht weiterarbeiten kann). Um das zu verhindern, sollten Sie anfällige Operationen in die folgende Struktur verpacken:

```
try:
    # Code, in dem es zu Ausnahmefehlern kommen kann
    a = input("a: ")
    b = input("b: ")
    result = int(a) / int(b)
    print(result)

except ValueError as e:
    print("Eine war wohl keine Zahl ...")
    print(e)
```

```
except ZeroDivisionError:
    print("Sie Schlingel haben durch 0
        geteilt!")

except:
    # Warnung!
    print("Abbruch!")

else:
    print("Das hat geklappt!")

finally:
    print("Auf Wiedersehen!")
```
Listing 19.1: try_except.py

Dieser Code-Schnipsel besteht aus mehreren Teilen:

✔ Im try-Block befindet sich Code, der eine oder mehrere Ausnahmen auslösen kann.

✔ Mehrere except-Blöcke reagieren auf die unterschiedlichen Ausnahmen.

✔ Der else-Block wird nur aktiv, wenn im try-Block *keine* Ausnahme aufgetreten ist.

✔ Im finally-Block steht Code, der zum Schluss in jedem Fall ausgeführt werden soll.

Sie brauchen mindestens einen try- und einen except-Block – else und finally können Sie weglassen.

Try – Versuch macht kluch

Innerhalb des try-Blocks können mehrere Ausnahmen ausgelöst werden:

✔ Wenn Sie für a oder b einfach einen Text angeben, wird die Konvertierung in eine Ganzzahl mit int fehlschlagen – dann gibt es einen ValueError.

✔ Wenn Sie für b eine 0 angeben, entsteht ein ZeroDivisionError.

✔ Bei der Texteingabe mit input lösen Sie mit [Strg] + [C] einen KeyboardInterrupt aus.

Except – Ausnahmen bestätigen die Regel

Die except-Blöcke behandeln nur Ausnahmen des angegebenen Typs. Sobald im try-Block die entsprechende Ausnahme auftritt, wird der jeweilige Block aktiv, die anderen Blöcke werden ignoriert.

Ob Sie innerhalb eines except-Blocks auf den konkreten Fehler eingehen, ist Ihre Sache; Sie können den Fehler mit except ‹Typ› as ‹Name›: ... in eine Variable umleiten und dann mit dem Objekt weiterarbeiten. Wenn Sie nicht an den Details einer Ausnahme interessiert sind, können Sie den Teil mit as ‹Name› auch weglassen. Im Beispiel wird der ValueError ausgegeben, denn alle Ausnahmen tragen einen kurzen Nachrichtentext, der beim Finden von Fehlern im Programm hilfreich sein kann.

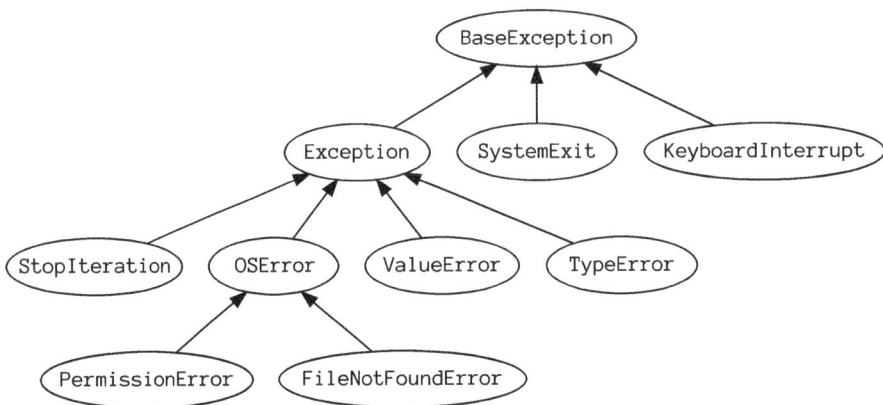

Abbildung 19.2: Klassenhierarchie der in Python eingebauten Exceptions (Auszug).

Hinter dem except steht stets die *Klasse* einer Ausnahme. Bei den gezeigten handelt es sich um Built-in-Typen, also müssen Sie nichts importieren. Die eingebauten Ausnahmen bilden eine Klassenhierarchie, wie Abbildung 19.2 auszugsweise zeigt; das bedeutet, dass Sie Ausnahmen auch gruppiert behandeln können. Zum Beispiel sind die Klassen FileNotFoundError und PermissionError Unterklassen von OSError. Wenn Sie also except OSError: ... schreiben, würden beide Ausnahmen von diesem Block behandelt werden. Generell sollten Sie aber except-Blöcke so genau wie möglich definieren, da sonst Details verloren gehen:

```
filename = "hello.txt"
try:
    open(filename, 'r')

except FileNotFoundError:
    open(filename, 'w')

except OSError as e:
    print(e)
```

Hier wird versucht, eine Datei lesend zu öffnen. Ist die Datei nicht vorhanden, so gibt es einen FileNotFoundError. Ist die Datei aufgrund fehlender Berechtigungen nicht lesbar, wird hingegen ein PermissionError gemeldet, beides würde der OSError abdecken. Hier wurde jedoch ein separater Block für den FileNotFoundError eingefügt, um gesondert auf diesen Fall zu reagieren; der spezifischere Block muss dabei *vor* dem allgemeineren Block auftauchen, damit das klappt – die Reihenfolge ist also wichtig.

Die wichtigste Klasse ist Exception, davon leiten Sie später auch Ihre eigenen Ausnahmen ab. Wenn Sie eine generische Fehlerbehandlung brauchen, also einen Block, der so gut wie alle Fehler abfängt, können Sie schreiben:

```
try:
    ...
except Exception:
    ...
```

Damit fangen Sie alle Fehler, die von Exception ableiten. Syntaktisch ist es auch möglich, die Klasse hinter dem except-Teil wegzulassen:

```
try:
    ...
except:
    ...
```

 Ein komplett leeres except: sollten Sie vermeiden, da dieser Block nun auf alle Ausnahmearten reagiert. Das verhindert, dass Sie die verschiedenen Ausnahmen noch auseinanderhalten können und ist kein guter Stil. Das Gleiche gilt für except Exception, da die meisten Exceptions im System von dieser Klasse ableiten. Seien Sie so spezifisch wie möglich!

Else und Finally – zu guter Letzt, zu schlechter Letzt

Am Ende eines try–except-Blocks darf noch ein else-Block folgen. Dieser wird nur ausgeführt, wenn im try-Block keine Ausnahme ausgelöst wurde.

Ganz zum Schluss ist dann noch ein optionaler finally-Block erlaubt. Er enthält Code, der in jedem Fall ausgeführt wird, egal auf welche Weise der try-Block verlassen wurde. Es gibt verschiedene Ausgänge:

✔ Der Code wird erfolgreich ausgeführt und die Struktur wird verlassen – gegebenenfalls wird vorher noch der else-Teil ausgeführt.

✔ Es wird eine Ausnahme ausgelöst und ein except-Block aktiviert.

✔ Ein try-Block innerhalb einer Funktion kann eine return-Anweisung haben – auch diese würde ja normalerweise den Programmablauf unterbrechen und zur übergeordneten Funktion zurückkehren.

 Egal wie die try–except-Anweisungen verlassen werden – wenn es einen finally-Block gibt, wird der vor dem Verlassen ausgeführt. Das ist praktisch, um aufzuräumen, zum Beispiel um offene Dateien zu schließen.

Ausnahmen auslösen

Ausnahmen können Sie in Ihrem Code mithilfe des Schlüsselworts raise auslösen:

```
>>> raise ValueError("Falscher Wert!")
Traceback (most recent call last):
  File "<stdin>", line 1, in <module>
ValueError: Falscher Wert!
```

Es ist eine gute Idee, der Ausnahme eine erklärende Nachricht mitzugeben; Sie können aber auch beliebige Daten weitergeben. Zum Beispiel prüft die folgende Funktion gültige Termine:

```python
import datetime

start = datetime.time(9, 00)
end = datetime.time(16, 30)

def make_appointment(hours, minutes):
    appointment = datetime.time(hours, minutes)
    if not (start <= appointment <= end):
        raise ValueError(
            ("Der gewünschte Termin liegt "
            "außerhalb der Öffnungszeiten"),
            start,
            end,
            appointment
        )
    return appointment
```

Listing 19.2: appointment.py

Liegt der Termin außerhalb der Öffnungszeiten, wird ein `ValueError` ausgelöst. Dieser erhält auch die Öffnungszeiten, sodass der aufrufende Code darauf reagieren kann:

```python
...
# Kein Problem!
make_appointment(9, 30)

try:
    make_appointment(7, 30)
except ValueError as value_error:
    message, start, end, appointment = value_error.args

    print(message)
    print("Ihr gewünschter Termin: ", appointment)
    print(f"Öffnungszeiten: {start:%H:%M} – {end:%H:%M}")
```

Listing 19.3: appointment.py

Der erste Aufruf sollte durchgehen, ohne eine Ausnahme auszulösen. Der zweite hingegen wurde in einen `try-except`-Block verpackt. Der except-Block reagiert auf `ValueError`-Ausnahmen und legt dazu für den folgenden Block eine Variable namens `value_error` an. Die mitgegeben Daten sind über das Feld `value_error.args` verfügbar; im Beispiel werden Sie ausgepackt, um einen nützlichen Hinweis auszugeben.

Eigene Ausnahmen definieren

Sie können innerhalb Ihres eigenen Codes eigene Ausnahmetypen definieren. Erstellen Sie dazu eine Klasse, die von `Exception` ableitet:

```
class Back(Exception):
    pass
```

Auf diese Ausnahme können Sie wie gehabt reagieren:

```
try:
    selection = select(menu)
    # Schritt vor
except Back:
    # Schritt zurück
```

Innerhalb der `select`-Funktion können Sie die Ausnahme auslösen:

```
...
if command == "back":
    raise Back
...
```

Diese Herangehensweise ist sehr nützlich, um innerhalb Ihrer Programme Ausnahmen auszulösen und darauf zu reagieren. Das folgende Beispiel demonstriert dieses Prinzip umfassender. Sie bauen eine kleine Speisekarte, mit deren Hilfe Sie sich ein Burger-Menü zusammenstellen.

```
selection = []

while True:
    print(selection)
    dish = input("> ")
    if dish == "exit":
        raise SystemExit
    selection.append(dish)
```

Listing 19.4: burger.py

Im Kern funktioniert das Programm wie die *REPL*. Es läuft in einer Endlosschleife, bei der jede Runde gleich abläuft:

✔ Zuerst wird ausgegeben, was Sie bereits ausgesucht haben. Dann wird ein weiteres Gericht (`dish`) erfragt.

✔ Ihre Eingabe wird der Auswahl `selection` hinzugefügt.

✔ Wenn der Nutzer oder die Nutzerin jedoch `exit` eingibt, wird das Programm beendet – stilecht durch Auslösen einer `SystemExit`-Ausnahme.

Wenn Sie das Programm ausführen, sieht Ihre Sitzung vielleicht so aus:

```
$ python burger.py
[]
> Hamburger
['Hamburger']
> Pommes
['Hamburger', 'Pommes']
> Cola
['Hamburger', 'Pommes', 'Cola']
> exit
```

Noch ist das Programm nicht fertig. So könnten Sie einfach Murks eingeben und somit zu einer unsinnigen Auswahl gelangen (zum Beispiel `[ '', 'adw', '', 'awdasdf', '123']`). Außerdem ist es in der Systemgastronomie unüblich, eine völlig freie Auswahl anzubieten – meistens sind bestimmte Menüs oder Komponenten vorgegeben. Realitätsnäher wäre es, wenn die Nutzer das entsprechend auswählen könnten:

```
...

main = [
    "Hamburger",
    "Cheeseburger",
    "Veggie-Burger",
]

while True:
    print(selection)
    menu = main
    dish = select(menu)
    selection.append(dish)
```
Listing 19.5: burger.py

Hier wird zunächst eine Liste mit Hauptgerichten erstellt (deswegen heißt sie main, weil sie die *main courses* auflistet). In der Hauptschleife wurde die Funktion select eingefügt, mit deren Hilfe Sie ein Hauptgericht auswählen. Die Auswahl wird zuvor noch umbenannt (menu = main), weil später noch weitere Gänge dazukommen.

Die select -Funktion sieht so aus:

```
def select(items):
    menu = dict(enumerate(items, start=1))

    for index, item in menu.items():
        print(f"{index}. {item}")

    while True:
        choice = input("> ")

        choice = choice.strip()

        if not choice:
            continue

        if choice == "exit":
            raise SystemExit

        try:
            return menu[int(choice)]

        except ValueError:
            print("Bitte Zahl eingeben!")
```

```
    except KeyError:
        print("Nicht auf der Karte!")
```

`...`

Listing 19.6: burger.py

Die Funktion bekommt eine Liste übergeben. Diese wird zunächst in ein nummeriertes Dictionary umgewandelt, sodass die Position in der Liste als Schlüssel fungiert.

 Durch die Verwendung von `enumerate(liste, start=1)` werden die Elemente durchnummeriert als Tupel ausgegeben, wobei nicht bei 0, sondern bei 1 begonnen wird. Das wirkt im Restaurant etwas natürlicher.

In einer `for`-Schleife werden die Elemente dann als nummerierte Liste ausgegeben:

```
1. Hamburger
2. Cheeseburger
3. Veggie-Burger
>
```

Danach läuft wieder eine Endlosschleife, die nur durch eine korrekte Eingabe beendet werden kann. Dazu wird mit `input` ein Text eingelesen und durch `choice.strip()` bereinigt. Anfangs wird geprüft, ob überhaupt was eingegeben oder einfach nur ⏎ gedrückt wurde – falls das so ist, wird die Eingabeaufforderung wiederholt.

Dann wird geprüft, ob der Nutzer das Programm eigentlich beenden möchte – keiner sollte in einer Frageschleife gefangen bleiben, daher wird getestet, ob `"exit"` eingegeben wurde. Falls ja, wird eine `SystemExit`-Ausnahme ausgelöst.

 Diese befindet sich also nicht mehr in der Hauptschleife des Programms, sondern relativ verschachtelt in einer Schleife innerhalb einer Funktion. Das macht aber nichts, denn Ausnahmen perlen wie Blasen nach oben. Wird `SystemExit` nicht behandelt, beendet sich das Programm und genau das ist hier das Ziel.

War die Eingabe bisher weder leer noch `"exit"`, scheint es sich um etwas Sinnvolles zu handeln. Daher wird einfach versucht, den eingegeben Text zu konvertieren (in eine Ganzzahl), anschließend wird das entsprechende Element anhand des Schlüssels aus der Liste herausgesucht. Das alles geschieht an der Stelle `return menu[int(choice)]`.

Dabei können zweierlei Dinge schiefgehen:

✔ Wenn die Eingabe keine Ganzzahl ist, wird `int()` einen `ValueError` auslösen.

✔ Wenn die Eingabe eine Ganzzahl war, der Wert aber in der Auswahlliste nicht vorkommt, wird ein `KeyError` ausgelöst.

Aus diesem Grund wird die `return`-Anweisung in einen `try–except`-Block verpackt. War die Eingabe gültig, werden durch das `return` die Schleife und auch die `select`-Funktion verlassen; falls eine Ausnahme auftrat, wird eine passende Fehlermeldung ausgegeben und die Eingabeaufforderung wird wiederholt. So stellt `select` sicher, dass Sie eine gültige Auswahl aus der Liste treffen.

Bisher kann nur das Hauptgericht ausgesucht werden, aber für ein echtes Burger-Menü fehlen unbedingt noch die Beilagen und ein Getränk. Dafür wird das Programm erneut erweitert:

```python
def select(items):
    ...

main = [
    "Hamburger",
    "Cheeseburger",
    "Veggie-Burger",
]

side = [
    "Pommes frites",
    "Curly fries",
    "Sweet fries",
    "Onion Rings",
]

drink = [
    "Coke",
    "Fanta",
    "Sprite",
]

selection = []

dishes = [main, side, drink]

while dishes:
    print(selection)
    menu = dishes[0]
    dish = select(menu)
    selection.append(dish)
    dishes.remove(menu)

print("Ihre Auswahl: ")
for item in selection:
    print("  ", item)
print("Guten Appetit!")
```

Listing 19.7: burger.py

Zusätzlich zur Liste main gibt es jetzt noch side (Beilage) und drink. Aus jeder Liste soll ein Eintrag gewählt werden, daher werden die einzelnen »Gänge« zur Liste dishes kombiniert. Diese stellt sozusagen das Haupt(auswahl)menü dar, während die Einträge als Untermenüs für die konkreten Gerichte dienen.

Die Hauptschleife war bisher eine Endlosschleife. Das wurde angepasst, nun läuft sie nur noch so lange, bis die Liste dishes keine Einträge mehr enthält. In jeder Runde wird das jeweilige Untermenü vorgestellt (dishes[0]) und der Nutzer darf sich einen Eintrag heraussuchen (select(menu)). Am Ende jeder Runde wird das Untermenü dann aus dem Hauptmenü entfernt, weil das jeweilige Gericht bereits ausgesucht wurde.

Wenn alle Untermenüs abgehandelt sind, ist die Auswahl fertig und die Schleife wird beendet; der Nutzer erhält dann eine Übersicht mit seiner Auswahl.

Blöd ist nur, dass man im Programm nicht zurückspringen kann, nachdem man seine Wahl getroffen hat. Aber das lässt sich hier leicht umsetzen. Zunächst muss die Eingabeaufforderung auf einen entsprechenden Befehl reagieren können. Erweitern Sie das Programm so:

```python
class Back(Exception):
    pass

def select(items):
    ...
    while True:
        choice = input("> ")
        ...

        if choice == "exit":
            raise SystemExit

        if choice == "back":
            raise Back

        ...
```

Listing 19.8: burger.py

In der `select`-Funktion gibt es ja bereits eine Stelle, wo die Eingabe auf den Befehl `exit` überprüft wird. Fügen Sie direkt danach eine weitere Prüfung ein. Das Schlüsselwort können Sie selbst wählen; hier wurde als Beispiel `back` eingetragen, was signalisieren soll, dass man *zurück* springen möchte. Genau wie `exit` löst `back` eine Ausnahme aus, nur dass es diese noch nicht gibt; Sie müssen sie erst noch anlegen. Dazu wurde eine neue Ausnahme-Klasse mit passendem Namen auf der Hauptebene des Programms eingefügt. Diese `Back`-Exception soll also ausgelöst werden, wenn ein Nutzer `back` eingibt.

Um darauf angemessen reagieren zu können, müssen Sie nun die Hauptschleife erweitern:

```python
...

selection = []
done = []
dishes = [main, side, drink]

while dishes:
    print(selection)
    try:
        menu = dishes[0]
        dish = select(menu)
        selection.append(dish)
        dishes.remove(menu)
```

```
            done.append(menu)
        except Back:
            if selection and done:
                selection.pop()
                dishes.insert(0, done.pop())
        except SystemExit:
            print("Bitte beehren Sie uns bald wieder!")
            raise

print("Ihre Auswahl: ")
for item in selection:
    print("  ", item)
print("Guten Appetit!")
```

Listing 19.9: burger.py

Bei jeder erfolgreichen Auswahl wird das gewählte Gericht der Liste `selection` hinzugefügt. Außerdem wird am Ende das aktuelle Untermenü (`main`, `side` oder `drink`) aus der Liste `dishes` entfernt und der (neuen) Liste `done` hinzugefügt. In dieser Liste merkt sich das Programm, welche Auswahlmenüs bereits erledigt sind.

Innerhalb der `select`-Funktion kann der Nutzer nun `back` eingeben, was eine `Back`-Ausnahme auslöst. Diese wird in der Hauptschleife behandelt. Dazu musste dort natürlich ein except-Block eingefügt werden. Sobald diese Ausnahme auftritt, wird das zuletzt gewählte Gericht entfernt (`selection.pop()`). Außerdem werden die Untermenüs zurückgespult; dazu wird das letzte abgehandelte Auswahlmenü aus der Liste `gone` entfernt und wieder der List `dishes` hinzugefügt, die die noch zu erledigenden Untermenüs enthält.

Das Ganze wird natürlich nur durchgeführt, wenn bereits etwas ausgesucht wurde. Dadurch wird dieser Code übersprungen, wenn man sich im ersten Schritt befindet.

 Außerdem wurde noch ein weiterer except-Block eingeführt, der auf `SystemExit` reagiert. Dadurch können Sie eine freundliche Abschiedsnachricht ausgeben. Um das Programm trotzdem zu beenden, wird die Ausnahme »nach oben« weitergereicht; dazu verwenden Sie ein leeres `raise`, was die laufende Ausnahme an den Interpreter übergibt.

Nun haben Sie die Möglichkeit, innerhalb einer Sitzung falsch gewählte Artikel zu korrigieren:

```
 python burger.py
[]
1. Hamburger
2. Cheeseburger
3. Veggie-Burger
> 3
['Veggie-Burger']
1. Pommes frites
2. Curly fries
3. Sweet fries
4. Onion Rings
> back
```

```
[]
1. Hamburger
2. Cheeseburger
3. Veggie-Burger
> 1
['Hamburger']
1. Pommes frites
2. Curly fries
3. Sweet fries
4. Onion Rings
> exit
Bitte beehren Sie uns bald wieder!
```

Kapitel 20
Daten ohne Ende – Iteratoren und Generatoren

for-Schleifen und Comprehensions verarbeiten nacheinander einzelne Werte aus Listen, Tupeln und Strings – Sie können aber auch andere Objekte iterieren, solange diese in der Lage sind, nacheinander einzelne Werte zu produzieren. Solche Objekte nennt man auch *Iteratoren.*

Im Wortsinne ist *Iteration* eine *Wiederholung,* also das, was while-Schleifen machen:

```
numbers = [1, 2, 3, 4, 5]
count = 0
while count < len(numbers):
    number = numbers[count]
    print(numbers)
    count += 1
```

Hier werden ein paar Nummern aus einer Liste ausgegeben, indem sie anhand eines stetig wachsenden Indexes gezogen werden.

 Grundsätzlich ist an diesem Code nichts verkehrt, jedoch ist diese Umsetzung etwas wortreicher, als sie sein müsste. Außerdem werden hier ein paar Annahmen getroffen, die Ihren Code weniger flexibel machen: Es wird davon ausgegangen, dass numbers ein Objekt ist, dessen Elemente einen Index haben (denn Sie greifen ja auf numbers[count] zu). Das bedeutet, dass Sie diesen Code nicht für Sets benutzen können.

Besser funktioniert da eine for-Schleife:

```
numbers = [1, 2, 3, 4, 5]
for number in numbers:
    print(numbers)
```

Nicht nur ist der Code kürzer, er funktioniert sogar mit Sets. Im Hintergrund wird dazu ein spezieller Mechanismus verwendet, denn alle Container-Objekte unterstützen das *Iterator-Protokoll.*

Das Iterator-Protokoll

Dieses Protokoll demonstriert das folgende Beispiel:

```
>>> text = "Hello"

## Direkt aufgerufen, hat next(...) keine Wirkung:
>>> next(text)
Traceback (most recent call last):
  File "<stdin>", line 1, in <module>
TypeError: 'str' object is not an iterator

## Erzeugen Sie einen Iterator:
>>> iterator = iter(text)
>>> iterator
<str_iterator object at 0x000001743C04EBF0>

# Nun funktioniert next(...)
>>> next(iterator)
'H'
>>> next(iterator)
'e'
>>> next(iterator)
'l'
>>> next(iterator)
'l'
>>> next(iterator)
'o'

# Am Ende gibt next(...) einen Fehler:
>>> next(iterator)
Traceback (most recent call last):
  File "<stdin>", line 1, in <module>
StopIteration
```

Wichtig sind in diesem Beispiel die beiden eingebauten Funktionen iter und next. Mit iter erzeugen Sie einen Iterator, mit next fragen Sie den nächsten Wert ab. Der Iterator merkt sich den Zustand der Iteration zwischen den Aufrufen von next.

Im Beispiel wird zunächst ein String mit etwas Text angelegt. "Hello" ist nicht besonders aufregend, aber Sie dürfen beim Abtippen natürlich was Interessanteres schreiben, etwa Ihren Namen oder eine überspezifische Schmähung des Generalsekretärs der UN.

Als Erstes rufen Sie next auf dem String text auf – nur um zu gucken, was passiert. Es passiert nichts – außer, dass es knallt. next kann also keinen Wert aus dem String herausklauben. Python liefert dazu eine Fehlermeldung mit passender Erklärung: Der String selbst ist kein Iterator.

Erst wenn Sie iterator = iter(text) aufrufen, bekommen Sie einen Iterator. Dieser ist lediglich ein Zeiger, der sich merkt, wo Sie gerade sind. Zur Veranschaulichung dürfen Sie gerne schon mal auf Abbildung 20.1 schielen – durch so einen Zeiger können Sie Buchstaben in einem String oder Zahlen in einer Menge durchlaufen. Wenn Sie next auf dem Iterator aufrufen, bekommen Sie den nächsten Buchstaben, dann wird intern der Zeiger weiter gerückt.

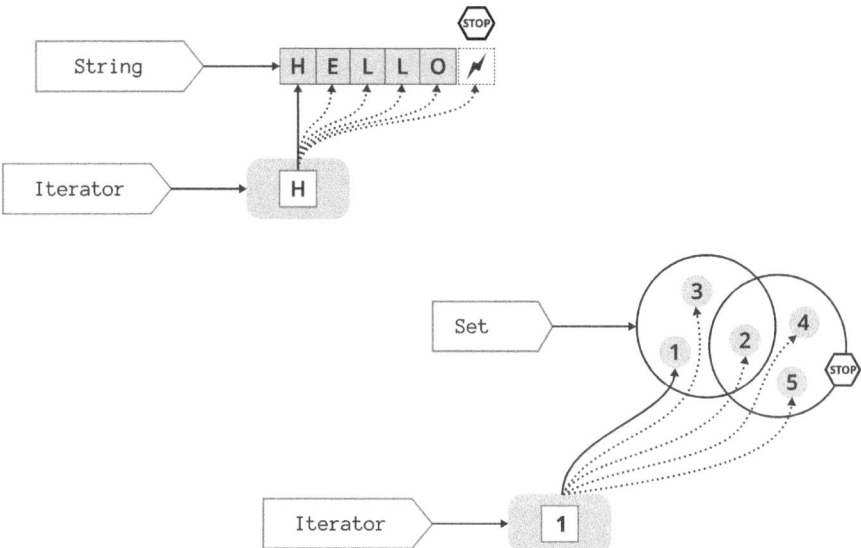

Abbildung 20.1: Iteratoren entkoppeln das schrittweise Durchlaufen von Daten von der Organisation der Daten im Speicher.

Spannend wird es am Ende. Wenn keine Buchstaben mehr vorhanden sind, ruft der Iterator laut aus: Nix mehr da! Dazu löst er eine Ausnahme vom Typ StopIteration aus.

Solange Sie eine for-Schleife verwenden, müssen Sie nicht selbst auf die StopIteration-Ausnahme reagieren. Im Hintergrund arbeiten for-Schleifen nämlich genau so – sie erzeugen einen Iterator, steppen dann durch die Elemente und wenn sie eine StopIteration bemerken, beenden Sie sich einfach:

```
>>> for c in "Hello":
...     print(c)
...
H
e
l
l
o
```

Der eigentliche String bekommt davon nichts mit. Deswegen knallt es auch, wenn man next direkt auf text aufruft, weil der String sich nicht selbst merkt, wo er gerade ist. Der Iterator ist ein unabhängiger Zustandsautomat.

Iteratoren sind eine wichtige Abstraktion, aus der sich die verschiedensten Ideen ergeben:

✔ **Mehr als ein Iterator:** Sie können mehr als einen Iterator für das gleiche Objekt verwenden. Damit kann man verschiedene Durchläufe vermischen – das ist nützlich, wenn man Elemente paarweise iterieren möchte.

✔ **Sie können alles iterieren, was Ihnen einfällt:** In Python ist alles ein Objekt, daher können Sie nicht nur Zahlenreihen oder Strings durchlaufen, sondern zum Beispiel auch Dateien in Ordnern oder Zeilen in Dateien iterieren – alles bloß mit einer for-Schleife.

✔ **Es ist egal, wo die Elemente herkommen:** Den Iterator interessiert nicht, ob Sie ein gedrungenes Array im Speicher oder einen Wikipedia-Übersichtsartikel aus dem Internet iterieren. Außerdem müssen die iterierten Werte gar nicht im Speicher liegen, Sie können auch einfach Werte nach und nach generieren (so macht das übrigens die Funktion range).

✔ **Ihr Code bleibt flexibel:** Iteration sagt nichts über die verwendete Datenstruktur aus. Solange sie Werte produzieren kann, können Sie sie iterieren. Das ist praktisch, wenn Sie beispielsweise mit einer Liste anfangen, aber später merken, dass eine andere Struktur besser wäre (zum Beispiel ein Suchbaum), dann können Sie die Variable einfach austauschen, aber Ihre for-Schleife bleibt gleich.

✔ **Die Reihenfolge ist egal:** Listen und Strings organisieren Daten der Reihe nach, aber ein Iterator könnte auch von hinten nach vorne oder komplett zufällig Werte zurückgeben (wenn Sie ihren eigenen Iterator bauen, das geht nämlich recht einfach).

✔ **Unendliche Iteration:** Wenn ein Iterator keine Werte mehr produzieren kann, dann löst er eine StopIteration-Ausnahme aus. Was aber, wenn er das mal nicht macht? Dann läuft die Iteration unendlich lange und Sie haben eine Endlosschleife.

Generatoren

Mithilfe des Iterator-Protokolls können Sie Daten eines Containers sequenziell durchlaufen und das unabhängig davon, wo sie herkommen. Diesen Gedanken kann man sogar noch weiter treiben, denn es ist wie gesagt gar nicht erforderlich, dass die Daten überhaupt im Speicher vorhanden sein müssen – Sie könnten Sie auch einfach bei Bedarf *generieren*.

Genau das tun *Generatoren*. Generatoren sind Objekte, die Sie wie gewohnt iterieren können, die aber Daten erst bei Bedarf erzeugen. Dadurch sparen Sie sich unnötige Berechnungen und können dadurch den Speicherverbrauch Ihres Programms reduzieren. Außerdem verbessert das die Architektur eines Programms, da man mit Generatoren ein paar Dinge tun kann, die mit Listen nicht möglich sind.

Ranges zum Beispiel sind nützliche Generatoren:

```
>>> for i in range(0, 14, 2):
...     print(i, end=" ")
...
0 2 4 6 8 10 12 >>>
```

Neben einigen vorgefertigten Iteratoren gibt es in Python mehrere Arten, um Generatoren zu erzeugen:

✔ mit speziellen Ausdrücken

✔ mit speziellen Funktionen

✔ mit speziellen Klassen

Generator-Ausdrücke

Generator-Ausdrücke (auf Englisch: *generator expressions*) dürften Ihnen aus Kapitel 11 unter *Generatoren statt Tupel-Comprehensions* geläufig sein, wo sie kurz angerissen wurden. Sie verwenden eine vertraute Syntax:

```
# List-Comprehension:
squares = [x ** 2 for x in range(10)]
```

```
# Generator-Expression:
squares = (x ** 2 for x in range(10))
```

 Wenn Sie bei einer gewöhnlichen List-Comprehension statt eckiger Klammern runde nehmen, erhalten Sie einen Generator. Die Syntax wird als *Generator-Ausdruck* bezeichnet – mit eckigen Klammern wäre es eine *List-Comprehension*.

Das ist der Unterschied:

```
>>> [x ** 2 for x in range(10)]
[0, 1, 4, 9, 16, 25, 36, 49, 64, 81]
>>> (x ** 2 for x in range(10))
<generator object <genexpr> at 0x7fc39a539cb0>
```

Die Syntax mit den runden Klammern erzeugt einen *Generator*, der Daten verzögert liefert. Er ist für einen Durchlauf gut, danach ist er erschöpft. Ein zweiter Durchlauf gibt nichts mehr her:

```
>>> squares = (x ** 2 for x in range(10))
>>> for s in squares:
...     print(s, end=" ")
...
0 1 4 9 16 25 36 49 64 81
>>> for s in squares:
...     print(s, end=" ")
...
>>>
```

Eifrige und verzögerte Auswertung

Die List-Comprehension erzeugt ihre Werte sofort im Speicher – nicht erst, wenn sie iteriert wird. Dieses Verhalten wird auch mit dem englischen Fachbegriff *eager* (eifrig) bezeichnet. Der Generator hingegen liefert die Werte verzögert – das bezeichnet man auch als *lazy* (faul, verzögert oder auch bequem). Der Generator erledigt alles so spät wie möglich und arbeitet nur so viel wie nötig. Bei Arbeitskollegen würde man derartiges Verhalten eher nicht wertschätzen, beim Programmieren ist es jedoch von großem Vorteil, denn dadurch lassen sich unnötige Berechnungen vermeiden:

```
# Globale Zähler-Variable
touched = None

def touch(i):
    # Bezug auf die globale Variable herstellen
    global touched
    touched += 1
    return i

# Schritt 1: Eager mit einer List-Comprehension
touched = 0
for i in [touch(i) for i in range(100)]:
    if i > 3:
        break

print(f"Eager: {touched}")

# Schritt 2: Lazy mit einer Generator Expression
touched = 0
for i in (touch(i) for i in range(100)):
    if i > 3:
        break

print(f"Lazy: {touched}")
```
Listing 20.1: generators.py

Das gezeigte Programm demonstriert den Unterschied zwischen einer übereifrigen Auswertung und einer bequemen. Erst wird die Funktion touch erstellt, die ein Argument annimmt und dieses wieder zurückgibt. Auf dem Weg dorthin wird eine globale Zählervariable um eins erhöht. Sie heißt touched, um zu signalisieren, wie oft ein Wert »angefasst« wurde.

Das Programm macht nacheinander zwei gleichartige Durchläufe. Es wird immer erst der Zähler zurückgesetzt, dann wird die Funktion touch für einhundert Elemente aufgerufen – einmal in einer List-Comprehension und einmal in einem Generator. Die beiden Objekte werden dann separat in einer for-Schleife iteriert. In jeder Schleife wird allerdings der aktuelle Wert inspiziert – sobald er größer ist als 3, wird die Schleife abgebrochen. Ausgeführt spuckt dieses Programm Folgendes aus:

```
$ python generators.py
Eager: 100
Lazy: 5
```

Im ersten Durchlauf wurde die Funktion touch einhundert Mal aufgerufen. Der Grund dafür ist, dass die List-Comprehension ihre Werte erst im Speicher anlegt, bevor der Code weiter verarbeitet wird. Die Werte stehen also fest, bevor die Iteration in der for-Schleife stattfindet.

Beim Durchlaufen der Generator-Expression hingegen wurde touch nur fünf Mal aufgerufen (nämlich für die Werte 0, 1, 2, 3 und 4). Im Gegensatz zur eifrigen List-Comprehension konnten also 95% der Aufrufe vermieden werden.

Generator-Funktionen

Generatoren können auch mithilfe spezieller Funktionen erzeugt werden. Wenn in einer Funktion das Schlüsselwort yield auftaucht, verarbeitet Python ihren Code grundlegend anders:

```
>>> def onetwo():
...     yield 1
...     yield 2
...
>>> onetwo
<function onetwo ...>
>>> onetwo()
<generator object onetwo ...>
>>> for i in onetwo(): print(i)
...
1
2
```

Weil die Funktion yield und nicht return verwendet, gibt der Aufruf einen Generator zurück. Dieser kann dann iteriert werden – erst bei der Iteration wird der Code innerhalb der Funktion auch ausgeführt.

Die yield-Anweisung verhält sich dabei ähnlich wie return und gibt einen Wert aus der Funktion zurück – anders als beim return wird die Funktion aber danach nicht beendet, sondern kann im nächsten Iterationsschritt fortgesetzt werden. Nach dem ersten yield bleibt also der Zustand der Funktion erhalten. Beim nächsten Iterationsschritt wird direkt dahinter weitergemacht und das zweite yield wird aktiv. Im Beispiel geben die aufeinanderfolgenden yield-Anweisungen erst 1, dann 2 zurück – danach ist der Iterator wieder erschöpft.

yield kann überall da vorkommen, wo jede andere Anweisung passt. Zum Beispiel in einer Schleife:

```
>>> def interval(start, stop):
...     index = start
...     while index < stop:
...         yield index
...         index += 1
...
```

```
>>> for i in interval(0, 10):
...     print(i, end=" ")
...
0 1 2 3 4 5 6 7 8 9
```

Die Schleife in der Funktion interval erhöht den Wert von index, solange dieser kleiner ist als der Wert von stop. In jedem Schritt wird der Wert von index mit yield ausgegeben.

 Dieses Beispiel dürfte Ihnen geläufig sein. Die Built-in-Funktion range tut das Gleiche, nur dass sie noch weitere nützliche Fälle abdeckt, wie zum Beispiel unterschiedliche Schrittlängen.

Verschachtelte Generatoren

Die Anweisung yield kann auch in der Form yield from verwendet werden. Dadurch delegiert der Generator die Erzeugung einzelner Elemente an einen anderen Iterator, wie zum Beispiel eine Liste:

```
>>> def generator():
...     yield from [1, 2, 3, 4]
...
>>> for i in generator():
...     print(i)
...
1
2
3
4
```

Dieser Generator ist entspricht dem folgenden:

```
def generator():
    for i in [1, 2, 3, 4]:
        yield i
```

Unendliche Generatoren

 Wenn Sie in einem Generator eine Endlosschleife verwenden, dann generiert der Iterator unendlich viele Daten, obwohl ihr Rechner nicht unendlich viel Speicher hat.

Der Nutzen eines unendlichen Generators ist insofern vielleicht nicht sofort klar. Wieso sollte man unendlich viele Daten brauchen und wo würde man sie hinpacken?

Meistens verwendet man solche Generatoren in Kombination mit anderen Iteratoren, die die angeforderte Datenmenge begrenzen:

```
def count(start=0):
    while True:
        yield start
        start += 1
```

```
names = [
    "Apone",
    "Drake",
    "Ferro",
    "Hicks",
    "Hudson",
    "Spunkmeyer",
    "Vasquez",
]

for i, name in zip(count(start=1), names):
    print(f"{i}. {name}")
```
Listing 20.2: enumerate.py

Im Generator `count` läuft eine Endlosschleife, in der ein Wert hochgezählt wird. Würde man diese Funktion in einer `for`-Schleife laufen lassen, so würde sie bis zum Sankt-Nimmerleinstag zählen.

Stattdessen wird hier die Built-in-Funktion `zip` eingesetzt. Sie nimmt zwei iterierbare Objekte und macht daraus einen Generator, den Sie nun wieder in einer `for`-Schleife iterieren können. Dieser gibt die Elemente nach dem Reißverschlussprinzip als Tupel zurück, wie in Abbildung 20.2 dargestellt. Hier wird die Liste `names` mit den Werten aus dem Generator gepaart, der durch den Aufruf von `count` erzeugt wird.

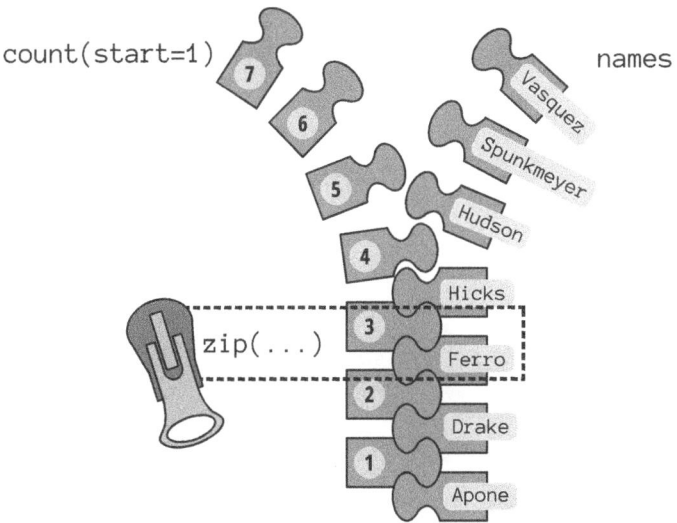

Abbildung 20.2: Zip iteriert die Elemente zweier Listen paarweise.

Aufgerufen erzeugt dieses Programm die folgende Ausgabe:

```
$ python enumerate.py
1. Apone
2. Drake
3. Ferro
4. Hicks
```

5. Hudson
6. Spunkmeyer
7. Vasquez

Die Funktion zip ist so gebaut, dass die Iteration durch den kürzeren von beiden Iteratoren begrenzt ist. Die Liste names hat nur 7 Einträge, daher wird die Schleife nach dem siebten beendet.

 Der gezeigte Generator kann unendlich viele Zahlen erzeugen, jedoch tut er dies nur nach Bedarf. Theoretisch ist er für Listen beliebiger Länge verwendbar. Dadurch ist er nicht an eine Grenze gekoppelt und wiederverwendbar.

 Anstelle von zip(count(start=1), names) sollten Sie in der Praxis lieber die eingebaute Funktion enumerate verwenden.

Itertools

Übrigens gibt es im Modul itertools viele Funktionen, die Sie beim Entwickeln mit Generatoren unterstützen. Unter anderem gibt es dort bereits einen vorgefertigten Iterator namens count (der ist praktischer, als man denkt).

Außerdem finden Sie hier die nützliche Funktion islice(), die Sie verwenden können, um unendliche Generatoren zu »slicen«, so wie Sie es bei den Listen gewöhnt sind.

```
# Slicen mit der Subskript-Notation
>>> numbers = [1, 2, 3, 4]
>>> numbers[:2]
[1, 2]


# Funktioniert nicht mit Generatoren
>>> from itertools import count
>>> count()[:10]
Traceback (most recent call last):
  File "<stdin>", line 1, in <module>
TypeError: 'itertools.count' object is not subscriptable


# Mit islice klappt es
>>> from itertools import islice, count
>>> islice(count(), 10)
<itertools.islice object at 0x000001FD61500B30>
>>> for i in islice(count(), 10):
...     print(i, end=" ")
...
0 1 2 3 4 5 6 7 8 9 >>>
```

Listen lassen sich für gewöhnlich mithilfe der Subskript-Notation (liste[start:stop:step]) zerteilen. Diese geht aber davon aus, dass die Elemente bereits im Speicher liegen. Die Elemente von Generatoren werden jedoch erst bei Bedarf erzeugt, daher liegen sie auch nicht im Speicher und die Subskript-Notation schlägt fehl.

Die Funktion islice löst dieses Problem, indem sie einen neuen Iterator erzeugt. Die Funktion erwartet als Argument einen Generator und unterstützt die Parameter start, stop und step.

Generator-Objekte

Neben listenartigen Generator-Ausdrücken und Generator-Funktionen können Sie auch eigene Generatoren mithilfe von Klassen entwerfen. Dazu müssen Sie das Iterator-Protokoll umsetzen:

1. Ein Objekt wird mit iter(obj) um einen Iterator gebeten. Das ruft im Hintergrund die Methode ‹obj›.__iter__(...) auf.

2. Der Iterator gibt durch Aufrufe von next(iterator) einzelne Werte zurück. Im Hintergrund wird dabei ‹obj›.__next__(...) aufgerufen.

3. Wenn die Iteration vorbei ist, wird StopIteration ausgelöst.

Die folgende Klasse implementiert dieses Protokoll:

```
class Interval:
    def __init__(self, start, stop):
        self._start = start
        self._stop = stop
        self._index = self._start

    def __next__(self):
        if self._index == self._stop:
            raise StopIteration

        value = self._index
        self._index += 1
        return value

    def __iter__(self):
        return self
```
Listing 20.3: interval.py

Die Methoden dieser Klasse fangen mit doppelten Unterstrichen an und werden von den Built-in-Funktionen gleichen Namens aktiviert. Die Funktion iter ruft dabei die Methode Interval.__iter__ auf und die Funktion next aktiviert die Methode Interval.__next__.

```
>>> from interval import Interval
>>> three = Interval(0, 3)
>>> iterator = iter(three)
>>> next(iterator)
0
>>> next(iterator)
1
>>> next(iterator)
```

```
2
>>> next(iterator)
Traceback (most recent call last):
  File "<stdin>", line 1, in <module>
  File "interval.py", line 9, in __next__
    raise StopIteration
StopIteration
```

Das klappt auch in einer for-Schleife:

```
>>> from interval import Interval
>>> three = Interval(0, 3)
>>> for i in three:
...     print(i)
...
0
1
2
```

Für die Iteration wird zunächst __iter__ aufgerufen – diese Methode soll einen Iterator zurückgeben, also irgendein Objekt, das für Aufrufe von next Werte liefern wird und sich den aktuellen Zustand merkt. Da das Objekt die Iteration selbst übernimmt, gibt es sich einfach selbst zurück (return self). Das ist sehr schlicht gehalten, hat aber den Nachteil, dass Sie durch den Aufruf von iter(...) immer dasselbe Objekt bekommen. Alternativ könnten Sie hier auch das Objekt klonen, um dasselbe Intervall mehrfach zu iterieren.

In jedem Iterationsschritt muss sich das Objekt den Zustand merken – das wurde bereits im Konstruktor eingeleitet, wo die wichtigsten Variablen initialisiert werden. Die Methode __next__ gibt den aktuellen Index-Wert zurück und erhöht ihn danach. Die Rückgabe geschieht ganz gewöhnlich mit return – nicht mit yield.

Klassen als Generatoren sind besonders dann nützlich, wenn für die Erzeugung der einzelnen Elemente mehr Code notwendig ist, da sich Klassen besser strukturieren lassen als einzelne Funktionen oder Generator-Ausdrücke.

Kapitel 21
Code strukturieren mit Modulen und Paketen

B isher ging es in diesem Buchteil darum, wie Sie Code auf Funktionen und Klassen aufteilen und ihn dadurch strukturieren. Wenn Sie Ihre Programme aber stetig weiterentwickeln und dabei alles in eine einzige Datei schreiben, wird diese irgendwann so groß, dass Sie den Überblick verlieren und ständig innerhalb der Datei umherspringen. Um hier nicht verrückt zu werden, hilft es, den Code auf mehrere Dateien aufzuteilen.

Module und Pakete

Eine Datei mit Python-Code nennt man auch ein *Modul*. Wenn Sie mehrere solcher Module in einem Verzeichnis zusammenfassen, nennt man das ein *Paket*. Um ein Modul oder Paket zu verwenden, wird es *importiert*.

In der Praxis werden die Begriffe oft synonym gebraucht; oft spricht man von einem Modul, auch wenn man in Wirklichkeit ein Paket mit vielen Untermodulen vor sich hat. Wenn man allerdings Code aus dem Internet herunterlädt, ist meistens von Paketen die Rede; die Gründe erfahren Sie in diesem Kapitel. Das Importieren ist für Module und Pakete gleich, daher macht es für Sie erst mal keinen Unterschied – wichtig wird das erst, wenn Sie eigene Module oder Pakete bereitstellen möchten.

Module sind praktisch, um Code an anderer Stelle wiederzuverwenden oder ihn zu teilen. Das haben auch andere vor Ihnen erkannt, deshalb gibt es viele Module frei verfügbar aus:

✔ ... der Standardbibliothek

✔ ... dem Package-Index

✔ ... eigener Züchtung

Jede Python-Installation wird mit einer Kopie der *Standardbibliothek* ausgeliefert, die viele grundlegende Module umfasst. Für speziellere Anwendungen stößt sie aber an ihre Grenzen.

Um den Umfang der Standardbibliothek zu erweitern, muss man oft Pakete nachinstallieren. Python bringt dazu einen Paketmanager mit, der in einem einzigen Schritt Module finden und installieren kann. Die Hauptquelle dafür ist der *Python Package-Index*, kurz *Pypi*, dessen Webseite derzeit so aussieht wie in Abbildung 21.1 gezeigt.

Abbildung 21.1: Die Startseite des Python-Package-Index (April 2023)

Natürlich können Sie auch eigene Module definieren oder welche von Kollegen verwenden. Module sind kein besonderes Konzept, das nur Eingeweihten zur Verfügung steht, sondern ein Mittel zur Strukturierung von Code, genauso wie auch Funktionen oder Klassen.

 Generell ist *Modularisierung* ein wichtiger Aspekt beim Design komplexerer Programme. Die Entscheidung, wie man Code am besten auf verschiedene Dateien aufteilt, ist nicht trivial und kann später gravierende Auswirkungen auf die Qualität des Codes haben. In diesem Kapitel geht es aber erst mal um die Infrastruktur, mit der Sie Module installieren, suchen, laden und versionieren können.

Die Standardbibliothek

Bevor Sie wahllos Pakete aus dem Internet installieren, sollten Sie sich mit den bereits vorhandenen Modulen vertraut machen: Python bringt eine umfassende Standardbibliothek mit, die sehr viele Anwendungsfälle abdeckt. Hier finden Sie Module für Datum, Uhrzeit und Zeitzonen, Textverarbeitung, Netzwerkprogrammierung, Internetprotokolle, Mathematik, Zufallszahlen, Statistik, Dateiverarbeitung und nebenläufige Programmierung und, und, und.

Die Module der Standardbibliothek sind in aller Regel gut getestet und dokumentiert. Ihr Umfang wächst mit neuen Python-Versionen stetig an; manchmal fällt aber auch was weg (etwa die Unterstützung sehr alter Dateiformate). Daher lohnt es sich, die Release-Notes zu lesen. Einige nützliche Module für den Einstieg finden Sie auszugsweise in Tabelle 21.1. Außerdem werden natürlich im Verlaufe des Buches ständig Module aus der Standardbibliothek verwendet und nebenher erklärt.

 In der Bibliothek finden Sie wirklich viele Module, daher werden sie nicht alle hier aufgelistet. Aber Python gibt gerne Auskunft:

```
>>> import sys
>>> sys.stdlib_module_names
```

Name	Beschreibung
math	mathematische Funktionen
statistics	statistische Berechnungen
random	Generieren von Pseudozufallszahlen
secret	Generieren von kryptografisch sicheren Zufallszahlen
datetime	Datum und Zeit
os	Interaktionen mit dem Betriebssystem
sys	Informationen über die Umgebung und den Interpreter
pathlib	Navigieren des Dateisystems
csv	Speichern von Tabellen als kommaseparierte Listen
json	Lesen und Schreiben von Datenobjekten als Text

Tabelle 21.1: Einige Module der Standardbibliothek. Hier könnte Ihre Erkundungstour beginnen!

Um den Rest der Bibliothek kennenzulernen, können Sie sich auch im Netz einen Überblick verschaffen: https://docs.python.org/3/library/index.html. So erfahren Sie gleich alle spannenden Details und es liegen oft auch Anwendungsbeispiele bei.

Module importieren

Um ein Modul zu verwenden, wird es *importiert*. Nutzen Sie dafür das Schlüsselwort import, gefolgt vom Namen des Moduls:

```
>>> import random
>>> random
<module 'random' from 'C:\Program Files\Python312\lib\random.py'>
>>> random.randint(1, 10)
9
>>> random.randint(1, 10)
2
```

In diesem Fall wird das Modul `random` importiert, mit dessen Hilfe Sie Pseudozufallszahlen generieren können.

 Beim Import wird der Code des importierten Moduls ausgeführt. Das ist notwendig, sonst weiß der Interpreter nicht, welche Objekte sich darin befinden.

Das Modul selbst steht dann als Variable bereit. Wenn Sie sie auf die *REPL* ausgeben, erfahren Sie, woher das Modul geladen wurde – in diesem Fall ein Pfad auf einer Windows-Maschine.

 Hier sehen Sie auch, dass es sich wirklich nur um eine Code-Datei handelt. Sie können diese Datei in Ihrem Editor öffnen und sogar darin herumwerkeln. Aber Vorsicht: Dadurch können Sie sich tatsächlich Ihre Installation zerschießen.

Im Beispiel wird ein Modul aus der Standardbibliothek importiert, aber grundsätzlich klappt das auch mit Ihren eigenen Modulen. Abbildung 21.2 deutet eine Datei namens `pw.py` an, in der sich eine Funktion namens `random_passwort` befindet. Diese Funktion können Sie nach dem Import in `program.py` oder `script.py` einsetzen – oder in einer *REPL*-Sitzung. Die Import-Syntax hat verschiedene Variationen, die Sie gleich noch kennenlernen werden.

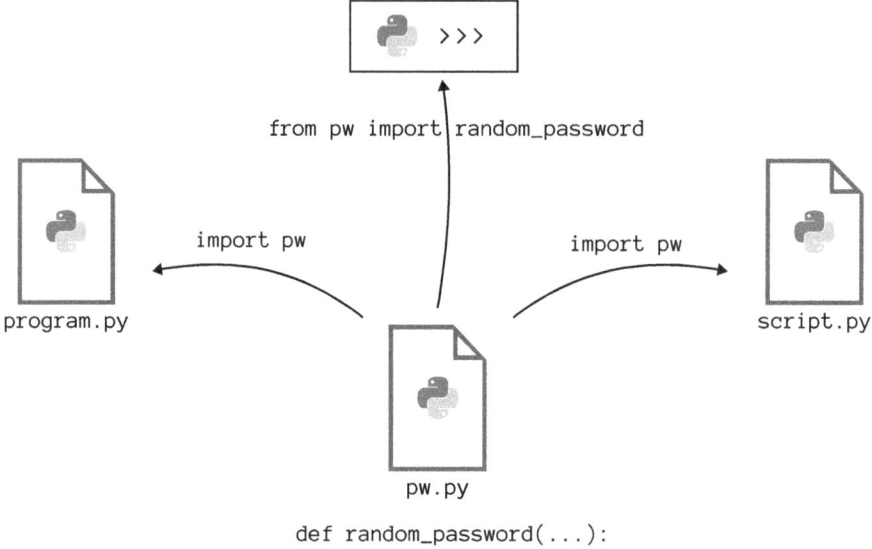

Abbildung 21.2: Module können andere Module oder deren Inhalte importieren.

Module inspizieren

In Modulen können sich beliebige Objekte befinden, also Variablen, Funktionen oder Klassen. Im Modul `random` stehen gleich mehrere bereit. Welche das sind, verrät die Funktion `dir`:

```
>>> import random
>>> dir(random)
['BPF', 'LOG4', 'NV_MAGICCONST', ..., 'SystemRandom', ..., '
    randint', 'random' ... ]
```

Hier im Beispiel wurde die Ausgabe verkürzt, natürlich steht noch mehr drin.

Die großgeschriebenen Einträge sind KONSTANTEN, die mit gemischter Groß- und Klein-schreibung sind Klassen (zum Beispiel SystemRandom) und die kleinen Einträge sind Funk-tionen, wie zum Beispiel randint. Die Groß-/Kleinschreibung ist allerdings nicht immer konsistent, besonders in älteren Modulen ist es mal so, mal so.

 Die Funktion dir erzeugt eine lange Liste, deren Ausgabe auf der Konsole schwer zu lesen ist. Wenn Sie eine for-Schleife nutzen, können Sie die Namen auch zei-lenweise ausgeben. Oder Sie verwenden help, dann bekommen Sie gleich in der Konsole noch die Dokumentation dazu, etwa so: >>> help(random). So finden Sie auch heraus, was für ein Objekt sich hinter einem bestimmten Namen ver-birgt, also ob es eine Klasse, eine Funktion oder ein statischer Wert ist.

Namensräume

Um eine Funktion aus einem Modul zu verwenden, geben Sie den Namen des Moduls an und – getrennt mit einem Punkt – das darin befindliche Objekt; im Beispiel ist das die Funk-tion randint, die eine Pseudozufallszahl erzeugt. Warum das nur »pseudo« ist, steht im Kasten *Obligatorischer Disclaimer*.

```
>>> import random
>>> random.randint(1, 10)
6
```

Jedes Modul ist ein *Namensraum*, in dem Namen eindeutig sind – im Modul kann es also nur eine Funktion namens randint geben. Jedes Modul hat selbst einen eindeutigen Namen, den Sie so herausfinden:

```
>>> random.__name__
'random'
```

Normalerweise geben Module als Namen einfach den Namen ihrer Datei an, also liegt das Modul spezial irgendwo in einer Datei namens spezial.py oder in einem Verzeichnis na-mens spezial, wenn es sich um ein Paket handelt.

 **Obligatorischer Disclaimer**

Computer sind deterministische Maschinen – sie sollen ja nicht für jede Rechnung was anderes ausspucken. Das ist aber genau dann problema-tisch, wenn man zufällige Dinge tun möchte. Im Modul random gibt es ei-nen Zufallszahlengenerator, der Zahlen ausspuckt, die zufällig aussehen, aber nicht wirklich zufällig sind. Für kleine Ratespiele sind solche Zahlen ausreichend, aber nicht, wenn es sicherheitsrelevant wird (zum Beispiel um Sicherheitscodes für Ihre Webseite zu generieren).

✔ Für *echten Zufall* gibt es das Modul `secrets`.

✔ Für *Verschlüsselung* und Sicherheitsgeschichten sollten auf Sie das Paket `cryptography` zurückgreifen.

✔ Für Zufallszahlen aus bestimmten *Verteilungen* gibt es das Paket `scipy.stats`. Zwar bringt `random` auch einige Verteilungen mit (etwa Gauß, Beta, Gamma), aber in `scipy.stats` gibt es speziellere Verteilungen sowie passende statistische Tests.

`secrets` ist Teil der Standardbibliothek, aber `scipy.stats` und `cryptography` müssen Sie erst noch installieren – wie das geht, steht im Abschnitt *Pakete – Code von anderen*).

Direktimporte

Um Tipparbeit zu sparen, können Sie eine Funktion auch direkt importieren:

```
>>> from random import randint
>>> randint(1, 10)
4
```

Der Import beginnt mit dem Schlüsselwort `from`, gefolgt vom Modulnamen; darauf folgt der Name des zu importierenden Objekts. Die Funktion landet dadurch in einem globalen Namensraum, sodass Sie sie verwenden können, ohne stets den Namen ihres Moduls voranzustellen.

 Sie können auch gleich mehrere Elemente importieren, indem Sie sie mit einem Komma trennen:

```
>>> from random import randint, sample
```

Nun ist `randint` nicht der schönste Name, daher können Sie die Funktion beim Import auch gleich umbenennen:

```
>>> from random import randint as zahl_zwischen
>>> zahl_zwischen(1, 10)
8
```

Namenskonflikte vermeiden

Innerhalb eines Moduls sind Namen eindeutig, aber zwischen den Modulen können Namen mehrfach vorkommen. Sobald Sie diese dann aber importieren, wird es haarig, denn so kann ein Wert den anderen überschreiben:

```
>>> from datetime import time
>>> time
<class 'datetime.time'>
>>> import time
>>> time
<module 'time' (built-in)>
>>> from time import time
>>> time
<built-in function time>
```

Dreimal der Name `time` – und jedes Mal meint er etwas anderes:

✔ Das Modul `datetime` ist für allgemeine Zeitangaben wie Datum und Uhrzeit gedacht – darin gibt es eine Klasse `time`, die Zeitangaben kapselt.

✔ `time` ist auch der Name eines Moduls der Standardbibliothek.

✔ Im Modul `time` gibt es eine Funktion mit gleichem Namen (`time.time`), die die vergangenen Sekunden seit dem 01.01.1970 ausgibt (das ist unter Linux gebräuchlich).

Jetzt haben Sie schon dreimal den Namen `time` importiert, aber einmal war es eine Klasse, einmal ein Modul und einmal eine Funktion.

 Damit Sie alle drei nutzen können, müssen Sie entweder Aliase vergeben (`import <Name> as <anderer Name>`) oder Sie lassen den Namensraum des Moduls dran, also zum Beispiel:

```
>>> import time
>>> import datetime
>>> print(datetime.time())
>>> print(time.time())
```

Wie der Interpreter Module sucht

Beim Import muss der Interpreter erst einmal herausfinden, in welcher Datei sich der gewünschte Code befindet. Zunächst schaut er nach, ob das Modul direkt einkompiliert wurde (dieses Privileg wird nur wenigen Modulen zuteil, die für die Performance besonders wichtig sind). Danach wird im Dateisystem an den folgenden Stellen nachgesehen:

✔ dem Verzeichnis, in dem der Interpreter gestartet wurde,

✔ den Installationsverzeichnissen der Standardbibliothek und

✔ dem Verzeichnis für Pakete von Dritten, den sogenannten *Site Packages*.

In der *REPL* können Sie herausfinden, welche Verzeichnisse bei der Suche mit einbezogen werden:

```
>>> import sys
>>> for path in sys.path:
...     print(repr(path))
...
```

```
''
'C:\Program Files\Python312\python312.zip'
'C:\Program Files\Python312\Lib'
'C:\Program Files\Python312\DLLs'
'C:\Users\johannes\AppData\Roaming\Python
    \Python312\site-packages'
'C:\Users\johannes\AppData\Roaming\Python
    \Python312\site-packages\win32'
'C:\Users\johannes\AppData\Roaming\Python
    \Python312\site-packages\win32\lib'
'C:\Users\johannes\AppData\Roaming\Python
    \Python312\site-packages\Pythonwin'
'C:\Program Files\Python312'
'C:\Program Files\Python312\Lib\site-packages'
```

Auf einer typischen Windows-Maschine kann das so aussehen. Bei Ihnen weicht das selbstverständlich ab, außer Sie heißen auch Johannes. An dieser Aufstellung sind auch noch einige andere Dinge bemerkenswert:

✔ Der erste Eintrag ist ein leerer String – dadurch wird das lokale Verzeichnis mit in die Suche einbezogen.

✔ Die Suche verwendet sowohl globale Verzeichnisse des Systems als auch Verzeichnisse des Benutzers. Die Installation ist also in der Lage, auf einem Mehrbenutzersystem den jeweiligen Code der Nutzer zu unterscheiden.

✔ Auch spannend: Python kann Code lesen, der sich in einer Zip-Datei im Suchpfad befindet, wie mit dem Eintrag python312.zip angedeutet.

✔ Das Verzeichnis *site-packages* wird zuletzt durchsucht. Es enthält Code, den Sie nachträglich installiert haben.

Wenn die Suche in diesen Verzeichnissen erfolglos ausgeht, gibt es einen Fehler.

 Das lokale Verzeichnis wird stets zuerst durchsucht. Wenn Python bei der Suche nach einem Modulnamen hier fündig wird, ist die Suche erfolgreich beendet. Dadurch kann es kommen, dass man aus Versehen bestehende Module »verdeckt«. Wenn Sie in einem Verzeichnis eine Datei namens random.py anlegen und dann in der *REPL* import random ausführen, haben Sie das lokale Modul geladen, nicht das gewünschte Modul aus der Standardbibliothek. So was führt oft zu unerwarteten Fehlern.

Pakete – Code von anderen

Die Standardbibliothek ist umfangreich, kann aber nicht alles, daher installiert man in der Praxis häufig Code nach. Zum Beispiel enthält sie Module für das Erstellen von Netzwerkverbindungen, bringt aber kein vollständiges Web-Framework mit – dazu bräuchte man beispielsweise eine Möglichkeit, eine Datenbank anzubinden, Benutzer zu authentisieren und

HTML-Seiten zu generieren und all solchen Kram … die Einzelteile sind zwar alle da, dennoch müsste man in einem solchen Fall entweder selbst was basteln – oder man verwendet ein externes Modul, das jemand anders zuvor gebaut hat.

 Das ist durchaus ein gangbarer Weg. Wenn Sie Ihre Problemstellung im Netz recherchieren, finden Sie Abertausende Module, Frameworks und Bibliotheken, die ihr Problem (wahrscheinlich) lösen. Manche davon stellen Verbesserungen der Standardbibliothek dar, andere sind für sehr spezifische Anwendungsfälle von Experten zugeschnitten.

In diesem Abschnitt geht es um das Management von externem Code. Bevor es losgeht, gibt es aber noch eine kurze Wortklauberei. Wenn es um das Design Ihrer Programme geht, spricht man von *Modulen*, aber beim Installieren von Code aus dem Internet hauptsächlich von *Paketen*. Warum das so ist, steht in Kasten *Paketmanagement*.

Paketmanagement

Der Begriff *Paket* ist etwas mehrdeutig. Weiter oben wurde gesagt, dass ein Modul eine Datei ist und ein Paket ein Verzeichnis, allerdings bezieht sich das vor allem auf die Python-Welt. Der Begriff wird aber auch ganz allgemein im Bezug auf die Verteilung von Software verwendet und umfasst daher noch weitere Aspekte:

✔ Pakete sind Zip-Dateien, die nicht nur Code, sondern auch andere Dateien enthalten können, wie etwa Anweisungen zur Installation, Versionsinformationen und Lizenzdaten sowie kleine Zusatzprogramme.

✔ Pakete können dabei auch in einem Zusammenhang zueinander stehen, so kann ein Paket den Code eines anderen Pakets verwenden – man spricht dann von den *Abhängigkeiten* (auf Englisch: dependencies) eines Pakets.

✔ Damit man nicht den Überblick verliert, verwendet man zur Verwaltung von Paketen meist einen *Paketmanager*.

Auf diese Art wird Software vor allem in der Linux-Welt installiert. In der Regel spricht man also davon, dass man ein *Paket* installiert, auch wenn in dem Paket eigentlich nur eine kleine Datei ist und man hinterher nur ein einziges Python-Modul auf der Festplatte hat.

Wie Sie an Pakete kommen

Freilich können Sie Code per Mail oder auf einem USB-Stick erhalten, aber meistens stammen Pakete aus dem Paket-Index Pypi. Wenn im Haushalt ein Gebrauchsgegenstand fehlt, bestellen Sie ihn ja auch im Internet.

Lassen Sie den Browser zu! Sie müssen nichts herunterladen. Der gängige Weg ist es, Pakete direkt über den Paketmanager *pip* zu installieren. Der Name *pip* steht für »**p**ip **i**nstalls **p**ackages«. So was nennt man übrigens ein *rekursives Akronym*, weil hier die Abkürzung in der Langform erneut auftaucht.

Im Pypi kann jeder Pakete veröffentlichen, was einerseits großartig ist, weil dadurch ein offener Raum für neue kreative Ideen entsteht. Andererseits birgt dieser Ansatz wie alle allzu offenen Türen auch Risiken.

So mancher unterschätzt den Aufwand zum Unterhalt eigener Module. Oft hat jemand eine gute Idee veröffentlicht, aber dann später keine Zeit mehr, um zusätzliche Features hinzuzufügen oder Sicherheitslücken zu reparieren. Für Sie als Nutzer kann das zum Problem werden – wenn Sie sich auf ein Paket aus dem Internet verlassen, kann es passieren, dass Ihr Code später nicht mehr funktioniert, weil das importierte Paket nicht mehr aktualisiert wird.

 Viele übersehen, dass man nicht so ohne weiteres Pakete wieder aus dem Index entfernen kann. Das wäre auch fatal, denn dadurch könnte man anderen Projekten den Teppich unter den Füßen wegziehen, während die sich auf die Fortexistenz des Pakets verlassen. Leider kann man das Paket auch dann nicht löschen, wenn man entscheidet, dass man es nicht weiter betreiben möchte. Dadurch gibt es im Pypi leider einige Karteileichen. Sowohl beim Veröffentlichen als auch beim Heraussuchen von Paketen aus dem Index sollten Sie also mit Bedacht vorgehen.

 Es gibt auch Scharlatane, die augenscheinlich nützliche Pakete hochladen, die in Wirklichkeit Schadcode enthalten. Daher sollten Sie höllisch aufpassen und sich gut informieren, bevor Sie etwas installieren.

Solange Sie bei gut abgehangenen Paketen bleiben, kann nicht viel schiefgehen. Solche Pakete erkennen Sie meistens daran, dass sie eine gute Dokumentation mitbringen und ihren Entwicklungsprozess der Öffentlichkeit zugänglich machen; heutzutage ist das meist auf Online-Plattformen wie Github oder Gitlab einsehbar. Dort können Sie sich umschauen und sich davon überzeugen, dass der Quellcode noch aktiv gepflegt wird und die Entwickler sich noch nicht davon abgewandt haben.

Auf Nummer sicher gehen Sie, wenn Sie nur die großen Fische angeln. Die folgenden Pakete zum Beispiel sind in der Community bekannt und werden aktiv weiterentwickelt. Je nachdem, was man so treibt, stolpert man früher oder später darüber:

✔ wissenschaftlich: *numpy, scipy, pandas, matplotlib, scikit-learn, nltk, tensorflow, torch, opencv*

✔ Web-Crawler: *bs4, requests, scrapy*

✔ Bildformate: *pillow*

✔ Spiele: *pygame*

✔ Excel: *openpyxl*

✔ Web-Frameworks: *flask, django, twisted*

Leser installiert pip

Haben Sie ein interessantes Paket gefunden, können Sie es in einem Unterbefehl von *pip* installieren. Normalerweise ist *pip* bei ihrer Python-Installation dabei, aber bei manchen Linux-Distributionen wird es als separates Programm ausgeliefert. Zum Beispiel müssen Sie es für Ubuntu oder Fedora nachinstallieren:

```
# Ubuntu
$ sudo apt install python3-pip
# Fedora
$ sudo dnf install python3-pip
```

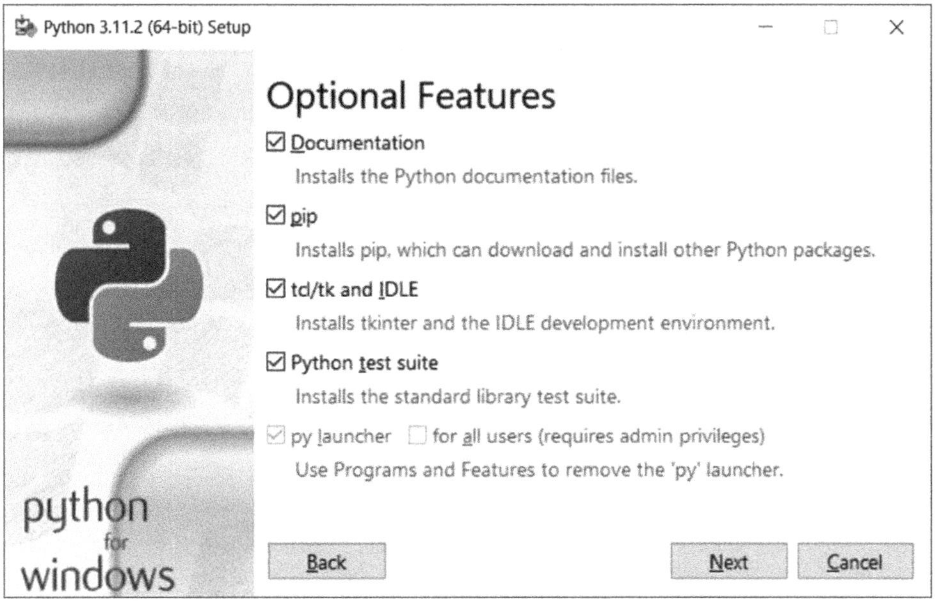

Abbildung 21.3: Achten Sie bei der Installation unter Windows darauf, dass der Haken bei PIP gesetzt ist.

Windows- und macOS-Nutzer müssen außerdem darauf achten, dass sie bei der Installation von Python den entsprechenden Haken setzen, wie in Abbildung 21.3 respektive Abbildung 21.4 gezeigt. Falls Sie *pip* nicht starten können, müssen Sie das Installationsprogramm von Python erneut ausführen.

Ob alles geklappt hat, erkennen Sie daran, dass Sie *pip* von der Kommandozeile aus aufrufen können:

```
# Windows
C:\> pip --version
pip 22.3.1 from C:\Program Files\Python312\Lib\site-packages\pip
    (python 3.11)
# Linux
$ pip --version
pip 22.3.1 from /usr/lib/python3.11/site-packages/pip (python 3.11)
```

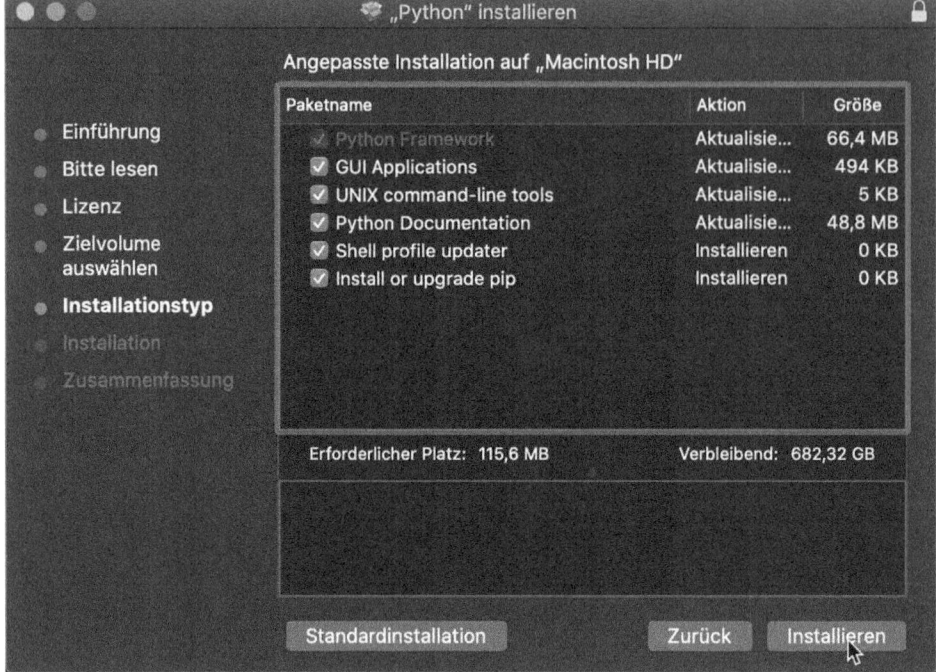

Abbildung 21.4: Im Installer für macOS setzen Sie den Haken bei INSTALL OR UPGRADE PIP .

 Wenn alles richtig läuft, wurde pip als ausführbare Datei installiert, die Sie mit $ pip oder C:\> pip.exe aufrufen können. Je nach Version ist es auch möglich, dass das Tool als pip3 auf Ihrem System landet.

Allerdings ist pip eigentlich auch nur ein Python-Modul, daher können Sie es auch über den Interpreter aufrufen: $ python -m pip --version. Die ausführbare Datei verweist intern auf das Python-Modul und dient einzig dem Komfort – weniger Tipparbeit.

Pip installiert Pakete

Nachdem Sie *pip* installiert haben, können Sie es über die Kommandozeile aufrufen. Im folgenden Beispiel wird das Paket *requests* installiert:

```
C:\>pip install requests
Collecting requests
  Downloading requests-2.28.2-py3-none-any.whl (62 kB)
     ----------------------------------------
      62.8/62.8 kB 3.5 MB/s eta 0:00:00
Collecting charset-normalizer<4,>=2
  Downloading charset_normalizer-3.1.0-cp312-cp312-win_amd64.whl
     (96 kB)
     ----------------------------------------
      96.7/96.7 kB 5.4 MB/s eta 0:00:00
```

```
Collecting idna<4,>=2.5
  Downloading idna-3.4-py3-none-any.whl (61 kB)
    ----------------------------------------
    61.5/61.5 kB ? eta 0:00:00
Collecting urllib3<1.27,>=1.21.1
  Downloading urllib3-1.26.15-py2.py3-none-any.whl (140 kB)
    ----------------------------------------
    140.9/140.9 kB ? eta 0:00:00
Collecting certifi>=2017.4.17
  Downloading certifi-2022.12.7-py3-none-any.whl (155 kB)
    ----------------------------------------
    155.3/155.3 kB ? eta 0:00:00
Installing collected packages: urllib3, idna, charset-normalizer,
  certifi, requests
Sucessfully installed certifi-2022.12.7 charset-normalizer-3.1.0
  idna-3.4 requests-2.28.2 urllib3-1.26.15
```

Das Beispiel zeigt die Installation auf einer Windows-Maschine, aber die Ausgabe sieht auf Linux und macOS genauso aus. Sofern Sie sich nicht vertippt haben, wird *requests* installiert.

Dazu sucht *pip* zunächst online nach dem Paket und lädt dann eine *.whl-Datei herunter, wobei es einen Fortschrittsbalken anzeigt. Die Datei ist eine Zip-Datei mit Code und Metadaten darin – das eigentliche Paket also. Solche Dateien nennt man auch *Wheels* – zur Namensherkunft erfahren Sie etwas im Kasten *Wheels – was soll der Käse?*.

 Wenn Sie einfach nur `pip install <paket>` aufrufen, wird das Paket anhand seines Namens aus dem Python Package-Index installiert. Sie könnten auch einen eigenen Package-Index angeben. So könnten Sie in Ihrer Firma einen privaten Index betreiben – dann können Sie Pakete mit Ihren Kollegen über Abteilungen hinweg austauschen, ohne diese gleich der ganzen Welt zur Verfügung zu stellen. Dennoch kämen Sie in den Genuss des Komforts von *pip*.

Wenn alles geklappt hat, sehen Sie eine Nachricht der Art »Successfully installed ...«. Mit dem Befehl `pip show requests` können Sie sich dann einige Informationen zu diesem Paket anzeigen lassen:

```
$ pip show requests
Name: requests
Version: 2.28.2
Summary: Python HTTP for Humans.
Home-page: https://requests.readthedocs.io
Author: Kenneth Reitz
Author-email: me@kennethreitz.org
License: Apache 2.0
Location: /usr/lib/python3.11/site-packages
Requires: certifi, charset-normalizer, idna, urllib3
Required-by:
```

Details zu den Paketen im Index können Sie auch stets online nachsehen, zum Beispiel unter folgender URL für das Paket *requests*: `https://pypi.org/project/requests/`. Es lohnt sich, wenn Sie die Seiten der Pakete besuchen, weil sie dort nützliche Infos und Anleitungen finden.

Nach der Installation steht das neue Paket in Python zur Verfügung:

```
>>> import requests
>>> requests.__version__
'2.28.2'
```

Wheels – was soll der Käse?

Die Verteilung von Code über das Internet ist nicht ganz einfach, daher gab es in der Vergangenheit schon mehrere Versuche, dieses Problem zu lösen. In älteren Versionen verteilte man sogenannte *Egg*-Dateien – heute verwendet man *Wheels*.

Die Namen erscheinen etwas wild, ergeben aber Sinn, wenn man etwas Hintergrundwissen aktiviert. Der Name *Python* stammt ursprünglich nicht von der Schlange, sondern von der britischen Komikertruppe *Monty Python*, daher beziehen sich einige Werkzeuge und Konzepte unter anderem auf Sketche der Serie *Monty Python's Flying Circus*. Eggs wurden angeblich sogenannt, da sie im berühmten Spam-Sketch vorkommen (»Eggs, bacon, sausage, and spam«). Nach diesem Sketch ist über drei Ecken übrigens auch die Spam-E-Mail benannt.

Als das Python-Ökosystem noch sehr jung war, gab es im Python-Package-Index kaum Pakete zum Herunterladen. Daher nannte man den Index auch scherzhaft den »Cheese Shop«, in Anlehnung an einen großartigen Sketch von Monty Python, in dem ein Mann in einen Käseladen kommt, indem es partout keinen Käse gibt.

Entsprechend geht die Sage, dass es sich bei *Wheels* um große Käseräder handelt, also eben etwas, das man in einem Käseladen finden müsste (dem Package-Index). Eine andere Erklärung ist, dass man ja nicht »das (Käse-)Rad neu erfinden muss«, wenn man Code verwendet, den es schon gibt.

Die Dateinamen der Wheels geben stets einige Informationen preis, etwa den Namen des zu installierenden Pakets, seine Version sowie für welche Zielversion von Python der Code geeignet ist. Zum Beispiel handelt es sich bei `requests-2.28.2-py3-none-any.whl` um die Bibliothek *requests* in Version 2.28.2, geeignet für Installationen von Python 3. Es können auch noch andere Details vorkommen, etwa für welche Plattform das Wheel geeignet ist.

Wenn Sie beim Installieren nur einen Paketnamen angeben, dann versucht *pip* stets, das Paket online im Index zu finden. Sie können mit dem gleichen Befehl aber auch Pakete installieren, die Sie als Datei von woanders heruntergeladen haben, indem Sie den Dateinamen einfach mit angeben:

```
$ pip install
    python_ldap-3.4.0-pp38-pypy38_pp73-win_amd64.whl
```

Pakete aus dem Index können zusätzlichen Code in anderen Sprachen enthalten, der dann erst bei der Installation kompiliert wird. Wenn keine entsprechende Werkzeugsammlung vorhanden ist, geht die Installation schief. In diesem Fall hilft eine Online-Recherche nach bereits kompilierten Paketen, die man dann separat herunterlädt und über *pip* installiert. Manchmal muss man aber auch in den sauren Apfel beißen, die entsprechenden Tools installieren und den Quellcode selbst bauen.

Pip installiert Abhängigkeiten

Das Beispiel zeigt noch was Interessantes: Es werden offenbar nicht nur *requests* installiert, sondern auch die Pakete *urllib3*, *idna*, *charset-normalizer* und *certifi*. Was die genau tun, ist an dieser Stelle unerheblich – wichtig ist, dass *pip* eben auch herausfinden kann, welche Pakete *requests* benötigt, um ordnungsgemäß zu funktionieren. Diese werden dann gleich mit installiert (was man aber unterdrücken kann).

 Wenn Ihr Code Funktionen aus einem Paket verwendet, bedeutet das, dass er ohne das Paket nicht funktionieren kann – er hängt also von dem anderen Paket ab. Man spricht daher auch von den *Abhängigkeiten* Ihres Codes – damit ist natürlich nicht gemeint, dass die Pakete von Ihrem Code abhängen. Manchmal ist auch von *Voraussetzungen* die Rede (auf Englisch: Requirements).

Wenn Sie `pip show urllib3` aufrufen, sehen Sie am Ende einen Eintrag, dass dieses Paket von *requests* verwendet wird:

```
$ pip show urllib3
Name: urllib3
...
Required-by: requests
```

Pip ist nicht einfach nur ein Installationsprogramm, sondern wird der Bezeichnung *Paketmanager* durchaus gerecht:

✔ *pip* sorgt dafür, dass die Installationsdateien nicht mehrfach heruntergeladen werden, indem es sie heimlich zwischenspeichert. Das erkennen Sie bei der Installation an Meldungen wie »Using cached requests«.

✔ Ist ein Paket oder eine Abhängigkeit bereits installiert, wird eine erneute Installation abgelehnt. Dann erhalten Sie die Meldung »Requirement already satisfied«.

✔ Es wird auch auf die Versionsnummern der zu installierenden Pakete geschaut. Sie werden informiert, falls sich Pakete oder deren Versionen nicht miteinander vertragen.

In Tabelle 21.2 finden Sie die wichtigsten Befehle zum Installieren und Aktualisieren:

Die Befehle können jeweils noch mit einigen Parametern verziert werden, um die Installation von Paketen genau zu steuern. Beispielsweise können Sie Caches aktivieren oder deaktivieren oder auch Sicherheitszertifikate zum herunterladen verwenden. Wie das geht, erfahren Sie durch `$ pip help` oder `$ pip help <befehl>`, zum Beispiel `pip help install`.

Befehl	Beschreibung
`pip install <paket>`	installiert ein Paket und seine Abhängigkeiten
`pip uninstall <paket>`	entfernt das Paket wieder
`pip install -r requirements.txt`	installiert die in der Datei genannten Pakete
`pip install <paket> --upgrade`	installiert ein Paket und versucht es zu erneuern, falls es schon vorhanden ist
`pip install <paket>==version`	installiert ein Paket in einer speziellen Version
`pip show <paket>`	zeigt Informationen zu einem installierten Paket an
`pip list`	listet alle installierten Pakete auf
`pip freeze`	hilft beim »einfrieren« des aktuellen Standes

Tabelle 21.2: Gebräuchliche Befehle für *pip*

Es gab mal einen Befehl namens `pip search`, mit dem man von der Kommandozeile aus Pakete suchen konnte. Leider ist er nicht mehr verfügbar, da die dafür notwendige Schnittstelle über einen längeren Zeitraum von möglicherweise bösartigen Anfragen derartig überlastet wurde, dass die Betreiber sie abschalten mussten. Macht aber nix – Sie finden die Suchfunktion weiterhin online: `https://pypi.org/search`.

Wo landen die Pakete?

Pip installiert Wheel-Dateien an einem Ort, an dem der Interpreter sie später beim Importieren finden kann. Diesen Ort bezeichnet man auch als *Site* und er befindet sich in einem Verzeichnis namens `site-packages`. Wo genau das wiederum sitzt, ist von Ihrer Installation abhängig – so finden Sie es heraus:

```
>>> import site
>>> site.getsitepackages()
['C:\Program Files\Python312',
 'C:\Program Files\Python312\Lib\site-packages']
>>> site.getusersitepackages()
'C:\Users\johannes\AppData\Roaming\Python\
    Python312\site-packages'
```

Beim Installieren eines Pakets versucht *pip* stets, die Pakete zuerst im globalen Verzeichnis ihrer Installation abzulegen – im Falle einer Windows-Installation ist das ein Unterverzeichnis von `C:\Program Files`. Da in diesem Verzeichnis wichtige Programmdateien liegen, dürfen da normalerweise nur Administratoren reinschreiben, daher weicht *pip* stattdessen auf einen Ordner des angemeldeten Benutzers aus. Der Aufruf von `site.getusersitepackages()` zeigt das Verzeichnis an – eventuell erinnern Sie sich, dass es bereits weiter oben in `sys.path` enthalten war (im Abschnitt *Wie der Interpreter Module sucht*).

pip guckt immer zuerst nach, ob es eine Abstellgenehmigung im Hausflur gibt. Falls nicht, wird das Paket persönlich abgegeben. Auf keinen Fall installiert *pip* das Paket einfach bei einem anderen Nutzer, sodass der Interpreter beim Importieren dann bis abends um 20:00 warten muss, bis der Nachbar zuhause ist. So mancher Paketbote könnte sich da eine Scheibe von abschneiden.

Der Zweck des Ganzen ist, dass Sie genau steuern können, welche Pakete wo installiert werden. Wenn Sie Ihren Rechner für sich ganz alleine haben, ist das egal, dann können Sie auch einfach alles in die globalen Site-Packages ihrer Installation werfen. Wenn Sie aber einen Rechner mit Kollegen teilen oder auf einem Server arbeiten, wo Sie verschiedene Programme mit unterschiedlichen Nutzerrechten laufen lassen möchten, ist dieser Mechanismus hilfreich. So könnte der Nutzer Johannes eine andere Version verwenden als sein Kollege Horst, der auf dem gleichen Computer ein Konto hat.

Da die Site über die System- und Nutzerverzeichnisse verteilt ist, kann es passieren, das nicht so ganz klar ist, woher ein Modul geladen wurde. Den Pfad eines konkreten Moduls erfahren Sie nach dem Import, indem Sie das Modul beim Namen nennen; der Pfad selbst steckt in der Variable `<modul>.__file__`:

```
>>> import requests
>>> requests.__file__
'C:\Program Files\Python312\Lib\site-packages\requests\__init__.py'
```

Versionen

Während Sie an Ihren eigenen Programmcodes herumdoktern, sind auch die Entwickler hinter den Abhängigkeiten nicht untätig. Sie entwickeln neue Features oder reparieren Bugs und Sicherheitsprobleme. Wenn es was Neues gibt, wird dann eine neue Version veröffentlicht, erkennbar an einer veränderten Versionsnummer (Details gibt es im Kasten *Versionen*).

Versionsnummern

Veröffentlichungen eines Pakets unterscheidet man anhand ihrer *Versionsnummern*. Diese sollen auf den ersten Blick zeigen, dass sich was geändert hat und welche Versionen zueinander passen. Häufig verwendet man hierarchische Nummern, um das zu kodieren, generell sind aber auch andere Schemata erlaubt (siehe PEP 440).

Zum Beispiel liegt das Web-Framework Django derzeit in der Version 4.1.5 vor. Die Punkte trennen verschiedene Einzelteile ab, die je nach Projekt unterschiedlich interpretiert werden können, aber meistens hält man sich an das Schema *Semantic Versioning* (auch *SemVer* abgekürzt).

Die vorderste Zahl ist die *Hauptversion*, die zweite die *Unterversion* und die hinterste der *Patch*.

✔ Patch-Nummern werden ständig erhöht und sie beziehen sich meistens auf Bug-Fixes.

✔ Unterversionen enthalten meist kompatible neue Features.

✔ Hauptversionen werden nur erhöht, wenn Änderungen gemacht werden müssen, die mit älteren Versionen nicht mehr kompatibel sind.

Upgrades zu managen, ist in der Praxis gar nicht so einfach. Die semantische Versionierung verspricht zwar, dass Upgrades von Unter- und Patch-Versionen problemfrei funktionieren, allerdings muss das nicht immer der Fall sein. Beachten Sie stets die Release-Notes, also die Informationen der Entwickler zur neuen Veröffentlichung. Dort erhalten Sie oft gute Tipps beim Upgraden und können Fehler umschiffen.

Pakete updaten

Mit *pip* können Sie externe Pakete so aktualisieren:

```
$ pip install --upgrade <paketname>
```

Leider geschehen solche Upgrades nicht automatisch – Sie müssen diesen Befehl regelmäßig ausführen, um neue Versionen einzupflegen. Bei kleinen Fingerübungen reicht es, wenn sie ab und an mal ein Upgrade durchführen, bei komplexeren Projekten sollten Sie einen Prozess dafür etablieren. In der Praxis automatisiert man das meistens, indem man einen eigenen Server aufsetzt, der das Projekt stets mit den neusten Versionen zusammenbaut.

Wenn Sie mal mehrere Pakete aktualisieren möchten, können Sie sich mit `pip list` eine Übersicht generieren. Der Befehl akzeptiert die Option –outdated, sodass Sie nur die Versionen sehen, die nicht mehr aktuell sind:

```
$ pip list --outdated
Package    Version Latest  Type
---------- ------- ------- -----
chardet    3.0.4   5.1.0   wheel
idna       2.8     3.4     wheel
pip        22.2.1  23.0.1  wheel
requests   2.21.0  2.28.2  wheel
setuptools 65.5.0  67.6.1  wheel
urllib3    1.24.3  1.26.15 wheel
```

Das ist erst mal nur eine Übersicht. Durch ein bisschen Kommandozeilen-Fu können Sie diese Liste weiterverarbeiten und die Paketnamen direkt an *pip* zum Aktualisieren übergeben:

```
$ pip list --outdated | tail -n +3 | cut -d " " -f 1 | xargs pip
    install --upgrade
```

Mit *tail* wird die Ausgabe um 2 Zeilen gekürzt, dann wird die Tabelle mit *cut* in Spalten zerschnippelt und die erste Spalte mit dem Paketnamen wird mit *xargs* an das Upgrade weitergereicht.

 Kommandozeilen-Fu ist so ähnlich wie Kung-Fu – beeindruckendes Rumgefuchtel auf der Kommandozeile, das sich nur langjährigen Studenten fern-westlicher Tastatur-Kampfkunst erschließt.

Der Spaß funktioniert so unter macOS und Linux – und unter Windows, wenn man die entsprechenden Tools installiert. Im Abschnitt *Versionen einfrieren . . .* erfahren Sie gleich noch einen Weg, der auch ohne diese Tools auskommt.

Spezifische Versionen installieren

 Es ist ratsam, stets die neuste Version von allem zu installieren. So haben Sie die sicherste Software mit den neusten Features. Allerdings hat die Sache auch einen Haken, denn manchmal müssen Entwickler alte Funktionen zugunsten neuer Funktionen verändern oder sogar entfernen. Wenn Ihr Code eine Funktion aus einem externen Paket verwendet, kann es daher passieren, dass nach einem Update Ihr eigenes Programm einen Defekt hat. Somit ist Vorsicht geboten, ein Upgrade ist nicht immer eine Verbesserung und Sie sollten immer ein bisschen auf der Hut sein.

Wenn Sie mal eine spezifische Version benötigen, können Sie die hinter dem Paketnamen angeben:

```
$ pip install requests==2.21
```

Damit wird das Paket in dieser Version installiert, unabhängig davon, welche die Neuste ist. Statt den doppelten Ist-gleich-Zeichen können Sie auch feinere Angaben machen:

```
$ pip install mistune>=2.0.0rc1,<3.0.0
```

Hier wird die neuste verfügbare Version installiert, die größer oder gleich 2.0.0rc1 ist, aber kleiner als Version 3.0.0.

Virtuelle Umgebungen – Paketkonflikte vermeiden durch venv

Nicht immer kann man gefahrlos upgraden. In neueren Versionen kann es passieren, dass Funktionen, Objekte und Variablen in einem Paket umbenannt werden und dann Ihr alter Code nicht mehr geht. Das ist besonders dann blöd, wenn Sie gleichzeitig an mehreren Projekten arbeiten. Einen kurzen Erfahrungsbericht dazu finden Sie im Anekdotenkasten *Was tun mit Mistune?*

Was tun mit Mistune?

Für das Content-Management-System am Psychologischen Institut einer nicht näher genannten deutschen Universität verwendete ich einmal die Bibliothek mistune in der Version 0.8.4. Diese Bibliothek konvertiert Text in HTML-Seiten und erleichtert damit das Bearbeiten von Web-Inhalten.

Ich hatte eine nützliche Erweiterung für diese Bibliothek gebaut: Wenn man den Namen einer MitarbeiterIn mit einem @ im Text nannte, wurden automatisch ein passendes Porträt und ein Link auf die Profilseite der Person eingefügt. So wurde im Text aus @johannes-hofmeister der folgende HTML-Code:

```
<img src="/img/johannes.jpg">
```

```
<a href="/person/johannes-hofmeister">Johannes Hofmeister</a>
```

Dadurch konnten Mitarbeiterinnen andere Mitarbeiterinnen verlinken, ohne selbst HTML schreiben zu müssen. Alles lief gut, aber als ich einige Zeit später routinemäßig alles aktualisieren wollte, erlebte ich mein blaues Wunder. Mistune hatte in der neuen Version (2.0) einige Funktionen geändert, die sich nun anders verhielten. Das war aber kein Problem, ich hatte die Anpassungen schnell umgesetzt und konnte Version 2 verwenden.

Leider führte das dazu, dass nun ein ganz anderes Programm nicht lief: die Jupyter-Notebooks. Das sind praktische Notizbücher, mit denen man im Browser Python-Code ausführen kann; sie sind bei Wissenschaftlern beliebt.

Die Notebooks verwendeten damals Version 0.8.4 und durch das Upgrade auf Version 2.0 konnte ich nun die Notebooks nicht mehr ausführen. Ich musste mich also zwischen meinem CMS und den Notebooks entscheiden. Oder?

Versionskonflikte treten manchmal auf, wenn Sie an vielen verschiedenen Projekten gleichzeitig arbeiten, oder auch mal älteren Code aus dem Internet ausprobieren. Abbildung 21.5 stellt es dar. Sowohl Projekt 1 als auch Projekt 2 möchten das Package mistune verwenden, dabei erwartet aber das eine Version 0.8.4, das andere Version 2.0.1. Beides gleichzeitig installieren geht leider nicht. Was tun?

Die Lösung ist ganz einfach: Gehen Sie los und kaufen Sie sich einen neuen Computer! Installieren Sie ein Betriebssystem und installieren Sie Python erneut. (Wo Sie schon dabei sind, könnten Sie sich auch dieses Buch noch ein zweites Mal kaufen, dann verdiene ich auch ein paar Cent.) Ab sofort dürfen Sie Projekt 1 nur noch auf dem einen Rechner ausführen und Projekt 2 auf dem anderen.

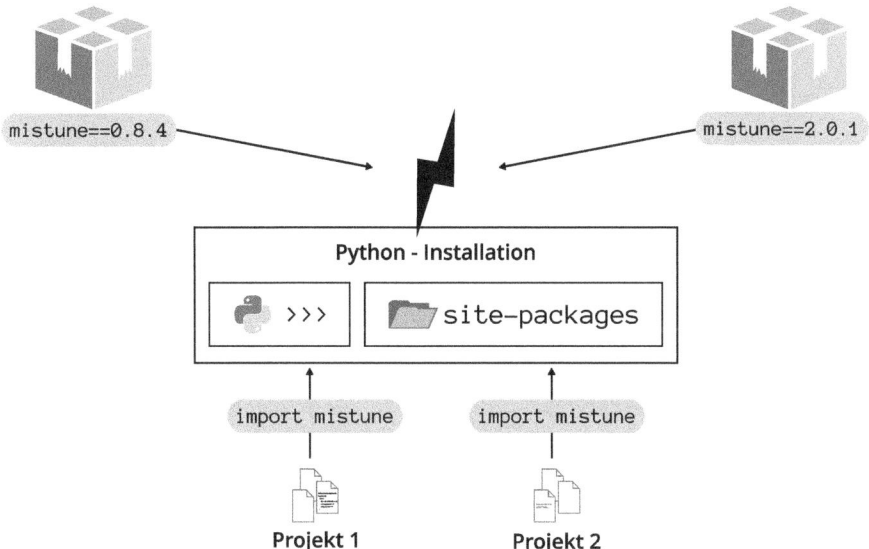

Abbildung 21.5: Wenn Sie alles in Ihre zentrale Python-Installation packen, kann es zu unlösbaren Konflikten zwischen Paketen und Versionen kommen.

 Spaß beiseite – natürlich müssen Sie keinen neuen Rechner kaufen, sondern Sie können einfach ein zweites Python installieren. Dazu müssen Sie aber nicht den Installer erneut ausführen, sondern können das Python-Modul *venv* verwenden.

Der Name steht kurz für *virtual environment*, also Englisch für »virtuelle Umgebung« oder »virtuelles Milieu«, wobei »Milieu« laut dem Schreiberling Max Goldt eher Personen bezeichnet »[...] die sich, ohne Reiseabsicht, in der Nähe von Bahnhöfen aufhalten«, daher ist diese Bezeichnung eher ungebräuchlich.

Das Modul *venv* ist ein Kommandozeilenwerkzeug, mit dem sich solche Umgebungen anlegen und verwalten lassen. Abbildung 21.6 zeigt, was dabei rauskommt.

Sie erstellen für jedes Projekt eine eigene virtuelle Umgebung – in der Umsetzung ist das nur ein Verzeichnis, mit einem eigenen Unterverzeichnis für die site-packages und einer eigenen Kopie des Interpreters. Sie können damit also für jedes Projekt einen eigenen Satz an Modulen installieren und außerdem verschiedene Python-Versionen verwenden (das Schlangensymbol soll der Interpreter sein, das Verzeichnis meint die Site-Packages).

Die Arbeit mit virtuellen Umgebungen läuft so ab:

1. Wechseln Sie in der Konsole in Ihr Projektverzeichnis.

2. Verwenden Sie das Python-Modul *venv*, um eine virtuelle Umgebung zu erstellen.

3. Aktivieren Sie die Umgebung.

4. Installieren Sie in die aktivierte Umgebung, was Sie möchten, updaten oder entfernen Sie Pakete.

5. Wenn Sie fertig sind, deaktivieren Sie es wieder.

Die Schritte 1 und 2 müssen Sie nur einmal pro Projekt durchführen. Die virtuelle Umgebung bleibt bestehen und wird dann später wieder aktiviert – die Schritte 3 bis 5 werden also regelmäßig durchgeführt.

Auf der Kommandozeile unter Linux sieht so eine Sitzung in etwa so aus:

```
$ which python
/usr/bin/python
$ cd dummies
$ python -m venv .venv --prompt=dummies
$ source .venv/bin/activate
(dummies) $
(dummies) $ which python
/home/johannes/dummies/.venv/bin/python
(dummies) $ pip install mistune==0.8.4
(dummies) $ deactivate
$
```

Zum Verständnis: zunächst wird mit which angezeigt, welcher Python-Interpreter aktiv ist. Das scheint der unter /usr/bin zu sein – er gehört also zum System.

Wechseln Sie nun in ihr Projektverzeichnis, hier heißt es exemplarisch dummies. Dann führen Sie diesen Befehl aus:

```
$ python -m venv .venv --prompt=dummies
```

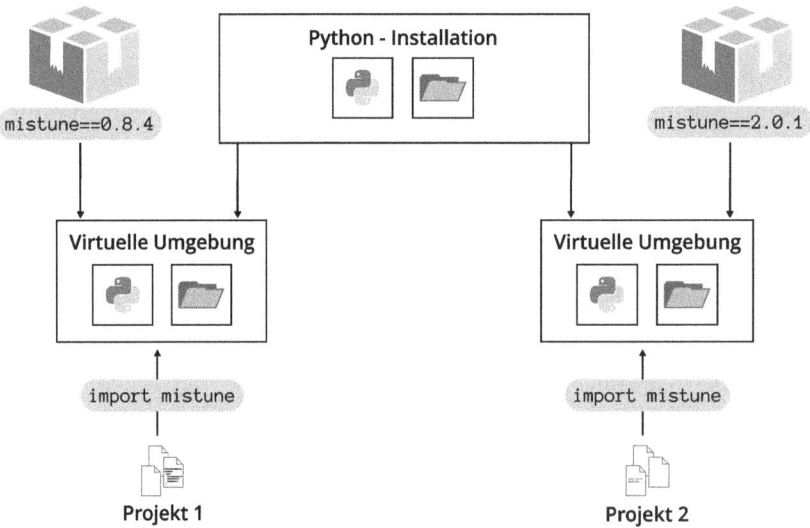

Abbildung 21.6: Mithilfe von virtuellen Umgebungen können Sie mehrere Versionen auf einem einzigen System ausführen.

Der Interpreter wird durch den Schalter -m gebeten, das interne Modul venv zu verwenden. Dadurch wird das Kommandozeilentool aktiv und es können weitere Parameter folgen. Hier wird ein Verzeichnisname angegeben, durch den vorangestellten Punkt wird es unter Linux als verstecktes Verzeichnis behandelt. Am Ende wird noch optional ein Text für die Eingabeaufforderung gesetzt.

Das Script rödelt kurz vor sich hin, dann ist augenscheinlich nichts passiert; erst wenn Sie in das aktuelle Verzeichnis hineinsehen (mit ls -a) sehen Sie, dass ein Verzeichnis .venv angelegt wurde. Darin befindet sich ein Script, mit dem Sie die Umgebung aktivieren können (source .venv/bin/activate).

Unter Windows heißt das Verzeichnis nicht bin, sondern Scripts. Windows-Nutzer verwenden daher den folgenden Befehl:

```
C:\dummies\>.venv\Scripts\activate.bat
```

Wenn alles geklappt hat, sollten Sie nun vorne vor Ihrer Eingabeaufforderung den Text sehen, den Sie weiter oben als Prompt gesetzt haben. Durch die Aktivierung werden einige Links umgebogen, eben der verwendete Python-Interpreter. Wenn Sie sich mit which ausgeben lassen, welcher nun verwendet wird, dann sehen Sie, dass jetzt der aus dem Projektverzeichnis angesprochen wird, nicht mehr der vom System. Auch *pip* wird ab sofort alles in die lokale Umgebung installieren und Ihr System-Python bleibt sauber.

Wenn Sie die Umgebung verlassen möchten, rufen Sie den Befehl deactivate auf, dadurch verschwindet die Markierung vor der Eingabeaufforderung wieder.

Virtuelle Umgebungen helfen Ihnen, Versionskonflikte zu vermeiden. So kommen sich die Versionen nicht in die Quere. Wie in Abbildung 21.6 angedeutet, können Sie immer noch auf die Site-Packages des Systems zugreifen; aber das müssen Sie gegebenenfalls bei der Erstellung des Venv angeben. Mehr erfahren Sie vom Script selbst: $ python -m venv help.

Versionen einfrieren ...

Normalerweise kommt man nicht nur mit einem externen Paket aus. Je komplexer ein Projekt wird, desto mehr externe Abhängigkeiten sammeln sich auch an, außer natürlich Sie bauen alles selbst.

Abhängigkeiten eröffnen leider ein paar Probleme. Verwendet Ihr Code beispielsweise das Paket *requests*, dann muss dieses Paket auch immer dann verfügbar sein, wenn er ausgeführt wird. Das heißt, dass jeder Rechner, auf dem Ihr Code ausgeführt werden soll, das Paket *requests* installieren muss.

Legen Sie Ihrem Code eine Datei bei, in der die benötigten Pakete stehen. Die können Sie mit dem folgenden Befehl erzeugen:

```
$ pip freeze > requirements.txt
```

Die Ausgabe von pip freeze wird in eine Datei umgeleitet und enthält danach eine Liste mit den benötigten Paketen und deren verwendeten Versionsnummern:

```
certifi==2022.12.7
chardet==3.0.4
charset-normalizer==3.1.0
idna==2.8
requests==2.21.0
urllib3==1.24.3
```

Listing 21.1: requirements.txt

Der Befehl heißt *freeze*, weil die Versionsnummern *eingefroren* sind – sie sind in requirements.txt fixiert, bis Sie die Pakete aktualisieren und dann erneut einfrieren.

...und wieder auftauen

Wenn Sie Ihren Code weitergeben und diese Datei beilegen, kann die Kollegin mithilfe des folgenden Befehls alle notwendigen Pakete installieren:

```
$ pip install -r requirements.txt
```

Dieses Szenario ist in Abbildung 21.7 angedeutet. Sofern Sie in der ungesunden Körperhaltung der Schlangen Ihre eigene wiedererkennen, sollten Sie auch mal Ihren Bürostuhl updaten.

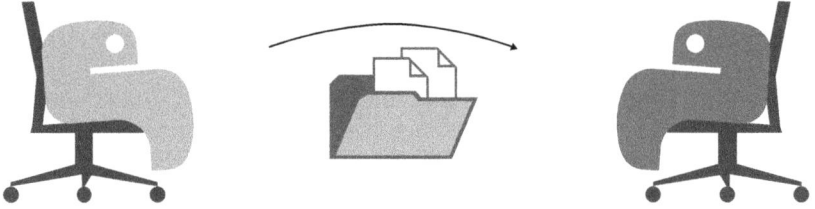

```
$ pip freeze > requirements.txt                    $ pip install -r requirements.txt
```

Abbildung 21.7: Wenn Sie Code weitergeben, sollten Sie auch dazusagen, von welchen Paketen und Versionen der Code abhängt.

Auf diese Art können Sie übrigens auch alle Pakete gleichzeitig updaten – ganz ohne Kommandozeilen-Fu:

```
$ pip freeze > requirements.txt
$ pip install -r requirements.txt --upgrade
```

Hier wird der aktuelle Stand einfach in die requirements.txt gepackt und direkt danach versucht, alle Pakete darin zu aktualisieren.

Stilfrage

Es gehört zum guten Ton, eine Datei beizulegen, in der die Pakete stehen, von denen Ihr Code abhängt; allerdings gibt es verschiedene Stile. Wenn Sie eine Liste mit pip freeze generieren, stehen hier alle Pakete mit Versionsnummern, inklusive der Abhängigkeiten, die diese Pakete wiederum haben. Im Beispiel wurde `requests` in ein Venv installiert, aber als Abhängigkeit kamen *idna* und *chardet* und so weiter mit, dabei hängt Ihr eigener Code gar nicht unmittelbar von denen ab.

Daher wäre es auch ok, wenn Sie statt der generierten Liste eine Datei erstellen, in der nur die unmittelbare Abhängigkeit steht, also `requests==2.21.0` und sonst nix. Wenn Sie dann noch davon ausgehen, dass immer die neuste Version funktionieren soll, dann können Sie sogar die Versionsnummer weglassen. Wer dann mit `pip install -r requirements.txt` die benötigten Pakete installiert, bekommt jeweils die allerneuste Version.

Dieser Weg ist allerdings nur zu empfehlen, wenn Sie selbst Ihre Software stets aktuell halten. Besser ist es, sie fügen nur die unmittelbar benötigten Pakete inklusive Versionsnummer ein. Dadurch kommunizieren Sie die Mindestanforderungen und wer will, kann selbst auf die neuste Version updaten.

Und noch ein Tipp: Da ja *pip* auch nur ein Python-Modul ist, kann man *pip* auch dazu verwenden, *pip* selbst zu upgraden. Dabei müssen Sie es allerdings als Modul aufrufen, nicht als ausführbare Datei: `$ python3 -m pip install --upgrade pip`. *pip* prüft übrigens regelmäßig, ob es selbst auf dem neusten Stand ist und benachrichtigt Sie, falls es was Neues gibt.

Module und Pakete aus eigener Züchtung

Das Paketmanagement mit *pip* erspart Ihnen, ständig Moduldateien hin- und herzukopieren. Das betrifft aber nicht nur Pakete aus dem Internet – Sie können damit auch Ihre eigenen Pakete installieren und updaten. Damit das reibungslos klappt, sollten Sie aber ein paar Details zu Modulen und Paketen beachten:

✔ Module können sowohl importiert als auch direkt ausgeführt werden. Dadurch kann es zu Nebenwirkungen kommen.

✔ Wenn Sie viele Module zu einem Paket zusammenfassen möchten, müssen Sie ein paar Dinge beachten.

✔ Beim Versenden von Paketen müssen Sie einen Lieferschein und ein Retourenformular beilegen.

Ausführbare Module importieren

Python ist so herrlich leichtgewichtig. Sie machen eine Datei auf, schreiben Code hinein und jagen sie durch den Interpreter – was auch immer darin steht, wird ausgeführt. In anderen Sprachen gibt es hingegen eine logische Trennung zwischen »Code für jetzt« und »Code für später«. Man unterscheidet ausführbare Dateien (auf Englisch: executables) von Bibliotheken (auf Englisch: shared libraries). Ausführbare Dateien können vom Betriebssystem gestartet werden; Bibliotheken wiederum dienen dazu, Code zwischen ausführbaren Dateien zu teilen, sie werden aber selbst nicht direkt gestartet.

Im Gegensatz dazu wird in Python Code *immer* vom Interpreter ausgeführt, daher gibt es keine Unterscheidung zwischen ausführbaren und nicht-ausführbaren Programmteilen. Jedes Modul kann sowohl aktiv ausgeführt als auch passiv importiert werden. Dadurch entsteht leider ein kleines Problem: Beim Importieren kann es zu Nebenwirkungen kommen.

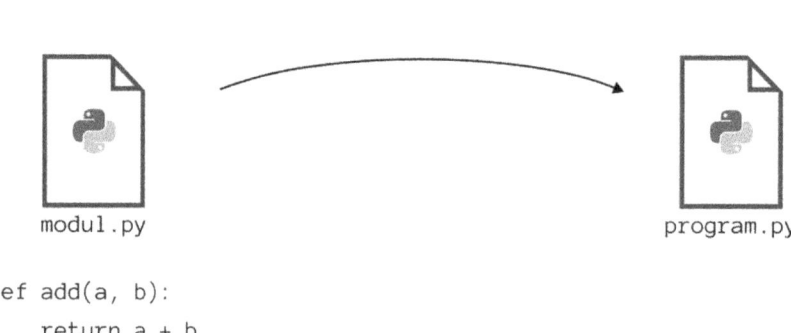

```
from modul import add
```

```
def add(a, b):
    return a + b
```

Abbildung 21.8: Skizze: Eine Funktion wird in ein anderes Modul importiert.

Um das nachzuvollziehen, hilft die folgende kurze Übung. Ein Blick auf die Skizze in Abbildung 21.8 zeigt, was kommt:

1. Legen Sie zwei Dateien an: program.py und modul.py.

2. modul.py enthält eine Funktion namens add, die gleich im Programm importiert wird.

3. program.py ist das eigentliche Programm, das später aufgerufen werden soll.

Die Datei modul.py hat den folgenden Inhalt:

```
def add(a, b):
    # Super wichtige Funktion
    return a + b


print(add(1, 2))
```

Listing 21.2: modul.py

Hier wird eine Funktion namens add definiert, die zwei Zahlen addiert. Die ist in der Praxis natürlich super nutzlos, aber perfekt als Demo geeignet.

Zu Testzwecken wird die Funktion am Ende des Moduls auch einmal aufgerufen. Wenn Sie es durch den Interpreter jagen, bekommen Sie eine Ausgabe:

```
$ python modul.py
3
```

Weil die Funktion so praktisch ist, soll sie in einem anderen Programm verwendet werden, das in program.py steht:

```
from modul import add

# Ergebnis ausgeben
print("Fünf plus Acht ergibt:", add(5, 8))
```
Listing 21.3: program.py

Soweit klappt das auch, aber beim Aufrufen kommt es zu Nebenwirkungen, bei denen der Arzt oder Apotheker wahrscheinlich nichts ausrichten kann:

```
$ python program.py
3
Fünf plus Acht ergibt: 13
```

Sie sehen daran, dass der Code in modul.py ausgeführt wird, sobald der Import stattfindet. Es gibt aber einen Trick, um das zu verhindern: Versehen Sie das Modul mit einer Import-Sperre. Erweitern Sie dafür modul.py wie folgt:

```
def add(a, b):
    # Super wichtige Funktion
    return a + b

if __name__ == "__main__":
    print(add(1, 2))
```
Listing 21.4: modul.py

Mit dieser Abfrage können Sie nun das Programm aufrufen, ohne dass es zu der doppelten Ausgabe kommt.

```
$ python program.py
Fünf plus Acht ergibt: 13
```

Trotzdem funktioniert noch alles, wenn Sie das Modul direkt ausführen:

```
$ python modul.py
3
```

Die Zeile if __name__ == "__main__": wirkt etwas kryptisch, aber sie hilft, den Code im Modul beim Import zu verstecken. Sie funktioniert so:

Jedes Modul definiert einen Namensraum, um die Namen innerhalb des Moduls zu isolieren. Dadurch kann man den gleichen Funktionsnamen zweimal in unterschiedlichen Modulen verwenden und das dann später noch auseinanderhalten, zum Beispiel vector2d.add und vector3d.add, einmal für zweidimensionale und einmal für dreidimensionale Vektoren. Der Namensraum eines Moduls wird stets in der Variable __name__ gespeichert.

Die doppelten Unterstriche finden Sie des Öfteren auch anderswo in diesem Buch. Sie werden in Python immer dann verwendet, wenn es sich um Spezialwerte handelt und vermieden werden soll, dass jemand diesen Namen aus Versehen verwendet.

Das Modul, mit dem Sie den Python-Interpreter starten, definiert einen globalen Namensraum, in den alles andere importiert wird und dieser bekommt den speziellen Namen `__main__`.

Durch die Abfrage, ob der aktuelle Name denn im Moment `__main__` sei, stellt man fest, ob das Modul gerade direkt ausgeführt wird. Würde man das Modul importieren, wäre der Name des Moduls nämlich der Dateiname (ohne die Endung, also `modul`).

Um das nachzuvollziehen, gehen Sie so vor:

1. Erzeugen Sie eine Datei namens `main.py`.

2. Fügen Sie als einzige Zeile ein: `print(__name__)`.

3. Führen Sie sie direkt aus.

4. Importieren Sie sie in die *REPL*.

Die Sitzung sieht dann so aus:

```
$ python main.py
__main__
$ python
>>> import main
modul
```

Durch die Zeile `if __name__ == "__main__":` können Sie also unterscheiden, ob Ihr Modul gerade importiert wird oder ob es als ausführbares Programm herhalten muss. Damit hat die Zeile eine ähnliche Funktion wie eine Main-Methode in Java oder C#, zum Beispiel kann man an diese Stelle Code schreiben, der beim Import ausgelassen werden soll. Das ist besonders nützlich, um einem Modul ein paar Tests oder ein Kommandozeilen-Interface beizulegen. Wer das Modul importiert, kann dann Ihre Funktionen benutzen; wer es aber ausführt, kann direkt testen, ob alles sauber arbeitet.

Python-Code in einem Verzeichnis

Wenn Ihr Projekt mal komplexer wird, kann es unübersichtlich werden, wenn Sie nur mit Dateien arbeiten. Dann hilft es, weitere Unterverzeichnisse einzuführen, beispielsweise so:

```
tetris.py
engine/
    __init__.py
    __main__.py
    maths/
```

```
    __init__.py
    matrix.py
    vector.py
    trigonometrics.py
graphics/
    __init__.py
    renderer.py
    effects.py
    gui.py
audio/
    __init__.py
    mp3.py
    stereo.py
    effects.py
```

Die Struktur ist nur als Beispiel gedacht – hier wird eine fiktive Spiele-Engine beschrieben. Deren Module können für eigene Spiele verwendet werden, etwa für Ihre eigene Version von Tetris. Audio, Mathe und Rendern (das Zeichnen auf den Bildschirm) sind jeweils recht komplexe Probleme, daher wurde auch hier der Code über mehrere Module aufgeteilt, die in mehrere Unterverzeichnisse sortiert sind.

 Damit `tetris.py` diese Bibliothek nun verwenden kann, müssen die Verzeichnisse noch als Paket markiert werden. Dafür dient jeweils die Datei `__init__.py`. Die Datei darf leer sein.

Wenn Sie leere Dateien verwenden, müssen Sie die Untermodule so laden:

```
from engine.maths.vector import Vector2d
```
Listing 21.5: tetris.py

Die Unterverzeichnisse werden mit Punkten getrennt und bilden jeweils eigene Namensräume. Sie könnten hier aber auch Code einfügen und bereits einige Module im Voraus laden; dadurch wird der Code etwas einfacher:

```
from .vector import Vector2d
```
Listing 21.6: engine/maths/__init__.py

```
from .maths import Vector2d
```
Listing 21.7: engine/__init__.py

Durch das Importieren in den `__init__.py`-Dateien wird der Name `Vector2d`in den Namensraum des Moduls geladen. Dadurch können Sie die interne Struktur des Pakets verstecken und die Imports werden kürzer:

```
from engine import Vector2d
```
Listing 21.8: tetris.py

Wer aufmerksam ist, hat gemerkt, dass dem Verzeichnis `engine` noch eine Datei namens `__main__.py` beiliegt. Die kann, ähnlich wie die Stelle mit dem `__name__ == "__main__"`, verwendet werden, um Code zu platzieren, der nur aktiv wird, wenn das Paket direkt ausgeführt wird, also etwa `$ python engine`. Auch Pakete lassen sich also sowohl als Bibliotheken als auch als ausführbare Programme einsetzen.

Packungsbeilagen für den Versand

Wenn Sie Module und Pakete weitergeben möchten, können Sie diese natürlich einzeln oder in Zip-Dateien weiterreichen. Allerdings erschwert das, die Pakete zu installieren und aktuell zu halten. Besser ist es, wenn Sie Ihren Code in eine Wheel-Datei packen – dann kann der Empfänger sie mit *pip* installieren und auch updaten, wenn Sie zu einem späteren Zeitpunkt ein Update nachreichen.

Gehen Sie so vor:

1. Strukturieren Sie ihr Verzeichnis ein bisschen um.

2. Erstellen Sie eine `pyproject.toml` mit ein paar Metadaten.

3. Installieren Sie das Paket *build*.

4. Führen Sie den Build-Prozess durch.

Zunächst sollten Sie ein bisschen aufräumen und Struktur in Ihren Code bringen. Im Folgenden wird das Verzeichnis der Game-Engine von weiter oben aufgegriffen. Hier wurde im Wurzelverzeichnis der Ordner `engine` mit dem Quellcode angelegt:

```
tetris.py
engine/
    __init__.py
    maths/ ...
    graphics/ ...
    audio/ ...
```

Da jetzt einige Metadaten dazukommen, ist es hilfreich, wenn Sie ein Unterverzeichnis anlegen, das nur den Quellcode enthält. Der Name ist `src`, was für den Quellcode steht (auf Englisch: source code):

```
src/
    tetris.py
    engine/
        __init__.py
        maths/ ...
        graphics/ ...
        audio/ ...
```

In das gleiche Verzeichnis kommen nun ein paar Metadaten. Legen Sie die folgenden Dateien an:

✔ pyproject.toml: Hier hinein kommen Metadaten für das Paket. Diese werden gleich vom Build-Tool gelesen.

✔ README.md: Die README-Datei enthält Installationsanleitungen und Beispiele für die Nutzung.

✔ LICENSE: In einer Lizenzdatei klären Sie Verwertungsrechte Ihres Codes.

Die Dateien sollten nun im gleichen Verzeichnis liegen wie src:

```
src/
    tetris.py
    engine/
        __init__.py
        maths/ ...
        graphics/ ...
        audio/ ...
pyproject.toml
README.md
LICENSE.txt
```

Die pyproject.toml ist notwendig; die beiden anderen sind eher optional. Es gehört aber zum guten Ton, solche Dateien hinzuzufügen.

Eine README-Datei (englisch in etwa für »LIES MICH«) enthält basale Dokumentation und ist meist der erste Anlaufpunkt für Nutzer ihres Codes. Beim Format haben Sie etwas Spielraum, für gewöhnlich nimmt man reStructuredText (README.rst) oder Markdown (README.md). Dabei handelt es sich um Syntaxregeln für Textdateien, mit deren Hilfe Sie formatierten Text generieren können. So kann man eine README.md in eine HTML-Seite überführen und sie dadurch besser im Browser lesen. Die jeweilige Syntax lernen Sie sicher schnell im Selbststudium, das würde an dieser Stelle zu weit führen: https://daringfireball.net/projects/markdown/basics.

Als Urheber dürfen Sie bestimmen, was mit Ihrem Code geschehen soll. Zum Beispiel können Sie Ihren Nutzern das Recht einräumen, den Code in eigene Projekte einzubinden und dabei auch abzuändern, gleichzeitig aber die kommerzielle Nutzung einschränken. Solche Dinge erklärt man gerne in einer Lizenzdatei. Am besten orientieren Sie sich daran, wie man in der Community mit diesen Fragen umgeht und verwenden eine gebräuchliche Lizenz: https://choosealicense.com/. Wie gesagt: Zwar ist eine Lizenz optional, aber es gehört zum guten Ton, eine hinzuzufügen.

README und LICENSE liegen später dem Paket bei. Wichtig für den Build-Prozess ist eigentlich nur die pyproject.toml. Die Endung -toml steht für *Tom's Obvious Minimal Language*, es handelt sich dabei um ein minimalistisches Format für Konfigurationsdateien (Details unter https://toml.io/). Packen Sie beispielsweise den folgenden Inhalt hinein:

```
[project]
name = "engine"
version = "0.0.1"
authors = [
    {name = "Johannes Hofmeister", email = "jh@example.com"},
]
```

```
description = "A tiny game-engine"
readme = "README.md"
requires-python = ">=3.7"
keywords = ["Games", "Tetris", "Engine"]
license = {file = "LICENSE.txt"}
dependencies = []

[project.urls]
homepage = "https://example.com/dummies/engine"
docs = "https://docs.example.com/engine"

[build-system]
requires = ["setuptools"]
build-backend = "setuptools.build_meta"
```
Listing 21.9: pyproject.toml

In eckigen Klammern kommt zuerst eine Kategorie ([project]); darunter folgen Schlüssel-Wert-Paare. Die Syntax dürfte Sie an Python erinnern, allerdings gibt es ein paar Abweichungen wie in der Liste der Autoren.

Hier wurden beispielhaft einige Metadaten eingefügt, die für den Build-Prozess (die Erstellung der Wheel-Distribution) später wichtig sind; darunter vor allem der Name des Projekts und seine Version sowie die Anforderungen (Python-Version und erforderliche Pakete). Die anderen Infos sind für Ihre Nutzer hilfreich, etwa ein Verweis auf die Homepage oder die Dokumentation des Projekts.

Am Ende wird unter [build-system] noch angegeben, mit welchem *Backend* am Ende ein Wheel gebaut werden soll. Es gibt verschiedene Werkzeuge, die diesen Prozess abbilden, aber *setuptools* kann als Standard betrachtet werden.

Um die Distribution zu erstellen, benötigen Sie noch ein Kommandozeilenwerkzeug namens *build*. *build* wird als Frontend eingesetzt, um das Backend *setuptools* zu steuern. Installieren Sie es so:

```
$ pip install --upgrade build
```

Danach bringen Sie alles zum Laufen, indem Sie im Verzeichnis mit der pyproject.toml den folgenden Befehl ausführen:

```
$ python -m build -w
* Creating venv isolated environment...
* Installing packages in isolated environment...(setuptools)
copying ...
creating ...
adding ...
Successfully built engine-0.0.1-py3-none-any.whl
```

Für das Beispiel wurde die Ausgabe beschnitten, weil sie im Detail abweichen kann. Das Programm rödelt jedenfalls etwas vor sich hin und gibt dabei Auskunft, welche Dateien im Prozess kopiert, erzeugt und angelegt werden. Wenn alles geklappt hat, steht da am Ende:

```
Successfully built engine-0.0.1-py3-none-any.whl
```

Auf diese Datei haben Sie es abgesehen, das ist das Wheel. Sie wurde erstellt, weil Sie dem Build-Befehl die Option -w mitgegeben haben. Am Dateinamen erkennen Sie schon die wichtigsten Infos: Es handelt sich um die Bibliothek *engine* in Version 0.0.1 für Python 3 auf allen Plattformen.

Die Datei befindet sich nun in einem Verzeichnis namens dist. Sie können sie weitergeben und installieren:

```
$ pip install engine-0.0.1-py3-none-any.whl
...
Installing collected packages: engine
Suçessfully installed engine-0.0.1
```

Ab sofort steht Ihr Paket für andere Programme zur Verfügung – Sie (oder wer auch immer) müssen es nur importieren. Auf dieselbe Art und Weise können Sie zukünftig auch Updates einspielen.

Teil V
Weniger kaputte Software

Kapitel 22
Stilfrage – was lesbaren Code ausmacht

Wenn viele Leute gemeinsam an einem Projekt arbeiten, bringt jede Person ihre eigenen Wünsche, Vorstellungen und Ideen mit. Das ist natürlich erwünscht, weil nur so kreative und innovative Lösungen entstehen. Wenn es aber um Code geht, ist diese Vielfalt manchmal problematisch.

Vielleicht kennen Sie die folgende Situation – Sie übernachten in einer anderen Stadt bei einem Freund oder einer Freundin, die schon frühmorgens zur Arbeit gefahren ist. Nun müssen Sie sich alleine in der Küche zurechtfinden. Sie möchten sich einen Kaffee und ein Müsli machen, aber der Kaffeeautomat macht widersprüchliche Aussagen zu Stärke und Menge des Kaffees; Sie finden die Besteckschublade nicht und da, wo Sie die Müslischalen vermutet hätten, steht aus irgendeinem Grunde Putzbedarf. Und das, nachdem Sie die seltsame Duscharmatur heute Morgen bereits an Ihrer Intelligenz zweifeln ließ. Obwohl Sie generell wissen, wie Duschen und Küchen funktionieren, finden Sie sich nur mit größter Mühe zurecht.

Um solche Situationen zu verbessern, einigt man sich auf gemeinsame Standards. Die Besteckschublade ist die breite, flache Schublade direkt unter der Arbeitsplatte, Kaffeeutensilien sollten strategisch so platziert werden, dass man auch mit verklebten Augen um 5:30 morgens welchen herstellen kann. In der Dusche sollten Rot für warm und Blau für kalt stehen und der Mischer sollte kein Linksgewinde haben.

Mit Code ist es das Gleiche. Zwar wissen Sie, wie Code funktioniert, aber jedes Modul ist dann doch wieder anders – manch einer bevorzugt Tabulatoren zum Einrücken, andere mögen lieber Leerzeichen. Manch einer schreibt viele ausladende Kommentare, manch eine hat lieber selbstdokumentierenden Code. Manch eine sortiert Funktionen nach oben und Klassen nach unten, wieder jemand anders hat es gerne umgekehrt. Wenn jeder im Code macht, was er oder sie will, fällt irgendwann die Orientierung schwer, Fehler verstecken sich und der Code wird unklar. Kurzum: Der Code wird schwerer zu warten.

Um solche Reibungsverluste zu vermeiden, gibt Python mit dem Style-Guide PEP8 eine Leitlinie vor. Bei den PEPs handelt es sich um *Python Enhancement Proposals* und das Ziel von PEP8 ist es, Sie zu konsistentem Code zu erziehen. Anhand der niedrigen Laufnummer sehen Sie schon, dass es sich dabei um einen recht früh eingereichten Vorschlag handelt.

```
https://peps.python.org/pep-0008/
```

Ein Befehl pro Zeile

Grundsätzlich sollte jede Zeile nur einen Befehl enthalten. Fassen Sie sich kurz und versuchen Sie nicht, mehr als einen Befehl in eine Zeile zu quetschen. Es ist durchaus möglich, in einer Zeile sehr viele Dinge zu tun, aber wenn Sie es zu bunt treiben, werden Sie vom Interpreter darauf hingewiesen:

```
# Illegal
print("Hello, ") print("World!")
```

Wenn Sie das Programm in dieser Form ausführen, beschwert sich der Interpreter mit einem `SyntaxError`. Sie können allerdings mithilfe eines Semikolons mitteilen, dass ein Befehl endet und ein zweiter kommen darf:

```
# Legal, aber unhöflich
print("Hello, "); print("World!")
```

So passen auch zwei Befehle in eine Zeile, allerdings ist das kein guter Stil. Generell sollten Sie versuchen, nur einen Befehl pro Zeile anzugeben, da sonst Ihre Zeilen immer länger werden. Das Semikolon ist eher sinnvoll, wenn Sie kurze Python-Schnipsel direkt von der Kommandozeile aus eingeben möchten, was für geschickte Sys-Admins durchaus nützlich sein kann:

```
$ python -c "import random;print(random.choice(range(1,7)))"
```

Zeilenlänge unter 80 Zeichen

 Eine Zeile sollte weniger als 80 Zeichen enthalten.

Diese Regel ist durchaus diskutabel, denn 80 Zeichen hört sich schon ganz schön wenig an. Heutzutage haben die meisten Bildschirme ein Seitenverhältnis von 16:9 (manche Gaming-Monitore haben seit neustem sogar 32:9, du meine Güte). Bildschirme sind im Schnitt also fast doppelt so breit, wie sie hoch sind, also liegt es irgendwie nahe, diesen Platz auch zu nutzen. Wozu dann die Zeichenbegrenzung?

Nun, kurze Zeilen haben mehrere Vorteile:

✔ **Vergleichen**: Sie können mehrere Dateien im Editor gleichzeitig nebeneinander betrachten, ohne dass Zeilen abgeschnitten werden. Damit ist es beispielsweise einfacher zu kontrollieren, ob Test-Code den eigentlichen Code sauber abdeckt und man kann beide Dateien gleichzeitig betrachten.

✔ **Diffen und Mergen**: Genau das (zwei Dateien nebeneinander anzeigen) macht auch ein Diff-Programm. Ein solches verwendet man, um verschiedene Versionsstände eines Codes auf Unterschiede zu prüfen und die Versionen zusammenzuführen. Die Begriffe kommen aus dem Englischen – »diffen« kommt vom englischen Wort *difference* (Unterschied), mergen kommt von *to merge* und bedeutet verschmelzen oder zusammenführen.

✔ **Kommandozeile**: Sie können Code besser lesen, wenn Sie ihn mal in einer unwirtlichen Umgebung betrachten müssen, etwa wenn Sie auf einem Server ohne GUI eingeloggt sind – viele Terminal-Emulatoren zeigen nur eine begrenzte Anzahl an Zeichen an.

✔ **Kleine Bildschirme**: Ihr Code ist auf kleinen Bildschirmen gut lesbar. Das hilft, wenn Sie in der Straßenbahn Code auf dem Handy nachgucken möchten, oder im Serverraum nur einen Laptop mit 12 Zoll Bildschirmdiagonale dabei haben.

✔ **Web**: Ihr Code kann im Browser besser gelesen werden. Das kommt häufig vor, wenn Sie Gitlab für ein Code-Review verwenden oder ihn über die Plattform Github mit anderen teilen. Viele Web-Designs haben Breitenbegrenzungen.

✔ **Bücher**: Noch einen Vorteil haben kurze Zeilen für Leserinnen und Leser. Kurze Zeilen müssen nicht so hässlich umbrochen werden. Buchkapitel sind dann auch einfacher zu schreiben – das freut Autoren und Verlage gleichermaßen.

Kurzum – kurze Zeilen sind immer dann toll, wenn man Code mal auf kleinen Anzeigen betrachtet. Und das kommt in der Praxis häufiger vor, als man denkt.

Aber mal abgesehen von rein perzeptuellen Problemen sind lange Zeilen auch ein wichtiger Hinweis an Sie als Programmierer oder Programmiererin. Lange Zeilen möchten Ihnen mitteilen: »Hier passiert zu viel«.

Eine lange Zeile entsteht immer dann, wenn Sie versuchen, zu viel auf einmal zu tun. Sie ist ein Wald aus Komplexität und dort verstecken sich gerne Bugs und Fehler zwischen den Bäumen. Entweder Sie quetschen zu viele Befehle in eine Zeile oder Sie haben bereits zuvor den Code zu tief verschachtelt. Dann sollten Sie versuchen, den Code etwas aufzubrechen, indem Sie neue Funktionen oder Variablen einführen. Wenn es gar nicht anders geht, können Sie lange Befehle innerhalb von Klammern umbrechen.

Hören Sie auf lange Zeilen!

Hier ein wichtiger Tipp: »Hören« Sie auf Ihre Zeilenlänge, denn wenn Ihre Zeilen zu lang sind, dann möchte Ihr Code Ihnen etwas sagen! Häufig ist die Ursache, dass Sie ihren Code sehr stark geschachtelt haben und sehr viel Platz für die Einrückungen draufgeht. In so einem Fall können Sie versuchen, die Einrückungstiefe zur reduzieren, indem Sie versuchen, Ihr Problem anders (und damit verständlicher!) auszudrücken.

Manchmal kann man wirrgewordenen Code bereits rein optisch erkennen. Betrachten Sie das folgende Beispiel:

```python
full_box = "\u2588"
empty_box = "\u2592"

class Chessboard:
····def draw(self):
········for horizontal_row in range(8):
············print()
············for vertical_column in range(8):
················if horizontal_row % 2 == 0:
····················if vertical_column % 2 == 0:
························print(full_box, end="")
····················else:
························print(empty_box, end="")
················elif horizontal_row % 2 != 0:
····················if vertical_column % 2 == 0:
························print(empty_box, end="")
····················else:
························print(full_box, end="")

Chessboard().draw()
```

Hier soll ein Schachbrett gezeichnet werden, also 8 mal 8 Felder, wobei sich Schwarz und Weiß immer abwechseln. Als Felder werden zwei Unicode-Block-Symbole verwendet: *Full Block* und *Light Shade*. Um die Felder im Quadrat zu arrangieren, werden zwei geschachtelte Schleifen verwendet. In den Durchläufen wird jeweils geprüft, ob die Zeile und die Spalte gerade oder ungerade sind; abhängig davon wird dann eine hellere oder dunklere Schattierung ausgegeben.

Der Code ist über sechs Ebenen eingerückt und ziemlich tief verschachtelt. In diesen kurzen Beispiel ist die Obergrenze von 80 Zeichen noch lange nicht überschritten, aber bei längeren Funktionsnamen und komplexeren Beispielen kann das schnell passieren. Dass irgendwas besser gehen muss, erkennen Sie hier aber bereits am Platz, der links ungenutzt frei bleibt – hier wird er durch die eigens eingefügten Punkte besonders dramatisch in Szene gesetzt. Wie wäre es da mit der folgenden Version?

```
from itertools import batched

box = "\u2588"
shade = "\u2592"

class Chessboard:
    def draw(self):
        checkers = (box, shade) * (64//2)
        rows = batched(checkers, 8)
        for even, odd in batched(rows, 2):
            print("".join(even))
            print("".join(reversed(odd)))

Chessboard().draw()
```

Erstellen Sie zunächst 32 Feldpaare, immer ein dunkles und dann ein helles (je nachdem, wie man es sieht – auf einer Konsole mit weißer Schrift auf dunklem Grund ist es natürlich umgekehrt). Mithilfe der `batched`-Funktion, die eine Sequenz in gleichgroße Partitionen aufteilt, werden die Feldpaare dann in Zeilen gruppiert. Dann werden je zwei Zeilen zusammen betrachtet und die zweite in umgekehrter Reihenfolge ausgegeben.

Oder vielleicht so?

```
X = "\u2588"
O = "\u2592"
board = 4 * [
    f"{X}{O}" * 4,
    f"{O}{X}" * 4
]

class Chessboard:
    def draw(self):
        for row in board:
            print("".join(row))

Chessboard().draw()
```

So ist der Code ausdrucksstärker und viel kürzer; allerdings ist das Getrickse mit der String-Multiplikation nicht jedermanns Sache.

 Wenn Sie die Klasse noch wegwerfen und nur eine Funktion verwenden, sparen Sie sogar noch eine Einrückungsebene ein, allerdings ist das nicht immer sinnvoll, denn Klassen können fürs Design durchaus nützlich sein. Grundsätzlich sollten Sie nicht um jeden Preis versuchen, Ihren Code auf nur eine einzige Einrückungsebene zu plätten, jedoch sollten Sie auf Ihr Bauchgefühl hören, wenn der Code zu verschachtelt ist oder sich sonst irgendwie seltsam anfühlt. Lange Zeilen, die das gesetzte Limit überschreiten, sind aber in jedem Fall ein ernst zu nehmender Hinweis.

Imports gehören nach oben

Imports sollten Sie immer am Kopf der Datei positionieren, direkt nach dem einleitenden Kommentar oder Docstring. Allgemeinere Imports (zum Beispiel aus der Standardbibliothek) sollten dabei immer oben stehen; weiter unten sollten die spezifischeren Imports folgen. Versuchen Sie auch, möglichst immer nur einen Import pro Zeile zu machen:

```
# Richtig
import os
import sys

# Falsch
import sys, os
```

Falls Sie mehrere Objekte aus einem Modul importieren, ist die Komma-Schreibweise aber ok:

```
# Correct:
from subprocess import Popen, PIPE
```

Tunlichst vermeiden sollten Sie Folgendes:

```
from module import *
```

Dabei werden alle Funktionen, Klassen und sonstige Variablen in den globalen Namensraum importiert. So was führt nur zu Namenskonflikten.

Leerzeichen vereinzeln

Vermeiden Sie unnötige Leerzeichen in Ausdrücken, etwa unmittelbar vor oder nach Klammern. Dadurch machen Sie es den Lesern des Codes leichter, die Einzelteile zu erfassen.

```
# Richtig
spam(1)

# Falsch
spam (1)

# Richtig
spam(ham[1], {eggs: 2})

# Falsch
spam( ham[ 1 ], { eggs: 2 } )
```

In Listen gehören Leerzeichen jedoch zum guten Ton:

```
# Richtig
numbers = [1, 2, 3]

# Falsch
numbers = [1,2,3]
```

Schleppkommata zum Zeilenschubsen

Listen erlauben überflüssige Kommata:

```
# Richtig
numbers = [
    1,
    2,
    3,
]
```

Das Komma hinter der 3 ist ein *trailing comma*; es ist überflüssig, weil danach ja nichts mehr kommt. In diesem Fall ist es aber ganz nützlich, weil Sie so im Editor einfacher die Zeilen vertauschen können und das Programm danach immer noch gültig ist. Gäbe es das nicht, passiert es schnell, dass Sie die folgende Konstellation erzeugen:

```
# Kaputt
numbers = [
    1,
    3
    2,
]
```

Hier wurde eine 3 verschoben, die zuvor kein Schleppkomma hatte – so ist das syntaktisch aber nicht korrekt. Durch Schleppkommata wird also das Umherschieben etwas ergonomischer. Als Empfehlung sollten Sie sie aber nur tolerieren, wenn Sie solche Listen auch zeilenweise aufgeschrieben haben. Bitte vermeiden Sie den folgenden Stil:

```
# Falsch
numbers = [1, 2, 3,]
```

Unwirkliche Vergleiche mit Booleans

Besonders bei Umsteigern beliebt ist das folgende Idiom:

```
# Falsch
if value == True:
    ...


# Noch falscher
if (3 > 1) == True:
    ...


# Noch schlimmer!
if greeting is True:
    ...
```

Ausdrücke können automatisch als Bools betrachtet werden, daher reicht Folgendes:

```
# Richtig
if value:
    ...
```

Das Gleiche gilt für Container. Hier brauchen Sie nicht erst deren Länge anzugucken – leere Container sind automatisch False:

```
# Correct:
if not seq:
    ...
if seq:
    ...

# Falsch
if len(seq):
    ...
if not len(seq):
    ...
```

Kapitel 23
Schleifen, trimmen, jäten

P EP8 versucht, Code einheitlicher zu strukturieren. Aber was nutzt die beste Leitlinie, wenn sich niemand daran hält? Besser, Sie verwenden Werkzeuge, die den Code von sich aus bereinigen und einheitlich formatieren.

Formatierer – den Code geraderücken

Vorneweg: Sie können Code zum Beispiel mit den folgenden Tools formatieren:

✔ *isort*: sortiert Ihre Imports

✔ *black*: formatiert Einrückungen, Leerzeichen und Zeilenabstände

Diese Tools laufen über die Kommandozeile, jedoch gibt es für die meisten Editoren auch Erweiterungen. Beispielsweise können Sie Sublime so konfigurieren, dass *isort* jedes Mal läuft, wenn Sie eine Datei speichern. Die meisten IDEs haben Formatierer eingebaut, die sich häufig auch an Ihre Bedürfnisse und Gewohnheiten anpassen lassen.

In der folgenden Datei sind die Imports Kraut und Rüben:

```
from filesize import filesize
import os, sys, argparse
import requests
from pathlib import Path
...
```
Listing 23.1: imports.py

Ein klarer Fall für *isort*. Installiert wird es wie immer aus dem Package-Index $ pip install isort; aufgerufen schafft es sofort Abhilfe:

```
$ python -m isort imports.py
Fixing code\imports.py
```

Danach sieht die Datei so aus:

```
import argparse
import os
import sys
from pathlib import Path

import requests

from filesize import filesize


...
```

Listing 23.2: imports.py

Die Imports aus der Standardbibliothek wurden an den Kopf der Datei verschoben und außerdem auf ein Modul pro Zeile aufgeteilt. Danach kommen Imports von Drittanbietern, wie in diesem Fall requests, und ganz am Ende folgen lokale Imports (also Imports aus Modulen, die Sie selbst geschrieben haben).

 isort ist auf die Imports beschränkt – wenn Sie auch den restlichen Code formatieren möchten, nehmen Sie *black*. Installieren geht wieder mit $ pip install black.

Die folgende Datei enthält einigen Code. Besonders das Dictionary springt ins Auge; es wurde in wenige Zeilen gequetscht, die Anführungsstriche sind inkonsistent, die Einrückungen stimmen nicht und die Abstände sind etwas eng. Da das allerdings alles in einer Klammer passiert, akzeptiert der Interpreter das gerade noch so.

```
from getpass import getpass
username = input("Input: "); password = getpass("Password: ")
headers = {
 "password":password,'Content-Type':'application/json;charset=utf-8',
   "login":username,
       "customerUri":'DFN',"Accept":"application/json"}
```

Listing 23.3: unformatted.py

Zum Formatieren wird die Datei an *black* übergeben:

```
$ python -m black unformatted.py
reformatted unformatted.py

All done!
1 file reformatted.
```

Dadurch wird die Datei an Ort und Stelle korrigiert (man sagt auch *in-place*, es wird also nicht etwa eine Sicherungskopie angepasst). So sieht sie danach aus:

```
from getpass import getpass

username = input("Input: ")
password = getpass("Password: ")
headers = {
    "password": password,
```

```
        "Content-Type": "application/json;charset=utf-8",
        "login": username,
        "customerUri": "DFN",
        "Accept": "application/json",
}
```
Listing 23.4: unformatted.py

Der eigentliche Code hebt sich nun von den Imports ab. Vor allem das Dictionary hat viel gewonnen; die Einrückungen und die Abstände stimmen und auch die Anführungsstriche wurden korrigiert. Alles in allem ein viel harmonischeres Bild.

Linting – die Fusselbürste für Ihren Code

Das Werkzeug *black* schiebt alles an die richtige Stelle und macht den Code damit lesbarer. In großen Code-Basen gibt es aber noch mehr Dinge, die schiefgehen können, weshalb man gerne *Linter* einsetzt.

 Lint ist die englische Bezeichnung für Fussel oder Flusen – so wie die in Ihrem Bauchnabel oder Wäschetrockner. Dabei handelt es sich um Faserknäuel aus ihren T-Shirts und Unterhemden.

Ein *Linter* hilft bei der Beseitigung solcher Überstände in ihrem Code, darunter:

✔ überflüssige Imports,

✔ vergessene Variablen,

✔ Returns, die nie erreicht werden,

✔ schlechte Formatierungen,

✔ zu kurze oder zu lange Variablennamen sowie

✔ fehlende Kommentare oder zu lange Zeilen.

 Linter überprüfen Code anhand von Regelsätzen und geben Feedback, ob die einzelnen Regeln eingehalten wurden. Dabei wird der Code nicht ausgeführt, daher bezeichnet man diese Prüfung auch als *statische Analyse*.

Die Linter-Landschaft ist sehr vielfältig. Einige prüfen nur spezifische Regelsätze, wie beispielsweise *pydocstyle*, das kontrolliert, ob Sie ordentliche Docstrings verwendet haben. Andere Linter gehen in die Breite und vereinen die Regelsätze der spezifischeren Linter unter einem Dach, wie beispielsweise *flake8* oder *pylama*.

Als Beispiel dient das folgende Modul namens getpin.py:

```
from getpass import getpass

def getpin(getpass=getpass, print=print):
    pin = getpass('PIN > ')
```

```
mask = '*' * (len(pin) - 3)
tail = pin[-3:]
print(f'{mask}{tail}')
```
Listing 23.5: getpin.py

Jede Regel wird durch ein eindeutiges Kürzel identifiziert. Wenn Sie das Modul mit *pydocstyle* überprüfen, gibt das Werkzeug folgende Meldung aus:

```
$ pydocstyle getpin.py
getpin.py:1 at module level:
        D100: Missing docstring in public module
getpin.py:3 in public function 'getpin':
        D103: Missing docstring in public function
```

Das D in D100 weist darauf hin, dass diese Regel von *pydocstyle* stammt. Darauf folgt eine eindeutige Nummer. D100 weist auf den fehlenden Docstring des Moduls hin. Entsprechend ist D101 ein fehlender Docstring in einer Klasse; D102 ein fehlender Docstring in einer Methode und D103 ein fehlender Docstring in einer Funktion.

Die verschiedenen Arten von Docstrings werden sehr fein aufgedröselt, damit Sie später genau steuern können, welche Regeln Sie durchsetzen möchten. So könnten Sie sich entscheiden, auf Docstrings für Module zu verzichten, alle anderen jedoch weiterhin einzufordern.

Linter, die Regelsätze zusammenfassen, behalten die Nummerierung der Regeln bei. Wenn Sie mit *flake8* Ihren Code prüfen und am Anfang eines Moduls den Docstring weglassen, gibt das Programm wieder aus, dass Regel D100 nicht eingehalten wurde. Die verschiedenen Regelsätze ergänzen sich somit untereinander.

 Häufig können Meta-Linter mit Plugins erweitert werden. Wenn Sie eine eigene Regel haben, die Sie unbedingt durchsetzen möchten, können Sie dafür eine Erweiterung programmieren. Zum Beispiel könnten Sie ein Regel bauen, die meldet, wenn Funktionsnamen keine Schimpfworte enthalten.

Der bekannteste Linter ist wahrscheinlich *pylint*, aber der ist doof, weil er sehr langsam ist. Das neuste Mitglied der Linter-Familie ist *ruff*. Im Gegensatz zu *pylint* arbeitet dieses Programm sehr schnell, weil es in der Programmiersprache *Rust* geschriebene Untermodule verwendet. Es unterstützt eine Vielzahl an Regeln anderer Linter – das macht es an dieser Stelle interessant.

So wird *ruff* installiert:

```
$ pip install ruff
```

Als Beispiel dient wieder das Modul getpin.py. An dem gab es eigentlich nichts auszusetzen, oder?

Nun, der Linter sieht das anders:

```
$ ruff check getpin.py --select ALL
warning: 'one-blank-line-before-class' (D203) and '
    no-blank-line-before-class' (D211) are incompatible. Ignoring '
    one-blank-line-before-class'.
```

```
warning: 'multi-line-summary-first-line' (D212) and '
    multi-line-summary-second-line' (D213) are incompatible. Ignoring
    'multi-line-summary-second-line'.
getpin.py:1:1:
    D100 Missing docstring in public module
getpin.py:1:1:
    I001 [*] Import block is un-sorted or un-formatted
getpin.py:2:5:
    ANN201 Missing return type annotation for public function '
        getpin'
getpin.py:2:5:
    D103 Missing docstring in public function
getpin.py:2:12:
    ANN001 Missing type annotation for function argument 'getpass'
getpin.py:2:29:
    A002 Argument 'print' is shadowing a Python builtin
getpin.py:2:29:
    ANN001 Missing type annotation for function argument 'print'
getpin.py:3:19: Q000 [*]
    Single quotes found but double quotes preferred
getpin.py:4:12: Q000 [*]
    Single quotes found but double quotes preferred
getpin.py:6:11: Q000 [*]
    Single quotes found but double quotes preferred
getpin.py:7:27: W292 [*] No newline at end of file
Found 10 errors.
[*] 5 potentially fixable with the --fix option.
```

Der Befehl `$ ruff check getpin.py --select ALL` führt den Linter aus – dabei wird das `check`-Modul angestrengt und die zu testende Datei `getpin.py` an es übergeben. Mit `--select ALL` legen Sie fest, dass alle bekannten Prüfungen durchgeführt werden sollen.

Die Ausgabe zeigt in jeder Zeile die Quelldatei, die Zeile und Spalte der Regelverletzung, das Kürzel der Regel und eine erklärende Meldung:

```
getpin.py:1:1: D100 Missing docstring in public module
```

Da ist sie auch wieder, die `D100`-Regel von *pydocstyle*.

Das Ergebnis für die ganze Datei sieht auf den ersten Blick schlimmer aus, als es ist. Beim Durchlesen werden Sie bemerken, dass einige der Regelverletzungen etwas widersprüchlich sind – dazu gibt das Programm sogar zwei Warnungen aus. So wird vermeldet, der Import-Block sei nicht sortiert, dabei enthält dieser nur einen Eintrag – wahrscheinlich ist eher gemeint, dass eine andere Formatierungsregel verletzt wurde, was die Nachricht ja auch angibt.

Dennoch springt eine sinnvolle Stilberatung für Sie heraus:

✔ Das Modul und die Funktion haben keine Kommentare oder Docstrings.

✔ Die Strings wurden mit einfachen Anführungsstrichen definiert.

✔ Der Parameter `print` heißt genau wie die Built-in-Funktion.

Einige Regelverletzungen kann der Linter für Sie gleich auflösen, wie beispielsweise die Ersetzung der Anführungsstriche. Die passende Option schlägt die Ausgabe von *ruff* ja bereits vor: `ruff check getpin.py --select ALL --fix`.

Die anderen Details müssen Sie natürlich selbst anpassen, natürlich kann der Linter für Sie keine Docstrings schreiben. Wenn Sie fertig sind, könnte die Datei so aussehen:

```
"""Helper functions to enter PIN-codes."""
from getpass import getpass
⏎
⏎
def getpin(getpass=getpass, print_=print):
    """Read personal identification number from console."""
    pin = getpass("PIN > ")
    mask = "*" * (len(pin) - 3)
    tail = pin[-3:]
    print_(f"{mask}{tail}")
⏎
```

Listing 23.6: getpin.py

Es wurden die Anführungsstriche und Zeilenabstände angepasst. Zwischen den Imports und dem eigentlichen Code sollten zwei Zeilen Abstand liegen; am Ende der Datei sollte stets ein Zeilenumbruch stehen (zur Verdeutlichung stehen diesmal im Listing dort Enter-Zeichen). Außerdem wurden die Dokumentationskommentare eingefügt. Achten Sie genau auf die Formatierung und die Interpunktion. So greift weiterhin *pydocstyle*-Regel D400, die besagt, dass die erste Zeile eines Docstring mit einem Punkt enden sollte.

Schon besser, aber ganz sauber ist die Ausgabe noch nicht:

```
$ ruff getpin.py --select ALL
warning: 'one-blank-line-before-class' (D203) and '
    no-blank-line-before-class' (D211) are incompatible. Ignoring '
    one-blank-line-before-class'.
warning: 'multi-line-summary-first-line' (D212) and '
    multi-line-summary-second-line' (D213) are incompatible. Ignoring
    'multi-line-summary-second-line'.
getpin_linted.py:5:5: ANN201 Missing return type annotation for
    public function 'getpin'
getpin_linted.py:5:12: ANN001 Missing type annotation for function
    argument 'getpass'
getpin_linted.py:5:29: ANN001 Missing type annotation for function
    argument 'print_'
Found 3 errors.
```

Die Warnungen beziehen sich auf die widersprüchlichen Regeln D211 und D212 und können hier ignoriert werden. Mit dem Schalter `--quiet` werden Sie sie los:

```
$ ruff getpin.py --select ALL --quiet
getpin_linted.py:5:5: ANN201 Missing return type annotation for
    public function 'getpin'
getpin_linted.py:5:12: ANN001 Missing type annotation for function
    argument 'getpass'
```

```
getpin_linted.py:5:29: ANN001 Missing type annotation for function
    argument 'print_'
```

So bleiben noch zwei Regelverletzungen `ANN001` und eine `ANN201` übrig. Dabei handelt es sich um fehlende Typ-Annotationen, über die Sie im Kapitel 25 unter *Typing – dem Interpreter Ratschläge geben* etwas erfahren.

 Das Beispiel zeigt eine Schwierigkeit in der Verwendung des Linters auf, denn es werden durch `--select ALL` einfach *alle* Regeln geprüft. Es ist aber meist keine gute Idee, einfach *alle* Regeln zu prüfen, sondern Sie müssen sich in der Praxis mit Ihren Kollegen auf einen sinnvollen Regelsatz einigen.

Die verfügbaren Regelsätze können Sie herausfinden, indem Sie *ruff* fragen:

```
$ ruff linter
    F  Pyflakes
  E/W  pycodestyle
  C90  mccabe
    I  isort
    N  pep8-naming
...
 PERF  Perflint
  RUF  Ruff-specific rules
```

Hier sehen Sie einen Auszug aus der recht langen Liste an Regelsätzen. Ein kurzer, knackiger Regelsatz für den Einstieg wäre etwa der folgende:

```
$ ruff check . --select F,E,I,N,D
```

Dadurch werden einige nützliche Eigenschaften des Codes überprüft. Details finden Sie in Tabelle **23.1** – die Abkürzung »Feind« kann man sich gut merken, denn hier geht es den Gegnern der Code-Qualität an den Kragen. Eine genauere Erklärung, was da geprüft wird, finden Sie unter `https://beta.ruff.rs/docs/rules/` (Stand Juli 2023).

Kürzel	Linter	Beschreibung
F	pyflakes	verschiedene sinnvolle Prüfungen und Programmierfehler
E	pycodestyle	Regeln für Formatierung, Einrückungen und boolesche Ausdrücke
I	isort	stellt die Sortierung der Imports sicher
N	pep8-naming	prüft die Namenskonventionen, etwa dass Sie `KlassenName`, aber `funktions_name` schreiben
D	pydocstyle	erinnert an fehlende und meckert über falsch formatierte Docstrings

Tabelle 23.1: Ein sinnvoller Satz an Prüfregeln für den Linter

 Sie können die Linter-Regeln für *ruff* statt über die Kommandozeile auch mithilfe einer Konfigurationsdatei auswählen. Erstellen Sie dazu eine Datei namens `pyproject.toml` mit dem folgenden Inhalt:

```
[tool.ruff]
select = [
```

```
    "F",    # pyflakes
    "I",    # isort
    "E",    # pycodestyle
    "N",    # pep8-naming
    "D",    # pydocstyle
]
```
Listing 23.7: pyproject.toml

Ab sofort können Sie den --select-Teil weglassen.

 Diese Datei muss im Verzeichnis liegen, aus dem Sie den *ruff* aufrufen.

Sicherheitsprobleme vermeiden mit Bandit

Beim *Linting* wird überschüssiger Code entfernt und die Einheitlichkeit des Codes verbessert. Eine Leerzeile mehr oder weniger wird aber wahrscheinlich keine Umsatzeinbrüche verursachen – anders sieht es aus, wenn Sie in einem Programm eine Sicherheitslücke übersehen, die ein findiger Hacker dann ausnutzt, um das Programm abstürzen zu lassen, Daten zu exfiltrieren oder gleich den ganzen Server zu übernehmen. Datenverluste schädigen das Vertrauen der Kunden und Ausfälle können hohe Kosten verursachen.

 Oft gehört aber zum Ausnutzen von Sicherheitslücken gar kein so schlauer Trick oder tiefes Fachwissen, sondern die Hacker finden die Probleme zufällig. Stellen Sie sich vor, Sie parken Ihr Auto an der Straße und hinterlassen es unverschlossen. Nachts rütteln dann ein paar betrunkene Jugendliche an allen Türen der geparkten Autos, finden zufällig ihre unverschlossene und kotzen Ihnen auf den Beifahrersitz – so in etwa laufen heutzutage viele Hackversuche ab.

Mit anderen Worten: Viele Probleme entstehen gar nicht durch die Genialität des Angreifers, sondern durch die eigene Doofheit, wobei bestimmte Doofheiten ziemlich leicht zu vermeiden sind. Beispielsweise sollten Sie niemals Passwörter in Ihrem Code hartkodieren und abspeichern:

```
import requests

url = "https://mail.example.com/login"
username = "johannes"
password = "YqAPBZsMrV5vg5d4YRrBSxHl"

response = requests.post(
    url,
    data={
        "username": username,
        "password": password
```

```
    }
)
```

```
assert "Angemeldet" in response.content
```

Listing 23.8: secure.py

Dieses Programm könnte so ähnlich zum Anmelden an einer Webseite eingesetzt werden. Wenn Sie es an einen Kollegen weitergeben, erfährt der Ihr Passwort und kann Ihre E-Mails lesen. Kollegen würden Sie hoffentlich auf einen derartigen Fauxpas hinweisen, aber wenn Sie solchen Code online stellen, ist es eine Frage der Zeit, bis ein Vandale sich daran mit weitreichenden Konsequenzen zu schaffen macht. Er könnte Ihre E-Mails lesen oder versuchen, sich bei Online-Shops mit Ihrem Konto teure Luxusartikel zu bestellen. Wenn Sie das gleiche Passwort für Bezahldienste verwenden, verlieren Sie womöglich noch viel mehr Geld.

So ein Passwort ist für angehende Hacker ein gefundenes Fressen und Sie sollten sich gar nicht erst auf Ihre Kollegen verlassen. Besser ist es, wenn Sie Bandit verwenden:

```
$ bandit secure.py
[main]  INFO     profile include tests: None
[main]  INFO     profile exclude tests: None
[main]  INFO     cli include tests: None
[main]  INFO     cli exclude tests: None
[main]  INFO     running on Python 3.12.6
Run started:2024-11-27 13:33:44.492509

Test results:
>> Issue: [B105:hardcoded_password_string]
   Possible hardcoded password: 'YqAPBZsMrV5vg5d4YRrBSxHl'
   Severity: Low    Confidence: Medium
   CWE: CWE-259 (https://cwe.mitre.org/data/definitions/259.html)
   More Info: https://bandit.readthedocs.io/en/1.7.10/plugins/
     b105_hardcoded_password_string.html
   Location: .\secure.py:7:11
6        username = "johannes"
7        password = "YqAPBZsMrV5vg5d4YRrBSxHl"
8
...
```

Bandit wird aus dem Package-Index installiert $ `pip install bandit` und kann direkt eingesetzt werden. Wenn Sie das Programm übergeben, prüft Bandit verschiedene sicherheitsrelevante Fehlerquellen, wie hier das fest kodierte Passwort.

Obwohl es sich hier um wenig Code handelt, gibt es noch weitere Auffälligkeiten. Bandit meldet:

```
Issue: [B113:request_without_timeout]
   Call to requests without timeout.


Issue: [B101:assert_used]
   Use of assert detected.
   The enclosed code will be removed when compiling
   to optimised byte code.
```

All diese Einwände sind korrekt! Die Bibliothek `requests` wird verwendet, um auf eine Webseite zuzugreifen, und muss dazu eine Verbindung über das Netzwerk aufbauen. Solche Aufrufe warten auf Daten aus dem Netzwerk und blockieren solange das Programm. Wenn Sie dabei keine Wartezeit angeben, kann es passieren, dass Ihr Programm unendlich lange hängt und in dieser Zeit keine weiteren Anfragen beantworten kann. Ein Hacker könnte sich das zunutze machen, indem er Ihr Programm absichtlich blockieren lässt, um einen Dienstausfall zu provozieren.

Am Ende des Programms wurde außerdem noch eine `assert`-Anweisung verwendet, die einen Ausdruck prüft und eine Ausnahme auslöst, falls dieser Fehler nicht zutrifft. Solche `assert`-Anweisungen kann man beim Entwickeln einsetzen, um bestimmte Annahmen zu prüfen; um das Programm für den Produktivbetrieb zu beschleunigen, kann man den Python-Interpreter dann zusätzlich in einem optimierten Modus ausführen, was aber die `assert`-Anweisungen entfernt. Wenn Sie das nicht im Hinterkopf behalten, gelangen womöglich ungeprüfte Daten in Ihr Programm – auch auf dieses Problem weist also Bandit hin.

Weitere Sicherheitsprobleme, die Sie durch Bandit leichter finden können:

✔ Laden unsicherer XML- und YAML-Daten,

✔ zu freie Datei-Berechtigungen (`chmod 777`),

✔ veraltete Verschlüsselungsmethoden (zum Beispiel SSL v2 oder TLS v1),

✔ tendenziell unsichere Hash-Funktionen (zum Beispiel md5),

✔ freizügiges Starten von Betriebssystem-Prozessen,

✔ Verschlucken von Ausnahmen (`except: pass`).

Es gehört natürlich noch etwas mehr dazu, um sichere Programme zu schreiben, aber Bandit weist Sie zumindest auf die offensichtlichsten Stinker hin.

 Das OWASP-Projekt kürt alle paar Jahre eine Top Ten der größten Sicherheitsprobleme. Die mangelhafte Verwaltung von Zugangsdaten ist häufig mit von der Partie. Sie würden staunen, wie viele Systeme kompromittiert werden, weil da ein Passwort hart in den Code geschrieben wurde – Bonuspunkte, wenn es ein schlechtes Passwort war (User: `admin`, Passwort: `admin`). Von weiteren Sicherheitsproblemen erfahren Sie unter `https://owasp.org/Top10/`.

Kapitel 24
Testen, Testen, Testen

Wer in einer Firma programmiert, tut dies meistens im Rahmen einer unterschwelligen Todesdrohung, die man in der Wirtschaftssprache meist liebevoll-verniedlichend als »Deadline« bezeichnet. Dabei soll alles so schnell wie möglich gehen und hinterher soll der Code natürlich 100% korrekt arbeiten. Die folgenden Fragen drängen sich dabei auf:

✔ Woher wissen Sie, dass Sie das Problem richtig verstanden haben?

✔ Woher wissen Sie, dass der Code richtig arbeitet?

✔ Woher wissen Sie, wann Sie fertig sind?

Und: Wissen Sie die Antwort auf diese Fragen auch noch, nachdem ein halbes Jahr vergangen ist, die Kunden neue Wünsche und Anforderungen rückgemeldet haben und ihre Kollegen zehntausende Zeilen zusätzlichen Code eingefügt haben? Wie soll man den Überblick behalten und über einen längeren Zeitraum die Qualität des Codes aufrechterhalten?

Die Antwort: *Testen, Testen, Testen.*

Was ist ein Test?

Zunächst einmal geht es darum, was mit dem Begriff *Test* überhaupt gemeint ist. Viele verstehen unter einem Software-Test einen Prozess, in dem eine Software von einer weiteren Person anhand eines Planes verwendet wird. Während der Nutzung protokolliert die Person Abweichungen von den zuvor festgelegten Anforderungen in einem Testprotokoll. Solche Tests sind richtig und wichtig, aber sie sind vor allem auch recht langsam und teuer und nicht jedes Unternehmen kann oder möchte eine Stelle für einen Software-Tester reservieren. Daher ist an dieser Stelle mit dem Begriff *Test* etwas ganz anderes gemeint.

Hier geht es nicht so sehr um Tests der Software kurz vor der Abgabe, sondern um Prüfungen, mit denen Sie sich als Entwickler oder Entwicklerin selbst unterstützen können. *Tests* in diesem Sinne sind kleine Zusatzprogramme, die parallel zum Code entwickelt werden und diesen prüfen und dokumentieren.

Wenn Sie über einen längeren Zeitraum gewissenhaft Tests schreiben, werden diese Ihnen dabei helfen, die Auswirkungen unbeabsichtigter Veränderungen im Griff zu behalten. Tests sind jedoch nicht nur ein reines Prüfwerkzeug für den *Code*, sondern Sie können damit vor allem auch Ihr *Problemverständnis* nach dem Vier-Augen-Prinzip prüfen – obwohl Sie nur zwei Augen haben. Tests sind ein Backup für die Logik ihres Codes, aber darüber hinaus vor allem ein Backup für Ihr *Verständnis* der eigentlichen Problemstellung.

Leider wird dieses Thema von vielen ignoriert, weil sie das Testen als zu aufwändig betrachten oder den Nutzen nicht nachvollziehen können; wieder andere möchten testen, wissen jedoch nicht wie. Auch gibt es verschiedene Schulen, wie und was man testen sollte. In diesem Kapitel geht es deswegen vor allem um eine methodische Herangehensweise, weniger um Tools oder wie man es vermeidet, Tests zu schreiben.

Sicher haben Sie bereits eine Vorstellung davon, was ein Test sein könnte, aber in diesem Kapitel erfahren Sie, dass damit weitaus mehr gemeint ist als das »test« in *Vokabeltest*.

Intuitives Testen – jeder ist ein Tester

Genau genommen testen Sie Ihren Code eigentlich immer, denn sonst wüssten Sie ja nicht, ob ihr Programm das tut, was es soll. Ohne Tests könnten Sie weder feststellen, ob es richtig arbeitet, noch wüssten Sie, wann Sie fertig sind.

Egal woran Sie arbeiten, irgendetwas wird Ihr Programm ausgeben oder verändern und das können Sie beobachten. Abstrakt gesprochen erzeugt jedes Programm einen *Effekt* und Sie, als die Person am Rechner, betrachten diesen und prüfen, ob er zu ihren Erwartungen passt. Soll Ihr Programm beispielsweise eine Email versenden, so können Sie einfach nachsehen, ob die E-Mail auch in Ihrem Postfach auftaucht. Erst wenn alles augenscheinlich in Ordnung ist, sind sie fertig und zufrieden.

Bis so ein Programm eine E-Mail senden kann, müssen ganz schön viele `if`s und `while`s abgefrühstückt werden. Um die Zwischenstände zu prüfen, platziert man an entscheidenden Stellen im Code geschickt Aufrufe von `print`, um eine Ausgabe zu erzeugen; diese lässt sich direkt am Konsolenfenster ablesen, wie in Abbildung 24.1 angedeutet.

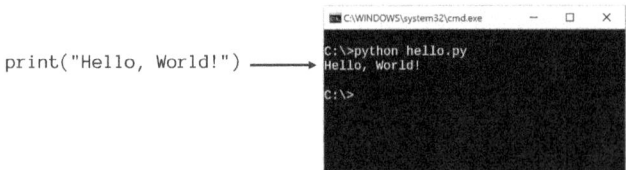

Abbildung 24.1: Für kleine Projekte ist eine Sichtprüfung ausreichend.

Beim Programmieren gehen Sie meist iterativ vor: Sie schreiben Code, gucken, ob alles klappt, ändern den Code, gucken wieder, ändern den wieder Code und gucken dann, ob es jetzt endlich klappt ... Bis Ihre Funktion oder Ihr Programm fertig sind, durchlaufen Sie diesen Zyklus mehrfach bis vielfach.

Diese Form des Testens ist intuitiv und für kleine Programme vollkommen ausreichend. Mit »klein« sind hier vor allem Programme gemeint, die Sie sich selbst ausdenken und die noch in Ihren eigenen Kopf passen. Sie können sich in so einem Code alles merken und verstehen und finden sich bestens zurecht. Wie viel Code das ist, hängt natürlich von Ihnen ab – manch eine kann sich mehr, manch einer weniger merken. Das ist normal, weil Menschen einfach unterschiedlich sind.

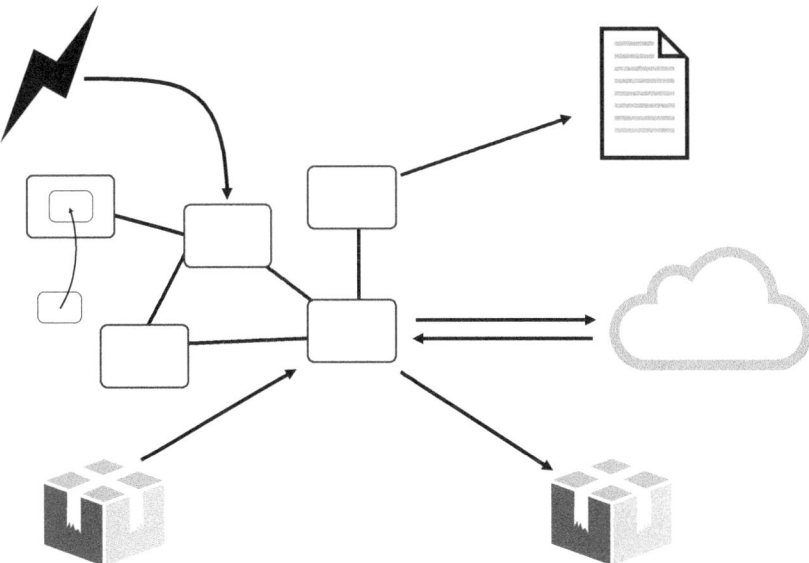

Abbildung 24.2: Komplexe Software hat so viele Wackelteile, dass Sie nicht allein durch reine Daumenpeilung feststellen können, ob alles richtig funktioniert.

Problematisch wird es aber, wenn Sie an komplexeren Programmen arbeiten. Das ist meistens der Fall, wenn Sie hauptberuflich programmieren, in einer Firma arbeiten und nicht nur allein, sondern im Team programmieren. In komplexeren Situationen stößt der Ansatz des intuitiven Testens (»gucken, ob's klappt«) an eine natürliche Grenze, wie Abbildung 24.2 andeutet.

Das liegt unter anderem an den folgenden Faktoren:

✔ **Viele Effekte**: Komplexe Programme haben meist nicht nur einen Haupteffekt wie etwa eine Konsolenanwendung, die nur `print` macht. Meist haben Programme viele Effekte und Nebenwirkungen. Eine Web-Anwendung etwa formatiert HTML-Seiten, liest und schreibt in eine Datenbank und verarbeitet Formulareingaben. Mit der Zeit wird eine reine Augenprüfung unmöglich.

✔ **Ereignisse und Zeit**: Bestimmte Effekte sind von einem Ereignis abhängig, etwa einer Nutzeraktion oder einem zeitlichen Ereignis. Es kann sein, dass dieses Ereignis nur selten eintritt. Beispielsweise wird der Code zum Zurücksetzen eines Passworts erst dann ausgeführt, wenn ein Nutzer das Passwort auch vergessen hat und den entsprechenden Knopf bedient. Auch Code, der sich auf Geburtstage, Feiertage oder Terminsachen bezieht, wird vermutlich nur zum entsprechenden Zeitpunkt ausgeführt.

✔ **Verteilte Software**: Es gibt nicht nur Konsolenprogramme, die Sie selbst starten, sondern auch Software, die beim Kunden installiert wird, oder Software, die auf einem Server läuft. Oft besteht so eine Software aus vielen einzelnen Komponenten, von denen viele gleichzeitig miteinander interagieren. Da gibt es dann nicht nur einen Effekt, sondern ganz viele, die gleichzeitig oder auch zu unterschiedlichen Zeitpunkten eintreten. Außerdem kann es sein, dass der Effekt auf einem Server eintritt, nicht aber bei lokalen Tests, weil auf dem Server irgendwas anders konfiguriert ist.

✔ **Sozialverhalten**: Meistens wird Software im einem Team entwickelt, in dem verschiedene Personen mit verschiedenen Fertigkeiten zusammenkommen und zu verschiedenen Zeiten verschiedene Teile einer Software entwickeln. Dabei ist es schwierig, den Überblick zu behalten. Wenn jemand anderes an der gleichen Code-Basis etwas ändert, so kann das durchaus Auswirkungen auf Ihren eigenen Code haben. Wie können Sie sicherstellen, dass sich Ihr Code noch genauso verhält wie vorher, nachdem Ihr Kollege etwas verändert hat?

Also: Software ist komplex und hat viele Effekte und Nebenwirkungen, die teilweise erst zu einem späteren Zeitpunkt entstehen und das auch noch auf einem Rechner, der vielleicht gar nicht Ihr eigener ist. Außerdem verderben vielen Köche auch den Software-Brei. Ein `print` hier und da ist also irgendwann nicht mehr ausreichend – ein systematischer Ansatz für Ihre Software-Tests muss her.

doctest – Tests als Dokumentation

Sie machen sich Ihr Leben sehr viel einfacher, wenn Sie Ihre Software testen. Damit ist nicht gemeint, dass Sie ab und zu alles anklicken, was wackelt, sondern dass Sie systematisch *Tests* schreiben.

 Ein Test ist ein kurzes Zusatzprogramm, das Ihren eigentlichen Code aufruft und das tatsächliche Ergebnis mit einem erwarteten Ergebnis vergleicht. Dieses Programm muss regelmäßig ausgeführt werden und gibt Ihnen stetig Feedback, ob die Erwartungen noch zutreffen oder ob sich inzwischen etwas geändert hat.

Als Beispiel dient die folgende Funktion namens `filesize`. Deren Aufgabe ist es, eine gigantische Größenangabe in Bytes in eine greifbarere Maßeinheit umzuwandeln, zum Beispiel sind tausend Bytes ein Kilobyte, eine Million Bytes ein Megabyte und so weiter. Zu den Einheiten steht noch was im Kasten *Gute Vorsätze*.

Gute Vorsätze

Die Namen von Einheiten und vor allem deren Vorsätzen können etwas verwirrend sein. Jeder kennt die SI-Einheitenvorsätze Kilo, Mega, Giga und so weiter. Sie geben Zehnerpotenzen an, so steht Kilo für Tausend, genau wie beim Kilometer, der ja bekanntlich 1000 Metern entspricht. Entsprechend steht Mega für eine Million und Giga für eine Milliarde.

Wenn man von Speicher spricht, ist es aber oft sinnvoller, von Zweierpotenzen auszugehen, da die Architektur des Speichers auf binären Zahlen basiert. Damit bekommt man jeweils ein paar Bytes mehr als bei den entsprechenden SI-Einheitenvorsätzen, zum Beispiel sind $2^{10}Bytes$ = 1024 Bytes, $2^{20}Bytes$ = 1.048.576 Bytes. Um Missverständnisse aufgrund dieser Abweichungen zu vermeiden, verwendet man manchmal Binärpräfixe, zum Beispiel Kibi-Byte, Mebi-Byte, Gibi-Byte – die Benennung orientiert sich an den entsprechenden SI-Größen.

Im Sprachgebrauch ist diese Differenziertheit leider nie angekommen. Kein Mensch sagt »Mebi-Byte« und auch hier läse sich das holprig, daher steht in diesem Buch überall Kilobyte, Megabyte und Gigabyte – gemeint sind trotzdem stets die Zweierpotenzen.

Legen Sie die Datei `filesize.py` mit einer gleichnamigen Funktion an:

```python
def filesize(size):
    for suffix in ['B', 'KB', 'MB']:
        if size < 1024:
            break
        size = size / 1024.0
    return f"{size:.2f} {suffix}"
```
Listing 24.1: filesize.py

Das System under Test – die Wurst, um die es geht

Die Funktion, die getestet werden soll, heißt im Fachjargon *System under Test* (oder *SUT*, wenn man ein Sparfuchs ist). Dieser Begriff bezeichnet in einem Test stets das, was getestet werden soll. Das kann alles sein, eine Funktion, eine Klasse oder ein ganzer Verbund von Rechnern.

Die Funktion aus dem aktuellen Beispiel bekommt im Parameter `size` eine Dateigröße in Bytes übergeben. Eine solche Dateigröße bekommen Sie zum Beispiel so:

```python
>>> from pathlib import Path
>>> picture = Path('C:\\Users\\johannes\\Desktop\\unbenannt-9.jpg')
>>> size = picture.stat().st_size
>>> size
3570407
```

Zunächst werden die `pathlib` importiert und eine Datei auf ihre Größe hin inspiziert. Das Beispiel soll möglichst realistisch sein, daher nehmen Sie wie im Beispiel einfach irgendein Bild, das noch auf Ihrem Desktop rumliegt. Wenn Sie anders als Ihr Autor kein Desktop-Messie sind, dann tut es natürlich auch jeder andere Pfad. Das Pfad-Objekt hat eine Methode namens `stat`.

Die Methode `stat` ist nach dem entsprechenden Unix-Befehl benannt, funktioniert aber auch auf Windows-Systemen. Der Name steht wohl für *status*. Ihr Aufruf gibt eine Datenstruktur zurück, deren Feld `st_size` die Dateigröße in Bytes enthält.

Die Beispielfunktion speichert diese Dateigröße in der Variable `size`. Dann wird sie durch 1024 geteilt, bis sie kleiner als 1024 ist, und dann mit der entsprechenden Einheit formatiert ausgespuckt. So können Sie sie verwenden:

```
>>> from filesize import filesize
>>> filesize(size)
'3.41 MB'
```

Es wird `filesize(size)` aufgerufen und die Funktion gibt die 3.5 Millionen Bytes als 3.41 MB aus. Das sieht richtig aus und diese Info können Sie nun in einem Test festhalten. In größeren Projekten verwendet man dazu gesonderte Testprogramme. Die werden auch gleich noch vorgestellt, aber da es sich bei `filesize` um eine kurze und knackige Funktion handelt, ist für sie ein *Doctest* ausreichend.

Ein erster Test

Zur Erinnerung: wenn Sie als Erstes einen mehrzeiligen String in Ihre Funktion packen, bekommen Sie einen Docstring (Dokumentationskommentar). Diesen können Sie später wieder auslesen, um eine umfassende Dokumentation Ihres Codes zu erstellen. In den Docstring hinein gehört zuerst eine Beschreibung der Funktion, aber zusätzlich packen Sie da jetzt auch noch Ihre Beispielaufrufe hinein.

Ein guter Docstring enthält also erst mal eine Beschreibung der Funktion:

```
def filesize(size):
    """

    Erzeugt lesbare Größenangaben,
    zum Beispiel 1 KB, 200 MB etc.

    >>> filesize(3_570_407)
    '3.41 MB'
    """

    for suffix in ['B', 'KB', 'MB']:
        if size < 1024:
            break
        size = size / 1024.0
    return f"{size:.2f} {suffix}"
```

Listing 24.2: filesize.py

Bemerkenswert ist hier die Stelle im Docstring, die mit drei spitzen Klammern ››› beginnt. Die kennen Sie natürlich von den *REPL* -Sitzungen, mit denen ja auch dieses Buch besprenkelt wurde. Hier wurde der entsprechende Aufruf auf der Konsole 1:1 in den Docstring kopiert, inklusive Ergebnis – den Import können Sie aber weglassen.

Nicht nur enthält die Funktion nun eine offizielle Erklärung ihres Zweckes, sondern sie liefert auch gleich ein Beispiel mit, sodass zukünftige Nutzer den Aufruf und das Ergebnis auf einen Blick sehen können.

 Für solche Beispiele ist Lesbarkeit übrigens besonders wichtig, daher wurde die lange Byte-Zahl mit Unterstrichen gegliedert, sodass man sie schneller erfassen kann.

Doctest ausführen

Bisher ist der Docstring nur ein stinknormaler Kommentar, aber Sie können diesen Kommentar nun überprüfen. Verwenden Sie den folgenden Befehl:

```
$ python -m doctest filesize.py
```

Der Befehl führt den Interpreter aus und bittet mit der Option -m darum, dass doch bitte noch das Modul doctest aus der Standardbibliothek geladen werden soll. Dieses bekommt dann als Argument das zu testende Modul übergeben filesize.py.

 Wenn Sie den Befehl ausführen, bekommen Sie erst mal keine Ausgabe (sofern sie richtig abgetippt haben) – das ist normal. Sie können aber mit dem Schalter -v (auf Englisch: verbose – langatmig, gesprächig, wortreich) doch noch ein bisschen mehr erfahren:

```
$ python -m doctest -v filesize.py
Trying:
    filesize(3_570_407)
Expecting:
    '3.41 MB'
ok
1 items had no tests:
    filesize
1 items passed all tests:
   1 tests in filesize.filesize
1 tests in 2 items.
1 passed and 0 failed.
Test passed.
```

Die Ausgabe zeigt, dass der *REPL*-Auszug gefunden und als Test ausgeführt wurde. Das kleine, schüchterne ok signalisiert, dass die Funktion die Erwartungen erfüllt und der Test erfolgreich war. Weiter unten gibt es eine Zusammenfassung, normalerweise werden nur die Tests angezeigt, die in einem Durchlauf fehlgeschlagen sind. In der Praxis lässt man daher auch das -v weg und verlässt sich darauf, dass nur etwas ausgegeben wird, wenn es kaputt ist, und deshalb nichts kaputt ist, wenn nichts ausgegeben wird.

Das Modul `doctest` durchsucht die Docstrings der übergebenen Module und findet darin die Stellen, die wie *REPL*-Sitzungen aussehen. Diese interpretiert es als exemplarische Tests, führt diese aus und vergleicht dabei die Aufrufe in Zeilen, die mit ››› beginnen, mit den Ausgaben in der Zeile darunter. Wenn der Aufruf auch das entsprechende Ergebnis erzeugt, gilt der Test als bestanden, falls nicht, gibt es eine Rückmeldung. Man bezeichnet Doctest in diesem Prozess auch als den *Test-Runner*, also das Programm, das Tests sucht, findet und ausführt und anschließend Feedback anzeigt.

Noch eines ist an der Ausgabe interessant: `1 items had no tests: filesize`. Das ist verwirrend, wieso hat denn `filesize` keine Tests? Gemeint ist hier das Modul, in dem sich die Funktion befindet! Die Funktion wird mit Ihrem vollständigen Namen angegeben, deswegen steht eine Zeile darunter, dass die Funktion `filesize.filesize` ihre Tests bestanden hat. Um die Meldung mit den fehlenden Tests zu beseitigen, können Sie einen Docstring mit Doctests am Kopfe des Moduls einfügen – im folgenden Beispiel wird das aber ausgelassen.

Weitere Tests hinzufügen

Wenn Sie die Funktion `filesize` weiter inspizieren, sehen Sie, dass es da mindestens drei diskrete Fälle gibt, nämlich einen für Bytes, einen für KB und einen für MB.

Eine gute Daumenregel für den Einstieg ist, jeden »Pfad« zu testen, den der Interpreter durch Ihren Code nehmen kann. Jedes `if` sollte einmal getestet werden, genau wie jedes `else`, jedes `return` und alle Exceptions. Wenn es diskrete Fälle gibt, wie in diesem Beispiel, dann sollten Sie jeden dieser Fälle mit einem Test versehen.

Sie haben ja jetzt schon einen Ort, wo solche Tests wohnen können – im Docstring. Den können Sie nun erweitern:

```
def filesize(size):
    """
    Erzeugt lesbare Größenangaben,
    zum Beispiel 1 KB, 200 MB etc.

    >>> filesize(72)
    '72 B'

    >>> filesize(3_570_407)
    '3.41 MB'
    """
    ...
```

Listing 24.3: filesize.py

Hier wurde ein einziger neuer Testfall eingeführt, nämlich einer für Bytes. Klar, wenn man 72 Bytes reinsteckt, dann erwartet man, dass man auch 72 Bytes rausbekommt.

Beim Testen sollten Sie nichts überstürzen. Im Beispiel sieht der neue Test wie ein trivialer Einzeiler aus und Sie könnten versucht sein, die anderen Fälle auf einen Schlag mitzutesten. Es ist aber stets sinnvoll, nicht zu viel auf einmal zu untersuchen, sondern in Ruhe und Gelassenheit vorzugehen.

Warum, das erfahren Sie sogleich. Beim Ausführen Ihres Tests erleben Sie jetzt nämlich Ihr blaues Wunder:

```
$ python -m doctest filesize.py
**********************
File "filesize.py", line 6, in filesize.filesize
Failed example:
    filesize(72)
Expected:
    '72 B'
Got:
    '72.00 B'
**********************
1 items had failures:
    1 of   2 in filesize.filesize
***Test Failed*** 1 failures.
```

Tja, der Test sah doch komplett richtig aus! Die Erwartung war, dass 72 B rauskommt, aber tatsächlich kommt 72.00 B raus, denn die Ausgabe wird auf zwei Nachkommastellen gerundet, selbst für die läppischen 72 Bytes. Das liegt an der Zeile return f"{size:.2f} {suffix}" – der Format-String setzt zwei Nachkommastellen durch.

 So ein fehlgeschlagener Test ist eine gute Gelegenheit, um kurz innezuhalten und zu überlegen, was zu tun ist. Sollte die Funktion in diesem Fall lieber 72 B ausgeben, weil es schöner aussieht, oder lieber 72.00 B, weil das konsistenter wäre? Entweder passen Sie den Test an oder sie passen den eigentlichen Code an. Da in diesem Fall der Code zuerst da war, wird nur das Verhalten dokumentiert und der Test angepasst, aber grundsätzlich können Sie anhand eines solchen Testergebnisses souverän entscheiden, in welche Richtung Sie weitermachen wollen.

Nachdem Sie den Test angepasst haben, läuft der Code wieder durch. Nun können Sie einen weiteren Fall ergänzen:

```python
def filesize(size):
    """
    Erzeugt lesbare Größenangaben,
    zum Beispiel 1 KB, 200 MB etc.

    >>> filesize(72)
    '72.00 B'

    >>> filesize(363_319)
    '354.80 KB'
```

```
>>> filesize(3_570_407)
'3.41 MB'
"""
...
```

Listing 24.4: filesize.py

Zwischen die Bytes und die Megabytes wird ein Test für Kilobytes eingefügt. Dieser Test läuft einwandfrei durch.

✔ Mithilfe von Doctests können Sie ausführbare Beispiele in Modulen, Klassen und Funktionen festhalten.

✔ Fügen Sie dazu viele kleine Aufruf-Beispiele ein, die wie eine *REPL*-Sitzung aussehen. Dabei können Sie es sich besonders einfach machen, indem Sie einfach eine *REPL* starten und die Ausgabe kopieren.

✔ Lassen Sie die Tests regelmäßig laufen, indem Sie das doctest-Modul aufrufen.

✔ Die Tests im Docstring verbessern zudem die Dokumentation – Interessierte bekommen direkt Beispiele zum Aufruf mitgeliefert.

✔ Die Tests können ausgeführt und regelmäßig überprüft werden. Wenn Sie den Code der Funktion schrittweise verändern, haben Sie damit immer Gewissheit, ob noch alles so funktioniert, wie Sie es sich gedacht haben.

Mit Tests gegen den Fehlerteufel

Die meisten Tests, die Sie in der normalen Welt so kennen, testen das Ergebnis einer Lernphase immer erst hinterher, zum Beispiel Klassenarbeiten, Vokabeltests oder Ihre letzte MPU. So wurde auch im vorherigen Abschnitt zuerst etwas Code präsentiert, dann kamen die Tests für die einzelnen Anwendungsfälle.

Es spricht nichts dagegen, dass Sie so vorgehen – Sie entwickeln erst eine Klasse oder Funktion und denken sich danach ein paar Tests dafür aus. Allerdings ist diese Vorstellung eher Wunschdenken. Sobald der Code läuft, ist man ja eigentlich schon fertig – wozu braucht man dann noch Tests? Vor allem entsteht so häufig die Situation, dass der Chef reinkommt und fragt, wann es denn fertig sei und da fällt einem dann nur ein: »Ist schon fertig, aber die Tests fehlen noch!«. Daraufhin entgegnen dann die meisten Chefs leider: »Ja, dann lassen Sie die Tests doch einfach weg!«.

Um nicht in Loyalitätskonflikte zu stürzen, hilft es, wenn Sie diese Vorgehensweise überdenken. Statt Tests hinterher zu schreiben und diese nur als nachträgliche Prüfungen zu verstehen, sollten Sie sich angewöhnen, Tests so früh wie möglich zu schreiben und diese bereits in der Entwurfsphase einzusetzen.

Tests sind ausführbare Spezifikationen und dokumentieren Ihren Lernerfolg. Schreiben Sie sie, bevor Sie den eigentlichen Code schreiben!

Um das zu demonstrieren, hilft ein erneuter Blick auf die filesize-Funktion:

```python
def filesize(size):
    """
    Erzeugt lesbare Größenangaben,
    zum Beispiel 1 KB, 200 MB etc.

    >>> filesize(72)
    '72.00 B'

    >>> filesize(363_319)
    '354.80 KB'

    >>> filesize(3_570_407)
    '3.41 MB'
    """
    for suffix in ['B', 'KB', 'MB']:
        if size < 1024:
            break
        size = size / 1024.0
    return f"{size:.2f} {suffix}"
```
Listing 24.5: filesize.py

Bereits beim Lesen der Tests fällt Ihnen vermutlich auf, dass die Funktion eine Sache immer noch nicht kann. Was passiert, wenn Sie da tausend Millionen Bytes hineinstecken, also eine Milliarde Bytes? Das wäre dann ein Gigabyte. Was passiert denn dann?

Na ja, wird schon gut gehen. Da die for-Schleife automatisch abbricht, wenn der Iterator leer ist, sollte das kein Problem sein. Nehmen Sie für ein realistisches Beispiel so was um die 3.321.692.160 Bytes, das sind mehr als 3 GB auf der Festplatte einer virtuellen Maschine. Zweimal durch 1024 geteilt, da sollte 3167.81 MB rauskommen, oder?

Na, wenn Sie sich so sicher sind, dann spricht ja nichts dagegen, einen weiteren Tests in den Docstring einzufügen:

```python
def filesize(size):
    """

    ...
    >>> filesize(3_321_692_160)
    '3167.81 MB'
    """
    for suffix in ['B', 'KB', 'MB']:
        ...
```
Listing 24.6: filesize.py

Klappt es?

```
python -m doctest filesize.py
**********************
File "filesize.py", line 15, in filesize.filesize
Failed example:
    filesize(3_321_692_160)
```

```
Expected:
    '3167.81 MB'
Got:
    '3.09 MB'
**********************
1 items had failures:
   1 of   4 in filesize.filesize
***Test Failed*** 1 failures.
```

Na hoppla. Beim Ausführen finden Sie heraus, dass die Funktion einen echt schrillen Bug hat. Wenn man mehr als drei Milliarden Bytes hineinsteckt, bekommt man 3.09 MB raus. Das ist natürlich Quatsch.

Gut, dass Sie hier einen Test geschrieben haben und nicht erst drauf warten, dass der erste Benutzer im Internet die Größe seiner Star-Trek-Sammlung damit ausrechnen will. Der würde Ihnen sicher böse Briefe schreiben und sie auf klingonisch mit »Hab SoSlI' Quch!« beleidigen.

 Auch dieser fehlgeschlagene Test ist eine gute Stelle, um innezuhalten und zu überlegen, wie Sie weiter machen möchten. Sollten Sie die Erwartung im Test an das ausgegebene Ergebnis angleichen, oder sollten Sie den Code in der getesteten Funktion verändern?

In diesem Fall hat der zusätzliche Test-Fall einen Bug aufgezeigt, denn das mit den 3.09 MB ist natürlich Blödsinn – drei Milliarden Bytes wären dreitausend Megabyte. Daher sollten Sie den Code anpassen – der Test gibt ja eigentlich eine korrekte Spezifikation an. Verändern Sie daher den Code, indem Sie den Fehler beseitigen.

 Überlegen Sie kurz, was das Problem ist, bevor Sie weitermachen. Versuchen Sie mal, es allein zu lösen. Lassen Sie nach jeder Änderung am Code die Tests laufen, dann sehen Sie, wann sie fertig sind.

Falls Sie nicht vorankommen oder keine Lust auf diese Denksportaufgabe haben, dürfen Sie natürlich im folgenden Schnipsel spicken:

```python
def filesize(size):
    ...
    suffixes = ['B', 'KB', 'MB']
    for suffix in suffixes:
        if size < 1024 or suffix == suffixes[-1]:
            break
        size = size / 1024.0
    return f"{size:.2f} {suffix}"
```
Listing 24.7: filesize.py

Das Problem ist, dass nach dem letzten verfügbaren Suffix (MB) nochmal durch 1024 geteilt wurde. Um das zu vermeiden, wird geprüft, ob das letzte Suffix erreicht ist, dann wird die for-Schleife abgebrochen und damit nicht noch einmal durch 1024 geteilt. Um diese Prüfung zu ermöglichen, wurde die Liste der Suffixe in eine eigene Variable namens suffixes gezogen. Und siehe da, jetzt funktioniert es:

```
$ python -m doctest -v filesize.py
Trying:
    filesize(72)
Expecting:
    '72.00 B'
ok
Trying:
    filesize(363_319)
Expecting:
    '354.80 KB'
ok
Trying:
    filesize(3_570_407)
Expecting:
    '3.41 MB'
ok
Trying:
    filesize(3_321_692_160)
Expecting:
    '3167.81 MB'
ok
1 items had no tests:
    filesize
1 items passed all tests:
    4 tests in filesize.filesize
4 tests in 2 items.
4 passed and 0 failed.
Test passed.
```

Jetzt, wo der Code wieder funktioniert, können Sie sich weitere Gedanken zum Design machen. Bisher sind drei Fälle festgehalten, aber eigentlich gibt es ja noch mehr Einheiten, die größer als Megabyte sind. Dreitausend MB wären bekanntlich 3 Gigabyte, und dreitausend Gigabyte wären dann schon drei Terabyte.

Wiederstehen Sie dem Impuls, an dieser Stelle einfach GB und MB in die Liste suffixes einzufügen. Sie sollten **zuerst den Test anpassen**! Sie haben ja gerade eine Entscheidung getroffen, dass Sie den Code verändern möchten.

 Schreiben Sie zuerst einen Test, der zeigt, in welche Richtung Sie den Code verändern möchten. Dieser Test dokumentiert Ihr Verständnis, Ihre Spezifikation und Ihre Erwartungen. Erst, wenn Sie einen fehlschlagenden Test haben, verändern Sie den eigentlichen Code.

Gehen Sie dabei in möglichst kleinen Schritten vor. Fügen Sie nicht gleiche alle Einheiten ein, die Ihnen einfallen, sondern ändern Sie zuerst den bestehenden Test in Hinblick auf die neue Aufgabe:

```
def filesize(size):
    """

    ...
    >>> filesize(3_570_407)
    '3.41 MB'
```

```
>>> filesize(3_321_692_160)
'3.09 GB'
"""
```

Listing 24.8: filesize.py

 Statt dreitausend MB sollen hier nun drei GB herauskommen. **Wichtig**: Danach führen Sie den Test aus. Dieser wird natürlich fehlschlagen, aber genau davon sollten Sie sich überzeugen:

```
$ python -m doctest filesize.py
**********************
File "filesize.py", line 15, in filesize.filesize
Failed example:
    filesize(3_321_692_160)
Expected:
    '3.09 GB'
Got:
    '3167.81 MB'
**********************
1 items had failures:
   1 of   4 in filesize.filesize
***Test Failed*** 1 failures.
```

Wie zu erwarten war, gibt der Test an, dass diese Erwartung nicht erfüllt wurde. Wie auch, Sie haben ja noch nichts am eigentlichen Code geändert. Jetzt, wo es einen fehlgeschlagenen Test gibt, dürfen Sie den Code verändern. Fügen Sie die neue Größeneinheit in der Liste suffixes hinzu:

```
def filesize(size):
    ...
    suffixes = ['B', 'KB', 'MB', 'GB']
    for suffix in suffixes:
        if size < 1024 or suffix == suffixes[-1]:
            break
        size = size / 1024.0
    return f"{size:.2f} {suffix}"
```

Listing 24.9: filesize.py

Lassen Sie erneut den Test laufen:

```
$ python -m doctest filesize.py
```

 Die Ausgabe bleibt leer – das bedeutet, dass alles paletti ist. Der Test hat funktioniert. Gehen Sie genauso für alle weiteren Einheiten vor:

1. Schreiben Sie zuerst einen neuen Test, der Ihre Vorstellung festhält.

2. Lassen Sie alle Tests laufen, um zu sehen, dass der neue Tests fehlschlägt.

3. Passen Sie nun den Code an, indem Sie die nächstgrößere Einheit Terabyte hinzufügen.

4. Lassen Sie erneut alle Tests laufen und vergewissern Sie sich, dass sie alle erfolgreich waren.

5. Wiederholen Sie dieses Vorgehen für Petabyte und Exabyte.

Ausnahmen testen

Obwohl, Petabyte und Exabyte könnten Sie auch weglassen, es ist unwahrscheinlich, dass Sie eine derart große Datei irgendwo rumfahren haben. Sie könnten sich sogar überlegen, das explizit durch einen Test zu dokumentieren. Schreiben Sie wieder zuerst einen neuen Test:

```
def filesize(size):
    """

    <mehr Code ...>

    >>> filesize(3_000_000_000_000_000)
    Traceback (most recent call last):
        ...
    ValueError: Too large
    """

    for <mehr Code ...>
```
Listing 24.10: filesize.py

Ausnahmefehler erzeugen einen Traceback und eine Nachricht. Dazwischen wird normalerweise ausgegeben, an welcher Stelle im Code die Ausnahme aufgetreten ist. Für den Test ist das unerheblich, daher können Sie hier einfach drei Punkte eingerückt einfügen.

 Nicht verwirren lassen – hier schreiben Sie bitte zwischen »Stacktrace« und den ValueError drei Punkte, sodass Doctest versteht, dass die Zeilen dazwischen egal sind; in den anderen Beispielen wurden diese stets als typografische Konvention verwendet, die signalisieren soll, dass hier noch mehr Code folgt, der aber aus Platzgründen ausgelassen wurde.

Den neuen Test lassen Sie jetzt knallen:

```
File "filesize.py", line 21, in filesize.filesize
Failed example:
    filesize(3_000_000_000_000_000)
Expected:
    Traceback (most recent call last):
        ...
    ValueError: Too large.
Got:
    '2728.48 TB'
**********************************************************************
1 items had failures:
   1 of   6 in filesize.filesize
***Test Failed*** 1 failures.
```

Der Test schlägt fehl – Sie erwarten eine Ausnahme, aber der Code läuft durch und zeigt statt Petabyte einfach viele, viele Terabyte an. Also gleichen Sie jetzt den Code an.

Damit sieht Ihr `filesize`-Modul abschließend folgendermaßen aus:

```
def filesize(size):
    """
    Erzeugt lesbare Größenangaben,
    zum Beispiel 1 KB, 200 MB etc.

    >>> filesize(72)
    '72.00 B'

    >>> filesize(363_319)
    '354.80 KB'

    >>> filesize(3_570_407)
    '3.41 MB'

    >>> filesize(3_321_692_160)
    '3.09 GB'

    >>> filesize(3_000_000_000_000)
    '2.73 TB'

    Werte ab einem Petabyte produzieren einen Fehler:
    >>> filesize(3_000_000_000_000_000)
    Traceback (most recent call last):
        ...
    ValueError: Too large
    """

    if size >= 1024 ** 5:
        raise ValueError('Too large')

    suffixes = ['B', 'KB', 'MB', 'GB', 'TB']
    for suffix in suffixes:
        if size < 1024 or suffix == suffixes[-1]:
            break
        size = size / 1024.0
    return f"{size:.2f} {suffix}"
```

Listing 24.11: filesize.py

Als Referenzwert wurde hier $2^{50} = 1024^5$ gewählt, also genau die Grenze für ein Petabyte. Im Test wurden jedoch fette drei Petabyte zur Prüfung verwendet, daher wurde der Test hier um einen erklärenden Kommentar ergänzt.

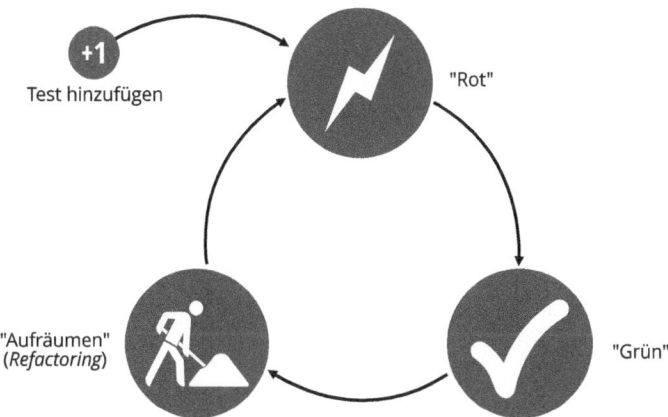

Abbildung 24.3: Beim Testen sollten Sie methodisch vorgehen.

Testgetriebene Entwicklung

Die bisher gezeigte Vorgehensweise hat einen Namen – man bezeichnet sie als *Testgetriebene Entwicklung* oder auch auf Englisch *Test-driven Development*, kurz *TDD*. Die Idee ist, dass man stets *zuerst* einen Test schreibt und erst dann den eigentlichen Code anpasst.

Abbildung 24.3 stellt diese strukturierte Vorgehensweise schematisch dar. Man durchläuft immer wieder die folgenden Schritte:

1. **Schreiben Sie einen Test**: Ändern Sie zunächst nichts am eigentlichen Code – fügen Sie zuerst einen neuen Test hinzu. Der Test soll veranschaulichen, was Ihre Erwartungen sind, was der Code ausgibt oder was er berechnet.

2. **Rot**: Lassen Sie **alle** Tests laufen, die Sie haben. Gehen Sie auf Nummer sicher, dass der neue Test auch wirklich fehlschlägt.

3. **Grün:** Jetzt passen Sie den Code an. Versuchen Sie, so wenig wie möglich dafür zu tun, dass der Test erfolgreich abschließt.

4. **Aufräumen**: Wenn Ihnen etwas aufgefallen ist – irgendwas, das Sie noch am Design ändern möchten – können Sie dies nun tun. Lassen Sie aber nach jeder Änderung stets alle Tests laufen.

Wenn Sie das so lesen, empfinden Sie das womöglich als sehr kleinschrittig und rigide – und an manchen Stellen auch als wenig intuitiv. Das ist nachvollziehbar, aber seien Sie versichert, dass dies alles sehr durchdacht ist.

Bisher wurde als Testumgebung nur Doctest auf der Konsole gezeigt, aber in der Praxis verwendet man Entwicklungsumgebungen, die Testergebnisse farblich anzeigen. Dabei werden fehlgeschlagene Tests rot, erfolgreiche grün hervorgehoben. Deshalb fasst man das

Prozedere nach TDD auch zusammen als *Red–Green–Refactor*, also etwa *Rot–Grün–Aufräumen*. Leider wird dieses Buch nicht in Farbe veröffentlicht, sonst wäre Abbildung 24.3 auch bunt geworden.

Schreiben Sie einen Test

Der Begriff *test-driven* sagt es bereits: Die Idee ist, dass man die Entwicklung des Codes durch Tests vorantreibt. Die Tests sind also nicht einfach nur Prüfwerkzeuge für hinterher, sondern sie werden bewusst vorangestellt. Die Tests beeinflussen damit das Design des Codes!

Je länger Sie das Testen hinauszögern, desto schwerer wird es. Wenn Sie erst einmal eine Funktion mit mehreren hundert Zeilen und vielen Parametern haben, wird es ganz schön schwer, vernünftige Beispiele oder überhaupt einen Ansatzpunkt für einen Test zu finden. Je früher und kleiner Sie anfangen zu testen, desto besser.

Grundsätzlich sollten Sie viele kleine Tests schreiben und diese *regelmäßig* und *alle zusammen* laufen lassen, damit Sie sicher sein können, dass es keine Nebenwirkungen gibt. Wenn beim Ausführen der Tests einer fehlschlägt, sollten Sie zuallererst diesen Test wieder »grün« machen, indem Sie den Code reparieren, der von dem Test getestet wird. Nur wenn alle bisherigen Tests erfolgreich waren, sollten Sie einen neuen Test hinzufügen.

Rot – ein fehlgeschlagener Test

Das *Rot* in *Red–Green–Refactor* bedeutet, dass man zuerst einen fehlschlagenden Test erzeugt.

Es ist ungemein wichtig, zuerst mit einem roten Test anzufangen, also den Test zu schreiben und auszuführen, obwohl er gar nicht erfolgreich ablaufen kann.

Das hört sich vielleicht unsinnig an, aber es ist gerade der Witz an der ganzen Sache, dass Sie nach dem Hinzufügen eines neuen Tests erst mal nachsehen, ob dieser Test auch wirklich *rot* ist. Dafür gibt es mehrere Gründe:

Normalerweise sind Testumgebungen so eingestellt, dass Sie nur Testergebnisse anzeigen, die nicht den Erwartungen entsprechen; wenn alles in Ordnung ist, wird nichts ausgegeben. Durch den roten Test stellen Sie sicher, dass die Testumgebung Ihren neuen Test auch gefunden hat. Gerade in einer dynamischen Sprache wie Python kann es schnell dazu kommen, dass Sie denken, es sei alles in Ordnung, dabei wurde der Code gar nicht ausgeführt.

Außerdem gibt es ein interessantes Phänomen. In einem Test beschreiben Sie ja zuerst eine Erwartung. Dabei gehen Sie davon aus, dass der Code diese Erwartung noch nicht erfüllt. In komplexeren Programmen kann es durchaus passieren, dass Sie in einem Test eine gewünschte Funktionalität beschreiben und diese bereits vorhanden ist. Code ist komplex und manchmal verhält er sich etwas unerwartet. Prüfen Sie daher zuallererst, ob Ihre Erwartung überhaupt stimmt.

Grün – ein erfolgreicher Test

Nachdem Sie einen roten Test erzeugt haben, versuchen Sie, das minimal Nötige am eigentlichen Code zu verändern, um den Test grün zu machen – ihn also zum erfolgreichen Durchlauf zu bringen. Auch das ist ein wichtiges Ziel eines solchen Tests: Sie sollen lernen, nicht einfach drauflos zu hacken, sondern möglichst kleine und bewusste Änderungen zu machen.

Gerade am Anfang fühlt es sich unglaublich langsam an, zuerst einen Test zu schreiben und dann wenig Code zu ändern. Doch das ist genau die Idee. Tests sollen die Geschwindigkeit reduzieren und stattdessen das fördern, was Psychologen wohl als *Achtsamkeit* bezeichnen würden. Wenn Sie sich genau überlegen, was Sie ändern müssen und nicht einfach schon acht Schritte vorausdenken, werden Sie geistesgegenwärtiger und sind mehr im Einklang mit Ihrem Code. Das hört sich hier möglicherweise etwas esoterisch an, ist aber eine sehr wichtige Praxis.

Am Anfang fühlt es sich sehr langsam an, sich zuerst Tests auszudenken, obwohl man ja auch direkt in den Code einsteigen könnte. Je öfter Sie es machen, desto schneller geht es. Nach einer Weile werden Sie den Aufwand dafür gar nicht mehr spüren.

Es ist ein bisschen wie das Binden von Schnürsenkeln an den Schuhen. Klar, es dauert einige Zeit zu lernen, wie das geht. Selbst im Erwachsenenalter brauchen Sie nun mehr Zeit, vor dem Loslaufen die Schuhe zuzubinden. Genau genommen müssen Sie das auch nicht tun, Sie könnten auch einfach mit offenen Schnürsenkeln loslaufen, aber dann stolpern Sie den ganzen Tag durch die Gegend. Mit Tests ist das genauso. Die Zeit, die sie mit dem langsamen Start verlieren, machen Sie dadurch wieder wett, dass Sie später weniger versteckte Fehler ausmerzen müssen.

Refactoring – notwendige Aufräumarbeiten

Nachdem Sie einen roten Test in einen grünen verwandelt haben, bedeutet das, dass Sie gerade einen wichtigen Schritt vorangekommen sind. Ihr Code wurde verändert und mit dem Test gibt es ein kleines Zusatzprogramm, das diese Änderung dokumentiert und beim Ausführen sicherstellt, dass Ihr Code funktioniert.

Das ist mal wieder eine gute Gelegenheit, um innezuhalten – diesmal um zu überlegen, was der Code sonst noch so braucht. Vielleicht fällt Ihnen etwas ein, das Sie nicht so schön finden, oder Sie möchten schon die ganze Zeit eine Designänderung vornehmen. Wenn alle Tests grün sind und Sie etwas umstellen wollen, etwa eine Variable umbenennen oder eine Funktion austauschen, dann können Sie dies in der Refactoring-Phase tun.

Mit *Refactoring* ist das strukturierte Ummodellieren, Abändern oder Umstellen von Code gemeint, bei dem jedoch die Funktionalität des Codes nicht verändert werden soll. Dafür gibt es keine gute Übersetzung. Die Idee ist, dass Sie nur unter der Sicherheit vieler Tests Änderungen durchführen sollten, weil Sie nur dann sicher sein können, dass Sie durch Ihre »kosmetischen« Änderungen nicht versehentlich etwas kaputt machen.

Ein Beispiel wäre, wenn es Sie bei `filesize` noch stört, dass die Suffix-Liste eine Liste ist:

```
def filesize(size):
    ...
    suffixes = ['B', 'KB', 'MB', 'GB', 'TB']
    ...
```

Vielleicht gefällt Ihnen ein Tupel besser, weil Sie ja davon ausgehen, dass diese Liste später nicht weiter verändert wird.

```
def filesize(size):
    ...
    suffixes = {'B', 'KB', 'MB', 'GB', 'TB'}
    ...
```

Diese Änderung ist minimal und sollte keine Probleme machen. Sollte – denn dessen können Sie sich erst sicher sein, wenn alle Tests es bestätigen.

Pardauz – schon sind Sie auf die Nase gefallen. Sie haben sich vertan und statt runden Klammern geschweifte Klammern getippt; nun ist es kein Tupel, sondern ein Set. Und das kommentiert der Testlauf mit der Nachricht `TypeError: 'set' object is not subscriptable` und `***Test Failed*** 5 failures.` – alle Tests sind fehlgeschlagen.

Richtig wäre natürlich:

```
def filesize(size):
    ...
    suffixes = ('B', 'KB', 'MB', 'GB', 'TB')
    ...
```

In diesem Fall klappt alles – die Ausgabe bleibt leer.

```
$ python -m doctest filesize.py
```

Selbst bei dieser trivialen Änderung hätte also bereits einiges schiefgehen können:

✔ Was, wenn Sie beim Ändern vergessen, die Klammer zu schließen?

✔ Was, wenn Sie versehentlich spitze Klammern genommen hätten?

✔ Was, wenn Sie beim Auswählen mit der Maus versehentlich die letzte Einheit (das Terabyte) gelöscht hätten?

Gegen fehlende schließende Klammern hilft Ihnen meistens ihr Editor. Moderne IDEs schließen Klammern automatisch und weisen auf solche Fehler hin. Für den Fall, dass Sie versehentlich einen Wert aus der Liste entfernen, gibt es aber keine automatische Prüfung und auch der Inhalt der Strings wird nicht gecheckt.

Tests helfen aber nicht nur gegen Vertippter und Flüchtigkeitsfehler. Hier ist es ja nur eine Funktion, aber in komplexerer Software helfen Tests bei gravierenden Änderungen. Wird etwa eine Variable häufig verwendet, kann es schwierig sein, sie umzubenennen. Durch Tests erkennen Sie schnell, ob Sie eine Stelle vergessen haben, weil Sie so schneller erfahren, dass irgendetwas nicht mehr geht.

unittest – wenn es mal komplexer wird

Doctests sind super, aber in der Praxis etwas beschränkt. Hauptsächlich sind sie geeignet, um Beispiele für Funktionsaufrufe zu dokumentieren, aber beim Testen braucht man meistens etwas mehr Platz. Dafür bietet Python ein weiteres Modul aus der Standardbibliothek – es heißt schlicht unittest und reiht sich in die Familie der xUnit-Frameworks ein, über die Sie etwas im Kasten *Familientreffen* erfahren.

Der Begriff *unit* im Namen des Moduls deutet darauf hin, dass das Testen abgeschlossener *Einheiten* im Vordergrund steht. Testerinnen und Tester sind sich manchmal uneins darüber, was eine *Einheit* sein soll. Einerseits sind Funktionen unteilbare Einheiten, aber je nach Standpunkt kann auch eine Klasse mit vielen Methoden als Einheit begriffen werden – oder sogar ein Modul mit vielen Klassen.

In der Praxis sind die Grenzen oft fließend. Beispielsweise würde man zunächst die einzelnen Methoden einer Klasse testen und dann nochmal deren Objekte im Zusammenspiel mit anderen Objekten. Solche Tests nennt man auch *Integrationstests* und meistens bauen diese auf die *Unit-Tests* auf.

Familientreffen

Der amerikanische Informatiker Kent Beck entwickelte 1998 ein Test-Framework für die Sprache Smalltalk namens *SUnit*, später folgte *JUnit* für Java, zusammen mit Erich Gamma (auch ein wichtiger Name auf diesem Sektor). Heute gibt es in vielen Sprachen ähnliche Frameworks, die zusammen eine Familie bilden, die man als *xUnit* bezeichnet.

Sie verwenden die gleiche Architektur, natürlich mit Anpassungen an die jeweiligen Eigenarten der Programmiersprachen. Man erstellt eine *Test-Suite* aus mehreren *Test-Cases*, die dann die einzelnen *Unit-Tests* enthalten, und führt diese mithilfe eines *Test-Runners* aus.

Steve Purcell erweiterte im Jahr 2001 die Familie um ein Python-Modul, dass er PyUnit nannte. Dem kann man seine Java-Herkunft bis heute ansehen, denn einige Methoden sind im camelCase benannt, obwohl man in Python eher den snake_case bevorzugt. Der Funktionalität tut das keinen Abbruch und man gewöhnt sich schnell daran.

Die Anatomie eines Unit-Tests

Im Folgenden wird eine Funktion getestet, die prüfen soll, ob ein Jahr ein Schaltjahr ist.

Die Datei `test_leap_year.py` zeigt beispielhaft die wichtigsten Teile eines Tests. Wichtig: Bitte stellen Sie dem Dateinamen das Präfix `test_` voran – sonst wird das Testmodul später nicht gefunden.

```python
from unittest import TestCase

# Das System under Test
def is_leap_year(year):
    """
    Prüft, ob eine bestimmte Jahreszahl ein Schaltjahr ist.
    https://de.wikipedia.org/wiki/Schaltjahr
    """
    pass


# Der Test-Case
class LeapYearTests(TestCase):
    # Der eigentliche Test
    def test_not_a_leap_year(self):
pass
```
Listing 24.12: test_leap_year.py

✔ Zuerst wird das Modul `unittest` importiert. Im Moment wird nur die Klasse `TestCase` benötigt.

✔ Die Funktion `is_leap_year` ist das *System under Test*, also die Funktion, um die es nun eigentlich geht. Erst mal bleibt sie, abgesehen vom Docstring, leer.

✔ Die Klasse `LeapYearTests` leitet von `TestCase` ab. Sie stellt den *Test-Fall* dar, der das Verhalten von `is_leap_year` möglichst vollständig spezifiziert.

✔ Sie enthält erst mal einen und später mehrere Tests, in Form von Methoden, deren Namen mit `test` anfangen müssen.

Beim Aufbau von Tests können Sie den Test-Case nennen, wie Sie möchten – in diesem Fall orientiert sich der Name natürlich an dem, was da getestet werden soll. Diese Klasse leitet von der Klasse `TestCase` ab, die als grundlegendes Zaumzeug dient, um die Tests richtig vor den Karren zu spannen – nur so kann der *Test-Runner* den Test-Case gleich finden und die Tests darin ausführen.

Die eigentlichen Tests sind die Methoden der Klasse, die mit `test` beginnen. Methoden ohne dieses Präfix werden nicht vom Test-Runner ausgeführt und können zum Beispiel als Helfermethoden verwendet werden.

Die konkrete Testmethode sieht so aus:

```python
    ...
    def test_not_a_leap_year(self):
        """Kein Schaltjahr: 2023"""
```

```
    # Arrange
 year = 2023

  # Act
  answer = is_leap_year(year)

  # Assert
  self.assertFalse(answer)
```
Listing 24.13: test_leap_year.py

Mit `test_not_a_leap_year` wurde ein sprechender Methodenname gewählt. Als Methode einer Klasse braucht es hier natürlich einen Parameter namens `self`. Danach folgt ein Docstring, der den Test erklärt und dokumentiert. Sowohl ein guter Name als auch eine gute Beschreibung sind wichtig, um den Test später im Output wieder gut orten zu können.

Nun kommt der eigentliche Code, der in drei Abschnitte aufgeteilt wurde: *Vorbereiten, Ausführen, Prüfen* – oder auf Englisch: *Arrange, Act, Assert* (Abbildung 24.4).

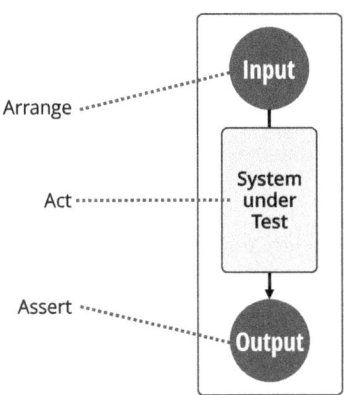

Abbildung 24.4: Testmethoden sind in drei Abschnitte untergliedert.

✔ **Arrange – Vorbereiten:** Zuerst sollten Sie sich alles zurechtlegen, was Sie für den Test benötigen, etwa Beispielwerte als Eingabedaten. In diesem Fall wurde explizit die zu prüfende Jahreszahl in eine Variable mit sprechendem Namen gesteckt.

✔ **Act – Ausführen:** Nun werden die zu testende Funktion ausgeführt und das Ergebnis eingesammelt.

✔ **Assert – Prüfen:** Zuletzt wird das eigentliche Ergebnis mit dem erwarten Ergebnis verglichen.

Generell vergleicht jeder Test einen Ist-Zustand mit einem Soll-Zustand und das geschieht stets nach diesem Schema. Auch die Doctests arbeiten nach diesem Prinzip, nur dass diese viel kürzer ausfallen. Auch diesen Test hätte man kürzer schreiben können, aber hier geht es ja darum, das Prinzip klar zu vermitteln:

```
...
def test_not_a_leap_year(self):
  # Derselbe Test, nur dichter:
```

```
#   Assert,       Act           Arrange
self.assertFalse(is_leap_year(2023))
```

Listing 24.14: test_leap_year.py

Gewöhnen Sie sich an, die einzelnen Test-Abschnitte mit *Arrange*, *Act*, *Assert* zu benennen. Beim Schreiben des Tests sollten Sie diese zuerst einfügen und dann die einzelnen Teile ausfüllen.
Überlegen Sie sich:

✔ Was soll getestet werden?

✔ Was ist das Ergebnis, das ich erwarte?

✔ Was benötige ich, um dieses Ergebnis zu erreichen?

Wenn Sie beim Schreiben des Tests merken, dass in einem der Abschnitte nichts steht, ist womöglich der Test nicht ganz richtig, oder er testet das Falsche.

Assertions – große Erwartungen

Wichtig ist, dass jeder Test etwas testet. Im Beispiel erledigt das der Aufruf der Methode self.assertFalse(answer), die zur TestCase-Klasse gehört (daher müssen Sie self voranstellen).

Ein Test gilt dann als Erfolg, wenn er ohne aufzumucken durchgelaufen ist, und als Fehlschlag, wenn er eine Ausnahme produziert hat. Die *Assertions* sind spezielle Methoden, die dafür sehr hilfreich sind, denn sie machen aus einer Mücke einen Elefanten – Pardon, aus einer Bedingung einen Ausnahmefehler. So prüft die Methode self.assertFalse(value), ob der angegebene Wert zu False ausgewertet werden kann. Wenn nicht, erzeugt sie einen AssertionError. Weitere Methoden finden Sie in Tabelle 24.1.

Assertion	Prüft...
assertTrue(x)	bool(x) is True
assertFalse(x)	bool(x) is False
assertEqual(a,b)	a == b
assertNotEqual(a, b)	a != b
assertIn(a, b)	a in b
assertNotIn(a, b)	a not in b

Tabelle 24.1: Einige wichtige Assertion-Methoden

Allen Assertion-Methoden kann optional eine Fehlermeldung mitgegeben werden, die der Test-Runner im Fehlerfall ausgibt. So können Sie genauer angeben, was in einem Test schiefgegangen ist:

```
assertIn(needle, haystack, "Das Element ist nicht in der Liste
    vorhanden!")
```

 Auf Englisch bedeutet *to assert*, etwas – oder sich selbst – zu behaupten. Jeder Test endet also mit einer *Behauptung* über Ihren eigentlichen Code und der Testlauf überprüft, ob diese Behauptung zutrifft.

unittest ausführen

Diesen ersten Test können Sie jetzt laufen lassen. Beim Entwickeln ist es wichtig, möglichst alle Tests auch möglichst oft laufen zu lassen. Daher führt man sie meistens nicht einzeln aus wie ein Programm, sondern man verwendet ein spezielles Zusatzprogramm, den *Test-Runner*. Dessen Aufgabe ist es, möglichst alle Tests in Ihrem Projekt zu finden und auszuführen. Schematisch stellt das Abbildung 24.5 dar.

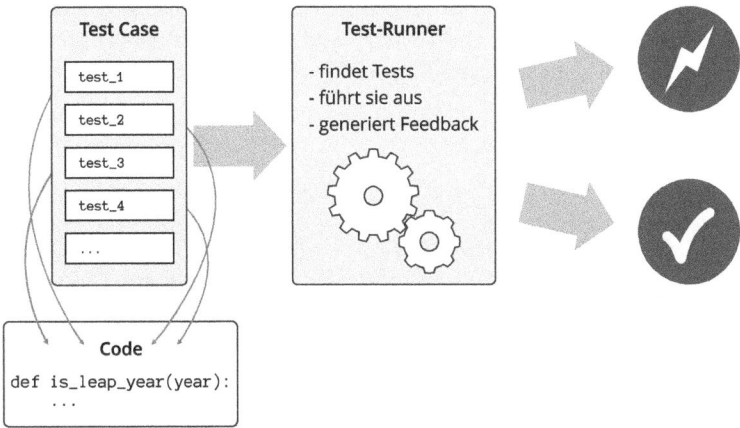

Abbildung 24.5: Der Test-Runner ist das Herz Ihrer Test-Umgebung.

Bisher haben Sie als Runner doctest verwendet – für unittest ist das gleichnamige Modul auch der Test-Runner. Rufen Sie den folgenden Befehl in dem Verzeichnis auf, in dem auch die Datei test_leap_year.py liegt.

```
$ python -m unittest
.
---------------------
Ran 1 test in 0.000s

OK
```

Der Runner sucht nach allen Modulen, deren Name mit test beginnt, lädt alle darin befindlichen TestCase-Klassen und führt deren Testmethoden aus.

 Die Ausgabe ist sehr spartanisch. Sie bekommen einen einzelnen Punkt und dann schon direkt eine Zusammenfassung. Ein Punkt bedeutet, dass alles in Ordnung ist – ein fehlgeschlagener Test würde auf der Konsole ein F produzieren (für Englisch *failure*, also Fehlschlag). Da man im Laufe eines Projekts sehr viele Tests überblicken möchte und »grüne« Testergebnisse tendenziell uninteressant sind, reicht diese Ausgabe.

Wenn Sie einen detaillierteren Report wünschen, können Sie über die Option –v die Mitteilsamkeit erhöhen:

```
$ python -m unittest -v
test_not_a_leap_year
    (test_leap_year_1.LeapYearTests.test_not_a_leap_year)
Kein Schaltjahr: 2023 ... ok


----------------------
Ran 1 test in 0.001s

OK
```

Praktisch: Der Docstring der Testmethode wird mit ausgegeben.

 Übrigens: Professionelle Entwicklungsumgebungen (IDEs) unterstützen die hier gezeigten Frameworks. Sie bringen einen eigenen Test-Runner mit, der die Ergebnisse ansprechend aufbereitet und sortiert, sodass Sie sie direkt anspringen können. Abbildung 24.6 zeigt den Test-Runner der IDE PyCharm. Tests gehören zum professionellen Entwickeln einfach dazu!

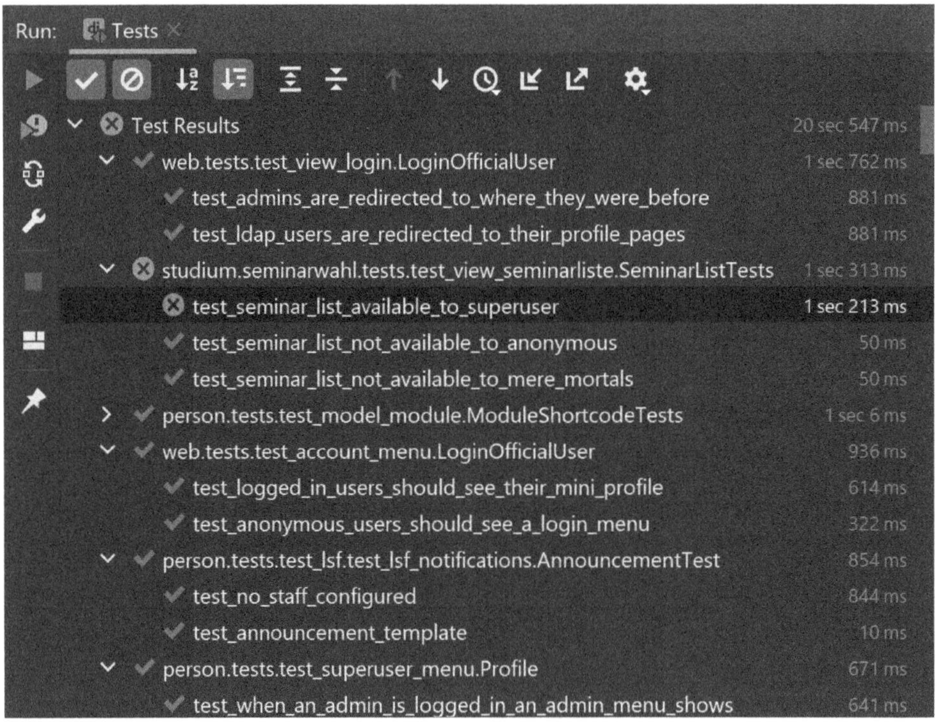

Abbildung 24.6: Moderne Entwicklungsumgebungen machen Testergebnisse leichter zugänglich.

Eine Funktion testgetrieben entwickeln

 Derzeit ist der neue Test noch trügerisch still. Sie haben bisher ja bloß pass in die eigentliche Methode geschrieben. Der Test wird trotzdem als Erfolg gefeiert, dabei passiert da noch gar nix. Ein Grund mehr, dass Sie zuerst einen fehlschlagenden, roten Test schreiben sollten, sonst denken Sie womöglich, es sei alles ok.

Warum war der Test erfolgreich? Nun, das hat mit Pythons dynamischer Natur zu tun. Da in der Methode nur pass steht, gibt Sie implizit None zurück. Der Test aber prüft mit self.assertFalse(answer), ob der zurückgegebene Wert False ergibt – für None trifft das zu. Insofern sagt die Funktion durchaus die Wahrheit: Wenn Sie 2023 reinstecken, bekommen Sie etwas, das Sie als False betrachten können. Es gibt also nichts mehr zu tun – der Test ist tatsächlich in Ordnung.

 Beim Testen ist es ein bisschen wie beim Minigolf – versuchen Sie mit möglichst wenigen Schlägen zum Ziel zu kommen. Natürlich ist eine einzelne Methode, in der nur pass steht, ziemlich nutzlos. Sie sollen aber bewusst daran herangeführt werden, nur das absolut Notwendigste zu tun, um das zu erreichen, was im Test steht. Ein wichtiger Zweck des Testens ist es, die Geschwindigkeit zu reduzieren und dafür die Aufmerksamkeit zu steigern, deswegen sollten Sie solche Schritte nicht auslassen.

Nun, eine Funktion, die nichts tut und daher immer False ergibt, bringt noch nichts. Aber: Was soll die Funktion denn alles können? Um die Spezifikation zu verfeinern, hilft ein Blick in Ihr Lieblingsnachschlagewerk, Bertelsofts Lexicarta oder Meyers Konversations-Britannica. Wenn Sie sich auch nicht mehr an den Namen erinnern, tut es vielleicht auch Wikipedia. Zitat:

> Die durch 4 ganzzahlig teilbaren Jahre sind, abgesehen von den folgenden Ausnahmen, Schaltjahre.
>
> Säkularjahre, also die Jahre, die ein Jahrhundert abschließen (z. B. 1800, 1900, 2100 und 2200), sind, abgesehen von der folgenden Ausnahme, keine Schaltjahre.
>
> Die durch 400 ganzzahlig teilbaren Säkularjahre, zum Beispiel das Jahr 2000, sind jedoch Schaltjahre.
>
> In 400 Jahren gibt es also 97 Schaltjahre (und ebenso viele Schalttage). Die mittlere Länge eines gregorianischen Kalenderjahres beträgt damit $365\frac{97}{400}$ Tage (als Dezimalzahl: 365,2425 Tage).

Quelle: https://de.wikipedia.org/wiki/Schaltjahr#Gregorianischer_Kalender, abgerufen am 17.06.2023.

Diese vier Aspekte können Sie super in Tests umsetzen – aber schön der Reihe nach vorgehen:

```
    ...
    def test_is_leap_year(self):
        """

        Schaltjahre sind durch 4 teilbar:
        2004, 2008, 2012
```

```
        """

        # Arrange
        years = [2004, 2008, 2012]

        for year in years:
            with self.subTest(year=year):

                # Act
                answer = is_leap_year(year)

                # Assert
                self.assertTrue(answer)
```

Listing 24.15: test_leap_year.py

Sie haben ja schon einen Test mit einem Negativbeispiel (test_not_a_leap_year), daher fügen Sie nun einen mit einem Positivbeispiel an: test_is_leap_year. Statt nur einem, nehmen Sie in diesem Fall gleich drei Beispieljahre, von denen Sie wissen, dass es Schaltjahre gewesen sein müssen. Genau genommen wären das jetzt auch drei einzelne Testmethoden, aber Sie können den Code vereinfachen, indem Sie einen with-Block und dort mit self.subTest(year=year): ... einen Subtest erzeugen. Sollte einer der Werte einen Fehler verursachen, sagt Ihnen der Subtest in der Ausgabe genau, welche Ausprägung von year den Fehler verursacht hat.

Der eigentliche Test und die Assertion stehen eingerückt darunter.

Lassen Sie die Tests laufen:

```
FFF.
======================
FAIL: test_is_leap_year
    (test_leap_year_1.LeapYearTests.test_is_leap_year) (year=2004)
Schaltjahre sind durch 4 teilbar: 2004, 2008, 2012
----------------------
Traceback (most recent call last):
  File "test_leap_year_1.py", line 40, in test_is_leap_year
    self.assertTrue(answer)
AssertionError: None is not true


======================
FAIL: test_is_leap_year
    (test_leap_year_1.LeapYearTests.test_is_leap_year) (year=2008)
Schaltjahre sind durch 4 teilbar: 2004, 2008, 2012
----------------------
Traceback (most recent call last):
  File "test_leap_year_1.py", line 40, in test_is_leap_year
    self.assertTrue(answer)
AssertionError: None is not true
======================
FAIL: test_is_leap_year
    (test_leap_year_1.LeapYearTests.test_is_leap_year) (year=2013)
Schaltjahre sind durch 4 teilbar: 2004, 2008, 2012
```

```
--------------------
Traceback (most recent call last):
  File "test_leap_year_1.py", line 40, in test_is_leap_year
    self.assertTrue(answer)
AssertionError: None is not true


--------------------
Ran 2 tests in 0.001s

FAILED (failures=3)
```
Listing 24.16: test_leap_year.py

Der Test-Runner meldet, dass der Test dreimal fehlgeschlagen ist (für jede geprüfte Jahreszahl). Bitte lassen Sie diesen Schritt nicht aus – genießen Sie zunächst den Anblick der herrlich kaputten fehlgeschlagenen Tests.

Erst jetzt geht es an die Funktion. Was müssten Sie tun, um die gezeigten Tests durchlaufen zu lassen? Die Antwort steht ja bereits in der Spezifikation: »Schaltjahre sind durch 4 teilbar: 2004, 2008, 2012«. Dafür schauen Sie einfach nach, ob die passende Modulus-Operation 0 ergibt:

```
def is_leap_year(year):
    return year % 4 == 0
```
Listing 24.17: test_leap_year.py

Das hat geklappt, beide Tests behaupten nun die Wahrheit:

```
python -m unittest
..
--------------------
Ran 2 tests in 0.000s

OK
```

Sie haben zuerst einen roten Test gesehen, diesen haben Sie nun grün gemacht, jetzt könnten Sie im Code ein wenig aufräumen. Ist aber nur sehr wenig Code, daher gibt es nichts zu tun. Also auf zum nächsten Test. Die Spezifikation von Wikipedia gibt es vor:

»Säkularjahre, also die Jahre, die ein Jahrhundert abschließen (z. B. 1800, 1900, 2100 und 2200), sind [...] keine Schaltjahre.«

Der Test dazu könnte so aussehen:

```
    ...
    def test_secular_year(self):
        """
        Säkularjahre sind keine Schaltjahre:
        1800, 1900, 2100, 2200
        """

        # Arrange
        years = [1800, 1900, 2100, 2200]
```

```
        for year in years:
            with self.subTest(year=year):

                # Act
                answer = is_leap_year(year)

                # Assert
                self.assertFalse(answer)
```

Listing 24.18: test_leap_year.py

```
..FFFF
=====================
FAIL: test_secular_year
    (test_leap_year_1.LeapYearTests.test_secular_year) (year=1800)
Säkularjahre sind keine Schaltjahre: 1800, 1900, 2100, 2200
---------------------
Traceback (most recent call last):
  File "test_leap_year_1.py", line 55, in test_secular_year
    self.assertFalse(answer)
AssertionError: True is not false


=====================
FAIL: test_secular_year
    (test_leap_year_1.LeapYearTests.test_secular_year) (year=1900)
Säkularjahre sind keine Schaltjahre: 1800, 1900, 2100, 2200
---------------------
Traceback (most recent call last):
  File "test_leap_year_1.py", line 55, in test_secular_year
    self.assertFalse(answer)
AssertionError: True is not false


=====================
FAIL: test_secular_year
    (test_leap_year_1.LeapYearTests.test_secular_year) (year=2100)
Säkularjahre sind keine Schaltjahre: 1800, 1900, 2100, 2200
---------------------
Traceback (most recent call last):
  File "test_leap_year_1.py", line 55, in test_secular_year
    self.assertFalse(answer)
AssertionError: True is not false


=====================
FAIL: test_secular_year
    (test_leap_year_1.LeapYearTests.test_secular_year) (year=2200)
Säkularjahre sind keine Schaltjahre: 1800, 1900, 2100, 2200
---------------------
Traceback (most recent call last):
  File "test_leap_year_1.py", line 55, in test_secular_year
    self.assertFalse(answer)
AssertionError: True is not false
---------------------
```

```
Ran 3 tests in 0.002s
```

```
FAILED (failures=4)
```

Auch hier schlagen die neuen Tests fehl. Deren Behauptungen, nämlich dass die Jahrhunderte keine Schaltjahre sind, obwohl sie ja durch vier teilbar sind, treffen erst zu, wenn Sie die folgenden Zeilen zur Funktion `test_leap_year` hinzufügen:

```
def is_leap_year(year):
    if year % 100 == 0:
        return False
    return year % 4 == 0
...
```
Listing 24.19: test_leap_year.py

So klappt es:

```
python -m unittest
...
----------------------
Ran 3 tests in 0.001s
```

```
OK
```

Wenn alle Tests durchlaufen, kann man den Code und die Tests verbessern. Sie könnten sich überlegen, die boolesche Logik zusammenzuziehen. Welche der folgenden Funktionen ist die richtige?

```
# A
def is_leap_year(year):
    return year % 100 == 0 or year % 4 == 0

# B
def is_leap_year(year):
    return year % 100 == 0 or year % 4 != 0

# C
def is_leap_year(year):
    return year % 100 != 0 and year % 4 == 0
```

Nun, das können Sie leicht beantworten, indem Sie einfach ausprobieren. Passen Sie den Code an, und lassen Sie nach jeder Änderung die Tests laufen. Sie werden herausfinden, dass Version C richtig ist, zumindest laufen damit alle Tests durch.

 Die Tests sollen Sie natürlich nicht animieren, ab sofort Code nur noch durch Trial & Error zu verbessern, aber gerade bei solchen Umformulierungen helfen Tests beim Probieren, weil man sofort erkennt, wenn eine Funktion die Spezifikation nicht mehr erfüllt. Tatsächlich war diese Übung nur als Demo gedacht – nachdem Sie laufende Tests haben, können Sie getrost den Code verändern. Die Tests werden Sie unterstützen und vermeiden, dass Sie alles verschlimmbessern. In diesem Fall machen Sie die Änderung aber bitte rückgängig, denn solche dichten booleschen Ausdrücke sind schwer zu verstehen (deswegen wurden Sie für das Beispiel ausgewählt).

Weiter geht es. Wiki sagt:

> Die durch 400 [...] teilbaren Säkularjahre, [...] sind [...] Schaltjahre.

Ein neuer Test muss her:

```
    . . .
    def test_four_hundred_years(self):
        """Säkularjahre, die durch 400 teilbar sind, sind auch Schaltjahre:
            1600, 2000, 2400"""

        # Arrange
        years = [1600, 2000, 2400]

        for year in years:
            with self.subTest(year=year):

                # Act
                answer = is_leap_year(year)

                # Assert
                self.assertTrue(answer)
```

Listing 24.20: test_leap_year.py

Auch diese Tests schlagen fehl:

```
$ python -m unittest
FFF...
====================
<Ausgabe gekürzt>
--------------------
Ran 4 tests in 0.001s

FAILED (failures=3)
```

Die in den Tests aufgestellten Behauptungen bewahrheiten sich erst, wenn Sie das System under Test erweitern:

```
def is_leap_year(year):
    if year % 400 == 0:
        return True
    if year % 100 == 0:
        return False
    return year % 4 == 0
```

Listing 24.21: test_leap_year.py

So klappt es:

```
$ python -m unittest
....
--------------------
Ran 4 tests in 0.001s

OK
```

Nun laufen die Tests wieder durch und Sie können den Code umbauen. Wenn Sie möchten, können Sie jetzt wieder versuchen, den Code noch etwas schöner zu machen. Sieht aber eigentlich ok aus, denn die einzelnen if-Bedingungen korrespondieren mit der »Spezifikation«, die Sie auf Wikipedia gefunden haben.

Es bleibt noch die Behauptung übrig, dass es in 400 Jahren genau 97 Schaltjahre gäbe. Lässt sich diese Behauptung prüfen? Klar, mit einem Test:

```
...
def test_number_of_leap_years(self):
    """In vierhundert Jahren gibt es 97 Schaltjahre"""

    # Arrange
    expected_leap_years = 97
    years = range(1970, 1970 + 400 + 1)

    # Act
    actual_leap_years = sum(
        is_leap_year(year) for year in years
    )

    # Assert
    self.assertEqual(
        actual_leap_years,
        expected_leap_years
    )
```

Listing 24.22: test_leap_year.py

Schnappen Sie sich eine beliebige Jahreszahl. In diesem Fall ist es 1970, das Jahr, in dem die Unixzeit beginnt. Dazu werden 401 Jahre addiert; das eine Zusatzjahr kommt hinzu, weil Ranges immer nur bis zum vorletzten Element laufen. Diese Spanne von Jahreszahlen wird iteriert; jedes Schaltjahr erzeugt True, jedes normale False – wenn man das summiert, gilt True als 1 und False als 0. So erhält man die Anzahl der Jahre.

Und siehe da – dieser Test behauptet bereits vollendete Tatsachen:

```
python -m unittest
.....
----------------------
Ran 5 tests in 0.001s

OK
```

Alle Tests sind »grün« und alles funktioniert, das bedeutet, dass der Code Ihre Spezifikation erfüllt. Die Funktion ist offenbar in der Lage, Schaltjahre von normalen Jahren zu unterscheiden.

Der letzte Test wurde dabei nicht verwendet, um der Funktion einen neuen Aspekt hinzuzufügen, aber dennoch sollte man ihn nicht löschen, denn dieser Test dokumentiert zusätzliche Informationen über den Code. Wäre Ihnen beim Blick auf die Funktion klar gewesen, dass innerhalb von 400 Jahren genau 97 Schaltjahre liegen?

✔ Die Tests stellen sicher, dass Sie sich beim Entwickeln von Code nicht aus Versehen vorhandene Funktionalität kaputt machen.

✔ Tests sind auch ein guter Ort, um interessante Zusammenhänge, Aufrufe und zusätzliche Informationen zu dokumentieren.

 Die methodische Vorgehensweise kann Ihnen dabei helfen, die eigene Arbeit zu strukturieren. Wenn Sie eine Spezifikation entwickeln, die zehn Unterpunkte hat, spricht nichts dagegen, diese zehn Unterpunkte auch mit zehn Tests abzudecken. Sollte dabei rauskommen, dass sich einige Aspekte ähneln, oder dass Informationen fehlen, können Sie auch einen Test mehr oder weniger schreiben. Auch das ist übrigens ein Effekt vom Testen: Sie machen sich mehr Gedanken über die Spezifikation und können diese beim Entwickeln verfeinern.

Jetzt, wo alles läuft, können Sie nochmal abschließend überlegen, ob der Code noch verbessert werden kann, oder ob noch ein Test fehlt. Vielleicht sind Sie sich unsicher, was im Jahr 3000 passieren wird. Vielleicht möchten Sie nochmal prüfen, ob das Jahr −2031 eine gültige Eingabe ist. Bevor Sie irgendetwas an der Funktion ändern, sollten Sie aber auf jeden Fall

✔ einen Test schreiben,

✔ sichergehen, dass er fehlschlägt,

✔ den Test zum Laufen bringen,

✔ den Code verbessern und

✔ diesen Zyklus immer und immer wiederholen.

Refactoring – jetzt mit Sicherung

Tests sind nicht nur beim Entwickeln wichtig, weil sie einem zeigen, wann man fertig ist, sondern sie sind Investitionen für die Zukunft. Die folgenden Dinge können passieren:

✔ Eine neue Anforderung kommt dazu – schreiben Sie einen neuen Test und dokumentieren Sie dadurch die veränderte Spezifikation.

✔ Jemand findet einen Fehler in Ihrem Code – schreiben Sie einen Test, der den Fehler genau eingrenzt und beim Reparieren hilft.

✔ Ein Modul von einem Drittanbieter wird aktualisiert – die Tests geben Ihnen Sicherheit, dass nach dem Update noch alles funktioniert.

✔ Sie lernen einen neuen Trick kennen, wie es besser geht – die Tests unterstützen Sie, Ihren Lernprozess zu dokumentieren und den Code abzuändern, ohne dass was schiefgeht.

Der letzte Punkt soll hier sogleich demonstriert werden. Stellen Sie sich vor, Sie hätten die Funktion `is_leap_year` selbst geschrieben und Ihren Kollegen zur Verfügung gestellt und sie wird nun an vielen Stellen in Ihrem Projekt verwendet. Nach einem Dreivierteljahr lesen Sie zufällig die Dokumentation eines Moduls der Standardbibliothek. Und da fällt es Ihnen wie Lokschuppen von den Augen: Es gibt ja schon eine Funktion in der Standardbibliothek, mit der man feststellen kann, ob ein Jahr ein Schaltjahr ist – Potzblitz:

```
>>> import calendar
>>> help(calendar.isleap)
Help on function isleap in module calendar:

isleap(year)
    Return True for leap years, False for non-leap years.
```

So was aber auch. i sleap hätten Sie beinahe für eine Schlafmaske mit WLAN gehalten, die Ihre Schnarchlautstärke mit Umweg über Server in Fernost in einer App ansprechend darstellt. Gemeint ist hier aber *is leap*, also das Gleiche, was die Funktion is_leap_year bewerkstelligt.

Dennoch waren die Testmühen nicht vergebens. Denn auf den ersten Blick ist nicht klar, ob die Funktionen wirklich gleichwertig sind. Ein neuer Test schafft Abhilfe:

```
    ...
    def test_isleap_equivalent(self):
        """Macht die Funktion der Standard-Lib dasselbe?"""

        # Arrange
        import calendar

        # Act
        same = all(
            calendar.isleap(year) == is_leap_year(year)
            for year in range(1900, 2201)
        )

        # Assert
        self.assertTrue(same)
```
Listing 24.23: test_leap_year.py

Der Test geht die Jahre von 1900 bis 2200 durch und prüft, ob es sich jeweils um ein Schaltjahr handelt. Dabei wird die Ausgabe der Eigenentwicklung mit der aus der Standardbibliothek verglichen, die Werte werden in einem Iterator ausgegeben. Die Funktion all liest die Werte aus und reduziert sie auf einen einzigen booleschen Wert. Der Test sagt: Für alle Jahre zwischen 1900 und einschließlich 2200 müssen die Werte von calendar.isleap und is_leap_year gleich sein. Und das sind sie:

```
......
----------------------
Ran 6 tests in 0.003s

OK
```

Sie können Ihren Algorithmus also getrost durch diese Funktion ersetzen:

```
    ...
```

```
import calendar

...

def is_leap_year(year):
    calendar.isleap(year)
...
```

Listing 24.24: test_leap_year.py

Ob das auch wirklich klappt, sehen Sie an Ihren Tests:

```
$ python -m unittest
FFFFFFF.E.
=====================
ERROR: test_number_of_leap_years
    (test_leap_year_1.LeapYearTests.test_number_of_leap_years)
In vierhundert Jahren gibt es 97 Schaltjahre
---------------------
Traceback (most recent call last):
...
AssertionError: ...

<Ausgabe gekürzt>
---------------------
Ran 6 tests in 0.002s

FAILED (failures=7, errors=1)
```

Hoppla, das war ein Copy-Paste-Fehler. Da fehlt natürlich ein `return`:

```
...
def is_leap_year(year):
    return calendar.isleap(year)
...
```

Listing 24.25: test_leap_year.py

So stimmt es:

```
$ python -m unittest
......
---------------------
Ran 6 tests in 0.001s

OK
```

Wie Sie sehen, können Sie diesen recht gravierenden Eingriff sorglos vornehmen. Wenn Sie sich vertippen oder inhaltlich was schiefgehen sollte, stärken Ihnen Ihre Tests den Rücken. Dafür sind sie da.

Fortgeschrittene Themen

Das richtige Testen ist eine hohe Kunst. Es klappt am besten, wenn Sie die folgenden Prinzipien beherzigen:

✔ Tests sollten schnell sein.

✔ Tests sollten einen klaren Fokus haben.

✔ Tests sollten voneinander unabhängig sein.

✔ Tests sollten automatisch laufen.

Tests sind dafür gedacht, Ihnen beim Entwickeln möglichst schnell Feedback zu geben – daher sollte auch jede einzelne Testmethode so schnell wie möglich fertig sein. Um das zu erreichen, sollten Sie versuchen, in einem Test so wenig wie möglich zu erledigen.

Es hilft daher, wenn eine Testmethode einen Fokus hat und nur eine Sache testet. Jede Methode sollte möglichst nur einen kurzen *Act*-Block haben, also idealerweise nur einen einzigen Aufruf testen.

Auch sollten Testmethoden keine Abhängigkeiten untereinander haben, zum Beispiel, indem eine Methode Daten in eine Datei schreibt und eine andere prüft, ob die gleichen Daten ausgelesen werden können. So können diese beiden Tests nur gemeinsam und nacheinander laufen. Das führt in der Praxis häufig zu verwirrenden Testergebnissen, weil die Test-Runner Testmethoden in unterschiedlichen Reihenfolgen ausführen – wenn dann doch die Reihenfolge wichtig ist, kann es bei manchen Testläufen zu Fehlschlägen kommen.

Nicht nur sollten Tests unabhängig voneinander sein, sondern möglichst auch von der Testumgebung. Beispielsweise sollten Sie keine Pfade in die Tests kodieren. Wenn Sie etwa nach /tmp/ schreiben, wird der Test auf einer Windows-Maschine mit Sicherheit fehlschlagen. Besonders ärgerlich ist es, wenn Sie im Zug einen Test ausführen möchten, der einen Server aus dem Internet kontaktiert, aber Ihr ICE zum dritten Mal in der letzten Viertelstunde durch einen 19 km langen Tunnel fährt.

Allein deswegen sollten Tests möglichst schnell laufen: Vermeiden Sie, dass ihr Prozessor unnötig heiß wird und zum unvermeidlichen Ausfall der ICE-Klimaanlage beiträgt.

Und selbst wenn der Server mal da ist: Sie sollten in Tests keine teuren Ressourcen nutzen. Ein Test sollte nicht auf die Festplatte schreiben oder Daten über ein Netzwerk abschicken, da solche Input-Output-Operationen um ein Vielfaches langsamer sind als Operationen im Arbeitsspeicher. Zwar ist ein einziger Zugriff schnell erledigt, aber solche Verzögerungen summieren sich, wenn Sie viele Tests haben.

Überhaupt sollten Sie vermeiden, dass die Tests auf irgendetwas warten müssen, sei es nun I/O oder Nutzereingaben. Tests sollten automatisch ablaufen – manuelles Nacharbeiten durch Tastatureingaben ist tabu. Nehmen Sie sich Abbildung 24.7 zu Herzen.

Abbildung 24.7: Vermeiden Sie es in Tests, teure Ressourcen anzusprechen.

Doppelgänger – Mocks und Stubs

Am einfachsten zu testen sind Funktionen, die nur einen Haupteffekt haben. Eine Funktion bekommt ein Argument und gibt einen Rückgabewert aus – diese Form des Datenflusses ist *sehr* direkt.

Komplexere Programme haben aber meistens geschachtelte Datenflüsse und in diesem Sinne gibt es auch *indirekte* Eingaben und Ausgaben in einem System, wie Abbildung 24.8 verdeutlicht.

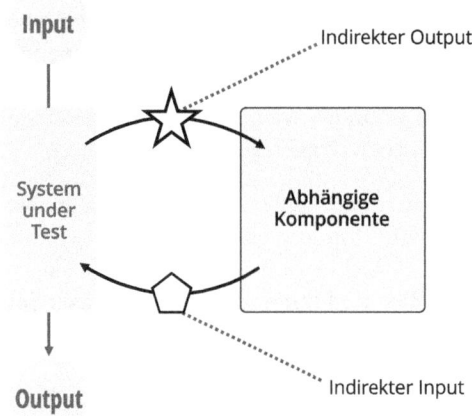

Abbildung 24.8: Daten fließen nicht nur auf dem Hauptkanal durch das System under Test.

Das System under Test kann verschiedene Seiteneffekte haben:

✔ eine Datei schreiben,

✔ ein Objekt in einer Datenbank speichern,

✔ eine Konsolenausgabe mit `print`,

✔ Daten über ein Netzwerk senden oder

✔ Aufrufe einer anderen Funktion.

Bei diesen Operationen fließen Daten hin und her. Für Tests sind diese Flüsse problematisch, da sie manchmal schwer zu kontrollieren sind (und außerdem recht teuer). Wie würden Sie das folgende Programm testen?

```python
from getpass import getpass

def getpin():
    pin = getpass('PIN > ')
    mask = '*' * (len(pin) - 3)
    tail = pin[-3:]
    print(f'{mask}{tail}')
```
Listing 24.26: getpin.py

Diese Funktion erfasst eine persönliche Identifikationsnummer (PIN). Dazu ruft sie die Funktion getpass auf, die so lange blockiert, bis der Benutzer einen Wert eingibt und Enter drückt – die Eingabe geschieht versteckt. Danach wird die PIN maskiert ausgegeben, damit die Nutzerin die versteckte Eingabe nochmal prüfen kann.

Ein (naiver) Test dafür sähe vielleicht so aus:

```python
import unittest

# System under Test importieren
from getpin import getpin

class GetPinTests(unittest.TestCase):

    def test_get_pin(self):
        # Arrange
        ...

        # Act
        getpin()

        # Assert
        ...
```
Listing 24.27: test_getpin.py

Da getpin weder ein Argument annehmen kann noch einen echten Rückgabewert produziert, gibt es hier weder was zu arrangieren noch etwas zu behaupten, also bleiben # Arrange und # Assert leer. Das ist ein Hinweis auf einen schlechten Test, denn ohne eine Assert-Klausel wird nichts geprüft, also kann der Test auch nicht fehlschlagen (solange er keine Ausnahme auslöst). Der Test läuft immer durch, egal ob etwas kaputt ist oder nicht – dabei soll der Test Sie ja über kaputte Dinge informieren.

Und noch etwas ist problematisch, was erst beim Ausführen des Tests zum Tragen kommt:

```
python -m unittest test_getpin.py
PIN >
******awd
.
--------------------
```

```
Ran 1 test in 2.410s
```

```
OK
```

Der Testlauf wird durch `getpass` blockiert, bis Sie irgendwas eingeben und mit Enter abschicken. Außerdem wird die Ausgabe einfach in Ihren Testlauf geschrieben. Um dies zu vermeiden, sollten Sie die abhängigen Komponenten für den Test ersetzen. In diesem Fall sind es die beiden Funktionen `print` und `getpass`.

 Die Interaktion mit diesen beiden Komponenten stellt eine Nebenwirkung des System under Test dar. Dabei werden auch Daten ausgetauscht: `getpin` erhält von der Funktion `getpass` indirekten Input (die Eingabe vom Nutzer) und produziert mit `print` indirekten Output (die Konsolenausgabe). Beides ist schwer zu testen.

Es wäre gut, wenn man in einem Test prüfen könnte, ob die Maskierung der PIN korrekt arbeitet. Leider erschwert die Print-Ausgabe dieses Unterfangen, weil die auf einem anderen Kanal geschieht. Außerdem kann die Funktion ohne den indirekten Input von `getpass` ihre Arbeit nicht verrichten. Wie kann man diese Dinge in einem Test berücksichtigen?

Ein besserer Test sähe so aus:

```python
import unittest

# Spezialklasse importieren
from unittest.mock import Mock

# System under Test importieren
from getpin import getpin

class GetPinTests(unittest.TestCase):

    def test_get_pin(self):
        # Arrange
        pin = "18121349"
        masked_pin = "*****349"

        # Arrange: Doppelgänger anlegen
        mock_pass = Mock(return_value=pin)
        mock_print = Mock()

        # Act
        getpin(getpass=mock_pass, print=mock_print)

        # Assert
        printer.assert_called_with(masked_pin)
```

Listing 24.28: test_getpin.py

Für diesen Test müssen Sie zunächst eine Spezialklasse importieren – die Klasse Mock.

 Ein *Mock-Objekt* ist eine Attrappe, die innerhalb eines Tests für ein anderes Objekt einstehen kann. Mock-Objekte sind Gestaltwandler – sie können jedes andere Objekt oder sogar Funktionen imitieren. Sie können so konfiguriert werden, dass Sie beim Aufruf indirekte Eingaben bereitstellen oder wie ein Recorder Funktionsaufrufe aufnehmen. Weitere Wortklauberei zu diesem Thema finden Sie gleich noch im Kasten *Mocks sind keine Stubs*.

Der Test wird wie gewohnt in die Blöcke *Arrange–Act–Assert* unterteilt, aber diesmal bekommt jeder Block etwas Code. Im Arrange-Block werden zunächst die indirekten Ein- und Ausgabedaten festgelegt. Danach werden zwei Objekte vorbereitet: Das eine ersetzt getpass, das andere print. Während des eigentlichen Aufrufs von getpin werden also zwei Doppelgänger ausgeführt, deren Verhalten Sie aus dem Test heraus kontrollieren können.

In der Zeile getpass = Mock(return_value=pin) wird ein Objekt erzeugt, das sich wie eine Funktion verhält, wenn man es mit getpass(...) aufruft. Es wird so konfiguriert, dass es in jedem Fall pin zurückgibt. Das Objekt wird beim Aufruf von getpin als Argument übergeben.

Genauso ist printer ein Mock-Objekt, das als Argument an getpin übergeben wird. Durch die Zeile printer.assert_called_with(masked_pin) kann am Ende geprüft werden, ob der Mock aufgerufen und das korrekte Argument übergeben wurde.

Dieser Test schlägt natürlich fehl (soll er ja auch erst mal):

```
python -m unittest test_getpin.py
E
======================
ERROR: test_get_pin (test_getpin.GetPinTests.test_get_pin)
----------------------
Traceback (most recent call last):
  File "test_getpin.py", line 14, in test_get_pin
    getpin(getpass=getpass, print=printer)
TypeError: getpin() got an unexpected keyword argument 'getpass'

----------------------
Ran 1 test in 0.001s

FAILED (errors=1)
```

Passen Sie nun das System under Test an:

```
from getpass import getpass

def getpin(getpass=getpass, print=print):
    pin = getpass('PIN > ')
    mask = '*' * (len(pin) - 3)
    tail = pin[-3:]
    print(f'{mask}{tail}')
```

Listing 24.29: getpin.py

Die Änderung ist nicht groß, aber gravierend: Die Funktion erhält zwei neue Parameter, die genauso heißen wie die intern aufgerufenen Funktionen. Dadurch können Sie aus dem Test beim Aufruf von `getpin` jeweils Doppelgänger hineinreichen. Dadurch, dass Sie hier aber Default-Werte angeben, ist es später möglich, die Funktion außerhalb der Tests auch ohne die Funktionsargumente aufzurufen.

Dieses Muster nennt man auch *Dependency Injection*. Der Begriff wurde vom britischen Software-Entwickler Martin Fowler geprägt, der unter anderem Autor einiger wichtiger Bücher zur Software-Entwicklung, insbesondere zum Thema Refactoring ist. Die abhängigen Komponenten, auf englisch auch *dependencies* genannt – `print` und `getpass` – werden von außen in das System under Test *injiziert*. Anstatt die Funktionen einfach hartzuverdrahten, reicht man sie von außen hinein. Dadurch kontrollieren Sie die indirekten Ein- und Ausgaben für den Test.

Mocks sind keine Stubs

In der Literatur findet man häufig weitere Unterscheidungen, die Beziehungen von Test-Objekten untereinander beschreiben. Die reine Tatsache, dass ein Objekt gegen ein anderes ausgetauscht wird, nennt man auch ein *Fake* – Sie führen während des Tests nicht die »echte« `print`-Funktion aus, sondern eine *Fälschung* in Form des `printer`, der in Wirklichkeit ein Mock ist. Ein Mock ist aber genau genommen nur ein Objekt, das seine Operationen aufzeichnet, sodass Sie diese hinterher prüfen können.

Auch die Funktion `getpass` wurde im Test durch ein Mock-Objekt ersetzt, aber es wird später nichts mehr geprüft. Der Grund ist, dass dieses Objekt eine indirekte Eingabe liefert, ohne die es nicht weitergeht. Man nennt solche Objekte in der Fachsprache auch *Stubs*.

Mocks und Stubs sind nicht dasselbe, darauf legen einige Autoren großen Wert – besonders Martin Fowler, der dazu sogar einen Fachartikel mit dem treffenden Namen »Mocks aren't Stubs« veröffentlichte: `https://martinfowler.com/articles/mocksArentStubs.html`

Da in Python sowieso alles dynamisch ist und Grenzen zwischen den Konzepten auch mal verwischen können, verwendet man stets Objekte vom Typ `unittest.mock.Mock`. Diese können sowohl für indirekte Eingaben als auch für indirekte Ausgaben und das Registrieren von Aufrufen verwendet werden.

Dependency Injection ist ein wichtiges Prinzip, wenn es darum geht, Tests unabhängig zu gestalten. Abbildung 24.9 unterstreicht das: Vermeiden Sie es in Tests, teure Ressourcen anzusprechen. Tests sollten nicht ins Dateisystem eingreifen und möglichst auch nicht auf eine echte Datenbank angewiesen sein. Stattdessen sollten Sie diese Komponenten so ansprechen, dass Sie sie durch Doppelgänger in Form von Mock-Objekten austauschen können.

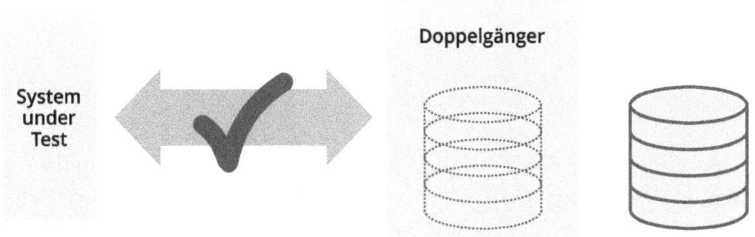

Abbildung 24.9: Ersetzen Sie teure Ressourcen durch Doppelgänger.

Setup und Teardown

Ein Test-Case kann viele Testmethoden mitbringen, die einzelne Aspekte des System under Test überprüfen. Diese Methoden sollen in Isolation laufen, daher muss im # Arrange-Teil der Funktion alles vorbereitet werden, was die Funktion braucht.

Es kann vorkommen, dass Ihr Vorbereitungscode sich zwischen den Testmethoden wiederholt und dabei auch noch sehr viel Platz benötigt. Schnell ist man geneigt, die Doppelung im Code zu reduzieren, indem man eine globale Variable anlegt. Dies kann aber schnell zu Problemen führen, eben wenn ein Test eine Variable schreibt und ein anderer sie wieder ausliest – dadurch kommt es zu unerwünschten Abhängigkeiten.

Die TestCase-Objekte in unittest bringen zwei Spezialmethoden mit, mit denen Sie wiederholenden Vorbereitungscode Ihrer Tests auslagern können.

```
...
import unittest

class PrivateArticleTests(unittest.TestCase):
    def setUp(self):
        self.user = Account.create(
            name='johannes',
            password='sg4qr6k1o3IpeoXicP92loKQ'
        )
        self.client = WebClient()
        self.client.force_login(self.user)

    def test_private_article(self):
        # Arrange
        url = '/private/article'

        # Act
        response = self.client.get(url)

        # Assert
        self.assertEqual(response.status_code, 200)
    def test_test2(self):
        ...
```

```
def test_test3(self):
    ...

def tearDown(self):
    self.client.logout()
```

Innerhalb eines Test-Case können Sie die Methoden setUp und tearDown verwenden – zur Emphase veranschaulicht in Abbildung 24.10.

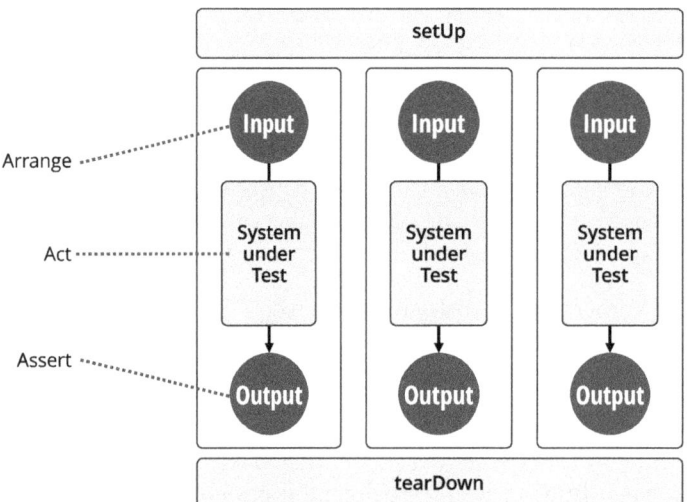

Abbildung 24.10: Manchmal brauchen mehrere Tests das gleiche Setup.

Das Beispiel deutet einen Test für eine Webseite an. Da die Artikel privat sind, dürfen nur angemeldete Nutzer darauf zugreifen, also benötigt jede Testmethode ein Konto und eine Anmeldung. Anstatt damit die # Arrange-Blöcke zu bedrängen, wird der Code in die setUp-Methode ausgelagert. Am Ende jeder Methode wird der fiktive Nutzer wieder ausgeloggt.

 Die beiden Methoden enthalten Vorbereitungs- und Nachbereitungscode für Ihre Tests. Beachten Sie, dass setUp vor und tearDown nach *jeder* Testmethode ausgeführt wird, nicht nur einmal – sonst wären die Testmethoden nicht mehr unabhängig. Praktisch: tearDown wird in jedem Fall ausgeführt, auch wenn der Test fehlschlägt oder abbricht. Dadurch stellen Sie sicher, dass nach dem Test wieder alles beim Alten ist.

✔ Verwenden Sie setUp, um Vorbereitungen für Tests zu treffen.

✔ Setzen Sie in tearDown alles wieder zurück.

✔ Beide Methoden werden vor beziehungsweise nach jeder Testmethode ausgeführt.

Kapitel 25
Typing – dem Interpreter Ratschläge geben

Python ist eine *dynamische Sprache*. Das bedeutet, dass viele Informationen über den Code, die der Interpreter zur Ausführung braucht, erst zur Laufzeit bereitstehen. Darum muss der Interpreter den Code manchmal erst »ausprobieren«, bevor er ein Problem feststellen kann:

```python
def happy_birthday(age):
    print("Alles Gute zum " + age + "ten Geburtstag!")

if __name__ == "__main__":
    happy_birthday(12)
```
Listing 25.1: birthday.py

Wenn Sie dieses Programm ausführen, wird zur Laufzeit ein Typ-Fehler gemeldet. Python beschwert sich:

```
$ python birthday.py
Traceback (most recent call last):
  ...
    print("Alles Gute zum " + age + "ten Geburtstag!")
                             ~~~~~~~~~~~~~~~~~~~~^~~~~
TypeError: can only concatenate str (not "int") to str
```

Das Problem ist, dass die Funktion einen String erwartet, aber ein Integer übergeben wurde. Der Fehler tritt jedoch erst auf, wenn Python die Funktion auch wirklich ausführt. Besonders in größeren Programmen kann so etwas problematisch sein, weil bei der Nutzung des Programms bestimmte Funktionen gar nicht aufgerufen werden.

Um solche Fehler früher zu erkennen – idealerweise bevor man das Programm ausliefert – kann man eine *statische Prüfung* durchführen. Das geht mit einem *Type-Checker*-Programm, wie beispielsweise *mypy*. So installieren Sie es:

```
$ pip install mypy
```

Linux-Nutzer müssen das Programm eventuell über den Paketmanager nachinstallieren, zum Beispiel mit `$ sudo apt-get install python3-mypy`.

Danach können Sie das Programm aufrufen:

```
$ mypy birthday.py
Success: no issues found in 1 source file
```

Bisher ist alles unauffällig, denn noch gibt es nichts zu prüfen. Damit die Typ-Prüfung für Sie arbeitet, müssen Sie ein paar Hinweise streuen:

```
def happy_birthday(age: str) -> None:
    print("Alles Gute zum " + age + "ten Geburtstag!")

if __name__ == "__main__":
    happy_birthday(12)
```
Listing 25.2: birthday.py

Die Parameterliste der Funktion wurde um eine *Typ-Anmerkung* (auf Englisch: *type annotation* oder auch *type hint*) erweitert. Nach dem Parameter age folgen ein Doppelpunkt und der Name des erwarteten Datentyps – hier ein String. Dadurch wird *mypy* darauf hingewiesen, dass diesem Parameter später ein String und nichts anderes übergeben werden sollte.

Außerdem wurde noch ein Hinweis für den Rückgabetyp erstellt. Dazu schreibt man hinter die Klammer, aber vor den letzten Doppelpunkt einen kleinen Pfeil ->. Da die Funktion nichts zurückgibt, ist der Rückgabetyp hier None.

Diese Hinweise kann *mypy* nun prüfen:

```
$ mypy birthday_annotated.py
birthday_annotated.py:5: error:
    Argument 1 to "happy_birthday" has incompatible type "int";
    expected "str"  [arg-type]
Found 1 error in 1 file (checked 1 source file)
```

Nun fällt der falsche Aufruf *mypy* sofort ins Auge. Für age wird ein String erwartet, aber irgendwo steht ein Aufruf, der einen Integer übergibt (das heißt, nicht irgendwo, sondern in Zeile 5). So lassen sich falsche Aufrufe verhindern, noch bevor das Programm die Funktion ausführt. Würde eine andere Funktion später Daten aus der Funktion weiterverarbeiten, würde *mypy* auch wieder anschlagen, da der Rückgabewert explizit auf None getypt wurde.

Durch das zusätzliche Ausführen des Typ-Prüfers lassen sich Typ-Fehler frühzeitig aufspüren. Das geschieht in der Regel, *bevor* man den eigentlichen Code ausführt. Besonders für große und komplexe Programme kann das nützlich sein, da dort die Datenflüsse womöglich etwas verschachtelter sind.

Die Typ-Hinweise sind optional und müssen durch zusätzliche Programme ausgelesen und interpretiert werden. Python ist von Natur aus dynamisch, das bedeutet, dass der Interpreter beim Ausführen von annotiertem Code die Syntax prüft, aber sonst nichts weiter mit diesen Informationen anfängt.

Programmierende aus anderen Programmiersprachen werden Typ-Hinweise sicher nützlich finden. In C, C# und Java und vielen funktionalen Sprachen ist es Usus, Variablen und Funktionen im Bezug auf einen Datentyp zu deklarieren. Das kann die Klarheit und Verständlichkeit des Codes erhöhen und damit die Dokumentation verbessern – so können Aufrufer einer Funktion besser verstehen, was da als Argument übergeben werden sollte, wenn Sie zusätzliche Typ-Infos haben. Auch machen sich integrierte Entwicklungsumgebungen und Code-Editoren diese Infos häufig zunutze, etwa um Vorschläge zur Vervollständigung zu generieren.

Es ist allerdings in der Praxis nicht immer einfach, mit Typ-Hinweisen zu arbeiten. Es gibt Fälle, in denen der korrekte Typ nicht festgestellt werden kann, insbesondere, wenn Sie externe Bibliotheken verwenden. Um die Typisierung in Ihren eigenen Programmen zu überprüfen, benötigen Sie häufig auch Typ-Infos aus abhängigen Bibliotheken und nicht alle Projekte bieten diese an.

Typ-Prüfung für Variablen

Innerhalb Ihrer Programme können Sie Variablen mit Typen annotieren, indem Sie die folgende Syntax verwenden:

```
<name>: <datentyp>

# Oder, mit Initialwert:
<name>: <datentyp> = <wert>
```

Konkret sieht das beispielsweise so aus:

```
# Ok, alles passt!
i: int = 5
pi: float = 3.1415
```
Listing 25.3: typecheck.py

Wenn Sie das in eine Datei typecheck.py speichern und *mypy* drüberlaufen lassen, wird es keine Beschwerde geben. Interessant wird es erst, wenn Sie falsche Zuweisungen machen:

```
# Falscher Typ
j: int = 0.4
s: str = 3.1415
```
Listing 25.4: typecheck.py

Schon auf den ersten Blick stimmt das hier hinten und vorne nicht. Die Variable j soll eine Ganzzahl sein, es wird aber eine Gleitkommazahl zugewiesen. Und für s wird ein String erwartet, aber dann wird eine Zahl zugewiesen. Für diese Zeilen wird *mypy* jeweils eine Fehlermeldung produzieren:

```
$ mypy typecheck.py
typecheck.py:5: error: Incompatible types in assignment
    (expression has type "float", variable has type "int")
    [assignment]
typecheck.py:6: error: Incompatible types in assignment
    (expression has type "float", variable has type "str")
    [assignment]
```

Warum, wird klar, wenn Sie einer Variable zu einem späteren Zeitpunkt einen neuen Wert zuweisen:

```
pi: float = 3.1415

... viel Code ...

pi = "Hello, World!"
```
Listing 25.5: typecheck.py

Auch dieser Code wird vom Interpreter akzeptiert, aber von *mypy* bemängelt werden. Am Anfang ist noch alles ok, aber später wird unerwartet ein String zugewiesen – so was kann zu gravierenden Fehlern führen, besonders wenn die Zuweisung an einer weit entfernten Stelle stattfindet.

Beim Herumspielen mit Typangaben werden Sie sicher einige Überraschungen erleben. Beispielsweise hat *mypy* kein Problem mit der folgenden Zeile:

```
# Ok, kein Datenverlust
f: float = 5
```
Listing 25.6: typecheck.py

Die folgende wird jedoch bei der Typ-Prüfung bemängelt:

```
# Nicht ok, Datenverlust
x: int = 5.5
```
Listing 25.7: typecheck.py

Diese erste Zeile ist ok, da die Ganzzahl ohne Datenverlust in eine Kommazahl konvertiert werden kann. Anders sieht es aus, wenn Sie einen float zuweisen, wo ein int erwartet wird. Dadurch würden die Nachkommastellen verloren gehen, daher wird das bei der Typ-Prüfung bemängelt.

Ähnlich verhält es sich hier:

```
name: str = None
```
Listing 25.8: typecheck.py

Auch diese Zeile produziert einen Fehler. None ist ein spezieller Wert, aber es wird ein String erwartet. Für einen folgenden Algorithmus kann das fatal enden, wenn er zum Beispiel einen Text zerhacken möchte, aber statt einer Zeichenkette ein Nichts-Wert eingegeben wird – aber das kommt auf das Design des Algorithmus an.

Falls None-Werte ok sind, müssen Sie das dem Type-Checker auch mitteilen:

```
title: str | None = None

title = "Hello, World!"
```
Listing 25.9: typecheck.py

Diese Schreibweise ist etwas neuer und funktioniert erst ab Python 3.10; wenn Sie eine ältere Version verwenden, müssen Sie typing.Optional importieren:

```
from typing import Optional

description: Optional[str] = None

description = "Hello, World!"
```
Listing 25.10: typecheck.py

... für Sammlungen

Für zusammengesetzte Datentypen wie Listen, Dictionarys und Tupel können Sie Annahmen über deren Inhalte formulieren:

```
...

# Listen
kilometers: list[int] = [34, 38, 96, 104]

# Fehler: falscher Typ
kilometers.append(19.5)

# Fehler: falscher Typ
kilometers += [25, 34.9, 21.2]
```
Listing 25.11: typechecker.py

Der Datentyp des Objekts wird wie gewohnt zuerst angegeben; die erwarteten Inhaltstypen folgen dann in eckigen Klammern.

Im Beispiel sollen sich in der Liste kilometers nur Ganzzahlen befinden, was bei der Initialisierung auch eingehalten wurde. Meistens werden Listen aber dynamisch aufgebaut, es kommen also während des Programmablaufs weitere Werte hinzu. Auch solche Fälle kann *mypy* erkennen und meldet einen Fehler, wenn falsche Werte eingeschmuggelt werden.

Tupel funktionieren etwas anders als Listen. Da Listen dynamisch erweitert werden können, reicht es, nur einen Typ anzugeben. Bei Tupeln hingegen gibt man deren komplette Struktur an:

```
...

## Heterogenes Tupel
movie: tuple[str, int] = ("Aliens", 1986)
```

```
## Homogenes Tupel
color: tuple[int, int, int] = (0x0d, 0xbf, 0x66)

# Fehler: falscher Typ
color = (255, 255.05, 255)

# Fehler: Element zu wenig
color = (255, 255)

# Fehler: Element zu viel
color = (255, 255, 255, 255)
```

Listing 25.12: typechecker.py

 Mypy würde auch bemerken, wenn Sie versuchen, eine falsche Methode oder ungültige Funktion aufzurufen. Zum Beispiel hat das unveränderliche Tupel keine Methode, um wie bei einer Liste nachträglich Daten hinzuzufügen. Sie könnten also `movie.append(3)` aufrufen; dann würde *mypy* den folgenden Fehler anmerken:

```
typecheck.py:62: error: "tuple[int, int, int]" has no attribute
    "append"  [attr-defined]
```

Die Typ-Prüfung verhindert hier also einen unsinnigen Aufruf. Im Gegensatz zu den anderen hier gezeigten Typ-Fehlern würde dieser hier jedoch auch zur Laufzeit ein Problem erzeugen.

Sets ähneln bei der Typisierung den Listen:

```
...

# Sets
numbers: set[int] = {1, 2, 3, 4, 4, 1, 4, 2, 3, 4}

# Fehler: Datenverlust!
numbers = {1, 2, 3, 4.5}
```

Listing 25.13: typechecker.py

Bei Dictionarys können Sie Typen für Schlüssel und Werte festlegen:

```
...

## Dict
movies: dict[str, int] = {
    "Terminator": 1982,
    "Aliens": 1986,
    "Predator": 1987
}

# Nicht ok: Key und Value verwechselt!
movies[2013] = "Her"
```

Listing 25.14: typechecker.py

Statt der eingebauten Datentypen können Sie auch ihre eigenen verwenden:

```
...
# Eigene Datentypen
class Year:
    def __init__(self, year: int):
        self.year = year

years: list[Year] = [
    Year(2004),
    Year(2001),
    Year(2010),
    Year(2011)
]

# Fehler: falscher Typ
years.append(2024)
```
Listing 25.15: typecheck.py

... für Funktionen

Beim Definieren von Funktionen können Sie die Parameter und den Rückgabewert mit Typ-Infos ausstatten. Im folgenden Beispiel wird angegeben, dass die Funktion eine Ganzzahl zurückgeben soll. Die erste Umsetzung macht es richtig, jedoch weichen die folgenden Implementierungen vom Plan ab, wobei die einzelnen Fälle in der Typ-Prüfung unterschieden werden (welchen Fehler *mypy* ausgibt, wird in den Kommentaren vorweggenommen):

```
...

def add(a: int, b: int = 3) -> int:
    # Ok
    return a + b

def add(a: int, b: int = 3) -> int:
    # Fehler: Missing return statement  [empty-body]
    pass

def add(a: int, b: int = 3) -> int:
    # Fehler: Return value expected  [return-value]
    return

def add(a: int, b: int = 3) -> int:
    # Fehler: Incompatible return value type
    # (got "str", expected "int")  [return-value]
    return "Hello, World!"

add(4, 5)              # Ok
add(9.1, 3.2)          # Fehler
add("Hello", "World")  # Fehler
```
Listing 25.16: typechecker.py

Die Typen der Rückgabewerte werden bereits bei der Definition der Funktion geprüft; die der Parameterliste jedoch erst im Rahmen der Aufrufe. Hier ist eigentlich nur der Aufruf mit den Ganzzahlen ok, bei den anderen merkt die Typ-Prüfung ein Problem an.

 Erneut sei darauf hingewiesen, dass die Typ-Prüfung ein vorgeschalteter Schritt ist. So wie er da steht, wird dieser Code einwandfrei durch den Python-Interpreter laufen, der kein Problem hat, add("Hello, ", "World!") aufzurufen. Das Programm würde theoretisch auch funktionieren, denn man kann zwei Strings mit einem Pluszeichen tatsächlich aneinanderfügen.

 Hier gibt es jedoch noch ein zusätzliches Problem, das dem Interpreter schnurzpiepegal ist, *mypy* aber die Hände überm Kopf zusammenschlagen lässt: Die Funktion add wird mehrfach definiert. Namen müssen aber immer eindeutig sein, daher überschreibt jede neue Definition die vorherige. Besonders in großen und komplexen Programmen kann es vorkommen, das man aus Versehen den Namen einer Funktion mehrfach definiert. Praktisch, wenn man das durch eine Typ-Prüfung frühzeitig bemerkt.

... für generische Funktionen

Die add -Funktion wurde auf Ganzzahlen festgelegt, sie könnte aber auch für Kommazahlen eingesetzt werden – eigentlich für alle Werte, die eine Addition unterstützen, sogar für Strings. Um die Verwendung verschiedener Typen zu prüfen, können Sie diese vereinigen:

```python
# Falsch
def add(a: int|str, b: int|str = 3) -> int|str:
    return a + b

add(1, "Hello!")
```

Das ist syntaktisch korrekt, aber leider nicht das, was hier gewünscht ist. Anhand der Typ-Hinweise müsste die Typ-Prüfung den Aufruf add(1, "Hello") eigentlich durchgehen lassen, denn in der Parameterliste wird ja angegeben, dass a und b sowohl Zahlen als auch Strings sein können – und das ist ja gegeben. Die Operation würde aber fehlschlagen, weil Strings und Zahlen nicht zueinander addiert werden können – dazu müssten sie vom selben Typ sein.

Wünschenswert wäre, wenn add(1,2) und add("a", "b") erlaubt sind, aber add(1, "a") nicht. Um das umzusetzen, muss eine *generische* Typ-Variable angegeben werden. Dafür gibt es eine zusätzliche Syntax in Form einer eckigen Klammer direkt hinter dem Namen der Funktion:

```python
# Richtig
def add[T: (int, float, str)](a: T, b: T) -> T:
    return a + b

# Ok!
print(add(3, 1))
print(add(0.1, 0.2))
```

```
print(add(300, 0.681))
print(add("Hello, ", "World!"))

# Fehler!
add("Hello", 18)
add(18, object())
add(object(), object())
```

Listing 25.17: generics.py

Nach dem Namen der Funktion steht in eckigen Klammern eine neue Typ-Variable namens T, die nur für die Typisierung der Parameterliste und des Rückgabewerts gedacht ist. Dadurch wird hier festgelegt, dass die Parameter a und b sowie der Rückgabewert vom selben Typ sein sollen – welcher, ist dabei erst mal egal.

Da die Funktion jedoch eine Addition mit Plus-Zeichen durchführt, wird T noch eingeschränkt, sodass hier entweder zwei Ganzzahlen, zwei Kommazahlen oder zwei Strings stehen dürfen – aber nicht zwei verschiedene daraus. Die allgemeine Syntax lautet also:

```
def <name>[<Typ>: <Einschränkung>](<Parameter>: <Typ>, ...) ->
    <Rückgabetyp>:
    ...
```

... für generische Listen

In manchen Fällen ist für die Typisierung gar nicht so wichtig, ob man ein Tupel, eine Liste oder gar einen String vor sich hat, denn sie unterstützen alle die gleichen Operationen. Sie können sie sowohl iterieren als auch auf die Elemente anhand eines Indexes zugreifen. Python fasst die Typen dieser Objekte daher in *abstrakten Klassen* zusammen:

✔ Iterable: alles, was mit for ... in ... durchlaufen werden kann,

✔ Collection: Objekte mit Elementen, deren Größe sich mit len(...) feststellen lässt,

✔ Sequence: Collections mit indizierten Elementen (zum Beispiel col[0]),

✔ Mapping: Objekte mit Schlüssel-Wert-Paaren (dicts!).

 *Abstrakte* Klassen sind nicht dafür vorgesehen, dass man tatsächlich Objekte aus Ihnen erzeugt. Sie können jedoch als Basis-Klassen verwendet werden, oder wie hier für die Typisierung.

Die Klassen dafür liegen im Modul collections.abc. Das ist kein Platzhalter oder Vertipper; abc steht für *abstract base class*. Zum Beispiel können Sie collections.abc.Sequence so verwenden:

```
...

from collections.abc import Sequence

def first[T](items: Sequence[T]) -> T:
    return items[0]
```

```
def last[T](items: Sequence[T]) -> T:
    return items[-1]

# Ok: Liste
first([3, 4, 5, 6])

# Ok: Tupel
first((1, 2, 1, 2))

# Ok: Die andere Funktion
last([9, 10, 11, 12])

# Fehler: Die Elemente eines Set haben keine Rangfolge
# last({9, 10, 11, 12})
```
Listing 25.18: generics.py

... für bestimmte Protokolle

Für manche Fälle gibt es leider keine abstrakte Basisklasse – kann man aber nachpflegen. In der Python-Welt werden die Basisklassen manchmal auch als *Protokolle* bezeichnet, zum Beispiel fasst das *Iterator-Protokoll* alle Objekte zusammen, die nacheinander ihre Elemente ausgeben, die also *iteriert* werden können.

Betrachten Sie die folgende Funktion. Sie soll die Elemente einer Menge summieren und heißt summe, weil sum eine eingebaute Funktion ist:

```
...
```

```
def summe(items):
    total = 0
    for item in items:
        total += item
    return total
```
Listing 25.19: generics.py

Wenn Sie den Code untersuchen, wird klar, was hier gemeint ist: Wenn Sie Integer hineinstecken, bekommen Sie einen Integer raus; für Floats einen Float und für Strings einen String. Diese Funktion muss daher mit einer generischen Variable definiert werden:

```
from collections.abc import Iterable
```

```
# Noch nicht ganz richtig:
def summe[T](items: Iterable[T]) -> T:
    total: T
    for item in items:
        total += item
    return total
```
Listing 25.20: generics.py

Hier wird auch die Basisklasse Iterable verwendet, um anzugeben, dass die Art der Eingabemenge egal ist, solange das Objekt in einer for-Schleife iteriert werden kann (also funktioniert die Funktion für Listen, Sets, Strings und Tupel).

Leider würde die Typ-Prüfung einen Fehler anzeigen, denn aus den Typ-Hinweisen geht nicht hervor, dass der generische Typ T tatsächlich zum Wert total addiert werden kann. Dazu muss er die Addition mit + unterstützen – die Klasse des jeweiligen Objekts muss also die magische Methode __add__(self, other): ... implementieren. Dafür können Sie ein eigenes Protokoll anlegen, das den entsprechenden Typ-Hinweis liefert:

. . .

```
from typing import Protocol, Self
from collections.abc import Iterable

class SupportsAdd(Protocol):
    def __add__(self, other: Self) -> Self:
        pass

# Noch nicht ganz richtig:
def summe[T: SupportsAdd](items: Iterable[T]) -> T:
    total: T
    for item in items:
        total += item
    return total

# Ok
summe((1, 2, 3, 4, 5))
summe(["a", "b", "c", "d"])

# Ok: funktioniert auch mit Sets!
summe({"a", "b", "c", "d"})

# Fehler: nicht iterierbar
summe(6)
# Fehler: gemischte Typen
summe(["u", 6, "v", 7, "w"])
# Fehler: + nicht unterstützt
summe([object(), object(), object()])
```

Listing 25.21: generics.py

Hier wird eine neue Klasse namens SupportsAdd angelegt, die von typing.Protocol ableitet. Sie enthält eine leere Methode __add__ (der Rumpf ist einfach nur pass) und gibt an, dass sie ein Element vom gleichen Typ erwartet (der wird über den Typ typing.Self angegeben).

Danach kann diese Klasse als Typ-Einschränkung für den generischen Typ T verwendet werden: summe[T: SupportsAdd](...).

Nun kann *mypy* prüfen, ob auch die richtigen Dinge summiert werden. Für Listen und Tupel klappt es auf jeden Fall und auch für Sets kann die Funktion problemlos verwendet werden, da auch Sets das Iterator-Protokoll unterstützen.

Die letzten drei Aufrufe ergeben jedoch Fehler: der erste, weil das Argument nicht iterierbar ist, der zweite, weil die Elemente nicht alle vom gleichen Typ sind, und der letzte, weil Blanko-Objekte das Additions-Protokoll (SupportsAdd) nicht unterstützen.

 Die Typ-Prüfung ist damit erfolgreich, aber es gibt noch ein Problem, denn so ist der Code nicht lauffähig. Vielleicht haben Sie den Fehler bemerkt: Um den Wert total summieren zu können, muss die Variable zuvor initialisiert werden:

```
. . .

def summe[T: SupportsAdd](items: Iterable[T], start: T) -> T:
    total: T = start
    for item in items:
        total += item
    return total


# Aufrufe anpassen:
summe([1, 2, 3, 4, 5], 0)
```
Listing 25.22: generics.py

... für Datenklassen

Typ-Annotationen haben weiterhin eine wichtige Bedeutung für Datenklassen. »Normale« Klassen beschreiben einen Satz an Attributen und Methoden, die alle Objekte der Klasse miteinander teilen. Wenn dabei aber die Attribute – also die Daten der Klasse – im Vordergrund stehen, können Sie eine Datenklasse erstellen und sich dadurch einiges an Arbeit sparen:

```
from dataclasses import dataclass


@dataclass
class Vector2D:
    x: float
    y: float

    def magnitude(self) -> float:
        return (self.x ** 2 + self.y ** 2) ** 0.5
```
Listing 25.23: data.py

Wie gewohnt legen Sie hier eine Klasse fest, aber diese bekommt einen Dekorator, den Sie zuvor aus dem Modul dataclassesdataclasses importieren. Durch den @dataclass-Hut werden die beiden Variablen auf der Klasse verwendet, um daraus verschiedene gebräuchliche Methoden zu generieren. Zum Beispiel erhalten Sie automatisch einen Konstruktor:

```
# Ok, Typen werden inferiert!
Vector2D(5, 6)
Vector2D(4.5, 5.2)

# Fehler, inferierte Typen nicht vorgesehen!
Vector2D("a", "b")

# Fehler: Wert nicht optional!
Vector2D(4.5, None)
```
Listing 25.24: data.py

Freilich können Sie wieder mypy verwenden, um zu überprüfen, dass die richtigen Datentypen eingesetzt werden. Dementsprechend klappen in diesem Beispiel nur die Aufrufe mit float-Werten, sowie die Integer, weil die verlustfrei konvertiert werden können.

Nützlich ist jedoch weiterhin, dass Objekte der Klasse automatisch anhand ihrer Werte verglichen werden:

```
# Vergleichsmethoden werden generiert
a = Vector2D(5, 6)
b = Vector2D(5, 6)
c = Vector2D(3, 4)

assert a == b
assert b == a
assert a != c
assert b != c
```
Listing 25.25: data.py

 Zur Erinnerung: Normalerweise werden Objekte anhand ihrer Identität verglichen und Sie müssen die magische Methode __eq__ implementieren, damit der Vergleich die Attributwerte beachtet. Eine Datenklasse implementiert diese Vergleichsmethode jedoch bereits von Haus aus (das ist der Zweck dieses Operators).

Außerdem bekommt die Klasse automatisch eine __str__-Methode:

```
>>> from data import Vector2D
>>> print(Vector2D(3, 4))
Vector2D(x=3, y=4)
```

Die Annotationen können außerdem zur Laufzeit ausgelesen werden:

```
>>> print(Vector2D.__annotations__)
{'x': <class 'float'>, 'y': <class 'float'>}
```

Datenklassen sind daher gut geeignet, wenn man *Werte-Objekte* benötigt, also Objekte, die bei gleichen Daten als gleich behandelt werden. Wenn Sie zwei schwarze Filzstifte haben, dann sind diese gleich einsetzbar und es ist eigentlich egal, welchen Sie verwenden.

 Außer Sie haben ein Kind im Kleinkindalter, das gerne malt, dann werden Sie natürlich wissen, dass es sehr wohl einen Unterschied macht, welchen von zwei schwarzen Stiften man verwendet, vor allem wenn die Besitzerin des einen schwarzen Stiftes die große Schwester ist, dann ist der natürlich besser.

Teil VI
Wartezeiten vermeiden

Kapitel 26
Arbeitsteilung – wie ein Computer zwei Dinge gleichzeitig erledigt

In diesem Buchteil erfahren Sie etwas darüber, wie man Aufgaben verteilt und dadurch bestimmte Probleme schneller erledigt. Stellen Sie sich mal die folgende Situation vor:

Langsam schieben Sie Ihren Einkaufswagen vor sich her und kommen dem Kassenbereich näher, wo neben einer vielfältigen Zigarettenauswahl auch eine lange Einkaufswagenschlange auf Sie wartet. Vorne scheint es nicht voranzugehen, denn dort steht ein älterer Herr, der unmarkiertes, unförmiges Obst kauft, das der Verkäufer noch nie gesehen hat; zerknitterte Pfandbons abgibt; nach weggeschlossenen Rasierklingen fragt und schließlich noch eine CO_2-Wechselkartusche einfordert.

Am Ende möchte er mit ausländischem Geld bezahlen. Die wartende Menschenschlange windet sich mittlerweile um die Tiefkühltruhen, vorbei an den Regalen mit dem Cornflakes bis hinten zur Fleischtheke.

Diese Situation, angedeutet in Abbildung 26.1, kennen Sie wahrscheinlich. Das ist genau die Situation, in der Sie hilfesuchend Ihren Blick zu den anderen, unbesetzten Kassen schweifen lassen.

 In Ludwigshafen am Rhein, wo die Buchstaben BASF groß und *soziale Erwünschtheit* klein geschrieben werden, kann man in Supermärkten häufig beobachten, wie ungeduldige Einkäufer in so einer Situation einfach Lautstark »KASSEE!« brüllen. Das klappt erstaunlich gut und ist der wohl wichtigste zivilisatorische Beitrag der Stadt. Die chemischen Erzeugnisse der BASF können da nicht ansatzweise mithalten.

Die Abfertigung der Kunden ließe sich einfach und hervorragend beschleunigen, wenn mehr Kassen geöffnet wären. Auf Ihrem Rechner ist das ähnlich, nur dass hier keine Lebensmittel

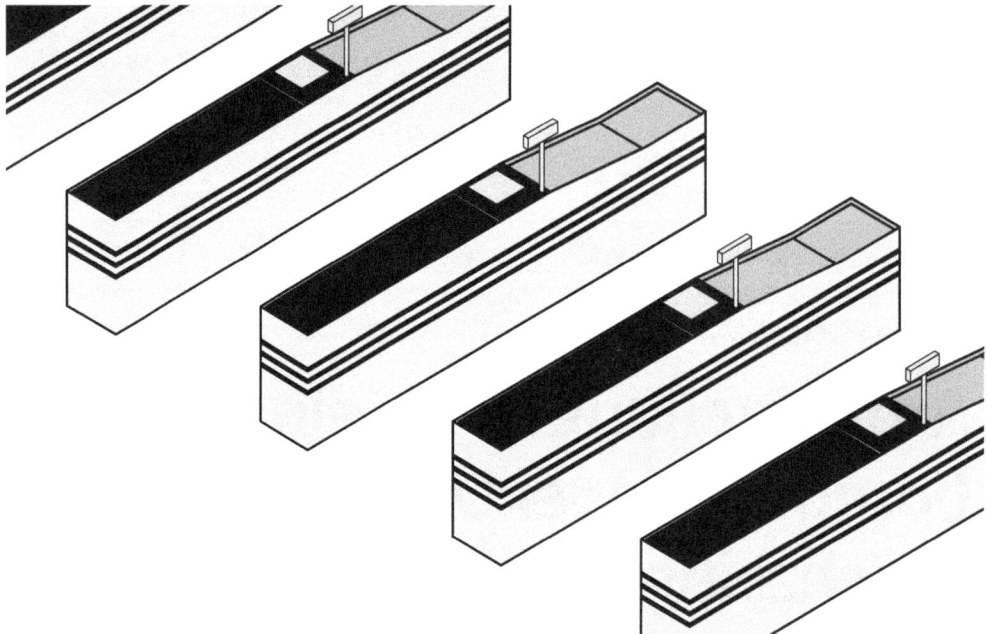

Abbildung 26.1: Wann Sie heute aus dem Supermarkt rauskommen, ist unter anderem davon abhängig, wie viele Kassen geöffnet sind.

über einen Scanner gezogen werden, sondern Instruktionen an der CPU vorbei müssen. Je mehr CPUs, desto schneller sollte alles laufen, oder?

So einfach ist das leider nicht. Zwar lassen sich manche Probleme schneller abarbeiten, wenn man die Arbeit an mehrere Akteure verteilt, aber es gibt auch Aufgaben, die sich nicht weiter unter- oder verteilen lassen. Eine Schwangerschaft dauert im Schnitt 38 Wochen – dies lässt sich nicht auf eine Woche reduzieren, indem Sie die Aufgabe auf 38 Personen verteilen.

Multitasking – geteilte Aufmerksamkeit

Eine CPU mit einem Rechenkern kann immer nur eine Aufgabe gleichzeitig erledigen. Bis in die frühen 2000er Jahre hatten die Rechner in aller Regel nur einen Kern – zumindest die für den Heimgebrauch. Man konnte aber bereits damals sowohl Musik hören als auch nebenher im Internet surfen – wie konnte ein Rechner also scheinbar zwei Dinge gleichzeitig bearbeiten, obwohl er nur eine CPU hatte?

Die Antwort ist: Das konnte er gar nicht, denn das Ganze war (und ist immer noch) ein Taschenspielertrick. Es läuft immer nur eine Aufgabe gleichzeitig. Allerdings wechselt der Computer so schnell zwischen den Aufgaben hin und her, dass man die Unterbrechungen nicht mitbekommt und es aussieht, als würden beide Programme gleichzeitig laufen.

Dieser Trick wird auch als *Multitasking* bezeichnet und es gibt mehrere Arten, das umzusetzen. Entweder, die laufenden Prozesse sagen dem Betriebssystem selbst Bescheid, wann sie die CPU nicht brauchen (das nennt man auch *kooperatives Multitasking*), oder man lässt das Betriebssystem entscheiden, wann welcher Prozess dran ist – diese wird als *präemptives Multitasking* bezeichnet.

Beim präemptiven Multitasking weist das Betriebssystem den Prozessen winzige Zeitfenster zu (auf Englisch: time slice, auf Deutsch oft auch als *Zeitschlitz* oder *Zeitscheibe* bezeichnet) und entzieht ihnen diese schnell wieder. Die Zeitfenster sind typischerweise nur wenige Millisekunden groß; unter Windows zum Beispiel je nach Version irgendwas zwischen 10 und 30 Millisekunden. Das Blinzeln eines Menschen dauert so um die 100 bis 300 Millisekunden, also müssten selbst sehr schnelle Blinzler sich anstrengen, um einen Taskwechsel auf frischer Tat zu ertappen.

Beim Multitasking geht es nicht so sehr um die Geschwindigkeit, sondern vielmehr um die Fairness; es wird vor allem vermieden, dass ein einziger Prozess die CPU blockiert oder dass die schnelle CPU auf langsame Ressourcen wie das Netzwerk warten muss. Am Ende sieht es aus, als wären mehrere Prozesse gleichzeitig an der Reihe.

Stellen Sie sich vor, im Supermarkt wäre nur eine Kassiererin vor Ort, aber es stehen vier Kunden im Kassenbereich. Wie wäre es, wenn die Kassiererin nun von Kasse zu Kasse sprintet, genau fünf Sekunden lang ein paar Gegenstände scannt und dann zur nächsten Kasse hechtet? Insgesamt sind die Kunden dann nicht schneller abgearbeitet – eher im Gegenteil, denn der Sprint kostet die Kassiererin zusätzlich Zeit. Allerdings wird die Wartezeit auf die einzelnen Kunden verteilt – so würde es sich womöglich anfühlen, als käme man früher an die Reihe.

Parallelisierung – geteiltes Leid

Wirklich schneller geht es nur, wenn der Supermarkt mehrere Kassenbereiche öffnet. Wenn sich vier Kunden dann auf vier Kassen aufteilen, braucht jeder Kunde in etwa gleich viel Zeit (vorausgesetzt die Kunden kaufen in etwa die gleiche Menge an Artikeln).

In den Genuss einer solchen *parallelen Ausführung* kommen Sie nur, wenn Sie mehr als einen Rechner besitzen – dann können Sie Ihr Programm einfach auf einem zweiten Rechnern starten. Müssen Sie aber nicht, denn moderne Rechner verfügen heutzutage meistens über mehrere Prozessorkerne – wie viele das sind, erfahren Sie über den folgenden Schnipsel:

```
>>> from multiprocessing import cpu_count
>>> cpu_count()
8
```

Im Modul `multiprocessing` gibt es die Funktion `cpu_count`, die Ihnen die Anzahl der bei Ihnen verfügbaren CPUs ausgibt.

Tatsächlich ist die Sache in der Praxis sogar noch komplexer. Moderne CPUs haben nicht nur mehrere Rechenkerne, sondern unterstützen auch hardwareseitig eine parallele Ausführung – diese Technik nennt sich *Hyper-Threading*. Ein *Thread* (auf Englisch: Faden) ist ein separater Ausführungsverlauf oder *-strang*. Durch Hyper-Threading kann ein Kern zwei separate Befehlsströme verarbeiten, was zwar die Auslastung der CPU verbessert, aber die Geschwindigkeit pro Kern reduzieren kann. Meist wird vom Hersteller so etwas angegeben wie beispielsweise 12/24, also hat die CPU zwölf Kerne, die aber durch Hyper-Threading je zwei Threads bearbeiten können. Gegenüber dem Betriebssystem werden die Threads wie eigene CPU-Kerne dargestellt, daher gibt der Befehl weiter oben aus, dass acht CPUs vorhanden seien, dabei handelt es sich in Wirklichkeit um eine Maschine mit vier Kernen und jeweils zwei Threads pro Kern.

Ob die acht Kerne die Leistung eines Programms wirklich verbessern, hängt davon ab, ob das zu bearbeitende Programm überhaupt aufgeteilt werden kann.

Stellen Sie sich vor, sie wären die einzige Kundin im Kassenbereich und haben einen Rieseneinkauf für die nächsten 2 Wochen im Wagen. Wenn acht Kassen offen sind, könnten Sie Ihre Artikel an allen acht Kassen auflegen, dann würde der Scan-Vorgang acht mal so schnell verlaufen. Aus praktischen Gründen macht man das natürlich nicht, aber theoretisch wäre es möglich. So müssten Sie selbst ja beim Auflegen der Waren ständig zwischen den Kassen hin- und herflitzen – das wäre etwas nervig.

Solche praktischen Gründe muss man auch beim Programmieren beachten. Nicht jede Berechnung ist gut parallelisierbar. Auch wird ein normales Programm nicht schneller, nur weil Sie es auf einer mehrkernigen CPU laufen lassen – Sie müssen die Arbeitslast schon bewusst verteilen.

Zusammenfassung

✔ **Multitasking**: Ein Kassierer bedient mehrere Kunden gleichzeitig.

✔ **Parallelisierung**: Mehrere Kassierer bedienen mehrere Kunden gleichzeitig.

Ob es dadurch schneller geht, hängt davon ab, ob die Einkäufe sich sinnvoll auf mehrere Kassen verteilen lassen.

Kapitel 27

Threads – nicht den Faden verlieren

Beim Multitasking wird schnell zwischen mehreren Aufgaben hin- und hergewechselt, sodass es wirkt, als würden diese gleichzeitig abgearbeitet. Dafür teilen Sie ihr Programm in mehrere Ausführungspfade auf, sogenannte *Threads* (Englisch für Strang oder Faden). Abbildung 27.1 hilft Ihnen, sich das vorzustellen.

Der rote Faden

Jeder Thread verhält sich wie ein eigenes Mini-Programm und läuft zeitlich unabhängig von den anderen Threads ab. Das Hin- und Herwechseln müssen Sie nicht selbst organisieren – das machen der Interpreter und Ihr Betriebssystem für Sie. Dennoch stellt das Programmieren mit Threads eine Herausforderung dar.

Threads müssen untereinander Daten austauschen und brauchen dafür lesenden und schreibenden Zugriff auf Variablen. Dabei gilt die Regel »Wer zuerst kommt, mahlt zuerst«, also überschreibt der eine Thread den anderen und Ihr Programm verrechnet sich. Im Fachjargon nennt man das eine *Wettlaufsituation* (auf Englisch: *race condition*), wie Abbildung 27.2 veranschaulicht. Threads laufen zeitlich unabhängig voneinander ab, daher ist nicht immer klar, welche Operationen zu welchem Zeitpunkt stattfinden, und dadurch entstehen Fehler.

Fehler, die durch solche zeitlichen Konflikte entstehen, treten meist unerwartet auf und sind daher sehr schwer zu finden. Um sie zu verhindern, muss man sich gut vorbereiten. Sie können mit speziellen Anweisungen bestimmte Bereiche sperren, sodass nur ein Thread gleichzeitig an einer Variable arbeitet. Dafür gibt es verschiedene Verfahren, wie einfache Sperren (*Locks*), die nur einen Thread gleichzeitig zulassen, oder komplexere *Semaphore*, die eine Ressource für mehrere Threads zugänglich machen. Leider entsteht durch den Einsatz solcher Sperren ein neues Problem.

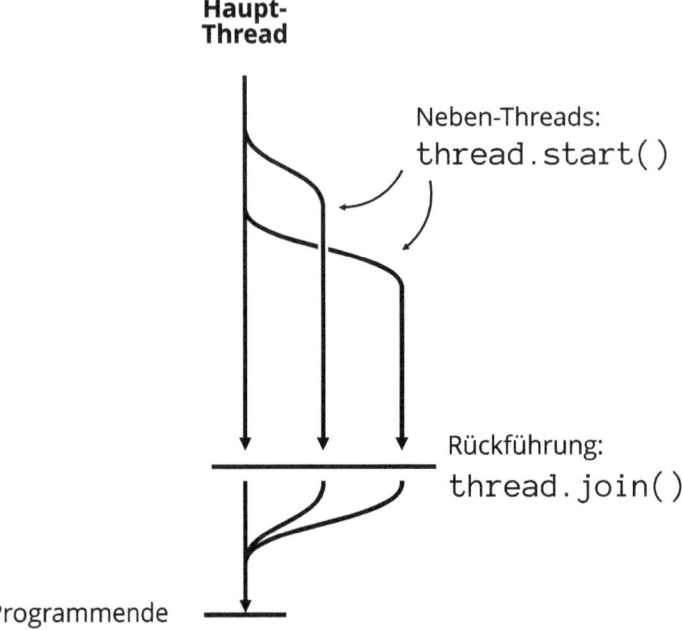

Abbildung 27.1: Programme können in mehrere Ausführungspfade – *Threads* – aufgespalten werden.

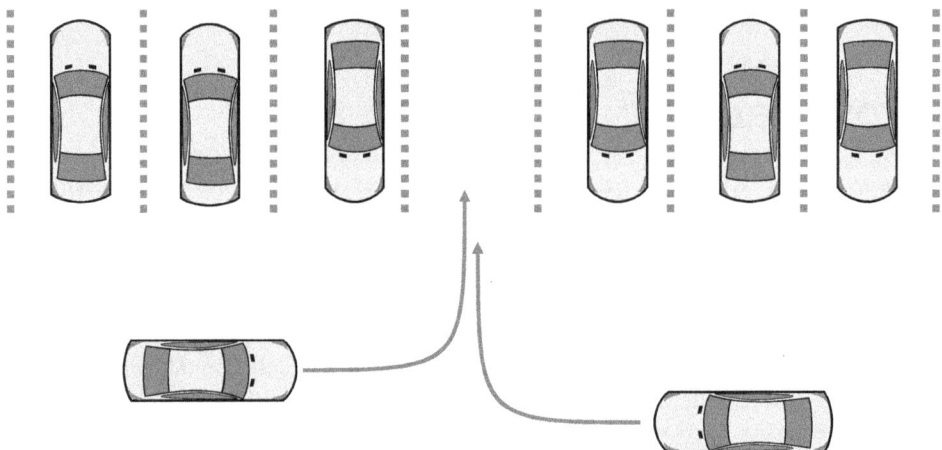

Abbildung 27.2: Wem gehört die Parklücke? Eine typische Race Condition.

Möchte ein Thread eine sensible Ressource nutzen, kann er sie sperren und muss die Sperre am Ende seiner Arbeitszeit wieder freigeben. Dabei kann es aber zu Situationen kommen, in denen ein Thread die Sperre *nicht* wieder freigibt; oder aber es entstehen Abhängigkeiten, die die Freigabe blockieren. Abbildung 27.3 zeigt eine griffige Analogie: Vier Autos stehen an einer Kreuzung, an der die Grundregel »rechts vor links« gilt – wer hat jetzt Vorfahrt? So eine Situation nennt man einen *Deadlock*.

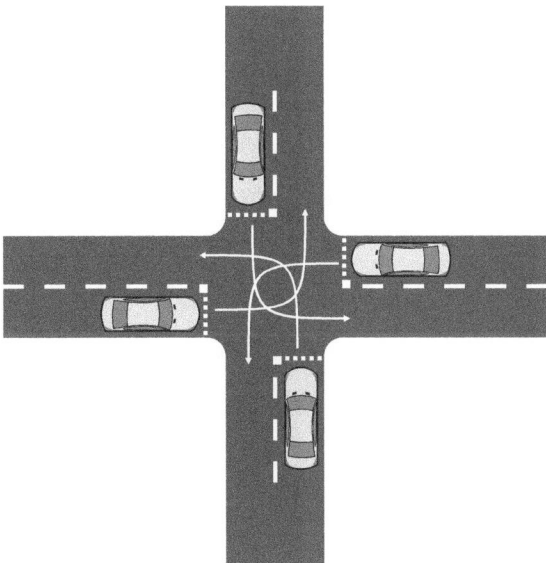

Abbildung 27.3: Deadlock – wer darf zuerst?

Viele Threads erschweren auch die Fehlerbehandlung innerhalb eines Programms. Wenn man nicht aufpasst, werden begrenzte Ressourcen möglicherweise nicht wieder freigegeben, dadurch kommt es zu Speicherlecks. Das Arbeiten mit Threads ist also nicht ohne.

Wofür Threads gut sind

Auch wenn Threads mit einigen Herausforderungen daherkommen, so erfüllen Sie doch eine wichtige Aufgabe. Man braucht sie immer dann, wenn man die Benutzer bei Laune halten möchte, während sie auf eine langsame Ressource warten – zum Beispiel das Netzwerk oder eine Datei.

 Langzeitspeicher wie Festplatten mit Drehscheiben (Hard-Disk-Drives, HDDs), aber auch moderne Solid-State-Drives (SSDs) arbeiten im Verhältnis zu Ihrem Prozessor oder Arbeitsspeicher nur mit einem quälend langsamen Schneckentempo. Wenn Ihr Programm eine Datei liest oder schreibt, müssen Sie warten, bis alle Daten da beziehungsweise raus sind. So lange ist das Programm blockiert und kann in der Zwischenzeit nichts anderes machen. Noch schlimmer ist es, wenn Sie auf eine Datei aus dem Netzwerk warten, also etwa wenn Sie etwas aus einer schwer zugänglichen Internet-Ressource herunterladen – dass kann mehrere Minuten dauern.

Standardmäßig hat jedes Programm nur einen Ausführungsstrang – den Haupt- oder *Main*-Thread. Wenn Sie innerhalb dieses Threads auf einen Download warten müssen, blockiert das Programm in dieser Zeit. In einer GUI-Anwendung bedeutet das, dass der Nutzer keine weiteren Buttons anklicken kann (zum Beispiel zum Abbrechen des Downloads) und auch

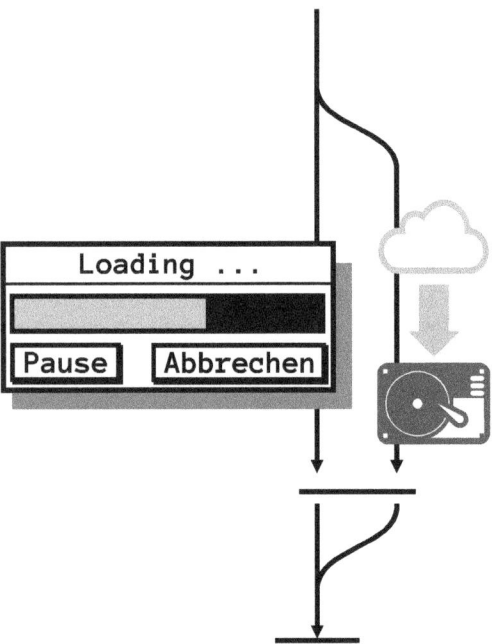

Abbildung 27.4: Ohne den zweiten Thread würde beim Herunterladen die GUI einfrieren.

sonst keine Nachrichten im Programm aktualisiert werden können (etwa um den Fortschritt auszugeben). Daher lagert man den Download meistens in einen zweiten Thread aus. Der Haupt-Thread kann dann weiterhin auf Nutzereingaben reagieren und das Programm bleibt ansprechbar (man sagt auch *responsiv*) – Abbildung 27.4 illustriert diese schlaue Idee.

Wofür Threads nicht gut sind

Es ist wichtig zu verstehen, dass Threads in Python nicht wirklich *parallel* laufen. Sie sind daher nicht geeignet, um CPU-intensive Berechnungen durch Parallelisierung zu beschleunigen.

 Dies ist allerdings kein Problem von Threads im Allgemeinen, sondern das liegt daran, wie Threads in Python umgesetzt sind. Der CPython-Interpreter verhindert durch eine Sperre, dass mehr als ein Thread gleichzeitig Python-Code ausführt.

Für echte Parallelisierung wählt man einen anderen Ansatz, auf den Kapitel 28 unter *Multiprocessing – Arbeit auf mehrere Prozesse verteilen* eingeht. Nun sind Sie aber ausreichend vorgewarnt, jetzt dürfen Sie das mit den Threads gerne ausprobieren.

Threads einfädeln

Jedes Python-Programm hat einen Haupt-Thread. Von diesem aus können Sie weitere Threads abzweigen:

```python
from threading import Thread

thread = Thread(target=print,
    args=["Nebenschauplatz"])

thread.start()

print("Schauplatz")
```
Listing 27.1: thread.py

Im Modul `threading` gibt es eine Klasse namens `Thread`. Deren Objekte kapseln Funktionen, die in einem zusätzlichen Pfad ausgeführt werden. Im Beispiel wurde schlicht `print` übergeben.

Das Thread-Objekt wird hier zunächst erzeugt, aber noch nicht gestartet. Daher wird `print` als Variable über das Keyword `target=` weitergereicht und nicht einfach aufgerufen. Die Argumente der Funktion (hier: der auszugebende Text) stehen in der Variable `args`, die stets eine Liste von Argumenten erwartet.

Erst wenn Sie `thread.start()` aufrufen, »spaltet« sich das Programm, wie in Abbildung 27.5 angedeutet. Der Haupt-Thread läuft einfach weiter und zusätzlich läuft nun ein Neben-Thread.

Sie sehen (wahrscheinlich) die folgende Ausgabe:

```
$ python thread.py
Nebenschauplatz
Schauplatz
```

Achten Sie auf die Reihenfolge: Der Text »Nebenschauplatz« wird zuerst ausgegeben, danach kommt der Text »Schauplatz«. Wie Abbildung 27.5 andeutet, dürfte die Ausgabe des Neben-Thread der des Haupt-Thread zuvorkommen.

 Es kann allerdings passieren, dass die Reihenfolge der Ausgabe vertauscht ist, da die Threads gleichberechtigt nebeneinander laufen und die zeitliche Reihenfolge eher zufällig entsteht. Sollte der Neben-Thread einen Schluckauf haben, kann es passieren, dass der Haupt-Thread schneller zum Zuge kommt.

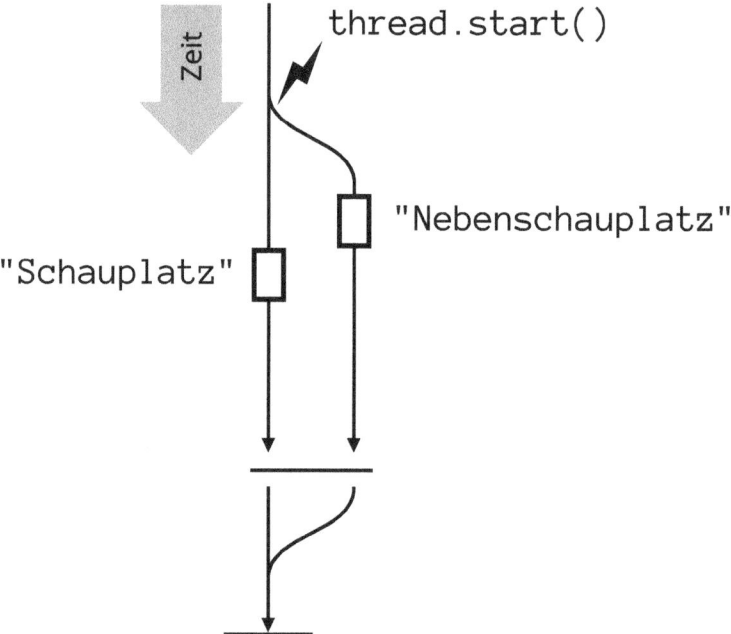

Abbildung 27.5: Vom Haupt-Thread wird ein Neben-Thread abgezweigt.

Das können Sie simulieren, indem Sie in einem Thread eine Funktion aufrufen, die nicht gleich an die Arbeit geht, sondern trödelt:

```
import time
from threading import Thread

def dawdle(text):
    # Diese Funktion trödelt eine Sekunde,
    # bevor sie den Text ausgibt.
    time.sleep(1)
    print(text)

thread = Thread(target=dawdle,
    args=["Nebenschauplatz"])

thread.start()

print("Schauplatz")

thread.join()

print("Ende")
```
Listing 27.2: dawdle.py

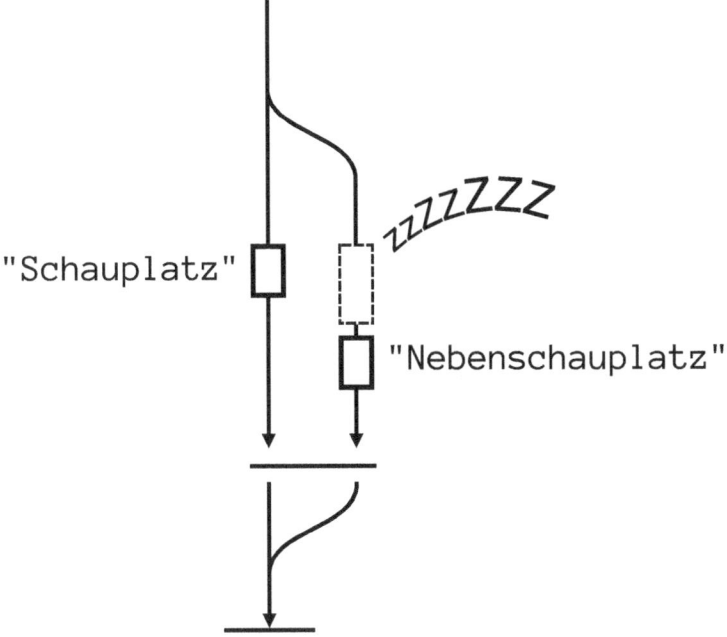

Abbildung 27.6: Der neue Thread schläft eine Sekunde – dadurch ändert sich die Reihenfolge der Ausgabe.

Hier wird die Funktion time.sleep(1) verwendet, um den Thread eine Sekunde schlafen zu legen. Wenn Sie das Programm jetzt ausführen, sollte die Ausgabe so aussehen:

```
$ python thread.py
Schauplatz
Nebenschauplatz
Ende
```

Im Vergleich zu vorher ist die Ausgabe verdreht, wie auch Abbildung 27.6 zeigt. Da der neue Thread erst mal eine Sekunde lang gar nichts tut, hat der Haupt-Thread genug Zeit, seinen Text »Schauplatz« auszugeben – erst danach erscheint der Text »Nebenschauplatz«.

Eigentlich würde der Haupt-Thread einfach weiterlaufen und sogar den Text »Ende« ausgeben, bevor die Wartezeit des Neben-Threads vorbei ist, allerdings wird er daran gehindert. Der Aufruf der Funktion thread.join() weist den Haupt-Thread an, so lange zu warten, bis der Neben-Thread seine Arbeit verrichtet hat. Daher wird »Ende« in jedem Fall zuletzt ausgegeben.

Locks – einer nach dem anderen

Das folgende Programm demonstriert eine Wettlaufsituation: Zwei Threads versuchen zeitgleich, einen Wert zu verändern, was zu einem falschen Ergebnis führt.

Das Programm enthält eine Variable, die am Anfang auf 0 gesetzt wird. Es werden zwei Threads gestartet, der eine inkrementiert, der andere dekrementiert die Zahl, jeweils zehn Mal. Diese Operationen sollten sich eigentlich aufheben und das Endergebnis wieder 0 sein (weil $0 + 10 - 10 = 0$). Durch eine künstliche Verzögerung wird jedoch das Risiko für gegenseitige Unterbrechungen gesteigert, was dazu führt, dass die Threads jeweils falsche Daten sehen.

```
import threading
import time

# Geteilte Ressource
resource = 0

def increment():
    global resource
    for _ in range(10):
        local = resource
        local += 1
        time.sleep(0.001)
        resource = local

def decrement():
    global resource
    for _ in range(10):
        local = resource
        local -= 1
        time.sleep(0.001)
        resource = local

# Threads anlegen
up = threading.Thread(target=increment)
down = threading.Thread(target=decrement)

# Threads starten
up.start()
down.start()

# Warten, bis sie fertig sind
up.join()
down.join()

# Ressource ausgeben -- das Ergebnis sollte 0 sein!
print(resource)
```
Listing 27.3: conflict.py

Beachten Sie, wie die Funktionen increment und decrement implementiert sind – sie arbeiten absichtlich etwas umständlich. Innerhalb der Schleife wird die globale Ressource zunächst kopiert und dann die Kopie verändert – erst am Ende wird die globale Variable zurückgeschrieben. Zwischenzeitlich wird der jeweilige Thread für eine Millisekunde schlafen gelegt. In dieser Zeit kann es passieren, dass der andere Thread versucht, die globale Ressource zu verändern – dabei ist der vorherige Thread noch gar nicht fertig.

Wenn Sie dieses Programm ausführen, erhalten Sie überraschende Ergebnisse:

```
$ python conflict.py
10
$ python conflict.py
-10
$ python conflict.py
10
$ python conflict.py
10
$ python conflict.py
-10
```

Nicht nur sind die Ergebnisse falsch, sie sind auch jedes Mal anders – je nachdem, welcher Thread schneller dran war, eine positive oder negative Zahl. Eigentlich wäre 0 der korrekte Wert, aber die beiden Threads kommen sich in die Quere. Das können Sie verhindern, indem Sie die sensiblen Bereiche absperren:

```
...
# Sperre anlegen
lock = threading.Lock()

def increment():
    global resource
    for _ in range(10):
        lock.acquire()  # Ressource sperren
        local = resource
        local += 1
        time.sleep(0.001)
        resource = local
        lock.release()  # Ressource freigeben

def decrement():
    global resource
    for _ in range(10):
        lock.acquire()  # Ressource sperren
        local = resource
        local -= 1
        time.sleep(0.001)
        resource = local
        lock.release()  # Ressource freigeben
...
```

Listing 27.4: locks.py

Im Modul `threading` gibt es ein spezielles `Lock`-Objekt. Es bringt die Methoden `lock.acquire` und `lock.release` mit. Diese verwenden Sie, um den sensiblen Bereich zu sperren und wieder freizugeben. Wenn Sie das Programm `conflict.py` erneut ausführen, stimmt das Ergebnis:

```
$ python locks.py
0
$ python locks.py
0
```

Zwar löst die Sperre den Konflikt auf, dennoch sind solche Blockaden nur mit Vorsicht zu genießen. Solange ein Thread einen Bereich gesperrt hat, müssen andere Threads warten. Das kann das Abarbeiten derart verzögern, dass das Programm spürbar langsamer arbeitet. In Extremfällen geht die Reaktionsfähigkeit Ihres Programms komplett in die Knie – und gerade das zu vermeiden, war ja der eigentliche Grund für den Einsatz von Threads!

Teuflische Hintergrund-Threads

Der Haupt-Thread eines Programms beendet sich erst, wenn alle abgezweigten Neben-Threads wieder hinzugestoßen sind. Wenn Sie nicht selbst `thread.join()` aufrufen, wartet der Main-Thread vor dem Ende des Programms:

```
import threading
import time

def wait():
    time.sleep(5)

threading.Thread(target=wait).start()
```
Listing 27.5: wait.py

Der neue Thread eröffnet hier einen neuen Ausführungsfaden: 5 Sekunden schlafen. Das Programm wird erst danach beendet. Anders sieht es aus, wenn Sie den Thread als *Dämon* beziehungsweise in englischer Schreibung Daemon markieren:

```
import threading
import time

def wait():
    time.sleep(5)

threading.Thread(target=wait, daemon=True).start()
```
Listing 27.6: daemon.py

Dieses Programm wird sich sofort beenden, da auf Daemon-Threads nicht gewartet wird.

 In der griechischen Mythologie waren Dämonen übernatürliche Wesen, die für alle möglichen Naturphänomene verantwortlich gemacht wurden, wie etwa Verdunstung, Verwelken von Zimmerpflanzen oder das kontinuierliche Schrumpfen des Hosenbunds. Erst mit dem Christentum veränderte sich der Begriff, der heute eher bösartige Wesen meint. In der Unix-Welt orientiert man sich nach wie vor an der neutralen Interpretation – Daemon-Prozesse sind Hintergrundprozesse; unter Windows nennt man sie Dienste. Ein *Daemon-Thread* ist ein Thread, der in den Hintergrund tritt. Daher wartet das Programm auch nicht auf ihn.

Ein Programm endet erst, wenn alle Threads zurückgeführt (ge-*joined*) wurden oder nur noch Daemon-Threads übrig sind.

Ein solcher Daemon-Thread ist nützlich, wenn man Teile eines Programms in den Hintergrund verbannen möchte. Eine Demonstration:

```
. . .
```

```
for i in range(1_000_000):
    print(f"\r{i}", end="")
```
Listing 27.7: write.py

Dieses kleine, aber feine Programm zählt von 0 bis 999.999. Dabei wird jede Zahl einzeln ausgegeben, aber nicht zeilenweise, sondern so, dass die vorherige Zeile überschrieben wird. Auf der Konsole sieht das wie ein Zählwerk aus und die Geschwindigkeit entspricht in etwa der Preisanzeige beim Tanken auf der Zapfsäule.

Das Programm braucht einige Sekunden, wobei die meiste Zeit für die Ausgabe draufgeht. Nicht nur das Schreiben auf die Festplatte oder das Lesen aus dem Netzwerk sind verhältnismäßig langsam, auch das Schreiben auf die Konsole hält den Ablauf des Programms unnötig auf – eigentlich tun das schlicht alle Ein- und Ausgabe-Methoden. Wie viel, das können Sie herausfinden – stoppen Sie einfach die Zeit mit der folgenden Klasse.

```
import time

class Stopwatch:
    def __init__(self):
        self._start = 0.0
        self._end = 0.0

    def __enter__(self):
        self._start = time.perf_counter()
        return self

    def __exit__(self, exc_type, exc_value, traceback):
        self._end = time.perf_counter()

    @property
    def elapsed(self):
        return self._end - self._start

    def __str__(self):
        return f"{self.elapsed:.2f} s"
```
Listing 27.8: stopwatch.py

Hier handelt es sich um ein separates Modul namens stopwatch.py. Dieses Modul wird im restlichen Verlauf des Kapitels noch öfter verwendet, daher sollten Sie es kurz studieren. Wenn Sie dieses Buch bisher am Stück gelesen haben, dann erinnert der Code Sie sicher an den Abschnitt *Dekoratoren* – da finden Sie eine Implementierung einer solchen Stoppuhr als Dekorator.

Die Klasse Stopwatch wurde als Kontext-Manager gebaut. Sie bringt zwei Spezialfunktionen mit:

1. __enter__ wird ausgeführt, wenn der Code-Block begonnen wird.

2. __exit__ wird ausgeführt, wenn der Code-Block verlassen wird.

Damit definieren Sie nun einen eingerückten Code-Block:

```
from stopwatch import Stopwatch

with Stopwatch() as stopwatch:
    for i in range(1_000_000):
        # Ausgabe
        print(f"\r{i}", end="")
print()
print(f"Elapsed: {stopwatch}")
```
Listing 27.9: write.py

Zunächst wird die Klasse aus ihrem Modul importiert. Mit dem Keyword with leiten Sie einen neuen Kontext ein. Mit dem Schlüsselwort ... as stopwatch legen Sie eine Variable an, sodass die Stoppuhr später noch ausgelesen werden kann.

Darunter steht ein Block mit eingerücktem Code. Dieser wird nun unter der Schirmherrschaft des Kontextes ausgeführt. Die Stopwatch registriert dabei den Eintritt und den Austritt des Interpreters in den eingerückten Bereich.

Beim Eintreten wird __enter__ ausgeführt und dadurch die Startzeit erfasst. Beim Verlassen des Blocks wird __exit__ aktiv und erneut ein Zeitpunkt erfasst. Die abgelaufene Zeit ist die Differenz zwischen Start und Ende – die erfahren Sie aus dem Attribut stopwatch.elapsed. Die Stopwatch erfasst also die Zeit, die der Interpreter für die Ausführung des eingerückten Codes braucht. Und das in nur einer Zeile!

Die Ausgabe sieht dann so aus:

```
$ python write.py
999999
Elapsed: 31.0223 s
```

Die Schleife zählt hoch und überschreibt den jeweils letzten Wert (erkennbar an dem \r). Wenn sie fertig ist, steht in der Ausgabe daher die letzte berührte Zahl. Danach wird die Stopwatch ausgegeben.

Das Programm braucht für die Million einige Zeit – je nach Hardware etwas länger oder kürzer. Wenn Sie die print-Funktion innerhalb der for-Schleife durch pass ersetzen, läuft das Programm wesentlich schneller ab:

```
...
with Stopwatch() as stopwatch:
    for i in range(1_000_000):
        # KEINE Ausgabe auf der Konsole
        pass
...
```
Listing 27.10: write.py

```
$ python write.py
Elapsed: 0.0293 s
```

 Das reine Zählen von eins bis eine Million ist also recht schnell (nur wenige Millisekunden und ein paar Zerquetschte), die Ausgabe aber ernüchternd langsam. Das Programm wird durch die Ausgabe also unnötig aufgehalten. Normalerweise sind alle Ein- und Ausgabe-Operationen so gestaltet, dass der Interpreter warten muss, bis sie fertig sind. Man spricht daher auch von *blockierender Ein- und Ausgabe*, auf Englisch auch als *blocking I/O* abgekürzt.

Als Lösung kommt nun so ein Hintergrund-Thread ins Spiel. Die blockierende Ausgabe wird in den Hintergrund verbannt, sodass der Haupt-Thread in Ruhe durchzählen kann, so schnell es geht. Dadurch läuft das Programm insgesamt schneller durch.

So wird das Modul write.py verändert:

```
import threading
from stopwatch import Stopwatch

i = 0

def status():
    global i
    while True:
        print(f"\r{i}", end="")

threading.Thread(target=status, daemon=True).start()

with Stopwatch() as stopwatch:
    for i in range(1_000_000):
        pass
print()
print(f"Elapsed: {stopwatch.elapsed:0.4f}s", )
```
Listing 27.11: write.py

Die Schleife hat sich nicht verändert, jedoch passiert davor so einiges. Threads können auf den Speicherbereich des Haupt-Threads zugreifen, daher wird zunächst die Laufvariable i als globale Variable angelegt. Das Programm zählt diese Variable implizit hoch (beim Durchlaufen mit for i in range(1_000_000) wird also die globale Variable i verändert).

In der Funktion status läuft eine Endlosschleife, die in jeder Iteration die Variable i ausgibt. Diese Funktion wird in einen eigenen Daemon-Thread ausgelagert, der die Ausgabe von der eigentlichen Arbeit – dem Hochzählen – trennt. Das Hochzählen wird nun nicht mehr von der Ausgabe aufgehalten:

```
$ python write.py
963354
Elapsed: 0.1078s
```

Jetzt läuft das Programm in wenigen hundert Millisekunden durch. Die Iteration ist leider so schnell, dass der Ausgabezähler nicht hinterherkommt, daher stimmt die Zahl am Ende nicht – das Programm ist fertig, noch bevor der Ausgabe-Daemon an der 999.999 angelangt ist. Abbildung 27.7 veranschaulicht den Unterschied zum Programm ohne Thread.

 Dieses Programm arbeitet leider unsauber und wird wahrscheinlich mit einer Fehlermeldung enden. Der Daemon gibt in einer Endlosschleife die Variable i aus. Am Ende möchte der Haupt-Thread aber eine Ausgabe machen, um die Dauer des Programms auszugeben und kommt leider nicht dazwischen. So erfahren Sie auch gleich eine der größten Schwierigkeiten beim Programmieren mit Threads: Sie müssen aufpassen, dass es keine Ressourcenkonflikte gibt.

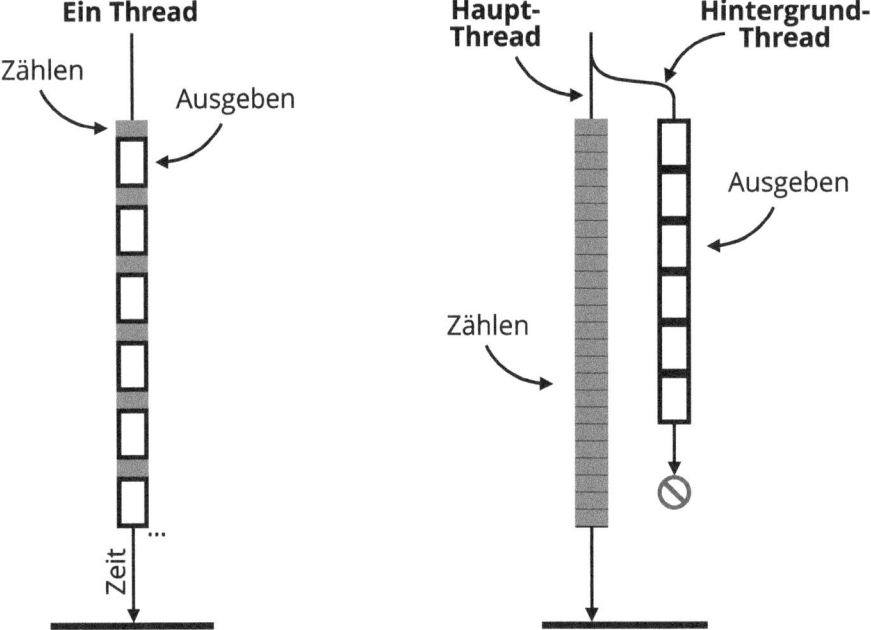

Abbildung 27.7: Die langsame Ausgabe blockiert das Programm, daher verbannt man sie in einen separaten Daemon-Thread. Auf den muss man auch nicht warten.

Python verwaltet einige Ressourcen intern so, dass Threads sich nicht in die Quere kommen, darunter etwa die Konsolenausgabe. Aufrufe von print verwenden eine implizite Sperre, sodass nicht mehrere Threads gleichzeitig in die Konsole schreiben können, weil das sonst zu Zeichensalat führen würde. Die Endlosschleife im Daemon-Thread verhindert aber, dass der Haupt-Thread diese Sperre setzt, was er mit einer Fehlermeldung quittiert. Um diese zu beseitigen, können Sie in der Endlosschleife ein wenig künstliche Wartezeit einfügen, zum Beispiel time.sleep(0.001). Das gibt dem Interpreter genug Gelegenheit, das Programm zu unterbrechen und die Sperre zu setzen. Noch besser wäre es aber, den Daemon-Thread gesittet zu beenden:

```
...
i = 0
done = False  # Signal

def status():
    global i
    global done
    while not done:  # Signal prüfen
        print(f"\r{i}", end="")
...
with Stopwatch() as stopwatch:
    for i in range(10_000_000):
        pass
    done = True  # Signal setzen
...
```

Listing 27.12: write.py

Sobald alle Zahlen durchlaufen sind, wird der Schalter done auf True gesetzt. Das beendet die Schleife. Der Daemon-Thread läuft dann einfach weiter. Der Haupt-Thread wartet aber nicht auf ihn und kann das Programm ordnungsgemäß beenden.

Das Beispiel zeigt, was Threads ermöglichen: Die langsame Ausgabe wird einfach in einen separaten Thread verlagert, sodass das Hauptprogramm in voller Geschwindigkeit weiterarbeiten kann. Dadurch bleibt das Programm reaktionsfähig und ansprechbar (man sagt auch *responsiv*) – die Nutzer bekommen also mit, dass sich etwas tut. Zwar könnte man auf die Aktualisierung ganz verzichten und das Programm komplett ohne Ausgabe arbeiten lassen, aber dann würde nur für einige Sekunden ein Cursor blinken – das ist unkontrollierter als eine Auskunft über den Fortschritt. Genau aus diesem Grund bekommt man beim Installieren eines Computerspiels oder beim Herunterladen einer Datei einen Ladebalken angezeigt – damit man sicher gehen kann, dass das Programm nicht eingefroren ist.

Kapitel 28
Multiprocessing – Arbeit auf mehrere Prozesse verteilen

Nebenläufigkeit – ein Experiment

Mithilfe von Threads können Sie bereits Aufgaben auf mehrere Akteure aufteilen. Leider führt das nicht immer zu einem Geschwindigkeitszuwachs, da der Python-Interpreter mit einer Besonderheit daherkommt. Schauen Sie sich das folgende Programm an:

```python
import time

def work(i):
    # Harte Arbeit!
    time.sleep(1)
    print(i)

for i in range(10):
    work(i)
```
Listing 28.1: onethread.py

Dieses Programm führt zehnmal die Funktion work aus. Sie bekommt eine Zahl übergeben, die einfach auf dem Bildschirm ausgegeben wird. Vorher wartet sie noch eine Sekunde.

 Genau wie im letzten Kapitel wird auch hier der Aufruf von time.sleep(1) zu Demozwecken verwendet, um das Programm zu verlangsamen, sodass Sie an dieser Stelle die Ausführung des Codes besser nachvollziehen können. Im Geiste können Sie hier stattdessen auch eine sehr komplexe Berechnung einsetzen, die den Prozessor ins Schwitzen bringt.

Sie können sich sicher vorstellen, was das Programm ausgibt. Viel wichtiger ist aber die Frage: Wie lange braucht es dafür?

Nun, wenn es zehn mal eine Sekunde lang wartet, dann braucht das Programm von Anfang bis Ende zehn Sekunden. Richtig? Genauso ist es – das sollte hier keine Überraschung sein. Wenn Sie das Programm ausführen, wird die Ausgabe allerdings etwas verzögert auf Ihrem Bildschirm erscheinen. Bis die 9 erscheint, sind bereits 10 Sekunden vergangen.

Anders sieht es aus, wenn Sie die Arbeit auf mehrere Threads verteilen:

```python
import time
from threading import Thread

def work(i):
    # Harte Arbeit!
    time.sleep(1)
    print(i)

threads = [
    Thread(target=work, args=(i, )) for i in range(10)
]

for thread in threads:
    thread.start()

for thread in threads:
    thread.join()
```
Listing 28.2: tenthreads.py

Hier werden in einer List-Comprehension die Zahlen von eins bis zehn generiert und an zehn Threads-Objekte verteilt, die in der Variable threads gesammelt werden. Danach werden alle zehn gestartet, indem für jedes Objekt die Methode threads.start aufgerufen wird. Am Ende wird ordnungsgemäß auf alle Threads gewartet; erst dann darf das Programm sich wie gewohnt beenden.

Beachten Sie, dass die Funktion work immer noch genauso aussieht wie vorher. Sie wartet eine Sekunde, bevor sie die übergebene Zahl auf dem Bildschirm ausgibt. Beim Ausführen des Programms scheint das alles nun aber viel schneller zu gehen – das Programm atmet eine Sekunde lang durch und dann erscheinen die Zahlen von 0 bis 10 alle auf einen Schlag. Das Programm braucht durch die Threads also nur noch eine Sekunde statt zehn, um die gleiche Arbeit zu verrichten wie die Programmversion weiter oben.

 Der Geschwindigkeitszuwachs ist allerdings der Tatsache geschuldet, dass hier so wenige Daten verarbeitet werden und das sinnlose Warten nur Zeit verschwendet. Anders sieht es aus, wenn Sie das Programm »echte« Arbeit verrichten lassen:

```python
from stopwatch import Stopwatch

# Hier eventuell nachbessern!
X = 300_000_001

def calculate(x):
    # Tatsächliche harte Arbeit
    return sum(range(x))
```

```
with Stopwatch() as stopwatch:
    # Business!
    print(calculate(X))

print(f'Elapsed: {stopwatch}')
```
Listing 28.3: calculate.py

Dieses Programm belegt die CPU, indem es eine recht teure Berechnung ausführt: Es bildet die Summe der Zahlen von 0 bis 300 Millionen (dass X = 300.000.001 ist, gleicht aus, dass sonst nur von 0 bis 299.999.999 summiert würde). Das Ergebnis davon ist dann 45.000.000.150.000.000, aber darum geht es hier nicht, sondern nur, dass es relativ lange dauert, es zu errechnen. Durch `time.perf_counter()` wird jeweils der Anfang und das Ende gestoppt und daraus die abgelaufene Zeit (`elapsed`) errechnet.

Je nachdem, auf was für einem Rechner Sie es laufen lassen, wird das Programm einige Sekunden brauchen:

```
$ python calculate.py
45000000150000000
Elapsed: 9.3008 s
```

 Wenn Sie das Programm nachvollziehen möchten, sollten Sie versuchen, den Wert für X so einzustellen, dass das Programm ein paar Sekunden benötigt. Wenn Sie einen sehr schnellen Rechner haben, können Sie die Zahl entsprechend höher ansetzen.

Der eine Thread allein gibt sich alle Mühe, so schnell zu rechnen, wie er kann. Dabei läge es doch nahe, einfach mehr Threads zu verwenden – Sie könnten etwa statt einem Thread zehn davon anlegen. Wenn diese Threads gleichzeitig laufen, müsste dann ja ein Zehntel der Zeit ausreichen, oder? So sähe der Code dazu aus:

```
from threading import Thread

from stopwatch import Stopwatch

X = 300_000_001
n_threads = 10

results = []

def calculate(subrange):
    # Tatsächliche harte Arbeit
    global results
    results.append(sum(subrange))

def chunks(X, n):
    step, rest = divmod(X, n)
    start = 0
    while (stop := start + step) <= X:
        yield range(start, stop)
        start = stop
```

```
    if rest:
        yield range(start, X)

parts = chunks(X, n_threads)

threads = [
    # Jeder Thread summiert einen Teil
    Thread(target=calculate, args=(part,))
    for part
    in parts
]

with Stopwatch() as stopwatch:
    # Business!
    for thread in threads:
        thread.start()

    for thread in threads:
        thread.join()

    # Teilsummen addieren und ausgeben
    print(sum(results))

print(f'Elapsed: {stopwatch}')
```
Listing 28.4: calculate_threaded.py

Dieses Programm weist ein paar Unterschiede gegenüber dem Programm mit nur einem Thread auf:

1. Die Zahlenspanne von 0 bis 300.000.000 wird in Teile zerlegt. Dazu dient die Funktion chunks, die mehrere range-Objekte erzeugt.

2. Entsprechend wurde die Funktion calculate angepasst. Sie erwartet nun eine range als Argument.

3. Die Threads errechnen jeweils eine Teilsumme, alle Teilsummen müssen fürs Endergebnis aufsummiert werden. Deshalb werden die Ergebnisse zunächst in der globalen Liste results gesammelt, die dann am Ende vom Haupt-Thread summiert wird.

Der Zweck der Funktion chunks leuchtet womöglich nicht sofort ein. Sie zerlegt die Zahlen von 0 bis X in mehrere Teilbereiche, sodass das Problem überhaupt auf mehrere Threads verteilt werden kann – dargestellt in Abbildung 28.1.

Für jeden Teilbereich wird ein eigener Thread erzeugt; diese Threads werden dann in einer Liste gesammelt, sodass man sie gruppiert (in einer Schleife) starten und stoppen kann.

Das Programm ist nun wesentlich komplizierter. Aber ist es auch schneller?

```
$ python calculate_threaded.py
45000000150000000
Elapsed: 8.7345 s
```

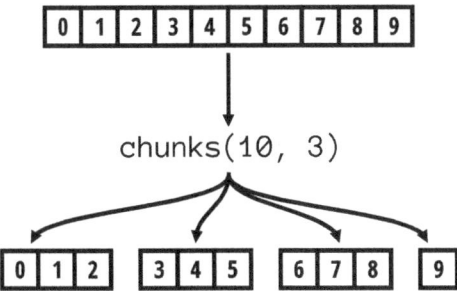

Abbildung 28.1: Eine Hilfsfunktion trennt die zu summierende Zahlenspanne auf, sodass die Arbeit auf Threads verteilt werden kann.

Hm, schade. Das Programm ist offenbar nicht zehn Mal schneller geworden, aber es verwendet zehn Threads und ist darum zehnmal schwerer zu lesen. Wie kommt das zustande? Warum haben die Threads nichts gebracht?

Dazu muss man etwas über Python wissen: Der Interpreter verwendet eine globale Sperre, die sogenannte *Global Interpreter Lock* (oft als GIL abgekürzt). Diese sorgt dafür, dass immer nur ein Thread gleichzeitig Python-Code ausführen kann. Auch wenn mehrere Threads eine Teilsumme addieren, ist immer nur einer mit Summieren dran. Diese Sperre gibt es in allen modernen Versionen des CPython-Interpreters; seit Python 3.13 kann man sie immerhin testweise ausschalten. Es ist absehbar, dass die GIL in zukünftigen Versionen abgeschafft wird.

Leider führt die GIL auch dazu, dass Threads nicht wirklich parallel laufen, selbst wenn sie über ein mehrprozessoriges System verteilt sind. Der Interpreter bedient stets nur einen einzigen Thread und wechselt zwischen den einzelnen Threads hin und her (alle 5 Millisekunden wird gewechselt – früher war es alle 100 Instruktionen). So kommt es, dass mehrere Threads nicht unbedingt einen Geschwindigkeitszuwachs bedeuten, wie Abbildung 28.2 veranschaulicht. Schlimmer noch, es kann passieren, dass ein Programm durch das viele Wechseln zwischen den Threads sogar langsamer wird, als es mit nur einem Thread wäre.

Denken Sie nochmal an die Supermarktkasse. Wenn ein Kassierer zwischen zehn Kassen hin und her hetzt, fühlen sich mehr Kunden bedient, aber es geht insgesamt (aus Sicht des Supermarkts) nicht schneller voran, das heißt, es dauert genauso lange, bis alle zehn Kunden abkassiert wurden.

Das bedeutet aber nicht, dass Threads in Python generell nutzlos sind. Sie eigenen sich sehr gut dafür, Prozesse zu beschleunigen, die sonst viel Zeit damit verbringen würden, auf eine langsame Ressource (Ein- und Ausgabe, Festplatte oder Netzwerk) zu warten – eben solche Operationen, die einfach nur Wartezeit bedeuten und den Prozessor nicht beanspruchen.

Alles in allem ist das aber nur ein kleines Missverständnis. Python bringt nämlich durchaus noch eine Möglichkeit mit, den Code so zu gestalten, dass er sich wirklich so verhält, wie man es laut Abbildung 28.2 auch erwarten würde.

Ein Thread   **Mehrere Threads**

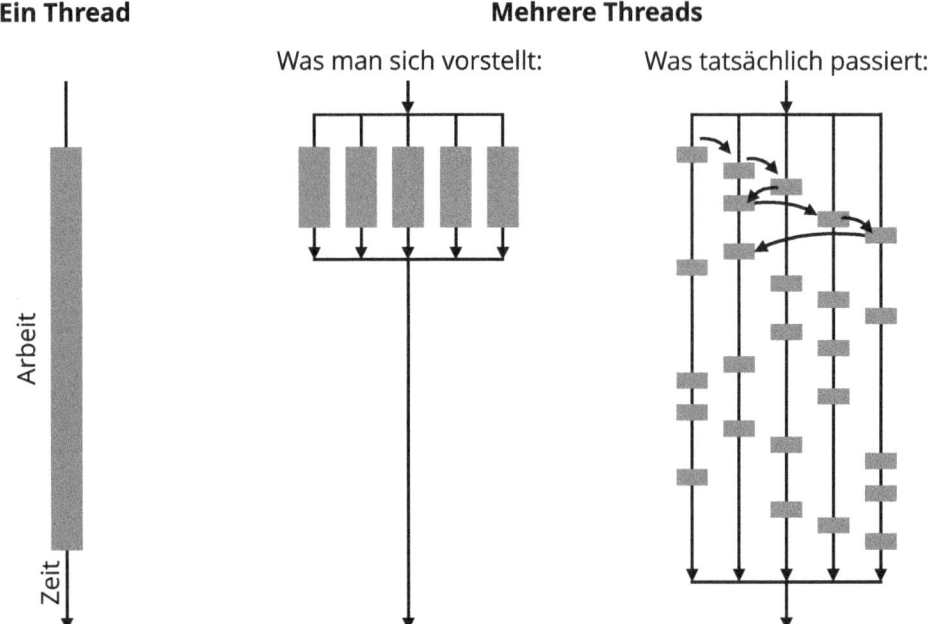

Abbildung 28.2: Mehrere Threads bedeuten nicht automatisch, dass es schneller geht. Schuld daran ist die *GIL*.

Aufgaben im Pool ausführen

Für Fälle, in denen Sie tatsächlich mal was beschleunigen müssen, geht man in Python normalerweise anders vor. Statt *Threading* verwendet man *Multiprocessing*. Die Logik dahinter ist die: Ein Prozess im Betriebssystem kann zwar viele Threads haben, aber der Python-Interpreter eines Prozesses kann immer nur den Code eines einzelnen Threads ausführen. Was also, wenn man statt eines einzigen Prozesses einfach mehrere Prozesse und damit Interpreter startet?

Genau das tut Multiprocessing. Das Spannende dabei ist, dass der Code dadurch sogar einfacher wird. Betrachten Sie das folgende Programm:

```
from multiprocessing import Pool, cpu_count
from stopwatch import Stopwatch

X = 300_000_001
n_processes = cpu_count()

def calculate(subrange):
    # Tatsächliche harte Arbeit
    return sum(subrange)

def chunks(X, n):
    ...
```

```
if __name__ == '__main__':

    parts = chunks(X, n_processes)

    with Stopwatch() as stopwatch, Pool() as pool:
        print(sum(pool.map(calculate, parts)))

    print(f'Elapsed: {stopwatch}')
```
Listing 28.5: calculate_mp.py

Gleich am Anfang lacht Sie bereits die bekannte Funktion `calculate` an. Diese rechnet wieder die Summe eines Zahlenbereichs aus. Auch die `chunks`-Funktion kommt erneut zum Einsatz.

Statt auf Threads wird die zu summierende Zahlenspanne nun jedoch auf Prozesse umgelegt. Wenn Sie das Programm starten, erzeugt es mehrere Prozesse – das ist so, als würden Sie das Programm X-mal auf der Kommandozeile ausführen. Das demonstriert auch der Blick in den Taskmanager, der in Abbildung 28.3 dargestellt ist. Unter Linux könnten Sie `top` verwenden, oder `ps -ef | grep python`.

Diese Verteilungsaufgabe übernimmt das `Pool`-Objekt. Im Englischen ist ein *pool* ein Tümpel oder ein Schwimmbecken; im Deutschen würde man eher sagen, die Rechenressourcen werden in einen *Topf* geworfen. Beim Aufruf von `pool.map(...)` werden dann viele Häppchen an Daten (die `chunks`) auf die Ressourcen im `Pool` verteilt.

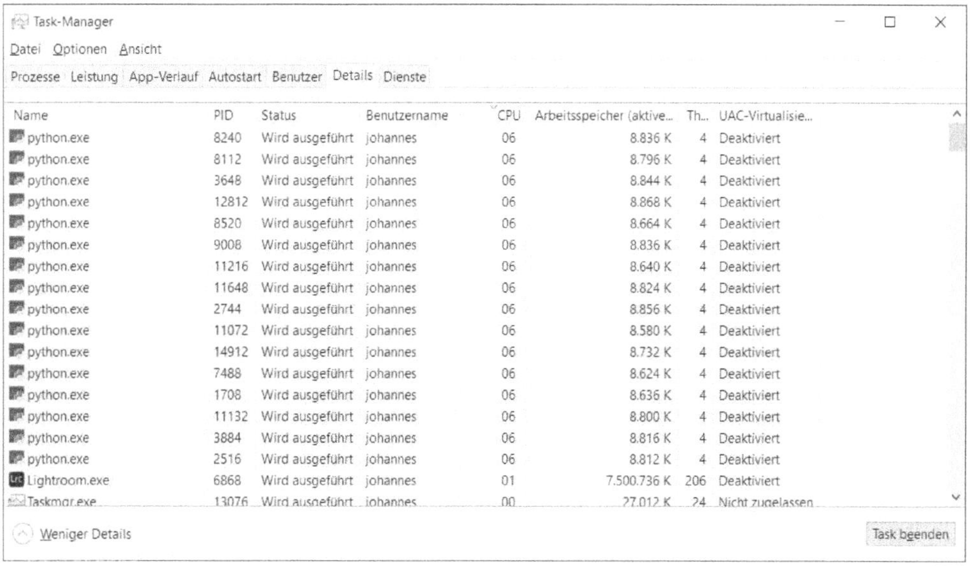
Task-Manager
Datei Optionen Ansicht
Prozesse Leistung App-Verlauf Autostart Benutzer Details Dienste

Name	PID	Status	Benutzername	CPU	Arbeitsspeicher (aktive...	Th...	UAC-Virtualisie...
python.exe	8240	Wird ausgeführt	johannes	06	8.836 K	4	Deaktiviert
python.exe	8112	Wird ausgeführt	johannes	06	8.796 K	4	Deaktiviert
python.exe	3648	Wird ausgeführt	johannes	06	8.844 K	4	Deaktiviert
python.exe	12812	Wird ausgeführt	johannes	06	8.868 K	4	Deaktiviert
python.exe	8520	Wird ausgeführt	johannes	06	8.664 K	4	Deaktiviert
python.exe	9008	Wird ausgeführt	johannes	06	8.836 K	4	Deaktiviert
python.exe	11216	Wird ausgeführt	johannes	06	8.640 K	4	Deaktiviert
python.exe	11648	Wird ausgeführt	johannes	06	8.824 K	4	Deaktiviert
python.exe	2744	Wird ausgeführt	johannes	06	8.856 K	4	Deaktiviert
python.exe	11072	Wird ausgeführt	johannes	06	8.580 K	4	Deaktiviert
python.exe	14912	Wird ausgeführt	johannes	06	8.732 K	4	Deaktiviert
python.exe	7488	Wird ausgeführt	johannes	06	8.624 K	4	Deaktiviert
python.exe	1708	Wird ausgeführt	johannes	06	8.636 K	4	Deaktiviert
python.exe	11132	Wird ausgeführt	johannes	06	8.800 K	4	Deaktiviert
python.exe	3884	Wird ausgeführt	johannes	06	8.816 K	4	Deaktiviert
python.exe	2516	Wird ausgeführt	johannes	06	8.812 K	4	Deaktiviert
Lightroom.exe	6868	Wird ausgeführt	johannes	01	7.500.736 K	206	Deaktiviert
Taskmgr.exe	13076	Wird ausgeführt	johannes	00	27.012 K	24	Nicht zugelassen

Weniger Details Task beenden

Abbildung 28.3: Mit `multiprocessing` werden mehrere Prozesse mit jeweils eigenem Python-Interpreter gestartet.

Die Funktion map ruft eine Funktion für jedes Element in einer Menge auf. Die Gesamtmenge X wird also wie zuvor in mehrere Häufchen – *chunks* – aufgeteilt. Wie viele es genau sind, wird durch die Funktion multiprocessing.cpu_count bestimmt. Ein Prozess pro verfügbarem Prozessorkern ist eine gute Daumenregel und die fürs Beispiel verwendete Maschine hat 16 CPU-Kerne.

Und siehe da:

```
$ python calculate_mp.py
45000000150000000
Elapsed: 1.2780 s
```

Verteilt auf mehrere Prozesse läuft das Programm jetzt tatsächlich in gut einem Zehntel der Zeit durch!

Prozesse verfügen über einen eigenen Speicherbereich, daher müssen Daten zwischen den Prozessen extra ausgetauscht werden (anders als Threads, die Ihren Speicher miteinander teilen können). Der Austausch geschieht über verschiedene Verfahren der Interprozesskommunikation, wie zum Beispiel Pipes und Warteschlangen (*Queues*). Im Beispiel ist das nicht nötig, weil Pool.map(...) die Verteilung übernimmt; wenn Sie mal Bedarf haben, gibt es die Klassen Queue und Pipe im multiprocessing-Modul. Dieser Datenaustausch ist leider eine relativ teure Operation – wenn zu viele Daten zwischen den Prozessen hin- und hergeschoben werden, kann das den Geschwindigkeitsvorteil auch wieder zunichte machen.

Kapitel 29
Async – wenn Sie nicht auf IO warten möchten

Neben dem Multithreading gibt es noch einen weiteren Weg, Programme zu beschleunigen, die häufig auf Eingabe-Ausgabe-Operationen warten müssen, nämlich *asynchrone IO*. Dabei wird ein einziger Thread eingesetzt, in dem eine Event-Loop läuft, also eine Schleife, die auf bestimmte Ereignisse reagiert. Innerhalb dieser Ereignisschleife werden sogenannte *Koroutinen* ausgeführt, die man gezielt schlafen legen kann – immer dann, wenn Sie auf Eingabe- oder Ausgabe warten.

Der Vorteil dieses Mechanismus ist, dass der Code damit weniger kompliziert ist als vergleichbarer Code mit Threads. Der Nachteil ist jedoch, dass man stattdessen eine eigene Syntax verwenden muss:

```
import asyncio

async def hello():
    await asyncio.sleep(1)
    print("Hello, World!")

asyncio.run(hello())
```

Hier wird eine recht schlichte Funktion angelegt, die aber einige Besonderheiten aufweist. Dem Schlüsselwort def geht das Schlüsselwort async voran. Dadurch verhält sich die Funktion zur Laufzeit anders, denn plötzlich gibt sie nicht mehr None zurück (wie es für Funktionen ohne return üblich wäre), sondern sie erzeugt beim Aufruf eine *Koroutine*.

Koroutinen funktionieren genau wie Funktionen, nur dass Funktionen in der Regel nur einen Eingang und meistens auch nur einen Ausgang haben; Koroutinen hingegen können viele verschiedene Ein- und Ausgänge haben. Dadurch ist es möglich, die Koroutine schlafen zu legen und nach einer Weile wieder weiterzuführen.

Im Gegensatz zu Threads geschieht dies nicht nach einer bestimmten Zeit oder einer bestimmten Anzahl an Instruktionen, sondern an den Stellen, die Sie als Programmierer dafür vorsehen. Man nennt diesen Ansatz auch *kooperatives Multitasking*.

Konkret geht es um die Zeile, die mit `await` beginnt: Bei der Ausführung muss die Koroutine an dieser Stelle auf das Ende der Funktion `asyncio.sleep(1)` warten – in dieser Zeit hat die Ereignisschleife, die für die Koordination der Koroutinen zuständig ist, die Möglichkeit, eine andere Koroutine abzuarbeiten.

Um die Koroutine auszuführen, müssen Sie die Funktion aufrufen und an die Ereignisschleife übergeben, das geschieht mit `asyncio.run(hello())`. Ein etwas praktischeres Beispiel zeigt das folgende Programm. Damit es funktioniert, müssen Sie zunächst die Bibliothek `aiohttp` nachinstallieren:

```
$ pip install aiohttp
```

Async IO lohnt sich besonders bei Netzwerkanwendungen, da das Lesen aus dem Netzwerk verhältnismäßig langsam ist und Sie mit `async-await` verhindern können, dass Ihre Anwendung zu lange auf Ergebnisse warten muss. Das kommt im folgenden Programm zum Tragen, das versucht, zehnmal hintereinander auf die Zufallsseite von Wikipedia zuzugreifen:

```python
import asyncio
import re

# Nachinstallieren:
import aiohttp

WIKI_URL = \
    "https://de.wikipedia.org/wiki/Spezial:Zuf%C3%A4llige_Seite"

async def get_title(session):
    async with session.get(WIKI_URL) as response:
        html = await response.text()
        match = re.search("<title>([^<]+)</title>", html)
        title = match.group(1)
        return title

async def main():
    async with aiohttp.ClientSession() as session:
        titles = await asyncio.gather(*[
            get_title(session) for _ in range(10)
        ])

        for title in titles:
            print(title)

asyncio.run(main())
```

Listing 29.1: crawl.py

Das Programm startet mit dem Aufruf `asyncio.run(main())`, was die Haupt-Koroutine ausführt. In dieser werden mehrere weitere Koroutinen gestartet und nebenläufig ausgeführt, das bedeutet, dass ihre Ausführung von der Ereignisschleife koordiniert wird.

Zunächst wird eine `ClientSession` angelegt, die zum Aufrufen von Webseiten dient. Die Koroutinen werden in einer Schleife erzeugt; dazu wird `get_title` einfach innerhalb einer List-Comprehension aufgerufen. Diese Koroutinen werden dann an die Event-Loop übergeben, indem Sie `asyncio.gather(...)` aufrufen. Dabei müssen Sie nur beachten, dass `gather(...)` eigentlich mehrere Argumente erwartet; durch das Sternchen werden die erzeugten Koroutinen aus der List-Comprehension hier einfach ausgepackt.

Innerhalb der `get_title`-Funktion wird über `session` die Zufallsseite von Wikipedia aufgerufen und der Titel der Ergebnisseite herausgesucht. Die Hauptfunktion `main(...)` erwartet dann das Abarbeiten aller Koroutinen und gibt die Ergebnisse in einer Schleife aus.

 Hier kommt außerdem ein weiteres Konstrukt zum Einsatz: `async with` erzeugt einen asynchronen Kontext-Manager. Kontext-Manager werden immer dann eingesetzt, wenn Sie dafür sorgen möchten, dass eine Ressource nach ihrer Verwendung wieder freigegeben wird. In diesem Fall soll die `ClientSession` so lange überleben, bis alle Anfragen mit `session.get(<url>)` beendet sind; danach sollen die Sitzung beendet und reservierte Ressourcen freigegeben werden. Da innerhalb des Kontexts weitere `await`-Ausdrücke ausgewertet werden, wird hier `async with` statt eines blanken `with` verwendet.

Durch die nebenläufige Verarbeitung wird das Programm recht zügig ausgeführt. Zum Vergleich können Sie das Programm nochmal ohne Koroutinen laufen lassen. Dazu müssen Sie allerdings den Code etwas abändern, zum Beispiel können Sie statt `aiohttp.ClientSession` das Paket `requests` verwenden:

```
$ pip install requests
```

Ohne Koroutinen sieht das Programm immer noch recht ähnlich aus:

```python
import re
import requests

WIKI_URL = \
    "https://de.wikipedia.org/wiki/Spezial:Zuf%C3%A4llige_Seite"

def get_title(session):
    with session.get(WIKI_URL) as response:
        html = response.text  # Keine Klammer!
        match = re.search("<title>([^<]+)</title>", html)
        title = match.group(1)
        return title

def main():
    with requests.Session() as session:
        titles = [
            get_title(session) for _ in range(10)
        ]
```

```
        for title in titles:
            print(title)
```

```
main()
```

Listing 29.2: crawl_sync.py

Die Schlüsselworte `async` und `await` sind verschwunden. Außerdem muss das Programm nicht mehr durch `asyncio.run(...)` gestartet werden. Durch den Wegfall von `asyncio.gather(...)` werden die Aufrufe von `get_title` nun nicht mehr nebenläufig ausgeführt, sondern strikt sequenziell – mit dem Ergebnis, dass diese Version des Programms viel langsamer abläuft, weil jede Funktion warten muss, bis `session.get(...)` Daten von der Wikipedia empfangen hat.

Teil VII
Netzwerkprogrammierung

Kapitel 30
Wie Netzwerke aufgebaut sind

Um viele Computer miteinander sprechen zu lassen, fügt man Sie zu einem *Netzwerk* zusammen. Jeder Rechner ist dabei mit einem Kabel oder per Funk mit dem Netzwerk verbunden. Heim- und Unternehmensnetzwerke bezeichnet man meistens als *Local Area Network* (LAN). Das steht im Gegensatz zu einem *Wide Area Network* (WAN), das sich über mehrere Städte verteilt – etwa zu Ihrem Internet-Anbieter.

Innerhalb eines Netzwerks können Rechner Ressourcen miteinander teilen. So könnten Sie einen Rechner bestimmen, der viel Speicherplatz hat und Daten für alle anderen speichert. Oder Sie könnten einen netzwerkfähigen Drucker kaufen und dann vom Laptop oder Ihrem Smartphone aus dort Katzenfotos drucken.

Im Netzwerk kommunizieren Rechner miteinander, indem Sie *Datenpakete* ins Netzwerk einspeisen, die von einer vermittelnden Stelle an die jeweiligen Empfänger verteilt werden. Wahrscheinlich hängt Ihr Computer zuhause an einer Art Basisstation Ihres Internet-Anbieters, wie Abbildung 30.1 illustriert.

 Es ist schwierig, einen korrekten Begriff für diese Geräte zu finden, da sie viele verschiedene Funktionen abdecken. In der Alltagssprache nennt man sie oft *WLAN-Router*, da es sich bei ihnen um Multifunktionsgeräte handelt, die Switch, Router, Gateway, Firewall, VPN-Server, WLAN-Access-Point und Telefonzentrale in einem sind.

 Denken Sie an die kleine von Kabelsalat umgebene Kiste hinter ihrer Couch, die Sie seit Ihrem Einzug vor vier Jahren an der Wand montieren wollen, aber einfach nicht dazu kommen. Die ist das Herzstück Ihres Heimnetzwerks – Ihre Internet-Box eben. Diese stellt nicht nur eine Verbindung zum Internet her, sondern sie verbindet auch Ihre Geräte im LAN.

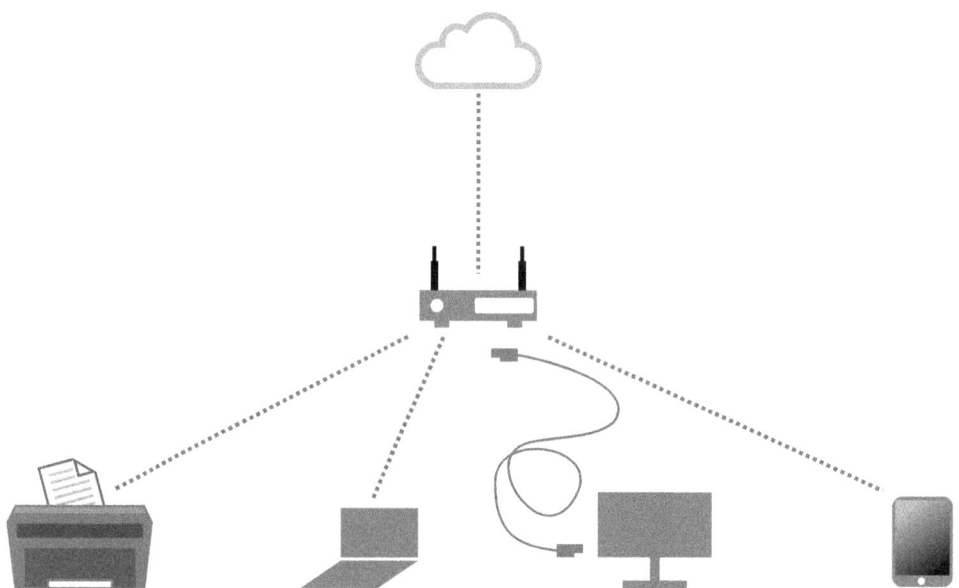

Abbildung 30.1: Ein Heimnetz wird typischerweise von einem Multifunktionsgerät zusammengehalten.

Wie werden Daten übertragen?

Zum Kommunizieren sendet jeder Rechner Daten in das Netzwerk. Doch wie funktioniert das?

Vielleicht hilft die folgende Analogie, die Abbildung 30.2 illustriert:

1. Eine Firma möchte einen offenen Rechnungsbetrag an eine andere Firma schicken und druckt den Betrag dazu auf ein Blatt Papier. Das hört sich zwar antiquiert an, kommt aber besonders an deutschen Elite-Unis erschreckend oft und regelmäßig vor.

2. Die Rechnung wird in einen Umschlag gesteckt und an die lokale Poststelle weitergereicht. Auf dem Weg zum Empfänger kommen immer mehr Zusatzinfos hinzu, wie beispielsweise die Adresse des Empfängers und des Absenders oder eine Briefmarke.

3. Anhand dieser Zusatzdaten weiß die vermittelnde Stelle (die Post), wer den Brief empfangen soll und ob der Transfer bezahlt wurde. Sie übernimmt dann die Zustellung zum nächsten Briefkasten.

4. Der Brief geht beim Empfänger den umgekehrten Weg. Der Umschlag wird von der dortigen Poststelle an die Abteilung und schließlich die empfangende Person weitergeleitet. Diese packt ihn aus und entfernt die Verkehrsinformationen wieder.

5. Am Ende hat der Leser die eigentliche Info erhalten und kann sich über den Rechnungsbetrag aufregen.

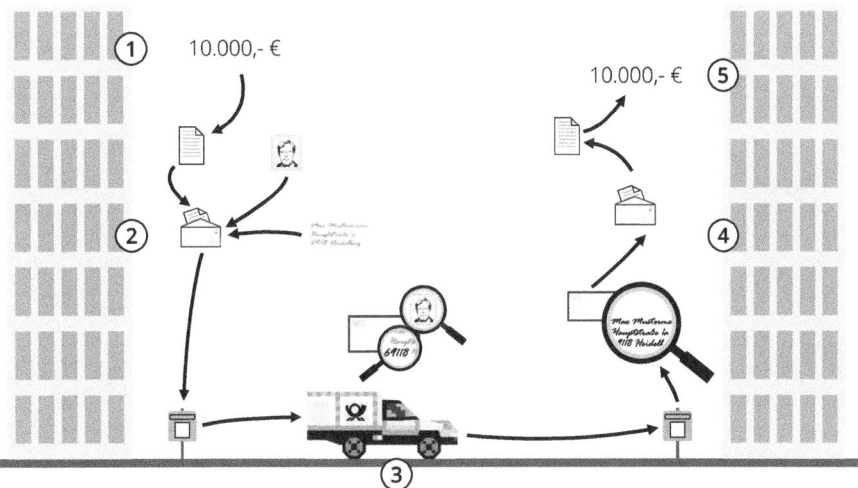

Abbildung 30.2: Ein Brief wird zum Versand mit weiteren Infos angereichert.

Hier wird außerdem angedeutet, dass auf jedem »Stockwerk« ein anderer Verarbeitungs-schritt geschieht: Der Chef gibt die Info an die Rechnungsstelle oder den Vertrieb, die Ab-teilung gibt den Brief weiter an die Poststelle, die sich um die Frankierung kümmert. Beim Empfänger wird der Brief erst an die richtige Abteilung zugestellt, die Assistenz packt ihn dort aus und die Zielperson kann sich auf den Inhalt konzentrieren. Für jeden Schritt ist wer anders zuständig – durchaus üblich in Behörden und großen Firmen.

Besonders interessant ist der Weg der Informationen innerhalb der Gebäude. Dokumente und Gegenstände werden beim Versand immer weiter verpackt; beim Empfangen werden sie wieder ausgepackt.

Protokolle – Regeln zur Verständigung

Ähnlich verhalten sich Datenpakete in modernen Netzwerken. Wenn Sie Abbildung 30.3 betrachten, erkennen Sie die Struktur wieder.

Statt um Briefe zwischen Gebäuden geht es jetzt natürlich um Datenpakete zwischen Rech-nern. Dazwischen können beliebige Vermittler sitzen, wie die kleine Wolke andeutet – sie steht sinnbildlich dafür, dass Daten auch durchs Internet wandern. Innerhalb eines jeden Rechners läuft eine Vielzahl kleiner Funktionen, die nacheinander das Einpacken bezie-hungsweise Auspacken übernehmen und die Daten nach oben oder unten weiterreichen.

Diese Programme werden in der Regel vom jeweiligen Betriebssystem bereitgestellt, man bezeichnet sie als *Protokolle*. Abbildung 30.3 zeigt, wie man sich das in der Regel vorstellt: Die Protokolle bilden einen *Stapel*, wobei die höheren Schichten beim Versenden Daten »nach unten« weiterreichen, wo sie mit Transportinfos angereichert werden; beim Empfan-gen läuft es umgekehrt.

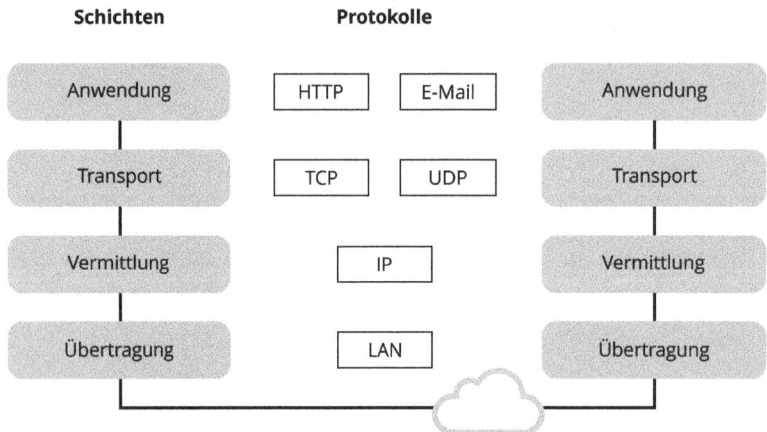

Abbildung 30.3: Ein vereinfachtes Schichtenmodell.

Der Begriff *Protokoll* deutet außerdem noch daraufhin, dass hier irgendwas auf- oder vorgeschrieben wird. Das stimmt auch beides; manche Protokolle können sich Details über die Gegenseite merken oder sie stellen sicher, dass Pakete in der richtigen Reihenfolge verarbeitet werden. Auch kümmern sich manche Protokolle um das Einhalten von Netzwerk-Vorschriften. Zum Beispiel sind manche Protokolle dazu da, zu große Datenmengen zu zerhackstückeln und auf handlichere Pakete aufzuteilen. Die Gegenstelle muss sie dann entsprechend wieder zusammensetzen.

 Kurzum: Das Senden und Empfangen geschieht mithilfe verschiedener Funktionen, die man als Protokolle bezeichnet.

Ein vereinfachtes Schichtenmodell

Protokolle werden verschiedenen Schichten zugeordnet. Die Schichten sind eher konzeptioneller Natur, bei den Protokollen hingegen handelt es sich um sehr konkrete Funktionen.

 Abbildung 30.3 kommt auch nicht von ungefähr. In der Praxis bezieht man sich meist auf das standardisierte *OSI-Modell*, das noch weitere Schichten aufführt; alternativ gibt es das *TCP/IP-Referenzmodell*. Die zwei Modelle sind sich und auch Abbildung 30.3 sehr ähnlich, klären aber viel mehr Details. Hier wird jetzt nur eine stark verkürzte Version der Geschichte dargestellt, daher sind in der Grafik auch nur ein paar Protokolle aufgeführt; es gibt natürlich noch viel mehr.

Die Anwendungsschicht

In der obersten Schicht befinden sich Protokolle, die komplexe Abläufe definieren. Was in Abbildung 30.3 so lapidar mit *E-Mail* bezeichnet wurde, ist eigentlich ein wildes Sammelsurium von verschiedenen Protokollen, wie etwa *SMTP*, *IMAP* und *POP3*. Mit den

Protokollen der obersten Schicht haben Sie mehr oder weniger direkt zu tun, da sie in Nutzerprogrammen verwendet werden, wie zum Beispiel Ihrem Browser oder Ihrem Mail-Client – den *Anwendungen* eben –, daher bezeichnet man die oberste Schicht in allen Modellen als Anwendungsschicht.

Die Transportschicht

Die Transportschicht fasst Protokolle zusammen, die sich darum kümmern, dass bei den übermittelten Daten nichts fehlt (... oder auch nicht). Dazu gehören das *Transmission Control Protocol*, kurz *TCP*, englisch für *Übertragungssteuerungsprotokoll*, sowie das *User Datagram Protocol*, kurz *UDP*.

TCP kümmert sich vor allem darum, dass Daten auch verlässlich ankommen. UDP verwendet man, wenn Verlässlichkeit egal ist, aber die Übertragung dafür schnell gehen muss. Um diese Protokolle kommt man in der Software-Entwicklung kaum herum, daher sind ihnen die beiden folgenden Kapitel gewidmet – erst mal geht es aber mit der Übersicht weiter.

Die Vermittlungsschicht

Protokolle der Vermittlungsschicht kümmern sich um die Adressierung von Datenpaketen. Das bekannteste ist *IP* (das *Internet Protocol*). Es klärt, wie Daten von einem Rechner beziehungsweise einem Netzwerk zum anderen kommen. Außerdem kann es große Datenmengen in kleinere Pakete aufteilen. Wenn Sie den Begriff *IP-Adresse* schon mal gehört haben: Die ist Teil dieses Protokolls.

Die Übertragungsschicht

Um Daten auch tatsächlich zu versenden, müssen diese Ihren Rechner verlassen. Dazu werden sie an die Netzwerkkarte weitergereicht. Diese ist per Kupfer- oder Glasfaserkabel oder auch über Funk mit dem Netzwerk verbunden und sorgt für die Umsetzung in elektrische Signale. Auch dazu gibt es verschiedene Protokolle, wie zum Beispiel *Ethernet* oder *WLAN*. Diese klären, wie einzelne Bits über ein Medium übertragen werden; all das ist in der Übertragungsschicht zusammengefasst.

Von oben nach unten

Eine Übertragung läuft so ab, dass auf der obersten Ebene (der Anwendungsschicht) eine *Anfrage* formuliert wird. Diese Anfrage soll an einen Empfänger gesendet werden, meist in der Hoffnung, dass dieser eine *Antwort* zurückschickt.

Zum Versenden wird die Anfrage im Stapel nach unten gereicht, wo sie von den einzelnen Protokollen angefasst und mit Steuerdaten versehen wird. In der Vogelperspektive läuft das beispielsweise so ab:

1. Sie klicken im Browser auf einen Link. Daraufhin erstellt der Browser eine HTTP-Anfrage (ein kleines Datenpaket mit dem Text »Hey, gib mir mal die Datei `ugly_furniture.html`«).

2. Dieses Anfragepaket wird binär kodiert und an die Transportschicht weitergereicht; diese fügt an die Daten eine Port-Nummer an, sodass der Empfänger versteht, dass die Daten für das Webserver-Programm bestimmt sind.

3. Danach werden die Daten ans Internet-Protokoll in der Vermittlungsschicht übergeben.

4. Zuletzt gehen die Daten an die Netzwerkkarte; die kümmert sich darum, dass die Daten über das Kabel (oder den Äther) übertragen werden können, indem sie sie in elektrische Potenziale verwandelt.

Beim Empfänger läuft das Gleiche ab, nur in umgekehrter Reihenfolge. Die Netzwerkkarte empfängt elektrische Potenziale; macht daraus Bytes oder Bits und reicht sie nach oben weiter. Das Internet-Protokoll prüft, ob der Empfänger stimmt; das Transportprotokoll leitet alles an den Prozess weiter und der Prozess liest dann die Daten ein. Wenn er ein Webserver ist, sucht er die Datei `ugly_furniture.html` heraus und schickt sie dann zurück – dabei wird der Stapel in der umgekehrten Richtung durchlaufen.

Gebräuchliche Protokolle

In der Anwendungsschicht finden Sie Protokolle für gängige Internet-Dienste. Ein paar listet Tabelle 30.1 auf. Python bringt Bibliotheken für diese Protokolle mit, sodass Sie sie in Ihren Programmen verwenden können. Zum Beispiel können Sie mit der `imaplib` E-Mails empfangen und mit der `smtplib` welche verschicken.

 Viele Protokolle der Anwendungsschicht arbeiten mit gut verständlichen Textbefehlen. Diese werden an den Server übertragen, um irgendwelche Aktionen auszulösen. Dazu wandern Sie im Protokollstapel nach unten, werden kodiert und dann für die Übertragung mit weiteren Kopfdaten angereichert. Das HTTP-Protokoll spielt hier eine wichtige Rolle, aber es kommt erst etwas später dran, und zwar in Kapitel 34 unter *Im Web surfen*.

Abkürzung	Name	Zweck
HTTP	Hypertext Transfer	verknüpfte Dokumente navigieren
FTP	File Transfer	Dateiübertragung
POP3	Post Office	Abholen von E-Mails
IMAP	Internet Message Access	E-Mail verwalten
SMTP	Simple Mail Transfer	Verschicken von E-Mails
NTP	Network Time	Einstellen der Uhrzeit
DNS	Domain Name Service	Auflösen von Namen in IP-Adressen
DHCP	Dynamic Host Configuration	Eingliedern von Rechnern im Netzwerk

Tabelle 30.1: Gebräuchliche Protokolle der Anwendungsschicht – das P steht jeweils für *Protokoll*

Die Transportschicht unter der Lupe

Die wichtigsten Protokolle der Transportschicht sind TCP und UDP. Zwischen diesen beiden gibt es gravierende Unterschiede. Das Wichtigste auf einen Blick:

TCP

✔ baut zunächst eine Verbindung auf

✔ Daten werden als Stream verarbeitet (wie eine Datei)

✔ lässt sich den Empfang aller Daten quittieren

✔ überträgt Daten zuverlässig über weite Strecken

UDP

✔ superschnell

✔ überträgt einzelne, kleine Datenpakete

✔ unzuverlässig – verlorene Pakete werden nicht bemerkt

✔ perfekt für schnelllebige Daten und kurze Strecken

UDP – schnell, aber unzuverlässig

UDP ist ein sehr schlichtes Protokoll für Optimisten. UDP steht für *User Datagram Protocol* und ist einfach zu verstehen, da seine Funktionsweise recht nahe an der Analogie mit dem Postbrief verläuft. Hier werden Daten als *Datagramm* verschickt – das war's.

Dieses Protokoll sieht keinerlei Empfangsbestätigungen vor – es kann also passieren, dass ein Datenpaket bei der Übertragung verlustig geht und weder Sender noch Empfänger das je mitbekommen. Daher eignet sich UDP nur für Anwendungen, für die so was kein Beinbruch ist; entweder weil nur sehr wenige Daten übertragen werden müssen, die alle in ein Paket passen, oder weil sowieso genügend Daten ankommen, sodass ein einzelnes verlorenes Paket nichts ausmacht – oder auch weil das Ausgleichen eines Datenverlusts sinnlos ist.

Beispielsweise verwendet man UDP gerne zur Überwachung von Geräten mit dem *Simple Network Management Protocol* (SNMP). Mit SNMP kann ein Drucker eine Nachricht an einen Überwachungsserver formulieren, wenn er nur noch wenig Toner oder Papier übrig hat. Der Drucker braucht dafür keine Bestätigung; er kann die Nachricht später einfach nochmal senden. Und wenn der Toner komplett leer ist, bevor es jemand merkt, geht auch die Welt nicht unter. Insofern ist UDP für die Übertragung solcher Daten genau richtig.

Beispiele für Anwendungsprotokolle, die UDP zum Transport verwenden, sind: DHCP, DNS, NTP, SNMP.

TCP – zuverlässig, aber langsam

Das *Transmission Control Protocol* (*TCP*) ist ein *zuverlässiges* Protokoll. Das bedeutet, dass bei der Übertragung von Daten stets geprüft wird, ob auch alles angekommen ist.

Leider funktioniert hier die Analogie mit dem Postbrief nicht mehr, denn TCP schickt zunächst keine Daten, sondern klingelt erst mal beim Empfänger an und fragt nach, ob alles ok ist, ob das Knie noch schmerzt, ach ja, nach dem letzten Skiurlaub ist es nicht besser geworden, soso, ob es denn der Gitta gut geht? Die ist ja vom Wetter doch ein bisschen angeschlagen. Erst nachdem der Smalltalk beendet wurde, werden die eigentlichen Daten gesendet.

 Bis die eigentlichen Nutzdaten geschickt wurden, werden mit TCP schon verschiedene Nachrichten zwischen Sender und Empfänger ausgetauscht, um eine zuverlässige Verbindung für die Datenübertragung aufzubauen. Das Verfahren dazu nennt man auch den *Drei-Wege-Handschlag*. Details sind hier nicht so wichtig; es sei aber gesagt, dass allein für den Handschlag manchmal mehr Datenverkehr stattfindet als in einer ganzen UDP-Übertragung (je nach Nutzlast natürlich).

Nachdem eine Verbindung zwischen den zwei Kommunikationspartnern aufgebaut wurde, können Daten in beide Richtungen ausgetauscht werden. Diese werden dabei als Datenstrom eingelesen. TCP kümmert sich hier darum, dass die Einzelteile in der richtigen Reihenfolge zusammengesetzt werden. Verlorene Teile werden gegebenenfalls erneut angefordert.

Beispiele für Anwendungsprotokolle, die TCP zum Transport verwenden, sind: HTTP, FTP, IMAP.

UDP oder TCP?

Wenn Sie ein eigenes Protokoll entwerfen, stellt sich die Frage, ob Sie für den Transport lieber TCP oder UDP verwenden sollten. In der Regel ist TCP die richtige Antwort, allerdings ist es auch ein bisschen schwieriger zu benutzen und es gibt Ausnahmen, wo UDP besser ist. Für die Entscheidung hilft das folgende Hintergrundwissen.

Grundsätzlich kann es beim Versenden von Daten zu Paketverlusten kommen. Die Gründe dafür sind vielfältig; stellen Sie sich einfach vor, dass auf dem Weg durch das Internet ein Meerschweinchen in einem Rechenzentrum das Glasfaserkabel eines großen Verteilerswitches angenagt hat. So etwas führt noch nicht zu einem Erliegen des gesamten Netzwerks, da es für solche Fälle Protokolle gibt, die Ausfälle mitbekommen und für den Versand zukünftig einen anderen Weg wählen. Die bereits versendeten Datenpakete sind dann aber futsch.

Sofern diese Daten nun mit TCP versandt wurden, bekommen Sender und Empfänger mit, dass etwas fehlt. Jedes TCP-Paket ist nummeriert und der Sender lässt sich vom Empfänger stets bestätigen, dass es angekommen ist. Wenn dem Sender eine Empfangsbestätigung fehlt, schickt er das Paket zur Not nochmal. Andersherum kann es auch sein, dass der Empfänger mitbekommt, dass ihm ein Datum fehlt; dann kann er vom Sender fordern, dass der das Paket nochmal schickt.

Der Datenaustausch via TCP basiert auf einem großen Hin und Her zwischen Sender und Empfänger. Das kostet natürlich einiges an Datenpaketen und ist dadurch tendenziell langsamer. Bei UDP gibt es das alles nicht – wenn ein Paket verloren geht, ist es futsch. Das ist natürlich viel unzuverlässiger als ein Austausch mit TCP; aber es kommt immer darauf an, ob man so viel Zuverlässigkeit überhaupt benötigt ...

Normalerweise schon: Wenn Sie eine Webseite angucken möchten, dann wollen Sie natürlich die ganze Webseite sehen und diese sollte auch korrekt und vollständig sein. Daher verwendet man hier TCP, damit keine Daten verloren gehen und hinterher alles stimmt. Das trifft gleichermaßen auf Dateiübertragungen, E-Mails und viele weitere Protokolle zu. Wenn es zuverlässig sein soll, nimmt man TCP.

Es gibt aber auch Sonderfälle. So verwendet man UDP meistens für Video-Konferenzen, IP-Telefonie (Voice-over-IP) oder bei Computerspielen mit mehreren Spielern. Hier verzichtet man bewusst auf eine Empfangsbestätigung, da hier Daten zügig verarbeitet werden müssen. In einem Telefongespräch etwa kann man auf ein einzelnes verlorenes Datenpaket verzichten – bis eine Nachsendung ankommt, hat der Sprecher schon längst weitergeredet. Die Anwendungen müssen dann aber eigenständig die Paketverluste ausgleichen.

Header-Daten

Für die Übertragung wandert eine Anfrage aus der Anwendungsschicht im Protokollstapel nach unten durch die Transportschicht. Hier werden Steuerdaten in Form von *Headern* an die eigentlichen Daten angefügt.

 Header sind Bitfolgen, deren Stellen eine bestimmte Bedeutung haben. Zum Beispiel besteht der UDP-Header, wie in Abbildung 30.4 dargestellt, aus insgesamt 64 Bit, also 8 Byte. Die ersten 16 Bit geben den Quellport an, die folgenden 16 Bit den Zielport. Danach folgen zwei Byte für die Länge des Datagramms und zwei Byte für die Prüfsumme.

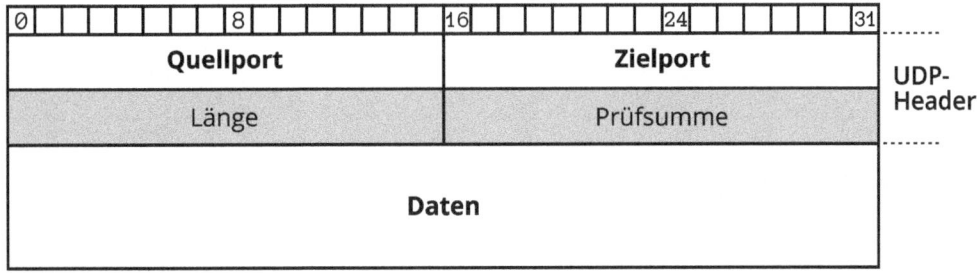

Abbildung 30.4: Der UDP-Header. Die erste Zeile zeigt den Index.

Nachdem die Transportschicht fertig ist und entweder ein UDP- oder ein TCP-Header hinzugefügt wurde, werden die Daten an die Vermittlungsschicht weitergereicht. Hier arbeitet das Internet-Protokoll und fügt einen weiteren Header hinzu. Abbildung 30.5 stellt das dar; hier sehen Sie ein etwas vollständigeres Beispiel als in Abbildung 30.4 (nämlich die Daten, einen TCP- und einen IP-Header). Unten sind die Daten, darüber ist ein TCP-Header (hätten Sie hier UDP verwendet, wäre es natürlich ein UDP-Header wie in Abbildung 30.4) und darüber kommen die Daten des IP-Headers.

 Der IP-Header fängt mit einer Versionsnummer an. Beim Header in Abbildung 30.5 handelt es sich um IPv4. Es gibt noch IPv6, das ist neuer und verwendet größere Adressen. In der Grafik sind die Steuerdaten der Protokolle dunkel hinterlegt; die weißen Felder heben die Daten hervor, mit denen Sie in Ihren Programmen später zu tun haben.

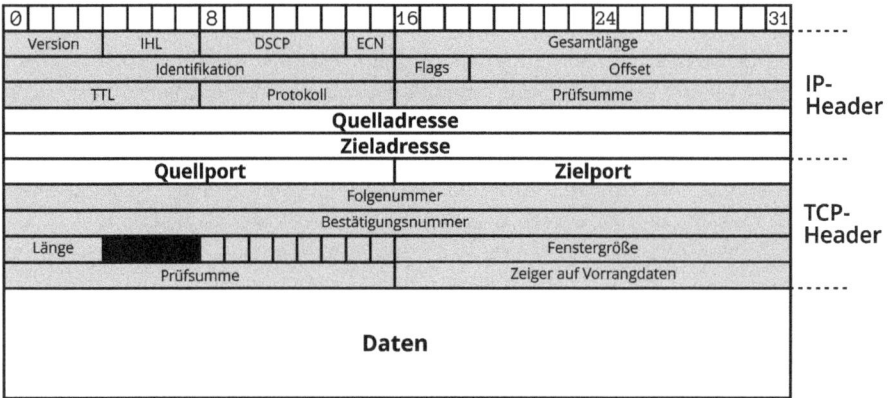

Abbildung 30.5: TCP und IPv4-Header. Die erste Zeile zeigt den Index; Steuerdaten sind grau hinterlegt. Optionale Felder wurden weggelassen, weil sie ungebräuchlich sind.

Im TCP-Header fällt auf, dass hier viel mehr Steuerdaten stehen als im UDP-Header. Sie dienen der Überwachung der Verbindung und der Quittierung des Empfangs. So werden für den Handshake zum Aufbau der Verbindung einige leere Datenpakete zwischen Sender und Empfänger hin- und hergeschickt. Der Zustand der Verbindung ergibt sich aus einigen speziellen Bits in der Mitte des Headers.

Weiter unten im Protokollstapel kommen noch weitere Header hinzu, wie etwa ein Ethernet-Frame. Dieser enthält MAC-Adressen für die Kommunikation zwischen benachbarten Geräten im gleichen Netzwerk. Zuletzt folgen noch Markierungs-Bits, damit die Netzwerkkarten beim Sprechen wissen, wo die Datenübertragung anfängt und aufhört.

Die Port-Nummer

Sowohl TCP- als auch UDP-Pakete werden im Header an bestimmte *Ports* adressiert. Der *Zielport* identifiziert beim Empfänger einen Prozess, der das Paket verarbeiten soll. Theoretisch kann man die Port-Nummer frei wählen; in der Praxis gibt es natürlich Einschränkungen. Die kleinste Port-Nummer ist die 0, die größte ist 65.535 ($2^{16} - 1$, da für die Port-Nummer 16 Bits zur Verfügung stehen).

Für Ihre eigenen Prozesse dürfen Sie eigene Port-Nummern wählen. Achten Sie bei der Wahl jedoch darauf, dass Sie eine möglichst hohe Zahl vergeben, da die Ports 0–1024 für gebräuchliche Programme reserviert sind. Zum Beispiel laufen HTTP-Server immer auf Port 80; das verschlüsselte HTTPS-Protokoll hingegen auf Port 443. Das »Öffnen« solcher Ports ist außerdem privilegierten Nutzern vorbehalten (`root` unter Linux und macOS).

Sofern auf dem empfangenden Rechner ein Programm auf diesem Port »lauscht«, wird das Betriebssystem alle eingehenden Pakete mit dieser Port-Nummer an das Programm weiterreichen.

 UDP-Pakete *können*, TCP-Pakete *müssen* beim Versenden mit einem *Quellport* versehen werden, sodass der Empfänger weiß, wohin er die Antwort schicken soll. Sofern Sie selbst keinen Quellport festlegen, wird eine zufällige Nummer vom Betriebssystem bestimmt. Die Ports zwischen 0 und 1024 sind *wohlbekannte* oder *System-Ports*; die Port-Nummern ab 1024 bis 49.151 gelten als *reservierte Ports*. Aus der Spanne der verbleibenden Ports zwischen 49.152 und 65.535 können Betriebssysteme zufällige Ports als Quellports auswählen (zumindest ist das die Empfehlung nach RFC 6335 – die tatsächliche Spanne ist vom Betriebssystem abhängig).

IP-Adressen

Die wichtigsten Infos, die durch den IP-Header hinzukommen, sind Absender- und Ziel-Adresse. Solche *IP-Adressen* kennen Sie bestimmt, oder Sie haben den Begriff zumindest mal gehört. Sie dienen der Vermittlung des Datenpakets zwischen Rechnern, die sich nicht in unmittelbarer Nähe zueinander befinden. Wie Sie Abbildung 30.5 entnehmen können, stehen für die Sender- und Empfängeradresse je 32 Bit zur Verfügung.

 Das bezieht sich aber nur auf die ältere Version des Protokolls, also IPv4. Mit 32 Bit lassen sich theoretisch $2^{32} = 4.294.967.296$ Adressen ausdrücken; in der Praxis kann man aber nur etwa 3,6 Milliarden verwenden, da einige Adressbereiche reserviert sind. Weil das nicht reicht, da ja heutzutage jede Zahnbürste einen eigenen Internet-Zugang hat, entwickelte man schon vor Jahren den Nachfolger IPv6. Hier sind Adressen 128 Bit lang, das reicht für 340 Sextillionen Adressen; damit ist die menschliche Gesellschaft auch für den Trend der Zweitzahnbürste gerüstet. An dieser Stelle werden aber nur IPv4-Adressen erklärt – die sind sehr verbreitet und einfacher zu handhaben. Eigentlich wäre es interessant, das hier noch etwas breiter zu behandeln, aber – meine Güte – dieses Buch muss auch mal fertig werden.

Eine IP-Adresse ist also genau genommen nur eine sehr lange Zahl. Da jedoch das Jonglieren so langer Zahlen etwas anstrengend ist, formatiert man sie meistens, indem man die einzelnen Bytes der Zahl zusammenfasst. Bei 32 Bit sind das genau vier – ein Byte ist eine Zahl mit acht Bits. Leider ist der Begriff auch etwas ungenau, daher spricht man besser von einem Oktett.

Für gewöhnlich trennt man die Oktette mit einem Punkt voneinander ab, daher sieht eine IP-Adresse meist irgendwie so aus: 192.168.178.25.

 Mit 8 Bit kann man $2^8 = 256$ Zahlen abbilden, daher kann jede Stelle nur Werte von 0 bis 255 zeigen. Ein Umstand, der in diversen Fernsehshows gerne komplett ignoriert wird. Dort findet man durchaus mal eine fiktive 603.458.124.663, wenn wieder irgendein Computer-Hacker-Thema angestrengt wird; allerdings ist das vielleicht auch sinnvoll, weil sonst irgendwelche unbedarften Server-Admins ständig Datenverkehr von irgendwelchen Film-Fans abfangen müssten.

In Python lässt sich der Zusammenhang zwischen Bytes und Oktettdarstellung gut veranschaulichen:

```
>>> import ipaddress
>>> sender = ipaddress.ip_address('192.168.178.25')
>>> '{:b}'.format(sender)
'11000000101010001011001000011001'
>>> int(sender)
3232281114
>>> for b in sender.packed:
...     print(f"{b:08b}, {b}")
...
11000000, 192
10101000, 168
10110010, 178
00011001, 25
```

Hier sehen Sie zuerst eine IP-Adresse in der gebräuchlichen Schreibweise, bei der die Oktette mit Punkten abgetrennt wurden. Diese wird dann als Bit-Kette formatiert. Man kann sie auch als normale Ganzzahl formatieren, das ist aber unhandlich.

 Ich wette mit Ihnen, dass Sie die Ganzzahl aus Faulheit gar nicht vollständig gelesen haben, sonst wäre Ihnen aufgefallen, dass die gedruckte Ganzzahl gar nicht stimmt. Hier wurde eine 1 hinzuaddiert, die eigentliche Repräsentation der Adresse wäre aber in Wirklichkeit 3232281113. Konzentration, bitteschön!

Am Stück ist so eine Adresse ohnehin relativ nutzlos, daher betrachten Sie mit ip_address.packed die einzelnen Oktette.

Theoretisch sind alle Zahlen innerhalb dieser 32-Bit-Spanne gültige IP-Adressen, allerdings sind diejenigen in Tabelle 30.2 reserviert (es gibt natürlich noch mehr, aber die tun hier nichts zur Sache).

Adresse / Bereich	Beschreibung	Anzahl der Rechner
`127.0.0.1`	Ihr eigener Rechner	1
`0.0.0.0` bis `0.255.255.255`	Ihr aktuelles Netzwerk	16 Millionen
`192.168.0.0` bis `192.168.255.255`	privates Netzwerk	65 Tausend
`172.16.0.0` bis `172.31.255.255`	privates Netzwerk	1 Million
`10.0.0.0` bis `10.255.255.255`	privates Netzwerk	16 Millionen

Tabelle 30.2: Einige IP-Adressen sind reserviert

Die Wahrscheinlichkeit ist sehr hoch, dass Sie zuhause am Rechner eine Adresse haben, die mit `192.168.` anfängt. Das liegt daran, dass dieser Bereich für private Netzwerke vorgesehen ist. Meistens sind Basisstationen im Heimnetzwerk so eingerichtet, dass sie Adressen aus diesem Bereich vergeben. Im Internet-Protokoll ist festgelegt, dass diese Adressen nicht in externe Netze weitergeleitet werden.

Die eigene IP-Adresse herausfinden

Zunächst können Sie Ihren eigenen Rechner überprüfen. Sofern er ordentlich mit dem Netzwerk verbunden ist, sollten die folgenden Aufrufe Ihnen Auskunft über dessen Identität im Netzwerk geben:

```
>>> import socket
>>> name = socket.gethostname()
>>> name
'fedora'
>>> socket.gethostbyname(name)
'172.18.91.127'
>>> socket.gethostbyname_ex(socket.gethostname())
('fedora', [], ['172.18.91.127'])
```

Zuerst bringen Sie mit `gethostname` den Namen Ihrers Rechners in Erfahrung. Hier handelt es sich um ein Linux-Laptop, das einfach auf den Namen »fedora« hört. Den Namen Ihres eigenen Rechners können Sie in den Einstellungen Ihres Betriebssystems anpassen.

Anhand des Namens können Sie die IP-Adresse des Rechners in Erfahrung bringen. Dazu reichen Sie den Namen an die Funktion `gethostbyname` weiter. Ihr Heimrechner hat wahrscheinlich nur eine einzige Adresse, jedoch können Rechner durchaus mehrere nutzen, um mit Rechnern in mehreren Netzen gleichzeitig zu kommunizieren. Deshalb gibt die Funktion `gethostbyname_ex` eine etwas vollständigere Ansicht her. Sie liefert ein Tupel aus dem Namen des Rechners, möglichen Alternativnamen (Aliasen) und einer Liste mit IP-Adressen – in dem Fall hat der Rechner tatsächlich nur eine.

Leider lässt Python Werkzeuge vermissen, mit denen Sie weitere Informationen über das Netzwerk in Erfahrung bringen können, zum Beispiel, welche Rechner es gibt und welche

Dienste sie anbieten. Sie können dafür aber auf die Werkzeuge Ihres Betriebssystems ausweichen. Mithilfe von *arp* können Sie Ihre Netzwerk-Nachbarn kennenlernen; mit *ping* klopfen Sie bei einem Rechner an, um festzustellen, ob jemand zuhause ist.

Natürlich könnten Sie diese Werkzeuge auch mit Python nachahmen, allerdings ist das keine Übung für den Einstieg. Lesen Sie erst mal die folgenden Kapitel über UDP und TCP – diese Protokolle sind in der Transportschicht angesiedelt und spielen im Entwickleralltag eine größere Rolle als ARP und ICMP (das Protokoll, das *Ping* verwendet).

Kapitel 31
UDP – wenn's schnell gehen soll

Katz und Maus – Server und Client

Im folgenden Beispiel schreiben Sie ein kleines Programm, das Datagramme (UDP-Pakete) aus dem Netzwerk verarbeitet. Für die Kommunikation benötigt man normalerweise mindestens zwei Rechner, allerdings kann man den zweiten auch vortäuschen. Der folgende Code wird zunächst so geschrieben, dass er auf einem einzigen Rechner läuft; später passen Sie ihn dann für mehrere Rechner an.

Sie programmieren jetzt sowohl eine *Client*- als auch eine *Server*-Komponente. Eigentlich kann jeder Rechner mit jedem anderen kommunizieren, da Geräte im Netzwerk gleichberechtigt sind und es aus Sicht der Kommunikation keinen Unterschied zwischen ihnen gibt. Dennoch ordnet man den Rechnern meist verschiedenen Rollen zu, je nachdem, welche Aufgaben ihnen im Netzwerk zukommt:

1. **Server** sind Rechner, die zentrale Dienste anbieten (zum Beispiel Datenbanken, Webseiten oder E-Mails).

2. **Clients** greifen auf die Dienste von Servern zu.

Abbildung 31.1 veranschaulicht das Szenario: Eine Maus (ein *Client*) sendet ihre Standortdaten an eine Katze (den *Server*). In der richtigen Welt tendieren Mäuse eher nicht dazu, ihre Bewegungen freiwillig an die Katze weiterzuleiten; es geht hier nur darum, dass die Katze geduldig vor dem Mauseloch wartet, bis sich etwas bewegt. Als Maus verwenden Sie einfach die Maus, die an Ihren Computer angeschlossen ist. Anders gesagt, schreiben Sie nun einen Client, der die Koordinaten des Mauszeigers an einen Server schickt.

Abbildung 31.1: Die Katze sitzt vor dem Mauseloch und wartet, dass die Maus sich bewegt.

Vorbereitung

Von Haus aus kann die Konsole die Mausbewegung nicht erfassen – dafür müssen Sie zunächst eine Bibliothek nachinstallieren. Dabei sollten Sie vermeiden, ihr Haupt-Python zuzumüllen, daher setzen Sie am Besten zuerst eine virtuelle Umgebung auf. Unter Linux und macOS geht das so:

```
$ python -m venv .venv --prompt=cat
$ source .venv/bin/activate
(cat) $
```

Und unter Windows so:

```
> python -m venv .venv --prompt=cat
> .venv\Scripts\activate.bat
(cat) >
```

Wenn vorne vor der Eingabe auf der Konsole nun (cat) steht, wurde Ihre virtuelle Umgebung aktiviert.

 Bei der Verwendung einer virtuellen Umgebung werden ein neues Verzeichnis und eine Kopie des Python-Interpreters angelegt. Bitte prüfen Sie, ob Ihre Kommandozeile die richtigen Befehle verwendet!

Zum Beispiel stellte sich bei einem Versuch auf macOS heraus, dass die virtuelle Umgebung zwar aktiviert wurde, aber der Befehl nun anders hieß:

```
(cat) $ which python
python: aliased to /usr/local/bin/python3.12
(cat) $ which python3
/Users/johannes/Desktop/dummies/.venv/bin/python3
```

Der Befehl which findet heraus, welches Programm durch einen Befehl aktiviert wird. Hier sehen Sie, dass python weiterhin auf die Installation des Betriebssystems zeigt, die virtuelle Umgebung aber über den Befehl python3 aktiviert wird.

Danach installieren Windows- und Linux-Nutzer ein Modul aus dem Package-Index mit dem schönen Namen mouse:

```
(cat) $ pip install mouse
...
Successfully installed mouse-0.7.1
```

Mac-User installieren bitte

```
(cat) $ pip install macmouse
...
Successfully installed macmouse-0.7.1
```

 Das Mäuse-Modul bringt Funktionen mit, mit denen Sie die Position und die Tasten der Maus auslesen können.

Server – alles für die Katz

Starten Sie mit der Server-Komponente. In die Datei server.py kommt der folgende Code:

```
from socketserver import BaseRequestHandler, UDPServer
from struct import unpack


class Movement(BaseRequestHandler):
    """
    Klasse zum Verarbeiten von Anfragen
    (hier: empfangenen Datagrammen)
    """

    def handle(self):
        # Datagramm auspacken
        data, socket = self.request

        # Mauskoordinaten auslesen
        x, y = unpack("HH", data)

        # Empfangene Koordinaten mit fester Breite ausgeben
        print(f"\rEmpfangen: ({x: <4}, {y: <4})", end="")
```

```
if __name__ == "__main__":
    # Adresse des aktuellen Rechners
    address = ("localhost", 9999)

    # Ausgabe
    print("Beobachte Mauseloch %s:%s" % address)

    # Server vorbereiten
    with UDPServer(address, Movement) as server:
        # Dauerhaft Daten empfangen und verarbeiten
        # Hinweis: Beenden des Programms mit Strg + C!
        server.serve_forever()
```

Listing 31.1: server.py

Dieses kurze Stück Code hat es in sich. Sobald Sie das Programm starten, wird ein Objekt von Typ UDPServer erzeugt. Dabei handelt es sich um ein generisches Modul aus der Standardbibliothek, das *Datagramme* verarbeitet.

Der Server wird gestartet, indem Sie server.serve_forever() aufrufen und das Programm in eine Endlosschleife schicken. Innerhalb dieser Schleife lauscht das Programm auf einer bestimmten Netzwerkadresse und öffnet dazu Port 9999 (das wurde in der Variable address festgehalten).

Sobald ein Datenpaket den Rechner erreicht, wird die Methode handle in der Klasse Movement aktiv, die von der Klasse BaseRequestHandler ableitet. Ein *request handler* meint aus dem Netzwerk-Sprech übersetzt so viel wie *Anfrage-Bbehandlungs-Sachbearbeiter*.

Für jedes eingehende Datagramm wird die Methode Movement.handle aufgerufen. Leider ist im Code weder von einem *Datagramm* noch von einem *Datenpaket* die Rede; stattdessen steht innerhalb der Methode das Attribut self.request zur Verfügung. Bei der Benennung steht also im Fokus, dass hier ein Client eine *Anfrage* gestellt hat, nicht so sehr, dass dafür ein Paket oder Datagramm geschickt wurde. self.request enthält die eigentlichen Daten (data) und zusätzlich eine Information über den Absender (socket).

Die Daten werden im Netzwerk im Binärformat übertragen – dieses Format können Sie sich ausdenken. In diesem Fall handelt es sich um zwei Integer, die Sie zunächst aus dem Bit-Salat entpacken müssen. Was genau gesendet wird, erfahren Sie, wenn Sie den Code des Clients studieren.

Wenn Sie neugierig sind und das Programm starten, läuft der Server und wartet auf eingehende Datenpakete. Da erst mal noch keine Pakete kommen, passiert auch nichts. Um das Programm abzubrechen, drücken Sie bitte ⌈Strg⌋ + ⌈C⌋.

Client – hier kommt die Maus

Nun zum Client. Erstellen Sie ein Modul namens client.py.

Es läge nahe, die Datei einfach mouse.py zu nennen, aber das gibt leider Konflikte, weil Sie ja schon ein Paket namens mouse nachinstalliert haben und das würde Python durcheinanderbringen.

So sieht der Code fürs den Client aus:

```python
import socket
import struct

## ... falls Sie macOS verwenden:
# import macmouse as mouse
import mouse

if __name__ == "__main__":
    server = ("localhost", 9999)
    sock = socket.socket(socket.AF_INET, socket.SOCK_DGRAM)
    while True:
        x, y = mouse.get_position()
        data = struct.pack("HH", x, y)
        sock.sendto(data, server)
        print(f"\rGesendet: ({x: <4}, {y: <4})", end="")
```
Listing 31.2: client.py

Bevor Sie das Programm starten, sollten Sie den Code genauer untersuchen, da er einige abgefahrene Details enthält. So wird hier ein sogenannter *Socket* aufgemacht. Sinnvoll übersetzt wird das mit *Steckdose* oder *Buchse* und meint den Endpunkt einer Kabelverbindung.

Sockets sind spezielle Endpunkte für die Kommunikation. Hier dient socket.socket(socket.AF_INET, socket.SOCK_DGRAM) der Kommunikation im Internet (AF_INET steht für *address family internet*). Mit SOCK_DGRAM wird ausgedrückt, dass Datagramme (also UDP-Pakete) verschickt werden sollen. Es gibt noch andere Typen und Adressfamilien, denn Sockets sind lediglich Abstraktionen und eignen sich für alle möglichen Arten der Kommunikation.

Nachdem der Socket angelegt wurde, wird eine Endlosschleife aktiviert. In jeder Iteration fragt mouse.get_position() die aktuelle Position Ihres Mauszeigers ab (dafür hatten Sie eingangs das Paket mouse installiert). Die Zeigerposition ist ein Tupel mit den X- und Y-Werten der Bildschirm-Koordinaten. Bei Bildschirmen ist links oben (0,0) und rechts unten die jeweilige maximale Pixelzahl, zum Beispiel (1920, 1080) – anders als bei kartesischen Koordinaten in der Schule, wo der Nullpunkt links unten sitzt.

Das Tupel mit der Position wird dann mit struct.pack("HH", x, y) verpackt:

```python
>>> import struct
>>> data = struct.pack("HH", 2, 3)
>>> data
```

```
b'\x02\x00\x03\x00'
>>> [f"{b:0>8b}" for b in data]
['00000010', '00000000', '00000011', '00000000']
```

Aus den beiden unzusammenhängenden Ganzzahlen wird dadurch eine Byte-Folge, also eine binäre Darstellung, die man über das Netzwerk übertragen kann. Als erstes Argument erwartet struct.pack die Zeichenkette "HH", die angibt, dass für jede Zahl zwei Bytes reserviert werden sollen. Details erfahren Sie im Kasten *Verpackungsmuseum*.

Verpackungsmuseum

Um die beiden Ganzzahlen übers Netzwerk zu übertragen, werden sie wie gesagt binär kodiert. Für kleine Werte zwischen 0 und 255 würde ein einziges Byte reichen, aber wenn Sie die X-Koordinate der rechten Seite eines durchschnittlichen Monitors übertragen möchten (der zum Beispiel 1920 Pixel breit ist), dann müssen Sie die Zahl auf zwei Bytes aufteilen. Um die Mauskoordinaten zu übertragen, werden diese also in eine Binärkette mit insgesamt 4 Byte (also 32 Bit) verpackt.

Das wird durch das erste Argument in struct.pack("HH", 2, 3) angegeben. Jedes H steht für einen unsigned short integer, also eine Ganzzahl mit 16 Bits ohne Vorzeichen. Diese Werte orientieren sich an den Datentypen der Programmiersprache C. Details finden Sie in der Doku unter https://docs.python.org/3/library/struct.html

Beim Einpacken wird auch die Byte-Reihenfolge – die Endianness – festgelegt, also die Vorschrift, in welcher Reihenfolge die Byte-Einzelteile wieder zu einer Zahl zusammengesetzt werden:

```
>>> import struct
>>> struct.pack("<H", 1920)
b'\x80\x07'
>>> struct.pack(">H", 1920)
b'\x07\x80'
```

Das Zeichen ‹ steht für Little-Endian; › für Big-Endian. Big-Endian bedeutet, dass das höchstwertige Byte zuerst gespeichert wird; bei Little-Endian ist es andersrum.

Die Endianness ist wichtig, wenn man Daten zwischen unterschiedlichen Systemen austauscht (zum Beispiel zwischen einem Laptop und einem Großrechner). Welche Einstellung richtig ist, hängt von Ihrer CPU ab, die die Bytefolge als Zahl interpretieren muss. Werden die Bytes in der falschen Reihenfolge gelesen, stimmt die gelesene Dezimalzahl hinterher nicht. Die meisten Tischrechner haben heutzutage eine Little-Endian-CPU, daher kann man das Steuerzeichen vor dem HH auch weglassen; so geschehen in server.py und client.py.

Die Maus auf die Katze loslassen

Führen Sie die beiden Tierchen nun bitte gemeinsam aus: Öffnen Sie eine Konsole, navigieren Sie in das Verzeichnis und rufen Sie zunächst den Server auf (nicht vergessen, vorher die virtuelle Umgebung zu aktivieren):

```
(cat) $ python server.py
Beobachte Mauseloch localhost:9999
```

Das Programm befindet sich nun im Vordergrund in einer Endlosschleife. Daraufhin sollte zunächst nichts passieren. Die Katze wartet geduldig vor dem Loch (also Port 9999). Öffnen Sie nun eine *zweite* Konsole, navigieren Sie auch dort in das Verzeichnis und rufen Sie das Client-Modul auf:

```
(cat) $ python client.py
Gesendet: (1710, 1425)
...
Gesendet: (1129, 1444)
```

Wenn Sie nun Ihre Maus bewegen, sollte sich in der Mäuse-Konsole ständig die Koordinate aktualisieren – das Mäuse-Programm läuft und liest dabei in jeder Runde die aktuelle Koordinate ein. Wenn Sie zusätzlich die erste Konsole (die mit server.py) betrachten, werden Sie merken, dann auch hier die Koordinate mit ausgegeben wird – und das fast gleichzeitig zur Mausbewegung. Das sollte in etwa wirken wie in Abbildung 31.2 dargestellt (es ist etwas schwierig, etwas derart Dynamisches in einem statischen Buch abzubilden).

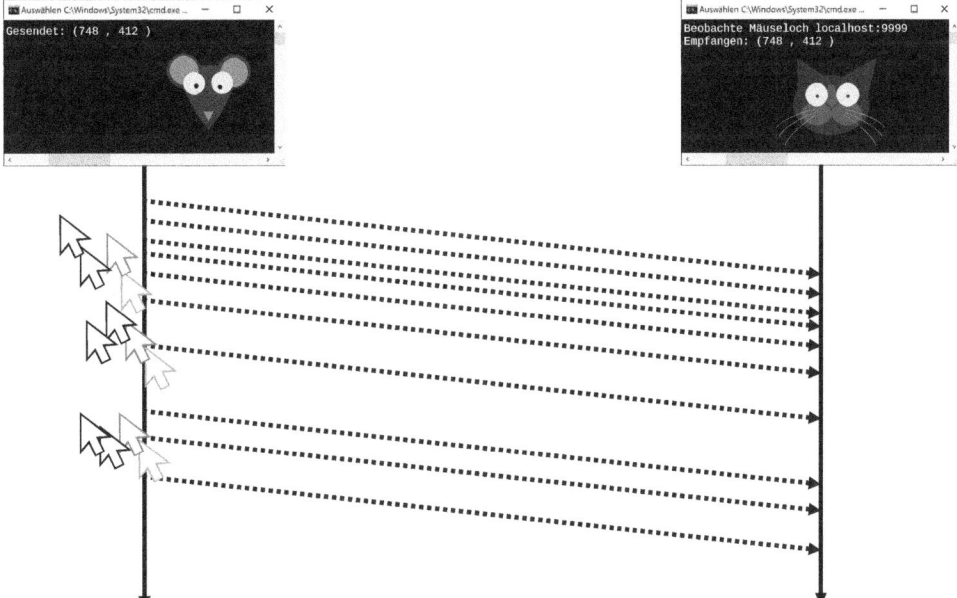

Abbildung 31.2: Wenn alles läuft, schickt der Mäuse-Client nun über das Netzwerk die Bildschirmkoordinaten der Computermaus an den Katzen-Server, der sie fast zeitgleich darstellt.

Herzlichen Glückwunsch, Sie haben nun Ihr erstes netzwerkfähiges Programm geschrieben und erfolgreich gestartet!

Aber zurück zu den Details des Codes: Nachdem die zu sendenden Mauskoordinaten in `client.py` verpackt wurden, werden Sie mithilfe des Sockets verschickt. Zuvor wird noch die Empfängeradresse draufgeschrieben, die aus einer IP-Adresse und einem Port besteht. Die IP-Adresse sagt nur aus, welcher Rechner das Paket empfangen soll; der Port gibt zusätzlich an, welches Programm auf dem Zielrechner für die Verarbeitung zuständig ist.

»Richtige« IP-Adressen

Bisher ist das Programm ein wenig witzlos, da Sie den Client und den Server ja auf demselben Rechner gestartet haben. Daher werden die Daten zwar zwischen zwei Prozessen verschickt, aber natürlich nicht zwischen zwei Rechnern (siehe auch Abbildung 31.3).

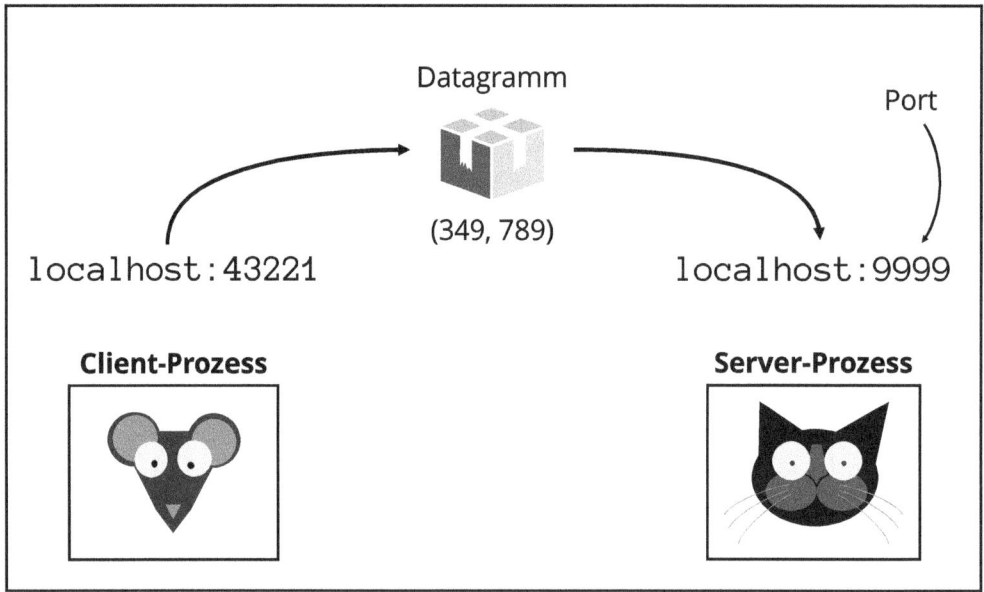

Abbildung 31.3: Solange Sie als Adresse `localhost` angeben, verlassen die Datagramme Ihren Rechner nicht.

Es ist aber kein Problem, den Client auf dem einen und den Server auf dem anderen Rechner zu starten, allerdings müssen Sie dann in `client.py` und `server.py` jeweils eine IP-Adresse statt `localhost` eintragen.

Der Wert localhost bei der Adressierung wurde nur zu Demo-Zwecken verwendet. Er bedeutet schlicht, dass die Daten nicht ins Netzwerk geleitet werden, sondern nur auf dem aktuellen Rechner verarbeitet werden. Der Name ist gleichbedeutend mit der speziellen IP-Adresse 127.0.0.1 – diese reservierte Netzwerkadresse wird verwendet, wenn ein Rechner mit sich selbst sprechen möchte. Man bezeichnet sie auch als *Loopback*-Adresse – eine Verbindung des Rechners mit sich selbst.

Um Client und Server auf verschiedene Rechner zu verteilen, gehen Sie bitte wie folgt vor. Kopieren Sie server.py auf den Server-Rechner und passen Sie das Programm an:

```
...
if __name__ == "__main__":
    address = ("0.0.0.0", 9999)
    ...
```
Listing 31.3: server.py

Beim Starten eines netzwerkfähigen Programms kann man festlegen, auf welche IP-Adressen es reagieren soll – ein Rechner kann durchaus mehrere IP-Adressen haben. Die spezielle Adresse 0.0.0.0 bedeutet, dass das Programm sich von jeder Adresse angesprochen fühlt.

Auf dem Client-Rechner, also da, wo client.py läuft, geben Sie nun statt localhost die Adresse des Servers an. Diese erfahren Sie, wenn Sie auf dem Server – unter Windows – in der Konsole ipconfig aufrufen:

```
C:> ipconfig
    IPv4-Adresse  . . . . . . . . . . : 192.168.178.12
```

oder unter Linux und macOS:

```
$ ip a | grep inet
inet 127.0.0.1/8 scope host lo
inet 192.168.178.12/24 brd 192.168.178.255 scope global enp0s3
...
```

Bei Ihnen steht da zwar vermutlich eine andere Adresse, wahrscheinlich aber irgendwas mit 192.168.*.*.

Tragen Sie die Adresse des Servers in das Modul client.py ein.

```
...
if __name__ == "__main__":
    server = ("192.168.178.12", 9999)
    sock = socket.socket( ...
    ...
```
Listing 31.4: client.py

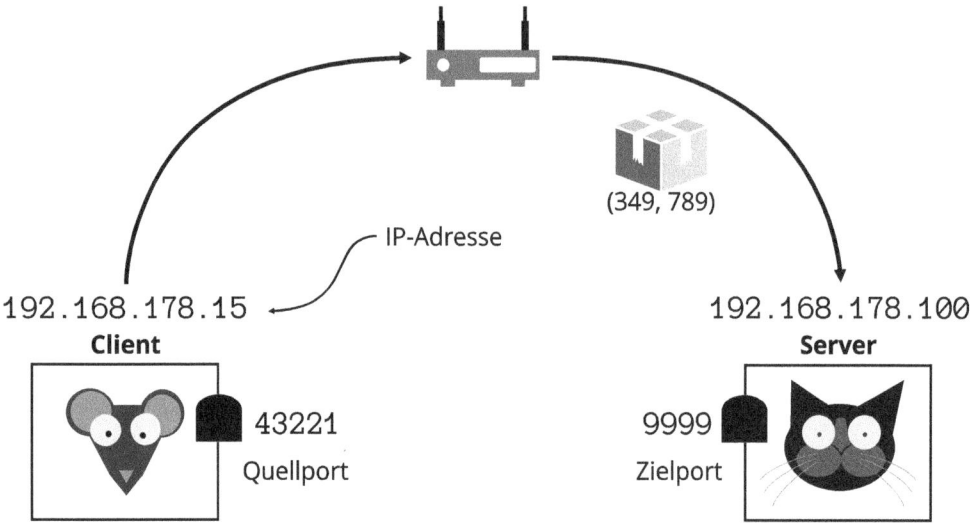

Abbildung 31.4: In Ihrem Heimnetz werden Datagramme anhand der IP-Adressen zugestellt.

 Wichtig: Nicht verwirren lassen. Sie brauchen die Adresse des *Server*-Computers und tragen diese beim *Client* ein; beim Server tragen Sie einfach 0.0.0.0 ein. Wichtig ist vor allem, dass der Client die Adresse des Servers kennt – sonst kann er ihm natürlich keine Daten senden.

Starten Sie nun wieder beide Programme. Sofern alles geklappt hat und ihr Netzwerk funktioniert, können Sie nun am Client-Rechner mit der Maus wackeln ... und schon zeigt der Server dessen Mauskoordinaten an, wie in Abbildung 31.4 dargestellt.

Kapitel 32
TCP – wenn es ankommen muss

Für die Live-Übertragung von Mauspositionen ist UDP hervorragend geeignet. Hier werden einfach so schnell es nur geht Datagramme an einen Server gesendet. Sollte eines verloren gehen, hat sich die Maus sowieso schon weiterbewegt und das nächste Datagramm steht schon vor der Tür – Pardon – dem Port. Für zuverlässige Verbindungen sollten Sie aber TCP verwenden,. Dazu müssen Sie eingehende Daten allerdings etwas anders verarbeiten als mit UDP.

Datagramme sind voneinander unabhängig und können jeweils separat behandelt werden. Außerdem hatte das Beispiel im vorigen Kapitel keine Rückantwort (die Mausposition ging an den Server, aber der hat nichts an den Client zurückgeschickt). TCP hingegen stellt eine *Verbindung* bereit – das bedeutet für Sie, dass Daten nicht als diskrete Pakete, sondern als Datenstrom verarbeitet werden – vergleichbar mit einer Datei, in die Sie sowohl hinein-schreiben als auch aus ihr herauslesen können.

Sowohl Server als auch Client können gleichzeitig Daten an die gegenüberliegende Stelle senden, daher müssen Sie sich überlegen, wie Sie die Unterhaltung synchronisieren. Wie in der normalen Kommunikation wird es schnell chaotisch, wenn beide Gesprächspartner einfach drauflosreden und keiner richtig zuhört; andersrum würde man ein Date eher negativ bewerten, wenn beide beliebig lange stumm darauf warten, dass der jeweils andere etwas sagt. Sie brauchen daher einen sinnvollen Plan, wie die Unterhaltung zwischen Client und Server aussehen und gelingen soll.

Verbindungsaufbau

Der UDP-Server aus dem Katze-Maus-Beispiel in Kapitel 31 unter *Katz und Maus – Server und Client* konnte einzelne Pakete mithilfe eines `socketserver.UDPServer` ver-arbeiten, der jedes eingehende Datagramm mit einer Methode aufnahm (nämlich `socketserver.BaseRequestHandler.handle(...)`). Der Client wiederum verschickte sei-ne Daten mit der Methode `socket.sendto(...)`. Diese Funktionen verstecken viele Details und lassen sich gut als Blackboxes verwenden; für den Umgang mit TCP müssen Sie dage-gen etwas genauer unter die Motorhaube gucken.

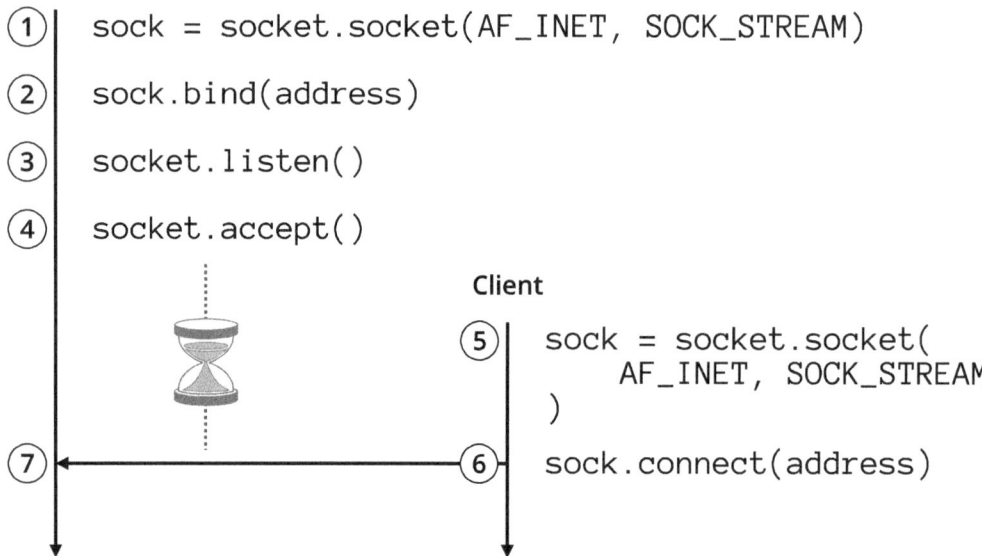

Abbildung 32.1: Der Server öffnet einen Socket und wartet darauf, dass sich ein Client damit verbindet.

Bevor Daten versendet werden, muss eine Verbindung aufgebaut werden. Das läuft wie folgt ab; Abbildung 32.1 stellt es übersichtlich dar:

1. `socket.socket(AF_INET, SOCK_STREAM)`: Der Server erzeugt einen TCP-Socket.

2. `socket.bind(address)`: Der Port wird für den Datenempfang beim Betriebssystem reserviert.

3. `socket.listen()`: Das erlaubt dem Server, Verbindungen anzunehmen.

4. `socket.accept()`: Nun wartet der Server auf eine eingehende Verbindung.

5. `socket.socket(...)`: Auch der Client erzeugt einen TCP-Socket.

6. `socket.connect(address)`: Der Client verbindet sich mit dem Socket des Servers.

7. Nun haben Client und Server eine Verbindung zueinander, über die sie beide lesen und schreiben können.

 Hier und im Laufe des Kapitels ist häufig von `address` die Rede; gemeint ist damit ein Tupel (`host`, `portnummer`). Dabei kann `host` ein Internet-Name sein wie zum Beispiel `dummies.book.example.com` oder eine IP-Adresse; die `portnummer` ist eine gültige Port-Nummer (eine positive Ganzzahl zwischen 0 und 65.535).

Dieser Code liest sich für Python-Verhältnisse etwas ungewöhnlich, da hier sehr kleinschrittig vorgegangen wird und auch irgendwelche wieseligen Abkürzungen vorkommen.

Der Grund dafür liegt darin, dass Python sich hier penibel an die in C geschriebene Socket-API hält. C kennt leider keine Objekte und Namensräume. Dazu werden in C Verhaltensweisen häufig über Argumente konfiguriert, anstatt mehrere Funktionen dafür anzulegen.

Zunächst ist da die Erzeugung des Sockets:

```
import socket
sock = socket.socket(socket.AF_INET, socket.SOCK_STREAM)
...
```

Hier wird ein Socket-Objekt angelegt:

✔ Der Konstruktor befindet sich in einem Modul mit gleichem Namen – daher die Doppelung `socket.socket`. Die Variable wird mit `sock` abgekürzt.

✔ Mit dem Argument `AF_INET` ist gemeint, dass der Socket IP-Pakete verschicken soll (genau genommen IPv4; für das neuere IPv6 müsste es `AF_INET6` heißen).

✔ `SOCK_STREAM` bedeutet, dass für die Transportkontrolle TCP eingesetzt wird. In Kapitel 31 unter *Client – hier kommt die Maus* stand hier noch `SOCK_DGRAM` für UDP.

Sowohl der Server als auch der Client auf der Gegenseite müssen jeweils einen TCP-Socket erzeugen, daher ist dieser Code für beide gleich. Danach laufen sie jedoch etwas auseinander. Der Server muss dem Betriebssystem mitteilen, dass er eingehende Verbindungen akzeptiert. Dazu muss mit `socket.bind(address)` zunächst der Port reserviert werden – wenn auf dem Port bereits ein anderes Programm lauscht, gibt das einen Fehler. Ist der Port erfolgreich reserviert ist, kann der Socket umgestellt werden, sodass er auch Verbindungen akzeptiert, dazu dient `socket.listen()`.

Der Server bietet seine Dienste über eine feste Adresse mit Port an; der Client eröffnet aber eine Verbindung und bekommt für den Rückkanal vom Betriebssystem eine zufällige Port-Nummer zugewiesen. Er muss daher weder `socket.bind(...)` noch `socket.listen()` aufrufen, da er keinen Port beim Betriebssystem reservieren muss. Das geschieht vielmehr automatisch beim Aufruf von `socket.connect(address)`.

Dieser Aufruf klappt allerdings beim Client nur, wenn auf dem Server vorher `socket.accept()` aufgerufen wurde. Wie Abbildung 32.1 andeutet, *blockiert* dieser Aufruf auf dem Server die weitere Code-Verarbeitung – es geht also erst weiter, wenn sich ein Client verbindet. Das Management solcher blockierenden Aufrufe ist eine herausfordernde Aufgabe. Wenn Sie nicht aufpassen, blockieren Server und Client gleichzeitig und die Kommunikation kommt zum Erliegen. Wie Sie damit umgehen, erfahren Sie zum Glück im Verlaufe dieses Kapitels.

Sowohl für die Client- als auch die Server-Seite gibt es noch ein paar komfortablere Funktionen: Mit `socket.create_server(address)` sparen Sie sich sowohl das ganze Zeremoniell beim Konstruktoraufruf als auch bind und listen (accept benötigen Sie aber weiterhin). Im Client können Sie den Code mit `socket.create_connection(address)` etwas abkürzen. Die Standardwerte dieser Funktionen gehen davon aus, dass Sie eine TCP/IP-Verbindung eröffnen möchten – die ist ja derzeit die bei Weitem gebräuchlichste.

Datenaustausch

Jetzt, wo Client und Server eine Verbindung miteinander teilen, können sie Daten austauschen. Dazu dienen die Methoden `socket.send` (auf Englisch: senden) und `socket.recv` (was wahrscheinlich für `receive` also *empfangen* steht, möglicherweise ist aber auch eine *rezidivierende viral-depressive Störung* gemeint, die entsteht, wenn man zu viele Buchstaben aus einem Funktionsnamen weglässt).

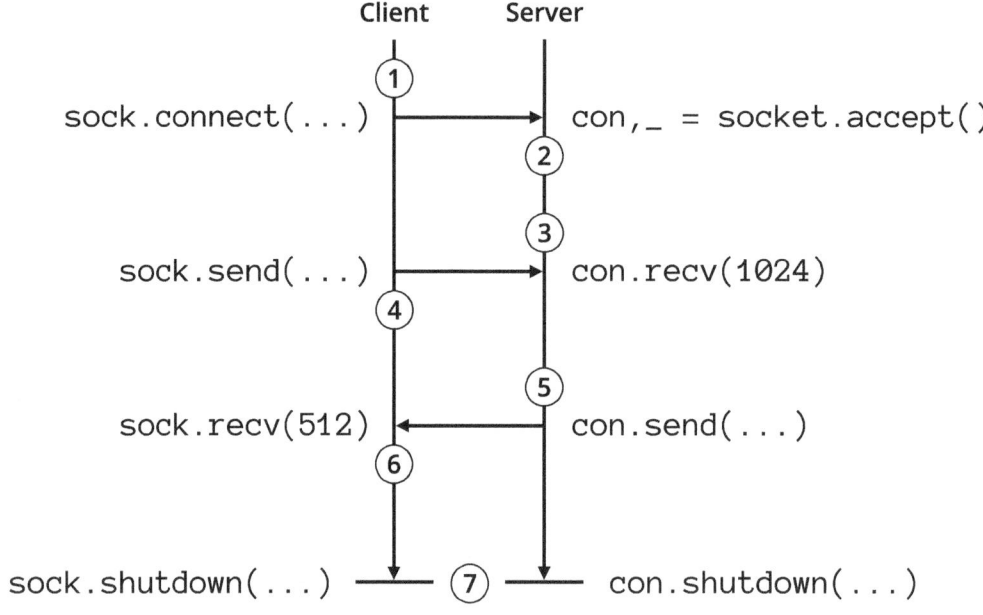

Abbildung 32.2: Client und Server senden und empfangen abwechselnd Daten.

Das Zusammenspiel veranschaulicht Abbildung 32.2:

1. `socket.connect(...)`: Der Client verbindet sich mit dem Server.

2. `socket.accept()`: Der Server akzeptiert die Verbindung und erstellt ein Verbindungsobjekt.

3. `con.recv(1024)`: Der Server wartet nun darauf, dass Daten über die Verbindung eingehen.

4. `socket.send(...)`: Der Client muss dem Server nun Daten senden.

5. `con.send(...)`: Danach kann der Server eine Antwort zurückschicken ...

6. `socket.recv(...)`: ... entsprechend muss der Client diese empfangen.

7. `socket.shutdown(...)`: Danach legen beide auf. Dadurch signalisieren Sie der gegenüberliegenden Stelle, dass die Verbindung geschlossen werden kann.

An diesem Ablauf sind ein paar Dinge bemerkenswert:

Zunächst fällt auf, dass der Client einfach ein Objekt namens `sock` verwendet; der Server hingegen verwendet ein `con`. Genau genommen ist `con` aber auch nur ein Socket-Objekt; der Server verwendet nämlich mindestens zwei. Der initiale Socket dient dazu, eingehende Verbindungen anzunehmen; nach dem Verbindungsaufbau durch `socket.accept()` erhält man jedoch eine konkrete Verbindung für die Kommunikation mit dem frischverbundenen Client.

Client und Server sind zeitlich voneinander unabhängig, das bedeutet, dass sie theoretisch gleichzeitig senden oder empfangen können. Da diese Aufrufe aber *blockieren*, kann das dazu führen, dass beide Programme gleichzeitig blockiert sind und jeweils auf den anderen warten. Um so einen *Deadlock* zu vermeiden, muss man sich darauf einigen, wer zuerst »spricht« und wer zuerst »hört«. Oft schickt der Server nach dem Verbindungsaufbau eine Begrüßung raus, daher sollte der Client zuerst lauschen. Hier wird dieser Schritt abgekürzt und der Server lauscht zuerst.

Daten empfangen

Für den Empfang von Daten ruft der Server nun `con.recv(1024)` auf. Dieser Aufruf *blockiert* die weitere Ausführung von Code, bis Daten empfangen wurden.

Der Aufruf von `con.recv` wartet so lange, bis Daten kommen oder die Verbindung abbricht. Unter Windows kann es dann sogar schwierig sein, das Programm mit ⎇Strg + ⎇C abzubrechen. Starten Sie das Programm vorsichtshalber in einem eigenen Konsolenfenster.

Dem Aufruf von `socket.recv(...)` wird stets als Argument mitgegeben, wie viele Bytes maximal gelesen werden sollen – im Beispiel empfängt der Server 1024 Bytes; der Client etwas später 512. Der Aufruf erzeugt ein Bytes-Objekt mit den gelesenen Daten. Wenn dieses leer ist, wurde die Verbindung vom Client geschlossen.

Es ist nicht ganz leicht zu entscheiden, wie viele Bytes man hier angeben sollte, da `recv` einige Überraschungen bereithält. Bytes werden aus Effizienzgründen nicht einzeln verarbeitet, sondern gepuffert. Wie groß und wie voll der Puffer ist, machen Python und das Betriebssystem unter sich aus. Grundsätzlich ist es aber sinnvoll, irgendeine kleine Zweierpotenz anzugeben, etwa 2^{12}, also 4096.

Für Überraschungen sorgt hier, dass lediglich ein Maximalwert angegeben wird; möglicherweise werden beim Aufruf viel weniger Bytes eingelesen als angegeben. Wenn Sie also `sock.recv(1024)` aufrufen, haben Sie hinterher nicht unbedingt auch 1024 gelesen. Aus diesem Grund benötigen Sie häufig mehrere Aufrufe von `socket.recv(...)`, bis alle Daten empfangen sind (vor allem natürlich, wenn der Client gerade versucht, mehr als 1024 Bytes zu schicken).

Das macht die Kommunikation etwas schwierig; Sockets sagen von Haus aus nicht Bescheid, wenn keine Daten mehr ankommen. Es kann also passieren, dass ein Aufruf von `socket.recv(...)` vergeblich auf weitere Daten wartet. Um das zu vermeiden, gibt es verschiedene Lösungsansätze.

Nachrichten

Statt bei der Kommunikation von einem unbegrenzten Datenstrom auszugehen, sollten Sie lieber einzelne *Nachrichten* versenden. Nachrichten sind abgeschlossene Einheiten, sodass der Empfänger feststellen kann, wann alle gesendeten Daten empfangen wurden. Dafür gibt es verschiedene Ansätze:

✔ Nachrichten mit fester Länge (zum Beispiel jede Nachricht ist genau 512 Bytes lang).

✔ Zwischen Nachrichten wird ein Stopp-Code eingefügt.

✔ Nachrichten geben ihre variable Länge explizit an.

Für sehr einfache Protokolle sind Nachrichten mit fester Länge ausreichend, insbesondere wenn es nur darum geht, immer gleich lange Statuswerte auszutauschen. Sobald Sie aber freien Text versenden möchten, haben Sie dann gleich mehrere Probleme; nämlich zu langen und zu kurzen Text. Zu langen Text müssten Sie auf mehrere Nachrichten aufteilen; zu kurzen Text wiederum müssten Sie mit Nonsens auffüllen, bis die Mindestlänge erreicht ist (das nennt man auch *Padding* – wie das Füllmaterial in einem Versandkarton).

Abgegrenzte Nachrichten sind etwas besser. Sie könnten einfach jede Nachricht mit einem Schlüsselwort oder Code enden lassen, dann weiß der Empfänger, wann die Nachricht vollständig angekommen ist. Einen solchen Stopp-Code auszuwählen kann aber schwierig sein; außerdem müssen Sie den Wert dann auch escapen, wenn er mal im Text auftaucht. Wenn Sie zum Beispiel eine Nachricht mit ; beenden, müssten Sie für jedes Semikolon im Text \; schreiben.

Viel besser ist es da, jede Nachricht mit einer Längenangabe einzuleiten. Beim Empfangen lesen Sie dann erst Mal nur ein paar Bytes, um die Gesamtlänge der Nachricht festzustellen; danach lesen Sie so lange Bytes ein, bis die Nachricht vollständig da ist:

```python
def read_message(sock):
    # Länge der Nachricht einlesen (bytes)
    length_bytes = sock.recv(4)

    # Bytes in Ganzzahl konvertieren
    length = int.from_bytes(length_bytes, byteorder="big")

    # Puffer anlegen
    message = b''

    # So lange lesen, bis alle Daten eingelesen wurden
    # oder die Verbindung beendet wurde
    while len(message) < length:
        if not (fragment := sock.recv(length)):
            break
        message += fragment

    # Nachricht dekodieren und zurückgeben
    return message.decode("utf-8")
```

Beim Versenden einer Nachricht müssen Sie entsprechend zuerst die Länge der Nachricht vorausschicken. Im Beispiel sind das die ersten vier Bytes, das reicht für Nachrichten mit einer Länge von $2^{8\cdot4} = 2^{32} = 4.294.967.296$ Zeichen – immerhin vier Gigabyte.

Dieser Code-Schnipsel hat keinen Dateinamen, denn er soll nur das Prinzip veranschaulichen; später gibt es noch eine andere Lösung.

Over & Out

Nachdem alle Daten gesendet und empfangen wurden, kann die Verbindung geschlossen werden. Dazu verwenden Sie sock.shutdown(...). Der Aufruf bekommt auch noch ein Argument, nämlich sock.shutdown(socket.SHUT_RDWR), damit geben Sie an, dass über den Socket ab sofort weder gelesen noch geschrieben wird.

Durch den Aufruf wird die Gegenseite benachrichtigt. Sofern die Gegenseite gerade auf eine Datenübertragung wartet und dafür blockiert, löst das diese Blockade. Ein erneuter Aufruf von socket.recv(...) gibt dann ein leeres Byte-Objekt zurück.

Bevor Sie ein »richtiges« Kommunikations-Programm entwickeln, sollten Sie das mit dem Blockieren nochmal betrachten. Verwenden Sie dazu den folgenden Code; legen Sie Ihn in einer Datei namens blockade.py ab.

```python
from socket import create_server, SHUT_RDWR


def main(address):
    with create_server(address) as tcp_socket:
        tcp_socket.listen()
        while True:

            print("Erwarte Verbindung ...")

            # Auf eingehende Verbindungen warten
            connection, address = tcp_socket.accept()

            # ... Anfragen bearbeiten ...
            data = connection.recv(1024)

            # Daten ausgeben
            print(data or "Connection closed")

            # Verbindung beenden
            connection.shutdown(SHUT_RDWR)

if __name__ == "__main__":
    main(address=("127.0.0.1", 9876))
```
Listing 32.1: blockade.py

Bevor Sie dieses Programm ausführen, starten Sie bitte zwei Konsolenfenster. In dem einen starten Sie den Server, im anderen eine *REPL*.

```
$ python blockade.py
Erwarte Verbindung ...
```

Der Server geht in eine Endlosschleife über und lauscht auf eingehende Verbindungen. Er nimmt dann einige Daten an, gibt sie auf der Konsole aus, schließt die Verbindung und wartet auf die nächste Verbindung. Hier können Sie behelfsmäßig die *REPL* als Client einsetzen:

```
>>> import socket
>>> text = b"Hello, World!"
>>> address = ("127.0.0.1", 9876)
>>> connection = socket.create_connection(address)
>>> connection.send(text)
13
```

Hier werden ein Text und eine Adresse angelegt, eine Verbindung aufgebaut und dann der Text versendet. Die *REPL* gibt immer das Ergebnis des letzten Aufrufs aus – hier steht 13, was die Anzahl gesendeter Bytes meint.

> Achten Sie bei der Variable text auf das vorangestellte b, es handelt sich hier um keinen gewöhnlichen String, sondern ein Byte-Literal. Wenn Sie beim Rumprobieren einen deutschen Text mit Umlauten versenden möchten, müssen Sie ihn vorher kodieren:
>
> ```
> >>> text = "Motörhead".encode()
> >>> socket.create_connection(address).send(text)
> 10
> ```

Da der Server sich nicht um die Kodierung schert und stupide Bytes auf die Konsole spuckt, sieht die alterwürdige Heavy-Metal-Band auf dem Server etwas seltsam aus:

```
$ python blockade.py
Erwarte Verbindung...
b'Hello, World!'
Erwarte Verbindung...
b'Mot\xc3\xb6rhead'
Erwarte Verbindung..
```

> An sich klappt hier alles ganz gut. Ihr schwarzes Wunder erleben Sie erst, wenn Sie den Server beenden möchten. Unter Linux und macOS geht das wahrscheinlich gut, aber unter Windows kann es Probleme machen. Aus blockierenden Aufrufen können Sie in der Regel ausbrechen, indem Sie ⌈Strg⌋ + ⌈C⌋ drücken, was einen KeyBoardInterrupt sendet; solange der Aufruf aber blockiert, wird das eventuell nicht verarbeitet. Vielleicht hilft es, wenn Sie zunächst ⌈Strg⌋ + ⌈C⌋ drücken und dann vom Client aus eine Verbindung aufbauen – die befreit den accept()-Aufruf und der Server kann die Unterbrechung behandeln. Falls das Programm sich partout nicht beenden lassen möchte, können Sie zur Not einfach das Konsolenfenster schließen, dann wird auch der Prozess dahinter gekillt.

Beispiel: Ein Briefkasten für genau eine Postkarte

Nun geht es aber an ein etwas komplexeres Beispiel. Die Zuverlässigkeit von TCP benötigt man immer dann, wenn jeder übertragene Buchstabe zählt; insbesondere bei Textnachrichten, sonst schickt man »Baywatch – Die Rettungsschwimmer von Malibu; mit David Hasselhoff«, doch es kommt nur »Bahnhof« an. Im folgenden Beispiel entwickeln Sie einen kleinen Nachrichtendienst (wie der BND, allerdings etwas transparenter). Er besteht aus je einem Programm für Client und Server, die miteinander per TCP kommunizieren. Der Server stellt einen Briefkasten bereit; der Client kann dort eine Postkarte einwerfen oder abholen.

 Mit *Postkarte* ist hier ein beliebiger Text gemeint. Den könnte man auch als eine *Nachricht* bezeichnen, allerdings wäre das im Folgenden etwas doppeldeutig, denn der Begriff wurde bereits für die Dateneinheiten verwendet. Im folgenden meint der Begriff *Nachricht* das Entwurfsmuster; der Inhalt für die Menschenleser ist eine *Postkarte.*

Ein einfaches Protokoll

Die Kommunikation zwischen Client und Server erfolgt nach dem Anfrage-Antwort-Prinzip. Das wurde im Abschnitt *Datenaustausch* bereits vorgestellt, allerdings ohne es so zu benennen. Kurz gesagt bedeutet das, dass der Client sich verbindet und dem Server eine Anfrage schickt, die dieser dann mit einer Antwort ... beantwortet. Danach wird die Verbindung einvernehmlich geschlossen – nach diesem Prinzip arbeitet zum Beispiel auch das Web-Protokoll HTTP.

Der Client hat zwei Möglichkeiten:

✔ er wirft eine Postkarte ein,

✔ er holt eine Postkarte vom Server ab.

Der Server wiederum antwortet, je nach Anfrage,

✔ ob das Speichern geklappt hat,

✔ mit einer Postkarte,

✔ mit einem Fehler, falls einer aufgetreten ist.

Um das Ganze möglichst einfach zu halten, nimmt der Server genau eine Postkarte an. Wenn beim Einreichen schon eine da ist, wird die vorhandene überschrieben.

Das Design der Nachrichten zeigt Abbildung 32.3. Die ersten zwei Bytes enthalten die Länge des Bodys, die folgenden vier Bytes den Typ; sie bilden zusammen den *Header*, also den Kopf der Nachricht.

Index	0							8							16	..
Feld	Länge		Typ					Body...							

Speichern: `0 13 S T O R H e l l o , _ W o r l d !`

Abholen: `0 0 F T C H`

Mail: `0 13 C A R D H e l l o , _ W o r l d !`

Fertig: `0 0 D O N E`

Fehler: `0 13 E R O R N o _ P e r m i s s i o n`

Abbildung 32.3: Die Nachrichten für den Austausch zwischen Client und Server.

Die Größe der Nutzdaten-Postkarte wird durch das Längenfeld begrenzt – sie kann damit maximal $2^{16} = 65.536$ Zeichen lang werden. Das reicht für sehr lange Urlaubsgrüße – oder ein sogar ein kleines Bild (es sind ja Bytes, also müssen Sie nicht unbedingt einen Text versenden).

Der Typ der Nachricht gibt Auskunft über die Art der Daten. Dadurch kann der Server bei Anfragen zwischen Einreichen und Abholen unterscheiden; der Client kann unterscheiden, ob es sich bei empfangenem Text um eine Postkarte oder eine Fehlermeldung handelt. Client und Server kennen die folgenden Nachrichtentypen:

✔ FTCH (fetch): Der Client möchte eine Postkarte abholen.

✔ STOR (store): Der Client möchte eine Postkarte abgeben.

✔ CARD: Der Server übermittelt die Postkarte an den Client.

✔ DONE: Der Server ist fertig und es folgen keine weiteren Daten.

✔ EROR (error): Ein Fehler ist aufgetreten (Details stehen im Body).

Die Namen dieser Codes orientieren sich an einfachen englischen Bezeichnungen, die jedoch aus Platzgründen etwas zurechtgestutzt wurden.

Die vier Bytes für den Nachrichtentyp sind womöglich etwas verschwenderisch, denn eigentlich würde ja eine Ganzzahl reichen – die Nachrichten wären dann von Typ 1, 2, 3 und so weiter. Allein mit einem Byte hätten Sie dann 256 Typen zur Auswahl. Der Buchstabencode ist aber in der Ausgabe für das Software-Testing anschaulicher.

Sie können hier gerne ihre Kreativität spielen lassen und andere Codes verwenden. Tabelle 32.1 hat einige Vorschläge für Sie parat, mit denen Sie das Protokoll an ihrer lokalen Mundart ausrichten können.

Typ	Dummies	Bayrisch	Norddeutsch	Kurpfälzisch
Abholen	FTCH	WOAS	MOIN	HOLE
Abgeben	STOR	DAAH	HIER	GEBE
Postkarte	CARD	YODL	BUDL	KADD
Fertig	DONE	SRVS	TSHS	ALLA
Fehler	EROR	NAAH	SHIT	ABBA

Tabelle 32.1: Ortsabhängige Kodiervorschläge

Ausbaustufe 1 – ein Grundgerüst für Client und Server

Abbildung 32.4 zeigt, wie die Nachrichten zwischen Client und Server hin und her wandern:

✔ **Postkarte versenden**: Der Client schickt eine Nachricht vom Typ STOR mit dem Inhalt der Botschaft. Gemeint ist hier *to store*, also etwa *lagern, speichern, verstauen*. Der Server bestätigt die Bearbeitung, indem er DONE zurücksendet. Wenn was schiefgeht, gibt es stattdessen eine EROR-Nachricht.

✔ **Postkarte abholen**: Der Client fragt mit FTCH nach, ob im Briefkasten eine Nachricht liegt (auf Englisch: *to fetch* = abrufen, abholen). Falls derzeit keine vorhanden ist, antwortet der Server einfach mit DONE. Falls eine Postkarte verfügbar ist, wird eine CARD-Nachricht zurückgesendet. Danach bestätigt der Server mit DONE. Auch hier kann natürlich jederzeit ein EROR auftreten.

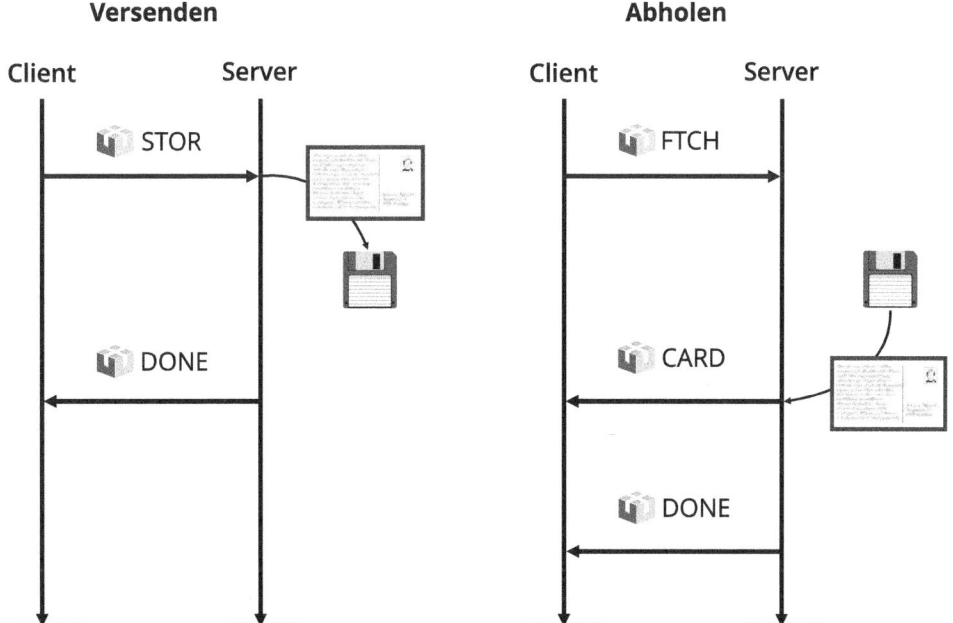

Abbildung 32.4: Je nach Anfrage antwortet der Server mit einer passenden Antwort.

Der folgende Server dient als Grundgerüst für eine Kommunikation über den Eine-Postkarte-Postkasten:

```python
from socket import create_server, SHUT_RDWR

class Server:
    def __init__(self, address):
        self._address = address

    def run(self):
        with create_server(self._address) as tcp_socket:

            # Auf eingehende Verbindungen warten
            tcp_socket.listen()

            print("Erwarte Verbindung...")

            # Verbindung akzeptieren
            connection, address = tcp_socket.accept()

            print("Client verbunden.")

            self.handle_request(connection)

            # Verbindung schließen
            connection.shutdown(SHUT_RDWR)
            print("Verbindung geschlossen.")

        print("Ende.")

    def handle_request(self, connection):
        pass


def main(address):
    server = Server(address=address)
    server.run()


if __name__ == "__main__":
    main(address=("127.0.0.1", 9876))
```

Listing 32.2: server.py

Dieses Modul ruft die Funktion main auf, diese wiederum startet den Server. Der Server ist eine Klasse mit zwei Methoden, run und handle_request. Zunächst ist handle_request noch leer. In dieser Form tut der Server noch nicht viel; er nimmt eine Verbindung an und legt dann auf. Dazu passt der folgende Client:

```python
from socket import create_connection, SHUT_RDWR

def main(address):
    # Verbindung aufbauen
```

```
with create_connection(address) as connection:
    # Direkt wieder auflegen
    connection.shutdown(SHUT_RDWR)

if __name__ == "__main__":
    main(address=("127.0.0.1", 9876))
```
Listing 32.3: client.py

Wenn Sie zuerst den Server starten und dann den Client, verbindet sich der Client und legt dann gleich wieder auf. Auch der Server beendet die Verbindung auf seiner Seite und schließt den Socket. Durch die eingestreuten `print`-Aufrufe ergibt sich die folgende Ausgabe:

```
$ python server.py
Erwarte Verbindung.
Client verbunden.
Verbindung geschlossen.
Ende.
```

Dieser Server ist erst mal nur für eine einzige Anfrage gut, danach müssen Sie ihn neu starten.

Ausbaustufe 2 – ein erster Austausch

Das Interessante passiert nun in der Methode `Server.handle_request`. Sie soll Daten vom Client annehmen und damit etwas tun. Dazu muss der Server zunächst etwas einlesen und der Client etwas senden.

Erweitern Sie den Server, indem Sie in die Methode `Server.handle_request` den folgenden Code einfügen:

```
...
class Server:
    ...

    def handle_request(self, connection):

        # Anfrage einlesen
        data = connection.recv(32)
        print(data)

        # Empfangsbestätigung senden
        connection.send(b"DONE")
...
```
Listing 32.4: server.py

Easy! Direkt nachdem der Server eine Verbindung angenommen hat, empfängt er ein paar Daten und gibt sie auf der Konsole aus. Zuletzt wird eine Empfangsbestätigung gesendet. Der Client wird so erweitert:

```
...
def main(address):
    # Verbindung aufbauen
    with create_connection(address) as connection:

        # Daten senden
        message = b"Hello, World!"
        connection.send(message)

        # Empfangsbestätigung abwarten
        data = connection.recv(32)
        print(data)

        # Auflegen
        connection.shutdown(SHUT_RDWR)
...
```

Listing 32.5: client.py

 Achten Sie darauf, dass beim Senden und Empfangen stets Bytes ausgetauscht werden. Daher müssen Sie beim Aufruf von send dem Nachrichtentext ein kleines b voranstellen, also etwa b"Hello, World!" (ohne wäre es ein String).

Wenn Sie wieder zuerst den Server starten und dann den Client, wird der Server die folgende Ausgabe zeigen:

```
$ python server.py
Erwarte Verbindung...
Client verbunden.
b'Hello, World!'
Verbindung geschlossen.
Ende.
```

Wie gehabt wartet der Server auf die Verbindung; danach empfängt er Daten vom Client und gibt sie aus. Der Client schickt einfach einen kleinen Text und wartet auf eine Empfangsbestätigung. Auch er gibt die empfangenen Daten direkt aus:

```
$ python client.py
b'DONE'
```

Server und Client können nun bereits Daten miteinander austauschen. Ein Austausch ist aber noch kein Protokoll.

Ausbaustufe 3 – Nachrichten lesen und schreiben

Für ein *Hello, World!*-Beispiel reichen wenige Bytes, aber der Client möchte ja eine Postkarte mit flexibler Länge senden. Die Strategie für den Umgang mit flexiblen Daten wurde bereits im Abschnitt *Nachrichten* geklärt: Jeder Datentransfer wird mit einem Header eingeleitet, der Auskunft gibt, wie viele Daten nun folgen und wofür sie bestimmt sind.

Dadurch ergeben sich aber für Server und Client jeweils die gleichen Probleme:

✔ Beim Versand muss die Byte-Länge des Nachrichteninhalts bestimmt und vorausgeschickt werden.

✔ Beim Empfang müssen zuerst die Länge dekodiert und dann entsprechend viele Bytes eingelesen werden.

✔ Nachrichten werden als Bytes versandt, aber bei der Eingabe sind Strings einfacher zu verarbeiten.

✔ Server und Client müssen die gleichen Nachrichtentypen kennen, sonst verstehen sie sich nicht.

Um das zu lösen, lagern Sie die Verarbeitung von Nachrichten in ein eigenes Modul aus. Erzeugen Sie die Datei message.py. Dort hinein kommt die folgende Klasse:

```python
class Message:
    def __init__(self, msg_type, text=""):
        self.type = msg_type
        self.text = text

    def __bytes__(self):
        pass

    def __str__(self):
        return self.text
```

Listing 32.6: message.py

Diese Klasse kann noch nichts, deutet aber eine wichtige Design-Entscheidung an. Sie kapselt im Konstruktor einen Typ und einen Text, der als String eingegeben wird. Durch die magische Methode __bytes__ können Objekte der Klasse in Byte-Objekte verwandelt werden, die man dann mit socket.send versenden kann.

Die Idee ist, dass Sie als Entwickler stets Texte eingeben können und diese Klasse dann automatisch Bytes im richtigen Format daraus macht.

Vervollständigen Sie die __bytes__-Methode:

```python
class Message:
    ...
    def __bytes__(self):
        body = self.text.encode()
        length = len(body).to_bytes(2, "big")
        header = length + self.type
        return header + body
```

Listing 32.7: message.py

Die Methode string.encode kodiert einen String standardmäßig in UTF-8. Aus dem kodierten String lässt sich die Nachrichtenlänge in Bytes ablesen; diese wird nun selbst als ein zwei Byte langes Objekt kodiert. Zum Schluss werden die Bytes für die Länge und den Typ mit dem kodierten body verkettet und alles zusammen zurückgegeben. Der Nachrichtentyp muss nicht kodiert werden, da Sie hier direkt ein Byte-Literal angeben können.

Damit können Sie bereits Nachrichten in Bytes verwandeln. Probieren Sie es aus:

```
>>> from message import Message
>>> m = Message(b"BAND", "Motörhead")
>>> m
<message.Message object at 0x000001D97AE6BA10>
>>> str(m)
'Motörhead'
>>> bytes(m)
b'\x00\nBANDMot\xc3\xb6rhead'
```

So soll die Nachricht später über den Draht gehen. Zuerst kommt die Länge, dann der Typ (in diesem Fall der Pseudo-Typ b"BAND") und dann der eigentliche Inhalt. Hier wurde absichtlich ein kurzer Text mit Umlaut gewählt, um zu zeigen, was beim Kodieren passiert.

Bei der Ausgabe werden Bytes so gut es geht als Text angezeigt. Das hat zur Folge, dass die 2 Bytes für die Länge als \x00 und \n ausgegeben werden. Das \n ist eigentlich ein Zeilenumbruch und hat den Zahlencode 10 in der ASCII-Tabelle.

Beim Kodieren können einzelne Zeichen in mehrere Bytes übersetzt werden, wie etwa Umlaute oder Emojis, daher hat der Body der Nachricht »Motörhead« eine Länge von zehn Bytes, obwohl er nur neun Buchstaben lang ist. Dadurch wird auch klar, warum die Nachricht zuerst in Bytes kodiert werden muss, bevor man die Länge bestimmt.

Sie können den Text auch weglassen – deshalb wird der Parameter text standardmäßig mit einem leeren String initialisiert:

```
...
class Message:
    def __init__(self, msg_type, text=""):
        ...
```

Das ist wichtig, weil einige Nachrichten des Postkarten-Protokolls zwar einen Typ, aber keinen Inhalt haben (nämlich FTCH und DONE).

Die Klasse Message kann nun Nachrichten in Bytes umwandeln. Aber kann Sie auch Bytes in Nachrichten umwandeln? Ja klar, wenn Sie den folgenden Code hinzufügen:

```
class Message:
    ...
    HEADER_LENGTH = 2 + 4

    @classmethod
    def read(cls, sock):
        # Header einlesen
        header = sock.recv(Message.HEADER_LENGTH)

        # Länge bestimmen
        length = int.from_bytes(header[:2], "big")
```

```
    # Nachrichten-Typ bestimmen
    msg_type = header[2:]

    # Body einlesen
    text = sock.recv(length).decode()

    # Nachrichten-Objekt erstellen
    return cls(msg_type, text)
```
Listing 32.8: message.py

Die Methode erhält im Parameter sock ein Socket-Objekt. Der Name ist Absicht; er soll Ihnen beim Ausprobieren Namenskonflikte mit dem socket-Modul ersparen (allerdings wird das hier gar nicht importiert).

Der Header (sechs Bytes) wird eingelesen und zerteilt. Die vorderen zwei Bytes werden als Länge interpretiert; die hinteren als Nachrichtentyp. Danach wird wieder aus dem Socket gelesen. Schließlich wird ein konkretes Message-Objekt erzeugt, das nun den Text und den Typ kapselt.

Diese Klasse können Sie nun in Client und Server einbauen:

```
from message import Message
...

class Server:
    ...
    def handle_request(self, connection):
        # Anfrage einlesen
        request = Message.read(connection)
        print(request)

        # Empfangsbestätigung senden
        response = Message(b"DONE")
        connection.sendall(bytes(response))
...
```
Listing 32.9: server.py

Die Methode Message.read wurde im vorletzten Listing mit dem Dekorator @classmethod versehen. Sie wird also nicht auf einem konkreten Objekt aufgerufen, sondern dient als statischer Konstruktor. Sie wird verwendet, um konkrete Nachrichten-Objekte herzustellen.

Beim Client sieht es genauso aus:

```
from message import Message

def main(address):
    # Verbindung aufbauen
    with create_connection(address) as connection:
```

```
    # Daten senden
    message = Message(b"TEXT", "Hello, World!")
    connection.send(bytes(message))

    # Empfangsbestätigung abwarten
    response = Message.read(connection)
    if response.type == b"DONE":
        print("Done")
    else:
        print("Error", response.type)

    # Auflegen
    connection.shutdown(SHUT_RDWR)
```
Listing 32.10: client.py

Ausbaustufe 4 – diskrete Typen

Blöd ist derzeit noch, dass Sie immer Byte-Literale für die Typen angeben müssen. Der Client etwa sendet eine Nachricht vom Typ b"TEXT", dabei war so etwas im ausgedachten Protokoll unter Abschnitt *Ein einfaches Protokoll* gar nicht vorgesehen. Erweitern Sie daher bitte die Klasse message.Message um die folgenden Typen:

```
class Message:
    HEADER_LENGTH = 2 + 4

    STORE = b'STOR'
    FETCH = b'FTCH'
    CARD = b'CARD'
    DONE = b'DONE'
    ERROR = b'EROR'

    expected_types = {STORE, FETCH, CARD, DONE, ERROR}

    def __init__(self, msg_type, text=""):
        if msg_type not in self.expected_types:
            raise ValueError(f"Unexpected Type {msg_type}")

        self.type = msg_type
        self.text = text
```
Listing 32.11: message.py

Wenn Sie nun versuchen, eine Nachricht des falschen Typs anzulegen, bekommen Sie direkt einen Fehler:

```
>>> Message(b"TEXT")
Traceback (most recent call last):
  File "<stdin>", line 1, in <module>
  File "message.py", line 14, in __init__
    raise ValueError("Unexpected Type", msg_type)
ValueError: Unexpected Type b'TEXT'
```

Noch besser geht es, wenn Sie den Typ explizit angeben. So konstruieren Sie eine versand-
fertige Nachricht beim Client:

```
...
def main(address):
    # Verbindung aufbauen
    with create_connection(address) as connection:

        # Daten senden
        message = Message(Message.STORE, "Hello, World!")
        connection.send(bytes(message))
        ...
```
Listing 32.12: client.py

Das funktioniert sehr gut, ist aber immer noch etwas holprig. Sie müssen stets den Typ
explizit angeben und außerdem das Objekt durch den Aufruf von bytes vor dem Versand
kodieren. Geht das nicht einfacher? Klar! Erweitern Sie die Klasse Message um die folgenden
Methoden:

```
class Message:
    def send(self, sock):
        return sock.sendall(bytes(self))

    @classmethod
    def store(self, text):
        return Message(Message.STORE, text)

    @classmethod
    def fetch(self):
        return Message(Message.FETCH)

    @classmethod
    def card(self, text):
        return Message(Message.CARD, text)

    @classmethod
    def done(self):
        return Message(Message.DONE)

    @classmethod
    def error(self, error_message):
        return Message(Message.ERROR, error_message)
```
Listing 32.13: message.py

Die Methode Message.send ist eine kleine Komfortfunktion, die ein Socket-Objekt erwartet.
Sie konvertiert die aktuelle Nachricht in Bytes und verschickt sie dann mit sendall. Die mit
@classmethod dekorierten Methoden dienen wieder als Factory-Methoden für die einzelnen
Nachrichtentypen. Dadurch geht der Versand etwas leichter von der Hand:

```
...
class Server:
    ...
```

```
def handle_request(self, connection):
    ...
    # Empfangsbestätigung senden
    Message.done().send(connection)
...
```

Listing 32.14: server.py

Genauso funktioniert das Versenden der Postkarte:

```
...
def main(address):
    with create_connection(address) as connection:
        # Daten senden
        Message.card("Hello, World!").send(connection)

        # Empfangsbestätigung abwarten
        response = Message.read(connection)
        if response.type == Message.DONE:
            print("Done")
        else:
            print("Error", response.type)
```

Listing 32.15: client.py

Beim Prüfen der Empfangsbestätigung können Sie nun statt mit einem Byte-Literal den Nachrichtentyp mit einem konkreten Wert vergleichen; sie schreiben also response.type == Message.DONE statt response.type == b"DONE".

Ausbaustufe 5 – Nachrichten speichern und abholen

Mit diesen Hilfsfunktionen können Sie komfortabel alle Nachrichten erzeugen und damit das eigentliche Protokoll umsetzen. Zuerst soll der Server eine Nachricht annehmen und diese abspeichern. Dazu bekommt er einen einfachen Briefkasten:

```
from pathlib import Path
class Postbox:
    def __init__(self, path):
        self._path = Path(path)
        self._path.touch()

    def store(self, text):
        # Postkarte abspeichern
        return self._path.write_text(text)

    def fetch(self):
        # Postkarte lesen
        text = self._path.read_text()

        # Briefkasten leeren
        self._path.write_text("")
        return text
```

```
class Server:
    def __init__(self, address, postbox):
        self._address = address
        self._postbox = postbox

    def run(self):
        ...

    def handle_request(self, connection):
        # Anfrage einlesen
        request = Message.read(connection)

        if request.type == Message.STORE:
            print("Postkarte speichern.")
            self._postbox.store(request.text)

        elif request.type == Message.FETCH:
            print("Postkarte abholen.")
            text = self._postbox.fetch()
            if text:
                Message.card(text).send(connection)

        # Empfangsbestätigung senden
        Message.done().send(connection)

def main(address):
    server = Server(
        address=address,
        postbox=Postbox("postbox.txt")
    )
    server.run()
```

Listing 32.16: server.py

Der Briefkasten (server.Postbox) abstrahiert die Dateioperationen für Sie. Hier wurde eine zusätzliche Klasse eingefügt, sodass die Methode Server.handle_request nicht noch mit irgendwelchen Dateioperationen vollgekleistert wird, denn sonst würde sie immer länger und unübersichtlicher werden. Stattdessen sammelt der Briefkasten alles, was mit dem Lesen und Schreiben der Nachrichten auf dem Server zu tun hat.

Der Briefkasten wird bereits zum Start des Programms erzeugt. Der Konstruktor erwartet den Namen einer Datei, in der später die Nachricht gespeichert wird. An den Methoden Postbox.store und Postbox.fetch ist nichts Besonderes zu finden, außer vielleicht dass fetch am Ende nochmal eine leere Schreiboperation durchführt, um den Briefkasten zu leeren.

Sobald der Server eine STOR-Nachricht bekommt, versucht er, die Postkarte abzuspeichern; auf eine FTCH-Nachricht reagiert er, indem er die Postkarte zurücksendet. Damit der Client dieses Protokoll versteht, wird so umgebaut:

```
from socket import create_connection, SHUT_RDWR
import sys
from message import Message
```

```python
def done(connection):
    response = Message.read(connection)
    if not response.type == Message.DONE:
        print("Fehler!", response.type, response.text)

def store(connection, postcard):
    # Postkarte verschicken
    Message.store(postcard).send(connection)
    print("Nachricht abgeschickt.")
    done(connection)

def fetch(connection):
    # Postkarte abholen
    Message.fetch().send(connection)

    # Antwort abwarten
    response = Message.read(connection)

    if response.type == Message.DONE:
        print("Keine Nachrichten.")

    elif response.type == Message.CARD:
        print("Postkarte:")
        print(response)
        done(connection)

    elif response.type == Message.ERROR:
        print("Fehler!:")
        print(response)
        done(connection)

def main(address, postcard):
    # Verbindung aufbauen
    with create_connection(address) as connection:

        if postcard:
            store(connection, postcard)
        else:
            fetch(connection)

        # Auflegen
        connection.shutdown(SHUT_RDWR)

if __name__ == "__main__":
    module, postcard = sys.argv
    main(address=("127.0.0.1", 9876), postcard=postcard)
```

Listing 32.17: client.py

Der Client nimmt nun in der Kommandozeile einen beliebigen Text entgegen. Dadurch können Sie Ihre eigene Nachricht beim Start des Clients angeben:

```
$ python client.py "Schöne Grüße aus dem Urlaub!"
Nachricht abgeschickt.
```

Sofern währenddessen der Server lief, wird er die Nachricht speichern:

```
$ python server.py
Erwarte Verbindung...
Client verbunden.
Postkarte speichern.
Verbindung geschlossen.
Ende.
```

Anders sieht es aus, wenn Sie den Client ohne weitere Argumente aufrufen. Dann versucht der Client, die Nachricht vom Server abzuholen:

```
$ python client.py
Postkarte:
Schöne Grüße aus dem Urlaub!
```

So sieht das beim Server aus:

```
$ python server.py
Erwarte Verbindung...
Client verbunden.
Postkarte abholen.
Verbindung geschlossen.
Ende.
```

Ausbaustufe 6 – Verbesserungen

Client und Server verstehen sich nun blendend, allerdings sind Sie noch nicht ganz fertig. Es fehlen:

✔ eine ordentliche Fehlerbehandlung,

✔ das Empfangen großer Nachrichten und

✔ die konsekutive Behandlung von Anfragen.

Fehlerbehandlung – jeder macht mal Fehler

Im Client wurde bereits eine rudimentäre Fehlerbehandlung eingebaut, denn er kann auf Nachrichten vom Typ Message.ERROR reagieren. Der Server löst diese aber noch nicht aus. Das lässt sich ändern:

```
...
class Server:
    ...
    def handle_request(self, connection):
        # Anfrage einlesen
        request = Message.read(connection)

        if request.type == Message.STORE:
            ...
        elif request.type == Message.FETCH:
            ...
```

```
else:
    Message.error(
        f"Unexpected Type {Message.type}. "
        "Expecting STOR or FTCH."
    ).send(connection)
```

Listing 32.18: server.py

Hier wird eine Nachricht vom Typ ERROR ausgelöst, wenn der Client nach dem Verbindungs-aufbau etwas anderes schickt als FTCH oder STOR. In Ihrem eigenen Client können Sie das natürlich gewährleisten, indem Sie immer die richtigen Nachrichten versenden.

 Es spräche aber auch nichts dagegen, einen Client oder Server für das Postkar-tenprotokoll in C, Java oder C# zu schreiben. Denken Sie nur an E-Mails, die können Sie ja auch mit verschiedenen Programmen lesen und schreiben. Beim Entwickeln eines Postkarten-Clients machen Sie es Ihren Kolleginnen und Kolle-gen einfacher, wenn der Server über eine Protokollverletzung Auskunft gibt und nicht einfach leise schmollend die Zusammenarbeit verweigert.

Hier wird eine Fehlermeldung ausgelöst, wenn der Client eine falsche Nachricht schickt. Es ist aber auch möglich, dass auf dem Server etwas schiefgeht. Was zum Beispiel, wenn der Client eine Postkarte abgeben möchte und just in dem Moment die Festplatte des Servers voll ist? Was passiert, wenn der Server keine Berechtigung hat, um in die angegebene Datei hineinzuschreiben?

Diese Fehler sollten Sie abfangen:

```
...
class Server:
    ...
    def run(self):
        with create_server(self._address) as tcp_socket:
            ...
            print("Client verbunden.")

            try:
                self.handle_request(connection)
            except OSError as exception:
                error = Message.error(str(exception))
                error.send(connection)

            # Empfangsbestätigung senden
            Message.done().send(connection)

            # Verbindung schließen
            ...
```

Listing 32.19: server.py

In der Methode Server.handle_request interpretiert der Server die Anfrage und führt mithilfe von Postbox.store und Postbox.fetch Dateioperationen durch. Dabei kön-nen verschiedene Fehler auftreten. Ist die Datei beispielsweise schreibgeschützt, so kann der Server keine Nachrichten mehr annehmen. In der Postbox wird der Aufruf von `self._path.write_text(text)` fehlschlagen, was Python durch das Auslösen einer Ausnahme quittiert (als `PermissionError`).

Um diesen Fehler abzufangen, wird der Aufruf von `handle_request` in einem `try ...` `except`-Block verpackt. Statt `PermissionError` wird hier ein allgemeiner `OSError` abgefangen – damit werden zusätzlich auch Fehler bei zu vollen Festplatten erfasst.

Der Server meldet dem Client in einer Nachricht vom Typ `EROR`, was genau schiefgegangen ist.

 Wichtiges Detail: Egal ob es einen Fehler gab oder nicht, am Ende wird eine `DONE`-Nachricht zur Bestätigung an den Client gesendet. Dieser Aufruf stand bisher innerhalb von `handle_request` am Ende; er ist nun eine Ebene höher gewandert.

Um die korrekte Funktionsweise dieses Codes zu testen, können Sie den Fehler simulieren, indem Sie die Datei gegen Schreibzugriffe schützen und dann versuchen, eine Nachricht auf dem Server zu speichern.

Unter Windows machen Sie einen Rechtsklick auf die Datei und wählen unter EIGENSCHAFTEN im Reiter ALLGEMEIN im Feld ATTRIBUTE die Checkbox [x] `Schreibgeschützt`. Unter Linux und macOS geht das besser über die Kommandozeile:

```
$ touch postbox.txt
$ ls -lh postbox.txt
-rw-rw-r-- 1 johannes johannes 0 Mai 11 11:48 postbox.txt
$ chmod ugo-w postbox.txt
$ ls -lh postbox.txt
-r--r--r-- 1 johannes johannes 0 Mai 11 11:46 postbox.txt
```

 Der Befehl `chmod` ändert die Zugriffsrechte der Datei; hier wird mit `ugo-w` dem Besitzer, der Gruppe und anderen (User, Group, Other) die Schreibrechte entzogen (`-w`).

Starten Sie den Server und rufen Sie den Client auf.

```
$ python server.py
Erwarte Verbindung...
Client verbunden.
Postkarte speichern.
Fehler! [Errno 13] Permission denied: 'postbox.txt'
Verbindung geschlossen.
Ende.
```

Die Client-Seite sieht so aus:

```
$ python client.py Hello, World!
Nachricht abgeschickt.
Fehler! b'EROR' [Errno 13] Permission denied: 'postbox.txt'
```

Nachrichten empfangen – aber echt jetzt!

Bisher sieht die Methode `Message.read(...)` so aus:

```
...
class Message:
    ...
    @classmethod
    def read(cls, sock):
        # Header einlesen
        header = sock.recv(Message.HEADER_LENGTH)

        # Länge bestimmen
        length = int.from_bytes(header[:2], "big")

        # Nachrichten-Typ bestimmen
        msg_type = header[2:]

        # Body einlesen
        text = sock.recv(length).decode()

        # Nachrichten-Objekt erstellen
        return cls(msg_type, text)
...
```

Listing 32.20: message.py

Hier wird `sock.recv` zweimal aufgerufen; einmal für den Header und nochmal für den Body. Leider kann es passieren, dass der Aufruf von `sock.recv` endet, bevor alle erwünschten Bytes eingelesen wurden. Das betrifft nicht nur den Body, wo bis zu 2^{16} Bytes eingelesen werden können, sondern auch schon den Header – es kann tatsächlich passieren, dass die sechs Bytes nicht auf einen Schlag ankommen. Beim Testen im Heimnetz wird das kaum geschehen, angeblich kann es aber durchaus passieren, wenn dieser Code auf einem Server unter Last eintrudelt. Packen Sie darum `sock.recv` in eine Schleife:

```
class Message:
    @classmethod
    def read(cls, sock):
        header = cls._receive(sock, Message.HEADER_LENGTH)
        length = int.from_bytes(header[:2], "big")
        msg_type = header[2:]
        text = cls._receive(sock, length).decode()
        return cls(msg_type, text)

    @classmethod
    def _receive(cls, sock, length):
        message = []
        received = 0
        while received < length:
            chunk = sock.recv(min(length - received, 2048))
            if chunk == b'':
                raise RuntimeError("Verbindung unterbrochen!")
```

```
        message.append(chunk)
        received = received + len(chunk)
    return b"".join(message)
```
Listing 32.21: message.py

Die Kommentare in `Message.read` wurden zur besseren Übersicht gekürzt und die direkten Aufrufe von `sock.recv(...)` sind ersetzt durch Aufrufe von `cls._receive(...)`. In dieser Methode läuft eine Schleife, die einzelne Datenbrocken aus dem Socket einliest und prüft, wie viele da noch kommen müssten. Kommen mal zu wenige Bytes an, gibt `sock.recv` ein leeres Bytes-Objekt zurück; dann beschwert sich die Methode mit einem Laufzeitfehler; sonst macht sie weiter, bis alle erwarteten Daten gelesen werden konnten.

Den Server laufen lassen

Bisher bearbeitet der Server genau eine Anfrage und muss vor jeder weiteren neu gestartet werden. Das ist natürlich wenig praktikabel. Schicken Sie den Server lieber in eine produktive Endlosschleife:

```
...
class Server:
    ...
    def run(self):
        with create_server(self._address) as tcp_socket:
            tcp_socket.listen()
            while True:

                connection, address = tcp_socket.accept()
                ...
                connection.shutdown(SHUT_RDWR)
```
Listing 32.22: server.py

Für die Würze wurden die Methode gekürzt; innerhalb der Endlosschleife wartet der Socket auf eine eingehende Verbindung. Nach dem Behandeln der Anfrage kann sich ein weiterer Client verbinden.

 Unter Linux und macOS kommen Sie aus der Schleife raus, indem Sie ⌃Strg + C drücken, unter Windows kommt diese Tastatureingabe dagegen oft nicht durch. Hier müssen Sie das Programm über den Task-Manager beenden oder gleich das ganze Konsolenfenster schließen.

Ausblick

Non-Blocking IO

Es ist schwer genug, Client und Server nebeneinanderher zu entwickeln, daher wird in diesem Kapitel von blockierender Ein- und Ausgabe ausgegangen (das wird ab sofort mit I/O abgekürzt; für Input/Output). Blockierende I/O bedeutet, dass die Teilnehmer nur eine Sache gleichzeitig erledigen und gegebenenfalls auf Antworten der Gegenstelle warten. Für den Einstieg hier im Buch vereinfacht das die Erklärungen und erleichtert Ihnen das

Ausprobieren – in der Praxis ist das aber recht ineffizient, weil das Programm statt zu blockieren auch etwas anderes erledigen könnte.

Das ist besonders für den Server ein Problem. Fürs Beispiel wurde er so entworfen, dass er nur einen Client bedient, der nur eine Nachricht schreibt oder abholt. Für die Praxis ist das natürlich Quatsch; ein ordentlicher E-Mail-Server muss ja auch Dutzende Nutzer und Hunderte Nachrichten gleichzeitig verarbeiten können. Genau da sind blockierende Ein- und Ausgabeoperationen aber ein Problem, weil der Server einen Client erst bedienen kann, wenn seine I/O-Operationen vorbei sind. Wenn sich ein Client mit einer besonders langsamen Internet-Verbindung mit dem Server verbindet (vielleicht jemand mit einem Handy im Nirgendwo der Heidelberger Altstadt), so würde der Server sehr viel Zeit damit zubringen, diesen einen Client zu bedienen. Währenddessen müssen die anderen warten – obwohl sie womöglich viel schneller fertig wären. Blockierende I/O ist also ein Performance- und Sicherheits-Problem (bösartige Nutzer könnten sich den Umstand zunutze machen, um den Server lahmzulegen).

Um solche Blockaden zu lösen, gibt es verschiedene Ansätze:

✔ Sie teilen das Programm in Threads auf,

✔ Sie verwenden die etwas seltsam benannte Funktion `select`

✔ oder Sie nutzen die asynchrone Ein-/Ausgabe (`asyncio`).

Threads wurden in Kapitel 27 unter *Threads – nicht den Faden verlieren* bereits behandelt; damit teilen Sie das Programm in mehrere Ausführungspfade auf. Jeder Pfad läuft für sich und immer wenn ein Thread blockiert (eben weil er auf I/O aus dem Netzwerk wartet), ist stattdessen ein anderer dran. Solche I/O-abhängigen Programme lassen sich durch Threads sehr gut beschleunigen. Leider ist das etwas hakelig, weil Threads ebenfalls sehr fragile Geschöpfe sind, die Sie nun organisieren und am Ende des Programms wieder zusammenführen müssen. Durch die verschiedenen Ausführungspfade wirkt so ein Server dann, als bestünde er aus zig Programmen gleichzeitig.

Besser funktioniert da ein aus der Unix-Welt bekannter Ansatz, den man als I/O-Multiplexing bezeichnet. Dazu rufen Sie die Funktion `select` auf, um einen Socket zu beobachten. Sobald eine bestimmte Funktion auf dem Socket möglich ist (Lesen oder Schreiben) wird dann eine Ihrer Funktionen aufgerufen. Neben `select` gibt es noch `poll`, `epoll` und `kqueue`, die – mit leichten Abweichungen – jeweils in etwa die gleiche Aufgabe erfüllen. Ein Beispiel finden Sie in der Doku unter `https://docs.python.org/3/library/selectors.html`.

Wenn Ihnen das zu fitzelig ist, können Sie auch `asyncio` verwenden.

Sicherheit

Die Übertragung der Daten zwischen Client und Server geschieht im Klartext. Das bedeutet, dass sie für jeden einsehbar sind, der es schafft, Ihre Datenpakete abzufangen. So etwas hört sich immer nach einem Science-Fiction-Thriller an, ist aber wirklich nichts Besonderes:

✔ Wenn Sie einen Server-Rechner bei einem Anbieter mieten, kann der Betreiber eingehende und ausgehende Postkarten lesen (ganz wie im richtigen Leben des geschriebenen Wortes).

✔ Bereits auf dem Übertragungsweg durchs Internet können alle Verteilerknoten die Post-karte lesen. Die Inhalte der Postkarte gehen sie natürlich nichts an, aber sie müssen Empfänger- und Absenderadresse einsehen, sonst können sie die Datenpakete nicht zustellen.

✔ Ihr Chef oder ein Kollege könnte im Firmennetzwerk die Datenübertragung überwa-chen.

Wie einfach das ist, können Sie mit dem Tool *Wireshark* erleben, das den Daten-verkehr ihrer Netzwerkkarte roh ausgibt.

Um solchen Schnüffeleien entgegenzuwirken, können Sie die Daten auf dem Transportweg verschlüsseln. Dazu verwendet man eine Sicherungsschicht für Sockets, die man früher als *Secure-Sockets-Layer (SSL)* bezeichnete; heute ist sie als *Transport Layer Security (TLS)* be-kannt.

TLS kommt immer dann zum Einsatz, wenn Sie im Webbrowser statt `http` das `https`-Protokoll verwenden (was sie hoffentlich sowieso immer machen). Das »s« steht für *secure* und weist auf die Verschlüsselung mit TLS hin.

TLS funktioniert so: Vor der eigentlichen Übertragung handeln die Kommunikationsteil-nehmer Sicherheitsschlüssel aus, mit dem die Nutzdaten verschlüsselt werden. Diese Form der Verschlüsselung ist recht einfach zu verstehen: Den Schlüssel können Sie sich vorstel-len wie ein langes, kompliziertes Passwort, das sehr schwer zu erraten ist. Mit dessen Hilfe werden Daten in einen Geheimtext überführt. Das Passwort liegt dem Empfänger vor und er oder sie entschlüsselt damit den Geheimtext.

Diese Form der Verschlüsselung nennt man *symmetrische Verschlüsselung*, weil der gleiche Schlüssel zum *ver-* und *entschlüsseln* verwendet wird.

Das Geniale an TLS ist aber eigentlich das Aushandeln des gemeinsamen Schlüssels. Dieser Prozess wird auch als *Schlüsselaustausch* bezeichnet und ist ein wenig komplizierter. Be-vor die Kommunikationspartner miteinander Daten tauschen können, generieren sie jeweils zwei eigene Schlüssel, einen *privaten* und einen *öffentlichen*.

Diese Schlüssel funktionieren *asymmetrisch*, das bedeutet, dass man mit dem öffentlichen Schlüssel *verschlüsselt*, aber mit dem privaten Schlüssel *entschlüs-selt*. Man nennt diese Form der Verschlüsselung daher auch *asymmetrische Ver-schlüsselung*. Die Schlüssel sind voneinander abhängig, also kann nur der Besitzer des privaten Schlüssel auch Daten lesen, die mit dem dazugehörigen öffentlichen Schlüssel verschlüsselt wurden.

Im Rahmen von TLS verwenden die Gesprächspartner ihre öffentlichen Schlüssel zur Ver-schlüsselung erster Nachrichten und handeln damit einen gemeinsamen symmetrischen Schlüssel für die eigentliche Datenübertragung aus. Dieser Umweg ist notwendig, weil die asymmetrische Verschlüsselung für große Datenmengen zu ineffizient wäre.

Aus technischer Sicht ist das mit den Schlüsseln ausreichend, um Datenübertragungen vor unbefugter Einsicht zu schützen, allerdings hat die Sache einen Haken. Woher wissen die Gesprächspartner, dass sie jeweils mit dem *echten* Partner sprechen? Woher wissen sie, dass der angebotene öffentliche Schlüssel auch wirklich dem Gesprächspartner gehört? Mit anderen Worten: Es ist nicht klar, ob die Schlüssel überhaupt *vertrauenswürdig* sind. Wenn Sie sich mit Ihrer Bank verbinden, könnte ja ein Bösewicht den Datenverkehr abfangen und dann einfach seinen eigenen Schlüssel verwenden, um mit Ihnen verschlüsselt zu kommunizieren.

Um dieses Problem zu lösen, ist ein Vertrauensbeweis notwendig. Der funktioniert ein bisschen wie eine Cocktailparty: Ein Freund stellt Ihnen eine Person vor, die Sie persönlich noch nicht kennen. Da Sie aber Ihrem Freund vertrauen, genießt die neue Person einen Vertrauensvorschuss – die Person wird schon nett sein und wird wahrscheinlich auch tatsächlich so heißen wie vorgestellt.

Das Vertrauen gegenüber einem öffentlichen Schlüssel eines Gesprächsteilnehmers wird ähnlich etabliert: Sie verlassen sich auf die Aussage einer Person, der Sie bereits vertrauen – allerdings handelt es sich dabei nicht um eine *Person*, sondern um eine *Organisation*. Außerdem verlassen Sie sich nicht auf eine mündliche Aussage, sondern einen digitalen Nachweis: Die Organisation signiert mit ihrem privaten Schlüssel die öffentlichen Schlüssel der Kommunikationsteilnehmer und hält diese Info in einem *Zertifikat* fest. Da Sie der Organisation vertrauen, vertrauen Sie implizit auch dem Schlüssel im Zertifikat.

Wenn Sie beispielsweise die Seite Ihrer Bank aufrufen, dann präsentiert der Webserver der Bank ein Zertifikat, in dem sich der öffentliche Schlüssel der Bank befindet. Wurde das Zertifikat von Microsoft unterschrieben, dann wird TLS beim Verbindungsaufbau sagen: Ich vertraue Microsoft, Microsoft hat das Zertifikat signiert, also vertraue ich dem Zertifikat der Bank, also gehe ich davon aus, dass der Schlüssel auch wirklich der Bank gehört, und ich kann ihn benutzen, um Daten an meine Bank zu verschlüsseln.

In der Praxis werden Zertifikate jedoch nicht (nur) von Microsoft unterschrieben, sondern von übergeordneten *Zertifizierungsstellen*. Die erledigen den Job oft nicht im Alleingang, sondern können den Prozess an Unterstellen delegieren. Daher spricht man im Fachjargon meistens von der *Public Key Infrastructure* (*PKI*) – einem Sammelsurium von Zertifizierungsstellen und Zertifikaten. Die PKI funktioniert in der Praxis ganz gut, ist aber nicht ganz frei von Kritik – siehe Kasten *Kritische Infrastruktur*).

Kritische Infrastruktur

Die Firma Microsoft wurde hier nur als Beispiel gewählt für eine Firma, die Sie mit Sicherheit kennen und die daher einen Vertrauensvorschuss genießt. Je nachdem, wie Sie drauf sind, vertrauen Sie der Firma Microsoft aber gar nicht; entweder weil in Ihnen grundsätzlich subversiv-antikapitalistische Tendenzen schlummern, oder weil Sie deren lange Geschichte von Respektlosigkeiten gegenüber der Nutzerschaft mitverfolgt haben – insbesondere was den Umgang mit Persönlichkeitsrechten und Datenschutz angeht.

Genau an dieser Stelle können Sie die Grabstätte eines geliebten Vierbeiners identifizieren: Kritisch an der PKI ist nämlich, dass nicht ganz klar ist, welchen Zertifizierungsstellen ihr Rechner überhaupt vertraut. Meistens haben Sie die auch nicht eigenhändig auserlesen, sondern Sie vertrauen auf den Hersteller ihres Betriebssystems, von dem Sie auch die Stammzertifikate der großen Zertifizierungsstellen erhalten. Theoretisch bedeutet das, dass der Hersteller Ihres Betriebssystems jegliche vertrauliche Kommunikation mitlesen kann. Überlegen Sie sich, was Sie mit dieser Information anfangen.

Um den Datenaustausch zu verschlüsseln, müssen Sie:

✔ Schlüsselpaare für Client und Server generieren,

✔ die Schüssel signieren und ein Zertifikat erzeugen,

✔ beim Verbindungsaufbau das Zertifikat angeben ...

✔ ... und gegebenenfalls auch das Stammzertifikat.

Leider ist dieser Prozess mit einigem Aufwand verbunden. Für das Erstellen der Schlüssel müssen Sie etwas obskure Werkzeuge bedienen und verstehen, wie so ein Schlüssel verwendet wird, wie lang er sein soll und welcher Algorithmus für die Chiffrierung verwendet wird. Das ist aber noch die kleinste Hürde; als EntwicklerIn sollten Sie mittlerweile daran gewöhnt sein, obskure Kommandozeilenwerkzeuge zu bedienen und dieses Buch bringt Ihnen ja sogar bei, wie Sie selbst obskure Kommandozeilenwerkzeuge entwickeln.

Wenn Sie ein Schlüsselpaar erzeugt haben, müssen Sie den öffentlichen Schlüssel zertifizieren lassen und dazu gegebenenfalls einen Identitätsnachweis erbringen (zum Beispiel eine Ausweisprüfung mit vielen Unterschriften). Leider ist all das für Privatpersonen kaum praktikabel, zumal die meisten Zertifizierungsstellen dafür bezahlt werden möchten.

Wenn Sie erfolgreich alle Schritte durchgeführt haben, besitzen Sie am Ende mehrere Dateien:

✔ das Zertifikat des Servers,

✔ den privaten Schlüssel des Servers,

✔ das Zertifikat des Clients,

✔ den privaten Schlüssel des Clients und

✔ gegebenenfalls das Zertifikat der Zertifizierungsstelle.

Diese müssen Sie an der richtigen Stelle verdrahten. Das folgende Beispiel stammt aus der Python-Dokumentation und zeigt grob, wie Sie die Datenübertragung mit TLS verschlüsseln können (das Snippet zeigt einen Server-Socket):

```
import ssl
import socket
...
```

```
context = ssl.SSLContext(ssl.PROTOCOL_TLS_SERVER)
context.load_cert_chain('certchain.pem', 'private.key')

with socket.socket(socket.AF_INET, socket.SOCK_STREAM, 0) as sock:
    sock.bind(('127.0.0.1', 8443))
    sock.listen(5)
    with context.wrap_socket(sock, server_side=True) as ssock:
        conn, addr = ssock.accept()
```

Wie gehabt wird hier ein Socket-Objekt erzeugt, das vor der Übertragung jedoch in einen SSLContext *verpackt* wird (context.wrap_socket). Der SSLContext enthält Schlüssel, Zertifikate und Einstellungen; was genau Sie hier eingeben müssen, hängt davon ab, was Sie wie verschlüsseln wollen. Im Internet verbinden sich meistens anonyme Clients mit einem bekannten Server – so überprüft Ihr Browser beim Verbindungsaufbau die Identität Ihrer Bank. Es ist aber auch möglich, dass der Server zusätzlich die Identität des Clients überprüft. Zum Beispiel kann ein VPN-Server für Außendienstmitarbeiter die Zertifikate der eingehenden Verbindungen prüfen, um festzustellen, ob es sich auch wirklich um einen Mitarbeiter der Firma handelt.

Details finden Sie in der Dokumentation des SSL-Moduls: https://docs.python.org/3/library/ssl.html#ssl-security.

 Nachsatz: Bisher wurde beschrieben, dass Client und Server jeweils eigene Schlüsselpaare verwenden und ihre Authentizität mit Zertifikaten unter Beweis stellen. Die Realität im Web sieht aber etwas anders aus. Im Web ist die Vertrauensbeziehung meist einseitig; dort verbinden sich Clients mit einem Webserver und prüfen dessen Authentizität anhand seines Zertifikats. Der Server prüft jedoch nicht die Authentizität des Clients, da Clients in der Regel keine eigenen Zertifikate haben. Die Clients müssen also dem Server vertrauen; das Vertrauen des Servers in die Clients kommt anders zustande (zum Beispiel durch die Anmeldung des Benutzers). Die Verschlüsselung der Verbindung ist davon nicht beeinträchtigt, da bis zum Aushandeln des symmetrischen Schlüssels der asymmetrische Schlüssel des Servers verwendet wird. Obwohl es im Web unüblich ist, kann es trotzdem durchaus vorkommen, dass auch Clients eigene Schlüssel mitbringen und sich mit Zertifikaten ausweisen, das bezeichnet man als *mTLS* (das »m« steht für *mutual*, also *gegenseitiges TLS*). Solche Setups sind aber eher die Ausnahme und man findet sie fast nur in Unternehmen mit erhöhtem Sicherheitsbedarf.

Weitere Features

Die bisher vorgestellten Clients und Server sind natürlich noch ausbaufähig, allerdings würde das hier den Rahmen sprengen. Aber vielleicht probieren Sie selbst, die folgenden Features umzusetzen:

✔ **Nachricht fürs Überschreiben**: Derzeit überschreibt das Einliefern einer Postkarte eine vorhandene. Fügen Sie einen Nachrichtentyp hinzu, der den Client darüber informiert.

✔ **Mehr als eine Postkarte**: Versuchen Sie, mehr als eine Postkarte zu speichern. Der Server könnte beim Abholen dann mehrere CARD-Nachrichten auf einmal an den Client zurücksenden.

✔ **Adressaten festlegen**: Fügen Sie den Postkarten einen Empfänger hinzu. Der Client meldet sich mit seinem Namen beim Server an und erhält nur Nachrichten, die für ihn bestimmt sind.

✔ **Ein Bild speichern**: Statt Text könnte der Server auch beliebige Binärdaten annehmen und abspeichern – damit könnten Sie sogar Ansichtskarten verschicken. Dazu müssen Sie die Stellen unter Kontrolle bringen, an denen die Daten binär kodiert werden; außerdem sollten Sie dann die maximale Nachrichtengröße erweitern, da 65 Kb doch recht klein ist – das reicht gerade mal für die ersten vier Kapitel von Moby Dick.

Teil VIII
Python im World Wide Web

Kapitel 33

Wie das World Wide Web aufgebaut ist

V ielleicht haben Sie in Ihrem Heim einige gedruckte oder elektronische Bücher (eins ja wohl mindestens, nämlich dieses hier). Bücher funktionieren nach einem sehr interessanten Prinzip: Sie lesen ein Wort und dann noch eins und noch eins. Nachdem Sie viele Worte gelesen haben, ist die Seite zu Ende und Sie machen auf der nächsten Seite weiter. Sie blättern und lesen und blättern und lesen, bis Sie das Buch durchgelesen haben. Dabei merken Sie sich ein paar Prozent des Gelesenen, mal mehr, mal weniger. Das Ganze ist sehr linear und besticht durch Ruhe, Gelassenheit, Wiederholbarkeit und Zuverlässigkeit.

Hypertext – verknüpfte Texte

Vielleicht kennen Sie auch den Effekt, beim Lesen abzuschweifen. Sie lesen und lesen, doch plötzlich merken Sie, dass Sie gerade verpasst haben, warum die beiden Protagonisten sich jetzt küssen oder warum da der Kommissar jetzt selbst des Mordes verdächtigt wird; Ihnen fällt auf, dass Sie schon drei Mal die gleiche Stelle gelesen haben, ohne zu wissen, worum es da gerade ging. Sie haben einfach an irgendwas anderes gedacht und dabei die lineare Dimension des zentralen Fließtexts verlassen, um an irgendeinem Wildwassernebenfluss zu angeln.

Diesen Effekt fand der Informatiker Ted Nelson so interessant, dass er Anfang der 1960er ein ganzes System dafür entwarf. Warum Seite nach Seite lesen, wenn man innerhalb einer Seite einfach zusätzliche Seiten lesen könnte, nicht nur danach und davor, sondern vielleicht darüber, darunter und dahinter? Überlagernd, überlappend, überall? Umeinander, ineinander, verschachtelt, vernestelt, verknüpft? Sie könnten beim Lesen zusätzlich einfach was anderes lesen!

Auf diese Art ist das Lesen natürlich wesentlich zappeliger und abgehackter als das Lesen schnurgeradliniger Texte; geradezu eine Art hyperaktives Lesen, deswegen nennt man solche Texte auch Hypertexte – Spaß beiseite, tatsächlich meint *Hypertext* Texte oder Dokumente, die wie in einem Netz über Verweise oder Einbettungen mit anderen verknüpft sind.

Nelson wollte natürlich *nicht* die gedruckte Form einer Aufmerksamkeitsdefizitstörung erfinden, sondern vielmehr ging es um das Verknüpfen von Inhalten für eine verbesserte Auffindbarkeit und Nachvollziehbarkeit. Das, was man heute im Web kennt, ist leider nur ein kaputter Abklatsch der ursprünglichen Idee (Links gehen nur in eine Richtung und sind häufig kaputt und eine Versionierung gibt es auch nicht). Nelsons Idee war damals noch etwas zu komplex und die Welt noch nicht bereit, deswegen haben Sie sicher noch nie etwas von Ted Nelson oder dem *Projekt Xanadu* gehört. Eigentlich war das aber wirklich sehr konsequent vorausgedacht, denn im Gegensatz zu Büchern sind Computer nicht an die lineare Natur der räumlichen Realität gebunden.

Das WWW

Auf Nelson geht der Begriff »Hypertext« zurück, den aber erst Tim Berners-Lee 1989 salonfähig machte. Er konnte am europäischen Kernforschungszentrum CERN eine ähnliche Idee eintüten. Er entwarf nämlich ein paar Programme, mit denen entfernte Rechnern einander Dokumente anbieten und abfragen konnte. Zum Anbieten verwendete er den ersten *Webserver*, zum Stöbern oder Suchen von Dokumenten den ersten *Browser* (*to browse* heißt so viel wie stöbern, schmökern, rumblättern, sich umsehen).

Heute bilden im Internet verknüpfte Dokumente ein globales Informationsnetzwerk, auf das jede und jeder mit einem Browser zugreifen kann – mit an Sicherheit grenzender Wahrscheinlichkeit ist Ihnen das *World Wide Web* (WWW) ein Begriff. Bis ungefähr in die 2010er Jahre konnte hier jeder beliebige User Inhalte anbieten. Leute stellten Informationen über ihre Haustiere oder Kronkorkensammlungen ein; ich selbst lernte mit 13, wie man aus Haushaltsartikeln Napalm herstellt – das WWW war ein wundervoller Ort.

Leider hat sich das WWW in den letzten Jahren sehr verändert. Inhalte werden überwiegend von milliardenschweren Medien- und Technologieunternehmen oder finsteren Trollfabriken produziert und verwaltet und sind außerdem nur noch irrelevante Inselchen zwischen teuer vermarkteten Werbeflächen. Um diesen Trend zu durchbrechen, erfahren Sie in diesem Buchteil, wie Sie Inhalte aus dem World Wide Web zusammensammeln und doch noch ihre eigenen Webseiten bauen können.

Die Einzelteile im Überblick

Bevor es mit dem Programmieren losgeht, sollten Sie die Anatomie des Web kennenlernen und einige Begriffe verinnerlichen.

Webseiten und Ressourcen

Das WWW besteht aus verknüpften Informationen. Meist werden diese in Form spezieller Dokumente abgelegt, die man als *Webseiten* oder kurz *Seiten* bezeichnet. Diese sind über Verknüpfungen oder Verweise miteinander verbunden, die man auch als *Links* bezeichnet. Die allermeisten Seiten sind mit anderen Seiten verlinkt, sie können aber auch auf Videos verweisen oder Mail-Programme öffnen, daher nennt man die im Web verknüpften Informationen allgemeiner *Ressourcen*.

Jede Ressource im Web »befindet« sich an einem bestimmten *Ort*, der über eine *URL* angegeben wird – das steht für *Uniform Resource Locator* und sieht aus wie in Abbildung 33.1 dargestellt.

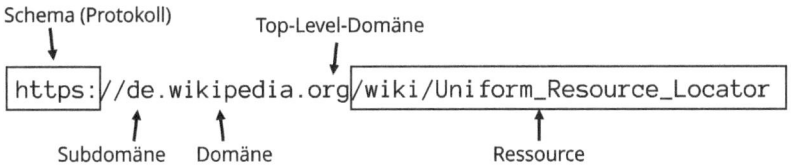

Abbildung 33.1: Die Einzelteile einer URL, also einer Adresse im Web.

Um so eine Ressource abzurufen, wird erst im Domain Name System (DNS) nachgeschlagen, welche IP-Adresse dahintersteckt; dadurch wird ein konkreter Rechner identifiziert und eine Verbindung mit ihm aufgebaut. Dazu wird das Protokoll der URL verwendet. Alsdann wird der Server mit der Pfadangabe nach der eigentlichen Ressource gefragt und liefert hoffentlich eine Antwort.

 Die URL ... oder der URL? Eigentlich steht ja URL für *einen* Locator, also einen »Positionsbestimmer«, daher wäre der männliche Artikel korrekt; meistens denkt man bei URL aber einfach an *die* Adresse einer Ressource, daher hat sich der weibliche Artikel weitgehend durchgesetzt.

Browser

Seiten im WWW werden über einen Browser angezeigt. Der Browser dient dem Surfen, also dem Suchen, Aufrufen und Anzeigen von Webseiten, sowie dem Folgen von Verknüpfungen zwischen ihnen. Außerdem merkt sich ein Browser die Adressen von Seiten in Form von Lesezeichen und Musik spielen und PDFs ausdrucken kann er auch.

 Beliebte Browser sind etwa Firefox, Vivaldi und Brave. Die Browser der anderen Tech-Unternehmen finden hier keine Erwähnung, die machen schon genug aggressive Werbung für sich selbst, meine Güte.

Um eine Seite aufzurufen, brauchen Sie mindestens eine URL. Die geben Sie meistens oben in die Adresszeile ein. Früher musste man sie auswendig kennen und korrekt eintippen, heute sind die meisten Browser so voreingestellt, dass Sie einfach einen Suchbegriff eingeben und der Browser für den eigentlichen Aufruf eine Liste möglicher anderer URLs anbietet, auf der Sie nur noch das passende Suchergebnis anklicken müssen – in Ermangelung einer solchen Liste können Sie sich selbst auf die Suche machen.

Webserver

Beim Aufruf einer Seite stellt der Browser zunächst die IP-Adresse des zuständigen Servers fest. Dann baut er eine TCP-Verbindung zum Server auf, über die eine HTTP-Anfrage übermittelt wird; in der steht die gewünschte Seite, zusammen mit ein paar Metadaten. Details zu diesem Vorgang finden Sie in Kapitel 30 unter *Protokolle – Regeln zur Verständigung.*

Auf dem Server-*Rechner* läuft dann der *Webserver* – ein spezielles Programm, das die Anfrage beantwortet und dabei einige Aufgaben übernimmt:

✔ **Webseiten ausliefern**: Hauptaufgabe des Webservers ist es, die gewünschten Webseiten oder sonstigen Ressourcen vom Zielrechner auszusuchen und zurückzugeben. Dabei kann es sich um fertige Dateien handeln; der Webserver kann aber auch ein Programm aufrufen, dass Daten generiert.

✔ **Daten annehmen**: In einer Anfrage können auch Daten an den Webserver gesendet werden. So können Sie beispielsweise eine Datei hochladen oder ein Formular übermitteln.

✔ **Zugriff beschränken**: Der Webserver kann den Zugriff für jedermann beschränken und beispielsweise nur Nutzer mit Konto und Passwort zulassen.

✔ **Protokollieren**: In der Regel protokolliert der Webserver, welcher Client gerade auf eine konkrete Datei zugegriffen hat. Das geschieht aus Sicherheitsgründen, aber auch um die Beliebtheit von Webseiten festzustellen.

Die Anatomie einer Webseite

Grundsätzlich sind Browser zum Anzeigen von *Webseiten* gedacht. Was für Dateien sie sonst so darstellen oder abspielen können, ist von Browser zu Browser unterschiedlich und wird meistens über Zusatzprogramme geregelt.

HTML – das Grundgerüst

Webseiten werden in der Sprache *HTML* geschrieben. Die Abkürzung steht für *Hypertext Markup Language*, übersetzt bedeutet das in etwa *Sprache zur Auszeichnung von Hypertexten*. Mit *Auszeichnung* ist natürlich kein nutzloser Preis gemeint, wie etwa ein Bambi oder Echo; vielmehr markiert man Text-Fragmente mit einer bestimmten Bedeutung. Dadurch ändern sich ihre Darstellung und ihr Verhalten. Sie schreiben also in HTML einen Text, in dem Sie dann bestimmte Teile als Liste, Absatz, Überschrift, Formular, Tabelle oder Bild auszeichnen.

Durch zusätzlichen JavaScript-Code können Sie sogar kleine Programme in eine Webseite einbetten – etwa um eine interaktive Landkarte im Browser anzuzeigen oder Video abzuspielen.

HTML-Dateien sind Text-Dokumente und können daher – wie auch Python-Code – mit einem einfachen Text-Editor erstellt und verändert werden. Gerne dürfen Sie den folgenden HTML-Code abtippen. Speichern Sie ihn in einer Datei namens `index.html`. Diese können Sie dann in Ihrem Lieblingsbrowser öffnen. Im Firefox wird die Seite wie in Abbildung 33.2 dargestellt.

```html
<!DOCTYPE html>
<html>
    <head>
        <meta charset="utf-8">
        <title>Hello, World!</title>
    </head>
    <body>
        <h1>Hello, World!</h1>
        <p>Ihre erste Webseite!</p>
    </body>
</html>
```
Listing 33.1: index.html

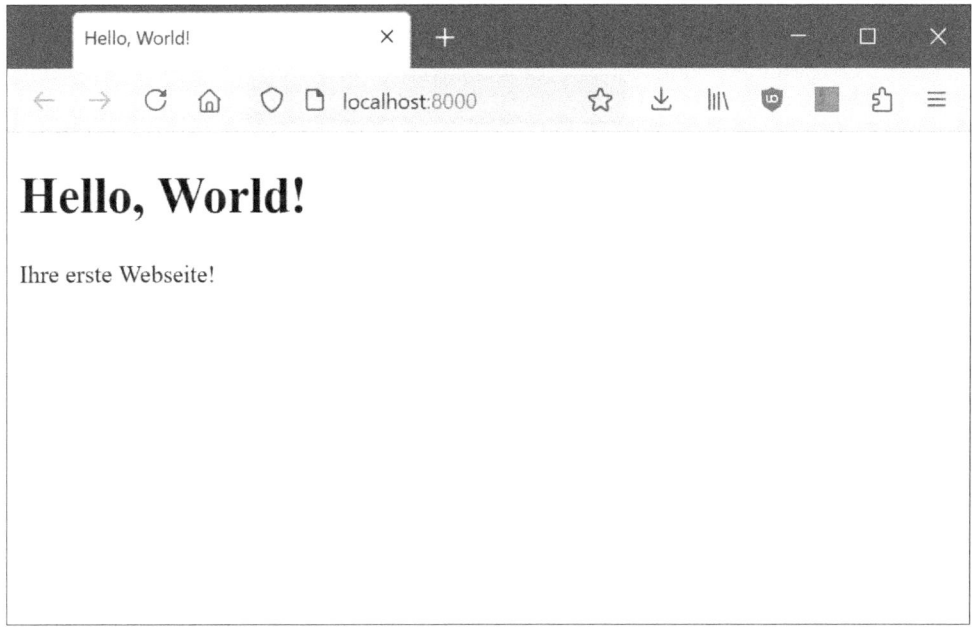

Abbildung 33.2: Der Browser bastelt aus diesem HTML eine interessante Webseite und zeigt sie an.

Wenn Sie den Code studieren, fällt Ihnen vor allem der hierarchische Aufbau ins Auge. Das Dokument besteht aus geschachtelten Elementen, mit denen ein strukturelles Grundgerüst festgelegt wird.

Es geht los mit einer *Doctype*-Definition. Sie gibt an, in welcher HTML-Version das Dokument geschrieben wurde – davon hängen einige syntaktische und auch semantische Details ab. Hier handelt es sich um das aktuelle HTML 5. Danach folgen die so genannten *Tags*.

Tags – Bausteine der Websprache

Ein HTML-Dokument besteht aus bestimmten Markierungen, den so genannten *Tags*, die Inhalte *auszeichnen*, um deren Eigenschaften, ihr Verhalten oder ihre Darstellung zu beschreiben.

Nach der Doctype-Definition kommt gleich ein einleitendes `html`-Tag, gefolgt von den wichtigen Tags `head` und `body`, die das Dokument in eine Kopfsektion und einen Rumpf unterteilen. Der Kopf enthält unsichtbare Metadaten; in den Rumpf (oder *Körper*) kommen die eigentlichen, anzuzeigenden Inhalte hinein.

Das erste Inhalts-Tag ist die Stelle `<h1>Hello, World!</h1>` – es ist als Überschrift der ersten Ebene festgelegt. Danach kommt ein Absatz, der mit einem `p`-Tag festgelegt wird (`h1` steht für *Heading 1*; `p` steht für *Paragraph*).

Die meisten HTML-Tags bestehen aus einem *öffnenden* und einen *schließenden* Teil, die den eigentlichen Inhalt umspannen. Zum Beispiel ist der Text »Hello, World!« der eigentliche Inhalt der Überschrift, der später auch in der Webseite erscheinen soll. Durch die umschließenden Tags weiß der Browser, dass der Text als eine Überschrift erster Ordnung (*Heading 1*, kurz `h1`) behandelt werden soll. In der Darstellung der Webseite wird dieser Text mit großer Schrift und fetten Buchstaben hervorgehoben.

Syntaktisch beginnen und enden Tag-Teile jeweils mit spitzen Klammern; das schließende Tag wird zusätzlich durch einen Schrägstrich markiert:

```
<!-- Korrekt -->
<h1>Hello, World!</h1>
<!-- Falsch: zwei öffnende Tags nacheinander -->
<h1>Hello, World!<h1>


<!-- Falsch: kein schließendes Tag -->
<h1>Hello, World!
```

 Ach ja, mit `<!- Kommentar ->` wird ein HTML-Kommentar erstellt, der vom Browser nicht dargestellt wird, sondern nur zu Demonstrationszwecken dient.

Tags können geschachtelt werden; so sind etwa `head` und `body` vom `html`-Tag-Paar eingeschlossen; sie enthalten wiederum weitere Tag-Paare. Dabei ist stets wichtig, dass Sie alle Abschnitte korrekt mit Tags umschließen, sonst wird die Seite nicht ordentlich dargestellt:

```
<!-- Richtig -->
<div>
    <h1>Überschrift</h1>
</div>

<!-- Falsch: schließendes Tag außerhalb -->
```

```
<div>
    <h1>Überschrift
</div>
</h1>
```

 Übrigens werden Zeilenumbrüche in HTML-Code bei der Darstellung ignoriert.

HTML definiert eine Palette an vorgefertigten Tags, die verschiedene Funktionen übernehmen. Ein paar wichtige finden Sie in Tabelle 33.1. Manche davon ändern nur das Aussehen eines Textes, so wird `<b>Text</b>` als fett hervorgehoben. Andere Tags wiederum erzeugen komplexeres Verhalten – ein `button` beispielsweise erzeugt eine Schaltfläche, mit der Sie ein Formular abschicken können.

Tag	Beschreibung
`html`	leitet das Dokument ein
`head`, `body`	markieren unsichtbare Kopfdaten und sichtbaren Rumpf
`script`, `style`	einbinden von Zusatzscripten
`main`, `footer`, `header`	Layout-Elemente
`h1`, `h2`, `h3`, `h4`	Überschriften im Fließtext
`p`	definiert einen Absatz im Fließtext
`b`, `i`	stellt markierten Text fett oder kursiv dar (**bold**, *italic*)
`div`, `section`, `span`	definiert inhaltliche Abschnitte (Trenner, Bereich, Textabschnitt)
`table`, `tr`, `td`	stellt tabellarische Daten dar (`tr` und `td` stehen für *table row* und *table data*.)
`form`, `button`, `input`	Formulare und Eingabefelder
`a`	ein Anker, damit lassen sich Links erstellen – sehr wichtig!
`ul`, `ol`, `li`	Unsortierte oder geordnete Listen und *list items*

Tabelle 33.1: Gebräuchliche HTML-Tags

Es gibt auch Tags, die nicht aus zwei Teilen bestehen, da sie keinen Text umschließen. Beispielsweise fügen Sie mit `br` einen Zeilenumbruch in fließenden Text ein. Besonders wichtig: Mit `img` erzeugen Sie ein Bild, wie im folgenden Schnipsel demonstriert:

```
...
<body>
    <h1>Über mich</h1>
    <!-- Bindet ein Bild in das Dokument ein -->
    <img src="portrait.jpg" title="Johannes" alt="Porträt von
        Johannes">

    <!-- Verlinkt einen Text -->
```

```
<a href="https://de.wikipedia.org/wiki/F%C3%BCr_Dummies">für
    Dummies</a>
</body>
```

Das `img`-Tag ist sogar noch ein wenig komplexer, da innerhalb des Tags weitere Daten in Form von *Attributen* angegeben werden können. Beispielsweise wird hier ein Bild über den Dateinamen `portrait.jpg` eingebunden (über das *Source*-Attribut – kurz `src` –, das die *Quelldatei* des Bildes angibt). Attribute in Tags haben immer die Form `<tag key="value"></tag>`. Sie stehen stets im öffnenden Tag-Teil, niemals im schließenden. Welche Attribute es gibt, ist vom jeweiligen Tag abhängig.

CSS – Webseiten mit Stil

Reiner HTML-Code ist leider nur die Hälfte der Geschichte, denn ohne weitere Hinweise sehen die meisten Webseiten eher lieblos aus, da der Browser einen Standard-Stil anwendet, um die Elemente hervorzuheben. In Abbildung 33.2 beispielsweise wurde die lustlose Schriftart *Times New Roman* verwendet, die eigentlich mal für die engen Spalten der New York Times erfunden wurde. Auf einem breiten Bildschirm sieht das alles aber nicht richtig gut aus; außerdem ist der Text etwas klein geraten.

Um dem Abhilfe zu schaffen, sollten Sie einige Stil-Infos hinzufügen, dann sieht die Seite gleich viel interessanter aus, siehe Abbildung 33.3. Verwenden Sie dazu den folgenden Code; fügen Sie Ihn am besten irgendwo innerhalb des `head`-Tags ein.

```
<style type="text/css">
    body {
        text-align: center;
        font-family: sans-serif;
    }
    h1 {
        font-size: 48pt;
        margin: 1.5em 0 0;
    }
    p {
        font-size: 24pt;
        margin: 0;
    }
</style>
```

Diese Stil-Definition teilt dem Browser mit, wie er die Tags darstellen soll. Beispielsweise wurde der `body` so eingestellt, dass er eine serifenlose Schriftart verwendet (das ist wahrscheinlich die genauso uninspirierte Schriftart Arial, aber immer noch besser als Comic Sans). Außerdem wird aller Text zentriert dargestellt und die Größen der Schriftzüge wurden angepasst sowie deren Abstände angeglichen.

 Diese Stil-Informationen wurden in der Sprache *CSS* geschrieben (das steht für *Cascading Style Sheet*; aus dem Englischen frei übersetzt etwa *geschachtelter (kaskadierter) Zusatzbogen mit Stil-Informationen*).

Eine Stil-Definition besteht stets aus einem *Selektor* und einer Reihe von Attributen. Die Selektoren nutzt der Browser später, um den HTML-Elementen den richtigen Stil zuzuordnen.

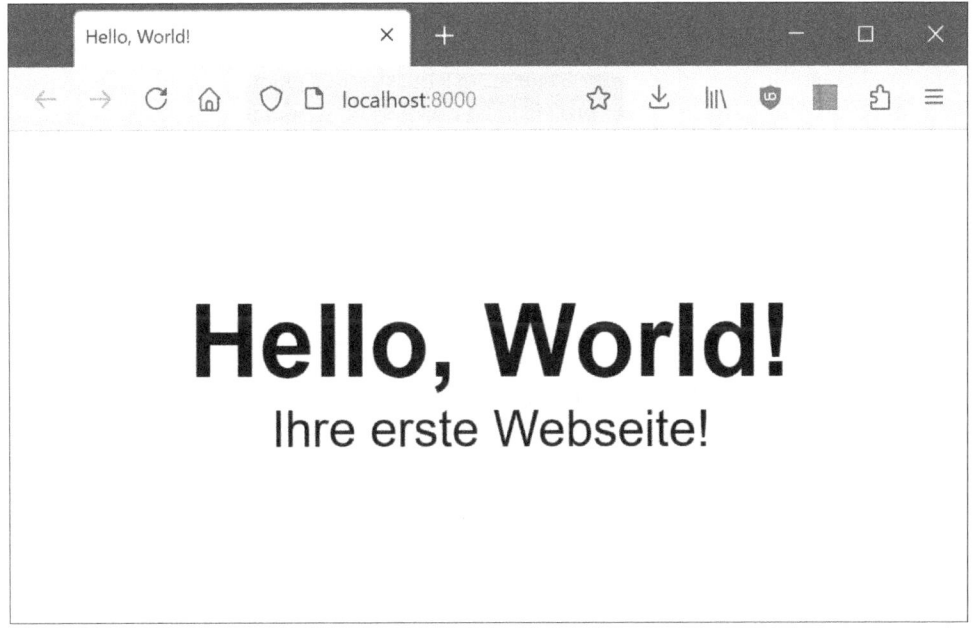

Abbildung 33.3: Mithilfe von CSS kleiden Sie Ihre Seite in ein ansprechendes Gewand.

Im Demo-Code weiter oben wurden die Tag-Namen als Selektoren verwendet, Sie können das in der Praxis aber auch noch feiner ziseliert gestalten.

Für die Demo wurde der CSS-Code in die Seite eingebettet. In der Praxis wird er aber meistens in eine eigene Datei ausgelagert, die zusätzlich zur Webseite ausgeliefert wird.

 Leider ist CSS ein eigenes Biest und man benötigt viel Erfahrung, um Webseiten in ein ansprechendes Gewand zu kleiden, daher hält man sich heutzutage meist nicht mit Eigenentwicklungen auf, sondern greift auf ein bereits ausgearbeitetes CSS-Framework zurück. Beliebte Frameworks sind zum Beispiel *Bootstrap* oder *Fomantic UI*.

JavaScript – wenn es zappeln soll

Was hier fehlt, aber unbedingt erwähnt werden sollte, ist *JavaScript*, eine zusätzliche Programmiersprache, mit der man Webseiten dynamisch gestalten kann. Ursprünglich war es mal so, dass man mit HTML nur die Struktur vorgab und diese mit CSS dann optisch verbesserte; für Animationen oder interaktive Steuerelemente musste man jedoch JavaScript verwenden. Dazu wurden mit der Webseite kleinere Script-Schnipsel ausgeliefert, die dann zum Beispiel aufklappbare Menüs bereitstellten.

 Das funktioniert heute auch immer noch, jedoch hat sich die Rolle von JavaScript im Laufe der Zeit stark verändert. Wo es früher nur als Dreingabe zur Webseite gedacht war, ist es heute hingegen häufig die Grundlage für ganze Web-Projekte und kommt sogar auf dem Server zum Einsatz und spielt daher eine Rolle, die der von Python recht nahe kommt. Außerdem verwendet man heute oft gar kein reines JavaScript mehr, sondern nutzt *TypeScript* oder andere Erweiterungen.

Ohne JavaScript ist es recht schwierig, moderne Webseiten umzusetzen. Längst sind NutzerInnen gewöhnt, dass sich Webseiten dynamisch verhalten; etwa dass beim Überfahren (»hovern«) eines Nutzerbilds mit der Maus sofort Zusatzinfos erscheinen oder dass Menüs mit einer Animation aufgehen. Wer nur HTML und CSS verwendet und JavaScript ausklammert, wird sich schwer tun, solche Effekte in eine Webseite einzubauen, allerdings muss das nichts Schlechtes sein. Zwar haben moderne Webseiten oft ein professionelles Layout und zappelige Animationen, aber das sagt ja noch nichts über den Inhalt aus. Im Gegenteil, es ist sehr gut möglich, sehr professionelle und vor allem zuverlässige Webseiten zu bauen, die sehr gut funktionieren; nicht selten findet man unfertige Seiten, die mit sehr viel JavaScript angelegt wurden, aber in denen das dann hinten und vorne nicht funktioniert. Aus diesem Grund wird JavaScript für den Rest des Kapitels ausgeklammert.

 Der Name JavaScript hat übrigens mit der Programmiersprache Java nichts zu tun. JavaScript wurde ursprünglich als *LiveScript* bezeichnet und dann Mitte der 1990er Jahre in JavaScript umbenannt, um auf der von Java losgetretenen Popularitätswelle mitzusurfen.

Seiten mit dem eingebauten Webserver ausliefern

Wenn Sie den Code im Abschnitt Abschnitt *HTML – das Grundgerüst* in einer Datei namens `irgendwas.html` abgespeichert haben, können Sie die HTML-Seite in Ihrem Browser betrachten, indem Sie sie einfach wie ein Programm starten (zum Beispiel im Explorer doppelt anklicken).

Blöd nur, dass niemand anders diese Webseite betrachten kann, denn solange Sie einfach nur eine Datei öffnen, kann natürlich niemand außer Ihnen auf die Seite zugreifen. Ein HTML-Dokument macht also noch keine Webseite.

Eine Webseite wird es erst, wenn Sie es über das Internet bereitstellen, sodass jemand von einem anderen Rechner aus daran kommt, aber dafür benötigen Sie ein spezielles Programm, nämlich einen *Webserver*.

Glücklicherweise bringt Python einen mit. Der ist nur für Demo-Zwecke gedacht, da ihm wichtige Sicherheitsfeatures fehlen, aber für dieses Kapitel ist er perfekt geeignet. Wechseln Sie in das Verzeichnis, in dem Sie die HTML-Datei gespeichert haben. Egal wie sie im Moment heißt, nennen Sie sie jetzt bitte um und zwar in `index.html`. Rufen Sie dann den folgenden Befehl auf:

```
$ cd webseite
$ ls
index.html
$ python -m http.server -b 127.0.0.1 8000
Serving HTTP on 127.0.0.1 port 8000 (http://127.0.0.1:8000/) ...
```

Zur Erinnerung: Mit `python -m <modulname>` können Sie Module direkt in den Interpreter laden – im Falle von `http.server` wird dadurch ein Webserver gestartet. Der bekommt eine Adresse und einen Port als Argumente übergeben.

Im Browser können Sie die Webseite betrachten, indem Sie die folgende URL in der Adressleiste angeben: http://127.0.0.1:8000. Es erscheint wieder die Seite aus Abbildung 33.3, aber diesmal wird sie vom Webserver ausgeliefert, der sie gleich auch ins Netzwerk bringt.

Zum Testen wurde hier erst mal nur die Loopback-Adresse verwendet, also 127.0.0.1. Außer Ihnen kann also weiterhin niemand die HTML-Seite anschauen. Um die Seite im lokalen Netzwerk verfügbar zu machen, gehen Sie folgendermaßen vor: Finden Sie zunächst Ihre IP-Adresse heraus. Unter Windows geht das auf der Konsole mit dem Befehl *ipconfig*:

```
C:\Users\johannes>ipconfig

Windows-IP-Konfiguration

Ethernet-Adapter Ethernet:

    verbindungsspezifisches DNS-Suffix: fritz.box
    IPv4-Adresse . . . . . . . . . . : 192.168.178.10
    Subnetzmaske . . . . . . . . . . : 255.255.255.0
    Standardgateway . . . . . . . . : 192.168.178.1
```

Unter Linux geht es mit ip addr:

```
[johannes@ubuntu ~]$ ip addr
2: ens192: <BROADCAST,MULTICAST,UP,LOWER_UP> mtu 1500 qdisc mq state
    UP group default qlen 1000
    link/ether 00:50:56:86:3e:41 brd ff:ff:ff:ff:ff:ff
    altname enp11s0
    inet 192.168.178.10/24 brd 192.168.178.255 scope global
        noprefixroute ens192
        valid_lft forever preferred_lft forever
```

Ein Apple-Gerät verrät seine Adresse mit folgendem Befehl:

```
johannes:~ dummies$ ipconfig getifaddr en0
192.168.178.10
```

Wenn Sie nun den Webserver starten, lauscht das Programm der richtigen IP-Adresse und ist dazu auch von außen erreichbar:

```
$ python -m http.server -b 192.168.178.10 8000
```

Falls das nicht klappt, müssen Sie eventuell Ihre Firewall anpassen, um eingehenden Datenverkehr auf Port 8000 zuzulassen. (Windows- und macOS-Nutzer sollten beim Starten des Programms automatisch gefragt werden – da erscheint ein Dialog, der meldet, dass hier irgendwas verändert werden soll. Lesen Sie unbedingt, was da steht.)

Nun können Sie die Adresse des Servers auf einem anderen Rechner im Browser eingeben. Verwenden Sie dazu die folgende URL: http://192.168.178.10:8000. Nun sollte erneut die Webseite erscheinen. Wenn alles geklappt hat, sehen Sie auch, dass auf dem Server die Aufrufe vom Webserver-Prozess registriert werden. Im Konsolenfenster tauchen nach und nach einzelne Log-Einträge auf:

```
$ python -m http.server -b 192.168.178.10 8000
Serving HTTP on 192.168.178.10 port 8000
    (http://192.168.178.10:8000/) ...
```

```
192.168.178.16 - [29/Jun/2024 12:51:17] "GET / HTTP/1.1" 200
192.168.178.16 - [29/Jun/2024 12:51:17] "GET / HTTP/1.1" 200
```

Hier wurde die Webseite auf dem Rechner mit der IP-Adresse 192.168.178.10 gestartet. Die Webseite wurde dann von einem anderen Rechner im Netzwerk besucht – der Nummer 16 (192.168.178.16). Am Status-Code am Ende (200) erkennen Sie, dass die Seite erfolgreich ausgeliefert werden konnte (das ist ein Detail des HTTP-Protokolls, das Anfragen immer mit einem Status-Code beantwortet).

Webanwendungen – mehr als nur eine Seite

Eine einzelne HTML-Seite reicht bereits aus, um interessante Informationen im Internet zu veröffentlichen.

Tatsächlich ist meine persönliche Homepage seit Jahren eine einzelne HTML-Seite ohne viel Schnickschnack. Sie hat mir bereits viel Unheil beschert; immerhin hat meine damalige Lektorin mich so gefunden, um mich zu fragen, ob ich nicht ein Python-Buch verfassen möchte. Leichtsinnigerweise habe ich ja gesagt und opfere seit Jahren meine Wochenenden dafür ... Seien sie also vorsichtig, was Sie so ins Internet stellen, das kann viel Arbeit verursachen.

Wenn Sie das mit dem Web nun aber ernst nehmen, ist eine einzelne Seite etwas sperrig, denn HTML mit der Hand zu schreiben, ist sehr anstrengend. Es geht einfacher, wenn Sie ein Programm schreiben, das HTML *generiert.* Sie selbst können sich dann darauf konzentrieren, die Inhalte Ihrer Webseite zu erstellen und zu pflegen. Solch ein Programm nennt man heute auch *Content Management System*, kurz *CMS*. Bekannte CMS sind etwa Joomla, Drupal oder Wordpress.

CMS speichern in der Regel keine einzelnen HTML-Seiten, sondern sie produzieren sie auf Nachfrage. Dazu verwenden sie meist ein Schablonen-System, in das die eigentlichen Inhalte eingefügt werden, dadurch hat jede Unterseite ein einheitliches Layout. Außerdem kümmern sie noch um weitere Probleme und Aufgaben, etwa das Nutzer-Management.

Die Browser der Webseitenbesucher fragen dabei nicht nur einzelne Seiten ab, sondern interagieren vielmehr mit einem Programm. Daher spricht man häufig nicht mehr von einer Web-*Seite*, sondern von einer Web-*Anwendung*. Sie lernen auch gleich noch, wie Sie eine solche Webanwendung erstellen, doch zunächst sollten Sie sich noch ein bisschen mehr mit dem Web vertraut machen und ein paar Webseiten herunterladen.

Das Hypertext-Transfer-Protokoll

Für die Übertragung von Webseiten wird das *Hypertext Transfer Protocol* verwendet. Dabei handelt es sich um ein leichtverständliches Protokoll der Anwendungsschicht, das nach dem Anfrage-Antwort-Prinzip arbeitet (wie auch das Nachrichtenprotokoll, das in Kapitel 32 unter *TCP – wenn es ankommen muss* entwickelt wurde).

HTTP-Anfragen

HTTP verwendet TCP als Transportprotokoll; die neuste Version HTTP/3 nutzt jedoch das von Google entwickelte UDP-Protokoll QUIC. Sobald eine Verbindung aufgebaut und optional verschlüsselt wurde, überträgt der Client eine Anfrage (*request*) an den Server, der sie mit einer Antwort (*response*) an den Client beantwortet.

Eine HTTP-Anfrage sieht beispielsweise so aus:

```
GET / HTTP/1.1
Host: example.com
User-Agent: curl/8.4.0
Accept: */*
```

Die erste Zeile ist die eigentliche Anfrage; alle weiteren Zeilen sind Header. Außerdem können noch weitere Nutzdaten übertragen werde. Die Anfrage beginnt mit dem Kommando GET, gefolgt von einem Pfad (hier wurde das Wurzelverzeichnis / angegeben). Dahinter wird noch die Version des Protokolls angegeben (HTTP/1.1).

Nach der eigentlichen Anfrage folgen die HTTP-Header, die die Übertragung steuern können und Client und Server bei den Verhandlungen über die Inhalte helfen. Im Beispiel wird eine Webseite vom Rechner example.com angefordert.

Der Host-Header enthält nicht den Namen des anfragenden Rechners, sondern noch einmal den DNS-Namen, der in der ursprünglichen URL auftaucht. Das ist nötig, weil der Name schon lange in eine IP-Adresse aufgelöst wurde, der Webserver aber möglicherweise mehr als einen Webauftritt bedient (das nennt man auch *virtual hosting*). Beispielsweise könnte der DNS-Name stop-all-wars.example.com auf denselben Server verweisen wie guns-for-peace.example.org; anhand des Host-Headers weiß der Server, ob er gerade eine Seite für Pazifisten oder Kriegstreiber ausliefern muss.

Dazu wird auch gemeldet, was für ein Programm hier nachfragt (der so genannte User-Agent, in diesem Fall das Kommandozeilenprogramm *curl*). Außerdem wird der Zielrechner darauf hingewiesen, dass der oder die Anfragende nicht wählerisch ist und jede Form von Inhalt akzeptiert (mit dem Accept-Teil »*/*«).

HTTP-Methoden und -Ressourcen

Anfragen beginnen immer mit speziellen Verben, die Sie in Tabelle 33.2 aufgelistet finden. In der Spezifikation des Protokolls werden sie als *request methods* bezeichnet. Sie beziehen sich immer auf eine Pfadangabe; zum Beispiel versucht GET /document.pdf, eine PDF-Datei abzuholen. Obwohl dabei stets ein *Pfad* angegeben wird, ist nicht zwangsweise eine *Datei* gemeint. Der Webserver kann die Pfadangabe genauso gut verwenden, um ein Programm zu aktivieren, dass dann Daten generiert. Man spricht daher allgemeiner von einer Ressource. Was genau der Server ausgibt, bleibt ihm überlassen, denn das Ziel ist nicht, das Dateisystem des Servers offenzulegen.

Verb	Beschreibung
GET	Ressource abholen
HEAD	Ressource prüfen (nur Header holen)
POST	Daten an den Server schicken
PUT	Ressource erstellen
PATCH	aktualisiert eine Ressource mit Teildaten
DELETE	löscht eine Ressource
OPTIONS	fragt an, welche Verben eine Ressource unterstützt
CONNECT	erstellt einen Übertragungstunnel
TRACE	Übertragung überprüfen

Tabelle 33.2: HTTP unterstützt verschiedene Operationen, die als Methoden oder Verben bezeichnet werden.

Welche Ressource welche Methoden unterstützt, ist vom Webserver abhängig. Gewöhnliche Webseiten erlauben meistens nur HEAD und GET; wenn man Formulare abschicken kann, auch noch POST. Die anderen spielen eine eher untergeordnete Rolle, kommen aber schon in manchen Web-Anwendungen zum Einsatz.

Content-Negotiation – Inhalte aushandeln

Grundsätzlich ist die Idee hinter HTTP, dass Client und Server die Repräsentation einer Ressource *verhandeln* können. Dieser Vorgang wird als *Content Negotiation* bezeichnet. Betrachten Sie die folgende Anfrage:

```
GET /document HTTP/1.1
...
Accept: text/html; q=1.0, application/pdf; q=0.5
Accept-Language: de; q=1.0, en; q=0.8
```

Hier gibt der Client dem Server über den Accept: ...-Header zu verstehen, dass er sowohl HTML- als auch PDF-Dateien verarbeiten kann – am liebsten aber eine HTML-Seite hätte. Außerdem erwartet der Client das Dokument in deutscher Sprache; Englisch wäre aber auch ok; dies wird über den Accept-Language-Header angegeben.

Der Server kann diese Anfrage recht frei beantworten und dabei Rücksicht auf die Präferenzen des Anfragenden nehmen. Ist er dazu nicht in der Lage, kann er auch einfach zurückmelden, dass er die Anfrage nicht erfüllen kann. Die gleiche Anfrage mit unterschiedlichen Headern kann also verschiedene Antworten produzieren (eine deutsche oder englische HTML-Seite oder eine deutsche oder englische PDF-Datei). Diese Flexibilität beim Aushandeln ist eine Besonderheit von HTTP – es wird also nicht garantiert, dass immer die gleichen Bits gesendet werden. Damit steht HTTP in Kontrast zu anderen Protokollen – so verwendet man *File Transfer Protocol*, wenn man darauf Wert legt, dass eine Datei möglichst unverändert ausgeliefert wird, da diese Protokoll kein derartiges Inhaltsgefeilsche vorsieht.

HTTP-Antworten

Sofern der Webserver Ihre Anfrage verstanden hat und sie beantworten kann (...und möchte...), erhalten Sie eine Antwort von ihm. Zum Ausprobieren können Sie das Kommandozeilenprogramm *curl* nutzen, das es für jedes Betriebssystem gibt (gegebenenfalls müssen Sie es nachinstallieren). Im Folgenden wird eine Anfrage an example.com/ geschickt. Diese Domäne dient tatsächlich als Beispiel-URL; dahinter ist auch ein Webserver, der eine schlichte Webseite ausliefert. Er antwortet so:

```
$ curl -I example.com
HTTP/1.1 200 OK
Content-Encoding: gzip
Accept-Ranges: bytes
Age: 84852
Cache-Control: max-age=604800
Content-Type: text/html; charset=UTF-8
Date: Fri, 06 Dec 2024 18:18:33 GMT
Etag: "3147526947"
Expires: Fri, 13 Dec 2024 18:18:33 GMT
Last-Modified: Thu, 17 Oct 2019 07:18:26 GMT
Server: ECAcc (dcd/7D5E)
X-Cache: HIT
Content-Length: 648
```

Genau wie die Anfrage besteht auch die HTTP-Antwort aus einer Liste von Kopfzeilen, gefolgt von den eigentlichen Nutzdaten. Hier wurde jedoch durch die Option -I eine HEAD-Anfrage gestellt – es werden also nur die Header ausgegeben. Wie die Seite aussieht, können Sie sich im Browser angucken.

Wichtige Status-Codes

Die erste Zeile der Antwort enthält stets einen HTTP-Status-Code (hier: 200 OK). Diese Codes geben Auskunft darüber, ob dem Server die Anfrage gefallen hat. Jeder Code fällt in eine von fünf Kategorien:

✔ 100: Die Anfrage ist eingegangen und wird bearbeitet.

✔ 200: Erfolg – die Anfrage wurde verarbeitet.

✔ 300: Umleitung – dies kommt, falls eine Ressource verschoben wurde.

✔ 400: Client-Fehler – irgendwas war mit der Anfrage nicht in Ordnung.

✔ 500: Server-Fehler – beim Erzeugen der Antwort gab es einen Fehler.

Jeder Code trägt eine konkrete Bezeichnung. Der bekannteste ist wahrscheinlich 404 Not Found, mit dem Webserver angeben, dass eine angefragte Seite nicht gefunden wurde. Das passiert beispielsweise, wenn Sie einen alten Download-Link anklicken, die Datei aber zwischenzeitlich gelöscht wurde, oder wenn Sie sich beim Eingeben einer URL vertippt haben. Viele Webseiten zeigen den Status-Code auf einer eigenen Statusseite an, daher kommen die meisten Web-Surfer früher oder später mit dieser Bezeichnung in Berührung.

Bekannt ist auch 500 Internal Server Error – der entsteht, wenn auf dem Server irgendwas abgestürzt ist. Häufiger als diese beiden ist aber – zum Glück – 200 OK. Das wird übermittelt, falls die Anfrage korrekt bearbeitet wurde – was dann aber meistens niemand mitbekommt, weil dann einfach die gewünschte Webseite angezeigt wird. Tabelle 33.3 listet weitere wichtige Codes und ihre Bedeutung auf.

Status	Bedeutung
200 OK	Alles klar (Sie erhalten eventuell Daten).
204 No Content	Alles klar (Sie erhalten absichtlich keine Daten).
301 Moved Permanently	Umleitung – die Ressource liegt woanders.
302 Found	Die Ressource liegt vorübergehend woanders.
400 Bad Request	Ihre Anfrage war fehlerhaft.
401 Unauthorized	Sie haben den Login vergessen!
403 Forbidden	Sie sind nicht berechtigt.
404 Not Found	Die Ressource ist nicht verfügbar (falsche URL?).
405 Method not allowed	Sie haben Daten an eine Ressource geschickt, die das nicht will.
418 I'm a teapot	ein Aprilscherz von 1998
429 Too Many Requests	Sie haben zu viele Anfragen geschickt.
500 Internal Server Error	Es gab irgendeinen (Programmier-?)Fehler.
502 Bad Gateway	Irgendein Glied in der Vermittlungskette ist kaputt.

Tabelle 33.3: Die wichtigsten Status-Codes im Überblick

Wichtige Header

Die Status-Codes geben Auskunft darüber, ob alles geklappt hat. Einige funktionieren nur zusammen mit weiteren Header-Daten. Wenn Sie etwa Status 301 Moved Permanently als Antwort erhalten, sollte der Server Ihnen einen Location-Header mitschicken, der Ihnen sagt, unter welcher URL die Ressource ab sofort zu finden ist.

Um die eigentlichen Daten der Antwort interpretieren zu können, ist ein Blick auf die folgenden Header notwendig:

```
Content-Length: 648
Content-Encoding: gzip
Content-Type: text/html; charset=UTF-8
```

Hier hat der Server geantwortet, wie viele Bytes geliefert wurden (648), welches Encoding angewandt wurde (die Daten sind mit gzip komprimiert) und um was für Daten es sich handelt (HTML).

Über Header werden noch weitere Details geregelt, wie zum Beispiel Authentifikation, Datenschutz oder die Kontrolle von Zwischenspeichern (Caches).

Status	Met...	Host	Datei	Initiator	Typ	Übertragen	Größe
200	GET	🔒 de.wikipe...	Wikipedia:Hauptseite	document	html	20,75 kB	93,8...
200	GET	de.wikipedia....	load.php?lang=de&modules=codex-sea	stylesheet	css	Aus Cache	26,5...
200	GET	de.wikipedia....	load.php?lang=de&modules=ext.gadget	stylesheet	css	Aus Cache	1,40...
200	GET	de.wikipedia....	load.php?lang=de&modules=site.styles8	stylesheet	css	Aus Cache	376 B
200	GET	🔒 de.wikipe...	load.php?lang=de&modules=startup&o	script	js	Aus Cache	60,2...
🚫	GET	🔒 upload.wi...	230px-Cratère_de_Vix_0023.jpg	imageset	webp	NS_BINDING...	21,9...
🚫	GET	🔒 upload.wi...	162px-Camille_Claudel_-_photographie_(	imageset	webp	NS_BINDING...	10,7...
🚫	GET	🔒 upload.wi...	168px-Jacques_Audiard_2016.jpg	imageset	webp	NS_BINDING...	16,0...
🚫	GET	🔒 upload.wi...	230px-Si_lü_yu_yi.JPG	imageset	webp	NS_BINDING...	10,7...

⏱ 18 Anfragen   1,33 MB / 104,87 kB übertragen   Beendet: 16,11 s   ■ DOMContentLoaded: 116 ms   ■ load: 235 m

Abbildung 33.4: In den Entwickler-Tools Ihres Browsers können Sie HTTP bei der Arbeit zugucken.

Ein besonders wichtiger Header ist der `User-Agent`. Dieser enthält eine Bezeichnung des Browsers sowie dessen Version. Firefox zum Beispiel weist sich aus als `Mozilla/5.0 (X11; Linux x86_64; rv:133.0)Gecko/20100101 Firefox/133.0`.

Die meisten Leute bekommen von HTTP nichts mit, obwohl es allgegenwärtig ist. Es läuft, wenn Sie im Browser auf einen Link klicken oder auf dem Handy in einer App Ihren Aktienkurs angucken. Wenn Sie ein bisschen damit experimentieren möchten, können Sie im Browser die Entwickler-Tools aktivieren (siehe Abbildung 33.4; in Brave und Firefox über ⌨F12). Öffnen Sie dort den Reiter NETZWERKANALYSE (Firefox) oder NETZWERK (Brave) und surfen Sie ein wenig umher; so können Sie das Pingpong aus Anfrage und Antwort verfolgen.

IN DIESEM KAPITEL...

Webseiten besuchen mit der *urllib*

....

Elegantere Anfragen mit *Requests*

....

Im Trüben fischen mit *Beautiful Soup*

....

Mit *Scrapy* durchs Netz krabbeln

....

Kapitel 34
Im Web surfen

B rowser wie Firefox oder Brave sind großartige Anzeigeprogramme für Webseiten und Mediendateien. Bei der Weiterverarbeitung von Daten sind sie jedoch etwas beschränkt. Zwar lassen sich viele von ihnen mit Plug-ins erweitern, aber am flexibelsten sind Sie, wenn Sie den Browser als Mittelsmann auslassen und Webseiten direkt mit Python aufrufen.

Hausmittelchen: Webseiten öffnen mit der `urllib`

Eine Webseite zu öffnen, ist gar nicht so schwierig: wenn Sie das TCP-Kapitel 32 gelesen haben, wissen Sie schon fast alles Nötige: Sie brauchen einen Socket, mit dem Sie eine TCP-Verbindung zum Server aufmachen; über den schicken Sie dann eine HTTP-Anfrage und erhalten eine HTTP-Antwort. Darin steht dann HTML.Text oder eine PDF-Datei, die Sie mit einem geeigneten Programm anzeigen können.

Praxistauglich ist der Ansatz leider noch nicht, denn es gehört ein wenig mehr dazu. Sockets arbeiten mit IP-Adressen; im Internet werden aber meistens URLs verwendet, die einen Domänennamen enthalten (zum Beispiel kennen Sie sicher wikipedia.de, aber nicht die zugehörige IP-Adresse). Außerdem sollten Verbindungen stets verschlüsselt werden, damit Dritte nicht spitzkriegen, was für seltsame »Artikel«, Sie auf »Wikipedia« »recherchieren«. Außerdem muss der ganze Bums meist noch irgendwie kodiert werden. Und wer hat schon Lust, HTTP-Anfragen selbst zu verfassen?

In Ihrem eigenen Python-Programm müssen Sie nicht bei null anfangen, denn dafür gibt es bereits eine eingebaute Bibliothek:

```
>>> from urllib.request import urlopen
>>> url = "https://de.wikipedia.org/"
```

```
>>> response = urlopen(url)
>>> html = response.read()
>>> len(html)
94484
>>> response.headers["content-length"]
'94484'
>>> print(html[:200])
b'<!DOCTYPE html>\n<html class="client-nojs" lang="de"
    dir="ltr">\n<head>\n<meta charset="UTF-8">\n<title>Wikipedia
    \xe2\x80\x93 Die freie
    Enzyklop\xc3\xa4die</title>\n<script>(function(){var
    className="client-js";var cook'
>>> response.close()
```

In einem Rutsch sucht `urllib.request.urlopen(...)` die IP-Adresse heraus, stellt eine HTTP-Anfrage und holt die Antwort ab. Sie erhalten ein `HTTPResponse`-Objekt, das Sie wie eine Datei lesen können (`response.read()`); auch die HTTP-Header werden aufgefangen (zum Beispiel `response["content-length"]`).

Requests: HTTP für Menschen

Die `urllib` kann eigentlich alles, ist aber manchmal etwas umständlich zu benutzen. Beispielsweise gehen damit `GET`-Anfragen zwar leicht von der Hand, aber für `POST`-Anfragen, bei denen Daten gesendet werden, muss man diese etwas umständlich von Hand kodieren. Die Situation ist schon viel besser als noch vor einigen Jahren, dennoch lässt `urllib` manchmal zu wünschen übrig und viele weichen auf *Requests* aus.

Das Paket *requests*, das Sie mit `$ pip install requests` vom Package-Index installieren können, wurde ursprünglich vom Entwickler Kenneth Reitz erfunden, der sich über Pythons komplizierte HTTP-API ärgerte. Der volle Titel des Projekts lautet »Requests: HTTP for Humans«; Ziel war die Entwicklung einer einfach zu verwendenden HTTP-API. Das gelang so gut, dass viele nachfolgende Bibliotheken sich an *Requests* orientierten.

Als Demonstration können Sie die folgenden beiden Snippets vergleichen. Hier wird eine Nachricht an die Webseite `https://httpbin.org` geschickt. Dabei handelt es sich um einen Dienst, der ebenfalls von Kenneth Reitz ins Leben gerufen wurde, um die Funktionalität von *Requests* zu testen; ihre einzige Funktion ist es, gesendete Daten wiederzugeben.

So sieht die Anfrage mit der `urllib` aus:

```
>>> import json
>>> from urllib.parse import urlencode
>>> from urllib.request import urlopen
>>> url = "https://httpbin.org/post"
>>> message = "Hello, World!"
>>> data = {"message": message }
>>> data = urlencode(data)
```

```
>>> data = data.encode("ascii")
>>> with urlopen(url, data) as response:
...     data = response.read().decode("utf-8")
...
>>> data = json.loads(data)
>>> print(data["form"]["message"])
Hello, World!
```

Die gleiche Anfrage mit dem requests-Modul schaut dagegen so aus:

```
>>> import requests
>>> message = "Hello, World!"
>>> data = {"message": message }
>>> response = requests.post(url, data)
>>> data = response.json()
>>> print(data["form"]["message"])
Hello, World!
```

Nicht nur wird hier das explizitere requests.post(...) verwendet (im Schnipsel für die urllib sucht man dieses HTTP-Verb vergeblich), es entfällt auch das aufwändige Kodieren der Daten.

Neben der automatischen Kodierung bringt *Requests* noch viele weitere Verbesserungen mit, wie beispielsweise ein vereinfachtes Sitzungs- und Cookie-Management (wenn eine Webseite eine Anmeldung erfordert) und das Herunterladen von Datenströmen.

Auch die Verarbeitung von JSON geht leichter von der Hand. JSON ist ein maschinenlesbares Datenformat, das syntaktisch den Python-Dictionarys sehr ähnlich ist. Es wird im Internet häufig für Web-APIs eingesetzt (wenn also Programme regelmäßig Daten von einem Webdienst abrufen müssen). Bei Verwendung der urllib müssen Sie solche Daten nach Erhalt selbst konvertieren; Requests bietet hier eine Komfortfunktion an.

Im Essen stochern mit Beautiful Soup

Nachdem Sie eine HTTP-Antwort erhalten haben, können Sie deren Daten verarbeiten. Leider sind – anders als Httpbin – viele Dienste nicht darauf ausgelegt, maschinenlesbare JSON-Dokumente zu generieren; meistens landen Sie auf einer Webseite mit recht unstrukturierten Daten.

 Zwar sind HTML-Dokumente theoretisch maschinenlesbar (es ist einfach, ihre Struktur zu parsen), dennoch ist es in der Praxis sehr aufwändig, Daten aus HTML-Seiten zu extrahieren. Besonders früher, als HTML noch oft von Hand geschrieben wurde, waren unsauber formulierte Tags ziemlich normal – sie waren oft nicht symmetrisch oder wurden nicht richtig geschlossen.

Mithilfe der richtigen Bibliothek können Sie jedoch auch kaputtes HTML sicher durchforsten; die bekannteste dafür heißt *Beautiful Soup*. Der Name ist Programm, denn wenn Sie HTML aus dem Internet laden, gleicht das einer Suppe mit sehr vielen Zutaten, aus der Sie sich den Eierstich rausfischen möchten.

Installieren Sie *Beautiful Soup*:

```
$ pip install beautifulsoup4
```

Es handelt sich nicht um einen Setzfehler; beautifulsoup4 ist der korrekte Name der Bibliothek. Führen Sie dann eine Anfrage durch:

```
>>> import requests
>>> from bs4 import BeautifulSoup
>>> url = "https://de.wikipedia.org/wiki/Liste_fiktionaler_Tiere"
>>> response = requests.get(url)
>>> soup = BeautifulSoup(response.content, "html.parser")
>>> soup.title
<title>Liste fiktionaler Tiere - Wikipedia</title>
>>> soup.title.text
'Liste fiktionaler Tiere - Wikipedia'
>>> for tag in soup.find_all("h2"):
...     print(tag.text)
...
Inhaltsverzeichnis
Affen
Ameisen
Ameisenbären
...
Würmer
Zebras
Ziegen
...
```

Der Konstruktor BeautifulSoup wird aus dem Paket namens bs4 importiert. Beim Aufruf übergeben Sie den Inhalt aus dem Feld response.content an BeautifulSoup; zusätzlich müssen Sie ansagen, mit welchem Parser das HTML gelesen werden soll. Dabei sollte html.parser immer funktionieren, da dies den Parser der Standardbibliothek anspricht; alternativ könnten Sie auch lxml verwenden. Dieser Parser ist ein wenig schneller als der aus der Standardbibliothek, muss aber nachinstalliert werden ($ pip install lxml).

Danach können Sie direkt auf das Titel-Tag zugreifen. Tags geben stets ihre HTML-Repräsentation mit Tags aus; um nur den Text zu verarbeiten, müssen Sie <tag>.text aufrufen. Mithilfe von find_all("h2") suchen Sie hier alle Zwischenüberschriften (Headings der Ebene 2) und geben dann deren Inhalt aus – so erhalten Sie eine Liste der Kategorien auf der Wikipedia-Liste ausgedachter Tiere.

Sie dürfen gerne noch weiterfischen. Um beispielsweise eine Liste berühmter Pferde zu extrahieren, brauchen Sie das HTML nur etwas genauer zu untersuchen.

 Dazu können Sie das HTML einfach mit print kurz auf die Konsole kippen und darin rumstochern oder – besser – Sie schauen sich die Seite mal im Browser an. Jeder Browser hat eine Funktion, um den Quellcode einer Seite anzuzeigen; in Brave und Firefox können Sie dazu die Seite laden und entweder ⌜Strg⌟ + ⌜U⌟ drücken oder Sie machen einen Klick mit der rechten Maustaste und wählen aus dem Kontext-Menü ELEMENT UNTERSUCHEN, um eine konkrete Stelle im HTML-Quellcode anzuzeigen.

So sieht beispielsweise die Überschrift »Pferde« auf der Wikipedia-Seite aus:

```
. . .
<div class="mw-heading mw-heading2">
    <h2 id="Pferde">Pferde</h2>
    <span class="mw-editsection">
    . . .
    </span>
</div>
<ul>
    <li>Amadeus, ...</li>
    <li>Arod (Legolas' Pferd...</li>
    <li>Artax (das Pferd von ...</li>
    <li>Asfaloth (das Pferd ...</li>
    . . .
</ul>
. . .
```

Um die Namen der Pferde zu extrahieren, können Sie wieder in der Suppe fischen. Nutzen Sie am besten die folgenden Methoden und Attribute:

✔ Tag.parent: Findet ein *Eltern*-Element (zum Beispiel ist das Eltern-Element der Überschrift h2 ein div).

✔ Tag.find_next_sibling(): *Geschwister*-Elemente befinden sich im HTML auf der gleichen Ebene. Beispielsweise ist das Geschwister-Element von h2 ein span.

✔ Tag.children: Ein Iterator, mit dem Sie die *Kind*-Elemente eines Elements durchlaufen können. So hat die Liste ul Kind-Elemente vom Typ li (*list item*).

Mit dieser Machete können Sie sich eine bequeme Bresche in den HTML-Dschungel schlagen:

```
>>> div = soup.find("h2", string="Pferde").parent
>>> ul = div.find_next_sibling("ul")
>>> for horse in ul.find_all("li"):
...     print(horse.text.split("(", maxsplit=1)[0])
...
Amadeus, Sabrina, Pascal, Felix, Cleopatra und Maharadscha
Arod
Artax
. . .
Wirbelwind
Xanthos
Zottel
```

Sie holen sich zuerst die Überschrift h2 und wählen dann das Elternelement div. Dann fragen Sie dessen Geschwister ab, um auf die Liste zu kommen; die Kinder der Liste enthalten die gewünschten Einträge. Der Text muss noch zerhackt werden; in der Liste berühmter Pferde stehen stets der Name des Pferdes und seine Bedeutung und Relevanz in Klammern.

Mithilfe von *Requests* und *Beautiful Soup* durchforsten Sie auf die Schnelle Webseiten nach Daten. Nicht immer sind diese jedoch so gut strukturiert wie die Seiten der Wikipedia, daher hilft es beim Entwickeln, stets den Browser offen zu halten und das HTML gut kennenzulernen. Leider kann man sich nicht darauf verlassen, dass HTML auf alle Zeit gleich bleibt. Wird es angepasst, dann funktionieren die Schnipsel in diesem Abschnitt unter Umständen leider nicht mehr. Grundsätzlich sollten Sie es aber mit den gezeigten Methoden hinbekommen, darauf zu reagieren.

Scrapy – Daten im Spinnennetz

Fürs Abfragen einzelner Seiten sind *Requests* und *Beautiful Soup* nützlich wie ein Schweizer Taschenmesser, jedoch stoßen sie an eine Grenze, wenn Sie Inhalte von mehreren Seiten zusammentragen möchten. Die meisten HTML-Seiten sind über Links mit anderen Seiten verknüpft – das steckt fast schon im Wortsinne, sonst würde es nur »TML« heißen.

Es wäre schön, die Daten ganzer Webauftritte zu erfassen, jedoch ist es etwas trickreich, ein Programm zu schreiben, das eine Webseite und deren verknüpfte Unterseiten aufruft. Dazu bietet sich die externe Bibliothek *Scrapy* an, mit der Sie sich einen eigenen Webcrawler bauen können.

 Crawler sind Programme, die das Web eigenständig durchsuchen. Man bezeichnet sie auch als *Robots* oder *Spiders*. Sie werden beispielsweise von Suchmaschinen verwendet, um Webseiten regelmäßig nach neuen Inhalten abzugrasen und zu indizieren. Dabei besuchen Sie alle Unterseiten eines Webauftrittes, sofern der Administrator dies nicht verbietet (oder unterbindet).

Crawler sind besonders nützlich, wenn Sie Webseiten über einen längeren Zeitraum beobachten möchten. Zum Beispiel könnten Sie ...

✔ ... überprüfen, wann die Webseite ihrer lokalen Zeitung eine neue Meldung veröffentlicht,

✔ ... die Preisentwicklung auf einer Produktwebseite verfolgen oder

✔ ... die Playlisten der lokalen Radiosender überwachen, um sich mit Ihrem Trainer im Fitnessstudio zu streiten.

Für all diese Dinge habe ich bereits Crawler eingesetzt. Besonders interessant war dabei meine Exkursion in die Welt der Radiosender – eine Anekdote dazu finden Sie im Kasten *Die besten Hits der 90er ...*

Die besten Hits der 90er ...

Vor einigen Jahren fiel mir beim Besuch eines Fitnessstudios auf, dass zu meinen regelmäßigen Terminen stets dieselbe Musik im Radio gespielt wurde. Sie kennen das Format: es heißt *Adult Contemporary – zeitgenössische Erwachsenenmusik* – und besteht hauptsächlich aus der Popmusik der letzten Dekaden.

Weil die Playlist zu meinen Terminen wirklich immer fast identisch war, bat ich den Trainer, den Sender zu wechseln, was er auch bereitwillig tat. Jedoch bemerkte ich nach einigen Wochen, dass auch der neue Sender regelmäßig zur selben Zeit dieselben »Hits« spielte.

Auch das meldete ich wieder zurück, woraufhin der Trainer entrüstet entgegnete: »Was? Südmusik 3 ist doch viel abwechslungsreicher als Hitfunk-Südwest!«. Das konnte ich nicht akzeptieren und schrieb einen Crawler, der alle paar Minuten die Seiten der Sender besuchte und die jeweilige Playlist auslas. Nach einigen Monaten hatte ich viele Daten gesammelt und prüfte die musikalische Diversität der Sender-Playlists. Dabei teilte ich die Anzahl eindeutiger Lieder durch die Anzahl der gespielten Lieder:

```
>>> playlist = "abcdefg"
>>> len(set(playlist)) / len(playlist)
1.0
>>> playlist = "aaaabbc"
>>> len(set(playlist)) / len(playlist)
0.42857142857142855
```

Je mehr Wiederholungen eine Playlist hat, desto geringer fällt der Wert aus und desto weniger abwechslungsreich ist die Playlist. Für die von mir überwachten Sender fielen die Werte erschreckend gering aus (irgendwas um die 0.03, also besteht so eine Playlist offenbar zu 97 % aus Wiederholungen, natürlich abhängig vom betrachteten Zeitraum). Aber was soll ich sagen? Der Trainer sollte tatsächlich Recht behalten. Der von ihm präferierte Sender war nach meinen Daten tatsächlich um 0.001 Diversitätspunkte abwechslungsreicher.

Wenn auch Sie sich mit Ihrem Fitnesstrainer anlegen möchten, sollten Sie sich mit der Entwicklung von Crawlern befassen. Installieren Sie dazu zunächst *Scrapy* in eine neue virtuelle Umgebung:

```
$ python -m venv .venv --prompt=spider
$ source .venv/bin/activate
# Windows: .venv\bin\activate.bat
(spider) $ pip install scrapy
```

Als Beispielseite dient https://books.toscrape.com/, die Seite eines fiktiven Buchladens, der verschiedene Kategorien und Bücher auflistet. Der folgende Beispielcrawler hat das Ziel, alle Bücher und deren Kategorien aus der Seite zu extrahieren.

Die Seite wird von derselben Firma betrieben, die auch *Scrapy* entwickelt und ist für diese Zwecke gut geeignet. Für Ihre eigene Problemstellung dürfen Sie natürlich gerne eine andere URL verwenden, aber für die ersten Trockenübungen sollten Sie diese Test-Domäne verwenden.

Die HTML-Struktur

Zunächst sollten Sie das HTML im Browser betrachten (Abbildung 34.1), um die Struktur der Seite zu verstehen:

1. Auf der Startseite finden Sie oben eine Überschrift mit dem Titel der Seite.

2. Links sehen Sie eine Übersicht der Kategorien.

3. Rechts werden in einer Galerieansicht Bücher angezeigt. Beim Klick auf ein Buch erscheint eine Detailseite mit weiteren Infos zum Buch.

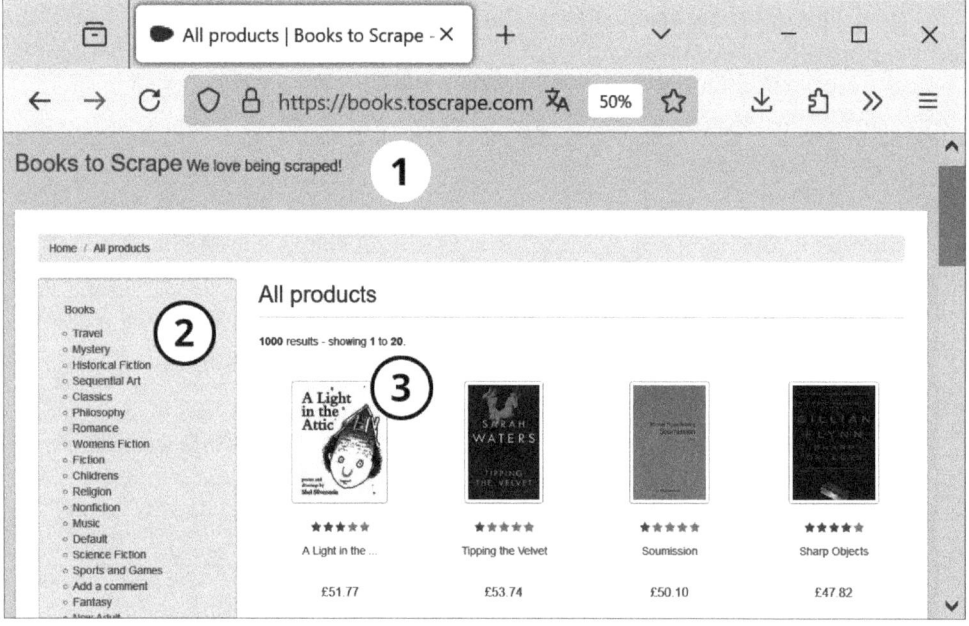

Abbildung 34.1: Der fiktive Webshop *Books to Scrape* hilft beim Entwickeln eines Webcrawlers.

Im Quellcode ist das Menü an der Seite gut erkennbar. Ganz oben steht ein Link auf die Buchübersicht (Books); darunter folgt eine Auflistung einzelner Kategorien:

```
...
<div class="side_categories">
    <ul class="nav nav-list">
        <li>
            <a href="...">Books</a>
            <ul>
                <li><a href="...">Travel</a></li>
```

```
            <li><a href="...">Mystery</a></li>
                ...
            </ul>
        </li>
    </ul>
</div>
```

 Heureka! Das HTML der Seite folgt wie immer einer hierarchischen Struktur (so enthalten ul-Elemente stets li-Elemente), zusätzlich aber wurde das HTML mit Attributen angereichert, die das Durchsuchen der Seite nach relevanten Daten wesentlich einfacher machen.

Über das Attribut class="..." werden HTML-Elemente normalerweise mit CSS-Klassen verknüpft – so finden Sie im Stylesheet der Seite eine Klasse für die Randleiste namens side_categories, die zum Beispiel definiert, dass diese runde Ecken haben soll. Diese Attribute können Sie mit Ihrem Crawler abfragen und dadurch ohne große Umwege auf die Elemente der Seite zugreifen. Dazu müssen Sie jedoch wissen, wie Sie dort navigieren.

Auswahlverfahren: CSS-Selektoren

Es gibt verschiedene Wege, um die HTML-Elemente einer Seite anzusprechen:

✔ **Zu Fuß:** Sie laufen im Python-Code den Pfad durch den HTML-Baum bis zum Zielelement ab, indem Sie Element um Element auspacken und dabei die Elemente filtern.

✔ **Mit einem XPath-Ausdruck:** XPath-Ausdrücke adressieren Teile eines XML- oder auch HTML-Elements und verwenden dazu eine eigene Syntax.

✔ **Mit einem CSS-Selektor:** Sie verwenden einen Such-Ausdruck in der CSS-Syntax, um ein oder mehrere Elemente auszuwählen.

Besonders bei komplexeren HTML-Seiten kann der Code zur fußläufigen Suche nach bestimmten Elementen sehr ausladend und aufwändig werden, daher sollten Sie Suchausdrücken den Vorzug geben. XPath ist eine etwas ältere Abfragesprache für XML-Elemente, funktioniert aber auch für HTML und führt in der Regel zum Ziel. CSS-Selektoren sind etwas einfacher zu lernen – außerdem können Sie zusätzliche CSS-Kenntnisse gut gebrauchen, wenn Sie eigene Webseiten entwerfen (darum geht es im nächsten Kapitel).

CSS dient eigentlich der optischen Aufwertung von Webseiten und verwendet dazu eine eigene Syntax, mit der Sie HTML-Elemente »auswählen«, um ihnen Stil-Informationen zuzuweisen. Tabelle 34.1 zeigt eine Kurzübersicht. CSS-Selektoren lassen sich außerdem mithilfe von *Kombinatoren* genannten Operatoren zu komplexen Suchausdrücken zusammensetzen, wie in Tabelle 34.2 aufgeführt.

Wie das in der Praxis funktioniert, demonstriert die folgende HTML-Datei:

```
<html>
<head>
<style>
#main {
    font-size: xxx-large;
}
```

```
h1 span.red { color: red; }

h1 span.blue { color: blue; }

.title h2 {
    font-size: small;
}
</style>
</head>
<body>
    <div class="title">
        <h1 id="main">
            <span class="red">Hello, </span>
            <span class="blue">World!</span>
        </h1>
        <h2>Untertitel</h2>
    </div>
</body>
</html>
```

Listing 34.1: selector.html

Bezeichnung	Syntax	Beispiel	Beschreibung
Element	element	p { ... }	Elemente mit p-Tag
ID	#id	#main { ... }	Element mit der ID main
Klasse	.class	.red { ... }	Elemente der Klasse red
Alles	*	* { ... }	alle Elemente
Attribut	elem[attr]	a[href] { ... }	alle a mit einem href-Attribut

Tabelle 34.1: Mithilfe von Selektoren weisen Sie der HTML-Struktur Stile zu

Bezeichnung	Syntax	Beispiel	Beschreibung
Liste	a, b, ...	ul, ol { ... }	gilt für alle ul und ol
Nachfahren	a b	ul li { ... }	alle li innerhalb einer ul
Kind	a > b	header > img { ... }	direkte Nachfahren: das erste img geschachtelt innerhalb eines header
Direkte Nachbarn	a + b	div + p { ... }	ein p direkt nach einem div der gleichen Ebene
Straßennachbarn	a ~ b	div ~ p { ... }	ein p irgendwo hinter einem div. der gleichen Ebene

Tabelle 34.2: Selektoren können kombiniert werden, um Schachtelung oder Reihenfolge mit einzubeziehen

Zuoberst kommen die CSS-Stile, darunter folgt der HTML-Baum. Die Stil-Definitionen sind über *Selektoren* mit den HTML-Tags verknüpft:

✔ Tags: Wenn Sie einfach nur einen Bezeichner verwenden, ist syntaktisch ein HTML-Tag gemeint (zum Beispiel h1, h2 und span).

✔ IDs: Die Schriftgröße der Hauptüberschrift wird über den Selektor #main festgelegt, der sich auf das id-Attribut bezieht. Ids sind eindeutig; das heißt, sie dürfen nur einmal auf einer Seite verwendet werden. Ihre Selektoren verwenden eine Raute (#main { ... }).

✔ Klassen: Das HTML-Attribut class="red" wird in CSS mit einem Punkt vor dem Klassennamen angesprochen, also .red { ... }. Klassen können mehrfach verwendet werden (es könnte zum Beispiel mehrere Elemente mit dem Attribut class="red" geben).

Sowohl Attribute wie id und class als auch die relative Position eines Elements in der HTML-Struktur können mithilfe dieser Unterscheidungen in einem einzigen String ausgedrückt werden. Zum Beispiel bezieht sich der Selektor h1 span.blue { ... } auf ein span-Element, das sich in einem h1-Element befindet und ein Attribut class="blue" hat.

Mit Selektoren können Sie in Ihrem Crawler die interessanten Stellen aus dem HTML fischen und deren Inhalte auslesen.

Ein erstes Krabbeltier

Mithilfe des scrapy-Moduls erstellen Sie nun einen Crawler. Die notwendige Klasse heißt dort scrapy.Spider – ein klassisches Krabbeltier also:

```
from scrapy import Spider

class Books(Spider):
    name = "BookSpider"
    allowed_domains = ["books.toscrape.com"]
    start_urls = ["https://books.toscrape.com"]

    def parse(self, response):
        links = response.css("ul.nav li a::text").getall()
        for link in links:
            print(link.strip())
```
Listing 34.2: bookspider.py

Hier erstellen Sie eine Spider-Klasse. Diese benötigt die folgenden Attribute:

✔ name: den Namen des Spider-Programms;

✔ start_urls: die URL, bei der Scrapy zu suchen anfängt;

✔ allowed_domains: eine Liste von erlaubten URLs; diese verhindert, dass die Spider die Seite verlässt und nach und nach das ganze Internet durchsucht.

Am wichtigsten jedoch ist Spider.parse(...). Wenn Sie die Spider ausführen, wird diese Methode zum Einstieg aufgerufen. Die erste Anfrage öffnet dabei die Seite, die Sie in start_urls festgelegt haben, und bekommt im Parameter response Details der aktuell laufenden HTTP-Anfrage übermittelt (um beispielsweise Header zu überprüfen).

Hier wurde zunächst ein wenig Code eingefügt, der die Navigations-Links auf der Startseite identifiziert und deren Beschriftung anzeigt.

 Über das Pseudo-Attribut a::text wird der Text des Elements extrahiert. In der CSS-Spezifikation wird eine solche Syntax für sogenannte Pseudo-Elemente erwähnt, allerdings ist ::text kein echter CSS-Selektor, sondern ein Umsetzungsdetail von *Scrapy*.

Um diese Spinne krabbeln zu lassen, wird das Programm nicht durch den Python-Interpreter ausgeführt, sondern durch ein Script, das der Installation beiliegt:

```
(spider) $ scrapy runspider bookspider.py -L ERROR
Books
Travel
Mystery
Historical Fiction
Sequential Art
...
```

Der Befehl lautet scrapy runspider, gefolgt von Ihrem Spider-Modul. Die Option -L ERROR gibt das Log-Level an; Hier sollen nur Fehlermeldungen ausgegeben werden – ohne diese Option fällt Scrapy auf den Standardwert DEBUG zurück und spuckt sehr viel Logging-Text auf die Konsole, der zwar beim Entwickeln sehr hilfreich ist, aber für die Erklärung hier gerade doch eher stört. Entscheiden Sie selbst, wie viel Output Sie sehen möchten.

Unterseiten aufrufen

Bisher gibt die Spider nur die Titel der Kategorien aus, aber das hätten Sie fast einfacher mit *Requests* und *Beautiful Soup* haben können. *Scrapy* ist aber auch in der Lage, die Unterseiten von Unterseiten von Unterseiten zu verfolgen. Und das geht so:

```
class Books(Spider):
    ...
    def parse(self, response):
        category_links = "ul.nav li a::attr(href)"
        urls = response.css(category_links).getall()
        yield from response.follow_all(
            urls,
            self.parse_category
        )

    def parse_category(self, response):
        category_title = "div.page-header.action > h1::text"
        category = response.css(category_title).get()

        book_link = "h3 > a::attr(href)"
        urls = response.css(book_link).getall()
        yield from response.follow_all(
```

```
        urls,
        self.parse_book,
        cb_kwargs={
            "category": category
        }
    )
def parse_book(self, response, category):
    ...
```

Listing 34.3: bookspider.py

Die Einstiegsmethode `Books.parse(...)` wurde angepasst. Sie gibt nun nicht mehr die Bezeichnungen der Kategorien aus, sondern sucht deren `href`-Attribute. Diese enthalten die URLs der Unterseiten und werden über ein Pseudo-Element ausgewählt (`a::attr(href)`). Der Selektor wählt passende Elemente über die Methode `response.css(<selektor>)` aus und sammelt sie mit `Selector.getall()` ein.

Danach kommt ein Aufruf, der etwas ungewöhnlich ist. Mit `resonse.follow_all(...)` wird für jede gefundene URL eine neue Anfrage erzeugt. Nachdem für diese Anfragen ein Ergebnis vorliegt, soll die Antwort (`response`) weiter verarbeitet werden, und zwar von der Methode `Books.parse_category(...)`.

> `response.follow_all(...)` erzeugt für jede gefundene URL einer Kategorie ein neues Anfrage-Objekt. Das bedeutet aber nicht, dass die Seite sofort besucht wird – Anfrage-Objekte kapseln alle Details der Anfrage, können aber verzögert aufgerufen werden. Sie werden mit `yield from ...` an die Scrapy-Engine zurückgegeben. Es handelt sich dabei also um einen *Generator*.

Datensätze ausgeben

`Books.parse_category(...)` arbeitet nach dem gleichen Prinzip wie `Books.parse(...)`. Diese Methode ist aktiv, wenn sie auf der Übersichtsseite einer Kategorie gelandet sind. Dort finden Sie die Unterseiten der Bücher innerhalb der Kategorie – jede von ihnen wird wieder von *Scrapy* besucht. Dazu werden die Buch-URLs wieder mit `response.follow_all(...)` übergeben, nur dass dieses Mal gleich noch die Kategorie mitkommt (als `dict` im Argument `cb_wkargs`) und als Nächstes die Methode `Books.parse_book(...)` die Buchseiten verarbeiten soll. Und die sieht so aus:

```
class Books(Spider):
    ...
    def parse_book(self, response, category):
        book_title = "div.product_main > h1::text"
        title = response.css(book_title).get()
        price = response.css("p.price_color::text").get()
        return Book(
            catcgory-category,
            title=title,
            price=price,
        )
```

Listing 34.4: bookspider.py

Auf der Buchseite angelangt, werden wichtige Informationen über das Buch extrahiert. Jedes Buch besitzt einen Titel, der in einem h1-Tag steht, und einen Preis, der in einem gefärbten p-Tag liegt.

Auf dieser Seite gibt es keine weiteren URLs, daher ist die Suche damit beendet, aber theoretisch könnten auch noch weitere Unterseiten besucht werden, etwa um sich zu etwaigen Geschwistern, das heißt Büchern des gleichen Autors durchzuhangeln.

Stattdessen werden die aufgespürten wichtigen Infos in einen Datensatz verpackt und zurückgegeben. Die dazu verwendete Klasse müssen Sie allerdings erst noch anlegen:

```python
from scrapy import Spider
from scrapy.item import Item, Field

class Book(Item):
    category = Field()
    title = Field()
    price = Field()

class Books(Spider):
    name = "BookSpider"
    ...
    custom_settings = {
        "FEED_EXPORT_FIELDS": [
            "category",
            "title",
            "price",
        ]
    }

    def parse ...
```
Listing 34.5: bookspider.py

Die Klasse für den Datensatz repräsentiert ein einzelnes, gefundenes Buch – entsprechend heißt sie einfach Book. Sie hat drei Felder für die wichtigen Infos: Kategorie, Titel und Preis.

Außerdem ist auf der Spider-Klasse (Books(Spider)) noch eine Einstellung hinzugekommen. Mit der Liste FEED_EXPORT_FIELDS im Attribut custom_settings geben Sie an, dass diese Felder des jeweiligen Buches auch im Feed landen sollen. Aber was ist der Feed?

 Der Feed ist die Liste an gefundenen Ergebnissen – in diesem Beispiel also die Liste an gefundenen Büchern.

Nun können Sie die Spider ausführen:

```
(spider)$ scrapy runspider bookspider.py -L ERROR -O books.csv
```

Hier wurde noch eine weitere Option ergänzt: -O books.csv stellt *Scrapy* so ein, dass der Feed, also die Gefundene-Bücher-Liste, in einer Datei namens books.csv landet. Anhand der Dateiendung wird dann auch gleich das richtige Format erkannt und nach ein paar Sekunden sieht ihr Inhalt so aus:

```
(spider) $ cat books.csv
category,title,price
Classics,Beowulf,£38.35
Books,Set Me Free,£17.46
Philosophy,Beyond Good and Evil,£43.38
Classics,The Complete Stories and Poems,£26.78
...
```

CSV-Dateien sind einfache Text-Dateien, die Daten tabellenartig auflisten, wobei die Spalten mit Kommata oder anderen Separatoren voneinander abgetrennt werden (CSV steht für *comma-separated values*). Sie könnten stattdessen auch JSON oder XML ausgeben lassen. In einer komplexeren Umgebung könnten Sie auch eine *Pipeline* aufsetzen und die Daten in eine Datenbank einfügen.

 Mithilfe von *Scrapy* ist es einfach, verschachtelte Webseiten zu besuchen und von dort nach und nach Informationen zu extrahieren. Für den Privatgebrauch ist das in der Regel unproblematisch, nur sollten Sie aufpassen, dass Sie niemanden ärgern. Auf keinen Fall dürfen Sie die erfassten Daten einfach weiterverkaufen oder veröffentlichen, da diese womöglich dem Urheberrecht oder Persönlichkeitsschutz unterliegen. Wenn Sie Ihre Spider zu oft auf die gleiche Seite ansetzen oder dort zu viele Seiten in zu kurzer Zeit besuchen, kann es passieren, dass der Server sie aussperrt. HTTP-Anfragen tauchen in der Regel in den Logs der Webserver auf, wobei auch der User-Agent vermerkt wird; es ist also ein Leichtes, Ihre Besuche zu erkennen und zu unterbinden.

Kapitel 35
Profi-Webseiten mit Django

Web-Auftritte bestehen in der Regel aus mehreren Unterseiten, die möglichst gleich aussehen sollen und meistens strukturierte Daten anzeigen – zum Beispiel Produkte in einem Online-Shop, die immer aus Foto, Beschreibung und Preis bestehen. Auf vielen Webseiten können Sie auch ein Konto erstellen, das Ihnen Zugang zu einem privaten Bereich gewährt.

All das von Grund auf neu zu programmieren, ist eine sehr anspruchsvolle Aufgabe. Gut, dass es das *Django*-Framework gibt, mit dem Sie viele wiederkehrende Web-Probleme lösen können. Darunter:

✔ Erzeugen einheitlicher Layouts

✔ Nutzer-, Rechte-, Login- und Sitzungs-Management

✔ Verwalten von hochgeladenen Dateien

✔ Verarbeiten von Formularen

✔ Bereitstellen eines Admin-Bereichs

✔ Übersetzung der Webseite in mehrere Sprachen

✔ Schutzmechanismen gegen Hack-Versuche

Man benötigt etwas Zeit, um die vielen Facetten von Django zu verstehen. Der Aufwand lohnt sich aber, weil man dafür mit gut funktionierenden Web-Anwendungen belohnt wird.

Was ist Django?

Django ist keine konkrete Webseite oder gar ein Content Management System wie Drupal oder Wordpress; vielmehr ist Django ein Web-Framework, das viele wiederkehrende Probleme der Web-Entwicklung abstrahiert. Einige dieser Probleme zeigt Abbildung 35.1 auf.

Django könnte also die Grundlage für eine Software wie Wordpress bilden oder auch Aufgaben wie eine der folgenden angehen:

1. eine Webseite zum Teilen von Bildern mit Ihren Freunden,

2. eine Intranet-Seite für Ihr Unternehmen,

3. einen Web-Shop.

Freilich gibt es dafür bereits viele Anbieter. Durch eine Eigenentwicklung haben Sie aber die Möglichkeit, die Lösung genau für Ihr Problem maßzuschneidern.

 Django ist nach dem französischen Gitarristen Django Reinhardt benannt und wurde ursprünglich für die News-Seite *Lawrence Journal-World* entwickelt. Die Social-Media-Plattform Instagram ist die wohl bekannteste Django-Nutzerin.

 Bei der Entwicklung mit Django steht meist ein Datenmodell im Vordergrund, das im weiteren Verlauf als Dreh- und Angelpunkt dient. Zuerst erstellen Sie das Modell in Form einer Python-Klasse – und dann sind Sie auch schon fast fertig. Mithilfe des Modells kann Django nämlich automatisch Formulare für die Dateneingabe generieren und Sie bekommen auch fast automatisch eine Verwaltungsoberfläche für Ihre Daten. Mit etwas Übung wird Ihnen die Entwicklung datenzentrierter Webseiten immer leichter von der Hand gehen.

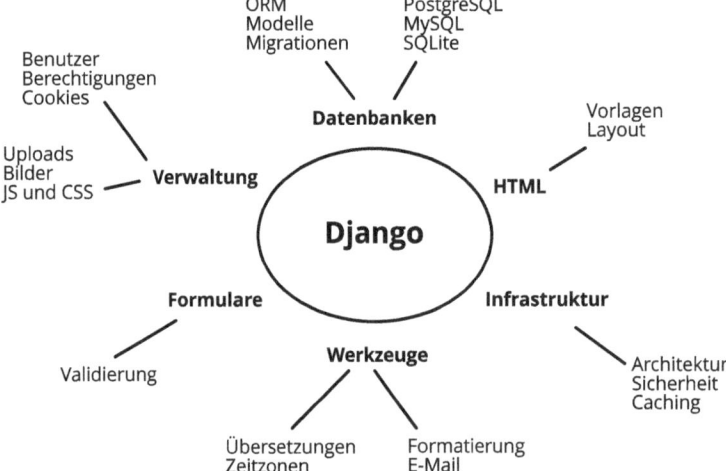

Abbildung 35.1: Django löst viele Probleme, auf die man beim Programmieren von Webseiten früher oder später trifft.

Datenbanken

Das vielleicht wichtigste Feature von Django ist die Datenbankanbindung. Normalerweise schreibt man HTML nicht mit der Hand, sondern verwendet Formatvorlagen, die man mit strukturierten Daten auffüllt. Das wirft natürlich die Frage nach der Datenhaltung auf, denn Daten müssen ja irgendwie organisiert werden.

Zwar könnte man das einfach mit Dateien lösen, allerdings hat das viele Nachteile – sie sind schwierig zu organisieren und in vielen Fällen ist der Zugriff darauf nicht schnell genug. Zudem gibt es Probleme, wenn zu viele verschiedene Zugriffe gleichzeitig erfolgen. Daher verwendet man zur Datenhaltung meistens spezielle Datenbankprogramme.

Datenbanken speichern Daten effizient ab, indem Sie deren Struktur in Form eines *Schemas* vorgeben. Was für eine Art von Struktur das ist, hängt von der verwendeten Software ab. Manche Systeme speichern Daten als Graph, andere speichern nur Schlüssel-Wert-Paare (wie dicts), wieder andere sind für Zeitreihen optimiert.

Welche Art man verwendet, ist meist von der Problemstellung abhängig. Mit Graph-Datenbanken kann man besser Beziehungen und Netzwerke modellieren; Zeitreihen-Datenbanken nutzt man für Überwachungsprotokolle und Key-Value-Stores eignen sich, wenn man einen schnellen Zwischenspeicher (Cache) benötigt.

Django speichert Daten von Haus aus in *relationalen Datenbanken*, die Daten in *Tabellen* abbilden – zu den bekanntesten gehören *MariaDB* und *PostgreSQL*. Die eigentlichen Daten stehen in den einzelnen Zellen der Tabelle; die Spalten geben den Datentyp vor und die Zeilen fassen einen Datensatz zusammen. Tabellen können aufeinander verweisen. Beim Ablegen und Abfragen von Daten stellt die Datenbanksoftware stets sicher, dass die Daten konsistent bleiben (zum Beispiel verhindert sie tote Verweise und vermeidet Dubletten).

Nehmen Sie als kurzen Exkurs Tabelle 35.1 und Tabelle 35.2 unter die Lupe, die eine einfache Tabellenstruktur andeuten. INT-Spalten enthalten eine Ganzzahl; CHAR-Spalten hingegen können Buchstaben, Ziffern und Sonderzeichen enthalten. Einige Spalten sind markiert, zum Beispiel ist die ID der Personentabelle ein *Primärschlüssel* – auf Englisch heißt das *primary key* und wird entsprechend mit PK abgekürzt. Die Telefontabelle verweist auf die Personentabelle – die Spalte Besitzer wurde als *Fremdschlüssel* (FK, für *foreign key*) markiert; diese Spalte darf daher nur Werte bekommen, die es in einer anderen Tabelle bereits gibt (in diesem Fall beispielsweise die ID aus der Tabelle mit den Personen).

In diesem Beispiel wurde über die Schlüssel (PK und FK) eine Beziehung zwischen den beiden Tabellen hergestellt. Beim Einfügen von Werten in die Telefontabelle prüft das Datenbanksystem, ob die Werte für den Besitzer bereits in der Personentabelle existieren; es können also keine Telefonnummern ohne eine zugehörige Person abgespeichert werden. Das Einhalten solcher Konsistenzregeln über mehrere Tabellen hinweg ist eine der Hauptaufgaben der Datenbank (und andersrum der Hauptgrund, warum man dafür keine Dateien einsetzen sollte).

ID (INT, PK)	Nachname (CHAR)	Vorname (CHAR)
1	Smith	Jane
2	Mustermann	Max
3	Nordmann	Kari
4	Kowalsky	Jan

Tabelle 35.1: Personen

Besitzer (INT, FK)	Art (CHAR)	Nummer (CHAR)
1	geschäftlich	+49 6221 99 6879
4	Mobil	+49 172 9999 1234
3	geschäftlich	+49 6221 99 7744
1	Privat	+49 6221 99 113

Tabelle 35.2: Telefonnummern

Relationale Datenbanken sind eng mit der Abfragesprache SQL verbunden. Damit lassen sich komplexe Sachverhalte über mehrere Tabellen hinweg abfragen, wie zum Beispiel

```
SELECT Nummer
FROM Phone
WHERE Besitzer = (
    SELECT ID
    FROM Person WHERE Nachname = 'Smith'
    LIMIT 1
)
```

Hier wäre das Ergebnis eine Menge mit zwei Telefonnummern, nämlich den Nummern, die »Jane Smith« gehören.

 Relationale Datenbanken gibt es schon recht lange und sie haben viele Vorteile. Das Tabellen-Modell hat eine akzeptable Lernkurve und lässt sich für viele Problemstellungen einsetzen. Leider haben sie aber auch ihre Tücken. Damit die Algorithmen zum Verändern und Durchsuchen von Daten effizient arbeiten können, dürfen die Daten nicht vom Tabellenschema abweichen. Sie müssen sich daher am Anfang sehr gut überlegen, welche Datentypen Sie verwenden möchten und dies dann in ein Schema gießen. Nachträgliche Änderungen sind dabei oft nur mit viel Aufwand möglich.

Ein Beispiel: Tabelle 35.3 hat ein einfaches Schema – sie enthält Namen und Telefonnummern, aber die sind alle mehr oder weniger *optional* und so sind mit der Zeit Lücken entstanden. Würden Sie nun das Schema so umstellen, dass jede Zeile stets einen Namen und eine Telefonnummer *benötigt*, kann die Datenbank ja nicht einfach die fehlenden Werte erraten. Sie müssten also erst alle Lücken schließen und können erst dann das Schema anpassen.

Die gute Nachricht ist, dass Django hierfür nützliche Hilfsmittel mitbringt: Eines der Kernmodule dient nur dazu, Daten zu beschreiben – sobald sich die Beschreibung ändert, sorgt

ID (INT)	Nachname (CHAR)	Vorname (CHAR)	Telefon (CHAR)
1	Smith	Jane	-
2	-	Max	+49 873 956732
3	Nordmann	Kari	-
4	-	Jan	+49 873 812632

Tabelle 35.3: Eine Tabelle mit Lücken

Django dafür, dass die Daten stets konsistent bleiben. Für die Änderung mit der Telefonnummer würde Django einfach nach einem Standardwert fragen.

Django erleichtert also den Umgang mit relationalen Datenbanken. Es hat noch viel mehr zu bieten, aber das zu erlernen geht am besten *by doing*.

Eine Vereinsseite

Als erstes Beispiel dient eine einfache Webseite eines Vereins.

Installieren

Erstellen Sie sich ein Verzeichnis, wechseln Sie hinein und legen Sie dann eine virtuelle Umgebung an. Die dient wie immer als Grundlage für die Installation und vermeidet Versionskonflikte:

```
$ mkdir webseite
$ cd webseite
$ python -m venv .venv --prompt=web
```

Aktivieren Sie die virtuelle Umgebung:

```
# Windows:
C:\Users\johannes\Desktop\webseite\> .venv\Scripts\activate.bat
(web) C:\Users\johannes\Desktop\webseite\>

# Linux und macOS
$ source .venv/bin/activate
(web) $
```

Wenn die Aktivierung geklappt hat, sollte vorne (web) stehen (beziehungsweise das, was Sie als Argument für --prompt=<label> übergeben haben).

Installieren Sie Django wie immer über den Paket-Manager *pip*: Dabei kommen noch zwei, drei Zusatzpakete mit:

```
(web) $ pip install django
Collecting django
...
Successfully installed asgiref-3.8.1 django-5.0.6 sqlparse-0.5.0
    tzdata-2024.1
```

Ob alles geklappt hat, sehen Sie, wenn Sie den folgenden Befehl ausführen:

```
(web) $ django-admin --version
5.0.6
```

Ihre Django-Version kann natürlich abweichen; derzeit ist es Version 5.

Ein Projekt anlegen

Django ist für die Entwicklung größerer Webseiten gedacht. Große Seiten haben meist auch viele Wackelteile, daher besteht immer die Gefahr, dass der Code unübersichtlich wird. Um diese Komplexität zu beherrschen, gibt Django stets die grundlegende Organisationsstruktur vor, die Abbildung 35.2 schemenhaft darstellt.

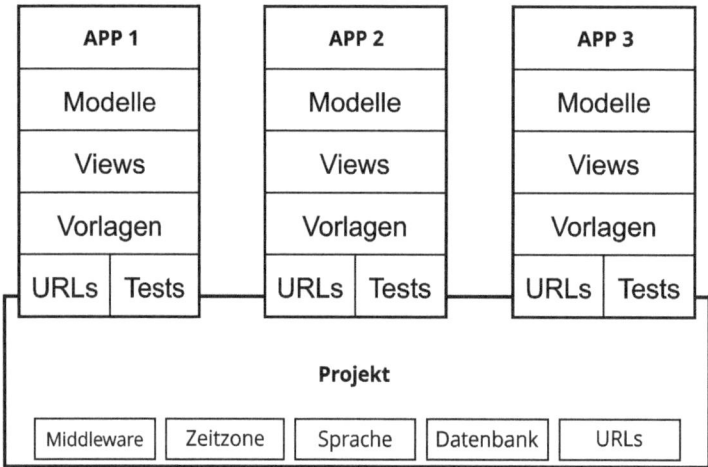

Abbildung 35.2: Django-Projekte werden untergliedert.

Jeder Web-Auftritt besteht aus einer oder mehreren *Apps*, die jeweils eigene Seiten und Datenmodelle definieren. Zusammengehalten wird das Ganze in einem *Projekt*, das zentrale Einstellungen für die Apps festlegt. Typischerweise verwendet man pro Projekt eine einzige Datenbank, auf die alle Apps zugreifen können, daher konfiguriert man diese einmalig für das Projekt. Gleiches gilt für die Anzeigesprache, die Zeitzone und die URLs der Unterseiten.

 Wie Sie Ihre Webseite auf Apps aufteilen, bleibt Ihnen überlassen. In kleineren Projekten reicht eine einzige App. Ein kleiner Laden hat vielleicht eine App für die Webseite für allgemeine Infos und eine weitere für den Web-Shop. Für eine Intranet-Seite ihrer Firma könnten Sie auch eine App pro Abteilung anlegen. Das folgende Beispiel konzentriert sich auf eine einzige App.

Dem Framework liegt ein Kommandozeilenwerkzeug namens *django-admin* bei, mit dem Sie das Grundgerüst für Ihr Projekt vorbereiten können. Verwenden Sie den folgenden Befehl:

```
(web) $ django-admin startproject dummies
```

Durch diesen Aufruf wurde ein neues Projektverzeichnis angelegt, das bereits einige Dateien enthält.

```
$ tree dummies/
dummies/
+- dummies
|      +-- __init__.py
|      +-- asgi.py
|      +-- settings.py
|      +-- urls.py
|      +-- wsgi.py
+-- manage.py

1 directory, 6 files
```

Innerhalb des Projektverzeichnisses (`dummies`) gibt es nun ein neues Verzeichnis, das genauso heißt wie das Projekt (`dummies/dummies`). Darin finden Sie einige Dateien. Die Dateien `asgi.py` und `wsgi.py` können Sie erst mal ignorieren; die brauchen Sie später zur Bereitstellung der Web-Anwendung auf dem Server.

Die Apps innerhalb eines Projekts sind eigentlich unabhängig voneinander. Um sie miteinander zu verknüpfen – damit daraus dann eine zusammenhängende Webseite wird – müssen die Apps ineinander integriert werden, das geschieht über die Einträge in `urls.py` und `settings.py`.

 Die wichtigste Datei ist dabei die `settings.py`, die zentrale Einstellungen für das gesamte Projekt enthält. Hier tragen Sie beispielsweise Passwörter und Zeiteinstellungen ein; auch die Apps müssen hier eingetragen werden. In die `urls.py` kommen die URL-Pfade, über die Ihre Seiten und deren Unterseiten später erreichbar sein sollen.

In der `settings.py` sollten Sie gleich mal ein paar Einstellungen vornehmen. Öffnen Sie sie und springen Sie ans Ende. Dort finden Sie die folgenden Einträge:

```
...
LANGUAGE_CODE = "en-us"

TIME_ZONE = "UTC"
...
```

Listing 35.1: settings.py

Hier werden Standardsprache und Zeitzone Ihres Projekts festgelegt; korrigieren Sie sie, sodass sie für Ihren Aufenthaltsort passen:

```
...
LANGUAGE_CODE = "de-de"

TIME_ZONE - "Europe/Berlin"
...
```

Listing 35.2: settings.py

Durch die Angabe einer korrekten Zeitzone ist sichergestellt, dass die Zeitwerte korrekt dargestellt werden. Außerdem haben Sie das System auf Deutsch umgestellt (das betrifft vor allem die automatische Verwaltungsoberfläche).

Mit »Europe/Berlin« ist natürlich nur die Zeitzone gemeint, nicht ihr Wohnort oder so. Für Deutschland stimmt daher »Europe/Berlin« immer, auch wenn Sie am Bodensee wohnen. Obwohl das nicht ganz stimmt, ganz besonders wenn Sie an einer ganz bestimmten Stelle in der Nähe des Bodensees wohnen. Nur 10 Minuten von Schaffhausen entfernt liegt die einzige deutsche Exklave, *Büsingen am Hochrhein*. Büsingen gehört politisch zu Deutschland, ist aber komplett von der Schweiz umgeben und orientiert sich auch an dieser, unter anderem, was die Zeitgesetzgebung angeht. So kam es, dass Büsingen 1980 eine eigene Zeitzone bekam, als in der BRD die Sommerzeit eingeführt wurde; die Schweiz zog jedoch erst 1981 nach. Für diesen kurzen Zeitraum galt in Büsingen daher die mitteleuropäische Zeit. Unter Umständen sollten Sie also lieber "Europe/Busingen" eintragen, sonst verschwinden einige Stunden in Ihrer Zeitrechnung im Sommer von 1980. Das ist aber wahrscheinlich nur relevant, wenn Sie aus Büsingen kommen. Sollten Sie tatsächlich aus Büsingen kommen, schreiben Sie mir bitte eine E-Mail – ich habe Fragen!

Den Webserver starten

Nach dem Erstellen des Projekts finden Sie im Wurzelverzeichnis eine Datei namens `manage.py`. Die ist der zentrale Einstiegspunkt für Ihr Projekt. Ob alles geklappt hat, können Sie ausprobieren, indem Sie den folgenden Befehl im Projektverzeichnis ausführen:

```
(web) $ python manage.py runserver
Watching for file changes with StatReloader
Performing system checks...

System check identified no issues (0 silenced).

July 06, 2024 - 16:27:44
Django version 5.0.6, using settings 'dummies.settings'
Starting development server at http://127.0.0.1:8000/
Quit the server with CTRL-BREAK.
```

Über das Script `manage.py` führen Sie verschiedene Django-Befehle aus, die Ihnen bei der Verwaltung Ihres Projekts helfen. Der Befehl `runserver` startet einen Test-Webserver, der Sie beim Entwickeln Ihres Projekts begleiten wird. Sie können Ihn in den meisten Fällen einfach laufen lassen, weil er automatisch auf Änderungen am Code reagiert – nur manchmal muss man ihn explizit neu starten.

Nun können Sie die Seite im Browser aufrufen. Geben Sie in die Adresszeile `http://127.0.0.1:8000/` ein, schon erscheint eine Begrüßungsseite wie in Abbildung 35.3.

Aus Sicherheitsgründen läuft dieser Webserver nicht sofort im Netzwerk, sondern nur auf der Loopback-Adresse auf Port 8000, also können sie die Seite nur von Ihrem eigenen Rechner aus betrachten – so hält es ja auch der Python-interne Webserver.

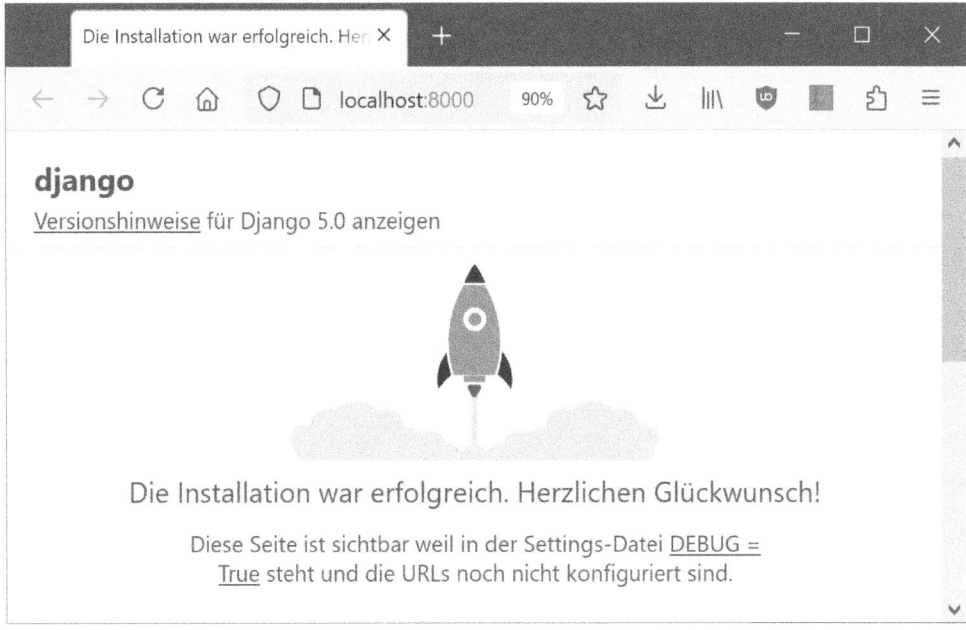

Abbildung 35.3: Wenn Sie diese Seite sehen, ist Ihr Django-Projekt auf dem richtigen Weg.

Im Browser sollten Sie lesen können »Die Installation war erfolgreich« – aber nur, wenn Sie im Schritt zuvor den LANGUAGE_CODE auch auf "de-de" geändert haben – sonst wäre der Text auf Englisch.

Eine App anlegen

Django-Projekte werden in mehrere Apps untergliedert. Eine solche legen Sie nun mithilfe von manage.py an.

Überlegen Sie sich zuerst einen treffenden Namen. In diesem Fall soll Ihnen die App lediglich den Umgang mit Django näherbringen, also nennen Sie sie einfach *web*. So sieht der Befehl dazu aus:

```
(web) $ python manage.py startapp web
```

Falls der Befehl erfolgreich war, gibt er nichts aus; vielmehr legt er im Hintergrund einige Dateien für Ihre neue Web-App an:

```
(web) $ tree dummies/
dummies
+-- dummies
|     +-- __init__.py
|     +-- asgi.py
|     +-- settings.py
|     +-- urls.py
|     +-- wsgi.py
+-- manage.py
```

Datei	Zweck
apps.py	Dies enthält die Metadaten ihrer App.
models.py	Hier erstellen Sie ein Datenmodell.
tests.py	Dorthinein gehören ein paar Tests.
views.py	Hier konfigurieren Sie, welche Seiten Ihre App ausgibt.
admin.py	Für jede App gibt es auch ein Backend, dass Sie in dieser Datei einstellen.

Tabelle 35.4: Die Bedeutung der erzeugten Datei-Rohlinge

```
+-- web
    +-- __init__.py
    +-- admin.py
    +-- apps.py
    +-- migrations
    |   +-- __init__.py
    +-- models.py
    +-- tests.py
    +-- views.py

4 directories, 16 files
```

Das Kommandozeilenwerkzeug *tree* zeigt Ihnen den Verzeichnisbaum auf der Konsole an – das müssten Sie aber unter Linux und macOS auf eigene Faust nachinstallieren.

All diese Dateien sind nur Vorschläge, die Sie beim Strukturieren unterstützen sollen. Wofür sie gedacht sind, steht in Tabelle 35.4. Die meisten von ihnen sind bis auf eine Import-Anweisung leer; einzig in der Datei app.py steht etwas Sinnvolles, aber auch das können Sie vorerst ignorieren.

Außerdem gibt es nun auch ein Verzeichnis namens migrations. Dorthinein kommen später Änderungsscripte für die Datenbank.

Die App selbst tut also noch nichts, weil Sie keinen Funktionscode enthält. Außerdem müssen Sie sie erst im Projekt installieren. Fügen Sie dazu einen Eintrag in die Liste INSTALLED_APPS in der settings.py ein:

```
...
# Application definition

INSTALLED_APPS = [
    "django.contrib.admin",
    "django.contrib.auth",
    "django.contrib.contenttypes",
    "django.contrib.sessions",
    "django.contrib.messages",
    "django.contrib.staticfiles",
```

```
    "web",  # Ihre App!
]

...
```

Listing 35.3: settings.py

 Auffällig: Obwohl Ihr Projekt noch ganz frisch ist, wurden bereits einige Standard-Apps installiert. Belassen Sie die bitte, wo sie sind, und fügen Sie ans Ende der Liste einfach den Namen ihrer App ein.

Prüfen Sie bitte, ob alles geklappt hat, indem Sie einen Check durchführen:

```
(web) $ python manage.py check
System check identified no issues (0 silenced).
```

Diese Prüfung sollten Sie regelmäßig durchführen! Hätten Sie sich beim Einfügen der App in die INSTALLED_APPS vertippt, würden Sie den Fehler dadurch frühzeitig bemerken. So sieht es aus, wenn man statt web versehentlich wrb eintippt, weil man mit nervösen Fingern das E verpasst hat und auf dem R gelandet ist:

```
(web) $ python manage.py check
System check identified no issues (0 silenced).

(.venv) dummies>python manage.py check
Traceback (most recent call last):
  File "dummies\manage.py", line 22, in <module>

...

  File "<frozen importlib._bootstrap>", line 1142, in
      _find_and_load_unlocked
ModuleNotFoundError: No module named 'wrb'
```

 Aber klar, korrigieren Sie diesen Fehler bitte. Die App heißt web und sollte unter den INSTALLED_APPS aufgeführt werden.

Ihre Startseite

Das freundlich lächelnde Skelett Ihrer Webseite ist nun fertig, aber da fehlt noch was – nämlich eine schicke Startseite. Auch in Django schreibt man Webseiten grundsätzlich in HTML, daher können Sie einfach die Beispieldatei index.html aus Kapitel 33 unter *HTML – das Grundgerüst* hernehmen. Platzieren Sie sie in einem Unterverzeichnis ihrer App, das Sie templates nennen:

```
(web) $ cd web
(web) $ mkdir templates
```

Dorthinein packen Sie die HTML-Datei aus Kapitel 33:

```
<!DOCTYPE html>
<html>
```

```
<head>
    <meta charset="utf-8">
    <title>Hello, World!</title>
    <style type="text/css">
    ...
    </style>
</head>
<body>
    <h1>Hello, World!</h1>
    <p>Ihre erste Webseite!</p>
</body>
</html>
```

Listing 35.4: dummies/web/templates/index.html

Der Verzeichnisbaum sollte nun so aussehen:

```
(web) $ tree dummies/
dummies
+-- dummies
|    + ...
+-- manage.py
+-- web
    +-- __init__.py
    +-- admin.py
    +-- apps.py
    +-- migrations
    |    +-- __init__.py
    +-- models.py
    +-- templates
    |    +-- index.html
    +-- tests.py
    +-- views.py
```

Die HTML-Seite web/templates/index.html ist nun vorhanden, aber Django versteht noch nicht, was es damit tun soll. Dazu benötigen Sie eine *View*. Views oder auch *Ansichten* sind Objekte, die HTML ausgeben können, entweder, indem sie HTML-Code im Vorbeigehen generieren oder indem sie eine Datei ausgeben, wie in diesem Fall.

Views dienen dazu, die HTML-Welt mit der Python-Welt zu verheiraten. Sobald eine View aktiviert wird, kann sie etwas Interessantes tun, beispielsweise ein Passwort prüfen oder Daten in der Datenbank suchen und diese dann in die HTML-Seite einfügen. Am Ende bekommt die Nutzerin die Seite im Browser angezeigt.

Wenn man diesen Prozess noch nie durchgeführt hat, ist er womöglich etwas unübersichtlich, daher zeigt Abbildung 35.4 eine Übersicht der anzupassenden Dateien. Folgen Sie bitte genau dem Ablauf, damit nichts schiefgeht:

1. Erstellen Sie eine View-Klasse in web/views.py.

2. Erzeugen Sie eine neue Datei web/urls.py.

3. Darin erstellen Sie eine URL, die auf die View-Klasse verweist.

4. Die URL gilt nur für die App und muss noch in die Haupt-URL-Konfiguration des Projekts inkludiert werden (in dummies/urls.py).

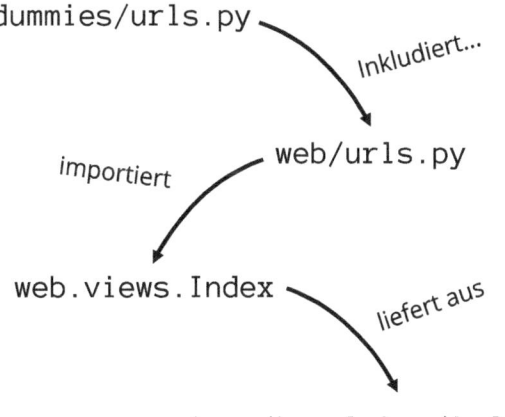

Abbildung 35.4: Um eine URL mit einer HTML-Seite zu verknüpfen, sind ein paar Schritte nötig.

Öffnen Sie bitte die Datei web/views.py. Darin sollte sich schon einiger Beispielcode befinden, der aber nicht benötigt wird. Löschen Sie bitte den kompletten Inhalt:

```
from django.shortcuts import render

# Create your views here.
```
Listing 35.5: web/views.py

Ersetzen Sie Ihn stattdessen mit folgendem Code:

```
from django.views.generic import TemplateView

class Index(TemplateView):
    template_name = "index.html"
```
Listing 35.6: web/views.py

Um diese View zu aktivieren, muss noch eine URL dafür angelegt werden. Dazu braucht Ihre App zunächst eine Datei, in die die URL-Konfigurationen hineinkommen. Erzeugen Sie eine Datei namens urls.py im Verzeichnis dummies/web.

Dorthinein kommt der folgende Code:

```
from django.urls import path
from web import views

urlpatterns = [
    path(
        route="",
```

```
        view=views.Index.as_view(),
        name="home"
    ),
]
```
Listing 35.7: dummies/web/urls.py

Diese Datei enthält die URLs, die nur Ihre App `web` betreffen; eine ähnliche befindet sich bereits im Projektzeichnis unter `/dummies/dummies/urls.py` – von dort können Sie den Code gerne abschreiben (nicht 1:1, nur so vom Prinzip her).

Zur Konfiguration erhält die Liste `urlpatterns` einen `path`-Eintrag. Er beschreibt, welche Route welche View aktiviert. Mit *Route* ist dabei der Teil hinter der eigentlichen Domäne gemeint; zum Beispiel wäre für die URL `https://example.com/dummies` die `Route/dummies`). Da es sich hier um die Start- oder Index-Seite handelt, ist der Eintrag für die Route einfach ein leerer String.

Diese URL-Konfiguration beschreibt nur die Routen und Views, die innerhalb Ihrer *App* existieren. Damit Sie diese aufrufen können, muss sie noch in der URL-Konfiguration des *Projekts* verankert werden. Öffnen Sie dazu bitte die Datei `dummies/dummies/urls.py`. Dort sollte bereits eine Konfiguration stehen:

```
"""
URL configuration for dummies project.
...
"""
from django.contrib import admin
from django.urls import path

urlpatterns = [
    path("admin/", admin.site.urls),
]
```
Listing 35.8: dummies/dummies/urls.py

Sie enthält alle für Ihre Webseite verfügbaren URLs und dort befindet sich auch bereits ein Eintrag für das Admin-Backend. Ändern Sie diesen Code bitte ab, indem Sie in die Liste `urlpatterns` einen weiteren Eintrag einfügen:

```
"""
URL configuration for dummies project.
...
"""
from django.contrib import admin
from django.urls import path

# Include-Funktion importieren
from django.urls import include

urlpatterns = [
    path("admin/", admin.site.urls),
```

```
  # App-URLs inkludieren
    path("", include("web.urls"))
]
```
Listing 35.9: dummies/dummies/urls.py

Wenn das alles geklappt hat, können Sie im Browser wieder die Seite besuchen. Die sollte nun so aussehen wie in Abbildung 35.5.

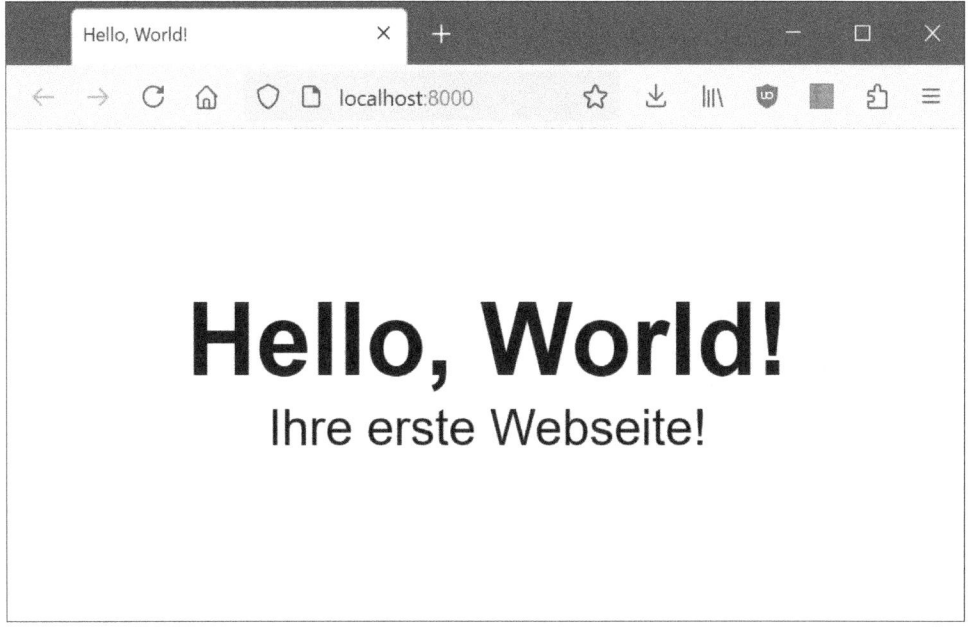

Abbildung 35.5: Die bekannte Hallo-Welt-Webseite – aber diesmal mit Django ausgeliefert!

Das Schablonen-System

Das Erstellen der View und die Konfiguration der URLs ist schon etwas kniffelig, wenn man es noch nie gemacht hat. Das wirft natürlich die Frage auf, was der ganze Aufwand soll, wo Sie doch in der Einführung in Kapitel 33 unter *CSS – Webseiten mit Stil* bereits den gleichen Stand erreicht hatten? Vielleicht überzeugt Sie das Schablonen-System!

Meistens besteht ein Web-Auftritt aus mehreren Seiten, die alle möglichst gleich ausse-hen sollen. Da HTML-Dateien voneinander unabhängig sind, gibt es leider keine Möglich-keit, um HTML-Code zwischen den Dateien wiederzuverwenden. Diesen Umstand löst man heute mit einem Schablonen-System, auf Englisch nennt man solche Schablonen auch *Tem-plates* (das kann auch mit *Vorlage* übersetzt werden). Damit ist es möglich, HTML-Schnipsel in eine Seite einzubetten und Daten vom Server in HTML-Text einzufügen. Erweitern Sie die Datei web/templates/index.html; Abbildung 35.6 zeigt Ergebnis.

```
...
<body>
  <h1>Hello, World!</h1>
  <p>
```

```
    Es ist {% now "H:i:s" %} Uhr!
  </p>
</body>
...
```

Listing 35.10: web/templates/index.html

Abbildung 35.6: Die Webseite zeigt die (fast) aktuelle Uhrzeit.

Der statische Text im Absatz-Tag wurde ersetzt durch ein *Template-Tag*. Template-Tags sind Aufrufe für speziellen Python-Code, der vor der Auslieferung der HTML-Seite ausgeführt wird und so Informationen in die Ausgabe einfügen kann.

Ähnlich wie HTML-Tags haben Template-Tags einen öffnenden und einen schließenden Teil. Syntaktisch ist das immer {% ... %}. Darin wird das spezielle eingebaute Kommando now aufgerufen, das das aktuelle Datum generiert. Durch die darauffolgende Formatangabe wird es in der Form *Stunden:Minuten:Sekunden* dargestellt.

 now ist eigentlich eine Python-Funktion, die ein Format annimmt und einen String zurückgibt; allerdings enthalten Template-Tags aus Sicherheitsgründen keinen allgemeinen Python-Code. Daher werden die Argumente für die Funktion now auch nicht in Klammern geschrieben.

Betrachten Sie die View-Klasse web.views.Index (in der Datei dummies/web/views.py), die bisher nur wenig Code enthält:

```
from django.views.generic import TemplateView

class Index(TemplateView):
    template_name = "index.html"
```

Listing 35.11: web/views.py

Sie ist eine Kindklasse von `TemplateView` und verhält sich wie diese. Sobald sie aufgerufen wird, sucht Sie ein HTML-Template heraus (in diesem Fall die Datei `web/templates/index.html`), was durch die Klassen-Variable `template_name` eingestellt wird. Beim Aufruf der URL wird diese View aktiv, sucht die HTML-Schablone heraus und jagt sie durch die eingebaute Template-Engine. Diese ersetzt den Schablonen-Code durch seinen Rückgabewert, dann geht das Ganze an den Aufrufer zurück.

Django bringt viele Template-Tags mit; wer sich ein wenig damit befasst, kann auch eigene schreiben. Man unterscheidet dabei zwischen Template-Tags und Template-Filtern. Template-Tags stehen meist für sich und können Werte und Texte generieren; Filter transformieren vorhandene Werte, zum Beispiel:

```
<h1>{% "Hello, World!"|upper %}</h1>
```
Listing 35.12: web/templates/index.html

Das konvertiert den Text auf Ihrer Webseite in Großbuchstaben.

Ein Menü einfügen

Mithilfe des Template-Systems können Sie nicht nur Variablen in HTML einfügen, sondern sogar ganze HTML-Schnipsel. Sinnvoll ist das beispielsweise, wenn Sie auf Ihrer Seite ein Menü anzeigen möchten, das auch auf allen Unterseiten erscheinen soll.

Erstellen Sie eine neue Datei unter `web/templates/menu.html`. Verwenden Sie den folgenden HTML-Code:

```
<nav>
  <ul>
    <li>
      <a href="">GNR</a>
    </li>
    <li>
      <a href="">Über uns</a>
    </li>
    <li>
      <a href="">Mitglieder</a>
    </li>
    <li>
      <a href="">Impressum</a>
    </li>
  </ul>
</nav>
```
Listing 35.13: web/templates/menu.html

Das Menü besteht aus einem `nav`-Element. Das ist nicht unbedingt notwendig, allerdings gehört es wortwörtlich zum guten Ton, da beispielsweise Screen-Reader-Programme nach solchen Elementen suchen.

Solche Programme werden oft von Personen verwendet, deren visuelle Wahrnehmungsfähigkeit beeinträchtigt ist. Sie lesen die Inhalte von Webseiten laut und meistens sehr schnell vor. Die Auszeichnung des Menüs mit einem nav-Tag erleichtert es dem Screen Reader, die Navigation Ihrer Seite vom eigentlichen Fließtext zu unterscheiden.

Im nav -Tag verschachtelt sich eine unsortierte Liste (ul) mit Listeneinträgen (li). In denen befinden sich Links zu den Unterseiten Ihrer Webseite; Links setzt man immer mit Anker-Elementen (a-Tags). Da es die Unterseiten noch nicht gibt, steht hier im href-Attribut der Tags vorerst nichts drin; die Unterseiten werden im nächsten Abschnitt angelegt.

Die Überschriften der Menüeinträge deuten aber bereits an, dass es sich dabei um die Seite Ihres GNR-Ortsvereins handelt, für den Sie ehrenamtlich tätig sind. (Was der Verein so macht und vor allem wann, das sehen Sie gleich ...)

1. Start: Verweist auf die Startseite.

2. Über uns: Dies enthält Informationen über Ihren Verein, etwa wie man Mitglied wird, sowie Aktuelles aus der Vereinsarbeit.

3. Mitglieder: Auf dieser Seite gibt es Infos nur für Mitglieder, wie etwa Bilder des letzten Gelages.

4. Impressum: Als Anbieter eines Telemediums muss Ihr Verein ein Impressum mit rechtlichen Details bereithalten, und natürlich auch die DSGVO berücksichtigen.

Um das Menü nun auf Ihrer Webseite einzubinden, verwenden Sie eine *Inklusion*:

```
...
<head>
  ...
  <title>GNR e.V.</title>
</head>
<body>
  <header>
    {% include "menu.html" %}
  </header>
    <main>
      <h1>Gemeinschaft für nächtliches Rasenmähen</h1>
      <p>Willkommen bei der <b>GNR</b>, der Gemeinschaft für
        nächtliches Rasenmähen (e. V.). Wie jeder weiß, sind nach
        Einbruch der Dunkelheit die Grashalme weicher und die
        Temperaturen kühler. Das spart Sprit und vermeidet
        Sonnenbrand! Wir fördern junge Nachwuchsmäher und setzen
        uns für eine Anpassung übermäßig einengender kommunaler
        Lärmvorgaben ein.</p>
    </main>
</body>
...
```

Listing 35.14: web/templates/index.html

Abbildung 35.7: Ohne Style sieht das Menü noch etwas verloren aus.

Um der Webseite eine bessere Struktur zu verpassen, wird der Body in einen Kopf- und einen Hauptteil unterteilt, die durch die Tags header und main repräsentiert werden.

Verwechseln Sie nicht die Tags head und header! Der header zeigt etwas an, der head ist nur für unsichtbare Metadaten.

Im Body ist nun auch ein bisschen mehr Inhalt, um dem Ganzen ein wenig mehr Authentizität und Ernsthaftigkeit zu verleihen; das müssen Sie natürlich nicht abtippen, aber es ist schon besser, wenn dort irgendetwas steht.

Wenn Sie besonders tippfaul sind, können Sie sich mit dem folgenden Template-Tag drei Absätze pseudolateinischen Unsinnstext ausgeben lassen: {% lorem 3 p %}

Aber eigentlich ging es ja um das Menü: Im Header steht das besondere Template-Tag {% include "menu.html" %}. Er fügt den HTML-Inhalt der Datei web/templates/menu.html an Ort und Stelle ein. Ihre Webseite sollte nun so aussehen wie in Abbildung 35.7.

CSS-Dateien einbinden

Wie in Abbildung 35.7 kann das Menü nicht bleiben, das sieht wirklich nicht gut aus. Hier schafft ein bisschen CSS-Code Abhilfe.

Bisher wurde der CSS-Code einfach im head in der index.html gelagert, aber wenn jetzt noch mehr dazukommt, würde das schnell unübersichtlich werden. Daher sollten Sie sich kurz die Zeit nehmen, um den CSS-Code in eine eigene Datei zu verfrachten.

Legen Sie dazu zunächst ein neues Unterverzeichnis im Order Ihrer App an, den Sie static nennen. Hinein kommt eine Datei namens style.css. Als Zwischenstand sollte Ihr Verzeichnis nun so aussehen:

```
(web) $ tree dummies/
dummies
+-- dummies
|     + ...
+-- manage.py
+-- web
    +-- __init__.py
    +-- admin.py
    +-- apps.py
    +-- migrations
    |     +-- ...
    +-- models.py
    +-- static
    |     +-- style.css
    +-- templates
    |     +-- index.html
    |     +-- menu.html
    +-- tests.py
    +-- urls.py
    +-- views.py
```

Verschieben Sie nun den CSS-Code aus der Datei web/templates/index.html dorthinein:

```
body {
  text-align: center;
  font-family: sans-serif;
}

h1 {
  font-size: 48pt;
  margin: 1.5em 0 0;
}

p {
  font-size: 24pt;
  margin: 0;
}
```

Listing 35.15: web/static/style.css

Passen Sie die HTML-Datei an:

```
{% load static %}
<!DOCTYPE html>
<html>
  <head>
```

```
    <meta charset="utf-8">
    <title>GNR e.V.</title>
    <link rel="stylesheet" type="text/css" href="{% static '
        style.css' %}">
  </head>
  <body>
    ...
```

Listing 35.16: web/templates/index.html

Hier wurde das `style`-Tag durch ein `link`-Tag ersetzt. So ein Tag verwendet man fast ausschließlich, um solche CSS-Dateien einzubinden. Genau wie klickbare `a`-Links verfügen auch diese über ein `href`-Element, das auf eine zusätzliche Datei verweist.

Als Wert für dieses Attribut wurde hier jedoch keine konkrete Pfadangabe gemacht, sondern hier steht `{% static 'style.css' %}`. Dieses Template-Tag sucht automatisch den richtigen Pfad heraus. Sofern Sie diesen nicht in der `settings.py` angepasst haben (das haben Sie nicht, zumindest wenn Sie dem Buch gefolgt sind, denn hier wird das gar nicht erklärt) dann ist der Standard-Pfad stets das Verzeichnis `static`, das Sie zu Anfang dieses Abschnitts angelegt haben.

Damit der Aufruf des Template-Tags funktioniert, müssen Sie es jedoch zuerst laden; dazu steht nun am Kopf der Seite `{% load static %}`. Wenn Sie das vergessen, funktioniert die Seite nicht und Sie erhalten eine Beschwerde von der Template-Engine.

Testen Sie bitte, ob alles funktioniert. Die Seite sollte immer noch aussehen wie in Abbildung 35.7, denn Sie haben lediglich Ihren CSS-Code aus dem Header in eine CSS-Datei verschoben. Statische Dateien erkennt der eingebaute Webserver nicht sofort, daher müssen Sie ihn neu starten (Prozess abbrechen mit ⌷Strg⌷ + ⌷C⌷ und dann wieder $ `python manage.py runserver`).

Sofern alles geklappt hat, können Sie den CSS-Code nun erweitern. Fügen Sie Folgendes hinzu:

```
...
body {
    margin: 0;
}

header {
    background-color: #112233;
    font-size: 18pt;
    width: 100vw;
}

header nav ul {
    align-items: center;
    display: flex;
    gap: 2em;
```

```
    height: 3em;
    list-style: none;
    margin: 0;
}

header nav ul li a {
    color: #dddddd;
    text-decoration: none;
}

header nav ul li a:hover {
    text-decoration: underline;
}
```

Listing 35.17: web/static/style.css

Der Stil für den Header wurde so angepasst, dass dieser sich in dunkler Farbe (background-color) über die volle Breite des Bildschirms erstreckt (width – die Einheit vw bedeutet *view width*, also 100% der Breite des sichtbaren Seitenbereichs).

Listen werden normalerweise mit Aufzählungspunkten dargestellt. Das ist für Menüs aber unschön, daher werden die Punkte entfernt (list-sytle: none;). Moderner ist es außerdem, die Menüpunkte nebeneinander anzuordnen, das erreichen Sie durch display: flex;. Mit gap: 2em; stellen Sie dann noch die Abstände zwischen den Menüpunkten ein, sonst säen sie arg gequetscht aus. Zuletzt werden die Menüpunkte noch in der vertikalen Mitte des Menü-Balkens ausgerichtet (align-items: center;).

Zu guter Letzt werden noch die Links aufgehübscht. Zu einem dunklen Hintergrund passt eine helle Schriftart, damit der Text gut lesbar ist. Das wird durch den Selektor header nav ul li a erreicht, der sehr genau auf die a-Tags abzielt und deren Textfarbe anpasst (mit dem color-Attribut). An dieser Stelle ist es wichtig, eine präzise Angabe zu machen, da der gezeigte Stil ja nur für das Menü, nicht aber für alle anderen Links auf der Seite gelten soll, daher wäre es zu ungenau, wenn Sie einen allgemeineren Selektor wie a { ... } verwenden, da dann auch Links im Fließtext in der hellen Farbe dargestellt würden (und vermutlich vor dort genauso hellem Hintergrund).

Links haben noch eine Besonderheit: Es gibt einen zusätzlichen Selektor, der den Text unterstreicht, sobald Sie mit der Maus darüber fahren (:hover). Das ist praktisch, weil dadurch die Interaktionsmöglichkeit für die Besucher subtil hervorgehoben wird.

 Und noch ein Detail: Um einen unschönen Rand um das Menü herum zu vermeiden, wird zusätzlich der Body randlos geschaltet, indem Sie noch schnell margin: 0; im Selektor body { ... } einfügen.

Wann alles geklappt hat, gleicht Ihr Ergebnis Abbildung 35.8.

Platzhalter ausstanzen

Noch erfüllt das Menü keinen Zweck, da die Verweise der Menüpunkte leer sind. Bevor Sie die Unterseiten anlegen und die Menüpunkte verknüpfen, müssen Sie aber noch eine letzte Änderung durchführen.

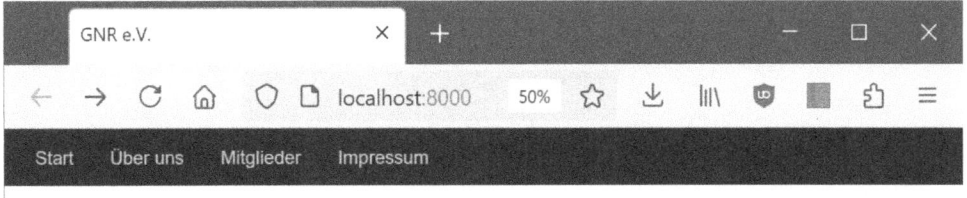

Abbildung 35.8: Mit ein wenig CSS sieht das Menü schon besser aus.

Bisher steht aller HTML-Code in der index.html. Sie enthält sowohl das Rahmenwerk, also die Unterteilung in Head, Body und Menü, als auch den Einführungstext Ihres Vereins. Das Menü und die Kopfzeilen sollen für alle weiteren Unterseiten zur Verfügung stehen, daher müssen sie vom übrigen Inhalt gelöst werden.

Gehen Sie so vor:

1. Benennen Sie die Datei index.html um in layout.html.

2. Erzeugen Sie eine neue Datei namens index.html.

3. In die neue Datei kommt nur der eigentliche Inhalt, der bisher im main-Tag steckte.

4. Zuletzt stanzen Sie ein Loch in die Schablone, sodass die Inhalte angezeigt werden können – dazu verwenden Sie ein spezielles Django-Template-Tag.

Das Ergebnis können Sie sich vorstellen wie in Abbildung 35.9.

Das mit dem Loch-Ausstanzen ist nicht mal die schlechteste Analogie: Die Layout-Datei, die sich nun unter web/templates/layout.html befinden sollte, enthält den folgenden Code:

```
{% load static %}
<!DOCTYPE html>
<html>
  <head>
    <meta charset="utf-8">
    <title>{% block title %}{% endblock%}</title>
    <link rel="stylesheet" type="text/css"
          href="{% static 'style.css' %}">
  </head>
```

```
<body>
  <header>
    {% include "menu.html" %}
  </header>
  <main>
    {% block main %}{% endblock%}
  </main>
</body>
</html>
```

Listing 35.18: web/templates/layout.html

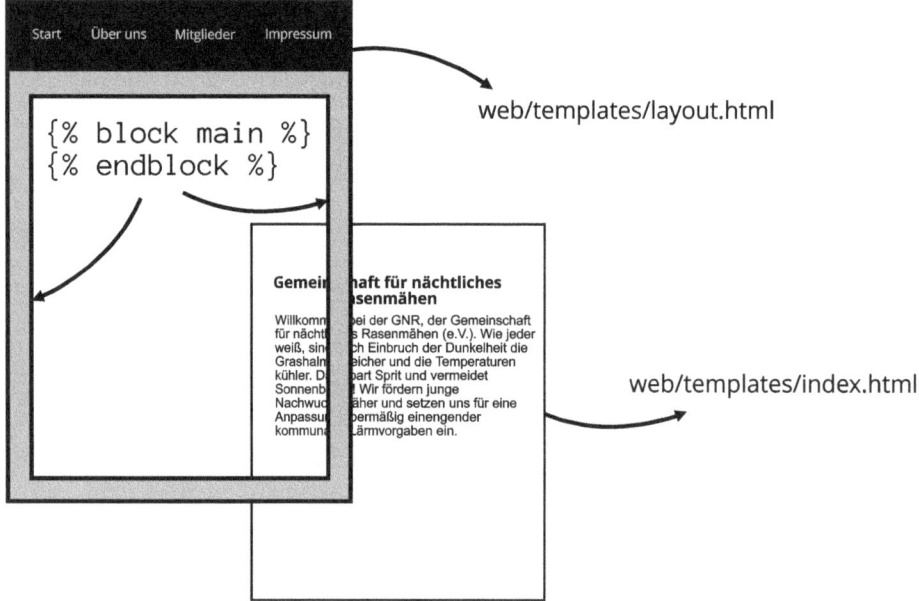

Abbildung 35.9: Mithilfe des Block-Template-Tags erzeugen Sie Platzhalter im Layout, die Sie in den Unterseiten wieder auffüllen.

Der Text-Inhalt wurde entfernt und durch einen Platzhalter ersetzt. Dieser wird durch das Template-Tag {% block <name> %}{% endblock %} erstellt. Übrigens wurde der Titel der Seite im HTML-head genauso angepasst. Diese Layout-Seite kann nun für alle Unterseiten wiederverwendet werden.

Entsprechend sieht die Startseite index.html so aus:

```
{% extends "layout.html" %}

{% block title %}GNR e.V.{% endblock %}

{% block main %}
  <h1>Gemeinschaft für nächtliches Rasenmähen</h1>
  <p>
    Willkommen bei der <b>GNR</b>, der Gemeinschaft für
    nächtliches Rasenmähen (e.V.). Wie jeder weiß, sind nach
```

```
   Einbruch der Dunkelheit die Grashalme weicher und die
   Temperaturen kühler. Das spart Sprit und vermeidet
   Sonnenbrand! Wir fördern junge Nachwuchsmäher und setzen
   uns für eine Anpassung übermäßig einengender kommunaler
   Lärmvorgaben ein.
  </p>
{% endblock %}
```
Listing 35.19: web/templates/index.html

Der Datei fehlt das umgebende HTML-Gerüst. Sie beginnt stattdessen mit einem wichtigen Template-Tag: {% extends "layout.html" %}. Damit weiß die Template-Engine, dass Sie zunächst den HTML-Code der Layout-Seite laden muss. Diese enthält leere Platzhalter für den Titel und den Hauptteil, die nun durch die gleichnamigen Blöcke aus der index.html gefüllt werden.

Die Namen der Blöcke können Sie frei wählen. Natürlich sind Namen sinnvoll, die beschreiben, wofür der Block gedacht ist. Statt main könnten Sie den Block für den Inhalt auch content nennen. Wichtig ist nur, dass die Namen der Blöcke in den »Kind«-Dateien den Blöcken in der Layout-Datei entsprechen.

Unterseiten einfügen

Nach dem gleichen Prinzip können Sie jetzt Unterseiten anlegen. Erzeugen Sie die HTML-Seiten für die Menüpunkte, indem Sie diese drei HTML-Dateien unter dummies/web/templates anlegen. Der Inhalt kann erst mal leer bleiben:

1. about.html

2. members.html

3. imprint.html

Nun benötigen Sie ein paar Views, die diese HTML-Seiten auch ausliefern können. Kopieren Sie einfach die Index-View in web.views:

```
from django.views.generic import TemplateView

class Index(TemplateView):
    template_name = "index.html"

class About(TemplateView):
    template_name = "about.html"

class Members(TemplateView):
    template_name = "members.html"

class Imprint(TemplateView):
    template_name = "imprint.html"
```
Listing 35.20: web/views.py

Diese Views müssen jetzt mit URLs verdrahtet werden. Passen Sie dazu die URL-Konfiguration in web/urls.py an:

```python
from django.urls import path
from web import views

urlpatterns = [
    path(
        route="",
        view=views.Index.as_view(),
        name="home"
    ),

    path(
        route="about",
        view=views.About.as_view(),
        name="about"
    ),

    path(
        route="members",
        view=views.Members.as_view(),
        name="members"
    ),

    path(
        route="imprint",
        view=views.Imprint.as_view(),
        name="imprint"
    ),
]
```
Listing 35.21: web/urls.py

Jeder path -Eintrag verbindet eine Route in der URL mit einer View. Die Namen sind wichtig, die werden gleich im Menü eingesetzt.

Wenn Sie den Webserver starten ($ python manage.py runserver) und die Seite im Browser betrachten, können Sie die Routen bereits im Browser aufrufen, also zum Beispiel: http://localhost:8000/about. Sofern Sie nichts in die Datei about.html hineingeschrieben haben, sehen Sie freilich eine leere Seite. Das ist aber schon mal gut, denn eine Fehlermeldung würde zeigen, dass etwas nicht stimmt.

Nun können Sie die einzelnen Seiten mit Inhalten füllen. Gehen Sie dazu stets so vor, dass Sie

1. vom Layout ableiten,

2. einen Block für den Titel hinzufügen ...

3. ... und einen für den Hauptteil.

Also etwa so:

```
{% extends "layout.html" %}

{% block title %}Über uns{% endblock %}

{% block main %}
    ...
{% endblock %}
```
Listing 35.22: web/templates/about.html

Für die Unterseiten bleibt diese Struktur immer gleich. Passen Sie die Unterseiten members.html und imprint.html entsprechend an.

Nun fehlt noch eine letzte Änderung: Die Seiten müssen im Menü verdrahtet werden. Der Inhalt der HTML-Datei muss dazu so aussehen:

```
<nav>
  <ul>
    <li>
      <a href="{% url 'home' %}">Start</a>
    </li>
    <li>
      <a href="{% url 'about' %}">Über uns</a>
    </li>
    <li>
      <a href="{% url 'members' %}">Mitglieder</a>
    </li>
    <li>
      <a href="{% url 'imprint' %}">Impressum</a>
    </li>
  </ul>
</nav>
```
Listing 35.23: web/templates/menu.html

Hier kommt jetzt das besondere Template-Tag {% url '<name>' %} zum Einsatz. Er sucht die korrekten URLs anhand des Namens heraus. Mit name ist hier der Name des jeweiligen URL-Pfades gemeint, den Sie in web/urls.py in den path-Einträgen vergeben haben, also etwa 'members', weil dies dem Attribut name des folgenden Eintrags entspricht:

```
    ...
    path(
        route="members",
        view=views.Members.as_view(),
        name="members"
    ),
    ...
```
Listing 35.24: web/urls.py

Sie könnten auch einfach die URL-Pfade der Routen im Menü eintragen. Das hätte aber einen entscheidenden Nachteil, denn dann müssten Sie bei Änderungen an den URLs in allen HTML-Seiten nachsehen, wo die Seite verlinkt ist. Der Vorteil des {% url ... %}-Tags ist, dass Sie die URL-Pfade nur an einer Stelle zu ändern brauchen, solange die Namen gleich bleiben. Vielleicht möchten Sie ja, dass die URL im Browser statt gnrv.de/members lieber gnrv.de/mitglieder lauten soll. Dann müssten Sie nur das Argument anpassen, also route="mitglieder", aber nicht das Menü.

Wenn alles geklappt hat, sieht es aus wie in Abbildung 35.10. Beim Anklicken erscheinen die Unterseiten. Man sieht, dass hier jeweils nur der Inhalt ausgetauscht ist; das Menü ist bei allen Seiten gleich.

Abbildung 35.10: Wenn Sie alles richtig verdrahtet haben, können Sie die Unterseiten Ihres Web-Auftritts über das Menü erreichen.

Daten modellieren

Sie können nun nach Herzenslust Unterseiten erstellen, um die Mitglieder und Besucher über das Vereinsleben zu informieren. Aber seien Sie vorgewarnt: Im Rahmen solcher Web-Angebote tauchen stets Anfragen auf, bei denen die Unterseiten irgendwie ähnlich sind. Auf Ihrer Vereinsseite wäre es super, wenn man die Öffentlichkeit über besonders leise Rasenmäher informieren und dazu verschiedene Modelle vergleichen könnte.

Wenn der Vorstand so etwas entscheidet, sollten Sie dem Impuls widerstehen, für jeden einzelnen Mäher eine eigene Seite anzulegen. Der Aufwand dafür wäre enorm! Sie müssten jedes Mal

...

✔ ... eine View-Klasse programmieren,

✔ ... eine HTML-Schablone anlegen und

✔ ... eine URL konfigurieren.

 Das ist zu viel Aufwand und wird schnell unübersichtlich: Bei 20 Rasenmähern wären das ja 20 HTML-Seiten, 20 Views und 20 URL-Einträge. Besser geht es, wenn Sie gleichartige Inhalte in einem Datenmodell abbilden und dann das Schablonen-System verwenden. Wenn Sie es geschickt anstellen, benötigen Sie nur eine einzige View und eine einzige HTML-Schablone für beliebig viele Rasenmäher.

Wozu dienen die Modelle?

Djangos Datenmodelle bilden den zentralen Angelpunkt für Daten und Prozesse, die Sie in Ihrer Web-Anwendung abbilden möchten. Nicht nur machen Sie das Rendern von HTML-Seiten einfacher, sondern sie werden auch für die folgenden Dinge verwendet:

✔ **Migrationen:** Mithilfe der Modell-Definitionen wird die Datenbank vorbereitet.

✔ **Formulare:** Django kann aus den Modellen automatisch Formulare für die Dateneingabe ableiten.

✔ **Validierung:** Die Beschreibungen der Datenfelder eines Modells verhindern, dass fehlerhafte oder unvollständige Daten eingegeben werden.

✔ **Berechtigungen:** Anhand der Modelle können Sie regeln, welche Aktionen die Nutzer Ihrer Webseite durchführen dürfen und welche nicht.

✔ **Admin:** Eines von Djangos besten Features ist das Admin-Tool. Es verwendet Ihre Modelle, um eine vollständige Administrationsoberfläche zu generieren.

Der Ablauf beim Modellieren

Abbildung 35.11 zeigt, wie Sie nun vorgehen:

1. Zunächst sollten Sie Ihr Datenmodell planen und skizzieren.

2. Sobald Sie einen Plan haben, legen Sie eine spezielle Model-Klasse an und definieren ihre Datenfelder und die Beziehungen zu den anderen Klassen. Das Ergebnis ist eine abstrakte Beschreibung Ihrer Daten in Python-Code.

3. Mithilfe dieser Klasse erstellen Sie nun ein Migrationsskript. Dafür gibt es ein einfaches Django-Kommando.

4. Sie führen das Skript aus und verändern dadurch die Datenbank; auch dafür verwenden Sie ein Django-Kommando. Sollte dabei etwas schiefgehen, können Sie die Änderung rückgängig machen.

5. Wenn sich später noch etwas ändert, passen Sie zunächst die Model-Klasse an. Um die Änderung in die Datenbank zu bringen, generieren Sie wieder ein Änderungsskript und wenden es dann auf die Datenbank an.

6. Wenn neue Datenfelder und Modelle hinzukommen, müssen Sie natürlich noch die HTML-Schablone und die View anpassen, um die Felder anzuzeigen.

7. Ach ja, bei neuen Modellen müssen Sie natürlich auch noch dafür sorgen, dass die View über eine URL erreichbar ist. Das müssen Sie in der Regel aber nur einmal für neue Modelle erledigen.

Im Verlauf eines Projekts wiederholt sich dieser Ablauf periodisch.

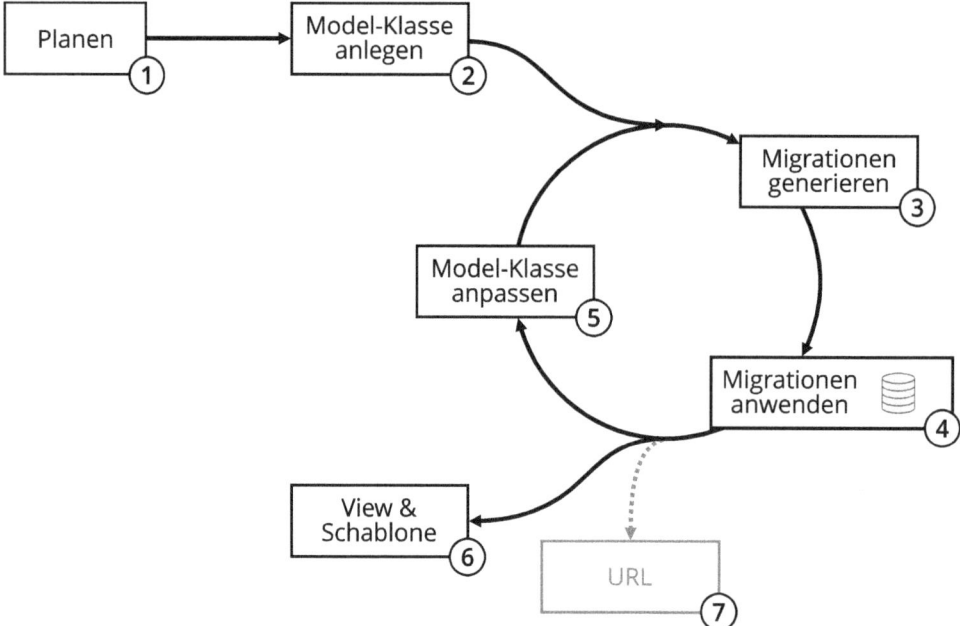

Abbildung 35.11: Beim Modellieren gehen Sie in wiederkehrenden Schritten vor.

Model-Planning

 In der Planungsphase Ihres Datenmodells müssen Sie entscheiden, welche Datenfelder unbedingt erforderlich sind und welche Abhängigkeiten es zwischen verschiedenen Modellen gibt. Hier sollten Sie vorher ein wenig nachdenken, da die Korrektur von Fehlentscheidungen recht aufwändig werden kann.

Identifizieren Sie – im GNR-Beispiel – zunächst Ähnlichkeiten und Unterschiede zwischen den Rasenmähern. Um verschiedene Modelle vergleichen zu können, sind die folgenden Informationen hilfreich:

✔ Hersteller

✔ Modell

✔ Preis

✔ Lautstärke

✔ Schneidwerk

✔ Treibstoff

✔ Gewicht

✔ Farbe

Modell erstellen

Öffnen Sie die Datei `dummies/web/models.py`. Die gehört zur Standard-App-Vorlage und wurde mit dem Befehl `startapp` erzeugt. Darin befindet sich auch schon ein wichtiger Import:

```
from django.db import models

# Create your models here.
```
Listing 35.25: web/models.py

Löschen Sie den Kommentar darunter und legen Sie stattdessen die folgende Klasse an:

```
from django.db import models

class Lawnmower(models.Model):

    manufacturer = models.CharField(
        verbose_name="Hersteller",
        max_length=100,
    )

    model = models.CharField(
        verbose_name="Modell",
        max_length=100,
    )

    price_euro = models.DecimalField(
        verbose_name="Preis in Euro",
        max_digits=6,
        decimal_places=2,
        blank=True,
        null=True,
    )
```
Listing 35.26: web/models.py

Die Model-Klasse leitet von `django.db.models.Model` ab. Dadurch weiß Django, dass es sich dabei nicht nur um eine normale Python-Klasse handelt, sondern dass diese Klasse bei der Verwaltung der Datenbank hilft.

Auf ihr befinden sich mehrere Attribute, die Datenfeldern in der Datenbank entsprechen. Das Feld `manufacturer` etwa ist ein `CharField` und speichert Zeichenketten ab; diese dürfen maximal 100 Zeichen lang sein.

 Datenbanken müssen Daten sehr effizient abspeichern und durchsuchen, daher gehen sie mit Zeichenketten etwas anders um als Programmiersprachen. In der Datenbankwelt ist meistens von *Chars* oder *Varchars* die Rede, während man bei Programmiersprachen Zeichenketten meist als *Strings* bezeichnet. Wenn Sie ein `CharField` verwenden, wird in der Datenbank stets der effizienteste Datentyp ausgewählt.

Der Preis des Mähers wurde als `DecimalField` angelegt und hat maximal sechs Stellen; davon werden zwei als Nachkommastellen reserviert. Ein durchschnittlicher Mäher wird mit ein paar hundert Euro zu Buche schlagen, daher sollte ein vierstelliger Betrag mit zwei Nachkommastellen ausreichen.

 Alle Felder sind standardmäßig erforderlich und dürfen nicht leer bleiben. Das wird später wichtig, wenn sie konkrete Daten in ein Formular eingeben möchten, weil Django die Eingabefelder dann prüft. Der Hersteller und die Modellnummer sind dabei erforderliche Daten, ohne die der Datensatz unvollständig wäre, dann verweigert Django das Abspeichern.

Der Preis des Mähers wurde hingegen offen gelassen. Dazu wurden zwei verschiedene Einstellungen getroffen:

✔ `blank=True`: Dieses Feld darf beim Absenden eines Formulars leer bleiben.

✔ `null=True`: Wenn kein Wert angegeben wurde, darf dieses Feld einfach leer bleiben und die Datenbank muss nichts abspeichern.

Besonders der letzte Punkt soll eine Design-Frage klären: Wie drücken Sie den Preis eines Rasenmähers aus, wenn Sie diesen gar nicht kennen? Sie könnten dann einfach als Standardwert 0,00 Euro eintragen, aber das würde ja bedeuten, dass der Mäher billiger ist als einer für 249,99 Euro. Datenbanken haben meistens für solche abwesenden oder nicht-verfügbaren Werte eine spezielle Alternative, nämlich den Wert NULL. Ein bisschen wie in Abbildung 35.12.

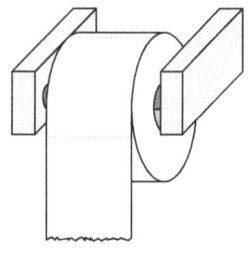
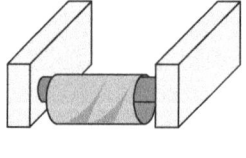
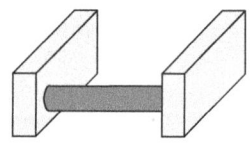

Wert   **Leer oder Standardwert**   **NULL**

Abbildung 35.12: Datenbanken verwenden NULL, um auszudrücken, dass kein Wert vorhanden ist.

Ob man NULL verwenden sollte, ist oftmals Anlass für Streitereien. Im Datenbank-Design gehört es dazu; durch die Verwendung von Django ist es aber ein bisschen egal, weil leere Werte in Python stets durch None ausgedrückt werden können – es macht also keinen Unterschied, ob da 0.0 oder NULL steht. Es kann allerdings bei bestimmten Datenbankabfragen doch einen Unterschied machen, weil man NULL nicht mit anderen Werten vergleichen kann.

Migrationen generieren

Die Model-Klasse repräsentiert ein Datenbankschema in Python-Code, das nun in die Datenbank eingespielt werden muss. Das läuft in mehreren Schritten ab: Zunächst werden Änderungen am Schema festgestellt und daraus Änderungsskripte generiert. Diese führen Sie dann in einem separaten Schritt aus, um das Datenbankschema anzupassen. Wenn dabei etwas schief gehen sollte, bekommen Sie eine Warnung und Django bietet Ihnen die Möglichkeit, Fehler und Inkonsistenzen zu bereinigen.

Die Änderungsskripte heißen in der Django-Welt *Migrationen*, weil das Schema von einem Zustand in den nächsten wandert.

Zustand der Datenbank überprüfen

Rufen Sie im Wurzelverzeichnis den folgenden Befehl auf:

```
$ python manage.py showmigrations
```

Der Befehl showmigrations listet alle Migrationen des Projekts nach Apps gruppiert auf:

```
admin
 [ ] 0001_initial
 [ ] 0002_logentry_remove_auto_add
 [ ] 0003_logentry_add_action_flag_choices
auth
 [ ] 0001_initial
 [ ] 0002_alter_permission_name_max_length
 [ ] 0003_alter_user_email_max_length
 ...
 [ ] 0010_alter_group_name_max_length
 [ ] 0011_update_proxy_permissions
 [ ] 0012_alter_user_first_name_max_length
contenttypes
 [ ] 0001_initial
 [ ] 0002_remove_content_type_name
sessions
 [ ] 0001_initial
web
 (no migrations)
```

Nicht wundern! Die hier gezeigten Migrationen gehören zu den Standard-Apps Ihres Projekts. Sie wurden automatisch hinzugefügt, als Sie das Projekt mit `django-admin startproject` initialisiert haben. Den größten Teil nimmt die App `auth` ein, mit der Sie später Benutzerkonten verwalten können.

Vor jedem Eintrag steht eine leere Checkbox – das bedeutet, dass hier ein Migrationsskript vorhanden ist, das jedoch noch nicht in die Datenbank übertragen wurde.

Das können Sie jetzt nachholen mit diesem Befehl:

```
$ python manage.py migrate
```

Die Ausgabe sollte sein:

```
Operations to perform:
  Apply all migrations: admin, auth, contenttypes, sessions
Running migrations:
  Applying contenttypes.0001_initial... OK
  Applying auth.0001_initial... OK
  ...
  Applying auth.0010_alter_group_name_max_length... OK
  Applying auth.0011_update_proxy_permissions... OK
  Applying auth.0012_alter_user_first_name_max_length... OK
  Applying sessions.0001_initial... OK
```

Wenn Sie nun erneut den Befehl `python manage.py showmigrations` ausführen, werden die Checkboxen vor den Migrationen ausgefüllt dargestellt (als `[X]`) – das bedeutet, dass diese Migrationen auf die Daten angewandt wurden:

```
$ python manage.py showmigrations admin
admin
 [X] 0001_initial
 [X] 0002_logentry_remove_auto_add
 [X] 0003_logentry_add_action_flag_choices
```

 Wenn Sie dem Befehl `showmigrations` den Namen der App übergeben, bekommen Sie nur die Migrationen dieser einen App angezeigt.

Sie haben nun bereits ihre erste Migration durchgeführt und Django zeigt an, dass die Änderungen für die Apps `admin`, `auth` und `session` in »der Datenbank« gespeichert wurden. Aber halt – welche Datenbank überhaupt? Bisher wurde ja noch keine konfiguriert, oder?

Das ist nicht ganz richtig: Standardmäßig verwendet Django eine SQLite-Datenbank, die in einer einzigen Datei Platz findet. In der `settings.py` finden Sie heraus, dass es sich um die Datei `db.sqlite3` im Wurzelverzeichnis handelt:

```
DATABASES = {
    "default": {
        "ENGINE": "django.db.backends.sqlite3",
        "NAME": BASE_DIR / "db.sqlite3",
    }
}
```

Listing 35.27: dummies/settings.py

Auch im Explorer oder auf der Shell sollten Sie die neue Datei finden können:

```
$ cd dummies
$ tree -L 1
.
+-- db.sqlite3
+-- dummies
+-- manage.py
+-- web
```

 Für die Entwicklungsphase ist SQLite mehr als ausreichend. Sobald die Anwendung aber bereitgestellt wird, würde man an dieser Stelle einen ernsthafteren Datenbankserver verwenden, wie MariaDB oder PostgreSQL. Allerdings soll es Administratoren an deutschen Universitäten geben, die seit Jahren größere Django-Seiten mit SQLite ohne größere Probleme betreiben.

Migrationen erzeugen

Durch die erste Ausführung von `python manage.py migrate` wurden die Datenbank angelegt und die ersten Migrationen angewandt, allerdings war das nur Vorgeplänkel. Ihre eigene App namens `web` hatte noch gar keine Migrationen:

```
$ python manage.py showmigrations web
web
 (no migrations)
```

Sie hatten zwar bereits ein Model im Code angelegt, aber noch keine Migration daraus abgeleitet. Das holen Sie so nach:

```
$ python manage.py makemigrations web
```

Auch hier können Sie wieder den Namen der App übergeben, damit nur Migrationen für die gewünschte App erzeugt werden – nützlich, wenn Sie mit mehreren Apps arbeiten.

Ausgabe:

```
$ python manage.py makemigrations web
Migrations for 'web':
  web/migrations/0001_initial.py
    - Create model Lawnmower
```

Migration anwenden

Der Befehl war erfolgreich und hat eine neue Migration für die App `web` erstellt; sie ist in der Datei `web/migrations/0001_initial.py` gelandet. Auch hat er erkannt, dass Sie eine neue Model-Klasse angelegt haben, nämlich die Klasse `Lawnmower`.

Überprüfen Sie das Ergebnis:

```
python manage.py showmigrations web
web
 [ ] 0001_initial
```

Die Migration ist vorhanden, wurde aber noch nicht angewandt. Rufen sie den Befehl migrate auf:

```
$ python manage.py migrate web
Operations to perform:
  Apply all migrations: web
Running migrations:
  Applying web.0001_initial... OK
```

Danach sollte showmigrations anzeigen, dass das Schema in die Datenbank übernommen wurde:

```
$ python manage.py showmigrations web
web
 [X] 0001_initial
```

Model ausprobieren

Durch die Migration wurde in der Datenbank das Schema angepasst; anders ausgedrückt haben Sie nun eine Tabelle in der Datenbank, in der Sie Rasenmäher-Objekte speichern können.

Django bringt ein paar Werkzeuge für die erste Gehübungen mit:

```
$ python manage.py shell
Python 3.12
Type "help", "copyright", "credits" or "license" for more
    information.
(InteractiveConsole)
```

 Mit dem Befehl python manage.py shell starten Sie eine Django-Shell. Die funktioniert genau wie die normale Python-*REPL*, lädt aber vorher alle Einstellungen Ihres Django-Projekts. Dadurch landen erzeugte Objekte gleich in Ihrer Datenbank und die Namensräume der Apps sind ohne Umwege verfügbar.

Importieren Sie zuerst Ihr Model:

```
>>> from web.models import Lawnmower
```

Mithilfe der Model-Klasse können Sie die Datenbank durchsuchen (derzeit ist sie noch leer):

```
>>> Lawnmower.objects.all()
<QuerySet []>
```

Legen Sie ein, zwei Rasenmäher an, um das zu ändern:

```
>>> Lawnmower.objects.create(manufacturer="Zweihell",
    model="Deichschaf M5")
<Lawnmower: Lawnmower object (1)>
>>> Lawnmower.objects.create(manufacturer="Cultiva",
    model="YardMaster YM-6581b")
<Lawnmower: Lawnmower object (2)>
```

Wenn Sie nun die Datenbank erneut durchstöbern, sollten die beiden Objekte der Begierde auftauchen:

```
>>> Lawnmower.objects.all()
<QuerySet [<Lawnmower: Lawnmower object (1)>, <Lawnmower: Lawnmower
    object (2)>]>
```

Objekte vom Typ QuerySet verhalten sich wie Listen. Zum Beispiel können Sie sie iterieren:

```
>>> for mower in Lawnmower.objects.all():
...     print(mower.manufacturer, mower.model)
...
Zweihell Deichschaf M5
Cultiva YardMaster YM-6581b
```

Mithilfe von Filtern können Sie die Ergebnismenge einschränken:

```
>>> Lawnmower.objects.filter(manufacturer__icontains="hell").first()
<Lawnmower: Lawnmower object (1)>
```

Da die Objekte in der Datenbank gespeichert wurden, sind sie auch noch vorhanden, nachdem Sie die Django-Shell geschlossen und neu gestartet haben.

Das Modell aktualisieren

Nun haben Sie einen ersten Modellentwurf und auch schon ein paar Mäher eingepflegt, aber es fehlen noch ein paar Datenfelder. Die Gemeinschaft für nächtliches Rasenmähen möchte einen Mehrwert bieten und möglichst leise Mäher propagieren, dafür muss zu jedem Mäher eine Info über dessen Lautstärke gespeichert sein.

Fügen Sie Ihrem Modell ein neues Feld hinzu:

```
from django.db import models

class Lawnmower(models.Model):
    ...

    noise_db = models.PositiveSmallIntegerField(
        verbose_name="Lautstärke in dB",
        null=True,
    )
```
Listing 35.28: web/models.py

Das neue Feld soll die Lautstärke in dB speichern. Da es bereits zwei Mäher in der Datenbank gibt, wird für dieses Feld der Wert NULL erlaubt – dann darf die Datenbank es einfach leer lassen; ohne würde die Schema-Anpassung nicht funktionieren.

Um dieses Feld nutzen zu können, müssen Sie wieder die Datenbank migrieren:

```
# Vorher: Aktuellen Zustand prüfen
$ python manage.py showmigrations web
web
 [X] 0001_initial
```

```
# Migrationen erstellen
$ python manage.py makemigrations web
Migrations for 'web':
  web\migrations\0002_lawnmower_noise_db.py
    - Add field noise_db to lawnmower

# Migrationen anwenden
$ python manage.py migrate web
Operations to perform:
  Apply all migrations: web
Running migrations:
  Applying web.0002_lawnmower_noise_db... OK

# Hinterher: Zustand prüfen
$ python manage.py showmigrations web
web
 [X] 0001_initial
 [X] 0002_lawnmower_noise_db
```

 Die Migrations-Engine ist recht schlau – sie hat genau verstanden, dass hier ein Feld hinzugekommen ist, und das Migrationsscript entsprechend benannt. Wenn Sie allerdings viele Änderungen auf einmal machen, werden die Namen der Scripte generischer.

Nun können Sie in der Datenbank die Lautstärke eintragen (und den Listenpreis gleich mit):

```
>>> for mower in Lawnmower.objects.all():
...     print(mower.id, mower.model)
...
1 Deichschaf M5
2 YardMaster YM-6581b
>>> deichschaf = Lawnmower.objects.get(pk=1)
>>> yardmaster = Lawnmower.objects.get(pk=2)
>>> deichschaf.price_euro = 95
>>> deichschaf.noise_db = 45
>>> deichschaf.save()
>>> yardmaster.price_euro = 140
>>> yardmaster.noise_db = 35
>>> yardmaster.save()
```

 Wenn Sie mit Django ein Model erzeugen, wird automatisch ein Primärschlüssel angelegt, den Sie über das Feld Model.id oder Model.pk abfragen können. Primärschlüssel dienen dazu, Datensätze stets eindeutig zu identifizieren. Standardmäßig handelt es sich dabei um eine fortlaufende Ganzzahl, daher ist der erste Mäher 1, der zweite 2 und so weiter. Mit Model.objects.get(pk=<id>) können Sie ein konkretes Objekt aus der Datenbank holen. Danach können Sie den Feldern Werte zuweisen und das Objekt am Schluss mit Model.save() abspeichern.

Nun können Sie die Mäher auf- oder absteigend nach Lautstärke sortieren:

```
>>> for mower in Lawnmower.objects.order_by("noise_db"):
...     print(mower.id, mower.model, mower.noise_db)
...
2 YardMaster YM-6581b 35
```

```
1 Deichschaf M5 45

>>> for mower in Lawnmower.objects.order_by("-noise_db"):
...     print(mower.id, mower.model, mower.noise_db)
...
1 Deichschaf M5 45
2 YardMaster YM-6581b 35
```

Rasenmäher-Übersichtsseiten

In der Datenbank sind die Rasenmäher ja schön und gut, aber sie sollen natürlich auch auf der Webseite auftauchen. Am besten geht es, wenn Sie den Besuchern Ihrer Webseite zunächst eine Übersicht über die gespeicherten Rasenmäher präsentieren; wer sich für einen bestimmten interessiert, klickt dort diesen Mäher an und kann die Details studieren.

Da diese Herangehensweise sehr gebräuchlich ist, bietet Django dafür zwei Standardsichten:

✔ ListView: Mithilfe einer Listen-Ansicht können Sie eine Menge von Objekten darstellen.

✔ DetailView: Detail-Views zeigen die Details eines konkreten Objekts aus der Datenbank an.

Fangen Sie mit der ListView an. Öffnen Sie die Datei web/views.py und fügen Sie die folgende Klasse ein:

```
from django.views.generic import TemplateView, ListView
from . import models


...


class Lawnmowers(ListView):
    model = models.Lawnmower
    template_name = "lawnmower_list.html"
```
Listing 35.29: web/views.py

Die Klasse Lawnmowers hat nur zwei Zeilen, aber die reichen aus, um eine Übersicht über die vorhandenen Rasenmäher zu generieren. Sie müssen hier keine Datenbank-Abfrage schreiben, sondern es reicht vollkommen aus, einfach das Model beim Namen zu nennen. Dazu müssen Sie natürlich im Kopf der Datei das Modul web.models importieren. Die Klasse muss außerdem von django.views.generic.ListView ableiten, in der die eigentliche Abfragelogik steckt.

Fürs Erste war es das. Nun benötigen Sie noch eine URL, weil irgendwie müssen Sie diese View ja aufrufen – und natürlich fehlt noch die HTML-Datei zum Anzeigen. Öffnen Sie bitte web/urls.py und fügen Sie einen neuen Pfad hinzu:

```
from django.urls import path
from web import views


urlpatterns = [
    ...
```

```
    path(
        route="lawnmowers",
        view=views.Lawnmowers.as_view(),
        name="lawnmowers"
    ),
    ...
]
```

Listing 35.30: web/urls.py

Nun könnten Sie schon im Browser die URL localhost:8000/lawnmowers aufrufen; allerdings fehlt noch das passende HTML und das würde daher bloß einen Fehler verursachen. Erstellen Sie lieber vorher die Datei, deren Namen Sie oben konfiguriert haben, also web/lawnmower_list.html.

```
{% extends "layout.html" %}

{% block title %}Übersicht | Rasenmäher | GNR e.V.{% endblock %}

{% block main %}
<h1>Beliebte Rasenmäher</h1>

<table>
    <thead>
        <tr>
            <th>Hersteller</th>
            <th>Modell</th>
        </tr>
    </thead>
    <tbody>
        {% for lawnmower in object_list %}
        <tr>
            <td>
                {{ lawnmower.manufacturer }}
            </td>
            <td>
                {{ lawnmower.model }}
            </td>
        </tr>
        {% endfor %}
    </tbody>
</table>
{% endblock %}
```

Listing 35.31: web/lawnmower_list.html

Auch hier handelt es sich um ein normales HTML-Template, das die {% block ... %}-Tags verwendet, um sich in das gemeinsame Layout einzufügen. Um die übersichtliche Übersicht über die Rasenmäher darzustellen, wird eine HTML-Tabelle verwendet. Diese besteht aus einen Kopf und einem Rumpf (thead und tbody), die dann jeweils Table-Rows (tr), also Tabellenzeilen enthalten. Die Zeilen enthalten einzelne Zellen mit den eigentlichen Daten darin – dafür nimmt man td-Tags, was wohl den Begriff *table data* abkürzt. Im thead kann man aber auch `th` verwenden, um einzelne Zellen als Kopfzeile zu markieren und dadurch hervorzuheben.

Damit die Tabelle aussieht wie in Abbildung 35.13, können Sie das folgende CSS verwenden (einfach unten an die web/static/style.css anhängen):

```
...

table {
    /* Tabelle zentrieren */
    margin: 0 auto;
    /* Nur so viel Platz wie nötig */
    width: max-content;
    /* Schrift anpassen */
    font-size: 24pt;
    /* Keine Lücke zwischen den Zellen */
    border-collapse: collapse;
}

table tr th,
table tr td {
    border-bottom: 1px solid gray;
    padding: 0.25em;
    text-align: left;
}
```

Listing 35.32: web/static/style.css

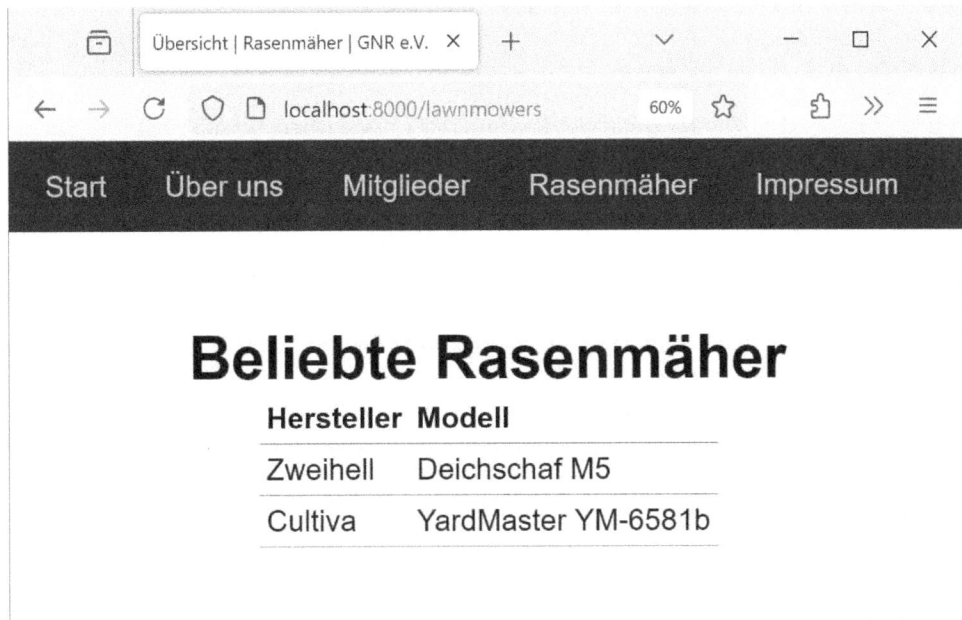

Abbildung 35.13: Eine ListView mit passender HTML-Vorlage stellt die Rasenmäher in der Datenbank tabellarisch dar.

Interessanter als die reine Darstellung ist aber der verwendete Code im Template, der einen zweiten Blick wert ist:

```
{% for lawnmower in object_list %}
    <tr>
        <td>
            {{ lawnmower.manufacturer }}
        </td>
        <td>
            {{ lawnmower.model }}
        </td>
    </tr>
    {% endfor %}
```
Listing 35.33: web/lawnmower_list.html

Hier wird ein Template-Tag verwendet, das wie eine normale Schleife arbeitet. Von der Syntax her ähnelt das sehr der normalen Python-Schleife, indem das Objekt `object_list` durchlaufen wird und das jeweilige Objekt über die Variable `lawnmower` angesprochen werden kann.

 Wenn Sie eine generische `ListView` verwenden, werden automatisch alle Objekte desselben Modells aus der Datenbank abgefragt und sind dann über die Variable `object_list` verfügbar. Wenn Ihnen der Name nicht gefällt, können Sie ihn über das Attribut `ListView.context_object_name` umbenennen.

Für jede Schleifeniteration generiert das `{% for ... in ...%}`-Template-Tag das innenstehende HTML. In Python legt man Schleifenrumpf und -ende mit der Einrückung fest, allerdings klappt das in HTML nicht, weil Einrückungen hier keine Bedeutung haben, daher müssen Sie die Schleife mit einem End-Tag beenden, nämlich `{% endfor %}`.

In jeder Zeile wird ein kurzes Detail des Rasenmähers ausgegeben; für die Übersicht reichen Hersteller und das Modell. Diese werden als sogenannte *Template-Variablen* ausgegeben. Template-Variablen funktionieren ähnlich wie Template-Tags. Verwenden Sie zwei aufeinanderfolgende geschweifte Klammern, etwa so: `{{ <ausdruck> }}`, dann wird der Ausdruck zunächst ausgewertet und dann ins HTML eingefügt. So landet also in jeder ersten Zelle einer Tabellenzeile der Name des jeweiligen Herstellers.

Zu guter Letzt sollten Sie noch dafür sorgen, dass Besucher Ihre Seite auch finden können. Fügen Sie im Menü einen Link auf die Übersichtsseite hinzu:

```
<nav>
  <ul>
    ...
    <li>
      <a href="{% url 'lawnmowers' %}">Rasenmäher</a>
    </li>
    ...
  </ul>
</nav>
```
Listing 35.34: web/templates/menu.html

Detailseiten für Rasenmäher

Die Rasenmäher werden hier nun übersichtlich aufgelistet, aber es wäre ja schön, wenn man zu jedem Mäher auch noch ein paar Details erfahren könnte. Dafür eignet sich eine DetailView:

```
from django.views.generic import TemplateView, ListView, DetailView
from . import models
...
class Lawnmowers(ListView):
    model = models.Lawnmower
    template_name = "lawnmower_list.html"


# Neu!
class Lawnmower(DetailView):
    model = models.Lawnmower
    template_name = "lawnmower.html"
```
Listing 35.35: web/views.html

Die Detail-Ansicht funktioniert ganz ähnlich wie die ListView, die hier als Referenz nochmal in dem Code-Schnipsel belassen wurde. Leiten Sie von DetailView ab (Import nicht vergessen), konfigurieren Sie das HTML-Template und das Model – fertig ist die Laube.

 Die Klasse heißt schlicht Lawnmower, also Singular, im Gegensatz zu Lawnmowers im Plural für die ListView. Wenn Ihnen das zu unübersichtlich ist, können Sie den Unterschied gerne noch hervorheben, indem Sie beispielsweise die Liste in LawnmowerList umbenennen. Vertrauen Sie Ihrem Sprachgefühl!

Die DetailView sucht konkrete Objekte vom Typ Lawnmower aus der Datenbank heraus und zeigt diese im HTML-Template an. Damit das funktioniert, müssen Sie lediglich die korrekte URL aufrufen. Updaten Sie die Datei web/urls.py:

```
...
urlpatterns = [
    ...
    path(
        route="lawnmowers",
        view=views.Lawnmowers.as_view(),
        name="lawnmowers"
    ),

    # Neu!
    path(
        route="lawnmowers/<int:pk>",
        view=views.Lawnmower.as_view(),
        name="lawnmower"
    ),
    ...
]
```
Listing 35.36: web/urls.py

Die Route, also der Pfad, den Sie später im Browser aufrufen, weist eine Besonderheit auf. Hier wird eine Art-Variable eingefügt, die beim Aufruf an die View übergeben wird. Die Idee ist, dass Sie die View später mit einer URL wie beispielsweise der folgenden aufrufen: localhost:8000/lawnmowers/3. Dadurch wird die DetailView aktiviert und bekommt als Argument pk=3 übergeben. Da URLs grundsätzlich Text enthalten, wird über <int:pk> festgelegt, dass die Variable pk heißen soll und nur dann übergeben wird, wenn hier auch eine Ganzzahl übermittelt wurde. Die URL localhost:8000/lawnmowers/abc123 wäre nicht korrekt, weil abc123 keine Ganzzahl ist.

 Der Name pk ist eine Konvention, die Sie einhalten sollten, denn damit weiß die View, dass hier ein Primärschlüssel übergeben wird (ein *primary key* eines Datenbankobjekts). Auch diese Variable können Sie umbenennen, falls Sie unbedingt müssen, aber das tut hier nichts zur Sache.

Alles zusammengenommen heißt das also: Wenn Sie im Browser localhost:8000/lawnmowers/3 aufrufen, wird die DetailView names views.Lawnmower aktiv und sucht automatisch ein Objekt für das Model model = models.Lawnmower mit dem Primärschlüssel pk=3 heraus. Dieses wird dann an web/lawnmower.html übergeben – oh, da war ja was, die fehlt noch. Sie könnte etwa so aussehen:

```
{% extends "layout.html" %}

{% block title %}Rasenmäher | GNR e.V.{% endblock %}

{% block main %}
<h1>{{ object.manufacturer }} {{ object.model }}</h1>

<table>
    <tr>
        <th>Lautstärke (db)</th>
        <td>{{ object.noise_db }}</td>
    </tr>
    <tr>
        <th>Preis (Euro)</th>
        <td>{{ object.price_euro }}</td>
    </tr>
</table>

{% endblock %}
```
Listing 35.37: web/templates/lawnmower_detail.html

Auch diese View soll im gewohnten Layout angezeigt werden und bezieht sich daher zunächst auf die Layout-Datei und erwähnt deren Blockstruktur. Der Inhalt im main-Block zeigt die Details eines konkreten Rasenmähers an. Die Infos stehen in der Variable object, die im Template einen konkreten Mäher repräsentiert. Die Attribute des Objekts werden als Template-Variablen ausgegeben.

Nun haben Sie eine HTML-Schablone, eine View und eine URL-Route. Wenn Sie die URL eines Rasenmähers aufrufen, erscheint die Seite in etwa wie in Abbildung 35.14.

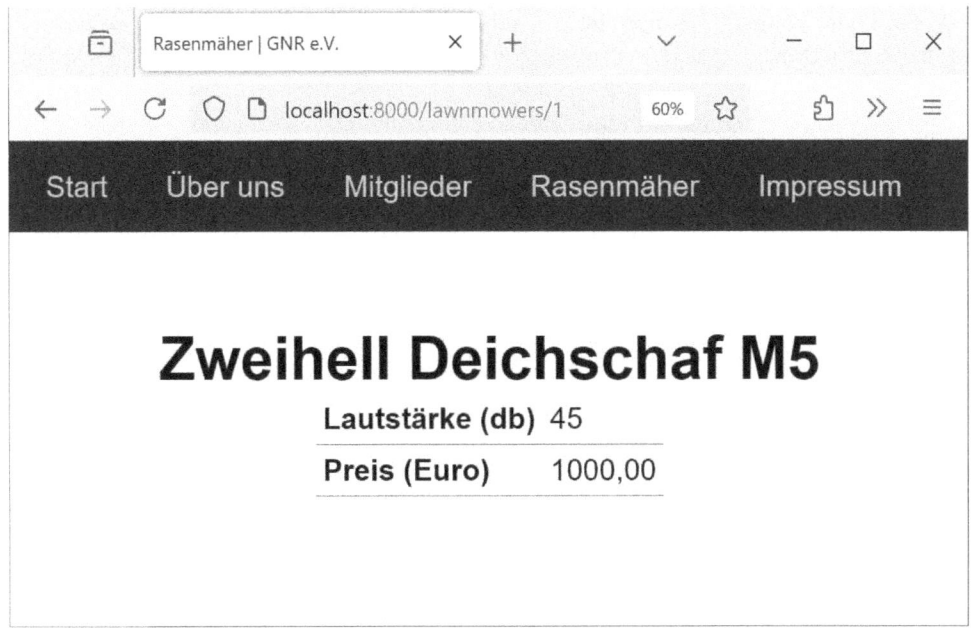

Abbildung 35.14: Eine Unterseite zeigt die Details einzelner Rasenmäher an – dafür eignet sich eine DetailView samt passendem HTML.

Detailseiten verlinken

Die Detailseiten sind leider noch nicht für Gäste erreichbar, aber das lässt sich ändern. Am besten gestalten Sie es so, dass die Rasenmäher in der Tabelle angeklickt werden können. Wie auch zuvor beim Menü sollten Sie nicht einfach konkrete URLs verwenden, sondern Django die Generierung der Pfade überlassen. Das hat Vorteile, wenn man die URLs später einmal ändern möchte.

Zum Verlinken der Detailseiten für die Rasenmäher können Sie einen von Djangos coolen Zaubertricks anwenden. Öffnen Sie die Datei web/models.py und fügen Sie der Klasse eine neue Methode hinzu:

```
from django.db import models
from django.urls import reverse

class Lawnmower(models.Model):
    ...

    def get_absolute_url(self):
        return reverse("lawnmower", args=[self.pk])
```
Listing 35.38: web/models.py

Die Methode muss get_absolute_url heißen und sollte eine URL zuruckgeben. Um die richtige URL zu erzeugen, verwenden Sie die importierte reverse-Funktion. Diese sucht anhand des übergebenen Namens den richtigen URL-Pfad heraus und muss dazu wissen, ob Sie die URL für Rasenmäher 1, 2, 3 und so weiter generieren soll. Daher wird hier args=[self.pk] übergeben.

Diese Funktion können Sie nun in der tabellarischen Übersicht in `web/lawnmower_list.html` einsetzen:

```
...
{% for lawnmower in object_list %}
<tr>
    <td>
        {{ lawnmower.manufacturer }}
    </td>
    <td>
        <a href="{{ lawnmower.get_absolute_url }}">{{
            lawnmower.model }}</a>
    </td>
</tr>
{% endfor %}
...
```

Listing 35.39: web/templates/lawnmower_list.html

In der Tabelle wird in der zweiten Spalte ein `a`-Tag eingefügt. Durch Setzen des `href`-Attributs entsteht eine URL, dorthinein kommt eine Template-Variable (also so ein Feld `{{ <ausdruck> }}`). Hier wird die Funktion `lawnmower.get_absolute_url` aufgerufen, allerdings *ohne* Klammern. Wenn Sie nun die Tabelle aufrufen, generiert jeder Rasenmäher eine URL für die jeweilige Detailseite. Durch einen Klick gelangen Sie dorthin.

Im Lieferumfang: Das Admin-Backend

Bisher enthält die Vereinsseite nur ein bis zwei Rasenmäher, die Sie über die Django-Shell eingegeben haben. Dieser Weg der Dateneingabe ist sehr umständlich und steht nur denen zur Verfügung, die sich mit der Kommandozeile auskennen. Wie gut, dass Django eine Verwaltungsoberfläche mitbringt, mit der die Dateneingabe auch Nicht-Programmierenden möglich ist.

Die Verwaltungsoberfläche ist ein separates Zusatzmodul, das in der Django-Doku als `Admin-Seite` oder im fach-allgemeinen Sprachgebrauch einfach nur *der Django-Admin* genannt wird. Den müssen Sie zunächst in Betrieb nehmen.

Prüfen Sie dazu erst mal, ob das notwendige Modul auch ordnungsgemäß installiert wurde – das können Sie sehen, wenn Sie in `settings.py` unter `INSTALLED_APPS = [...]` nachschauen. Dort sollten die folgenden Einträge auftauchen:

```
INSTALLED_APPS = [
    "django.contrib.admin",
    "django.contrib.auth",
    "django.contrib.contenttypes",
    "django.contrib.sessions",
    "django.contrib.messages",
    "django.contrib.staticfiles",
    "web",
]
```

Listing 35.40: dummies/settings.py

Diese Einträge sollten hier bereits vorhanden sein, wenn Sie dem Buch bis hier gefolgt sind und nicht eigenmächtig herumgefuddelt haben. Sofern noch nicht geschehen, sollten Sie die Datenbank migrieren, da der Admin einige Tabellen benötigt.

 Zur Benutzung des Django-Admins benötigen Sie ein Nutzerkonto. Legen Sie zunächst eines für den Superuser an, das sind in dem Fall Sie, weil Sie einerseits ziemlich super sind (immerhin haben Sie dieses Buch gekauft oder geklaut und möchten sich ständig weiterentwickeln, indem Sie etwas Neues lernen, dafür bekommen Sie von jedem ein Daumen-hoch!). Im Tech-Sprech meint Superuser aber natürlich den Über-Administrator, den Root-User oder den Gott-Account ihrer Webseitenschöpfung. Nutzen Sie den folgenden Befehl:

```
$ python manage.py createsuperuser
Benutzername (leave blank to use 'johannes'):
E-Mail-Adresse: johannes@example.com
Password:
Password (again):
Superuser created successfully.
```

Nacheinander werden Sie nach einem Namen, einer Mail-Adresse und einem Passwort gefragt. Damit können Sie sich nun im Django-Admin einloggen. Rufen Sie dazu im Browser die folgende URL auf: `http://localhost:8000/admin`.

Falls das schiefgeht, sollten Sie nochmal prüfen, ob die URLs für die Admin-Oberfläche richtig sitzen. In der URL-Config des Projekts sollte sich ein Pfad-Eintrag für den Admin befinden:

```
from django.contrib import admin
from django.urls import path
from django.urls import include

urlpatterns = [
    # URL-Config der Admin-Oberfläche
    path("admin/", admin.site.urls),
    # URL-Config ihrer App
    path("", include("web.urls"))
]
```
Listing 35.41: dummies/dummies/urls.py

Wenn alles klappt, sieht die Anmeldeseite aus wie in Abbildung 35.15.

Nach der Anmeldung zeigt der Admin eine Übersicht der verwaltbaren Django-Apps. Normalerweise tauchen hier die Apps für die Nutzerverwaltung auf (Benutzer und Gruppen), wie in Abbildung 35.16 zu sehen.

Mit diesem Tool könnten Sie Nutzerkonten für die anderen Vereinsmitglieder anlegen, sodass diese später eigenständig Daten auf der Seite verändern könnten, aber wahrscheinlich sind die alle eher froh, dass Sie sich um den Web-Auftritt kümmern und reißen sich gar nicht darum, hier mitzumachen, daher sollten Sie die Nutzerverwaltung erst einmal ignorieren. Was hier nun allerdings fehlt, ist die Möglichkeit, Rasenmäher anzulegen.

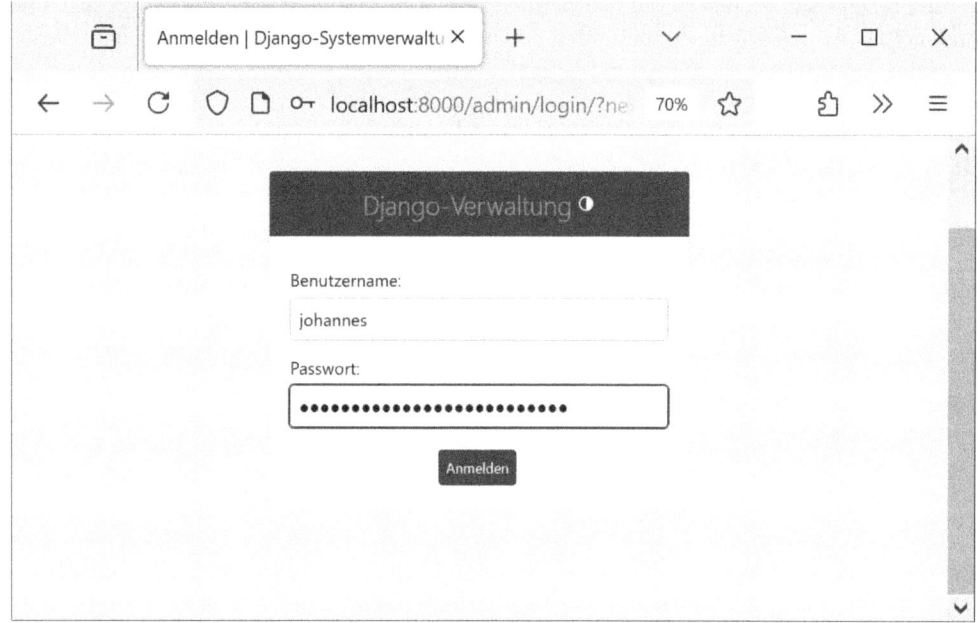

Abbildung 35.15: Über die Anmeldemaske gelangen Sie in die Verwaltung. Zuvor müssen Sie mit dem Befehl createsuperuser ein Admin-Konto anlegen.

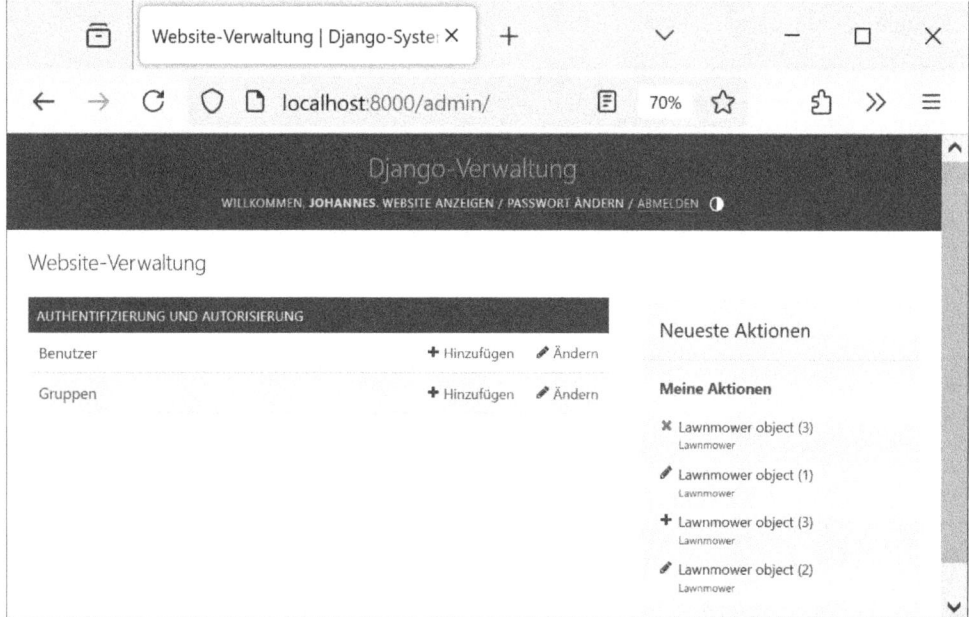

Abbildung 35.16: Standardmäßig können Sie im Admin nur Konten und Gruppen verwalten.

Das wird flugs nachgeholt. Öffnen Sie die Datei admin.py in Ihrem App-Verzeichnis. Die ist bis auf einigen Platzhaltercode leer. Dorthinein kommt der folgende Code:

```
from django.contrib import admin
from . import models


@admin.register(models.Lawnmower)
class LawnmowerAdmin(admin.ModelAdmin):
    list_display = [
        "manufacturer",
        "model",
        "price_euro",
        "noise_db"
    ]

    list_display_links = ["model"]

    search_fields = ["model", "manufacturer"]
```
Listing 35.42: web/admin.py

Hier wird eine Klasse namens LawnmowerAdmin angelegt, die von admin.ModelAdmin ableitet. Diese macht die Verwaltung der Rasenmäher in der Admin-Oberfläche möglich. Genau wie Ihr Frontend (also die Vereinsseite ohne die Anmeldung) bietet der Admin immer erst eine tabellarische Übersicht, über die Sie zu den Details gelangen. Das Ganze wird über die Attribute der Klasse LawnmowerAdmin eingestellt:

✔ ModelAdmin.list_display: Hier geben Sie an, welche Details der Rasenmäher in der Listenansicht des Admin-Moduls auftauchen sollen.

✔ ModelAdmin.list_display_links: Hier wird konfiguriert, welches der Felder den Link zum Bearbeiten enthalten soll.

✔ ModelAdmin.search_fields: Der Admin kann ein Suchfeld anzeigen, mit dessen Hilfe Sie die Daten filtern können.

Wenn Sie web/admin.py abspeichern, sollte in der Verwaltungsoberfläche ein neues Modul auftauchen. Ihr Model wird unter der Überschrift WEB (dem Namen der App) als LAWN-MOWERS aufgeführt, wie in Abbildung 35.17 gezeigt.

Django leitet diese Bezeichnung aus dem Namen der Model-Klasse ab. Um das zu verbessern, sollten Sie eine Übersetzung einfügen:

```
...
class Lawnmower(models.Model):
    ...
    class Meta:
        verbose_name = "Rasenmäher"
        verbose_name_plural = "Rasenmäher"
```
Listing 35.43: web/models.py

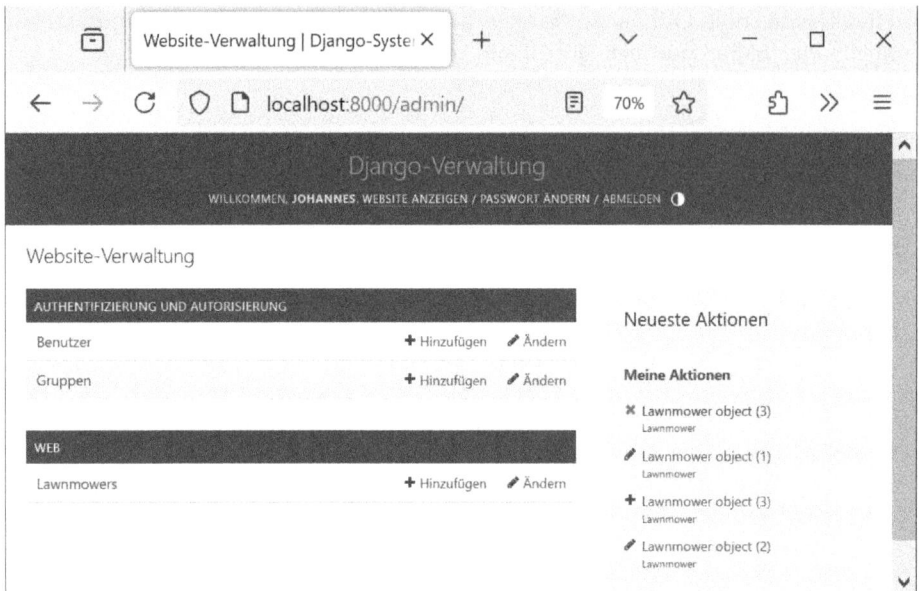

Abbildung 35.17: Nachdem Sie Ihr Model registriert haben, taucht es in der Verwaltungsoberfläche auf.

Hier wird in der Klasse `models.Lawnmower` eine weitere Klasse namens Meta eingefügt. Diese wird von Django verwendet, um Zusatzinfos an das Model dranzupappen, wie eben einen sprechenden Titel für die Admin-Oberfläche. `Meta.verbose_name` ist der Singular, `Meta.verbose_name_plural` speichert die Plural-Bezeichnung; jedoch sind die natürlich aus grammatikalischen Gründen in diesem Beispiel identisch. Wenn Sie das alles richtig angelegt haben, sieht es aus wie in Abbildung 35.18.

Durch einen Klick auf den Modellnamen gelangen Sie zur Listenübersicht (Abbildung 35.19). Sofern Sie über die Shell bereits ein paar Rasenmäher angelegt haben, sollten diese nun hier auftauchen.

Über diese Oberfläche können Sie nun neue Rasenmäher anlegen oder vorhandene bearbeiten. Rechts oben gibt es eine Schaltfläche mit der Beschriftung RASENMÄHER HINZUFÜGEN, über die sie zu einer Eingabemaske gelangen. Hier gibt es für jedes Datenfeld ein passendes Eingabefeld (Abbildung 35.20).

Ein Klick auf SICHERN speichert das Ganze und führt Sie zurück zur Übersicht, wo der neu angelegte Mäher auftauchen sollte. Wenn Sie nacheinander mehrere Mäher eingeben möchten, können Sie bei der Eingabe auch SICHERN UND NEU HINZUFÜGEN wählen, dann wird ein Mäher angelegt, aber das Formular bleibt zur Eingabe eines weiteren Mähers offen.

Oh, und ein Tipp noch: Wenn Sie einen Mäher angelegt haben und den Eintrag erneut anklicken, um ihn zu bearbeiten, dann sollten Sie rechts oben eine Schaltfläche mit der Beschriftung AUF DER WEBSEITE ANZEIGEN sehen, die Sie direkt auf die Seite im Frontend weiterleitet. Diese Schaltfläche erscheint nur, wenn Ihr Model die Methode `get_absolute_url` mitbringt, die Sie in Abschnitt *Detailseiten verlinken* angelegt haben.

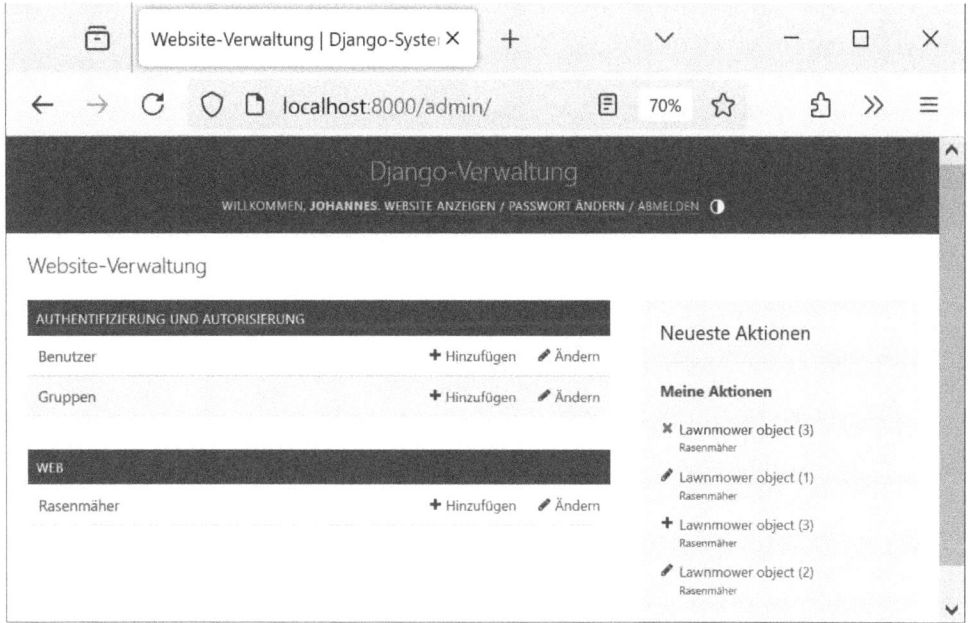

Abbildung 35.18: Wenn Sie den verbose_name Ihres Models einstellen, erscheint im Admin die richtige Übersetzung.

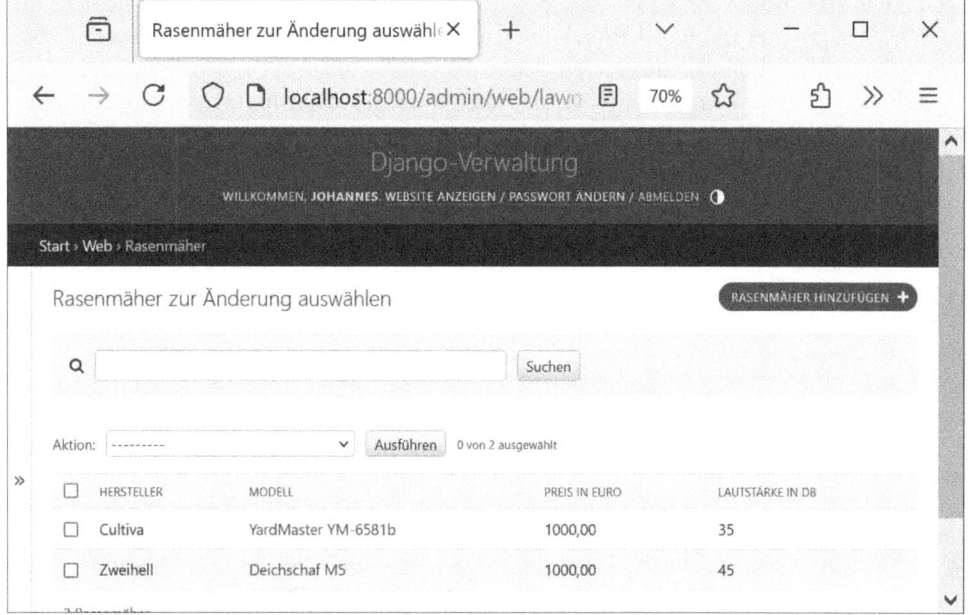

Abbildung 35.19: Im Admin werden die vorhandenen Rasenmäher übersichtlich aufgelistet.

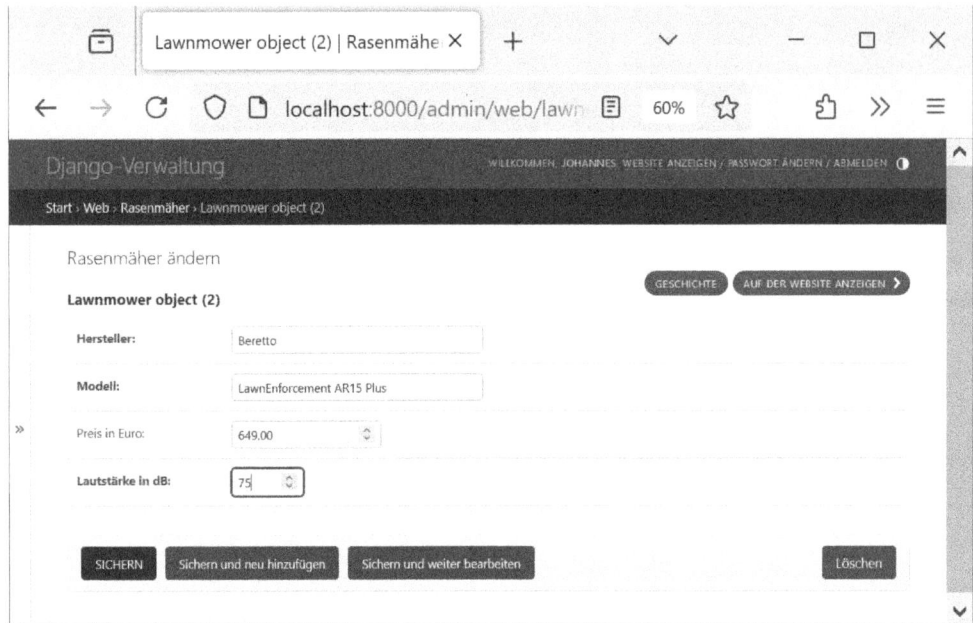

Abbildung 35.20: Anhand der Model-Definition generiert der Admin passende Masken für die Dateneingabe.

Vor dem Abspeichern werden Ihre Eingaben übrigens automatisch *validiert*, es wird also geprüft, ob das Eingetippte auch allen Anforderungen entspricht. Diese haben Sie implizit im Modell festgelegt – der Django-Admin leitet das Formular im Backend einfach aus der Modellspezifikation ab. Beispielsweise sind `Lawnmower.manufacturer` und `Lawnmower.model` erforderliche Felder, das bedeutet, dass Sie hier etwas eintragen müssen, weil der Mäher sonst nicht gespeichert wird. Bei `Lawnmower.price_euro` hingegen wurde festgelegt, dass auch Null-Werte ok sind; daher müssen Sie hier nichts eintragen. Wenn Sie aber dieses Feld ausfüllen, dann darf der Wert nicht größer als 9999.99 sein.

Zusammenfassung

Zusammenfassend also bietet Django eine Menge an Werkzeugen zur Entwicklung von datenzentrierten Web-Anwendungen. Sie haben in diesem Kapitel erfahren, wie man Django-Apps anlegt und im Projekt installiert. Sie haben ein Datenbankmodell definiert, Views dafür geschrieben und die Template-Engine verwendet, um ein einheitliches Layout zu erstellen. Mithilfe der Admin-Oberfläche können Sie mit sehr wenig Code Inhalte pflegen.

Leider kann dieses Kapitel trotzdem nur an der Oberfläche kratzen. Django bringt noch viel mehr Tools mit, die für ansprechende Webseiten notwendig sind, so die Verwaltung von hochgeladenen Dateien oder eben eine komplexe Nutzerverwaltung, mit der Sie Seitenzugriffe für bestimmte Personenkreise genau steuern können. Auch lässt sich Django mit zusätzlichen Modulen erweitern, die man häufig in Unternehmen findet, so kann man statt der eingebauten Datenbank auch LDAP oder Active Directory als Nutzerverwaltung anbinden. In der freien Wildbahn finden Sie außerdem auch viele Plug-ins.

Wenn Sie sich weiter damit beschäftigen möchten, können Sie die Vereinsseite um die folgenden Features erweitern. In der offiziellen Django-Doku werden alle diese Features näher beschrieben: `https://docs.djangoproject.com/en/5.1/`.

✔ **Pagination:** Die `ListView` bringt eine Funktion mit, um lange Listen auf mehrere Seiten aufzuteilen. Dazu müssen Sie noch ein wenig HTML einfügen.

✔ **Sortierung:** Ohne eine ausdrückliche Sortierreihenfolge werden die Mäher in der Reihenfolge ihrer Erstellung angezeigt. Versuchen Sie mal, sie nach Preis oder Lautstärke sortiert anzuzeigen (im Frontend – die Admin-Oberfläche kann das bereits).

✔ **Filtern:** Erweitern Sie die Übersichtstabelle so, dass beim Klick auf einen Hersteller nur dessen Modelle angezeigt werden.

✔ **Bilder:** Erweitern Sie das `Lawnmower`-Model um ein `ImageField` und zeigen Sie auf der Detailseite des jeweiligen Mähers ein Produktfoto an.

✔ **Passwortschutz:** Erstellen Sie eine Seite im Frontend, die nur angemeldeten NutzerInnen angezeigt wird.

✔ **Soziale Medien:** Wie wäre es, wenn angemeldete Vereinsmitglieder Kommentare zu den einzelnen Rasenmähern verfassen könnten? Dazu müssen Sie ein neues Model anlegen, das Rasenmäher und Nutzerkonten verknüpft.

✔ **Tests:** Django erleichtert das Schreiben von Software-Tests. Für robuste, fehlerfreie Webseiten sind sie das A und O!

✔ **Bereitstellung:** Eine Webseite sollte auch im Web aufrufbar sein. Der eingebaute Webserver ist dafür nicht geeignet, besser geht es mit dem Zusatzmodul *Gunicorn* oder Webservern wie *Apache* oder *NGINX*.

✔ **Rollbacks:** Falls bei einer Migration mal was schief geht, können Sie diese auch zurückspulen. Das wurde hier übersprungen, aber das sollten Sie in jedem Fall geübt haben, bevor Sie es mal wirklich brauchen.

✔ **Web-Design:** Einen *Red Dot Design Award* wird Ihre Seite im derzeitigen Zustand nicht gewinnen. Verbessern Sie Ihre HTML-, CSS- und JavaScript-Kenntnisse, bevor Sie die Seite ins Netz stellen, sonst zieht sie womöglich nur einen aufgebrachten X-Pöbel anstatt neuer Vereinsmitglieder.

Teil IX
Der Python im Daten-Dschungel

✔ Interaktive Notebooks fürs Labor

✔ Daten auswerten mit Pandas

✔ Diagramme mit Matplotlib

Kapitel 36
Interaktive Notebooks

In der Wissenschaft sind seit einigen Jahren *Jupyter Notebooks* beliebt. Dabei handelt es sich nicht um tragbare Klappcomputer aus dem All, sondern um interaktive Dokumente, in die Sie Texte, Daten, Tabellen und Grafiken einbetten können. Aber nicht nur für angehende Wissenschaftler lohnt sich ein Blick! Sie können damit datenlastige Aufgaben erledigen, zum Beispiel zum Prüfen Ihrer Finanzen oder wenn Sie nachweisen wollen, dass Ihr Pizzalieferservice Sie bescheißt (immerhin um 189 Quadratzentimeter, wenn statt 32 cm Durchmesser ständig nur 28 cm geliefert werden).

Projekt Jupyter

Der Name »Jupyter« ist der Titel des Projekts, das diese Notebooks hervorgebracht hat. Historisch betrachtet handelt es sich dabei um eine Weiterentwicklung des IPython-Projekts, das zunächst als Python-Shell angefangen hatte (wie die *REPL*, nur krasser). Später wurde IPython aber zu einer interaktiven Architektur für Datenanalysen weiterentwickelt.

Mit *Architektur* ist gemeint, dass hier ein Client-Server-System zum Einsatz kommt. Im Client werden dabei Anfragen formuliert und Ausgaben dargestellt; auf dem Server ist ein Python-*Kernel* für die eigentlichen Berechnungen zuständig. Das hat viele Vorteile, denn Sie können das Ganze einfach auf Ihrem Laptop installieren; in professioneller Umgebung aber könnte man den Server auch auf einem Großrechner oder im Cluster bereitstellen, um komplexe Berechnungen zu parallelisieren.

Ein Jupyter Notebook besteht aus einer Liste mit Zellen, in denen Sie Code ausführen können. Dabei sind Sie nicht auf Python-Code beschränkt, sondern Sie können auch Code in den Sprachen Julia, Haskell, Ruby und der Statistik-Sprache R ausführen (das müssten Sie dann aber jeweils bei sich installiert haben). Hier im Buch wird natürlich nur Python-Code gezeigt, aber grundsätzlich sind Notebooks hervorragend für komplexere Umgebungen geeignet, wo auch andere Sprachen zum Einsatz kommen.

Die Zellen eines Notebooks sind voneinander unabhängig – das macht es manchmal schwierig, damit größere zusammenhängende Programme zu erstellen. Stattdessen sind sie vor allem dafür gedacht, Datensätze schrittweise zu verfeinern und Grafiken auszugeben.

Die Notebook-Umgebung installieren

Zunächst müssen Sie die Jupyter-Umgebung installieren. Während der Installation werden viele Zusatzpakete installiert, daher sollten Sie hier unbedingt eine virtuelle Umgebung verwenden:

```
# Virtuelle Umgebung erstellen:
$ python -m venv .venv --prompt=data

# Aktivieren
# Linux, macOS
$ source .venv/bin/activate
(data) $

# Windows
> .venv\Scripts\activate.bat
(data) >
```

Dorthinein installieren Sie nun die folgenden Pakete:

```
(data) $ pip install jupyter pandas matplotlib scipy
```

Darunter sind:

✔ jupyter: die Notebook-Umgebung,

✔ pandas: Datenstrukturen zum Jonglieren großer Datenmengen,

✔ matplotlib: Bibliothek für Visualisierungen und

✔ scipy: Funktionen für wissenschaftliche Berechnungen.

Durch die Installation dieser Pakete werden viele weitere Pakete installiert; das wichtigste davon ist wohl numpy, das die Grundlage für Pandas und Matplotlib bildet (die kommen in den folgenden Kapiteln 37 und 38 dran). Meistens werden Numpy und Scipy in einem Atemzug genannt, wobei Numpy effiziente Datenstrukturen bereithält und Scipy wissenschaftliche Berechnungen auf diesen Datenstrukturen durchführt.

In dieser Umgebung können Sie nun mit dem Befehl jupyter notebook den lokalen Notebook-Server starten:

```
# Verzeichnis erstellen
(data) $ mkdir data

# Hineinwechseln
(data) $ cd data

# Notebook-Server starten
(data) $ jupyter notebook
```

Normalerweise sollte daraufhin bereits Ihr Browser aufspringen und die Seite `http://localhost:8888` öffnen. Sollte das aus irgendeinem Grunde ausbleiben, können Sie auf der Konsole nach einem der folgenden Log-Einträge Ausschau halten:

```
[...] Jupyter Server 2.14.2 is running at:
[...] http://localhost:8888/tree?token=77b0f6004ef1f846 ...
[...] http://127.0.0.1:8888/tree?token=77b0f6004ef1f846 ...
[...] Use Control-C to stop this server and shut down
  all kernels (twice to skip confirmation).
```

Direkt nach der Info, dass der Server gestartet wurde, finden Sie die passende URL.

Erste Schritte im Notebook

Zunächst zeigt der Browser eine Übersichtsseite, wie in Abbildung 36.1 zu sehen ist. Oben sehen Sie eine Menüleiste, weiter unten die Reiter FILES und RUNNING. Unter FILES sollten die Dateien des Verzeichnisses aufgelistet sein, in dem Sie den Notebook-Server gestartet haben. Rechts finden Sie eine Schaltfläche NEW; dort können Sie ein neues Notebook anlegen, indem Sie den Unterpunkt PYTHON 3 (IPYKERNEL) wählen.

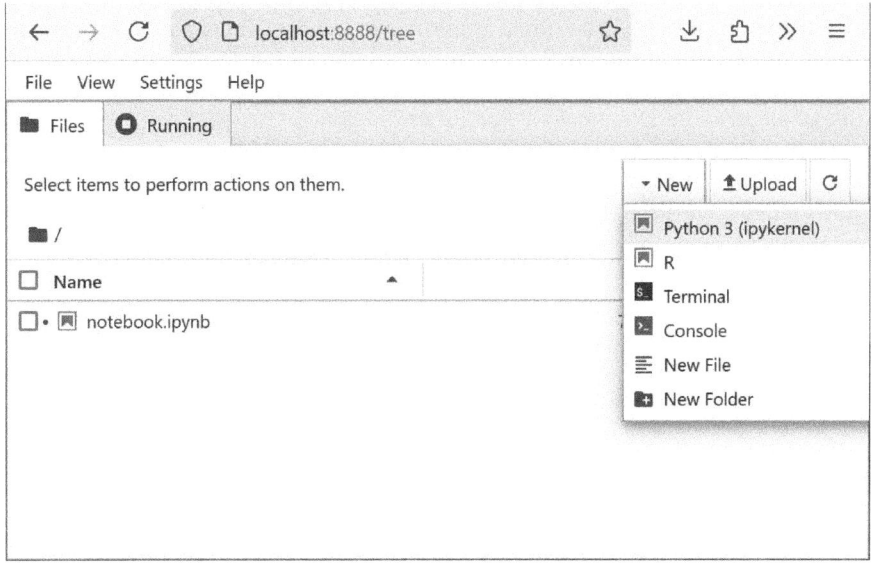

Abbildung 36.1: Auf der Startseite des Servers werden verfügbare Notebooks aufgelistet.

Daraufhin sollte sich ein neues Notebook öffnen; die URL im Browser springt dann auf `http://localhost:8888/notebooks/Untitled.ipynb` und Sie befinden sich im neuen Notebook wie in Abbildung 36.2.

In der Mitte finden Sie eine leere Zelle. Hier sollte Ihr Cursor bereits vor sich hin blinken, daher können Sie einfach drauflos tippen. Sie befinden sich dabei bereits in einer Code-Zelle, also können Sie beliebigen Python-Code eingeben. Danach können Sie entweder die

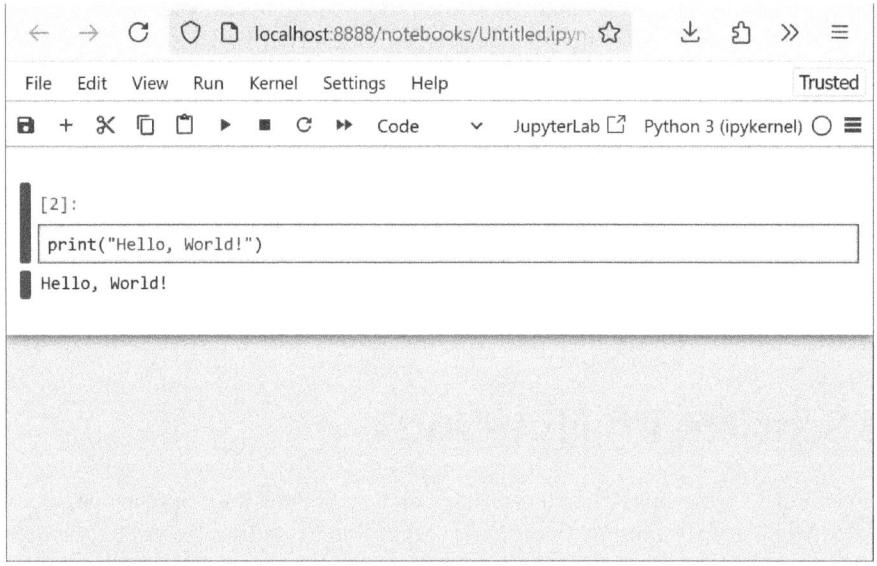

Abbildung 36.2: Im Notebook bearbeiten Sie Code in separaten Zellen.

»Play«-Schaltfläche am oberen Rand bedienen. Dadurch wird die Zelle ausgeführt. Etwaige Ergebnisse landen in der Ausgabe direkt unter der jeweiligen Zelle, ähnlich wie in der *REPL*. Anders als in der *REPL* passiert das Ganze nicht zeilenweise, sondern Sie können in einer Zelle relativ frei arbeiten. Außerdem kann das Notebook auch Grafiken und interaktive Steuerelemente anzeigen – auch das kann die *REPL* natürlich nicht.

Notebooks bestehen aus mehreren Zellen, die voneinander unabhängig ausgeführt werden können, jedoch teilen sich diese Zellen einen Namensraum. So können Sie in einer Zelle Variablen anlegen und diese in der nächsten Zelle weiterbenutzen. Dabei ist natürlich die Reihenfolge wichtig, weil bei wiederholter Ausführung verschiedener Zellen die Daten möglicherweise überschrieben werden. Beachten Sie daher die kleinen Zahlen links neben den Zellen; dabei handelt es sich um die fortlaufende Nummer der Ausführung (für die Abbildungen im Buch musste das Fenster etwas verkleinert werden, damit man etwas erkennen kann; dadurch ist die Zellennummerierung über die Zelle gewandert).

Tastenkürzel – Finger weg von der Maus

Statt der Knöpfe am oberen Rand können Sie verschiedene Tastenkombinationen verwenden, um das Notebook zu steuern. Bevor Sie das als reine Geschmackssache abtun, sollten Sie es ausprobieren: Die Arbeit im Notebook geht deutlich schneller von der Hand, wenn Sie nicht ständig die Hände von der Tastatur nehmen, um die Maus zu schubsen.

Tastenkombination	Beschreibung
`Esc`	Auswahlmodus aktivieren
`↑`;`↓` oder `J`;`K`	Zellen auswählen
`X`	Zelle ausschneiden
`C`	Zelle kopieren
`V`	Zelle einfügen
`Esc`,`D`,`D`	Zelle löschen
`↵`	Bearbeitungsmodus aktivieren
`Strg`+`↵`	Zelle ausführen
`⇧`+`↵`	Zelle ausführen und zur nächsten springen
`Alt`+`↵`	Zelle ausführen und neue Zelle erstellen
`Esc`,`M`	Zelle zur Markdown-Zelle machen
`Esc`,`Y`	Zelle zur Code-Zelle machen
`⇧`+`L`	Zeilennummern in Code-Zelle anzeigen

Tabelle 36.1: Praktische Tastenkombinationen für Notebooks

Beispielsweise können Sie mit `Strg`+`↵` die aktuelle Zelle ausführen. Mit `Alt`+`↵` hingegen führen Sie die Zelle aus und erstellen gleich darunter eine neue; dadurch können Sie komfortabel das Notebook erweitern.

Notebooks haben verschiedene Modi – wer den Editor *vim* kennt, wird sich damit schnell zurechtfinden. Wenn Sie in eine Zelle mit der Maus klicken, können Sie den Code darin bearbeiten und sind sozusagen im Bearbeitungsmodus.

Sobald Sie aber `Esc` drücken, springen Sie aus der Zelle heraus und können mit den Pfeiltasten zwischen den Zellen hin und her wechseln. Um eine Zelle für die Bearbeitung zu aktivieren, drücken Sie `↵`; zum Ausführen `Strg`+`↵`. Tabelle 36.1 stellt die wichtigsten Tastenkombinationen nochmal übersichtlich dar.

Code und Dokumentation

Sie können die Bedeutung einer Zelle ändern, indem Sie `Esc` und dann `M` drücken – dadurch wird aus einer Zelle eine *Markdown*-Zelle (das Gleiche erreichen Sie über das Menü über RUN/CELL-TYPE/CHANGE TO MARKDOWN CELL TYPE).

Markdown ist eine Syntax zur Formatierung von Dokumenten. Sie können mit ihr zwischen Ihren Code-Zellen auch noch ansprechend formatierte Dokumentation anlegen. Beispielsweise können Sie Absätze, Überschriften, Listen und Tabellen formatieren; beim Ausführen der Zelle werden diese in HTML formatiert und im Browser gerendert. Details zur Syntax finden Sie unter `https://daring fireball.net/projects/markdown/basics`.

Die Markdown-Syntax hat nur wenige Features, denn sie wurde entworfen, um intuitiv und schnell zu erlernen sein. In Notebooks läuft sie zur Höchstform auf, was vor allem durch nützliche Erweiterungen zustande kommt. Beispielsweise können Sie in Markdown-Zellen mathematische Formeln dokumentieren, indem Sie die Syntax aus dem Textsatzsystem LATEX verwenden, das besonders in den Naturwissenschaften beliebt ist (eben wegen seiner Fähigkeiten, Formeln zu formatieren).

 Dazu sei erwähnt, dass der Ausdruck »beliebt« eher relativ zu verstehen ist. Viele Nutzer hegen eine gewisse Hassliebe zu LaTeX und oft wird es nicht unbedingt geliebt, sondern einfach nur weniger stark gehasst als Microsoft Word. Nach (bald) zwei Büchern und ein paar wissenschaftlichen Publikationen zähle ich mich dazu.

Der folgende Markdown-Code erzeugt eine Ausgabe wie in Abbildung 36.3.

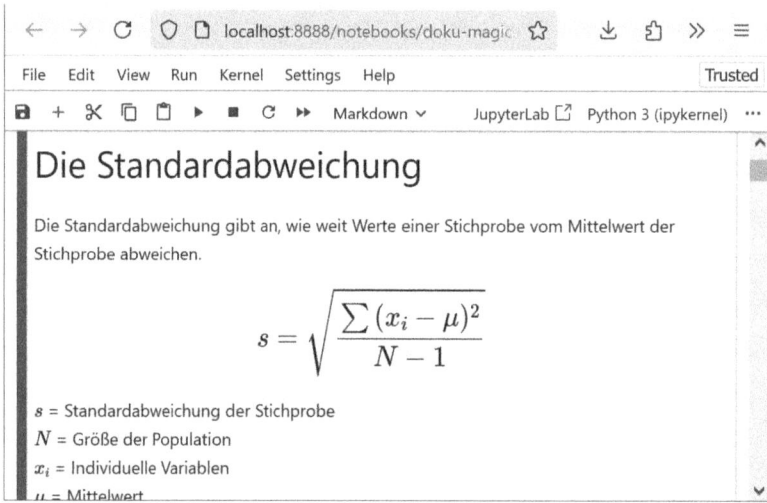

Abbildung 36.3: Mit Markdown-Zellen können Sie Dokumentation in nächster Nähe zu Ihrem Code ansprechend formatieren und sogar Formeln einfügen.

```
# Die Standardabweichung

Die Standardabweichung gibt an, wie weit Werte einer Stichprobe vom
    Mittelwert der Stichprobe abweichen.

$$\Huge
s = \sqrt{\frac{\sum{(x_i - \mu})^2}{N - 1}}
$$


$s$ = Standardabweichung der Stichprobe
```

```
$N$ = Größe der Population
$x_i$ = individuelle Variablen
$\mu$ = Mittelwert
```

Dazu noch ein paar Tipps:

1. Verwenden Sie $ ‹formel› $ für Formeln im fließenden Text.

2. Mit $$ ‹formel› $$, also doppelten Dollarzeichen, können Sie die Formel freistellen und zentrieren; darin sind auch Zeilenumbrüche erlaubt.

3. Zeilenumbrüche im Markdown-Code werden normalerweise bei der Formatierung verdichtet; um Zeilen untereinander zu schreiben wie bei der Legende in Abbildung 36.3, müssen Sie am Ende der Zeile zwei Leerzeichen belassen (die sieht man hier nicht).

Magische Zellen

Die wichtigste Funktion eines Notebooks ist natürlich das Ausführen von Python-Code, aber sie beherrschen noch ein paar andere Tricks. Ursprünglich stammen sie von der IPython-Shell ab, die eher als Ersatz für die *REPL* gedacht war und wie eine Kommandozeile im Terminal ausgeführt wurde; erst später verpasste man der Sache ein Browser-Interface. So kommt es, dass die Notebooks spezielle Kommandos unterstützen, mit denen Sie auf die Umgebung zugreifen können – Features, die man eher in einer Shell erwarten würde.

Beispielsweise können Sie in einer Zelle den Befehl %ls eingeben. Angelehnt an den gleichnamigen Linux-Befehl werden dadurch die Dateien des aktuellen Verzeichnisses ausgegeben. Den Pfad erfahren Sie über %pwd – der Ort entspricht dem Verzeichnis, aus dem Sie den Server-Prozess gestartet haben. Noch mehr nützliche Befehle finden Sie in Tabelle 36.2.

Diese Spezialbefehle werden auch als *Magics* bezeichnet, sie beziehen sich entweder auf einzelne Zeilen (*line magics*) oder auf ganze Zellen (*cell magics*). Zeilenbefehle werden dabei mit einem einzigen Prozentzeichen eingeleitet; Zellenbefehle mit zwei Prozentzeichen. Beispielsweise können Sie wie gewohnt etwas Python-Code in eine Zelle schreiben und in der ersten Zeile den Befehl %%timeit einfügen. Dadurch wird bei der Ausführung die Ausführungsdauer der Zelle gemessen, wie Abbildung 36.4 zeigt.

Hilfe, ich habe mich verlaufen!

Mit den Notebooks steht Ihnen die ganze Welt der Datenanalyse offen. Wenn Sie sich für dieses Thema interessieren und im Nachgang weitere Bibliotheken kennenlernen, werden Sie oft Beispiele finden, die in Notebooks gelagert werden. Häufig werden Sie auf Variablen, Funktionen und Klassen stoßen, deren Namen Ihnen nichts sagen. Wenn Sie ein Objekt einfach beim Namen nennen und »den Satz« mit einem Fragezeichen beenden, so gibt Jupyter die Dokumentation des Objekts aus:

```
import statistics
statistics?
```

Bezug	Magischer Befehl	Beschreibung
Zeile	`%lsmagic`	Übersicht aller Magics
	`%quickref`	kurzes Manual dazu
	`%env PATH`	Umgebungsvariablen ausgeben (z. B. PATH)
	`%load <file.py>`	Inhalt einer Datei in die aktuelle Zelle laden.
	`%run <file.py>`	Programm in Datei ausführen
	`%pwd`	aktuelles Verzeichnis ausgeben
	`%ls`	Dateien ausgeben
	`%mv alt neu`	Datei verschieben
	`%cp alt neu`	Datei kopieren
	`%rm`	Datei löschen
	`%pip <args>`	Pakete nachinstallieren
Zelle	`%%timeit`	Ausführungsdauer der Zelle messen
	`%%writefile <file.py>`	Inhalt der Zelle in eine Datei schreiben

Tabelle 36.2: Mit magischen Befehlen interagiert das Notebook mit der Umwelt

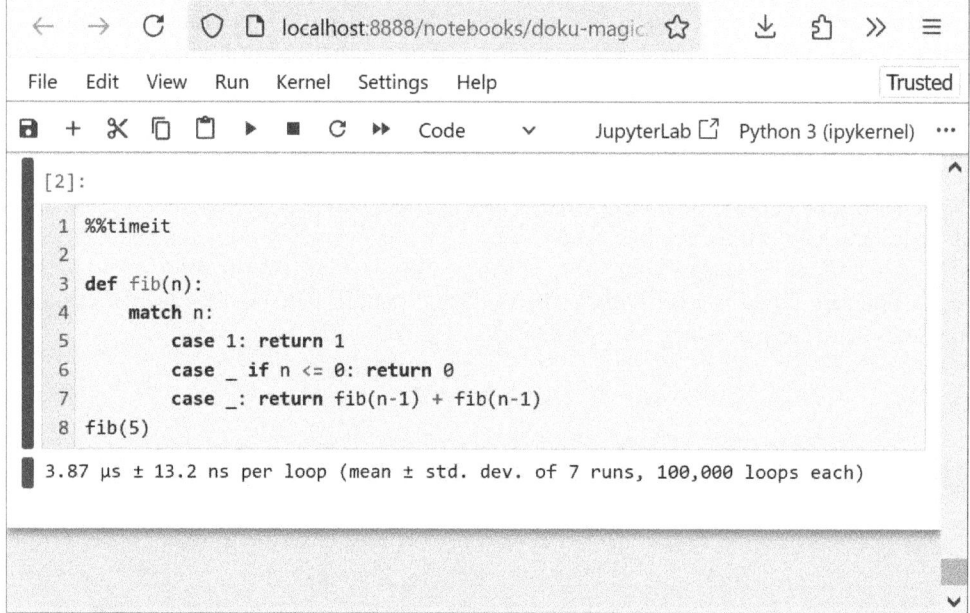

Abbildung 36.4: Mit dem `%%timeit`-Befehl wird die Zelle mehrfach ausgeführt und die Geschwindigkeit gemessen.

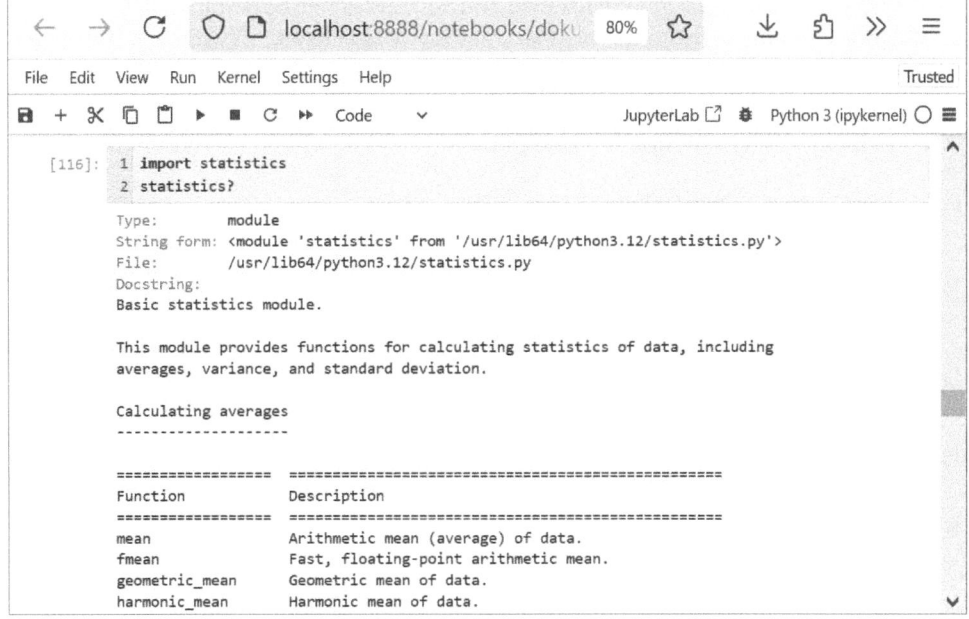

Abbildung 36.5: Durch das Fragezeichen erhalten Sie umfassende Hilfe.

Das Ergebnis sieht dann so aus wie in Abbildung 36.5 – so finden Sie sich zurecht!

 Und wenn Ihnen der Name einer Funktion mal nicht einfällt, können Sie die Autovervollständigung verwenden. Geben Sie nur ein paar Buchstaben ein und drücken Sie die Tabulator-Taste ⇥ – schon erhalten Sie in paar Vorschläge.

Interaktive Zellen

Die Zellen verhalten sich stets so, dass der letzte gezeigte Ausdruck ausgegeben wird:

```
def fahrenheit(c):
    return round(c * 1.8 + 32, 2)

fahrenheit(c=21)
fahrenheit(c=24)

# Ausgabe:
75.2
```

Listing 36.1: notebook.ipynb

Das ist etwas unpraktisch, wenn Sie mehrere Werte hintereinander ausgeben möchten. Im Beispiel wird nur der letzte Wert (c=24) angezeigt; der vorherige wird übersprungen. Um den auch noch auszugeben, können Sie ein `print(...)` einstreuen – genau wie in einer Terminal-Sitzung wird der ausgegebene Text eingefangen und unter der Zelle angezeigt.

Die Ausgabe im Terminal ist auf Buchstaben und Sonderzeichen beschränkt, allerdings läuft das Notebook in einem Browser und hier sind die Möglichkeiten vielfältiger. Statt einer schnöden Textausgabe können Sie auch Steuerelemente anzeigen:

```python
import ipywidgets as widgets
from IPython.display import display

celsius_slider = widgets.IntSlider(
    value=21,
    min=-50,
    max=400
)
display(celsius_slider)
```
Listing 36.2: notebook.ipynb

Importieren Sie das Modul `ipywidgets`.

 Der Begriff *Widget* bedeutet so viel wie *Dingsbums* und steht für irgendetwas zum Dranrumfummeln. Gemeint ist ein *Steuerelement* – diese Bezeichnung hat sich ziemlich eingebürgert.

Als Nächstes brauchen Sie noch `IPython.display`. Die Vorsilbe `ipy-` und der Name `IPython` sind Überbleibsel aus dem Vorläuferprojekt; achten Sie beim Importieren auf die Groß-/Kleinschreibung.

Erzeugt wird hier ein `IntSlider` – ein Schieberegler, über den Sie Ganzzahlen eingeben und den Sie in Abbildung 36.6 bestaunen können. Als Argumente übergeben Sie ein paar Werte, so geht dieser Slider von −20 bis maximal 400 und ist initial auf 21 eingestellt. Wenn Sie den Schieber mit der Maus bewegen, aktualisiert sich die nummerische Anzeige; umgekehrt können Sie in diese auch eine Zahl eintippen, was dann den Schieber wieder anpasst (der Text wird zu einem Eingabefeld, wenn Sie draufklicken).

Noch ist der Schieber ohne Funktion – spannender wird es, wenn Sie die Werte des Schiebers in eine Berechnung mit einbeziehen:

```python
import ipywidgets as widgets
from IPython.display import display

celsius_slider = widgets.IntSlider(
    value=21,
    min=-50,
    max=400,
    description="Celsius"
)

def fahrenheit(celsius):
    return round(celsius * 1.8 + 32, 2)

def fahrenheit_output(celsius):
    display(fahrenheit(celsius))
```

```
temperature_display = widgets.interactive_output(
    fahrenheit_output,
    {'celsius': celsius_slider}
)

display(widgets.Label(value="Celsius:"))
display(celsius_slider)
display(widgets.Label(value="Fahrenheit:"))
display(temperature_display)
```
Listing 36.3: notebook.ipynb

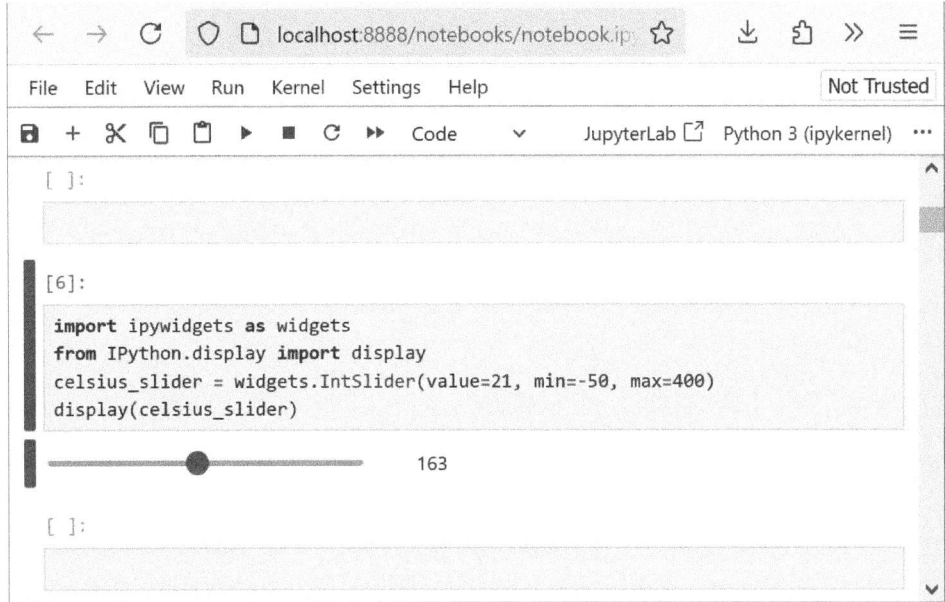

Abbildung 36.6: Ein interaktives Steuerelement

Hier werden wieder die widgets importiert und ein Slider angelegt; diesmal mit einer treffenden Beschreibung. Als Nächstes wird die Funktion fahrenheit definiert, die Grad Celsius in Grad Fahrenheit umrechnet – praktisch, falls Sie mal wieder im Internet amerikanische Kochvideos gucken und sich wundern, wie Sie Ihren Backofen auf 450 Grad vorheizen sollen – damit ist natürlich die Spaßeinheit Fahrenheit gemeint.

Als Nächstes folgt ein Spagat über mehrere Dateien hinweg: Sie erstellen ein temperature_display, indem Sie widgest.interactive_output aufrufen. Diese Funktion benötigt eine Anzeige-Funktion; in diesem Fall fahrenheit_output, die nichts macht, als die Celsius-Temperatur zu konvertieren und dann mit display(auszugeben) – dadurch kann das Ergebnis im Notebook angezeigt werden und sich dynamisch aktualisieren. Als zweites Argument wird ein Dict übergeben – damit wird die Ausgabe des celsius_slider an den Parameter celsius der Anzeige-Funktion gebunden. Zu guter Letzt werden der Slider und die Anzeige, zusammen mit passenden Beschriftungen, via display ins Notebook gerendert. Das Ergebnis sieht aus wie in Abbildung 36.7. Wenn Sie den Slider verschieben, aktualisiert sich der angezeigte Wert.

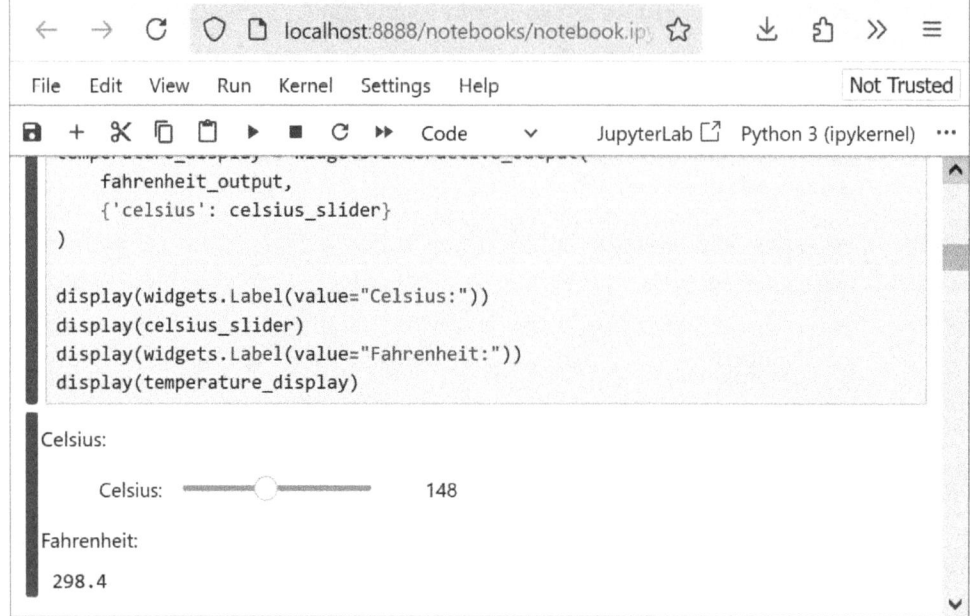

Abbildung 36.7: Durch Bewegen des Schiebers wird das Ergebnis dynamisch aktualisiert.

Diesen Trick können Sie sogar noch erweitern, in der folgenden Konstellation ist die Fahrenheit-Anzeige ebenfalls ein Slider. Je nachdem, welchen Sie verschieben, aktualisiert sich die jeweils andere Seite:

```python
import ipywidgets as widgets
from IPython.display import display

caption = widgets.Label(value='Temperatur:')
celsius_slider = widgets.IntSlider(
    value=21,
    min=-20,
    max=400,
    description="Celsius:"
)

fahrenheit_slider = widgets.IntSlider(
    min=0,
    max=600,
    description="Fahrenheit:"
)

def celsius(fahrenheit):
    return (fahrenheit - 32) * 5/9

def fahrenheit(celsius):
    return round(celsius * 1.8 + 32, 2)
```

```
widgets.dlink(
    source=(celsius_slider, 'value'),
    target=(fahrenheit_slider, 'value'),
    transform=fahrenheit
)

widgets.dlink(
    source=(fahrenheit_slider, 'value'),
    target=(celsius_slider, 'value'),
    transform=celsius
)

display(caption, celsius_slider, fahrenheit_slider)
```
Listing 36.4: notebook.py

Hier werden wie gesagt zwei Slider erstellt, einer für Celsius nach Fahrenheit; der andere für Fahrenheit nach Celsius. Über `widgets.dlink(...)` werden sie verknüpft; dabei steht das d sowohl für *dynamic* als auch (und vor allem) für *directional*. Damit ist gemeint, dass die Verknüpfung eine Richtung hat; daher gibt es auch zwei Links, einen für die Hin- und einen für die Rückrichtung. Diese führen jeweils die Konvertierung durch. Die beiden Schieber sind nun im Hintergrund verdrahtet und werden zusammen mit einer Beschriftung über `display(...)` angezeigt. Wenn Sie dann einen der Schieber bewegen, aktualisiert sich der jeweils andere, wie in Abbildung 36.8 angedeutet. Ziemlich cool, oder?

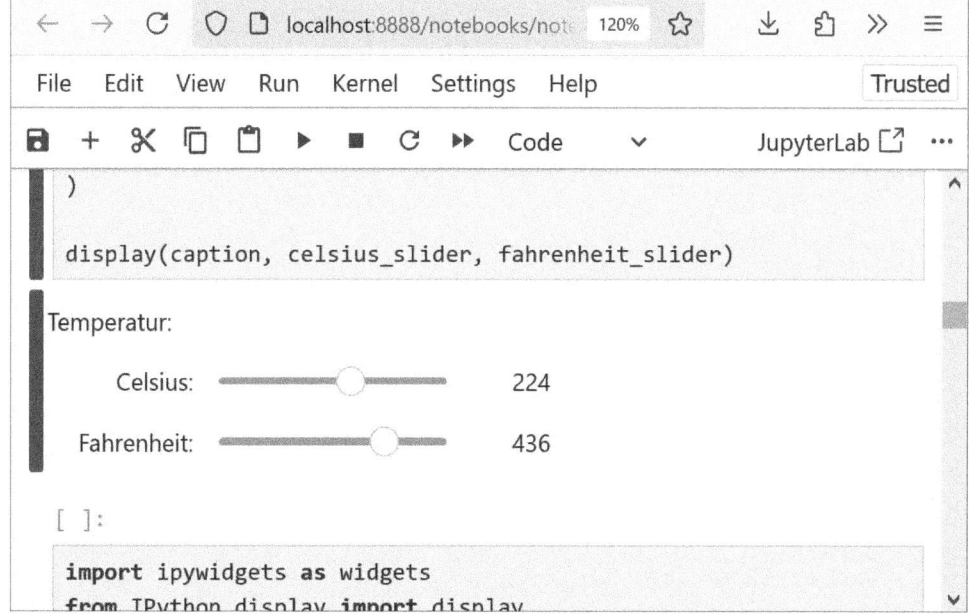

Abbildung 36.8: Die beiden Schieber sind gekoppelt und aktualisieren einander.

Notebooks mit Steuerelementen sind natürlich kein Ersatz für Programme mit grafischer Nutzeroberfläche – die werden erst in Kapitel 39 behandelt. Interessant wird dieser Ansatz aber, wenn Sie ihn bei der Datenanalyse mit einbeziehen.

IN DIESEM KAPITEL...

Datensätze bereinigen und durchsuchen

Gruppieren und Aufteilen

Deskriptive Statistiken ausgeben

Kapitel 37
Daten jonglieren mit Pandas

Pythons eingebaute Datenstrukturen wie Listen, Sets und Dictionarys eignen sich hervorragend zur Datenverarbeitung, stoßen aber in wissenschaftlichen Auswertungen oft an ihre Grenzen, besonders wenn es um große Datensätze geht. Zwar sind die Python-Strukturen sehr flexibel, aber für diese Flexibilität muss einiges an Verwaltungscode vorgehalten werden (unter anderem weil Daten immer als Objekte vorliegen). Außerdem sind viele Algorithmen in Python verhältnismäßig langsam, weil der Code durch den Interpreter ausgeführt wird.

In diesem Fall greift man lieber auf andere Bibliotheken zurück, wie beispielsweise *Pandas*, was einerseits schneller im Umgang mit großen Datenmengen ist und andererseits viele nützliche Funktionen bereithält, darunter das Filtern und Bereinigen, was oft einen Großteil der Datenarbeit ausmacht.

Die Performance-Vorteile von Pandas kommen von *numpy*. Kern dieser Bibliothek sind mehrdimensionale Arrays, die Daten effizient im Speicher halten. Das Ganze wurde in C geschrieben, daher ist es wesentlich schneller als reiner Python-Code.

Um den Umgang mit Daten zu üben, wird in diesem Kapitel ein Fahrtenbuch ausgewertet. Es entstand durch händische Eintragungen zwischen 2020 und 2022. Sie finden es im Beispielcode zum Buch in der Datei fahrtenbuch.csv.

Alle in diesem Kapitel verwendeten Schnipsel finden Sie außerdem in der Datei fahrtenbuch.ipynb wieder, außer die Beschriftung sagt was anderes.

Datensätze laden

```
import pandas as pd

df = pd.read_csv("fahrtenbuch.csv")
```

Hier wird zunächst die Bibliothek pandas geladen, dann wird das Fahrtenbuch aus einer CSV-Datei eingelesen.

 Laut Erfinder Wes McKinney steht der Name »pandas« für *panel data*, wobei ein *Panel* eine bestimmte Stichprobe ist, die zu mehreren Messzeitpunkten beobachtet wird – zum Beispiel wenn man über mehrere Jahre die immer gleichen Haushalte nach der Kalkschichtdicke in den Wasserkochern befragt.

McKinney erfand die Bibliothek im Rahmen seiner Arbeit bei einem Finanzunternehmen, wo noch stärker als bei anderen Unternehmen im Raum steht, dass Zeit einfach Geld ist. Daher ist es Konvention, das Modul pandas stats mit dem Alias pd zu importieren, offenbar weil man sich einbildet, dadurch ordentlich Zeit und Geld zu sparen. Grundsätzlich sind Abkürzungen im Code abzulehnen, zumindest wenn man Code schreiben möchte, den man auch in einem halben Jahr noch versteht, allerdings hat diese Idee in der Wissenschaft und der Finanzmathematik noch keinen Anklang gefunden, daher ist es auch weit verbreitet, numpy as np und scipy as sp zu importieren.

Das Gleiche trifft für die Variable zu, die Sie erhalten, wenn Sie pd.read_csv(...) aufrufen. Diese wird häufig einfach df genannt, was kurz für DataFrame steht und den gesamten Datensatz repräsentiert.

 Der Name der Funktion ist sehr treffend, denn hier wird eine CSV-Datei gelesen – es gibt auch noch pd.read_excel, pd.read_sql und pd.read_json. Auch einige richtig abgefahrene Formate kann Pandas verarbeiten, etwa Daten aus den Statistik-Programmen SPSS, Stata und SAS sowie das *Hierarchical Data Format* (HDF).

Datensätze haben in der Regel mehr als eine Dimension, deswegen erhalten Sie eine Tabelle vom Typ pd.DataFrame. DataFrames sind die zentralen Datenstrukturen, mit denen Sie in Pandas jonglieren.

Zeilen ausgeben

Um nun einen kurzen Blick auf die geladenen Daten zu werfen, geben Sie einfach den Variablennamen des Datensatzes ein und führen die Zelle aus. Daraufhin zeigt das Notebook Ihnen eine Übersicht der Daten.

 Im Verlauf dieses Kapitels wird die Ausgabe immer einfach direkt unter dem Code angezeigt und nicht für jede Zelle ein Screenshot eingebunden, weil das sonst etwas unübersichtlich wäre. Es wird davon ausgegangen, dass Sie all das hier in einem Notebook ausführen.

```
df
```

```
# Ausgabe:
        Datum    Zweck   Beginn     Ende   Liter   Euro Fahrer
0   2020-02-01   Umzug   179601   179632     NaN    NaN    a,b
1   2020-02-02   Umzug   179632   179656     NaN    NaN    a,b
```

```
2    2020-02-02    Sport    179656    179679    NaN    NaN    b
3    2020-02-03    Arbeit   179679    179800    NaN    NaN    b
4    2020-02-08    Umzug    179800    179837    NaN    NaN    a,b
..        ...        ...       ...       ...     ...    ...   ...
175  2022-08-21    Besuch   188984    189071    NaN    NaN    a,b
176  2022-09-12    Einkauf  189071    189074    NaN    NaN    a
177  2022-09-18    Besuch   189074    189123    NaN    NaN    a,b
179  2022-10-14    Einkauf  189174    189177    NaN    NaN    a
```

```
[180 rows x 7 columns]
```

Das Fahrtenbuch enthält 180 Fahrten. Für jede Fahrt wurde der Zweck der Fahrt festgehalten sowie der Kilometerstand jeweils zu Beginn und Ende der Fahrt. Falls getankt wurde, wurden Volumen (Liter) und Preis (Euro) der Tankfüllung vermerkt. Die Spalte Fahrer enthält die Info, wer gefahren ist (entweder ich oder meine Frau, oder wir beide).

 In den Spalten Liter und Euro steht in der Ausgabe NaN – kurz für »Not a number«. Dabei handelt es sich um einen Platzhalter, weil die meisten Zellen nicht gefüllt sind (weil ja nicht auf jeder Fahrt auch getankt wurde).

Die ausgegebene Tabelle wird im Notebook nur verkürzt dargestellt – praktisch, weil hier insgesamt 180 Zeilen vorhanden sind, die nicht auf den Bildschirm (oder in dieses Buch) passen würden. Falls Sie einen großen Bildschirm haben und in der Ausgabe mehr Zeilen sehen möchten, können Sie die folgende Einstellung festlegen:

```
# Mehr Zeilen anzeigen
pd.set_option('display.max_rows', 120)
```

Alternativ können Sie auch Ihre Abfrage verfeinern:

```
# Gibt die ersten 60 Zeilen aus
df.head(60)

# Gibt die letzten 60 Zeilen aus
df.tail(60)
```

Um eine konkrete Zeile zu betrachten, können Sie sie über Ihren Index ansprechen:

```
# Eine konkrete Zeile ausgeben:
df.iloc[3]
```

```
# Ausgabe:
Datum       2020-02-03 00:00:00
Zweck                    Arbeit
Beginn                   179679
Ende                     179800
Liter                       NaN
Euro                        NaN
Fahrer                        b
Name: 3, dtype: object
```

In der Ausgabe erhalten Sie die Werte aller Spalten der Zeile in einer übersichtlichen Darstellung.

Indizes spielen in Pandas eine besondere Rolle, da Sie unabhängig von den Daten verändert werden können. Hier wurde beim Laden der CSV-Tabelle keine besondere Einstellung vorgenommen, daher ist der Index einfach ein numerischer Index wie bei einer normalen Liste. Indizes sind nicht auf Zahlen beschränkt, sondern können auch aus Tupeln oder Datumsangaben bestehen.

Im Gegensatz zu nativen Python-Objekten arbeitet man in Pandas kaum mit numerischen Indizes. Zwar schaut man auch mal die eine oder andere Zeile in einem Datensatz genauer an, aber meistens werden Daten aggregiert betrachtet. Auch zum Iterieren benötigt man Indizes nur selten, da Pandas spaltenweise arbeitet.

Spalten anzeigen

Die eingelesene Tabelle enthält sieben Spalten, deren Namen Sie über das Attribut `df.columns` herausfinden:

```
# Zeigt die Spalten eines DataFrame an
df.columns

# Ausgabe:
Index(['Datum', 'Zweck', 'Beginn',
       'Ende', 'Liter', 'Euro', 'Fahrer'], dtype='object')
```

Die Spalten eines DataFrame sind eigenständige Objekte:

```
# Spalte "Zweck" aufrufen:
df.Zweck

# Ausgabe:
0               Umzug
1               Umzug
2               Sport
3              Arbeit
4               Umzug
           ...
175             Besuch
176            Einkauf
177             Besuch
178         Unternehmung
179            Einkauf
Name: Zweck, Length: 180, dtype: object
```

Für dieses Beispiel wurden kurze Spaltennamen gewählt, die auch als Python-Bezeichner durchgehen. Es kann jedoch passieren, dass die Spaltennamen der Tabelle Umlaute oder Leerzeichen enthalten, dann können Sie leider nicht `df.<spalte>` aufrufen. Dann gehen aber eckige Klammern – zum Beispiel `df["Zweck"]`.

Series-Objekte: Schön der Reihe nach

Die Spalten eines DataFrame werden als *Serien* oder besser *Reihen* bezeichnet, repräsentiert von Datentyp Series. Es handelt sich dabei um eindimensionale Arrays, die noch ein paar spannende Zusatzmethoden mitbringen. Bevor es mit dem Fahrtenbuch weitergeht, lohnt sich ein kurzer Versuch, bei dem Sie ein Series-Objekt in Großaufnahme betrachten:

```
import pandas as pd

# Series-Objekt anlegen:
data = [1, 2, 3, 4, 5]
numbers = pd.Series(data, dtype="float")
numbers

# Ausgabe:
0    1.0
1    2.0
2    3.0
3    4.0
4    5.0
dtype: float64
```

In der Ausgabe werden die Elemente des Series-Objekts aufgelistet; vorne steht noch der nummerierte Index.

 Series verwenden im Hintergrund ndarray-Objekte, die ursprünglich aus der Bibliothek numpy stammen. Anders als bei normalen Python-Listen können sie nur Daten des gleichen Typs aufnehmen, der als dtype explizit angegeben wird. Dadurch kann der Speicher effizienter verwaltet werden. Wenn Sie diese Angabe weglassen, wird der verwendete Typ aus den Nutzdaten hergeleitet. Das ist aber nicht immer der effizienteste Weg.

Hier wurde beim Erzeugen der Series numbers angegeben, dass die Daten als float-Objekte gespeichert werden sollen, was standardmäßig 64 Bit pro Zahl verbraucht. Durch den richtigen Datentyp können Sie einiges an Speicherplatz sparen:

```
maxint = 65_536
l1 = list(range(maxint))
print(sys.getsizeof(l1))

s1 = pd.Series(range(maxint), dtype="uint16")
print(sys.getsizeof(s1))

# Ausgabe (Bytes):
524344
131236
```

Hier werden gut Fünfundsechzigtausend Ganzzahlen in den Speicher geladen, einmal als Liste, einmal als Series. Python reserviert standardmäßig 64 Bit für Ganzzahlen (also 8 Byte), daher brauchen die Daten alleine stolze 524.288 Byte im Speicher (in der Ausgabe etwas mehr, weil sys.getsizeof(...) den Verwaltungscode des Objekts noch mitzählt).

Durch die Angabe des Datentyps als `uint16` werden nur noch 16 Bit (2 Byte) pro Ganzzahl reserviert – dadurch benötigt diese `Series` nur 130 statt 520 KB. Durch eine konkrete Angabe kann man also ganz schön Speicherplatz sparen, allerdings büßt man dadurch auch einiges an Flexibilität ein, denn nun ist der größte mögliche Wert 65.535.

 Die Bezeichnung `uint16` ist in der Sprache C gebräuchlich. Das Präfix u steht für *unsigned*, was bedeutet, dass kein Bit als Vorzeichen reserviert wurde – also sind nur positive Werte möglich.

`Series` verhalten sich anders als Listen, was ein wenig Umdenken erfordert. Viele Operationen beziehen sich nämlich nicht auf die `Series`-Objekte selbst, sondern auf deren Elemente. Beispielsweise führt die Addition zweier Listen zu einer neuen, verknüpften Liste. Zur Erinnerung: So machen es die normalen Listen:

```
# Listen
a = [1, 2, 3, 4]
b = [2, 3, 4, 5]
a + b


# Ausgabe:
[1, 2, 3, 4, 2, 3, 4, 5]
```

Werden hingegen zwei `Series`-Objekte addiert, bezieht sich die Operation auf die einzelnen Elemente:

```
# Series
a = pd.Series([1,2,3,4])
b = pd.Series([2,3,4,5])
a + b


# Ausgabe:
0    3
1    5
2    7
3    9
dtype: int64
```

So verhalten sich alle arithmetischen Operationen der `Series`-Objekte. Auf diese Art und Weise können auch einzelne Werte mit den Werten der Reihe verrechnet werden:

```
s = pd.Series([1,2,3,4,5,6])
s ** 2
s


# Ausgabe:
0     1
1     4
2     9
3    16
4    25
5    36
dtype: int64
```

Hier werden alle Werte der `Series` quadriert.

Mit diesem Wissen im Hinterkopf kann die eingelesene CSV-Tabelle verbessert werden. Sie enthält die Spalten `df["Beginn"]` und `df["Ende"]`, jeweils mit den Kilometerständen der jeweiligen Fahrt. Mithilfe dieser Werte können Sie die Distanz berechnen:

```
# Neue Series auf dem Dataframe anlegen:
df["Distanz"] = df["Ende"] - df["Beginn"]


df.Distanz

# Ausgabe:
0          31
1          24
2          23
3         121
4          37
        ...
175        87
176         3
177        49
178        51
179         3
Name: Distanz, Length: 180, dtype: int64
```

Hier wurde die Distanz aus der Differenz der Kilometerstände errechnet, was eine neue `Series` ergibt. Diese wird sogleich auf dem `DataFrame` gespeichert – für die Zuweisung muss die Schreibweise `df["Distanz"]` verwendet werden; danach kann wie gehabt über `df.Distanz` darauf zugegriffen werden.

Deskriptive Statistiken generieren

`Series`-Objekte bringen viele nützliche Methoden mit:

```
# Min:
df.Distanz.min()    # 3.0


# Max:
df.Distanz.max()    # 826


# Summe:
df.Distanz.sum()    # 9574


# Mittelwert:
df.Distanz.mean()   # 53.188


# Standardabweichung:
df.Distanz.std()    # 70.52
```

Insgesamt ist das Auto im angezeigten Zeitraum 9574 Kilometer gefahren. Diese verteilen sich auf 180 Fahrten; das sind im Durchschnitt 53 Kilometer pro Fahrt. Dabei fällt jedoch auf, dass die Standardabweichung mit 70 Kilometern recht hoch ist, es gab also viele Fahrten, die weit länger als 53 km waren, und auch viele, die deutlich darunter lagen. In so einem Fall sollte man die Verteilung etwas genauer unter die Lupe nehmen. Das geht am Besten mit `Series.describe()`:

```
df.Distanz.describe()
```

```
# Ausgabe:
count    180.000000
mean      53.188889
std       70.519603
min        3.000000
25%       12.000000
50%       50.000000
75%       79.500000
max      826.000000
Name: Distanz, dtype: float64
```

Die Methode `describe` gibt eine deskriptive Statistik der gefahrenen Strecken aus. Hier fällt auf, dass die längste Fahrt 826 km lang war, die kürzeste nur 3 km. Eigentlich sollte man für derart kurze Strecken das Auto tunlichst stehen lassen, allerdings wurden hier schwere Lasten transportiert (nämlich Wocheneinkäufe vom nächsten Supermarkt).

 Geneigte Statistiker erkennen hier bereits, dass die Verteilung schief ist. Das zweite Quartil (der Wert bei 50 %) wird auch als Median bezeichnet und teilt die Datenmenge in zwei Hälften. Die Hälfte der Fahrten war also kürzer als 50 Kilometer, die andere Hälfte länger. Der Mittelwert ist etwas höher als der Median, was darauf hindeutet, dass ein paar wenige hohe Werte die Verteilung verzerren.

Zeilen aus Series und DataFrames abfragen

Um der Sache auf den Grund zu gehen, können Sie die Daten ein wenig filtern. Die Syntax dafür ist etwas ulkig, was daran liegt, wie `Series` boolesche Operationen auswerten. Genau wie arithmetische Operationen wie Addition und Subtraktion beziehen die sich nämlich auf die einzelnen Elemente:

```
df.Distanz > 50
```

```
# Ausgabe:
0      False
1      False
       ...
178     True
179    False
Name: Distanz, Length: 180, dtype: bool
```

Wenn Sie die `Series` mit einem Wert vergleichen, wird der Vergleich für jedes Element einzeln durchgeführt. Sie erhalten daraufhin eine neue `Series` mit booleschen Werten. Für sich genommen ist sie nutzlos, aber sie enthält ein wichtiges Detail: Die Werte sind nämlich genau so indiziert wie der ursprüngliche `DataFrame`. Daher können Sie sie benutzen, um die Daten zu filtern:

```
df.Distanz[df.Distanz > 200]
```

```
# Ausgabe:
20      226
162     826
Name: Distanz, dtype: int64
```

Offenbar war die längste registrierte Fahrt von 826 Kilometern eine Ausnahme und das Auto scheint eher für kürzere Fahrten genutzt zu werden.

Um die Anzahl der Kilometer noch weiter einzuschränken, können Sie die Ausdrücke auch kombinieren:

```
df.Distanz[(df.Distanz > 10) & (df.Distanz < 120)].count()
```

Die einzelnen Ausdrücke werden in Klammern gefasst und mit einem Ampersand beziehungsweise Kaufmanns-Und & kombiniert. Alternativ könnten Sie auch eine Pipe | einsetzen. Die Operatoren funktionieren wie die logischen Operatoren and und or, wobei das Kaufmanns-Und für *und* und die Pipe für ein (inklusives) *oder* steht. Leider können Sie die im Python-Code gebräuchlichen sprechenden Operatoren and und or nicht direkt nutzen. Bei *und* müssen alle Ausdrücke zutreffen, damit die Zeilen in der Ergebnisliste landen; bei *oder* können beide oder nur einer zutreffen.

Diese Syntax ist flexibel, aber nicht besonders schön, daher bietet Pandas noch einen anderen Weg:

```
df.query("10 < Distanz < 120").Distanz.count()
```

Die Methode `df.query(<abfrage>)` nimmt einen String an, der einen Such-Ausdruck enthalten muss. In diesem Ausdruck sind logische Operationen erlaubt; verwendete Bezeichner beziehen sich dabei auf die Namen der Spalten im `DataFrame` (sonst gibt es einen `KeyError`). Die Query-Syntax ist viel übersichtlicher als der Wald an Klammern weiter oben, jedoch entstehen dadurch zwei syntaktische Sonderfälle:

✔ `@variable`: Um in Abfrageausdrücken Variablen zu verwenden, müssen Sie ihnen ein @ voranstellen.

✔ `'string'`: Strings können über einfache oder doppelte Anführungsstriche angegeben werden, je nachdem, was syntaktisch erlaubt ist.

✔ `'Preis (Euro)'`: Spaltennamen, die keine gültigen Bezeichner wären, müssen in Backticks eingefasst werden.

Kurzer typografischer Hinweis: Backticks sehen in der Code-Schriftart des Buches aus wie umgedrehte Anführungsstriche. Gemeint sind aber die oberen Strichelchen links neben der Backspace-Taste ⌫, die Sie normalerweise für französische *accent aigu* und *accent grave* verwenden würden (wie in *étagère*). Drücken Sie ⇧ + ´.

Zum Beispiel:

```
# Variablen
dmin = 40
dmax = 120
df.query("@dmin < Distanz < @dmax")

# Spalten und Strings
df.query("Fahrer == 'b'")
```

Innerhalb der Abfrageausdrücke können Sie die ausdrucksstarke Python-Syntax verwenden, um weitere Berechnungen und Vergleiche durchzuführen oder Funktionen aufzurufen. So findet das folgende Beispiel alle Fahrten von Fahrer b, die doppelt so weit waren wie der Durchschnitt:

```
# Komplexe Ausdrücke
df.query("Distanz > 2 * Distanz.mean() and 'Fahrer' == 'b'")
```

Interaktiv filtern

Das Filtern von Daten ist besonders in der Anfangsphase einer Auswertung sehr wichtig. Hier gilt es, unvollständige Daten zu identifizieren und offensichtliche Stinker rauszuwerfen (wenn in einer Studie ein Proband plötzlich und einmalig vier Minuten zum Blinzeln braucht, war irgendwas nicht in Ordnung).

Diese Explorationsphase hat es so an sich, dass man oft nicht genau weiß, wonach man sucht. Da kann man die Daten mal nach verschiedenen Spalten sortieren und mal so, mal so filtern. Statt vieler einzelner Filterabfragen reicht es aber, wenn Sie eine einzige formulieren und diese dann mit einem der interaktiven Steuerelemente verdrahten.

Mit dem folgenden Code können Sie die gefahrenen Kilometer besser einschränken:

```
import ipywidgets as widgets
from IPython.display import display

driver = widgets.RadioButtons(
    options=["a", "b", "a,b"],
    description="Fahrer:",
)

km_range = widgets.IntRangeSlider(
    value=[0, 50],
    min=0,
```

```
    max=1000,
    step=10,
    description='Kilometer:',
)

def show_km(km_range, driver):
    lower, upper = km_range
    query = (
        "@lower < Distanz < @upper"
        "and Fahrer == @driver"
    )
    display(df.query(query))

km_display = widgets.interactive_output(
    show_km,
    controls={ "km_range": km_range, "driver": driver }
)

display(driver)
display(km_range)
display(km_display)
```
Listing 37.1: fahrtenbuch.ipynb

Der DataFrame enthält in der Spalte Fahrer die Werte a, b und a, b (wenn beide gleichzeitig im Auto saßen). Hier standen ursprünglich die Initialen der beiden Fahrer, die aber fürs Buch anonymisiert wurden.

Zunächst werden ein paar ipywidgets.RadioButtons erzeugt. Die heißen so, weil sie sich verhalten wie die Tasten eines alten Radios, bei denen der Druck auf eine Taste für die Senderwahl die anderen Tasten zurückploppen ließ; so konnte man nie zwei Sender gleichzeitig auswählen. Auch hier sollen sich die Werte gegenseitig ausschließen, daher sind Radio-Buttons die richtige Wahl (allerdings nur für so 2–3 Werte – wenn es mehr werden, ist eine Auswahl-Box besser).

Dazu kommt noch ein IntRangeSlider-Widget. Das klingt kompliziert, ist aber nur ein Schieber mit zwei Anfassern; einer für die Unter- und einer für die Obergrenze; beide als Ganzzahl.

Die beiden Steuerelemente (driver und km_range) werden wieder an widgets. interactive_output(...) übergeben und zwar so, dass die Werte der Steuerelemente mit den Parametern der Funtion show_km(...) verdrahtet werden können. Zum Schluss werden alle Steuerelemente mit display(...) in die Ausgabezelle des Notebooks gerendert.

Wenn Sie den Schieber verändern oder einen anderen Fahrer auswählen, aktualisiert sich die Anzeige der Tabelle dynamisch. Das geht sicher schneller, als hundert einzelne Abfragen zu formulieren. Das Ganze sieht aus wie in Abbildung 37.1.

```
km_display = widgets.interactive_output(show_km, { "km_range": km_ra

display(driver)
display(km_range)
display(km_display)
```

Fahrer:

◉ a

◯ b

Kilometer: ●▬▬◯▬▬▬ 110 – 450

	Datum	Zweck	Beginn	Ende	Liter	Euro	Fahrer	Distanz
20	2020-03-18	Arbeit	180828	181054	NaN	NaN	a	226
134	2021-10-01	Unternehmung	186307	186455	NaN	NaN	a	148
138	2021-10-29	Besuch	186614	186767	NaN	NaN	a	153

Abbildung 37.1: Mithilfe der Steuerelemente können Sie unwichtige Daten dynamisch herausfiltern.

Daten gruppieren

Im Fahrtenbuch werden auch die Zwecke der Fahrten festgehalten. Das dient vor allem dazu, sich von den Fahrern hochmotorisierter, ostentativ zur Schau gestellter Personenkraftfahrzeuge abzuheben, die sich seit einiger Zeit in größeren Städten zusammenfinden, um ihr Talent für Fehlzündungen vor Kaffeehäusern zu demonstrieren. Da die Polizei mit diesem Verhalten klar überfordert zu sein scheint und in diversen Sonderkommissionen (»AG Tuning«, »Soko Poser«, »SEK Tüvplakette«) wild alles unter Generalverdacht stellt, was vier Räder hat, sollten Sie sich vor falschen Anschuldigungen schützen, indem Sie an den Bürokraten im Beamten appellieren und im Falle einer Polizeikontrolle eine akribisch gepflegte Liste hervorzaubern, aus dem die Zweckmäßigkeit ihrer Fahrten hervorgeht.

Die lassen sich auch gruppiert auswerten – dabei hilft die Methode groupby:

```
df.groupby("Zweck").Distanz.sum().sort_values(ascending=False)
```

```
# Ausgabe:
Zweck
Arbeit          3234
Besuch          2812
Unternehmung    1097
Besorgung        720
Einkauf          631
Eltern           301
Wartung          277
Umzug            258
```

```
Arzt              138
Taxi               74
Sport              23
Wohnung             9
Name: Distanz, dtype: int64
```

Die Methode df.groupby erzeugt ein gruppiertes Objekt, das aber ähnlich funktioniert wie der ursprüngliche DataFrame. Hier wird die Variable Distanz summiert, was nun unter Beachtung der Gruppenzugehörigkeit geschieht; die Werte werden in absteigender Folge ausgegeben (Parameter ascending bedeutet *aufsteigend*, auf False gesetzt bedeutet das *descending*, also absteigend).

Interessant: Die meisten Kilometer wurden offenbar für den Weg zur Arbeit gefahren. Interessanter wird es sogar noch, wenn man die Anzahl der Fahrten daneben hält:

```
df.groupby("Zweck").Distanz.count().sort_values(ascending=False)
```

```
# Ausgabe:
Zweck
Einkauf          49
Besuch           44
Arbeit           38
Besorgung        17
Umzug             7
Arzt              6
Wartung           6
Unternehmung      5
Eltern            4
Taxi              2
Sport             1
Wohnung           1
Name: Distanz, dtype: int64
```

Die Funktionen Series.sum() und Series.count() ergeben – aufgerufen auf einem gruppierten DataFrame – jeweils eine Series. Die Bezeichnungen, die zur Gruppierung herangezogen wurden, fungieren dabei als Index. Anhand dieses Indexes können Sie einen neuen DataFrame erstellen:

```
tf = pd.DataFrame()

distanz = df.groupby("Zweck").Distanz

tf["Fahrten"]    = distanz.count()
tf["Kilometer"]  = distanz.sum()
tf["Schnitt"]    = distanz.mean()
tf["Abweichung"] = distanz.std()
tf.sort_values("Schnitt", ascending=False)
tf
```

Der neue DataFrame bekommt ein paar Spalten. Die sind eigentlich unabhängig voneinander, aber weil sie alle die gleichen Labels haben, kann der DataFrame die Spalten einander zuordnen. Als Variablenname wird hier tf verwendet, weil df ja bereits vergeben war.

Während das Code-Beispiel sehr gut Pandas' *aggregierende* Funktionen demonstriert (also jene, die Daten *zusammenfassen*), ist das bei Weitem nicht die effizienteste Schreibweise. Statt erst einen `DataFrame` zu erzeugen und dann Spalten hinzuzufügen, können Sie auch die folgende Syntax anwenden:

```
tf = df.groupby("Zweck").Distanz.agg([
    "count",
    "sum",
    "mean",
    "std"
])

tf.columns = [
    "Fahrten",
    "Kilometer",
    "Schnitt",
    "Abweichung"
]

tf.sort_values("Schnitt", ascending=False)
tf.round(2)
```

Diese Syntax ist etwas dichter. Der Methode `Series.agg(...)` wird eine Liste mit den Namen der entsprechenden Funktionen mitgegeben. Sie erzeugt einen neue `DataFrame`, bei dem die Spaltennamen den Methodennamen entsprechen – daher werden im zweiten Schritt neue Bezeichnungen hinzugefügt. Das Sortieren funktioniert dann wieder genauso.

Das Ergebnis zeigt Tabelle 37.1 – hier wird eine Tabelle und kein Bildschirmfoto gezeigt – das ist hier übersichtlicher. Für die Ausgabe wurden die Werte mit `tf.round(2)` auf zwei Nachkommastellen gerundet, weil die aggregierten Werte sonst sehr lang und unübersichtlich werden, die dargestellte Präzision aber gar nicht nötig ist.

 Da die Fahrten zum »Sport« und zur »Wohnung« jeweils nur einmal vorkommen, kann dafür keine Standardabweichung berechnet werden – daher hat Pandas hier NaN eingesetzt.

In der Ergebnistabelle erkennt man gut, dass das Fahrzeug nur selten für Unternehmungen bewegt wurde, die dann aber etwas weiter weg waren. Für Besorgungen fährt man wohl etwas weiter; Einkäufe finden im Nahbereich statt.

Pandas kann auch mit hierarchischen Indizes umgehen. Diese entstehen, wenn man mehrere Spalten zur Gruppenbildung einbezieht:

```
(df
 .query("Fahrer != 'a,b'")
 .groupby(["Fahrer", "Zweck"])
 .Distanz
 .agg(["count", "sum", "mean"])
)
```

Zweck	Fahrten	Kilometer	Schnitt	Abweichung
Unternehmung	5	1097	219.40	342.76
Arbeit	38	3234	85.11	41.97
Eltern	4	301	75.25	16.98
Besuch	44	2812	63.91	26.59
Wartung	6	277	46.17	14.58
Besorgung	17	720	42.35	29.93
Taxi	2	74	37.00	24.04
Umzug	7	258	36.86	19.21
Arzt	6	138	23.00	2.45
Sport	1	23	23.00	NaN
Einkauf	49	631	12.88	24.66
Wohnung	1	9	9.00	NaN

Tabelle 37.1: Die aggregierten Daten des Fahrtenbuchs, gruppiert nach dem Zweck der Fahrt

Hier wurde nach Fahrer und Zweck gruppiert. Es fällt auf, dass die beiden Fahrer jeweils zu sehr unterschiedlichen Zwecken das Haus verlassen – zuvor wurden aber alle Fahrten entfernt, bei denen beide Fahrer involviert waren (gemeinsame Unternehmungen). Wie Tabelle 37.2 verrät, scheint die Arbeit von Fahrer a etwas näher zu liegen als die von Fahrer b.

Fahrer	Zweck	count	sum	mean
a	Arbeit	9	608	67.56
	Arzt	4	96	24.00
	Besorgung	13	502	38.62
	Besuch	28	1639	58.54
	Einkauf	32	325	10.16
	Eltern	1	76	76.00
	...			
b	Arbeit	24	2425	101.04
	Arzt	2	42	21.00
	Besuch	4	319	79.75
	Einkauf	10	149	14.90
	Sport	1	23	23.00

Tabelle 37.2: Hierarchische Daten werden in einer verschachtelten Tabelle wie dieser ausgegeben

Fehlende Daten entfernen

Pandas hilft auch beim Umgang mit fehlenden Daten. Das Fahrtenbuch wurde zwar sauber geführt, dennoch ist nicht jede Zeile jeder Spalte gefüllt. Auch in wissenschaftlichen Studien ist das durchaus normal, wenn Probanden unsauber antworten oder die Hilfskraft nicht sauber kodiert hat – beides ist in der Psychologie gar nicht so selten, weil hier immer noch recht viele Daten auf Papierfragebögen erfasst werden (zumindest an deutschen Exzellenz-Unis ist das gang und gäbe).

In den Spalten Liter und Euro wurden beim Tanken die getankte Menge und der Benzinpreis eingetragen – natürlich nur, wenn auch getankt wurde, daher ist bei allen anderen Fahrten die jeweilige Spalte leer.

Für eine Auswertung der Tankfüllungen können Sie mithilfe der Methode df.dropna(...) alle Zeilen entfernen, bei denen in irgendeiner Spalte Werte fehlen. Auf Englisch bedeutet *to drop* so viel wie »fallen lassen« im Sinne von herauswerfen. Die Nachsilbe *na* steht für *not available* (*nicht verfügbar*), also den gedachten Standardwert, wenn in einer Zeile einer Spalte nichts steht. Alternativ können Sie fehlende Werte auch durch einen Standardwert ersetzen, dafür gibt es df.fillna(...), etwa um ausgelassene Messungen auf 0 zu setzen.

 Diese Methode arbeitet nicht destruktiv – es entsteht also ein neuer DataFrame, mit dem Sie weiterarbeiten können – der alte bleibt erhalten. Ohne Argumente betreibt sie jedoch wilden Kahlschlag und schmeißt alle Zeilen raus, in denen irgendwo Werte fehlen. Mit dem Argument subset können Sie die Filtrierung auf eine einzige Spalte beschränken:

```
df["Literpreis"] = df["Euro"] / df["Liter"]

lf = df.dropna(subset="Liter")

columns = [
    "Datum", "Liter", "Euro",
    "Distanz", "Literpreis"
]
lf = lf[columns]
lf.round(3)
```

Der gefilterte Datensatz sieht aus wie in Tabelle 37.3. Zuvor wurde noch der Preis pro Liter eingefügt, der sich aus dem Preis für die Tankfüllung und dem getankten Volumen ergibt. Die Spritpreise aus dem Jahr 2020 wirken heute, im Jahr 2024, fast wie Fantasiewerte.

Um ein bisschen Platz zu sparen, wurden in der Ausgabe einige Spalten ausgelassen; dazu wurde eine Liste mit Spaltennamen vorbereitet und wie ein Index verwendet; so fehlen nun die Kilometerstände zu Beginn und Ende der Fahrt und die Fahrer.

Aus Tabelle 37.3 geht hervor, dass auf nicht ganz zehntausend Kilometern nur dreizehn Mal getankt wurde. In der Summe waren das 480 Liter E10 für knapp 629 Euro. So können Sie das ausrechnen:

	Datum	Liter	Euro	Distanz	Literpreis
6	2020-02-13	38.44	51.86	79	1.349
15	2020-03-09	37.00	47.73	124	1.290
23	2020-03-23	33.88	40.28	101	1.189
35	2020-04-27	34.81	36.86	102	1.059
42	2020-05-25	36.00	40.27	103	1.119
56	2020-06-19	36.40	43.29	49	1.189
65	2020-07-09	32.49	42.20	104	1.299
74	2020-08-03	41.85	49.02	73	1.171
89	2020-11-10	39.50	48.64	51	1.231
103	2021-01-25	35.20	47.19	3	1.341
119	2021-06-26	35.00	50.40	89	1.440
137	2021-10-27	39.20	64.34	103	1.641
147	2022-01-27	40.68	66.72	12	1.640

Tabelle 37.3: Werden unvollständige Zeilen entfernt, bleibt vom Fahrtenbuch nicht viel übrig.

```
lf = df.dropna(subset="Liter")

# Wie oft?
lf.Liter.count()

# Wie viel?
lf.Liter.sum()

# Gesamtpreis?
lf.Euro.sum()
```

Um den Gesamtverbrauch des Fahrzeugs zu erfahren, müssen Sie ein wenig genauer hingucken:

```
lf = df.dropna(subset="Liter")

start = lf.iloc[0]["Beginn"]
end = lf.iloc[-1]["Ende"]
tank = lf.iloc[-1]["Liter"]

kilometer = end - start
liter_gesamt = lf["Liter"].sum() - tank
verbrauch = (liter_gesamt / kilometer) * 100

verbrauch.round(2)

# Ausgabe
np.float64(6.11)
```

Hier werden nur der Start-Kilometerstand der ersten und der Endstand der Fahrt der letzten Tankfüllungen betrachtet. Da die letzte Tankfüllung das Auto wieder auffüllt, wird sie abgezogen; dadurch ergibt sich die für die gefahrenen Kilometer benötigte Menge. Auf 100 Kilometer benötigt das Auto etwas mehr als 6 Liter.

Resampling – Zeitreihen untersuchen

Das Fahrtenbuch wurde zwischen 2020 und 2022 aufgezeichnet. Eigentlich noch länger, aber da kam irgendwann das Problem auf, dass man den Kilometerstand nicht mehr ablesen konnte, weil das LC-Display kaputt war. Mein Mechaniker konnte den Zählerstand aber noch mithilfe eines angeschlossenen Diagnosegeräts auslesen, daher ist bekannt, dass das Fahrzeug heute etwas mehr als 206.000 Kilometer auf dem Buckel hat.

Dennoch handelt es sich um recht spezielle Daten, nämliche eine *Zeitreihe*. Zeitreihen entstehen immer, wenn man Werte über die Zeit beobachtet – zum Beispiel wenn Sie jedes Mal auf einem Zettel aufschreiben, welchen Durchmesser die gelieferte Pizza hatte. In praktischeren Anwendungsfällen entstehen solche Daten in Reaktionszeitexperimenten oder wenn Sie die Antwortzeiten Ihres Webservers messen.

Zeitreihen enthalten immer Werte zusammen mit dem Zeitpunkt der Messung. Zwei *Zeitpunkte* ergeben eine *Zeitspanne* und häufig ergeben sich nützliche Infos, wenn man diese Zeitspannen untersucht. Wenn Sie beispielsweise einen vielbesuchten Webserver betreiben, sind die einzelnen Log-Einträge womöglich gar nicht interessant; wenn Sie aber sagen können, dass in den letzten fünf Minuten 3000% Anfragen mehr als in den Minuten davor eingegangen sind, dann ist diese Information viel wert (und weist auf eine DDoS-Attacke hin).

Zur Untersuchung von Zeitspannen bietet Pandas eine besondere Art der Gruppierung, das *Resampling*. Das zu übersetzen ist etwas schwierig – ein *sample* meint in der Statistik eine Stichprobe; beim re-sampling wird diese neu arrangiert.

Beim Resampling von Zeitdaten legen Sie einen Turnus fest; Pandas fasst die Daten dann mit einer Funktion innerhalb des angegebenen Zeitfensters zusammen. Im Python-Code ist das schnell erklärt:

```python
import pandas as pd
import numpy as np
import datetime

index = pd.date_range(
    start=datetime.date(2024, 10, 1),
    end=datetime.date(2024, 10, 14),
    freq="D"
)

# Irgendwelche Daten -- sie bedeuten nichts
data = np.random.normal(38, 15, 14)

# Example Data-Frame
```

```
xf = pd.DataFrame(
    data,
    index=index,
    columns=["value"]
)
```
Listing 37.2: notebook.ipynb

Dieser Code erzeugt einen passenden `DataFrame`. Der Index umfasst vierzehn Tage im Oktober, die durch eine `pd.date_range(...)` erzeugt und dem `DataFrame` als `index`-Kwarg übergeben werden. Die Daten tun hier nichts zur Sache, hier wurden einfach irgendwelche Zufallswerte erzeugt (14 Werte, die normalverteilt um den Mittelwert von 38 mit einer Standardabweichung von 15 streuen). Der `DataFrame` heißt diesmal `xf`, kurz für eXampleFrame – Sie verstehen das Schema.

Um verschiedene Zeitfenster zu betrachten, wird die Methode `Series.resample(<freq>)` aufgerufen:

```
# 3-Tage-Durchschnitt
xf.value.resample("3D").mean()


# Ausgabe:
2024-10-01    43.837591
2024-10-04    36.737520
2024-10-07    44.959110
2024-10-10    31.076171
2024-10-13    25.698121
Freq: 3D, Name: value, dtype: float64


# Wochendurchschnitt
xf.value.resample("W-MON").mean()


# Ausgabe
2024-10-07    39.623032
2024-10-14    34.740092
Freq: W-MON, Name: value, dtype: float64
```
Listing 37.3: notebook.ipynb

Als Frequenz wird ein Code übergeben. Im ersten Beispiel steht "3D" für 3-Tage; "W-MON" hingegen steht für »Woche, Angefangen am Montag«. Die gesampelten Daten müssen dann aggregiert werden; hier wird jeweils mit `.mean()` der Durchschnitt ausgerechnet.

Um es etwas praktischer zu machen, können Sie mal ins Fahrtenbuch spicken:

```
tf = df.set_index("Datum")

# Jahre
tf.Distanz.resample("YS").sum()

# Ausgabe
Datum
2020-01-01    5711
2021-01-01    1809
2022-01-01    2054
```

```
Freq: YS-JAN, Name: Distanz, dtype: int64

# 3 Monate
tf.Distanz.resample("3MS").sum()

# Ausgabe:
Datum
2020-02-01    2155
2020-05-01    2385
2020-08-01     685
2020-11-01     508
2021-02-01     284
2021-05-01     419
2021-08-01     728
2021-11-01     368
2022-02-01     707
2022-05-01    1085
2022-08-01     250
Freq: 3MS, Name: Distanz, dtype: int64
```

Listing 37.4: fahrtenbuch.xlsx

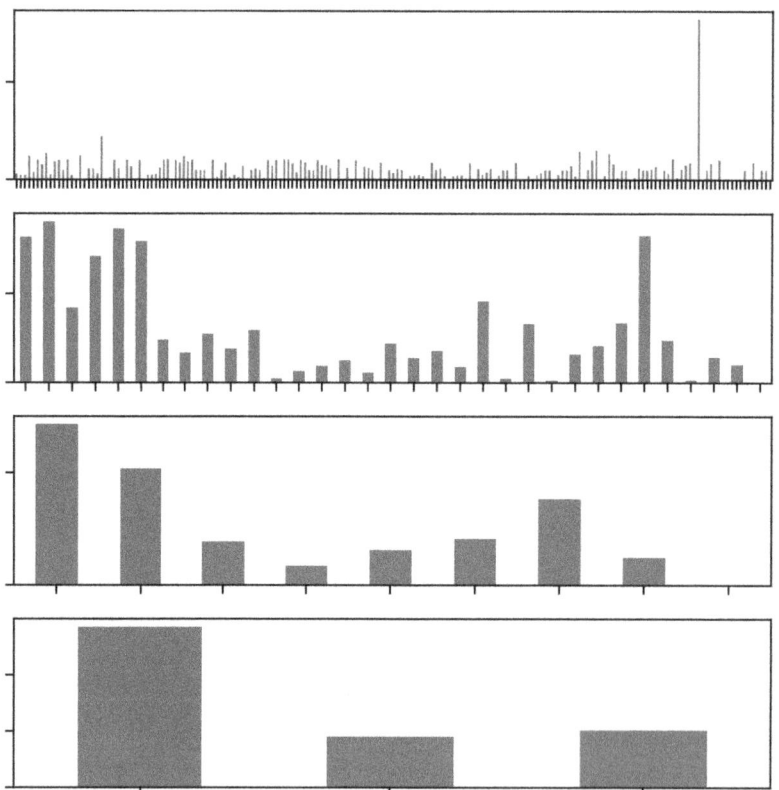

Abbildung 37.2: Die Resampling-Funktion fasst Daten über verschiedene Zeiträume zusammen.

Damit das Resampling funktioniert, muss der `DataFrame` mit Datumswerten indiziert werden. Bisher wurden die Zeilen im Fahrtenbuch nummeriert, aber die Spalte `Datum` ist ja vorhanden und kann über die Methode `df.set_index("Datum")` als Index der Zeitreihe eingesetzt werden. Danach funktioniert das mit dem Resampling; einmal jahresweise und einmal in dreimonatigen Zeitfenstern. Man erkennt, dass Anfang 2020 noch recht viel Auto gefahren wurde, was dann aber aufgrund der COVID-19-Pandemie bald nachließ.

Bei den Codes steht Y für *Year*, M für *Month* und D für *Day*. Sofern der Code ein S dahinter hat, steht es für *Start*, entsprechend steht E für *End* – es macht natürlich einen Unterschied, ob Sie das Zeitfenster ab dem Monatsende oder dem Monatsanfang berechnen.

Abbildung 37.2 stellt die gefahrenen Strecken dar. Die erste Zeile zeigt alle Fahrten einzeln, die zweite Spalte summiert sie nach Monaten, die dritte Spalte zeigt die Strecken pro Quartal und die vierte summiert nach Jahren. Die grafische Darstellung vermittelt das Prinzip sehr gut: Je gröber Sie die Zeitdaten resamplen, desto größere Gruppen erhalten Sie. Dabei sind auch präzisere Perioden möglich – zum Beispiel könnten Sie auch Reaktionszeitdaten im Millisekundenbereich samplen.

Wie Sie solche Grafiken erstellen und obendrein noch ordentliche Achsenbeschriftungen einfügen, erfahren Sie im folgenden Kapitel.

Kapitel 38
Linien, Balken, Torten – Daten visualisieren mit Matplotlib

Zahlen und Tabellen sind ja schön und gut, aber manchmal lassen sich Unterschiede und Zusammenhänge besser begutachten, wenn man sie grafisch aufbereitet. Die Vorarbeit haben Sie schon geleistet; Daten in einem `DataFrame` vorzuhalten, ist nämlich schon die halbe Miete. Jetzt können Sie sie auf verschiedenen Wegen in ansprechende Abbildungen verwandeln.

Matplotlib – wie die Axes im Walde

Die am weitesten verbreitete Bibliothek für Visualisierungen ist `matplotlib`. Sie hat schon einige Jahre auf dem Buckel, dennoch hat sie in der Community einen hohen Stellenwert und arbeitet schnell und zuverlässig.

So wird sie verwendet:

```
import matplotlib.pyplot as plt

x = [1, 2, 3, 4]
y = [5, 4, 3, 2]

plt.plot(x, y)
plt.show()
```
Listing 38.1: plots.ipynb

Zunächst wird das Modul `matplotlib.pyplot` importiert, das wichtige Funktionen bereithält, wie etwa `plt.plot(...)` und `plt.show()`. Der Alias `plt` ist eine gebräuchliche Konvention, mit der hier nicht gebrochen werden soll, auch wenn Abkürzungen im Code stets gewöhnungsbedürftig sind. `plt.plot(...)` dient dazu, zwei Datensätze miteinander in Verbindung zu bringen und als Liniendiagramm aufzuzeichnen. Dabei erstellt `matplotlib` zunächst im Hintergrund die anzuzeigenden Grafikdaten; erst mit `plt.show()` wird die Grafik tatsächlich erzeugt und sieht dann so aus wie in Abbildung 38.1 dargestellt.

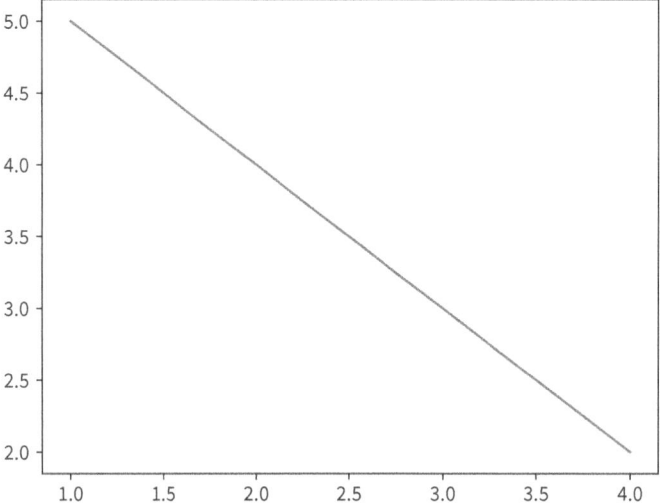

Abbildung 38.1: Die Funktion `plt.plot(...)` erzeugt aus zwei kurzen Listen eine Linie.

 Sie können die erstellten Grafiken jederzeit als Dateien speichern! Verwenden Sie dazu `plt.savefig(...)`, zum Beispiel als Vektorgrafik `plt.savefig("line.svg")` oder als PNG: `plt.savefig("line.png", dpi=400)` (hier mit besserer Auflösung). Achten Sie darauf, die Grafiken vor dem Aufruf von `plt.show()` zu speichern, da sie sonst leer sind.

Sie dürfen gerne einfach drauflos plotten, allerdings können Sie dann die Grafiken vor der Ausgabe kaum anpassen. So blieben die X- und Y-Achse unbeschriftet (ein Graus!) und die Markierungen verwendeten Kommazahlen, obwohl Ganzzahlen eingegeben wurden. Der folgende Code verbessert die Situation:

```
import matplotlib.pyplot as plt

x = [1, 2, 3, 4]
y = [5, 4, 3, 2]

# Grafik mit mehreren Diagrammen
figure, subplots = plt.subplots(ncols=2)

# Diagramme aufteilen
lines, bars = subplots

## Liniendiagramm
lines.plot(x, y)
# X-Achse
lines.set_xlabel("Proband")
```

```
lines.set_xticks([1, 2, 3, 4])
# Y-Achse
lines.set_ylabel("Stimmung")
lines.set_yticks([1, 2, 3, 4, 5])

## Balkendiagramm
bars.bar(x,y)
# X-Achse
bars.set_xlabel("Person")
bars.set_xticks([1, 2, 3, 4])
bars.set_xticklabels(list("ABCD"))
# Y-Achse
bars.set_ylabel("Laune")
bars.set_yticks([1, 3, 5])
bars.set_yticklabels(["Gut", "Geht so", "Super"])

# Layout
figure.set_figwidth(10)
figure.tight_layout(pad=2)

# Anzeigen
plt.show()
```
Listing 38.2: plots.ipynb

Das Ergebnis dieses Codes sollte aussehen wie in Abbildung 38.2.

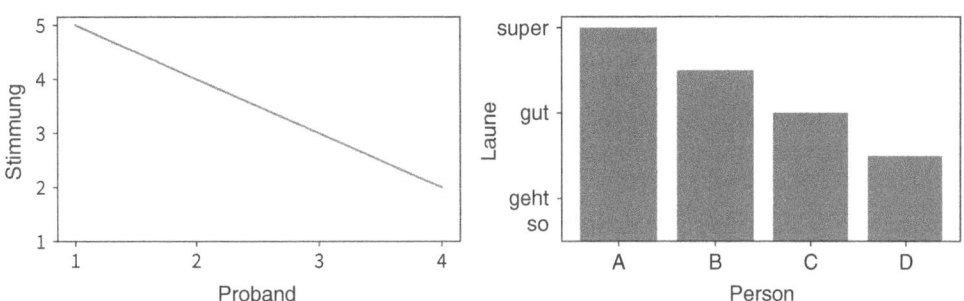

Abbildung 38.2: Abbildungen können gleich mehrere Diagramme enthalten.

Mithilfe der Funktion plt.subplots(...) bereiten Sie die Grafik vor. Sie erhalten sie in der Variable figure (auf Englisch: *Abbildung*), wobei der Aufruf zusätzlich zwei Unterplots heraushaut. In diesem Fall wurde die Grafik nämlich in zwei Bereiche unterteilt – das Figure-Objekt übernimmt das Layout. Einer der Plots ist für ein Liniendiagramm vorgesehen, der andere für ein Balkendiagramm. Entsprechend werden sie als lines und bars separat gefüllt.

Zunächst wird mit lines.plot(x, y) ein Liniendiagramm geplottet. Als Nächstes werden die Beschriftungen der einzelnen Achsen gesetzt, wobei die Bezeichnungen als *label*, die Markierungen der Skala als *ticks* bezeichnet werden. Auf die gleiche Art wird dann das Balkendiagramm aufgewertet, das zuvor mit plt.bar(x, y) erstellt wurde.

Die Daten für die beiden Diagramme sind zwar die gleichen, dennoch sind die Diagramme unabhängig voneinander, was besonders die unterschiedlichen Beschriftungen und die Skalierung des Balkendiagramms zeigen. Die Werte der *Ticks* müssen dabei natürlich zu den Werten in der Ursprungsliste passen (x und y), damit matplotlib weiß, wie das Ganze skaliert werden soll. Die *Labels* sind von den Werten der Ticks unabhängig und so können statt der Zahlen die Bezeichnungen »geht so«, »gut« und »super« eingefügt werden.

Am Ende werden noch die Breite der Abbildung angepasst (figure.set_figwidth(10)) und ein wenig Abstand zwischen den beiden Diagrammen geschaffen (figure.tight_layout(pad=2)), um ein harmonischeres Aussehen zu erzeugen. Gewöhnungsbedürftig ist daran nur, dass die Einheiten der beiden Werte in Inch angegeben werden, was 2,54 cm entspricht. Na ja.

Nicht jede Abbildung muss gleich zwei verschiedene Darstellungen enthalten; oft ist es aber sinnvoll, trotzdem plt.subplots() aufzurufen, um Zugriff auf eine Abbildung und die »Untergrafiken« der Abbildung zu erhalten (ohne Argumente aufgerufen bekommen Sie nur ein weiteres Objekt, statt der zwei hier im Beispiel). Diese »Untergrafiken« sind Objekte vom Typ Axes; das ist die englische Mehrzahl von Axis. Gemeint sind hier die Achsen des kartesischen Koordinatensystems, auf denen Sie Daten abtragen und die Sie mit Beschriftungen ausstatten können.

Interaktive Plots

Auch hier können Sie sich wieder die interaktive Natur des Browsers zunutze machen, indem Sie die Parameter Ihrer Grafiken an dynamische Steuerelemente koppeln. In den vorherigen Beispielen wurden die Widgets einzeln hinzugefügt (zum Beispiel Slider und Radio-Buttons), aber es gibt auch einen Trick für Ungeduldige:

```
from ipywidgets import widgets
import matplotlib.pyplot as plt
import numpy as np

@widgets.interact(m=(-10, 10, 0.1), b=(-1, +1, 0.1))
def linear_function(m=0.0, b=0):
    # Gerade berechnen
    x = np.linspace(-1, 1, 5)
    y = m*x + b

    # Grafik vorbereiten
    figure, axes = plt.subplots()

    # Gerade zeichnen
    axes.plot(x, y)

    # Skala zentrieren
    axes.set_ylim(-1, +1)
    axes.set_xlim(-1, +1)
```

```
# Mittellinien einzeichnen
plt.plot(
    [-1, +1],
    [0, 0],
    color="black",
    linewidth=0.5
)
plt.plot(
    [0, 0],
    [-1, +1],
    color="black",
    linewidth=0.5
)
# Anzeigen
plt.show()
```

Listing 38.3: plots.ipynb

Hier wird eine Funktion namens `linear_function` angelegt, die das Prinzip der Geraden-gleichung $f(x) = m \cdot x + b$ demonstriert. Die Werte auf der Y-Achse ergeben sich rechnerisch aus der Position auf der X-Achse, wobei x mit der Steigung m multipliziert und dazu dann b addiert wird. Durch die Addition wird die Gerade auf der Y-Achse verschoben.

Um ein paar plot-bare X-Werte zu erhalten, wird die Funktion `numpy.linspace(...)` ange-strengt, die fünf Werte zwischen −1 und +1 erzeugt; das Ergebnis ist ein Array. Genau wie bei einem `Series`-Objekt beziehen sich alle Operationen, die Sie mit dem Array anstellen, auf die einzelnen Elemente, daher erstellt `y = m*x + b` ein weiteres Array mit den entspre-chend errechneten Werten. Die Werte für `m` und `b` werden der Funktion als Parameter über-geben. Alsdann werden ein Axes-Objekt erzeugt und dort die Gerade mit `axes.plot(x, y)` hineingeplottet.

 Normalerweise versucht `matplotlib`, die Plots so zu arrangieren, dass alles in die Abbildung passt, was hier aber je nach Steigung der Geraden die Skalierung verschieben würde. Um das zu unterdrücken, wird mit `axes.set_ylim(...)` und `axes.set_xlim(...)` festgelegt, dass das Koordinatensystem stets von −1 bis +1 abgebildet wird.

Um den Mittelpunkt zu markieren, werden auch noch zwei Linien gezeichnet; eine von Wes-ten nach Osten und eine von Norden nach Süden.

Um diesen Spaß nun interaktiv zu gestalten, wird die Funktion mit einem besonderen Deko-rator ausgestattet: `@widgets.interact(...)`. Dieser bekommt zwei benannte Argumente, die den Parameternamen der Funktion entsprechen müssen. Als Werte werden hier Interval-le übergeben (zum Beispiel von −10 bis +10 in Einerschritten). Daraus werden automatisch zwei `IntSlider`-Widgets erstellt (Abbildung 38.3). Wenn Sie diese betätigen, verschieben Sie die Gerade rauf und runter beziehungsweise ändern ihre Steigung.

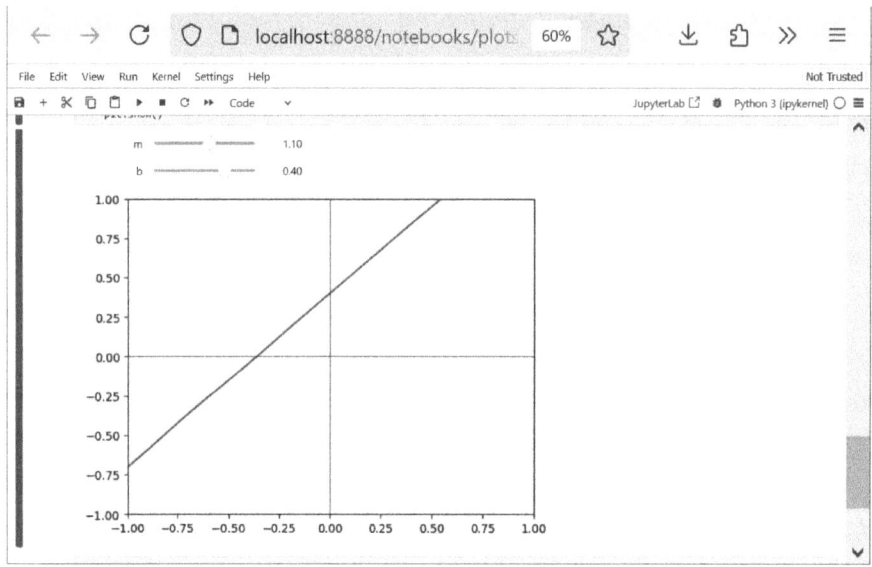

Abbildung 38.3: Mit `ipywidgets.interact(...)` erstellen Sie interaktive Plots, deren Darstellung sich durch Ihre Eingaben aktualisiert.

 Die Geradengleichung ist nichts Weltbewegendes, aber vielleicht haben Sie einen Teenager zuhause, der gerade über der Kurvendiskussion brütet und dem das Prinzip dadurch etwas klarer wird. Ihnen selbst bleibt natürlich überlassen, dieses Prinzip für Ihre eigenen Daten anzuwenden.

Zum Beispiel können Sie sich das Stöbern im Fahrtenbuch aus Kapitel 37 etwas leichter machen:

```python
import matplotlib.pyplot as plt
import ipywidgets as widgets
import datetime
import pandas as pd

fb = df.set_index("Datum")

start = datetime.date(2020, 1, 1)
end = datetime.date(2022, 10, 1)

dates = [
    (f"{date:%m-%Y}", date)
    for date
    in pd.date_range(start, end, freq='MS')
]

date_range = widgets.SelectionRangeSlider(
    options=dates,
    index=[0, len(dates) - 1],
    description="Datum:",
    layout={'width': "10in" }
)
```

```
@widgets.interact(date_range=date_range)
def trips_by_date(date_range):
    start, end = date_range
    data = fb.query("@start < Datum < @end")
    figure, axes = plt.subplots()
    axes.bar(data.index, data.Distanz)
    plt.show()
```

Listing 38.4: fahrtenbuch.ipynb

Hier kommt wieder der `DataFrame` `df` zum Einsatz. Er enthält in der Spalte `Datum` den Tag, an dem gefahren wurde. Die Methode `df.set_index("Datum")` macht diese Spalte zum Index, was alle Zeilen am Datum ausrichtet. Dadurch stimmen auch gleich die Bezeichnungen für die X-Achse im Plot.

Als Nächstes wird ein `SelectionRangeSlider` erzeugt, der das Fahrtenbuch dynamisch eingrenzt. Genau wie der `IntRangeSlider` hat er zwei Anfasser, nur dass die Werte diesmal keine Zahlen, sondern Datumsangaben sind. Diese werden in der Variable `dates` vorbereitet, die auf `pandas.date_range()` aufbaut.

 Solche *Datumsspannen* funktionieren wie normale `range(...)`-Objekte, dergestalt dass sie alle Werte zwischen zwei Datumsgrenzen generieren. Mit dem Parameter `freq=` wird angegeben, wie viele es werden sollen – da das Fahrtenbuch über mehrere Jahre geführt wurde, scheint eine Eingrenzung auf Monate sinnvoll, was durch `MS` angegeben wurde. Alternativen wären zum Beispiel `ME` für das Monatsende, `W` für wöchentlich oder, falls Sie mal sehr kurze Zeiträume untersuchen sollten, auch `h`, `min`, `s` und `ms`.

Schließlich wird die Funktion `trips_by_date` angelegt und mit `@widgets.interact(...)` dekoriert, dies verbindet den Parameter mit dem Steuerelement. In dieser Funktion werden dann die Zeilen des `DataFrame` über eine Abfrage begrenzt und ein Balkendiagramm ausgegeben, das aussieht wie in Abbildung 38.4.

Eine kleine Diagramm-Galerie

Neben Balken- und Liniendiagrammen bietet `matplotlib` eine Vielzahl an Diagrammarten, wie zum Beispiel

✔ Tortendiagramme

✔ Heatmaps

✔ Boxplots

✔ Streudiagramme

✔ Histogramme

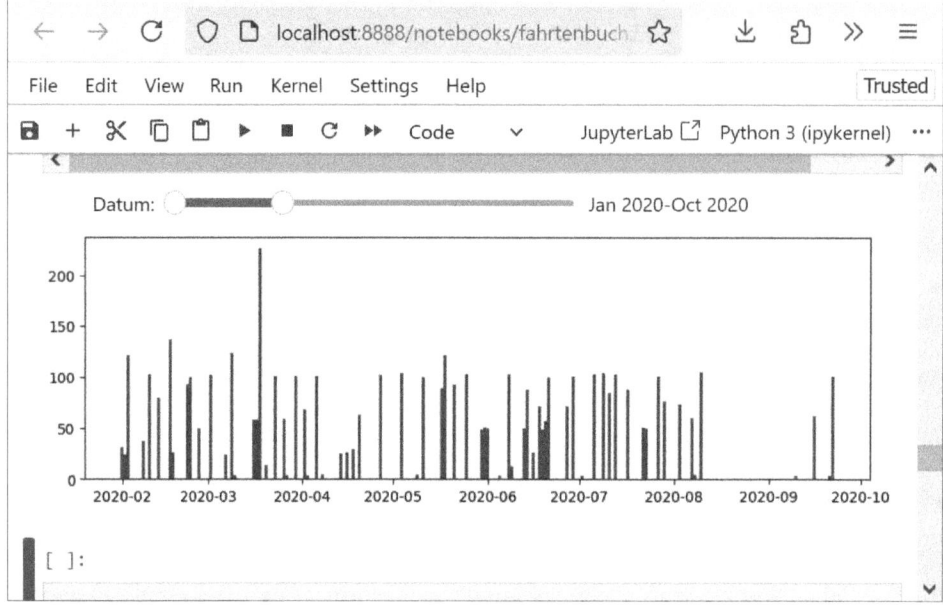

Abbildung 38.4: Mithilfe zweier Schieber können Sie ein Zeitfenster eingrenzen, um in die Grafik hineinzuzoomen.

Torten- und Balkendiagramme

Tortendiagramme – auch *Kreisdiagramme* genannt – werden gerne für die Darstellung von Anteilen verwendet. Beispielsweise stellt Abbildung 38.5 dar, wie viele Kilometer für welchen Zweck angefallen sind. Das Diagramm wurde mit dem folgenden Code generiert – im Original natürlich in Farbe.

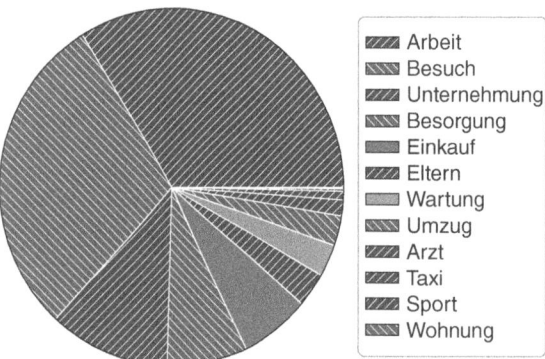

Abbildung 38.5: Tortendiagramme sind zwar schön anzuschauen, werden aber schnell unübersichtlich.

```
import matplotlib.pyplot as plt
import pandas as pd

df = pd.read_csv("fahrtenbuch.csv")
df["Distanz"] = df["Ende"] - df["Beginn"]
```

```
data = (
    df
    .groupby("Zweck")
    .Distanz
    .sum()
    .sort_values(ascending=False)
)

figure, piechart = plt.subplots(figsize=(5.24, 3.14))

piechart.pie(data,
    radius=1.5,
    center=(1, 1),
    wedgeprops={
        "linewidth": 1,
        "edgecolor": "white"
    },
    frame=False
)
piechart.legend(
    loc="center right",
    labels=data.index,
    borderpad=1,
    labelspacing=1,
    bbox_to_anchor=(1.9, 0.5)
)
plt.show()
```

Listing 38.5: gallery.ipynb

Beim Erstellen sollten Sie auf folgende Dinge achten:

✔ Die aggregierten Werte sollten sortiert werden (zum Beispiel mit `Series.sort_values(...)`), da das Diagramm sonst unübersichtlich wird.

✔ Die Größe des Diagramms können Sie über den Radius der Torte bestimmen (`Axes.pie(radius=1.5, ...)`).

✔ `Axes.legend(...)` erstellt eine Legende, deren Position Sie durch den Parameter `loc` ändern können.

✔ Die Torte sollte nicht in zu viele Stücke unterteilt werden.

 Zwar sind Tortendiagramme recht populär, gleichzeitig ist ihre Verwendung aber häufig problematisch. Abbildung 38.5 zeigt bereits einige Probleme auf: Hier wurden einfach zu viele Kategorien einbezogen, sodass die kleineren Tortenstücke kaum mehr zu sehen sind. Außerdem wurde das Farbschema nicht gut gewählt, zumal das Diagramm dann in Schwarz-Weiß gedruckt wurde. So kann ja niemand irgendwas erkennen. Zwar hätte man die Bezeichnungen auch in die Stücke reinschreiben können, anstatt sie in einer Legende am Rand zu platzieren, aber besonders die kleinen Tortenstücke haben gar keinen Platz für eine Beschriftung.

Außerdem sind solche Diagramme dann schwer zu interpretieren. Zwar wird klar, dass es hier einen Löwenanteil zu geben scheint, durch die fehlende Farbinformation ist aber nicht mehr klar, auf welchen Zweck der entfällt. Sowieso sind die Dimensionen gar nicht richtig ersichtlich. Das liegt unter anderem daran, dass es den meisten Menschen schwerfällt, die Fläche von Kreissegmenten richtig einzuschätzen. Besser macht es das Balkendiagramm in Abbildung 38.6 – es kommt mit einer Farbe aus, die Labels sind klar erkennbar und die Größenunterschiede lassen sich unmittelbar vergleichen, weil nur die Höhe der Balken, nicht aber ihre Fläche interpretiert werden muss. Außerdem braucht das Balkendiagramm weniger Code:

```python
import matplotlib.pyplot as plt
import numpy as np

plt.style.use("default")

data = (
    df
    .groupby("Zweck")
    .Distanz
    .sum()
    .sort_values(ascending=False)
)

figure, barchart = plt.subplots(figsize=(5.24, 3.14))

barchart.bar(data.index, data)
plt.xticks(rotation=90)
plt.show()
```
Listing 38.6: gallery.ipynb

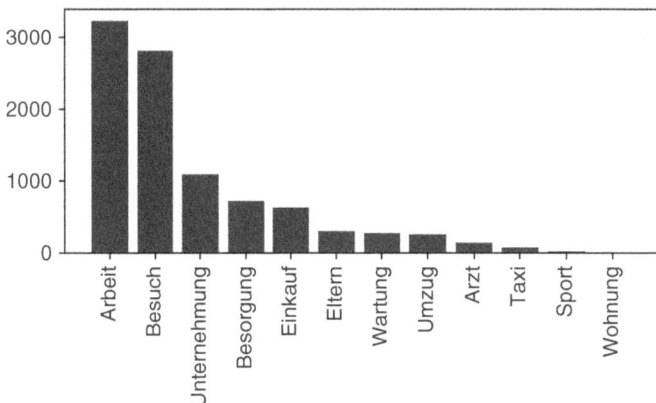

Abbildung 38.6: Die Balken eines Balkendiagramms erleichtern Vergleiche zwischen den Kategorien.

Die eigentliche Arbeit erledigt `Axes.bar()`; ein wichtiges Detail ist jedoch `plt.xticks (rotation=90)`: Dadurch werden die Beschriftungen der Skala auf der X-Achse um 90° gedreht, sonst würden die Beschriftungen hässlich überlappen.

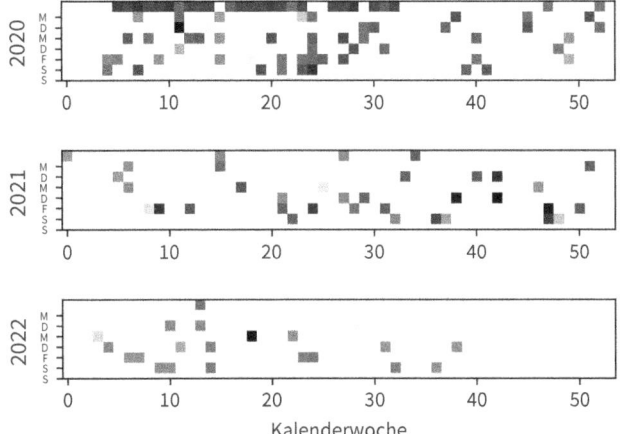

Abbildung 38.7: Eine Heatmap. Jedes Kästchen zeigt die Fahrten eines Tages – je dunkler der Punkt, desto länger war sie.

Heatmaps

Eine *Heatmap* (auf Englisch: *Hitzekarte*) ist ein Diagramm, mit dem Sie drei Dimensionen gleichzeitig visualisieren können. Der Zusammenhang der ersten beiden Dimensionen geht aus der Position im Diagramm auf X- und Y-Achse hervor; die dritte wird durch eine Farbskala dargestellt. Der Name rührt daher, dass diese Grafiken den Bildern aus einer Wärmebildkamera ähneln, wo kalte Stellen blau-dunkel und warme Stellen leuchtend gelb-rot dargestellt werden.

Abbildung 38.7 zeigt drei solcher Karten. Auf der Y-Achse wurden die Wochentage abgetragen; oben ist Montag, unten Sonntag. Auf der X-Achse stehen die Kalenderwochen. Jede Spalte stellt also eine vollständige Woche dar. Jedes graue Kästchen entspricht einer Fahrt; je dunkler die Schattierung, desto weiter war die Fahrt. Hier im Buch sind die Bilder leider nur schwarz-weiß, daher wurden Grautöne verwendet – je dunkler, desto brum-brum.

 In dieser Aufstellung kann man erkennen, dass im Jahr 2020 regelmäßig relativ weite Fahrten unternommen wurden (und zwar immer montags). Im Jahr 2022 hingegen waren die Fahrten wohl kürzer; bis auf einen sehr dunklen Flecken in Kalenderwoche 18. Das Fahrtenbuch deckt das Jahr 2022 nicht vollständig ab, daher sieht es aus, als hätten Ende des Jahres gar keine Fahrten stattgefunden.

Die Abbildung wurde mit dem folgenden Code erzeugt:

```
from datetime import datetime
import matplotlib.pyplot as plt
import pandas as pd


df = pd.read_csv("fahrtenbuch.csv")
df["Distanz"] = df["Ende"] - df["Beginn"]
df["Tag"] = df.Datum.apply(datetime.isoweekday)
df["KW"] = df.Datum.apply(lambda d: d.isocalendar()[1])
df["Year"] = df.Datum.apply(lambda d: d.year)
```

```
years = sorted(set(df.Year))

figure, subplots = plt.subplots(
    nrows=len(years),
    figsize=(5.24, 3.14)
)

for year, axes in zip(years, subplots):
    yf = df.query("Year == @year")
    ys = yf.groupby(["Tag", "KW"]).Distanz.sum()
    matrix = np.zeros(shape=(7, 54))

    for d, kw in ys.index:
        matrix[d-1, kw-1] = ys[(d, kw)]

    axes.imshow(matrix, norm="log", cmap="Grays")

    axes.set_ylabel(str(year))
    axes.set_yticks([1,2,3,4,5,6,7])
    axes.set_yticklabels("MDMDFSS", fontsize=5)

    _ = axes.set_xlabel("Kalenderwoche")

plt.show()
```

Listing 38.7: gallery.ipynb

Zur Vorbereitung werden wieder das Fahrtenbuch geladen und die Distanz der einzelnen Fahrten berechnet. Jede Zeile hat ein Datum vom Typ `datetime.datetime(...)` in der gleichnamigen Spalte. Daraus werden neue Spalten abgeleitet, indem der jeweilige Wert über `df.Datum.apply(<funktion>)` berechnet wird.

Danach werden die Jahre erfasst und entsprechend viele Abschnitte in der Abbildung erzeugt. Dann werden in einer `for`-Schleife die Jahre durchlaufen. Für jedes Jahr werden die Daten herausgefiltert und nach Tag und Kalenderwoche gruppiert.

Diese Informationen werden dann in eine Tabelle namens `matrix` mit 7 Zeilen und 54 Spalten überführt; die zuvor mit Null-Werten initialisiert wurde. Das ist wichtig, weil in der Heatmap keine Werte fehlen dürfen. Schließlich wird die Matrix befüllt und dann an die Funktion `Axes.imshow(...)` übergeben. Hier wird auch die Farbskala festgelegt – für die Abbildung im Buch wurden Grautöne gewählt (`cmap="Grays"`). Durch den Parameter `norm` werden die Werte skaliert (»normalisiert«), bevor sie den Farbwerten zugeordnet werden. Hier wurde eine logarithmische Skalierung gewählt, da sonst die lange Ausflugsfahrt im Jahr 2022 als einzige dunkel dargestellt werden würde.

Zum Schluss werden noch ein paar Beschriftungen festgelegt ... und schon kann das Ganze angezeigt werden.

Boxplots

Zur schnellen Analyse von Verteilungen eignen sich *Boxplots*, die wichtige deskriptive Statistiken zusammenfassen. Um das zu demonstrieren, wird ein zweiter Datensatz verwendet, weil das Fahrtenbuch diesbezüglich nicht so so viel hergibt. Die Datei sizes.csv enthält einige Daten, die Tabelle 38.1 komplett auflistet. Von 16 Personen wurden Geschlecht (*M=Mann, F=Frau*), Geburtsjahr, Schuh- und Körpergröße erfasst.

Mithilfe eines Boxplots können Sie nun die Verteilung der Werte visualisieren, wie in Abbildung 38.8 zu sehen ist. Und zwar werden dort die Plots für Körper- und Schuhgröße gezeigt; jeweils nach Geschlecht aufgedröselt.

Besonders klar wird der Plot für die Körpergröße der Männer dargestellt. Der Boxplot hat in der Mitte eine Kiste, die das Zentrum der Verteilung andeutet (also den Bereich, um den verteilt die meisten Daten liegen). Die Linie in der Mitte ist der Median, der die Verteilung halbiert. Die Ränder der umgebenden Kiste stellen die Quartile dar; das bedeutet, dass die Hälfte der Verteilung innerhalb der Kiste liegt. Die »Schnurrhaare«, die oben und unten aus der Mittelkiste herauswachsen, markieren eine Stelle, die das 1,5-Fache de der Länger der Box entspricht (der Interquartilabstand). Diese Grenze wirkt willkürlich, hilft aber bei der Identifikation von Ausreißern. Diese werden meist durch Kringel dargestellt, wie es bei der Körpergröße der Frauen der Fall ist.

#	Name	Geschlecht	Geburtsjahr	Schuhgröße	Körpergröße
1	Benedikt	M	1989	42.5	175
2	Mario	M	1984	43.0	170
3	Saskia	F	1999	38.0	164
4	Thomas	M	1991	43.0	179
5	Katharina	F	1987	38.0	168
6	Leona	F	1991	39.0	170
7	Erik	M	1990	42.0	180
8	Patrick	M	1990	45.5	184
9	Carina	F	1983	39.0	172
10	Mathias	M	1982	46.0	188
11	David	M	1983	44.5	179
12	Nikola	F	1986	40.0	169
13	Justus	M	1975	43.5	187
14	Martin	M	1995	45.0	196
15	Lars	M	1989	43.0	183
16	Johannes	M	1986	47.5	190

Tabelle 38.1: Ein kleiner Datensatz mit Körper- und Schuhgrößen

Wo die Linien verlaufen, wird klarer, wenn Sie dazu die entsprechende deskriptive Statistik aufrufen:

```python
import pandas as pd
df = pd.read_csv("data.csv")
m = df.query("Geschlecht == 'M'")
m["Körpergröße"].describe()
```

```
# Ausgabe:
count     11.00
mean     182.82
std        7.30
min      170.00
25%      179.00
50%      183.00
75%      187.50
max      196.00
Name: Körpergröße, dtype: float64
```

Der Median liegt bei 183 cm, das 25-%-Quartil bei 179 cm und das 75-%-Quartil bei 187 cm. Quartile bedeuten immer, dass soundso viel Prozent der Werte unter dieser Grenze liegen. So sind 25 % der Werte kleiner als 179 cm; 50% sind kleiner als 183 cm und 75% sind kleiner als 187 cm. Entsprechend verläuft die mittlere Linie in der Box für die Körpergröße der Männer in Abbildung 38.8 beim Median-Wert 183 auf der Y-Achse.

 Aus dem Plot gehen bereits auf den ersten Blick einige interessante Zusammenhänge hervor. Die Stichprobe fiel mit 16 Personen ziemlich klein aus und es waren weniger Frauen als Männer dabei, was sich unter anderem in der kleineren Streubreite der Plots für die Frauen niederschlägt. Im Schnitt sind Männer auch größer als Frauen, was man hier gut sieht.

Der folgende Code generiert Abbildung 38.8:

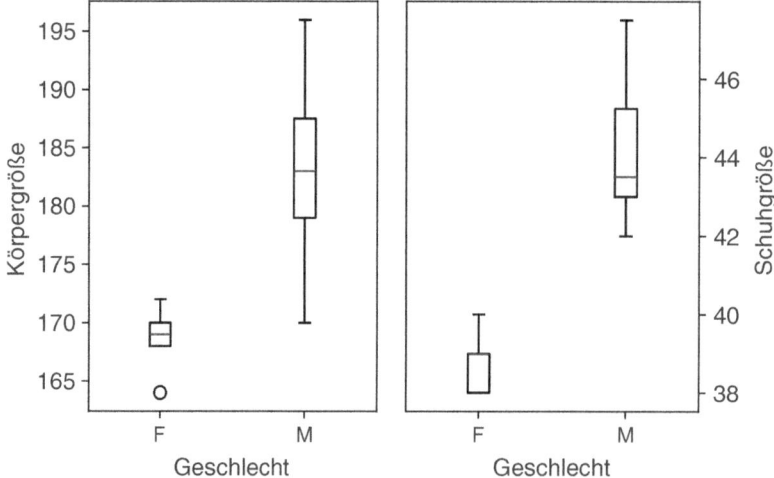

Abbildung 38.8: Boxplots stellen Verteilungen übersichtlich dar und ermöglichen schnelle Vergleiche.

```
import matplotlib.pyplot as plt
import pandas as pd

data = pd.read_csv("data.csv")
m = data.query("Geschlecht == 'M'")
f = data.query("Geschlecht == 'F'")

figure, axes = plt.subplots(ncols=2 , figsize=(5.24, 3.14))
height, shoesize = axes

height.boxplot([f["Körpergröße"], m["Körpergröße"]])
height.set_xlabel("Geschlecht")
height.set_xticklabels(["F", "M"])
height.set_ylabel("Körpergröße")

shoesize.boxplot([f["Schuhgröße"], m["Schuhgröße"]])
shoesize.set_xlabel("Geschlecht")
shoesize.set_xticklabels(["F", "M"])
shoesize.set_ylabel("Schuhgröße")
shoesize.yaxis.set_ticks_position("right")
shoesize.yaxis.set_label_position("right")

plt.show()
```
Listing 38.8: gallery.ipynb

In dem Code wird der Datensatz geladen und dann nach Geschlechtern getrennt. Die beiden Untergrafiken werden spaltenweise mit den Plots gefüllt und hinterher noch die Labels angepasst.

 Auf einen Blick kann man aus so einem Boxplot einiges erkennen. Wenn die Box sehr asymmetrisch geformt ist, ist die Verteilung womöglich nicht normalverteilt. Streubreiten und Ausreißer fallen direkt ins Auge und offensichtliche Verteilungsunterschiede kann man gut erkennen – für weniger offensichtliche Unterschiede muss man mit statistischen Tests genauer hinsehen. Davon gibt es einige in `scipy.stats`; generalisierte lineare Modell bietet das Paket `statsmodels`. Meist ist es mit einem Test nicht getan, sondern man muss eine Batterie von weiteren Tests einsetzen, um zu prüfen, ob die Daten überhaupt den Anforderungen des Tests entsprechen. Falls Sie sich für das Thema interessieren, können Sie ja einen Blick in *Statistik für Dummies* von Deborah J. Rumsey wagen.

Streudiagramme

Große Personen haben tendenziell auch größere Füße. Dieser Zusammenhang wird jedem intuitiv klar sein und er zeichnet sich im Boxplot bereits ab; besser noch wird er aber durch ein *Streudiagramm* (auch *scatter plot* genannt) veranschaulicht. Dabei werden die Körpergröße auf der X- und die Schuhgröße auf der Y-Achse abgetragen, wie in Abbildung 38.9. Die Geschlechter werden durch unterschiedliche Marker dargestellt.

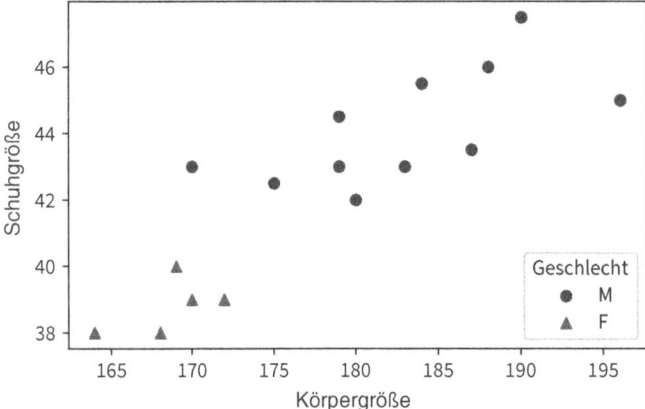

Abbildung 38.9: Scatterplots visualisieren die Beziehung zwischen zwei Variablen und heben Zusammenhänge in den Daten hervor.

```
import matplotlib.pyplot as plt
import pandas as pd

data = pd.read_csv("data.csv")
m = data.query("Geschlecht == 'M'")
f = data.query("Geschlecht == 'F'")

figure, axes = plt.subplots(figsize=(5.24, 3.14))

axes.scatter(
    x=m["Körpergröße"],
    y=m["Schuhgröße"],
    marker='o'
)
axes.scatter(
    x=f["Körpergröße"],
    y=f["Schuhgröße"],
    marker='^'
)
axes.set_xlabel("Körpergröße")
axes.set_ylabel("Schuhgröße")

axes.legend(
    ["M", "F"],
    loc="lower right",
    title="Geschlecht"
)

plt.show()
```

Der Code ist kurz und knackig. Erst wird wieder der Datensatz gelesen und nach Geschlechtern aufgeteilt, nämlich in die Series m und f. Dann werden beide über Axes.scatter(...) geplottet, wobei der Parameter marker angepasst wird, damit man die Werte auch in einem Schwarz-Weiß-Ausdruck noch auseinanderhalten kann. Die Legende dokumentiert, was da was ist. Aus dieser Darstellung wird bereits erkennbar, dass es einen recht linearen Zusammenhang zwischen Körper- und Schuhgröße zu geben scheint. Und tatsächlich:

```
df["Körpergröße"].corr(df["Schuhgröße"])
```

```
# Ausgabe
np.float64(0.8562095487965403)
```

In dieser Stichprobe gibt es offenbar eine deutliche Korrelation zwischen Körper- und Schuhgröße. Das reicht allerdings leider trotzdem noch nicht für eine wissenschaftliche Publikation. Die Stichprobe ist winzig und es wurden keinerlei Vorannahmen überprüft.

Histogramme

Mithilfe eines *Histogramms* können Sie eine Verteilung genauer untersuchen. Boxplots deuten die Parameter einer Verteilung lediglich an; Histogramme hingegen fassen Daten in Klassen zusammen und geben die Häufigkeit der Werte einer Klasse wieder.

Moderne Digitalkameras können zum aktuellen Sucherbild ein Histogramm anzeigen, mit dessen Hilfe Sie bewerten können, ob das Bild korrekt belichtet wird, wenn Sie den Auslöser drücken. Abbildung 38.10 zeigt ein Foto des Rheinfalls bei Schaffhausen bei strahlendem Sonnenschein. Die Bäume ergeben eher dunklere Farbwerte; der Himmel und das Wasser im Vordergrund hingegen sind sehr hell.

Wenn Sie die Helligkeitswerte in ein Histogramm übertragen, sieht das aus wie in Abbildung 38.11.

Abbildung 38.10: Der Rheinfall bei Schaffhausen – ein beliebtes Ausflugsziel.

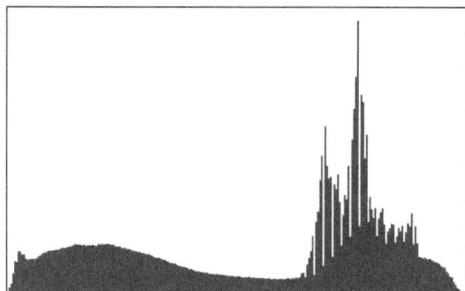

Abbildung 38.11: Histogramme helfen Fotografen, die Belichtung eines Bildes zu bewerten.

Das Histogramm zeigt die Verteilung der Helligkeitswerte des Bildes – Kameras und Bearbeitungsprogramme können häufig auch überlagerte Histogramme für die verschiedenen Farbkanäle anzeigen.

Links befinden sich die dunklen Farbwerte; rechts die hellen. Der geneigte Bildgestalter kann am Histogramm ablesen, ob das Bild korrekt belichtet wurde – hier scheint das der Fall zu sein, da die Werte sich über die ganze Breite verteilen. Bei einem unterbelichteten Bild würden sich die Werte stark nach links, bei einem überbelichteten stark nach rechts drängen.

Links im Histogramm ist ein kleiner Hügel auszumachen – hier sammeln sich die dunklen Farbwerte der Bäume im Hintergrund. Rechts gibt es eine Häufung sehr heller Werte; diese entsteht durch den Himmel und die Gischt des Wassers. Außerdem sieht man, dass das Bild verändert wurde – zu erkennen an den Lücken im Histogramm. Diese entstehen häufig, wenn bei der Bildbearbeitung der Finger ausrutscht und Farbinformationen verloren gehen.

Erzeugt wurde das Histogramm mit dem folgenden Code:

```python
import matplotlib.pyplot as plt
from PIL import Image
import numpy as np

image = Image.open('image.jpg')

# Bild in Schwarz-Weiß laden, ITU-R 601-2 luma
image = image.convert(mode="L")

# 2D-Array in 1D verwandeln
luminosity = np.asarray(image).ravel()

figure, axes = plt.subplots(figsize=(5.24, 3.14))

axes.hist(luminosity, bins=range(256), fc='k', ec='k')

axes.get_xaxis().set_visible(False)
axes.get_yaxis().set_visible(False)
plt.xlim([0,255])
plt.show()
```

Listing 38.9: gallery.ipynb

Zuerst wird mithilfe der Bibliothek *Pillow* das Bild geladen. Diese installieren Sie mit `$ pip install pillow` (nach); der Modulname für den Import lautet jedoch `PIL`. Danach wird das Bild durch `image.convert("L")` in Graustufen konvertiert. Die dazu verwendete Formel sieht so aus:

```
Y = 0.299*R + 0.587*G + 0.114*B
```

Jedes Farb-Pixel besteht aus den Komponenten Rot, Grün und Blau (repräsentiert durch `RGB`). Diese werden gewichtet und summiert, um einen einzelnen Helligkeitswert zu erzeugen.

 Der Wert `Y` wird auch als *Luma* bezeichnet und drückt die wahrgenommene Helligkeit eines Bildpunkts aus. Die Gewichte in der Formel berücksichtigen die Tatsache, dass das menschliche Auge Farben unterschiedlich hell wahrnimmt (zum Beispiel wird Grün heller wahrgenommen als Rot, blau dagegen dunkler als Rot). Laut der *Pillow*-Dokumentation entspricht diese Gewichtung dem Standard ITU-R 601-2. Namensgebend für diesen ist die *Internationale Fernmeldeunion – Funkkommunikation*, abgekürzt ITU-R, eine Sonderorganisation der Vereinten Nationen, die sich mit Fragen der Funkkommunikation befasst.

Das Bild hat zwei Dimensionen – es ist 2000 Pixel breit und 1132 Pixel hoch. Um ein Histogramm zu erzeugen, muss es zunächst in eine eindimensionale Datenstruktur konvertiert werden – das geschieht mit `np.asarray(...).ravel()`, wobei `np.ararray(...)` zuerst ein Numpy-Array erzeugt und `<array>.ravel()` die zwei Dimensionen in eine einzige plattdrückt.

Dann übernimmt `Axes.hist(...)` die Hauptarbeit, wobei die Anzahl der `bins` die Feinheit des Histogramms bestimmt (für Helligkeitswerte ist 255 korrekt, weil diese in ein Byte passen müssen). Die restlichen Parameter schwärzen das Histogramm.

Übrigens können Sie Bilder direkt im Notebook anzeigen:

```
from IPython.display import Image
Image(filename='image.jpg')
```

Ausblick: Schnellere und schönere Diagramme

Matplotlib ist vielseitig, aber manchmal ein wenig umständlich. Wenn Sie es eilig haben, können Sie auch die Bibliothek *Seaborn* ausprobieren. Seaborn bietet für viele Diagrammarten einfach zu benutzende Funktionen und zeichnet sehr ansprechende Grafiken in einem harmonischen Farbschema. Eine weitere Alternative wäre, direkt aus Pandas heraus zu plotten – dort finden Sie die Methode `DataFrame.plot()`, die aber nicht alle Diagrammarten unterstützt.

Sowohl Seaborn als auch Pandas verwenden für die Ausgabe im Hintergrund die grundlegenden Mechanismen der Matplotlib – wenn Sie in einem Diagramm die Beschriftungen einstellen möchten, landen Sie wieder bei Axes-Objekten und deren Methoden.

Mit der *Matplotlib* erstellen Sie statische Grafiken, die sich vor allem für Print-Publikationen eignen, wie beispielsweise wissenschaftliche Papers oder Poster. Wenn Sie Daten jedoch öfter prüfen müssen, etwa weil Sie den Verlauf einer Aktie zeitnah überwachen möchten, sind die Bibliotheken *Plotly* und *Bokeh* vielleicht einen Blick wert. Beide generieren interaktive Diagramme im Browser, in denen Sie beispielsweise schwenken und hinein- und herauszoomen können.

Teil X
GUI-Programmierung

IN DIESEM TEIL...

✔ Programme mit grafischer Oberfläche

✔ Eine kurze Geschichte der GUIs

✔ GUIs layouten mit Tkinter

Kapitel 39
Ansichtssache – Programme mit GUI

I n Kapitel 18 unter *Die Welt verstehen mit Objekten* wurden sie bereits angesprochen: grafische Benutzeroberflächen. Diese werden auf Englisch *Graphical User Interfaces* genannt und gemeinhin als *GUIs* abgekürzt.

Damit sind die Steueroberflächen eigentlich aller gebräuchlichen Programme gemeint, darunter Schreibprogramme, Browser, Musikspieler und Dateiverwaltungen. Windows, macOS, Linux – sie alle bringen Programme mit visuellen Oberflächen mit, die mit Maus und Tastatur gesteuert werden.

GUIs sind mit dafür verantwortlich, dass die Bedienung und der Besitz eines Computers, Handys oder Tablets heute überhaupt üblich ist. Bevor es GUIs gab, akzeptierten Computer nur Textbefehle und das war extrem unhandlich. Dabei waren auch diese schon ein echtes Upgrade gewesen, denn noch früher mussten Befehle in Lochkarten gestanzt und als Stapel eingelesen werden. Die Übersetzung von Befehlen in Löcher war so aufwändig, dass es dafür eigene Jobs gab.

Das Aufkommen von GUIs ermöglichte es Laien, Computer zu erkunden und zu steuern. Mithilfe von Mäusen und Touchpads schaffen es selbst ungeübte Nutzer, das Symbol fürs Internet auf dem Desktop anzuklicken. Das ist allemal einfacher zu erlernen als das Eintippen eines Befehls wie LOAD "$",8. GUIs sind wesentlich intuitiver zu bedienen als Kommandozeilen.

Alternativen – was gibt es sonst so?

Im Heimgebrauch und am Arbeitsplatz konnten sich GUIs längst durchsetzen. Trotzdem steuert man Computer bis heute auch per Text. Man unterscheidet:

✔ **CLIs:** Kommandozeilen (auf Englisch: *command line interfaces*),

✔ **TUIs:** Text-basierte Oberflächen (auf Englisch: *text-based user interfaces*).

CLIs kennen sie bereits. Sie nehmen Text zeilenweise an und geben welchen aus. Beispielsweise bringt der Python-Interpreter eine CLI mit. TUIs hingegen sind etwas seltener – sie zeichnen mit Buchstaben und Sonderzeichen eine zweidimensionale Oberfläche, daher bezeichnet man sie auch als *zeichenorientierte Benutzerschnittstellen*. Vielleicht erinnern Sie sich noch an den *Norton Commander* oder auch den *Midnight*

Commander – das waren TUIs. Abbildung 39.1 zeigt ein modernes Beispiel – die TUI des NetworkManagers (Netzwerk-Managers), die unter vielen Linuxen verfügbar ist (das Programm heißt *nmtui*).

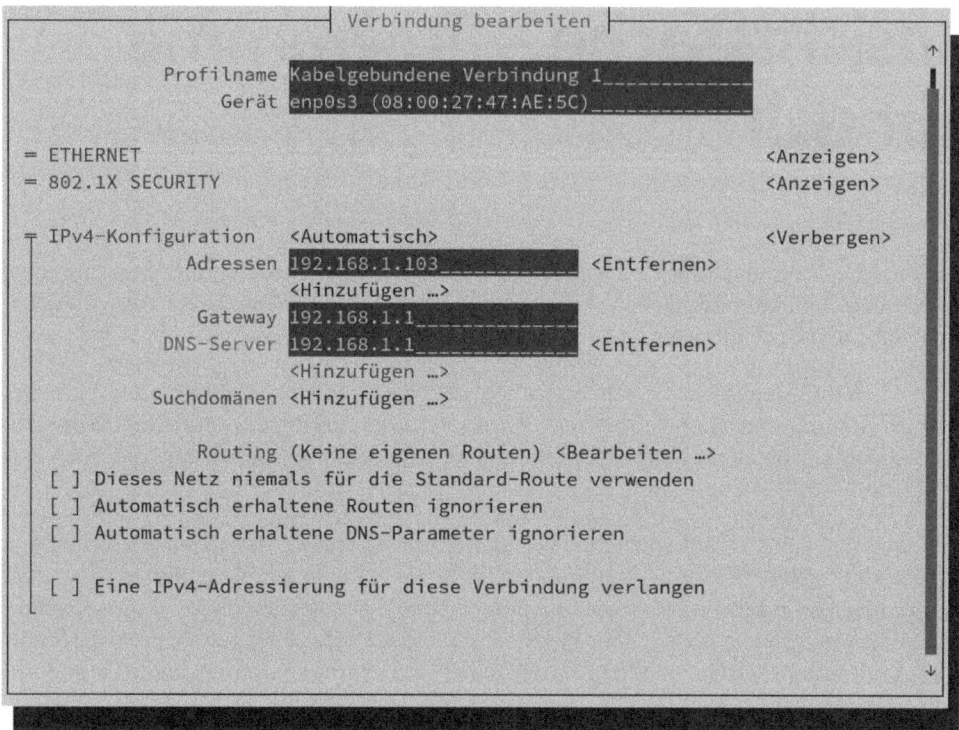

Abbildung 39.1: Die TUI des NetworkManagers simuliert mit Buchstaben und Sonderzeichen ein Formular.

 Zwar haben TUIs eine gewisse Eleganz; sie werden für den Rest des Buches aber leider ausgeklammert. Wer sich dafür interessiert, wird jedoch von Python nicht im Stich gelassen: In der Standardbibliothek finden Sie das Modul *curses*, das im Hintergrund die C-Bibliothek *curses* bzw. *ncurses* steuert. Da TUIs unter Windows noch ungebräuchlicher sind als unter Linux, wurde das Modul dort leider eingespart; laut der Doku ist aber die Bibliothek *UniCurses* ein ebenbürtiger Ersatz.

Vorteile

GUIs bringen viele Vor-, aber auch einige Nachteile mit sich. Die Vorteile:

✔ Sie erlauben einen visuellen Zugang zum Computer.

✔ Man kann sehr viele Informationen auf den Bildschirm packen, weil man zwei Dimensionen zur Verfügung hat.

✔ Nutzerinnen und Nutzer können Programme ohne Vorkenntnisse kennenlernen.

Informationen und Aktionen können wie eine Speisekarte in einem Restaurant präsentiert werden – die NutzerInnen können auf alles klicken, was sie interessiert. Der Begriff *Menü* kommt also nicht von ungefähr.

Durch Bilder und Farben können Informationen besser visualisiert werden. Außerdem gibt es Aufgaben, die ohne eine GUI geradezu unmöglich wären, wie etwa das Bearbeiten von Bildern und Videos oder das Anfertigen von Drucksachen. Hier braucht man unbedingt eine grafische Ausgabe.

GUIs verdichten die Informationen auf dem Bildschirm. Ein besonders beeindruckendes Beispiel finden Sie in Abbildung 39.2, die einen Screenshot des Programms *WinDirStat* zeigt. *WinDirStat* (das steht für *Windows Directory Statistics*) verwendet eine so genannte Tree-Map, die die Struktur von Verzeichnissen veranschaulicht. Diese grafische Ausgabe ist beim Aufräumen der Festplatte unersetzlich. Leider kommt kein Programm der Linux-Welt an *WinDirStat* heran (nein, insbesondere *baobab* nicht), am ehesten noch das Kommandozeilenwerkzeug *ncdu* (kurz für *ncurses-disk-usage*) – aber das hat eben keine GUI.

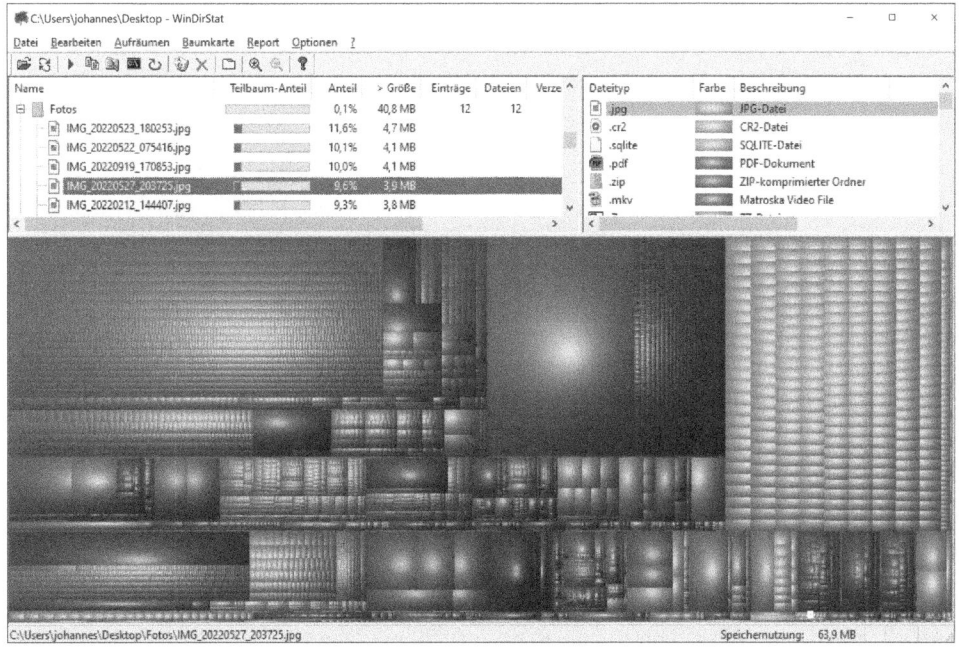

Abbildung 39.2: Das Programm *WinDirStat* stellt die Inhalte von Verzeichnissen grafisch dar.

Nachteile

Bevor Sie jetzt denken, dass GUIs das einzig Wahre seien und Kommandozeilenwerkzeuge eh keine ordentlichen Programme abgeben, sollten Sie auch die Nachteile und Einschränkungen nicht außer Acht lassen.

Zwar kann man mit GUIs mehr Informationen präsentieren, aber das ist nicht immer nur ein Vorteil. Manche GUI ist mit Schaltern und Knöpfen reichlich überfrachtet. Oft verstecken sich Befehle in verschachtelten Menüs, die Nutzerinnen zu ermüdenden Suchorgien nötigen, anstatt sie zu freudiger Erkundung zu animieren.

Wie Abbildung 39.3 zeigt, kann es schnell unübersichtlich werden – dabei ist das gezeigte Grafikprogramm eigentlich ein Positivbeispiel, wenn es darum geht, viele komplexe Funktionen auf Menüs zu verteilen.

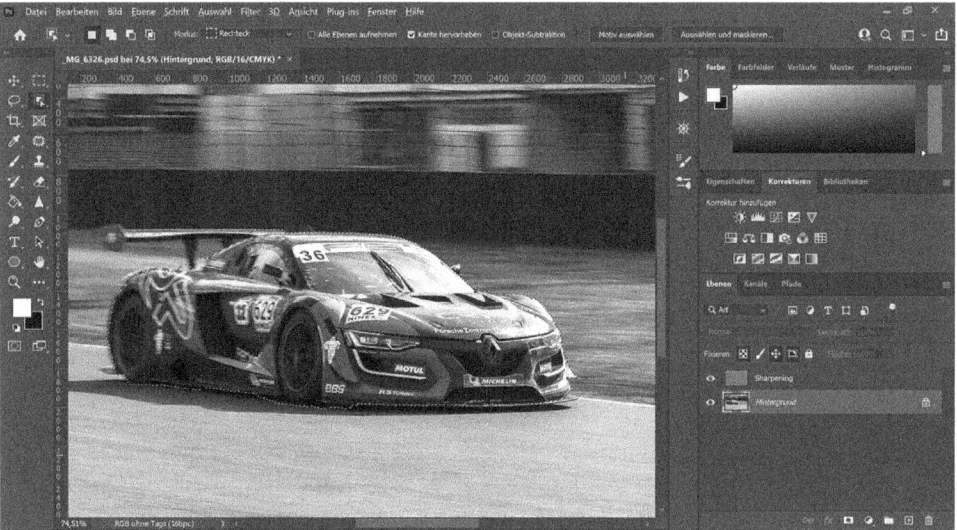

Abbildung 39.3: Die GUI dieses Grafikprogramms richtet sich eher an Experten.

Nicht jedes Programm bekommt eine sinnvolle Nutzerführung hin; da verbergen sich Befehle gerne hinter langen Klickstrecken. Den Weg zum Ziel kann man sich dann oft schlechter merken als den entsprechenden Kommandozeilenbefehl.

Die Übertragung eines grafischen Bildschirminhalts kostet viel mehr Bandbreite, wohingegen die wenigen Buchstaben einer CLI ganz einfach übertragen werden können. Wer einen Server aus der Ferne warten möchte, der wird daher eher eine Textverbindung per *SSH* bevorzugen.

CLIs und TUIs haben einige Vorteile gegenüber GUIs. Mit etwas Übung kann man Befehle schneller tippen, als sie in einem Menü herauszusuchen – man verlässt sich auf Haptik statt Optik.

Das kennen Sie vielleicht vom Autofahren: Moderne Autos haben oft Touch-Displays – aber damit kommt das Wechseln des Radiosenders bei 120 km/h auf der A6 einem Todeswunsch gleich. Echte Tasten kann man erfühlen, ohne den Blick von der Straße zu nehmen. Für Tastaturen gilt das Gleiche. Es ist einfacher, blind zu tippen, als blind das Startmenü zu durchsuchen.

Gute CLIs lassen sich zu komplexeren Programme komponieren, die Daten schrittweise weiterverarbeiten. Außerdem kann man Textbefehle einfacher abspeichern und wiederholen, was für die Automatisierung von Aufgaben essenziell ist. Aus diesem Grund sind Kommandozeilenwerkzeuge aus dem Alltag von Admins kaum wegzudenken.

Die Vorteile von CLIs sind leider auch ihre größten Nachteile: Man muss viel tippen; vor allem Sonderzeichen wie Slashes /, Pipes | und exotische Klammern [{}], die einem behände Fingerakrobatik abverlangen. Außerdem muss man wissen, welche Befehle man überhaupt tippen soll. Da die Textausgabe meistens begrenzt ist, werden die verfügbaren Befehle nicht immer direkt angezeigt und man muss sie oft nachschlagen. Kurz: Man muss viel lesen und sich viel merken.

Man kann nicht pauschal sagen, ob GUIs oder CLIs besser sind. Beide haben ihre Vor- und Nachteile, die Sie in Tabelle 39.1 und Tabelle 39.2 nochmal übersichtlich aufgereiht finden. Es kommt eben auf den Anwendungsfall an.

Pro	Contra
einfacher zu erkunden	schwieriger zu merken
dichte Infos	unübersichtlich
weniger Befehle	verschachtelte Menüs
farbliche Hervorhebung	Farbenblindheit?
grafische Aufgaben	mehr Bandbreite erforderlich
besseres Design	gutes Design erfordert Talent

Tabelle 39.1: Vor- und Nachteile von GUIs

Pro	Contra
wiederholbare Befehle	viel Tipparbeit
Dokumentation dabei	steilere Lernkurve
Komposition	komplexe Befehle
schnelle Übertragung	unübersichtlich

Tabelle 39.2: Vor- und Nachteile von CLIs

 TUIs versuchen, das beste aus beiden Welten zu vereinen: eine dichte, teils farblich akzentuierte Darstellung, die sich leicht über das Netzwerk übertragen lässt. Trotzdem sind sie selten, da sie etwas unflexibel sind. Außerdem sind sie ungleich aufwändiger zu programmieren als gleichwertige CLIs.

Herausforderungen

Der größte Nachteil von GUIs ist, dass sie wesentlich aufwändiger in der Programmierung sind. Nicht nur ist die Architektur etwas komplexer, es kommt auch eine neue Aufgabe hinzu: Man muss die Anwendung grafisch ansprechend designen, sich Texte, Icons und ein Layout überlegen. Nicht jede/r hat dafür Talent.

Selbst wenn Sie eine gute Benutzerführung hinbekommen, dann haben Sie Ihre Rechnung meist ohne die Rechner ihrer Anwender gemacht. Die grafische Ausgabe geschieht klassischerweise auf einem Monitor, doch können Sie nie voraussagen, wie groß der ist oder welche Auflösung die Person eingestellt hat. So kommt es, dass im folgenden Kapitel einige Screenshots etwas verwaschen sind, weil es keine Möglichkeit gab, die Auflösung anzupassen. Besonders die Besitzer eines 4k-Displays wird das ärgern.

Kapitel 40
GUIs mit tkinter

Für den Einstieg in die GUI-Programmierung gibt es das Modul tkinter. Über diesen wunderlichen Namen erfahren Sie etwas in Kasten *Das juckt mich nicht ...*.

Eigentlich gehört tkinter zur Standardbibliothek, wird aber je nach Betriebssystem nicht standardmäßig installiert. Unter Windows und macOS finden Sie dazu einen Menüpunkt im Python-Installer (unter Windows die Checkbox TCL/TK AND IDLE unter OPTIONAL FEATURES; unter macOS die Checkbox GUI APPLICATIONS). Unter Linux wird TKinter meistens als separates Paket ausgeliefert, das Sie aber komfortabel über den Paketmanager nachinstallieren können:

```
# Ubuntu
$ sudo apt-get install python3-tk

# Fedora
$ sudo dnf install python3-tkinter
```

Probieren Sie nach der Installation aus, ob alles korrekt installiert ist:

```
$ python -m tkinter
```

Das Ergebnis sollte aussehen wie Abbildung 40.1.

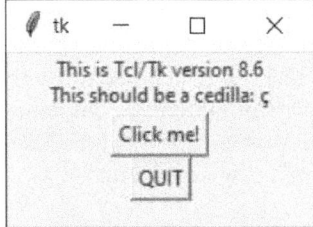

Abbildung 40.1: tkinter ist ordnungsgemäß installiert.

Das juckt mich nicht ...

Zum Zeichnen von GUIs auf den Bildschirm gibt es in der Standardbibliothek das Modul `tkinter`. Dieser ungewöhnliche Name ist ein Hinweis auf die Machenschaften im Hintergrund: *tkinter* steht für *Tk-Interface*; *Tk* meint ein etwas älteres GUI-Toolkit. Dieses wurde Anfang der 1990er als Erweiterung für die Script-Sprache *Tcl* entwickelt. Diese Abkürzung wiederum steht für *tool command language* und wird meist *tickle* ausgesprochen – so wie auf Englisch *kitzeln*. Passend dazu ist das Logo dieser Bibliothek eine Feder, die Sie auch im Icon des Fensters in Abbildung 40.1 wiedererkennen.

Die Script-Sprache *Tcl* und das GUI-Toolkit *Tk* trifft man selten alleine und nennt sie meist in einem Atemzug *Tcl/Tk*. Der Code, den Sie gleich in Python schreiben werden, erzeugt im Hintergrund Tcl-Befehle, die mithilfe eines Interpreters verschiedene Steuerelemente konfigurieren. Das funktioniert auf jedem Betriebssystem, aber leider hat das auch zur Folge, dass die Steuerelemente von Haus aus etwas altbacken aussehen.

Sprechen Sie GUI?

Beim Programmieren mit GUIs tauchen viele spezifische Begriffe auf – der Name des Platzhirsches Windows verrät bereits die grundlegendste Idee: Alles passiert in *Fenstern*. Die haben meistens am linken oberen Rand einen Titel und rechts oben Schaltflächen zum Minimieren, Maximieren und Schließen.

Die *Steuerelemente*, also die Objekte innerhalb eines Fensters, mit denen Sie interagieren, bezeichnet man in `tkinter` als *Widgets*. Abbildung 40.2 zeigt die gebräuchlichsten.

Die meisten Steuerelemente haben verbreitete Namen und deutsche Entsprechungen, aber leider weicht `tkinter` an einigen Stellen von der Norm ab. In Tabelle 40.1 finden Sie eine Übersetzung, die Ihnen sicher nützt, wenn Sie im Netz zum Thema GUIs recherchieren.

Wenn Sie auf ein Steuerelement klicken oder dort Text eingeben, wird als direkter Effekt ein *Befehl* oder *Kommando* ausgeführt. Manche *Widgets* können aber zusätzlich auch *Events* (Ereignisse) auslösen, etwa wenn Sie mit der Maus über das Element fahren. Darauf kann ein *Event Handler* reagieren – eine spezielle Funktion, die dann irgendeine Veränderung bewirkt. Es gibt also mehrere Wege, wie die GUI auf Interaktionen reagieren kann.

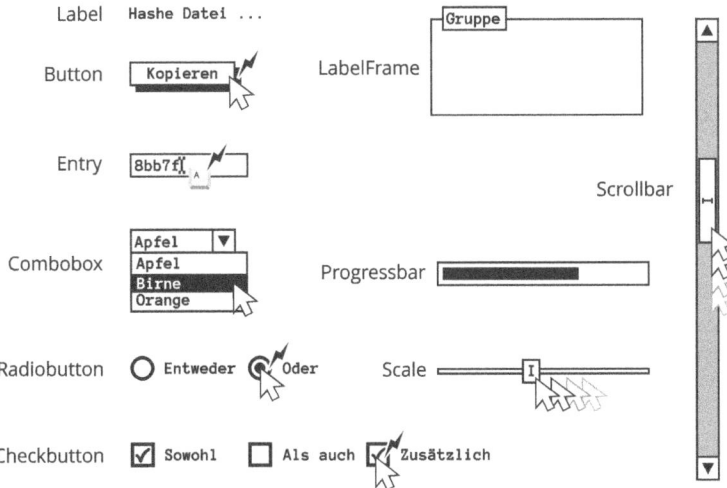

Abbildung 40.2: Die gebräuchlichsten `tkinter`-Widgets im Überblick.

Deutsch	Englisch	TKinter-Klasse	Beschreibung
Beschriftung	label	`Label`	zeigt einen Text an
Text(eingabe)feld	textbox	`Entry`	erfasst einen Text
Schaltfläche	button	`Button`	führt eine Aktion aus
Rahmen	border, box	`Frame`	umrahmt weitere Widgets
Gruppe	group box	`LabelFrame`	benannte Gruppe
Auswahlkästchen	checkbox	`Checkbutton`	mehrere wählbar
Optionsfeld	radio button	`Radiobutton`	nur eines wählbar
Kombinationsfeld	combobox	`Combobox`	Texteingabe oder Auswahl
Baumansicht	tree view	`TreeView`	zeigt z. B. Verzeichnisbäume
Fortschrittsbalken	progress bar	`Progressbar`	zeigt einen Fortschritt an
Schieberegler	slider	`Scale`	verändert eine Zahl
Bildlaufleiste	scrollbar	`Scrollbar`	verschiebt Inhalt eines Fensters

Tabelle 40.1: Deutsche und englische Bezeichnungen gebräuchlicher Widgets sowie deren Namen in `tkinter`

Der Entwurf einer GUI-Anwendung

Keiner hindert Sie daran, einfach drauflos zu hacken, jedoch ist es bei GUI-Anwendungen ratsam, dass Sie sich zunächst einen Plan zurechtzulegen (das soll auch sonst im Leben ab und zu helfen). Die Gestaltung von Fenstern nimmt viel Zeit in Anspruch und nachträgliche Änderungen können sehr anstrengend werden, weil man bereits platzierte Elemente umständlich verschieben muss. Sie sollten also erst mal einen Entwurf skizzieren.

Die Problemstellung umreißen

Überlegen Sie sich zuerst, was Ihr Programm tun soll. Brainstormen Sie erst mal das Szenario – wobei dieser Teil des kreativen Prozesses natürlich auch beim Entwickeln von CLI-Anwendungen hilft.

Als Beispiel dient das folgende konkrete Szenario: Sie erstellen eine GUI zum Hashen von Dateien. Doch was bedeutet das – und wofür ist es gut?

Beim Herunterladen von Software aus dem Internet kann einiges schiefgehen. Die Datei kann beschädigt werden oder ein Hacker könnte versuchen, ihnen eine schadhafte Datei unterzujubeln. Manche Anbieter verteilen Software über Spiegel-Server (sogenannte *Mirrors*), um Bandbreite zu sparen und die Dateien schneller auszuliefern – leider geben die Anbieter dadurch die eigentlichen Dateien aus der Hand.

Das bedeutet leider, dass Sie nach dem Herunterladen nicht sicher sein können, ob Sie auch die Datei haben, die Sie erwarten. Wie können Sie prüfen, ob es sich um die richtige Datei handelt oder ob sie beschädigt oder manipuliert wurde?

Viele Anbieter liefern zu ihren Dateien eine Art Fingerabdruck mit – einen sogenannten *Streuwert* oder auch *Hash*. Um diesen zu erzeugen, verwendet man spezielle mathematische Funktionen. Diese verwursten die Bits einer Datei zu einem Wert fester Länge, wobei exakt gleiche Eingabe-Bits zu gleichen Hashes führen; minimal unterschiedliche Bits aber zu *sehr unterschiedlichen* Hashes.

Die Idee ist, dass Sie nach dem Herunterladen selbstständig den Hash berechnen – stimmt dieser mit dem Hash des Anbieters überein, ist alles ok. Ist auch nur ein Bit anders, kann der Wert nicht mehr stimmen und dann sollten Sie vorsichtig sein. Man spricht auch von einer *Integritätsprüfung*.

Diese Idee können Sie in freier Wildbahn nachvollziehen! Gehen Sie mal auf `https://www.python.org`. Dort finden Sie unter DOWNLOADS / ALL RELEASES eine Liste mit konkreten Versionen des Python-Interpreters. Wenn Sie sich eine aussuchen (zum Beispiel das taufrische Python 3.12), kommen Sie auf eine Seite mit verschiedenen Installationspaketen. Im Oktober 2023 sah die Webseite aus wie in Abbildung 40.3 (verkürzt). Die URL war `https://www.python.org/down loads/release/python-3120/`.

Neben den Dateien sind in der Spalte MD5 SUM jeweils die MD5-Hashes ausgewiesen (*MD5* ist der Name des verwendeten Algorithmus). Das Installationsprogramm für die 64-Bit-Version von Python 3.12 für Windows beispielsweise ergibt den MD5-Hash `32ab6a1058dfbde76951b7aa7c2335a6`.

MD5 ist zwar weit verbreitet, jedoch gilt es heute als unsicher, da es verhältnismäßig einfach ist, unterschiedliche Nachrichten zu erzeugen, die denselben MD5-Hash-Wert haben.

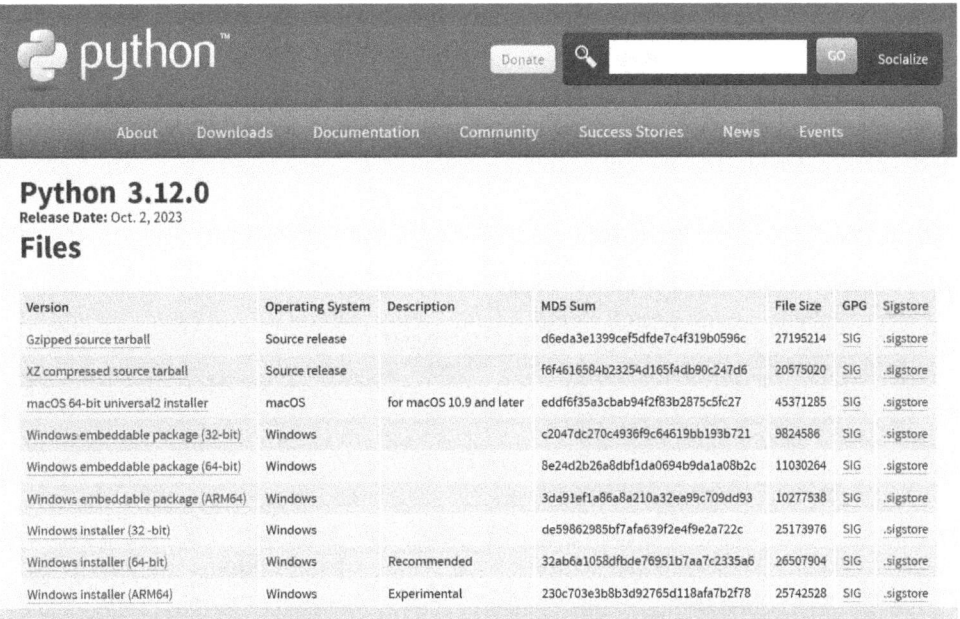

Abbildung 40.3: Auf der Python-Webseite finden Sie Dateien zum Herunterladen mit Hashes zur Integritätsprüfung.

Eine Skizze des Ablaufs

Was das Programm tun soll, steht nun fest. Als Nächstes überlegen Sie, wie Ihre Nutzerschaft mit dem Programm interagieren wird. In welcher Reihenfolge werden Aktionen ausgeführt? Welche Fragen muss die Person beantworten? Fangen Sie am besten mit einem Flow-Chart an, das die Schritte skizziert. Für das beschriebene Szenario könnte das in etwa aussehen wie in Abbildung 40.4.

Die wichtigsten Schritte im Ablauf:

1. **Datei öffnen:** Zunächst müssen Sie dem Programm mitteilen, welche Datei Sie überprüfen möchten.

2. **Hash berechnen:** Nun stoßen Sie die Berechnung des Hash-Wertes an.

3. **Hash kopieren:** Nach der Berechnung wird der Hash-Wert in der GUI angezeigt. Als Gimmick können Sie ihn per Knopfdruck herauskopieren, um ihn weiterzuverarbeiten.

Das wären die Hauptschritte – es gibt aber auch noch einige Zwischenschritte:

✔ **Algorithmus wählen:** Auf der Python-Seite finden Sie zwar nur MD5-Hashes, aber andere Anbieter setzen auf andere Verfahren, wie beispielsweise SHA1 oder SHA256. Wäre doch cool, wenn Ihr GUI-Programm auch andere Verfahren anbietet ...

✔ **Auf Fehler reagieren:** Vor dem Hashen können einige Probleme auftreten. Was ist zu tun, wenn die angegebene Datei aufgrund fehlender Berechnungen nicht lesbar ist? Auch sonst kann in einer GUI einiges schiefgehen, daher müssen Fehler ordentlich behandelt werden.

✔ **Zeit totschlagen:** Das Berechnen eines Hashes geht eigentlich recht schnell, kann aber für große Dateien dann doch so einige Zeit in Anspruch nehmen. Daher soll ein Ladenbalken den Nutzerinnen und Nutzern signalisieren, dass das Programm immer noch arbeitet.

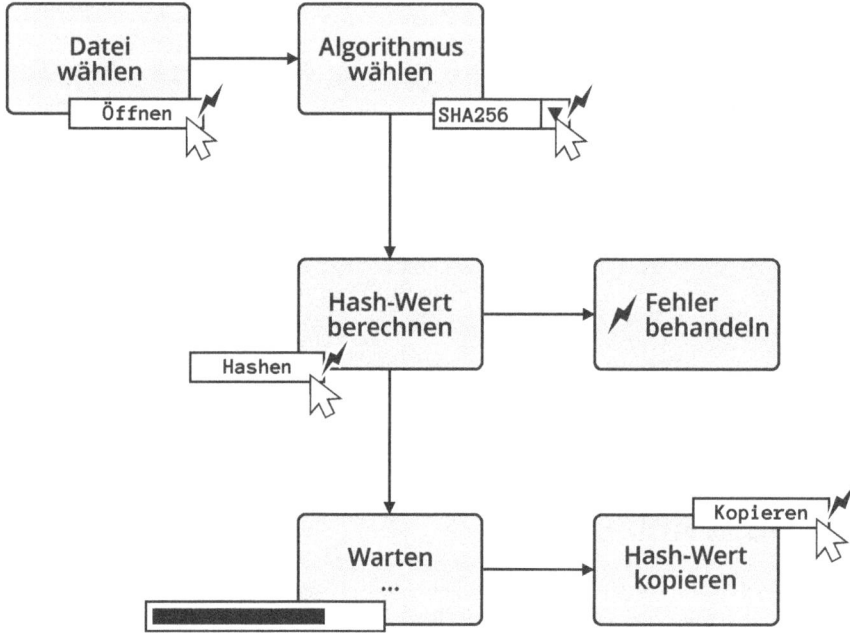

Abbildung 40.4: Eine Skizze des Programmablaufs mit passenden Widgets

 Solche Zwischenschritte sind nicht zwingend notwendig, erleichtern Ihren Nutzern aber den Umgang mit dem Programm. Ohne einen Ladebalken beispielsweise würde das Programm scheinbar einfrieren – es kommt natürlich besser, wenn das Programm stattdessen beim Arbeiten auch richtig geschäftig wirkt.

Die Skizze (Abbildung 40.4) deutet bereits die passenden Steuerelemente an. Schaltflächen und Kombinationsfelder werden angeklickt und lösen dadurch Aktionen aus; der Fortschrittsbalken zeigt Bewegung an, auch wenn es etwas länger dauert.

Eine Skizze der GUI

Sobald die groben Schritte klar sind, können Sie versuchen, die Elemente der GUI in einem Fenster zu drapieren. Auch hier hilft wieder eine Skizze.

 Lassen Sie diesen Schritt auf keinen Fall aus; die guten Ideen kommen meist beim Zeichnen. Womöglich merken Sie dabei, dass irgendwas am Ablauf noch nicht stimmt – dann können Sie einfach einen Schritt zurückgehen und den Ablauf nochmal anpassen. Solche Entwurfsphasen verlaufen in der Regel nicht linear und man springt oft hin und her.

Wer mit Papier und Stift überfordert ist, kann gerne ein freies Vektorprogramm probieren, wie zum Beispiel *Inkscape* (https://inkscape.org) – damit können Sie die Elemente der Skizze beim Nachdenken gleich verschieben. Es gibt auch Programme, mit denen man das Layout visuell erstellen kann, allerdings liegt Python keines bei, daher wird das hier ausgeklammert.

In Abbildung 40.5 sind die verwendeten Widgets zu erkennen, mit denen Sie die einzelnen Schritte durchführen:

1. ÖFFNEN: Über diese Schaltfläche wird zunächst eine Datei ausgesucht.

2. HASHEN: Hash-Wert berechnen. Das Ergebnis landet im folgenden Textfeld.

3. KOPIEREN: Hash-Wert in die Zwischenablage kopieren.

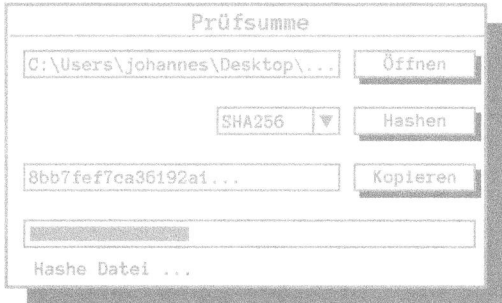

Abbildung 40.5: Die Skizze des GUI-Programms mit verschiedenen Widgets

Die Steuerelemente wurden untereinander arrangiert. Dadurch veranschaulichen sie bereits rein optisch den Ablauf des Programms, indem die Reihenfolge der Aktionen vorgegeben wird. Das unterstützt einen natürlichen Fluss, von oben nach unten und von links nach rechts.

Der Ladebalken ist eher ein passives Element, deswegen wurde er weiter unten platziert. Außerdem wurde noch ein zusätzliches Label eingefügt, das den Zustand der Anwendung in Worten beschreibt – so wissen die Nutzenden, was gerade so alles passiert.

Umsetzung

Mit diesem hervorragenden Plan kann es nun mit der eigentlichen Programmierung losgehen.

In diesem Kapitel wird schrittweise eine GUI aufgebaut. Eine lauffähige Version des Programms finden Sie im herunterladbaren Zusatzpaket zum Buch – nur für den sehr unwahrscheinlichen Fall, dass Sie in Schwierigkeiten geraten sollten.

Ein Fenster erzeugen

Legen Sie eine neue Datei namens hashme.py an. Diese Datei wird im Folgenden sukzessive erweitert. Fügen Sie zuerst den folgenden Code ein:

```
import tkinter
from tkinter import ttk

# Hauptfenster anlegen
window = tkinter.Tk()

# Titel festlegen
window.wm_title("Prüfsumme")

# Ein Widget erzeugen
label = ttk.Label(text="Hello, World!")

# Widget im Layout drapieren
label.grid(padx=10, pady=10)

# Fenster anzeigen und auf Eingaben
    reagieren
window.mainloop()
```
Listing 40.1: hashme.py

Im Code wird zuerst tkinter importiert. Zusätzlich brauchen Sie einen zweiten Import aus dem gleichen Modul für die Widgets. Dann wird mit window = tkinter.Tk() das Hauptfenster erzeugt und mit window.wm_title("Prüfsumme") der Titel gesetzt.

Das Fenster bekommt ein Label, denn es soll eine kleine Nachricht anzeigen. Diese wird im Konstruktor des Widgets über das Keyword-Argument text gesetzt. Das Widget ist ein ttk.Label aus dem Modul tkinter.ttk, das die wichtigen Widgets enthält.

Nachdem die Beschriftung aufgesetzt wurde, wird label.grid(...) aufgerufen. Dadurch wird das Label-Widget im Fenster platziert. Im Aufruf wird mit den Keyword-Argumenten padx und pady ein *padding*, also ein Seitenabstand angegeben. Ohne eine solche Lücke zwischen den Elementen würde das Fenster sehr gedrungen wirken.

Am Ende steht noch ein wichtiger Aufruf: `window.mainloop()`. Diese Funktion ruft die Hauptschleife des Programms auf.

 Grafikfähige Anwendungen wie GUIs und Computerspiele arbeiten meistens in einer zentralen Endlosschleife, in der sie immer zuerst Ereignisse verarbeiten und dann Ausgaben produzieren. Im Falle der GUI bedeutet eine Ausgabe, dass alles auf den Bildschirm gezeichnet wird; eine Eingabe ist eine Mausbewegung oder das Klicken auf eine Schaltfläche – eben alles, was ein *Event* auslöst. Ohne diese Schleife würde das Programm die GUI zwar zeichnen, man könnte dann aber nicht auf ihr herumklicken.

Wenn Sie das Programm `hashme.py` ausführen, sehen Sie ein neues Fenster, das aussieht wie in Abbildung 40.6.

Abbildung 40.6: Ein (fast) leeres Fenster

Alle Aufrufe wurden bisher hintereinander weg geschrieben, aber das ist leider nicht zielführend. Später kommt noch Code dazu, der nicht sofort ausgeführt wird (zum Beispiel für Kommandos und Ereignisbehandlung), daher sollten Sie den Code zunächst besser strukturieren, bevor Sie weitermachen:

```python
import tkinter
from tkinter import ttk

class App:
    def __init__(self):
        # Hauptfenster anlegen
        self.window = tkinter.Tk()

        # Titel festlegen
        self.window.wm_title("Prüfsumme")

        # Widgets hinzufügen
        self.setup()

    def setup(self):
        """Erzeugt Widgets und platziert sie im Fenster."""

        # Ein Widget erzeugen
        label = ttk.Label(text="Hello, World!")

        # Widget ins Layout packen
        label.grid(padx=10, pady=10)
```

```
    def run(self):
        # Fenster anzeigen und auf Eingaben reagieren
        self.window.mainloop()

if __name__ == "__main__":
    App().run()
```
Listing 40.2: hashme.py

Der Code ist noch fast der gleiche, allerdings hat er ein paar Einrückungen mehr. Die Klasse App wurde eingeführt, die das Programm repräsentiert. Sie setzt im Konstruktor (App.__init__) das eigentliche Fenster auf und speichert es im Attribut self.window, damit die anderen Methoden der Klasse später darauf zugreifen können. Beispielsweise wird es von der Methode run benötigt, die die App startet (App().run()).

 Die Bezeichnung *App* steht kurz für *Application*, ein gängiger englischer Begriff für eine Anwendung. Vor ein paar Jahren waren damit lediglich Programme auf Mobiltelefonen gemeint; sie sollten sich abheben von den verstaubten *Programmen* der grauen Windows-Office-Schreibtisch-Welt. Mittlerweile verwendet man die Begriffe synonym; App, Anwendung, Programm – alles das Gleiche.

Widgets hinzufügen

In der Methode App.setup werden alle benötigten Widgets hinzugefügt und danach das Layout des Fensters arrangiert. Dazu wird sie am Ende des Konstruktors aufgerufen.

Das Label mit dem text="Hello, World!" war nur zum Testen da, das können Sie wieder löschen. Stattdessen werden hier jetzt die übrigen Widgets aus Abbildung 40.5 eingefügt. Der Code dazu sieht so aus:

```
...
class App:
    ...
    def setup(self):
        """Erzeugt Widgets und platziert sie im Fenster."""

        # Passepartout festlegen
        frame = ttk.Frame(padding=10)

        # Datei-Zeile
        entry_file = ttk.Entry(master=frame, width=35)
        button_open = ttk.Button(
            master=frame, text="Öffnen"
        )

        # Hash-Algorithmus
        combobox_algorithm = ttk.Combobox(master=frame)
        button_hash = ttk.Button(
            master=frame, text="Hashen"
        )
```

```
# Hash-Wert
entry_hash = ttk.Entry(master=frame, width=35)
button_copy = ttk.Button(
    master=frame, text="Kopieren"
)

# Fortschrittsbalken
progressbar = ttk.Progressbar(master=frame)

# Status
label_status = ttk.Label(master=frame, width=35)


    ...

...
```

Listing 40.3: hashme.py

Als Erstes wird ein `Frame` – ein *Rahmen* – erzeugt. Der gruppiert die folgenden Elemente und dient dem Zweck, ein bisschen Abstand zwischen dem Rand des Fensters und den Steuerelementen entstehen zu lassen. Das geschieht durch das Keyword-Argument `padding=10`.

Danach folgen die eigentlichen Widgets. Damit sie Teil des Rahmens werden, bekommen sie alle zuerst das Keyword-Argument `master=frame`; danach folgen die spezifischen Einstellungen, wie etwa die Beschriftungen der Schaltflächen. Dabei wird unter anderem die Breite der Textfelder auf 35 Zeichen festgelegt (`entry_file` und `entry_hash` sowie `label_status` bekommen `ttk.Entry(..., width=35)`).

Warum gerade 35? Das hat keinen tieferen Grund. Ohne diese Angabe wirken die Eingabefelder zu klein; wählen Sie einen viel größeren Wert, werden sie sehr breit dargestellt. Eigentlich brauchen Pfadangaben und Hash-Werte etwas mehr Platz, allerdings werden die Dateien per Knopfdruck ausgesucht und die Hashes berechnet, also wird ohnehin nicht viel in den Feldern herumgetippt. Probieren Sie einen Wert, den Sie als angenehm empfinden.

Die Variablennamen der Widgets im Programm sind in Abbildung 40.7 nochmal übersichtlich aufgeführt. Hier wurden besonders treffende Namen gewählt, damit Sie sie gut wiedererkennen. Jede Variable enthält erst die Art des Widgets und dann den jeweiligen Zweck, außer bei `frame` und `progressbar` – da sind Zweck und Typ identisch.

Die Funktionen der Buttons sind klar, jedoch wurden hier noch zwei `Entry`-Felder eingefügt. Nachdem Sie eine Datei geöffnet haben, zeigt das Feld `entry_file` den Pfad der Datei an. Dadurch signalisiert die Anwendung, dass bereits eine Datei ausgewählt wurde – alternativ können Sie auch einen Dateipfad in das Feld einfügen, den sie woanders kopiert haben. Der Hash-Wert der Datei soll später im Feld `entry_hash` auftauchen.

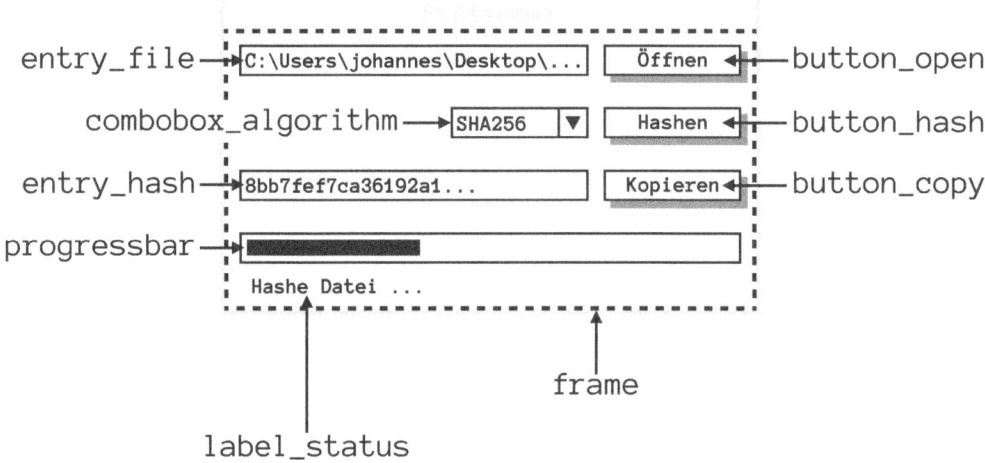

Abbildung 40.7: Die Variablennamen der verschiedenen Widgets

Widgets arrangieren

Wie im Abschnitt *Ein Fenster erzeugen* bereits angerissen, muss für jedes Widget die Methode Widget.grid aufgerufen werden. Dadurch werden die einzelnen Steuerelemente in einem Raster-Layout arrangiert. Das Raster ist nur gedacht; es entsteht dadurch, dass jedes Widget eine gewünschte Zelle (Zeile und Spalte) angibt. Sie können es sich vorstellen wie in Abbildung 40.8.

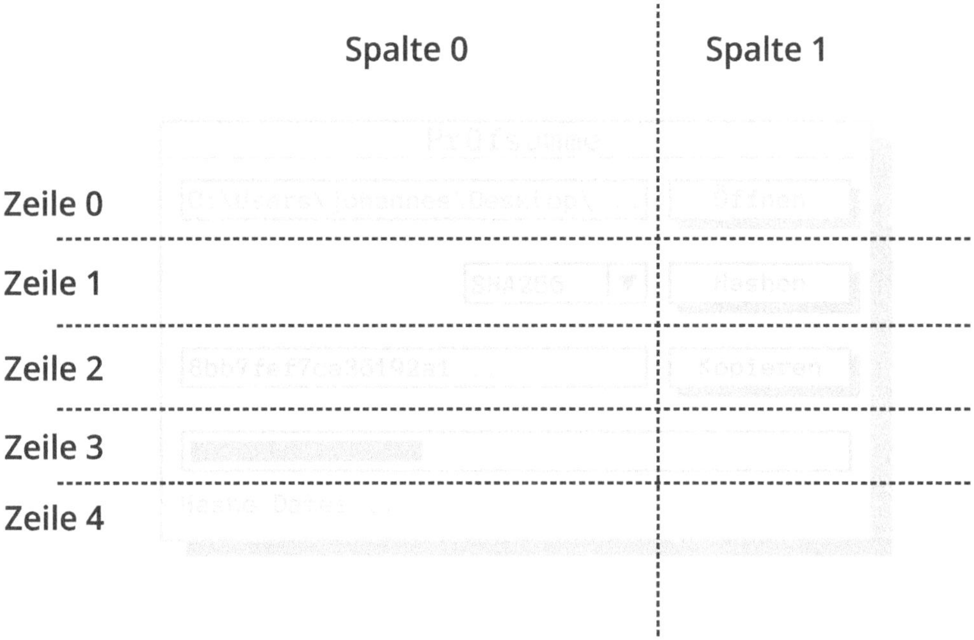

	Spalte 0	Spalte 1
Zeile 0		
Zeile 1		
Zeile 2		
Zeile 3		
Zeile 4		

Abbildung 40.8: Widgets werden in einem Raster angeordnet.

Der Code dafür sieht so aus:

```
...
class App:
    ...
    def setup(self):
        ...
        # Objekte im Raster arrangieren
        entry_file.grid(row=0, column=0, sticky="e")
        button_open.grid(row=0, column=1, sticky="w")

        combobox_algorithm.grid(row=1, column=0, sticky="e")
        button_hash.grid(row=1, column=1, sticky="w")

        entry_hash.grid(row=2, column=0, sticky="e")
        button_copy.grid(row=2, column=1, sticky="w")

        progressbar.grid(row=3, columnspan=2, sticky="we")

        label_status.grid(row=4, columnspan=2, sticky="w")

        # Layout umsetzen
        frame.grid()
...
```

Listing 40.4: hashme.py

 Achten Sie hier auf das Layout des Codes — die Leerzeilen grenzen zusammengehörigen Zeilengruppen im Raster voneinander ab.

Jedes Widget ruft seine Methode ‹widget›.grid(...) auf. Der Parameter row gibt die Zeile, column die Spalte an. Zusätzlich gibt es einen Parameter namens sticky (auf Englisch: klebrig) – der bekommt eine Himmelsrichtung (w für westlich, e für östlich – auf Englisch: east) und richtet die Elemente innerhalb der Spalte entsprechend aus (westlich = links, östlich = rechts). Zum Beispiel wird durch sticky="e" die Combobox nach rechts ausgerichtet.

 Da sich der Fortschrittsbalken über die ganze Breite des Fensters erstrecken soll, bekommt er sowohl w als auch e als Klebewert und darf sich außerdem über zwei Spalten erstrecken (columnspan=2) – normalerweise besetzen Widgets nur eine Spalte.

 Wichtig, nicht vergessen: Am Ende unbedingt frame.grid() aufrufen. Alle Widgets wurden als Kind-Elemente des Rahmens frame angelegt (ttk.Button(master=frame, ...)). Dieser Rahmen nimmt das ganze Fenster ein und umgibt alle anderen Elemente; das dient einzig dem Zweck, einen schönen Fensterabstand zu gewährleisten. Wenn Sie diesen Aufruf vergessen, bleibt das Fenster leer.

Das Layout auflockern

Wenn Sie den Code ausführen, erkennen Sie bereits das Grund-Design der fertigen GUI. Leider ist ihr Erscheinungsbild noch etwas gestaucht. Sie können es auflockern, indem Sie einen Abstand zwischen den Elementen einfügen. Dazu müssen Sie allen Aufrufen von `Widget.grid(...)` die Keyword-Argumente `padx` und `pady` mitgeben:

```
...
class App:
    ...
    def setup(self):
        """Erzeugt Widgets und platziert sie im Fenster."""
        ...
        gap = 10

        # Objekte im Raster arrangieren
        entry_file.grid(row=0, column=0, sticky="e", padx=gap,
            pady=gap)
        button_open.grid(row=0, column=1, sticky="w", padx=gap,
            pady=gap)

        combobox_algorithm.grid(row=1, column=0, sticky="e",
            padx=gap, pady=gap)
        button_hash.grid(row=1, column=1, sticky="w", padx=gap,
            pady=gap)

        entry_hash.grid(row=2, column=0, sticky="e", padx=gap,
            pady=gap)
        button_copy.grid(row=2, column=1, sticky="w", padx=gap,
            pady=gap)

        progressbar.grid(row=3, columnspan=2, sticky="we", padx=gap,
            pady=gap)

        label_status.grid(row=4, column=0, sticky="w", padx=gap,
            pady=gap)
    ...
...
```

Listing 40.5: hashme.py

Das Ergebnis dieser Maßnahme ist in Abbildung 40.9 gut zu sehen.

Eine Datei öffnen

Die Elemente sitzen nun an der korrekten Stelle, doch passiert noch nichts, wenn Sie auf die Schaltflächen klicken oder Texte in die Felder schreiben. Aber das ändert sich sogleich. Am besten fangen Sie mit der ersten Schaltfläche an:

1. Fügen Sie eine Funktion namens `open_file` hinzu.

2. Sagen Sie der Schaltfläche `button_open`, dass Sie `open_file` aufrufen soll.

3. Die Funktion öffnet einen Dialog, in dem Sie eine Datei aussuchen können.

4. Die gewählte Datei wird in einer speziellen Variable gespeichert.

5. Das Ergebnis wird automatisch im Textfeld `entry_file` angezeigt.

Die Schritte werden nun im Detail erklärt.

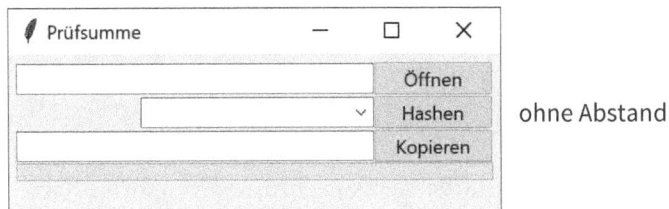
ohne Abstand

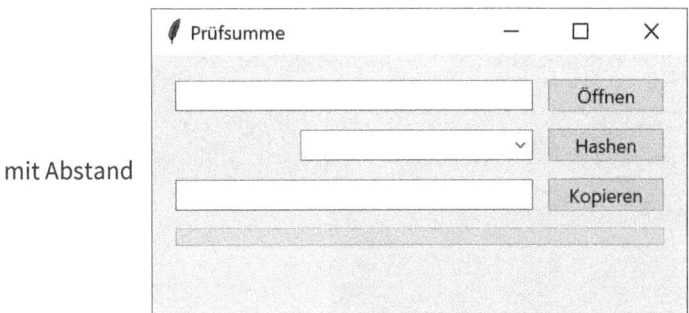
mit Abstand

Abbildung 40.9: Durch einen Füllabstand wirkt die GUI leichter und nicht so gestaucht.

Eine Aktion per Mausklick auslösen

Zuerst soll die Schaltfläche ÖFFNEN auf Klicks reagieren. Passen Sie dafür den Code an, der die einzelnen Widgets erzeugt. Der Öffnen-Button ist `button_open`; sein Konstruktor bekommt im Keyword-Argument `command` eine Funktion namens `open_file` übergeben. Diese gibt es noch nicht; also müssen Sie sie erst einmal als Methode in der Klasse `App` anlegen:

```
...
class App:
    ...
    def open_file(self):  # Neue Methode
        print("Hello, World!")
    ...
    def setup(self):
        ...
```

```
button_open = ttk.Button(
    master=frame,
    text="Öffnen",
    command=self.open_file  # Kommando
)
...
```

Listing 40.6: hashme.py

Achtung: Setzen Sie bei der Übergabe keine Klammern, also etwa `command=self.open_file()` – das wäre falsch, weil es die Funktion direkt ausführen würde. Die Funktion wird als Kommando registriert, denn sie soll ja erst nach dem Klicken aktiv werden.

Wenn Sie nun das Programm starten und auf die Schaltfläche klicken, wird eine kleine Nachricht auf der Konsole ausgegeben (Abbildung 40.10).

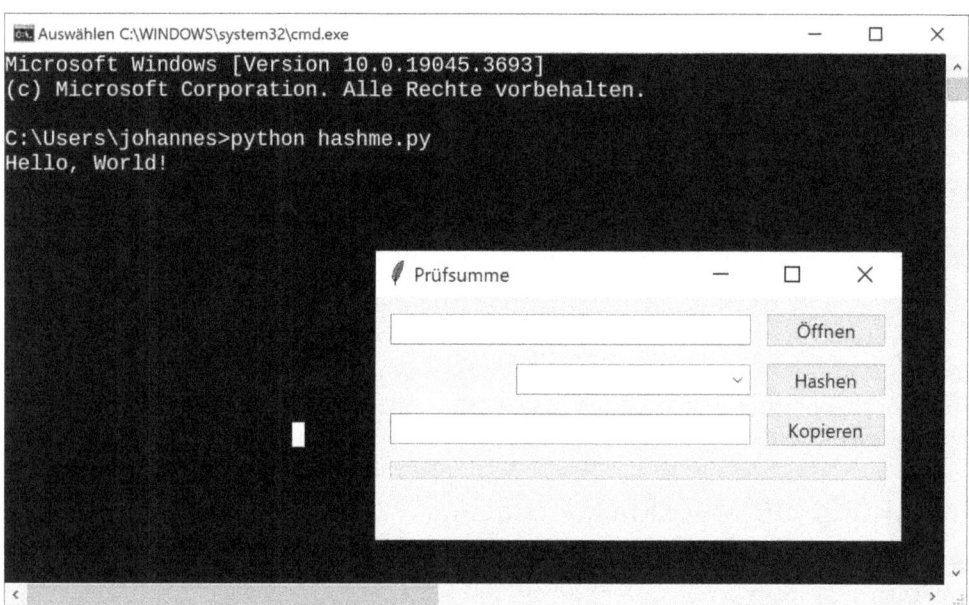

Abbildung 40.10: Wenn Sie nach dem Klick auf Öffnen diese Nachricht sehen, haben Sie das Kommando richtig verdrahtet!

Einen Datei-Dialog öffnen

Natürlich soll die Schaltfläche nicht rührselige Nachrichten auf der Kommandozeile ausgeben, sondern eine Dateisuche lostreten. Daher sollte der Code etwas anders aussehen:

```
import tkinter.filedialog
from pathlib import Path
...
class App:
    ...
```

```
def open_file(self):
    """
    Öffnet eine Datei über einen Dialog.
    """
    selected_file = tkinter.filedialog.askopenfilename(
        initialdir=str(Path(__file__).parent),
        title="Datei auswählen"
    )
    ...
```

Listing 40.7: hashme.py

Statt `print` wird nun die Funktion `askopenfilename` aufgerufen, die einen Dialog zum Öffnen einer Datei bereitstellt – obwohl das eigentlich ein bisschen gelogen ist, wie der Kasten *Notlüge* erklärt.

Als Argument für `initialdir` wurde hier einfach das aktuelle Verzeichnis gewählt (also das Verzeichnis, aus dem Sie `hashme.py` gestartet haben). Damit der Aufruf klappt, müssen Sie noch die `Path`-Klasse aus der Pathlib importieren (`from pathlib import Path` am Kopf der Datei einfügen).

 Wenn Sie das Programm nun neu starten und auf ÖFFNEN klicken, erscheint ein *Dialog*. Dialoge sind spezielle Fenster, die zusätzlich zum Hauptfenster des Programms geöffnet werden und sich dabei in den Vordergrund drängeln. Sie verlangen eine Interaktion vom Nutzer und sperren solange das Hauptfenster.

 ## Notlüge

Durch den Dialog wird die Datei natürlich nicht geöffnet, sondern nur ausgewählt, sodass erst mal ihr Pfad feststeht. Geöffnet und gelesen wird sie erst später. Hier geht es einzig darum, den Benutzern zu signalisieren, was die Schaltfläche tut und ÖFFNEN ist dafür die gängige Bezeichnung. Die Datei wird jedoch nur »gesucht« und »ausgewählt« – *ausgesucht*; technokratisch »selektiert« oder bildungssprachliche »selegiert«. Das alles macht aber keine schöne Beschriftung für ein Button-Widget.

Abbildung 40.11 veranschaulicht nochmal, wie Sie beim Verdrahten der Schaltfläche vorgehen müssen.

Wenn Sie im Dialog eine Datei wählen und bestätigen, wird der Pfad der ausgesuchten Datei in der Variable `selected_file` abgespeichert. Wenn Sie den Dialog abbrechen, ist das Ergebnis ein leerer String. Aber was soll nun damit geschehen?

Die gewählte Datei anzeigen

Das Programm soll sich den Pfad der ausgewählten Datei merken, bis Sie auf HASHEN klicken; erst dann wird sie geöffnet und gelesen. In der Methode ist `selected_file` aber nur eine lokale Variable und wird nach Ende der Funktion wieder gelöscht – daher muss der Wert zwischengespeichert werden ... aber wo?

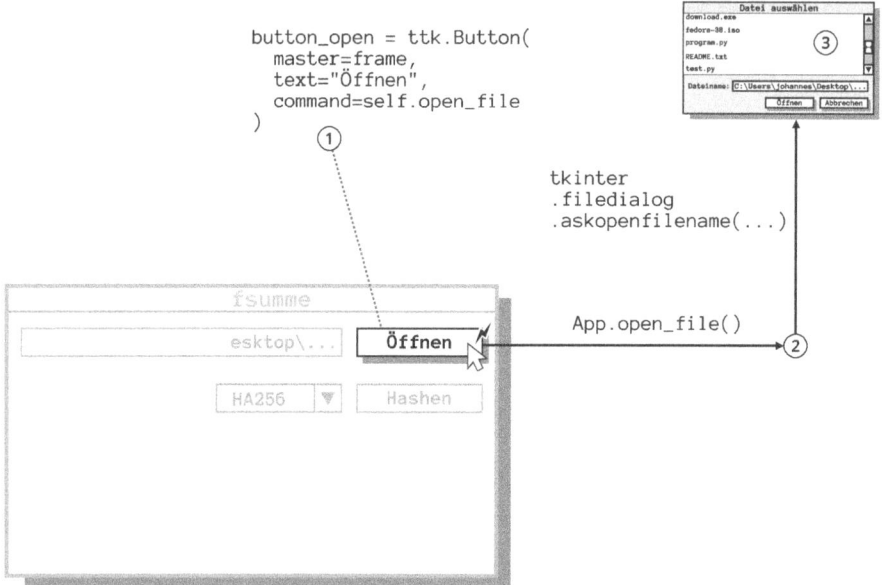

Abbildung 40.11: So wird eine Datei geöffnet: Beim Erstellen der Schaltfläche wird als command eine Funktion festgelegt (1). Diese wird durch einen Klick ausgeführt und öffnet einen Dialog (2). Der erscheint als zusätzliches Fenster und ermöglicht das Aussuchen einer Datei (3).

 Am besten wäre es, wenn Sie das Textfeld entry_path verwenden. Das Programm sollte dem Nutzer ein Feedback geben, damit er oder sie weiß, dass die Datei erfolgreich ausgewählt wurde. Das erreichen Sie, indem Sie nach dem Öffnen den Pfad im Textfeld anzeigen.

Um das zu bewerkstelligen, müssen Sie den Wert des Textfelds an eine spezielle Variable koppeln. Passen Sie den Konstruktor der App an (App.__init__):

```
...
class App:
    def __init__(self):
        # Hauptfenster anlegen
        self.window = tkinter.Tk()

        # Titel festlegen
        self.window.wm_title("Prüfsumme")

        # Textvariablen erzeugen
        self.path = tkinter.StringVar()   # 1.

        # Standardwerte festlegen
        self.path.set("...")              # 2.

        # Widgets hinzufügen
        self.setup()
...
```

Listing 40.8: hashme.py

Hier wurden zwei Zeilen eingefügt:

1. Die Zeile self.path = tkinter.StringVar() legt eine neue Variable an.

2. Durch self.path.set("...") wird ihr Standardwert gesetzt.

Die Variable self.path ist nicht einfach ein String, sondern eine tkinter.StringVar. Solche Variablen werden von tkinter kontrolliert und sie können als Zwischenspeicher für Werte dienen, die Sie dann an die Eigenschaften von Widgets koppeln können.

Um den Wert zu setzen, wird die Methode self.path.set("...") aufgerufen. Hier werden drei Auslassungspunkte eingefügt, die signalisieren, dass noch irgendetwas fehlt.

 Bitte setzen Sie den Wert der StringVar stets mit ‹variable›.set("‹Wert›") und nicht mit ‹variable› = "‹Wert›" – das würde das Objekt durch eine normale Python-Variable ersetzen; hier ist aber eine tkinter-Variable gefragt.

Binden Sie nun die Variable an das Textfeld. Fügen Sie dazu in der Methode App.setup – an der Stelle, wo entry_file erzeugt wird – ein Keyword-Argument hinzu:

```
...
class App:
    ...
    def setup(self):
        ...
        entry_file = ttk.Entry(
            master=frame,
            width=35,

            # Text an Variable koppeln
            textvariable=self.path
        )
        ...
...
```
Listing 40.9: hashme.py

Neu ist hier das Argument für textvariable=self.path – dadurch wird der Inhalt des Texteingabefelds entry_file an den Wert der Variable geknüpft.

Zurück zur Methode App.open_file. Erweitern Sie diese Methode wie folgt:

```
...
class App:
    def open_file(self):
        """
        Öffnet eine Datei über einen Dialog des Betriebssystems
        """
        selected_file = tkinter.filedialog.askopenfilename(
            initialdir=str(Path(__file__).parent),
            title="Datei auswählen"
        )
```

```
        if selected_file:
            self.path.set(selected_file)

    def setup(self):
        ...
...
```

Listing 40.10: hashme.py

In App.open_file wird über den Dialog zunächst die Datei ausgewählt. Sofern eine Datei gewählt wurde, wird die Variable self.path aktualisiert. Die if-Bedingung ist notwendig, damit der Pfad nicht versehentlich überschrieben wird, wenn Sie den Dialog abbrechen (dann wäre path nämlich leer).

Wenn Sie alles richtig gemacht haben, sollte sich die Anwendung so verhalten:

✔ Direkt nach dem Start zeigt das Textfeld für die Datei drei Punkte an.

✔ Nach dem Öffnen und Auswählen der Datei erscheint ihr Pfad im Textfeld.

Die Verknüpfung des Dateipfads mit dem Textfeld entry_file ist in Abbildung 40.12 nochmals grafisch dargestellt.

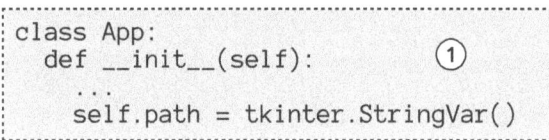

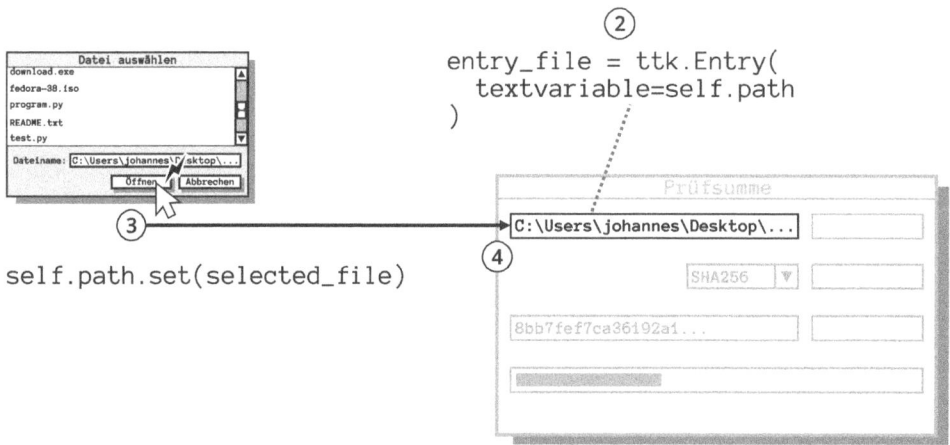

Abbildung 40.12: So wird die Datei angezeigt: Im Programm wird eine StringVar angelegt (1) und mit dem Entry-Widget verknüpft (2). Nach der Auswahl einer Datei im Dialog (3) wird der gewählte Dateipfad in die StringVar geschrieben (4). Der Text des Entry-Widgets wird automatisch aktualisiert.

Die Datei hashen

Nachdem die Datei ausgewählt wurde, kann ihr Hash berechnet werden. Dazu muss allerdings erst der verwendete Algorithmus feststehen.

Verfügbare Algorithmen anzeigen

Hash-Algorithmen liegen nicht auf der Festplatte, daher gibt es dafür keinen Auswahldialog wie bei der Datei, sondern die Combobox `combobox_algorithm`. Abbildung 40.13 macht es vor.

1. Erzeugen Sie eine Liste mit den Namen der Algorithmen, die Sie verwenden möchten. Hier werden einfach die Namen der Funktionen im Modul `hashlib` verwendet.

2. Die Liste übergeben Sie im Argument `values` an den Konstruktor der Combobox.

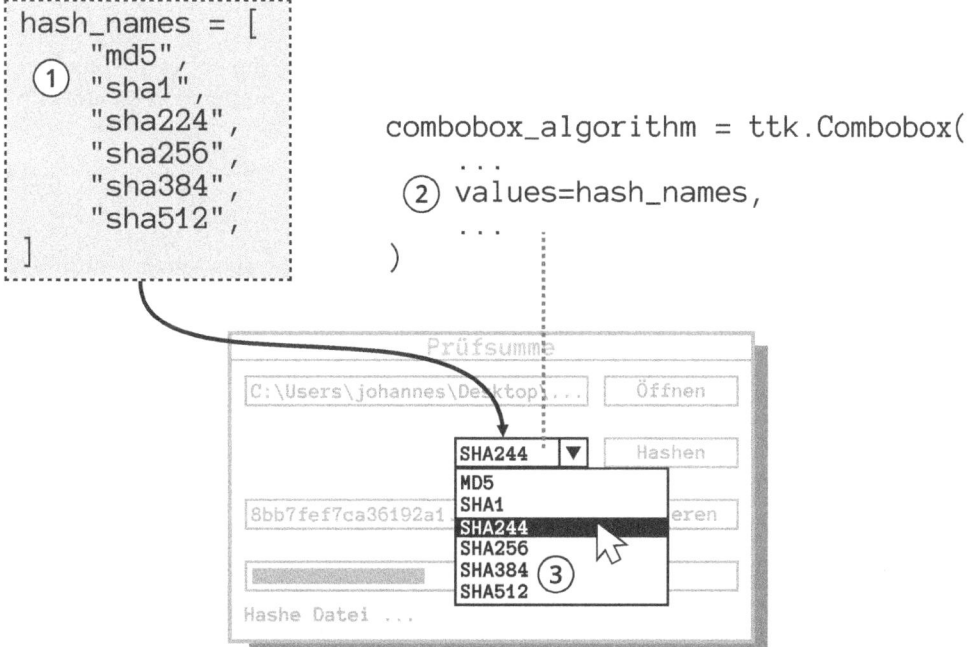

Abbildung 40.13: So füllen Sie die Combobox: Eine Liste mit Hash-Namen (1) wird im Konstruktor der Box (2) angegeben. Die Combobox zeigt sie an; wenn Sie sie erweitern, können Sie einen Algorithmus mit der Maus auswählen (3).

Im Code sieht das dann so aus:

```
...

hash_names = [
    "md5",
```

```
        "sha1",
        "sha224",
        "sha256",
        "sha384",
        "sha512",
]

class App:
    ...
    def setup(self):
        ...
        combobox_algorithm = ttk.Combobox(
            master=frame,
            values=hash_names,
        )
        ...
```

Listing 40.11: hashme.py

Verwenden Sie hier einfach eine globale Variable. Diese enthält die Namen der gewünschten Hash-Funktionen als Zeichenketten. Das war's auch schon – die Combobox zeigt nun brav die verfügbaren Algorithmen an.

Einen Algorithmus auswählen

Die Combobox bietet nun verschiedene Algorithmen zur Auswahl, aber leider ändert sich dadurch noch nichts. Um das zu ändern, verdrahten Sie die Auswahl mit einer StringVar, genau wie bei der Auswahl der Datei. Erstellen Sie dafür zunächst eine tkinter.StringVar als Speicherobjekt:

```
...
class App:
    def __init__(self):
        ...
        # Textvariablen erzeugen
        self.path = tkinter.StringVar()
        self.hash_name = tkinter.StringVar()  # Neu!

        # Standardwerte festlegen
        self.path.set("...")

        # Widgets hinzufügen
        self.setup()
...
```

Listing 40.12: hashme.py

Verknüpfen Sie dieses Objekt dann mit der Combobox. Der Code dafür sieht so aus:

```
...
class App:
    ...
    def setup()
        # Hash-Algorithmus
        combobox_algorithm = ttk.Combobox(
            master=frame,
            values=hash_names,
            textvariable=self.hash_name,  # Wert verknüpfen
        )
...
```

Listing 40.13: hashme.py

Das Ganze funktioniert wie in Abbildung 40.14 gezeigt. Wenn Sie einen Wert mit der Maus auswählen, dann wird automatisch der Wert von self.hash_name aktualisiert.

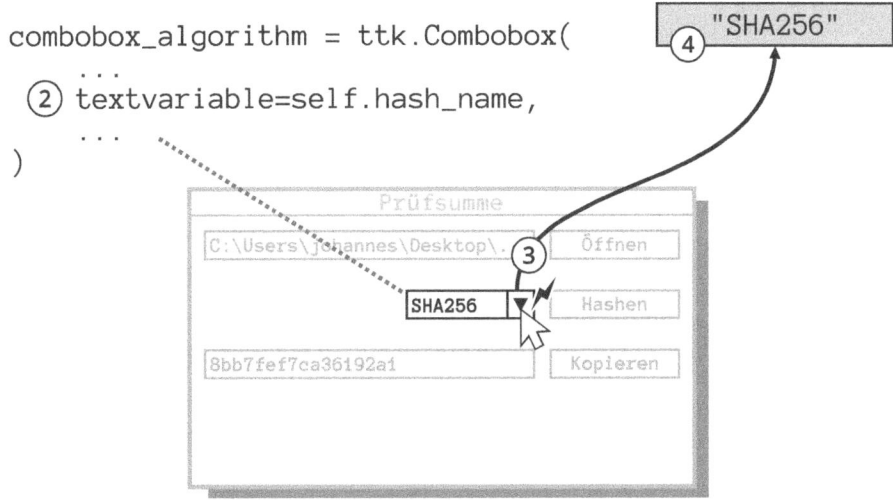

Abbildung 40.14: So wird der Algorithmus gewählt: Legen Sie eine StringVar an (1). Verknüpfen Sie sie mit der Combobox (2). Beim Auswählen (3) aktualisiert sich automatisch der Wert der Variable (4).

 Zwei Dinge sind noch unschön:

✔ Wenn die App gestartet wird, ist kein Algorithmus ausgewählt.

✔ Man kann in die Combobox hineinschreiben.

Das Combobox-Widget heißt so, weil sie eine Auswahl und eine Eingabe kombiniert – man kann also sowohl einen Wert aus der Liste aussuchen als auch freien Text hineinschreiben. Für diese Anwendung sollen aber nur existierende Algorithmen wählbar sein, daher sollten Sie die Eingabe beschränken, sonst gibt noch irgendein Scharlatan einen Algorithmus an, den es gar nicht gibt, und dann ist die arme kleine App verwirrt.

Außerdem ist in der Combobox zunächst nichts ausgewählt. Dafür können Sie einen Standardwert eintragen.

 Ändern Sie den Code ein wenig ab. Fügen Sie das Argument `state="readonly"` in den Konstruktor von `combobox_algorithm` ein – das verhindert die Eingabe von Freitext. Der vollständige Konstruktor sollte jetzt so aussehen:

```
...
class App:
    ...
    def setup(self):
        ...
        combobox_algorithm = ttk.Combobox(
            master=frame,
            values=hash_names,
            textvariable=self.hash_name,
            state="readonly"   # Nur Auswahl, keine Eingabe
        )
        ...
```

Listing 40.14: hashme.py

Da die Combobox mit `self.hash_name` verknüpft ist, können Sie den noch fehlenden Standardwert einfach im Konstruktor der App setzen. Der sollte nun so aussehen:

```
...
class App:
    def __init__(self):
        # Hauptfenster anlegen
        self.window = tkinter.Tk()

        # Titel festlegen
        self.window.wm_title("Prüfsumme")

        # Textvariablen erzeugen
        self.path = tkinter.StringVar()
        self.hash_name = tkinter.StringVar()

        # Standardwerte festlegen
        self.path.set("...")
        self.hash_name.set(hash_names[0])   # Algorithmus
        # Widgets hinzufügen
        self.setup()
...
```

Listing 40.15: hashme.py

Als Wert wird schlicht das erste Element der Liste `hash_names` eingetragen. Wenn Sie die Anwendung starten, ist nun das erste Element (»md5«) bereits ausgewählt, wie in Abbildung 40.15. Außerdem können Sie nicht mehr in das Kombinationsfeld hineinschreiben.

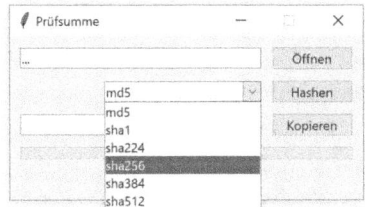

Abbildung 40.15: Beim Start ist das erste Element der Liste bereits ausgewählt.

Den Hash-Wert berechnen

Nun geht es ans Eingemachte: Der Klick auf die Schaltfläche HASHEN soll die Datei öffnen und die Berechnung des Hash-Wertes anstoßen. Ist aber einfach – das kennen Sie schon. Zunächst brauchen Sie eine Funktion, die auf Klicks reagiert:

```
...
class App:
    ...
    def calculate_hash(self):  # Neu!
        pass

    def setup(self):
        ...
        button_hash = ttk.Button(
            master=frame,
            text="Hashen",
            command=self.calculate_hash,  # Neu!
        )
        ..
    ...
```

Listing 40.16: hashme.py

Die Methode `calculate_hash` wird als Kommando für die Schaltfläche `button_hash` verwendet. Sie kann nun ausformuliert werden:

```
import hashlib
...
class App:
    ...
    def __init__(self):
        ...
        self.hash_value = tkinter.StringVar()  # Neu
        ...
    def calculate_hash(self):
        """Berechnet den Hash-Wert der gewählten Datei."""
```

```
    # Hash-Funktion auswählen
    algorithm = self.hash_name.get()

    # Datei öffnen
    with Path(self.path.get()).open('rb') as file:
        # Datei hashen
        digest = hashlib.file_digest(file, algorithm)
        # Ergebnis anzeigen
        self.hash_value.set(digest.hexdigest())

def setup(self):
    ...
    # Hash-Wert
    entry_hash = ttk.Entry(
        master=frame,
        width=35,
        textvariable=self.hash_value,
        state="readonly",
    )
```

Listing 40.17: hashme.py

Die Methode `calculate_hash` holt sich erst mal den gewählten Algorithmus. Der wurde in der Combobox gewählt und in `self.hash_name` hineingeschrieben. Die Datei wird geöffnet; dabei ist wichtig, dass dies *lesend* und *binär* geschieht, also ist "rb" der richtige Lesemodus. Auch sie wurde zuvor ausgewählt und ihr Pfad steht in `self.path`. Algorithmus und Datei werden dann an die Funktion `hashlib.file_digest(...)` übergeben, die das eigentliche Hashen übernimmt.

Die `hashlib` müssen Sie zuvor importieren. Sie enthält die Funktionen für das Hashen (wie der Name ja schon preisgibt). Die Funktionen dieser Sammlung erzeugen ein Ergebnis-Objekt – einen `digest`. Der englische Begriff *digest* heißt so viel wie *das Verdaute*. Normalweise bekommt der Algorithmus nämlich häppchenweise Bytes gefüttert, die schließlich zu einem Hash-Wert »verdaut« werden.

Die Begriffe Hash-Wert, Hash-Code und Digest bedeuten eigentlich alle drei dasselbe: das Ergebnis einer Hash-Funktion. Im Code wurden jedoch sowohl die Variable `digest` als auch `self.hash_code` verwendet, um verschiedene Stadien der Berechnung anzuzeigen. Der Hash-Wert ist eigentlich auch eine Byte-Folge – um die lesbar anzuzeigen, wird seine hexadezimale Darstellung verwendet (`digest.hexdigest()`).

Den Hash-Wert anzeigen

Doch wo soll der berechnete Hash-Wert hin? Nun, dafür war ja das Textfeld `entry_hash` vorgesehen. Damit der berechnete Hash-Wert dort landet, benötigen Sie wieder eine `StringVar`. Im Konstruktor von `entry_hash` wird hierzu das Keyword-Argument `textvariable=self.hash_value` gesetzt, sodass der Wert des Textfelds fortan an die Variable gekoppelt ist. Damit das auch geschieht, muss die Methode am Ende `self.calculate_hash` aufrufen: `self.hash_value.set(digest.hexdigest())`. So werden die Variable gesetzt und der Wert im Textfeld automatisch aktualisiert.

 Da das Textfeld `entry_hash` keine Eingaben verarbeitet, wurde auch dies auf `state=readonly` gesetzt. So kommen die NutzerInnen der Anwendung nicht auf die Idee, da herumzutippen.

Die ganze Verkabelung stellt Abbildung 40.16 nochmal anschaulich dar.

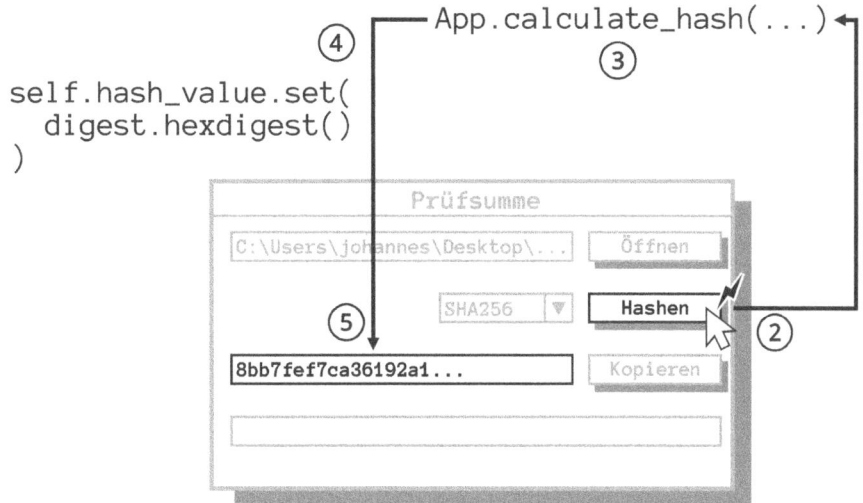

Abbildung 40.16: Auch hier kommt wieder eine `StringVar` zum Einsatz (1). Ein Klick auf Hashen (2) löst eine Funktion aus, die die Berechnung anstößt (3). Das Ergebnis wird in der StringVar gespeichert (4), aus der das Textfeld seinen Inhalt bezieht (5).

Fehlerbehandlung

Das Programm funktioniert jetzt schon ganz gut. Wenn Sie es starten und eine Datei sowie einen Algorithmus auswählen und dann auf Hashen klicken, erscheint nach kurzer Zeit der Hash-Wert im Textfeld. Auf dem Weg dahin kann aber noch einiges schiefgehen:

1. Man kann beliebige Werte ins Textfeld `entry_file` schreiben.

2. Was, wenn die Datei nicht lesbar ist?

3. Was, wenn die gewählte Datei kurz vor dem Hashen gelöscht wird?

All diese Fälle würden das Hashen verhindern und zu einer unschönen und unkontrollierten Fehlermeldung führen. Besser wäre es, Sie bereiteten sich und Ihr Programm darauf vor. Erweitern sie die Methode `App.calculate_hash`:

```python
from pathlib import Path
...
class App:
    ...
    def calculate_hash(self):
        """Berechnet den Hash-Wert der gewählten Datei."""

        # Hash-Funktion auswählen
        algorithm = self.hash_name.get()

        # Prüfen, ob eine Datei gewählt wurde
        selected_path = self.path.get().strip()

        # Pfad ist leer oder Standardwert
        if not selected_path or selected_path == "...":
            # Fehler! Nutzer wird unterbrochen
            tkinter.messagebox.showerror(
                title="Fehler",
                message="Bitte öffnen Sie eine Datei."
            )
            return

        # Prüfen, ob die angegebene Datei gültig ist
        path = Path(selected_path)
        if not path.exists():  # Datei nicht vorhanden
            # Fehler! Nutzer wird unterbrochen
            tkinter.messagebox.showerror(
                title="Fehler",
                message="Die Datei existiert leider nicht."
            )
            return

        # Datei öffnen
        with path.open('rb') as file:
            # Datei Hashen
            digest = hashlib.file_digest(file, algorithm)
            # Ergebnis anzeigen
            self.hash_value.set(digest.hexdigest())
...
```

Listing 40.18: hashme.py

In die Methode wurden zwei zusätzliche Schritte eingefügt. Zunächst wird die gewählte Datei kontrolliert. Dazu wird erst mal eine Variable angelegt (`selected_path = self.path.get().strip()`) (`str.strip()` entfernt überschüssige Leerzeichen).

Es kann sein, dass `selected_path` leer ist oder der Pfad nie verändert wurde – dann ist der Standardwert noch eingestellt. In diesem Fall wird eine Messagebox – ein Fenster mit einer passenden Fehlermeldung – angezeigt. Das erledigt `tkinter.messagebox.showerror(...)`. Die Funktion öffnet ein zusätzliches Fenster im Vordergrund und sperrt dabei die GUI. Sie können also nichts mehr klicken oder eingeben, bis Sie die Fehlermeldung akzeptiert haben.

Genauso gehen Sie mit dem nachfolgenden Fall um – wenn zwar eine Datei gewählt wurde, diese aber nicht existiert. Genauer: Ein Wert ist vorhanden, es handelt sich dabei aber nicht um eine Datei – etwa wenn Sie einfach irgendwas in das Textfeld getippt haben. Auch in diesem Fall soll eine Fehlernachricht erscheinen. Um das zu prüfen, wird der Pfad (eine Zeichenkette) in ein Pfadobjekt konvertiert – das kann man dann fragen, ob es sich heute existent fühlt. Sofern der Pfad auf der Festplatte vorhanden ist, wird er diese Frage bejahen (es sei denn, er arbeitet als Admin an einer Universität, dann weiß er die Antwort Mittwoch nachmittags manchmal nicht mehr):

```
path = Path(selected_path)
if not path.exists():  # Datei nicht vorhanden
    tkinter.messagebox.showerror(...)
    return
```

Beachten Sie das `return` nach dem Anzeigen der Fehlermeldung. Es bricht den Ablauf der Funktion ab, sodass sie nicht weiter versucht, den Hash-Wert zu berechnen. So ein Konstrukt (»Abbrechen, falls etwas nicht stimmt«) nennt man im Fachjargon auch eine *guard clause* – frei übersetzt vielleicht eine *Wächterbedingung* oder *Schutzklausel*.

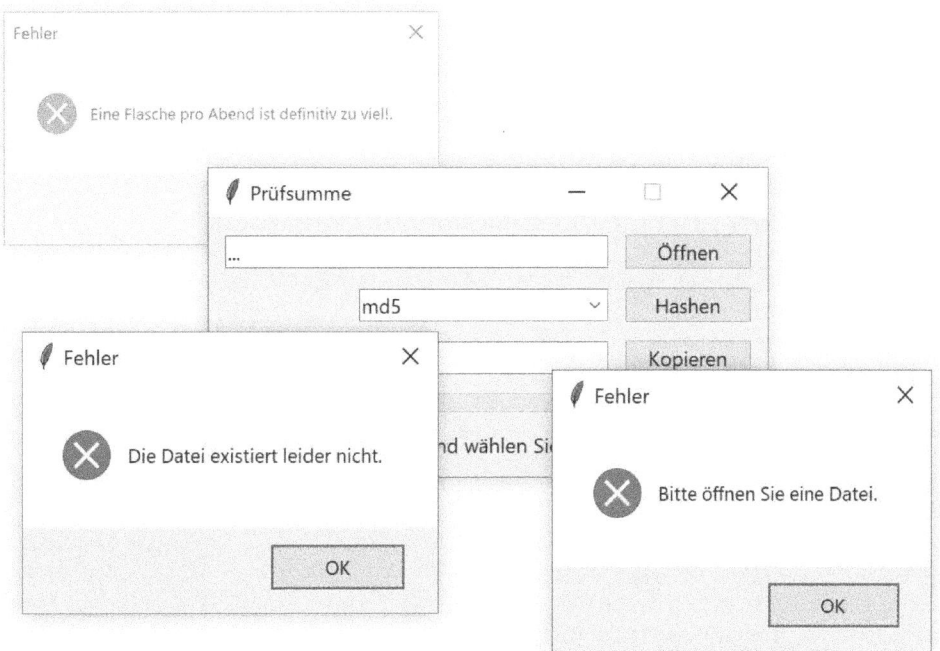

Abbildung 40.17: Die Nachricht unterbricht den Nutzer und macht unmissverständlich klar, dass er sein Verhalten ändern muss.

Wenn alles richtig läuft, sieht das Ergebnis aus wie in Abbildung 40.17. Solche Messageboxen kommen allerdings der Holzhammermethode gleich, denn sie unterbrechen die Benutzung der Anwendung und zwingen die Nutzer, sich mit ihnen auseinanderzusetzen. Hier ist das erwünscht, denn ohne eine ordentliche Datei kann das Programm nichts hashen – das sollte der nutzenden Person unmissverständlich mitgeteilt werden. Alternativ könnten Sie das Programm aber auch so gestalten, dass die Schaltfläche HASHEN so lange gesperrt bleibt, bis eine Datei ausgewählt wurde – dann kommt man auch ohne eine Fehlermeldung aus. Hier Sie gestalterischen Spielraum, genießen Sie ihn!

In die Zwischenablage kopieren

Da nun dafür gesorgt wurde, dass das Hashen in den meisten Fällen glatt läuft, kann das Programm jetzt den Feinschliff erhalten. Es war ja noch geplant, dass man den Hash-Wert aus der Anwendung herauskopieren kann – dafür ist die Schaltfläche button_copy vorgesehen. Erstellen Sie deren Kommando-Funktion copy_hash und tragen Sie sie als Kommando für button_copy ein:

```
...
class App:
    def __init__(self):
        # Hauptfenster anlegen
        self.window = tkinter.Tk()
        ...
        self.status = tkinter.StringVar()
        self.status.set(
            'Öffnen Sie eine Datei und '
            'wählen Sie "Hashen".'
        )

    ...

    def copy_hash(self):
        """
        Kopiert den Hash-Wert in die Zwischenablage
        """
        # Daten in die Zwischenablage kopieren
        self.window.clipboard_clear()
        self.window.clipboard_append(self.hash_value.get())
        self.status.set("Hash in die Zwischenablage kopiert!")

    def setup(self):
        ...
        button_copy = ttk.Button(
            master=frame,
            text="Kopieren",
            command=self.copy_hash  # Neu!
        )

        label_status = ttk.Label(
            master=frame,
            textvariable=self.status # Neu!
        )
        ...
    ...
...
```

Listing 40.19: hashme.py

Die Umsetzung von copy_hash ist ziemlich geradlinig: Erst wird das Clipboard bereinigt, dann wird der Wert von self.hash_value eingefügt.

 Mit *Clipboard* ist die *Zwischenablage* gemeint. Das ist der Ort, wo Buchstaben oder andere Dinge hingehen, wenn Sie sie mit ⌨Strg + ⌨C kopieren. Genau da soll ja der Hash-Wert hin; nach dem Kopieren können Sie ihn mit ⌨Strg + ⌨V irgendwo einfügen.

Blöd ist, dass das Einfügen in die Zwischenablage keinen sichtbaren Effekt hat. Jede Aktion sollte aber auch eine Reaktion zeigen, daher wird dem Nutzer einfach mitgeteilt, dass es geklappt hat. Dafür gibt es am unteren Rand der Anwendung das Label für den Status (label_status). Der Text des Labels wird wieder über eine StringVar gesetzt; dazu wird sie im Konstruktor der App angelegt (self.status = tkinter.StringVar()) und dann als Keyword-Argument textvariable=self.status mit dem Label verknüpft.

Zum Start des Programms wird eine Instruktion eingetragen, dafür wird in App.__init__ ein Standardwert gesetzt. Nach dem Kopieren erscheint hier eine Meldung, dass alles geklappt hat – siehe Abbildung 40.18.

 Hier wird diesmal keine Messagebox verwendet, weil der Nutzer oder die Nutzerin ja alles richtig gemacht hat und nicht unterbrochen werden muss.

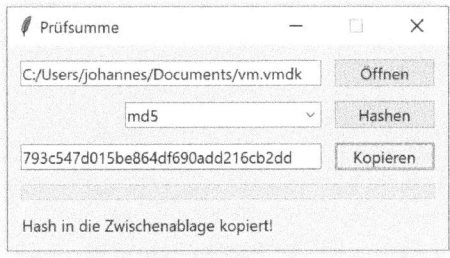

Abbildung 40.18: Nach dem Kopieren des Hashes wird eine Nachricht zur Bestätigung angezeigt.

Statusanzeige updaten

Nach dem Kopieren läuft die GUI einfach weiter und die Nachricht bleibt dauerhaft eingeblendet. Aber stellen Sie sich vor, jemand möchte nacheinander mehrere Dateien hashen und ihre Werte in eine Tabelle eintragen. Womöglich kommt die Person durcheinander und weiß beim vielen Hin und Her nicht mehr, ob sie den aktuellen Hash-Wert nun in die Zwischenablage kopiert hat oder nicht. Abhilfe schafft die folgende Code-Anpassung:

```
class App:
    ...
    def copy_hash(self):
        ...
        self.status.set(
            "Hash in die Zwischenablage kopiert!"
```

```
    )
    # Status nach 3 Sekunden zurücksetzen
    self.window.after(3000, self.clear_status)  # Neu!

def clear_status(self):
    """
    Leert die Statusanzeige
    """
    self.status.set("")
...
```

Listing 40.20: hashme.py

Das Kommando fürs Kopieren – die Methode `App.copy_hash` – wird angepasst und ein Timeout eingefügt. Der Code für diese Aktion ist sehr sprechend; `self. window.after(3000, self.clear_status)`. Nach drei Sekunden wird die Methode `App. clear_status` ausgeführt. Diese setzt das Statusfeld zurück.

Aufgepasst, `tkinter` erwartet eine Angabe in Millisekunden. Daran erkennt man, dass es keine echte Python-Bibliothek ist; in Python verwendet man normalerweise Sekundenangaben.

Wenn Sie auf Kopieren klicken, wird das Ergebnis nur kurz angezeigt, danach wird alles zurückgesetzt. Das signalisiert, dass die GUI bereit für neue Interaktionen ist.

Große Dateien hashen

Das Hashen kleiner Dateien geht recht fix, aber große Dateien beanspruchen den Prozessor dann doch etwas länger. Währenddessen können keine Ereignisse der GUI verarbeitet werden wie etwa Klicken, Auswahl oder Texteingabe – die App wirkt wie eingefroren und taut erst wieder auf, wenn die Berechnung fertig ist.

Dabei handelt es sich tatsächlich um einen sehr praxisnahen Anwendungsfall. Eingangs wurde ja beschrieben, dass Hash-Werte zur Integritätsprüfung dienen. Je größer die Datei, desto eher kann etwas schiefgehen, besonders wenn Sie die Datei in Einzelteilen irgendwo herunterladen. Besonders wichtig ist so eine Integritätsprüfung, wenn Sie das Datenträgerabbild einer virtuellen Maschine oder eines Betriebssystems herunterladen, zum Beispiel weil Sie Ubuntu oder Fedora Linux installieren möchten. Da möchten Sie ja auf keinen Fall, dass Ihnen jemand etwas unterschiebt (zum Beispiel Arch Linux) – aber solche Dateien sind oft mehrere Gigabyte groß. Also muss das Hash-Programm auch sehr große Dateien grazil verarbeiten können.

Gut, dass Sie diesen Fall bereits vorhergesehen haben, genau dafür ist ja der Fortschrittsbalken gedacht. Er sollte während des Hash-Vorgangs anzeigen, wie weit die Berechnung schon ist.

Den Fortschrittsbalken aktualisieren

Zur Vorbereitung wird wieder eine Variable angelegt, aber diesmal keine tkinter.StringVar, sondern eine tkinter.IntVar. Die wird mit dem Fortschrittsbalken progressbar verdrahtet:

```python
class App:
    def __init__(self):
        ...
        self.progress = tkinter.IntVar()

    def setup(self):
        ...
        # Fortschrittsbalken
        progressbar = ttk.Progressbar(
            master=frame,
            variable=self.progress  # Neu!
        )
        ...
```

Listing 40.21: hashme.py

Theoretisch müssen Sie jetzt nur noch die Methode self.progress.set(...) aufrufen, um die Fortschrittsanzeige zu aktualisieren. Der Wert muss zwischen 0 und 100 liegen. Aber wo genau wird der Fortschritt festgestellt? Dazu müssen Sie die Stelle anpassen, an der die Datei eingelesen und ihr Hash-Wert berechnet wird.

Häppchenweise hashen

Bisher wurde die Datei als Ganzes an die Funktion hashlib.file_digest übergeben:

```python
...
class App:
    ...
    def calculate_hash(self):
        ...
        path = Path(selected_path)
        algorithm = self.hash_name.get()

        with path.open('rb') as file:
            digest = hashlib.file_digest(file, algorithm)
            self.hash_value.set(digest.hexdigest())
    ...
```

Listing 40.22: hashme.py

Die Funktion ist eigentlich sehr praktisch, denn sie löst das Problem in einer einzigen Zeile. Leider bekommen Sie jedoch auf diese Weise zwischendurch nicht mit, wie weit der Prozess fortgeschritten ist. Besser ist es hier deshalb, wenn Sie den Hash-Algorithmus häppchenweise füttern:

```python
import io

...
```

```
class App:
    CHUNK_SIZE = io.DEFAULT_BUFFER_SIZE   # 8192 Bytes
    ...

    def calculate_hash(self):
        ...
        # Hash-Funktion auswählen
        digest = hashlib.new(self.hash_name.get())

        # Datei öffnen
        with path.open('rb') as file:

            # Häppchen einlesen
            while chunk := file.read(self.CHUNK_SIZE):
                # Häppchen an den Hash-Algorithmus übergeben
                digest.update(chunk)

        self.hash_value.set(digest.hexdigest())
    ...
...
```

Listing 40.23: hashme.py

Die Vorgehensweise ist nun etwas anders. Zunächst wird mit `hashlib.new(algorithm)` ein Objekt namens `digest` erzeugt. Es enthält eine Instanz des jeweiligen Algorithmus, der anhand des Namens ausgesucht wurde. Im Hintergrund werden hier der passende Konstruktor ausgesucht und das Objekt für die Berechnung der Hash-Werte erzeugt. Dieses Objekt wird mit `digest.update(chunk)` gefüttert.

Die Bezeichnung *Chunk* meint ein Stück, einen Datenblock oder auch ein *Häppchen*, das zuvor gelesen wurde. Die Zeile in der dies passiert ist etwas komplexer geworden:

```
while chunk := file.read(self.CHUNK_SIZE):
    digest.update(chunk)
```

Die Daten werden in einer Schleife durch `file.read(self.CHUNK_SIZE)` eingelesen. Der Walross-Operator (ein *Zuweisungsausdruck*) weist der Variable `chunk` das Ergebnis der Leseoperation zu und kann im gleichen Zug weiter ausgewertet werden – dadurch kann die `while`-Schleife prüfen, ob die Leseoperation erfolgreich war.

Es werden also so lange Häppchen eingelesen, bis ein leeres Häppchen kommt. Die Häppchengröße wird über eine Konstante festgelegt, die in der App weiter oben sitzt – noch vor der `__init__`-Methode:

```
import io
...
class App:
    CHUNK_SIZE = io.DEFAULT_BUFFER_SIZE   # 8192 Bytes
    ...
```

Listing 40.24: hashme.py

Die Konstante `CHUNK_SIZE` ist ein Alias für die Standardgröße des Lesepuffers. In der Regel sind das 8192 Byte, aber je nach Hardware oder Python-Version kann der Wert anders ausfallen.

Nun wird die Datei also in kleineren Schritten gelesen und das `digest`-Objekt damit jeweils aktualisiert. Der Fortschrittsbalken bewegt sich aber immer noch nicht.

Fortschritt herauslesen

Anhand der Gesamtgröße können (und müssen) Sie jetzt den prozentualen Anteil des Fortschritts feststellen. Dazu müssen Sie sich beim Einlesen der Dateihäppchen merken, wie viel bereits gelesen wurde:

```python
...
class App:
    ...
    def calculate_hash(self):
        ...
        path = Path(selected_path)
        ...

        # Dateigröße abfragen
        size = path.stat().st_size

        # Hash-Funktion auswählen
        digest = hashlib.new(self.hash_name.get())

        # Datei öffnen
        with path.open('rb') as file:

            # Häppchenweise einlesen
            while chunk := file.read(self.CHUNK_SIZE):

                # Häppchen an den Hash-Algorithmus füttern
                digest.update(chunk)

                # Prozentualer Anteil gelesener Bytes
                progress = (file.tell() / size) * 100

                self.progress.set(progress)

        # Ergebnis verdauen und anzeigen
        self.hash_value.set(digest.hexdigest())
```

Listing 40.25: hashme.py

Vor dem Hashen wird die Dateigröße festgestellt (mit `size = path.stat().st_size`). Der Befehl ist etwas kryptisch, weil die Namen sich an der Unix-Welt orientieren. `stat` (*status*) gibt ein Objekt mit allgemeinen Informationen über die Datei aus, wie etwa Erstell- und

Änderungsdatum; in diesem Fall wird `st_size` verwendet, um die Dateigröße in Bytes zu bekommen.

Beim Einlesen mit `file.read(...)` wird der Lesezeiger des Objekts vorgeschoben. Mit `file.tell()` stellen Sie fest, an welcher Position er sich befindet. Das entspricht in diesem Fall der Anzahl gelesener Bytes, die in einen Prozentwert der Gesamtgröße umgerechnet und in der Variable `progress` gespeichert wird. Am Ende wird mit `self.progress.set(...)` der Fortschritt des Balkens gesetzt.

Eigentlich sieht das alles richtig aus: Die Datei wird stückweise gelesen, die Chunks in den Hash-Algorithmus gefüttert und in jeder Runde der prozentuale Anteil aktualisiert. Die Variable `self.progress` wurde vorher an den Fortschrittsbalken gekoppelt, also sollte der sich doch aktualisieren, oder?

Leider nein – Überraschung. Sobald Sie das Programm ausführen und eine größere Datei hashen, werden Sie erleben, dass der Fortschrittsbalken erst leer bleibt und dann am Ende unvermittelt auf 100 % springt.

Zwar haben Sie die Berechnung in Einzelteile zerlegt, aber diese laufen immer noch in einem einzigen Thread. Während die Berechnung läuft, hat die GUI daher keine Chance, Ereignisse zu verarbeiten, also kann sie auch nicht überwachen, wann sich `self.progress` verändert.

Eine andere Strategie muss her. Glücklicherweise haben Sie in Kapitel 27 unter *Threads – nicht den Faden verlieren* ja etwas über Threads erfahren; dieses Wissen können Sie hier nun anwenden.

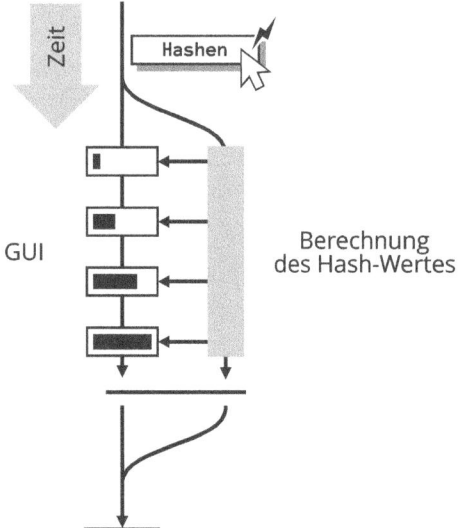

Abbildung 40.19: Die aufwändige Berechnung des Hash-Wertes wird durch einen Thread in den Hintergrund verbannt, sodass die GUI nicht blockiert. Während die Berechnung läuft, holt sich die GUI ständig Updates und avanciert den Fortschrittsbalken.

Hintergrund-Thread

Um die Anwendung ansprechbar und reaktionsfähig (Fachbegriff: *responsive*) zu halten, sollten Sie vermeiden, dass langsame Operationen im GUI-Thread ausgeführt werden. Verbannen Sie diese lieber in einen Hintergrund-Thread. Während der vor sich hin (t)rödelt, kann sich die GUI weiterhin aktualisieren, wie in Abbildung 40.19 dargestellt.

In der Methode `calculate_hash` wird Code hinzugefügt, um den Thread zu starten und dann zu überwachen. Die Methode `monitor_progress` ist neu.

```
...
class App:
    ...
    def calculate_hash(self):
        """Berechnet den Hash-Wert der gewählten Datei"""
        selected_path = self.path.get().strip()
        algorithm = self.hash_name.get()


        ...
        ...   # Hier pfad überprüfen
        ...

        path = Path(selected_path)

        # Hashing in einem separaten Thread starten
        thread = HashingThread(algorithm, path)   # Neu!
        thread.start()

        # Fortschritt aktualisieren
        self.monitor_progress(thread) # Neu!

    def monitor_progress(self, thread):   # Neu!
        pass
    ...
...
```
Listing 40.26: hashme.py

Auch den `HashingThread` gibt es noch nicht. Er wird als eigene Klasse angelegt, die von `threading.Thread` ableitet:

```
import hashlib
import io
from threading import Thread

hash_names = [
    ...
]

class HashingThread(Thread):
    CHUNK_SIZE = io.DEFAULT_BUFFER_SIZE

    def __init__(self, algorithm, path, *args, **kwargs):
```

```
            super().__init__(*args, **kwargs)
            self._algorithm = algorithm
            self._path = path
            self.progress = 0
            self.hash_value = ""

        def run(self):
            size = self._path.stat().st_size
            digest = hashlib.new(self._algorithm)

            with self._path.open('rb') as file:
                while chunk := file.read(self.CHUNK_SIZE):
                    digest.update(chunk)
                    self.progress = (file.tell() / size) * 100
            self.hash_value.set(digest.hexdigest())

class App:
    ...
```

Listing 40.27: hashme.py

Der komplette Code zur Berechnung des Hash-Wertes wurde in den Thread ausgelagert. Dazu bekommt der Thread die Parameter `path` und `algorithm`. Diese werden als »private« Variablen des Objekts gespeichert (angedeutet durch den Unterstrich, also etwa `self._path`). Dazu kommen noch zwei weitere Attribute:

✔ `self.progress` enthält den Fortschritt.

✔ `self.hash_value` speichert am Ende das Ergebnis der Berechnung.

Diese beiden Werte erfasst die Methode `App.monitor_progress` und aktualisiert damit die GUI:

```
class App:
    ...
    def monitor_progress(self, thread):
        if thread.is_alive():
            self.progress.set(thread.progress)
            self.window.after(10, lambda:
                self.monitor_progress(thread))
        else:
            self.progress.set(0)
            self.hash_value.set(thread.hash_value)
            self.status.set("Fertig.")
            # Status nach einiger Zeit leeren
            self.window.after(3000, self.clear_status)
```

Listing 40.28: hashme.py

Die Methode `App.monitor_progress` erwartet als Argument für `thread` eine Instanz des `HashingThread`. Sofern dieser Thread noch lebt, aktualisiert die Methode die Variable

`App.progress`, mit der der Fortschrittsbalken verdrahtet wurde. Dann stellt Sie einen Wecker, der in 10 Millisekunden erneut prüft, ob der Thread noch aktiv ist.

Sofern der Thread beendet wurde – die Berechnung also abgeschlossen ist – wird der berechnete Hash-Wert aus dem Attribut `Thread.hash_value` gelesen und damit die Variable `App.hash_value` aktualisiert. Diese ist mit dem Textfeld `entry_hash` verknüpft, das den Wert dann anzeigt. Dadurch sollte sich nun der Fortschrittsbalken auch bewegen, wie in Abbildung 40.20 angedeutet. Und ganz zum Schluss, nachdem der Balken sich vollständig gefüllt hat, wird noch der gesprächige Status gesetzt und nach einiger Zeit wieder geleert.

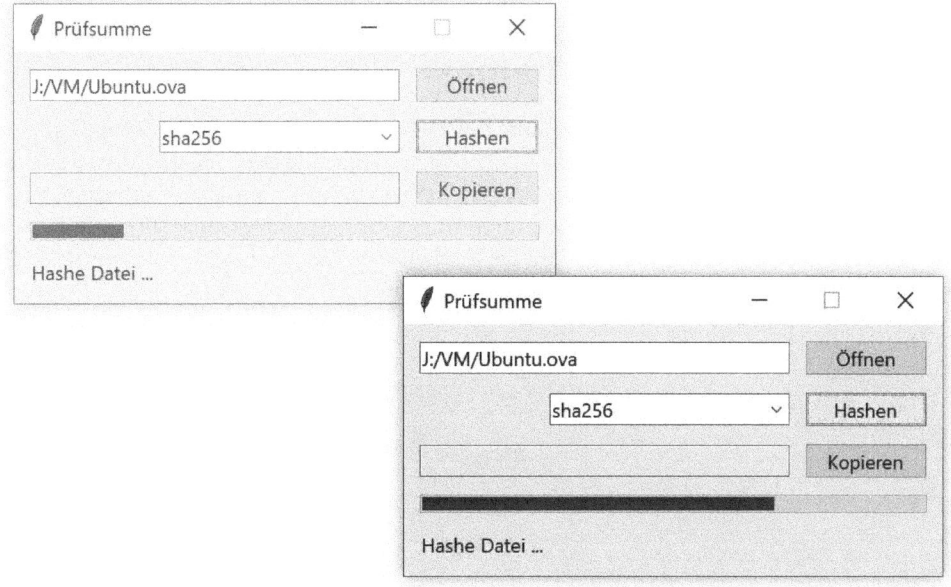

Abbildung 40.20: Ein Balken zeigt an, wie weit die Berechnung des Hash-Wertes bereits fortgeschritten ist.

Abschließende Feinarbeiten – der letzte Schliff

Das Programm kann nun große und kleine Dateien öffnen, sie hashen und den Hash-Wert auf Knopfdruck herauskopieren. Ihre `tkinter`-GUI hat viele Vorteile, zum Beispiel:

✔ Sie läuft auf jedem Betriebssystem.

✔ Die Programmierung geht recht schnell.

Diese Vorteile werden leider durch Kompromisse erkauft:

✔ Die GUI sieht altbacken aus – besonders unter Linux.

✔ Auf großen Monitoren sieht die Schrift möglicherweise verwaschen aus.

✔ Das Programm öffnet neben der GUI weiterhin ein Konsolenfenster.

GUIs, die mit `tkinter` programmiert wurden, sehen in der Regel anders aus als native Anwendungen des Betriebssystems. Dem kann zwar Abhilfe geschaffen werden, allerdings ist das mit zusätzlichem Aufwand verbunden.

Gutes Aussehen? Kein Thema!

Die grafische Ausgabe des Hash-Programms aus diesem Kapitel ist sehr zweckmäßig, gewinnt aber keinen Schönheitspreis. Das ist tatsächlich der größte Wermutstropfen, was die `tkinter`-GUIs unter Python angeht: Die Widgets sehen von Haus aus etwas altbacken aus. Unter Windows und macOS geht das noch, aber unter Linux sieht das Ganze ohne einen zusätzlichen Eingriff aus wie bei Hempels auf der Anrichte (vergleichen Sie Abbildung 40.21). Den Grund erfahren Sie in Kasten *Alte Schule*.

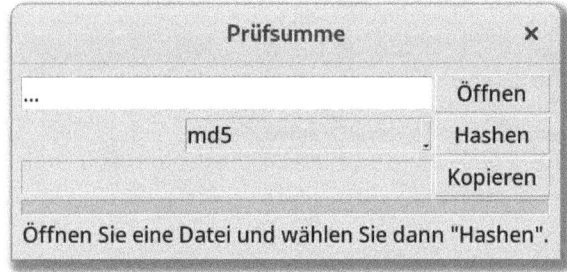

Abbildung 40.21: Obwohl der Linux-Desktop »Gnome« (unten) ein elegantes Gewand trägt, erscheint Ihre Hash-mich-GUI im Motif-Bademantel.

 **Alte Schule**

Das wenig moderne Aussehen aus Abbildung 40.21 – grau in grau mit gehobenen oder gesenkten Kanten – erinnert stark an die 1990er Jahre. Bekannt ist dieser Stil spätestens seit Windows 95; Vorreiter war aber die Desktopumgebung Motif, die 1989 die Herzen der Unix-Welt eroberte.

Als das Toolkit *Tk* das Licht der Welt erblickte, war Motif der Quasi-Standard für GUIs, deswegen orientierte man sich an dieser Darstellung. Mit der Zeit veränderte sich das Aussehen der Desktop-Umgebungen; *Tk* aber behielt den Motif-Stil bei. Das hatte den Effekt, dass *Tk*-basierte GUIs sich stets fremd anfühlten – besonders unter Windows und macOS, die schon immer ein eigenes Aussehen hatten, um sich von der Konkurrenz abzuheben. Heute tritt dieser Effekt sogar unter Linux auf, wie das Fenster für die Netzwerkeinstellungen im Hintergrund von Abbildung 40.21 beweist. Obwohl das Betriebssystem (hier: ein Fedora mit Gnome-Desktop) eigentlich eine ansprechende Darstellung mitbringt, sieht die darin gestartete `tkinter`-GUI im Vergleich dazu alt und angestaubt aus.

Modernere GUI-Toolkits wie QT oder GTK bieten heute die Möglichkeit, durch sogenannte *Themen* den Gesamteindruck einer GUI zu verändern. Die Entwickler von *tk* zogen nach, mussten aber aus Kompatibilitätsgründen zweigleisig fahren. Daher gibt es in Pythons `tkinter` zwei Arten von Widgets, und zwar welche im Namensraum `tkinter` und solche im Untermodul `tkinter.ttk`. *Ttk* steht für *Themed Tk* und theoretisch kann man damit *Themen* erstellen und das Aussehen der Widgets verändern. In der Theorie müsste man dazu beim Erzeugen der Widgets nur einige Einstellungen festlegen, etwa die Rahmenbreite und -farbe; Abstände oder Schriftgrößen. In der Praxis ist es aber nicht immer ganz klar, welche Einstellungen unter welchen Bedingungen greifen, man muss viel herumprobieren und kommt teils trotzdem nicht ans Ziel.

Im Internet findet man glücklicherweise Themen von Leuten, die einen Sinn für Ästhetik haben. Zum Beispiel zeigt Abbildung 40.22 die GUI im »Forest«-Theme von Benedek Dévényi (`https://github.com/rdbende/Forest-ttk-theme`). Laden Sie den Quellcode herunter und platzieren Sie ihn in einem Verzeichnis namens `theme` (relativ zu Ihrer `hashme.py`). So verwenden Sie das Thema in Ihrer App:

```
...
class App:
    ...
    def __init__(self):
        ...
        # Thema laden
        self.window.tk.call(
            "source", "theme/forest-light.tcl"
        )
```

```
# Thema übernehmen
ttk.Style().theme_use("forest-light")
...
```

Listing 40.29: hashme.py

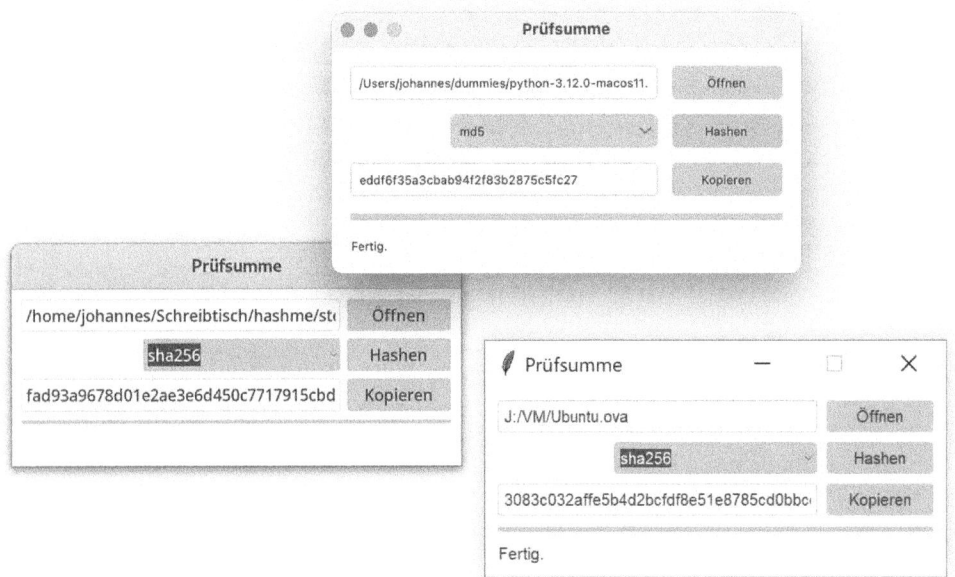

Abbildung 40.22: Durch das »Forest«-Thema sieht Ihre GUI auf allen Betriebssystemen gut aus.

Das sieht doch schon mal sehr gut aus, es erinnert an das moderne Look-and-Feel von Windows 10. Je nach Geschmack oder Ideologie kann das natürlich auch unerwünscht sein und Sie könnten in Versuchung geraten, ein eigenes Theme zu entwerfen. Gut für Sie, dass das Forest-Theme im Quellcode vorliegt, also können Sie dort einfach klauen – pardon – sich *inspirieren* lassen. Blöd ist da nur, dass Sie dafür die Python-Welt verlassen müssen.

 Ein Blick hinter die Kulissen verrät, dass der spannende Teil in der Datei `forest-light.tcl` stattfindet. Hier wurden die Stil-Anpassungen definiert, Ränder und Abstände festgelegt sowie Rundungen und Farben bestimmt – und all das in der Kommandosprache *Tcl*. In die müssten Sie sich erst mal einarbeiten. An sich ist das kein Hexenwerk, dennoch bedeutet es zusätzlichen Aufwand.

Erschwerend kommt hinzu, dass nicht alle Details der GUI durch Code verändert werden, sondern bestimmte Details eigene Grafiken benötigen (wie zum Beispiel die Haken von Checkboxen). Es ist also durchaus möglich, einer `tkinter`-GUI ein wenig Make-up oder gar ein Make-over zu verpassen – allerdings ist das wohl eher etwas für Hartgesottene.

 Wenn es nicht gleich ein ganzes Thema, sondern nur ein paar Detailveränderungen sein sollen, ist eventuell die Klasse `tkinter.Style` einen Versuch wert. Mit dieser lassen sich manche Einstellungen wie Hintergrundfarben und Abstände festlegen. Seien Sie jedoch gewarnt: Meine Versuche, die Umrandung eines Buttons umzufärben, scheiterten kläglich.

Aufgelöst – den Tränen nah

Tk ist recht alt und wirkt leider, als sei es in der Zeit stehen geblieben. Seit seiner Geburt wurden die Anzeigegeräte immer genauer, bunter und größer. Früher hatte man Röhrenmonitore mit 15-Zoll-Diagonalen, die man permanent mit unsinnigen Animationen bespaßen musste, um das Einbrennen eines Standbilds zu vermeiden (*Bildschirmschoner*). Heute hat man hingegen moderne Displays, deren genaue Pixelanzahl man nicht einmal mehr kennt und als 4k, 6k oder 8k-Displays bezeichnet (vielleicht als Hinweis auf die Anschaffungskosten).

 Die Anzahl der Pixel eines Monitors ist heute viel höher, die Bildfläche aber nicht immer größer – es müssen also viel mehr Bildpunkte auf der gleichen Fläche unterkommen. Mit anderen Worten: Die *Pixeldichte* hat in den letzten Jahren erheblich zugenommen. Diese drückt man meist in PPI (auf Englisch: pixel per inch) aus. Typische Displays haben heute zwischen 100 und 200 PPI, teurere Geräte auch mehr.

Eine hohe Pixeldichte bedeutet im Umkehrschluss, dass die einzelnen Pixel nun viel kleiner sind. Darum geht es eigentlich auch, denn durch kleinere Pixel wird das Bild feiner und detailreicher. Das hat jedoch auch zur Folge, dass Linien und Texte auf hochauflösenden Displays wesentlich kleiner dargestellt werden. Eine 1-Pixel-Linie ist natürlich optisch breiter, wenn das Pixel 1mm breit ist, als wenn es nur 0,01mm einnimmt.

Betriebssysteme versuchen zu kleine Darstellungen auszugleichen, indem sie Bildelemente *skalieren*: Der Bildausschnitt in Abbildung 40.23 zeigt den Windows Explorer. Die linke Hälfte entspricht der Bildwirkung auf einem Monitor mit 3840 × 2160 Pixeln ohne Skalierung, die rechte einer Skalierung von 300%.

Die Linien eines Buchstaben sind in der Regel nur wenige Pixel breit, daher wird bei nativer Auflösung alles sehr klein dargestellt – die einzelnen Pixel sind eben auch sehr klein.

 Durch eine höhere Skalierung werden mehr Pixel zur Darstellung des Gleichen verwendet. So wird die Schrift wieder lesbar und alles erscheint größer. Was da die richtige Einstellung für Sie ist, hängt von Ihrem Geschmack, Fokus und Sitzabstand zum Monitor ab.

Unter Windows bekommt Ihre GUI von der Skalierung leider nicht viel mit. Dort müssen Sie den folgenden Code einfügen, da die Schrift sonst zu verwaschen aussieht. Abbildung 40.24 vermittelt einen Eindruck.

```
import sys
if sys.platform == 'win32':
    # Verbesserte Darstellung bei hohen Auflösungen
    import ctypes
    ctypes.windll.shcore.SetProcessDpiAwareness(1)
```

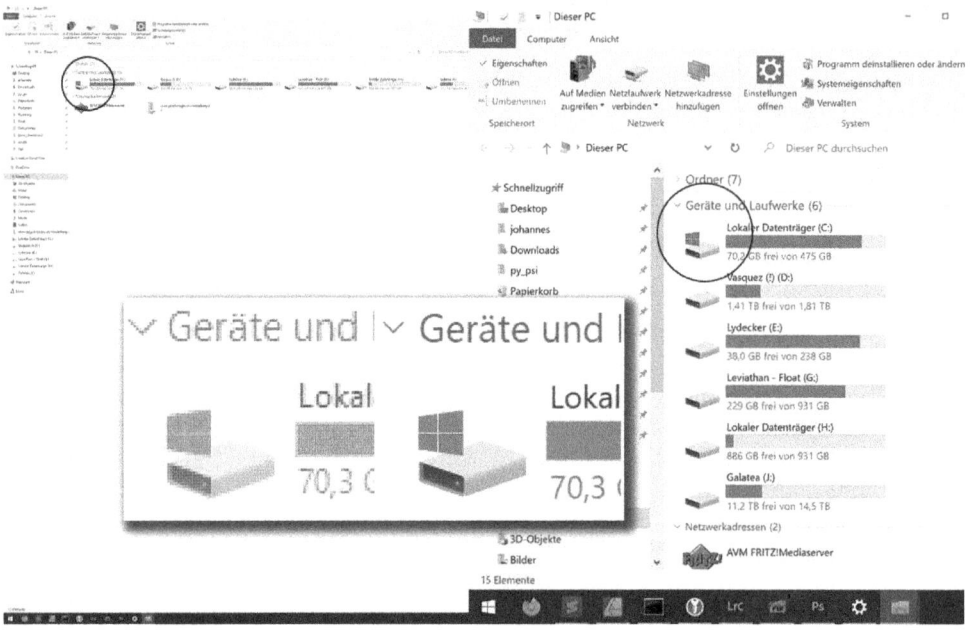

Abbildung 40.23: Bei nativer Auflösung ist alles sehr klein und wird erst durch die Skalierung wieder lesbar. So passen zwar weniger Informationen ins Bild, aber das Gezeigte wird klarer und lesbarer dargestellt.

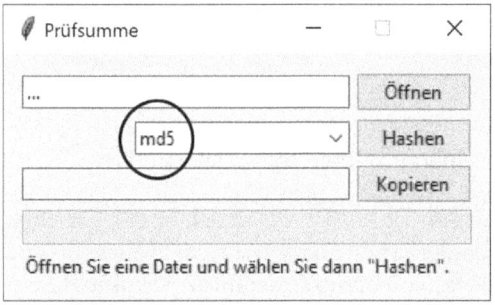

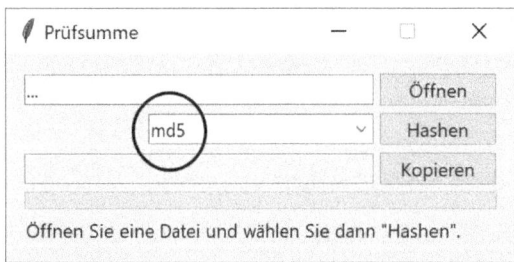

Abbildung 40.24: Windows-Prozessen muss man erst mal schonend beibringen, dass Ihnen mehr Pixel zur Darstellung weicher Kanten zur Verfügung stehen, sonst wird die Schrift körnig dargestellt. Der weichgezeichnete Saum um die Pixel der Schrift entsteht durch die Kantenglättung.

Der Code ist sehr kryptisch. Hier wird eine Funktion namens `SetProcessDpiAwareness` aus einer Kernbibliothek von Windows aufgerufen. Dafür wird das Modul `ctypes` verwendet, mit dessen Hilfe sich Funktionen aus anderen Programmiersprachen aufrufen lassen.

 Ohne dieses Fragment sieht die Schrift einer Tkinter-GUI zum Heulen aus. Das ist durchaus ernstzunehmen – unscharfe Schriften können beim längeren Arbeiten am Bildschirm das Fokussieren auf den Text erschweren – so ermüdet man schneller und die Augen fangen an zu tränen.

Die Skalierung anpassen

Diese Windows-Funktion bringt dem jeweiligen Prozess zwar bei, dass alles feiner aufgelöst ist, aber zunächst sieht weiterhin alles viel zu klein aus. Durch den folgenden Code können Sie *tkinter* zusätzlich beibringen, die Steuerelemente der GUI etwas größer zu zeichnen (`2.0` für 200%, `3.0` für 300% und so weiter):

```
class App:
    def __init__(self):
        self.window = tkinter.Tk()
        self.window.tk.call('tk', 'scaling', 2.0)
        ...
```
Listing 40.30: hashme.py

Das Ergebnis zeigt Abbildung 40.25. Hier sehen Sie das gleiche Fenster mit Skalierungs-Werten von `1.0`, `2.0` und `3.0`. Die Darstellung wird entsprechend vergrößert (100 %, 200 %, 300 %). Leider ziehen die Abstände zwischen den Elementen nicht mit – es werden nur die Schrift vergrößert und die umgebenden Rahmen angepasst.

 Beachten Sie außerdem, dass dieser Parameter nur die Skalierung der Widgets von `tkinter` beeinflusst – die Skalierung des Betriebssystems ist davon unabhängig. Das erkennen Sie am Schriftzug PRÜFSUMME im Fenstertitel. Er bleibt gleich groß, obwohl die Buchstaben der Schaltflächen größer werden. Unten rechts in Abbildung 40.25 lugt jedoch noch eine Fensterecke in die Abbildung hinein – hier entspricht die Skalierung von Windows der des Programms (300%).

Die Darstellung einer GUI ist also abhängig von der verfügbaren Auflösung und der eingestellten Skalierung. Diese Details müssen Sie beachten, wenn Ihre GUI einen dem Auge wohlgefälligen Eindruck hinterlassen soll.

 Die Interaktion von Auflösung und Skalierung ist ein eher Windows-spezifisches Problem, da unter Linux und macOS Schriften anders dargestellt werden. macOS geht sogar noch einen Schritt weiter: hier können Sie lediglich einen Wert für die »Auflösung« einstellen, der bereits mit der Skalierung verrechnet ist. Abbildung 40.26 zeigt die Einstellungen für ein 4K-Display mit 3840 × 2160 Bildpunkten. Standardmäßig stellt macOS hier aber 1920 × 1080 ein, was in Wirklichkeit einer Skalierung von 200% entspricht.

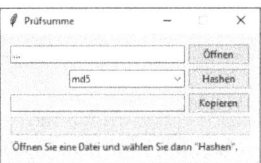

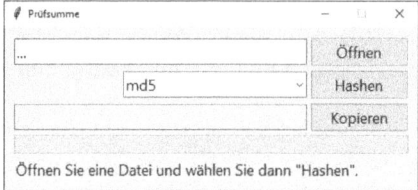

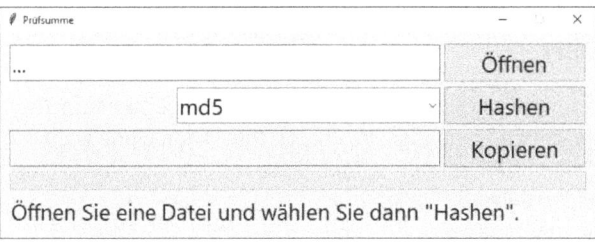

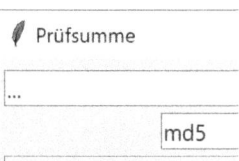

Abbildung 40.25: Die interne Skalierung von *tkinter* ändert die Schriftgröße unabhängig vom Betriebssystem. Gut sieht das nur aus, wenn Sie beides in Einklang bringen.

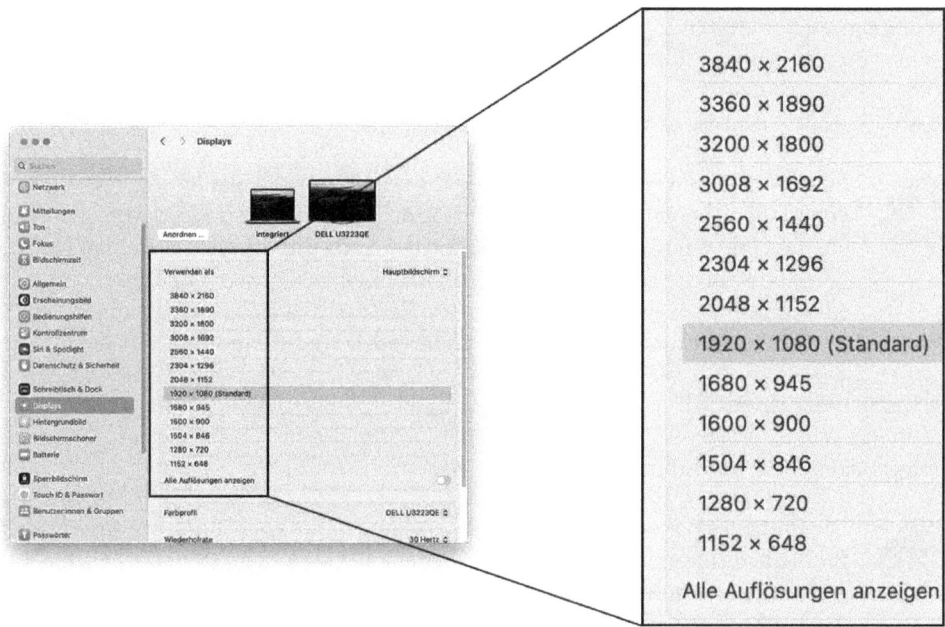

Abbildung 40.26: Unter macOS können Sie Auflösung und Skalierung zwar nicht unabhängig voneinander verändern, dennoch sehen Sie stets ein scharfes, klares Bild.

GUI ohne Konsolenfenster starten

Ein letztes Detail noch: Python-Prozesse starten normalerweise in einem schwarzen Konsolenfenster, das die Inhalte der Standarddatenströme verarbeitet. GUI-Anwendungen stehen jedoch für sich, daher wäre es schöner, wenn man die Konsolenausgabe unterdrücken könnte.

Windows

Um unter Windows eine GUI ohne zusätzliche Konsole zu starten, müssen Sie nur die Dateiendung des Programms von `*.py` nach `*.pyw` ändern. Zum Beispiel wird aus `hashme.py` dann `hashme.pyw`. Statt des normalen Interpreters `python.exe` wird nun `pythonw.exe` gestartet und das Konsolenfenster unterdrückt.

 Falls das nicht auf Anhieb klappt, können Sie auf die Datei einen Rechtsklick machen und aus dem Kontext-Menü ÖFFNEN MIT … wählen. Navigieren Sie über den aufgepoppten Dialog dann zum Installationsverzeichnis von `pythonw.exe`.

macOS

Unter macOS hilft der folgende Trick: Öffnen Sie den *Skripteditor* (zum Beispiel über den Finder). Dieser zeigt direkt eine weiße Fläche für Eingaben an. Fügen Sie dort die folgende Zeile ein:

```
do shell script "/usr/local/bin/python3.12
    '/Users/johannes/dummies/hashme.py' &> /dev/null &"
```

Statt des Pfades `/Users/johannes/dummies/hashme.py` geben Sie natürlich den Pfad an, auf dem Ihre GUI-Anwendung liegt. Und prüfen Sie nochmal nach, ob `/usr/local/bin/python3.12` auch wirklich der Pfad zum Python-Interpreter ist.

Wählen Sie dann aus dem Menü ABLAGE/EXPORTIEREN. Im folgenden Dialog (Abbildung 40.27) wählen Sie einen Namen und einen Speicherort. Als DATEIFORMAT geben Sie SCRIPT an.

Linux

 Unter Linux ist das mit den Desktops so eine Sache. Theoretisch gibt es da einen Standard, an dem sich alle Desktops orientieren, allerdings gibt es in der Linux-Welt gefühlt so viele Desktops wie Linuxe, die dazu irgendwie immer ihre eigenen seltsamen Ideen von grafischen Oberflächen umsetzen, und dann geht irgendwas nicht. *Gnome* zum Beispiel sieht zwar gut aus, hat sich aber vor ein paar Versionen abgewöhnt, anklickbare Desktop-Icons anzuzeigen, also gibt es auch keine Anwendungen auf dem Desktop.

Der einzige Ort, wo man noch ein Icon für eine App platzieren könnte, wäre das Anwendungsmenü. Um dort eine Verknüpfung zu einem Programm zu verankern, benötigen Sie einen Menü-Editor wie zum Beispiel *menulibre*:

Abbildung 40.27: Mithilfe des macOS-Skripteditors erstellen Sie eine Verknüpfung, die Ihre GUI-Anwendung ohne Konsolenfenster startet.

```
# Ubuntu
$ sudo apt-get install menulibre

# Fedora
$ sudo dnf install menulibre
```

Nach der Installation taucht das Programm als MENÜBEARBEITUNG im Anwendungsmenü auf. Der Editor präsentiert sich wie in Abbildung 40.28. Durch einen Klick auf das große Plus links oben erscheint ein kleines Auswahlmenü; dort wählen Sie STARTER HINZUFÜGEN, um einen neuen Starter (auf Englisch: *launcher*) zu erstellen. Im Hauptteil des Fensters erscheint dann ein Formular – füllen Sie dort alle Eingabefelder aus. Vergeben Sie einen Namen und einen Kommentar und wählen Sie ein ansprechendes Icon aus – hier wurde behelfsmäßig ein Python-Logo in PNG-Format verwendet. Als Befehl geben Sie den Pfad zum Python-Interpreter an, gefolgt vom Modulnamen Ihres Programms, zum Beispiel /usr/bin/python hashme.py. Als Arbeitsverzeichnis legen Sie den Pfad fest, an dem sich die Datei befindet. Speichern Sie den Starter durch einen Klick auf die Schaltfläche rechts neben dem Plus.

Im Hintergrund erzeugt *menulibre* eine Datei namens menulibre-hashme.desktop im Verzeichnis ~/.local/share/applications/, die beispielsweise so aussieht:

```
[Desktop Entry]
Encoding=UTF-8
Name=Hashme
Exec=/usr/bin/python hashme.py
Path=/home/johannes/Schreibtisch/hashme/
```

```
Icon=/home/johannes/Schreibtisch/hashme/python.png
Type=Application
```

Listing 40.31: hashme.desktop

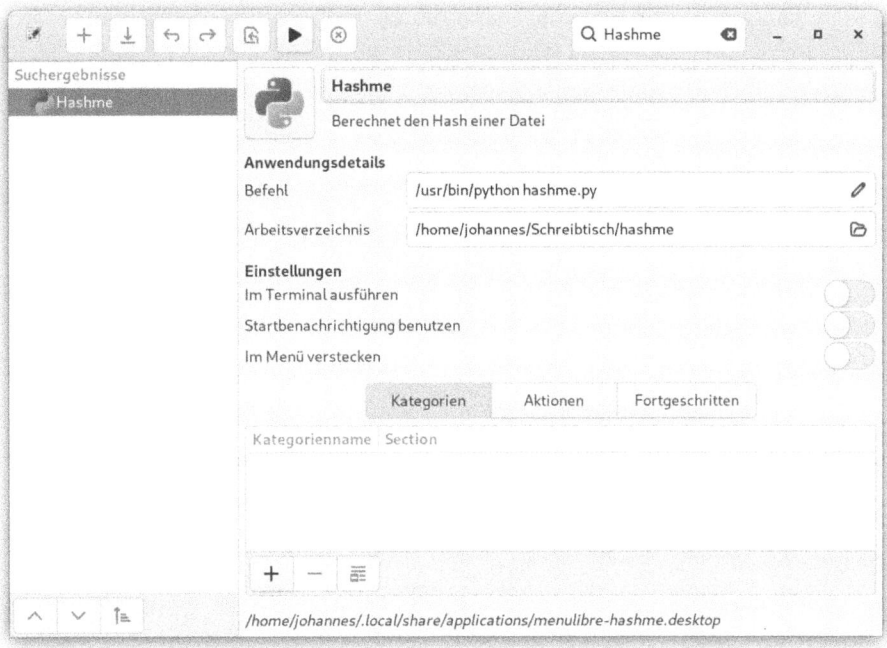

Abbildung 40.28: Mit *menulibre* erstellen Sie eine Verknüpfung für Ihr GUI-Programm.

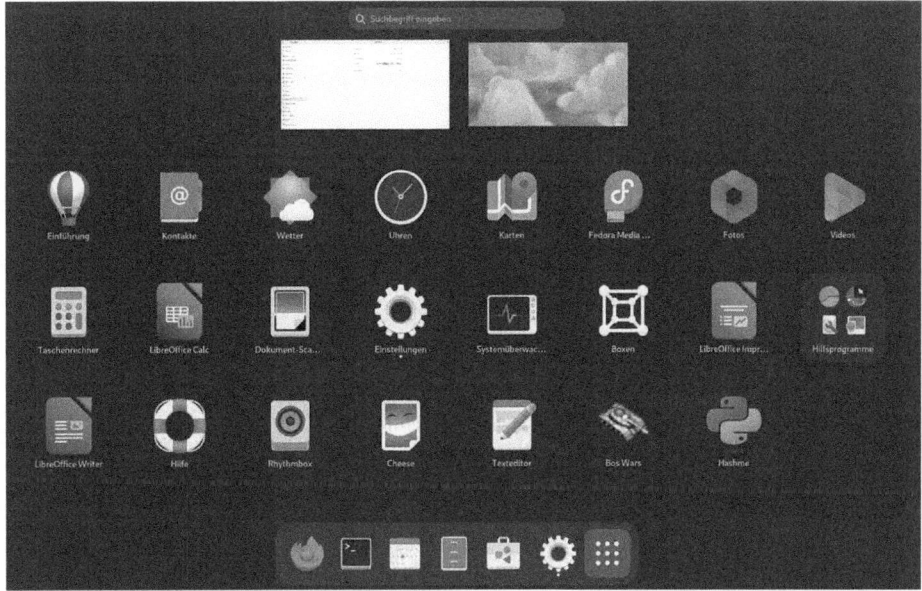

Abbildung 40.29: Eine Verknüpfung zu Ihrer Python-GUI erscheint unter Gnome im Anwendungsmenü (unten rechts).

Der Starter wird nun im Anwendungsmenü von Gnome angezeigt, wie in Abbildung 40.29 dargestellt (beachten Sie das Python-Symbol namens »Hashme« rechts unten).

 Beim Ausprobieren kam es vor, dass der neue Launcher nicht sofort im Anwendungsmenü angezeigt wurde. Er konnte aber durch die Suche gefunden werden (einfach das Anwendungsmenü öffnen und »Hashme« eingeben). Spätestens wenn Sie sich einmal ab- und wieder anmelden, sollte der Launcher auch im Menü auftauchen. Mein bester Freund Lars wies mich in seiner Rolle als Vorab-Rezensent darauf hin, dass eine Neuanmeldung eigentlich unnötig ist und der sehr intuitive Befehl $ `xdg-desktop-menu forceupdate` Abhilfe schafft. Entscheiden Sie selbst, was Sie besser finden ...

Teil XI
Der Top-Ten-Teil

Alle Code-Beispiele sind zum Herunterladen auf der
Verlagswebseite des Buches verlinkt – die finden Sie unter
https://www.wiley-vch.de/ISBN9783527718498

> **IN DIESEM KAPITEL...**
>
> Noch ein paar Dinge zum Schluss
>
> ....
>
> Der Blick über den Tellerrand
>
> ....
>
> Haben Sie Spaß!
>
> ....

Kapitel 41

Dos and Don'ts

Zehn Dinge, die Sie tun sollten

Die folgenden Dinge sind sehr empfehlenswert:

1. Eine andere IDE und einen Editor ausprobieren – am besten einen, der maximal weit weg von Ihrem präferierten Werkzeug ist. Wie wäre es zum Beispiel mit *vim*?

2. Linux ausprobieren. Auch wenn Sie immer nur Windows oder macOS verwendet haben, werden Sie sich sicher schnell zurechtfinden. Ubuntu oder Fedora sind schnell und nutzerfreundlich.

3. Die offizielle Doku lesen! Sie steckt voller Details und Überraschungen. Einen guten Anfang bilden die Howtos zu bestimmten Themen auf der Webseite: `https://docs.python.org/3/howto/index.html`.

4. Andere Problemstellungen ausprobieren. Python kommt in vielen Bereichen zum Einsatz, die leider nicht ins Buch gepasst haben. Probieren Sie Pygame für Spiele, Kivy für Handy-Apps oder OpenCV zur Bilderkennung aus.

5. Viele, viele Tests schreiben, auch wenn jemand was anderes sagen sollte. Tests unterscheiden den Profi vom Anfänger.

6. Andere Sprachen lernen. Je mehr Programmiersprachen Sie kennen, desto besser, denn so lernen Sie verschiedene Ausdrucksweisen für interessante Probleme. Wie wäre es mit *Rust*? Oder *hy*, einem Python-nahen Lisp-Dialekt? Oder *Pharo*, einer modernen Smalltalk-Umgebung?

7. Den Umgang mit dem Versionskontrollsystem *Git* auf der Kommandozeile erlernen.

8. Das »kleine« »Python für Dummies« lesen. Dies hier ist schon mein zweites Python-Buch. Mein erstes schrieb ich zusammen mit meinem Freund Horst Schneider. Es ist nur halb so lang wie dieses hier und enthält weitere Beispiele und Erklärungen.

9. Auf Amazon und anderen Buchseiten ein Review zu diesem Buch hier verfassen: Erzählen Sie anderen, was Sie von dem Buch halten!

10. Mir eine Mail schreiben, wie Ihnen das Buch gefallen hat: Mehr noch als über Amazon-Reviews würde ich mich über Leserbriefe freuen. Was hat Ihnen gefallen, was könnte ich besser machen, was hat Sie geärgert? Schreiben Sie mir an `python@you.cessor.de`.

Zehn Dinge, die Sie unterlassen sollten

Die folgenden Dinge sollten Sie lieber bleiben lassen:

1. Lassen Sie sich nicht überwältigen. Python ist vielfältig und lebendig. Ich programmiere seit mehr als 10 Jahren mit Python und lerne jeden Tag etwas Neues dazu.

2. Ungeduldig werden. Eine neue Programmiersprache zu lernen, braucht Zeit.

3. Variablennamen abkürzen – das verschlechtert Lesbarkeit und Verständlichkeit, außer es sind gebräuchliche Abkürzungen, wie `R,G,B` für Farben oder `X,Y,Z` für Koordinaten.

4. Listen über ihre Indizes iterieren – nutzen Sie `for`-Schleifen!

5. Importieren mit `from <modul> import *` – das wird schnell unübersichtlich.

6. Lange, verschachtelte Funktionen schreiben. Strukturieren Sie Ihr Programm lieber mit vielen kleinen Funktionen und Klassen.

7. Fehlermeldungen ignorieren. Wenn irgendwas nicht geht, sagt Ihnen der Interpreter, woher der Fehler stammt.

8. Beim Programmieren zögerlich und defensiv vorgehen – statt erst alle Bedingungen zu testen, ist es gute Praxis, einfach geradeaus zu programmieren und mögliche Ausnahmefehler mit `try ... except ...` abzufangen. Lesen Sie dazu im Online-Glossar unter *EAFP* und *LBYL* nach (`https://docs.python.org/3/glossary.html#term-EAFP` und `https://docs.python.org/3/glossary.html#term-LBYL`).

9. Code aus dem Internet in Ihr Programm kopieren, ohne zu verstehen, was er tut – das ist, als würden Sie Kaugummi kauen, das Sie auf der Straße gefunden haben!

10. Sich von einem gelben Buch sagen lassen, was Sie zu tun und zu lassen haben. Machen Sie Ihre eigenen Erfahrungen!

Kapitel 42
Zehn elegante Einzeiler

Python ist interessant und vielfältig und voller interessanter Details. Es lohnt sich, die Dokumentation und den Code von anderen zu lesen, denn so lernt man immer etwas dazu. Die folgenden Beispiele erledigen interessante Probleme mit wenig Code.

Zwei Variablen vertauschen

```
a,b = b,a
```

Negativ Runden

Beim Runden mit der eingebauten Funktion round(...) können Sie eine negative Stellenzahl angeben. Dann werden nicht Nachkommastellen gerundet, sondern Stellen vor dem Komma:

```
>>> round(40513.29, -3)
41000.0
```

Aus einer Liste einen String machen

Die Items in der Liste müssen als Strings vorliegen!

```
>>> numbers = map(str, range(10))
>>> ", ".join(numbers)
'0, 1, 2, 3, 4, 5, 6, 7, 8, 9'
```

Eine verschachtelte Liste plätten

```
>>> nested = [[1, 2, 3], [4, 5], [6], [7, 8, 9]]
>>> sum(nested, [])
[1, 2, 3, 4, 5, 6, 7, 8, 9]
```

Besser ist jedoch

```
>>> from itertools import chain
>>> nested = [[1, 2, 3], [4, 5], [6], [7, 8, 9]]
>>> list(chain.from_iterable(nested))
[1, 2, 3, 4, 5, 6, 7, 8, 9]
```

Doppelte Elemente entfernen

 Ob Liste oder String ist egal; iterierbar muss es sein!

```
>>> chars = "mississippi"
>>> set(chars)
{'i', 'p', 'm', 's'}
```

Eine Liste paarweise durchlaufen

```
>>> s = "abcdef"
>>> list(zip(s, s[1:]))
[('a', 'b'), ('b', 'c'), ('c', 'd'), ('d', 'e'), ('e', 'f')]
```

Oder Sie nehmen wieder itertools:

```
>>> from itertools import pairwise
>>> list(pairwise("abcdef"))
[('a', 'b'), ('b', 'c'), ('c', 'd'), ('d', 'e'), ('e', 'f')]
```

Vier Items gleichzeitig iterieren

```
>>> n = range(1, 17)
>>> list(zip(*[iter(n)]*4))
[(1, 2, 3, 4), (5, 6, 7, 8), (9, 10, 11, 12),
 (13, 14, 15, 16)]
```

Die Anzahl der Elemente muss durch vier teilbar sein, sonst wird was abgeschnitten. Oder Sie verwenden `zip_longest`:

```
>>> from itertools import zip_longest
>>> iban = "DE16213522400000050500"
>>> list(zip_longest(*[iter(iban)]*4))
[('D', 'E', '1', '6'), ('2', '1', '3', '5'),
 ('2', '2', '4', '0'), ('0', '0', '0', '0'),
 ('0', '5', '0', '5'), ('0', '0', None, None)]
```

Am besten funktioniert jedoch

```
>>> from itertools import batched
>>> iban = "DE16213522400000050500"
>>> list(batched(iban, 4))
[('D', 'E', '1', '6'), ('2', '1', '3', '5'),
 ('2', '2', '4', '0'), ('0', '0', '0', '0'),
 ('0', '5', '0', '5'), ('0', '0')]
```

Zwei Listen zu einem Dictionary kombinieren

Mit `zip` paaren Sie die Elemente zweier Listen. `dict( ... )` macht ein Dictionary daraus:

```
>>> a, b =  "abcd", (1,2,3,4)
>>> dict(zip(a,b))
{'a': 1, 'b': 2, 'c': 3, 'd': 4}
```

Und so geht es umgekehrt:

```
>>> dictionary = {'a': 1, 'b': 2, 'c': 3, 'd': 4}
>>> keys, values = zip(*dictionary.items())
>>> keys, values
(('a', 'b', 'c', 'd'), (1, 2, 3, 4))
```

Eine Matrix transponieren

So werden Zeilen und Spalten vertauscht:

```
>>> matrix = [(1, 2, 3), (4, 5, 6)]
>>> list(zip(*matrix))
[(1, 4), (2, 5), (3, 6)]
```

Eine geheime Nachricht dekodieren

```
>>> message = (
...     "Zvg zrvarz yrgmgra Ngrzmht "
...     "iresyhpur vpu Ubefg Fpuarvqre!"
... )
>>> import codecs
>>> codecs.encode(message, "rot13")
```

Stichwortverzeichnis